W0385103

Ajax en pratique

Dave Crane et Eric Pascarello
avec Darren James

CAMPUSPRESS

Publié par CampusPress
47 bis, rue des Vinaigriers
75010 PARIS
Tél. : 01 72 74 90 00

Réalisation PAO : Léa B.

ISBN : 2-7440-2060-5

Titre original : *Ajax in action*

Traduit de l'américain par : Patrick Fabre

ISBN original : 1-932394-61-3

Manning Publications Co.
209 Bruce Park Avenue
Greenwich, CT 06830

Table des matières

Partie I. Repenser l'application Web

Partie II. Techniques fondamentales

Partie III. Ajax professionnel

Partie IV. Ajax par l'exemple

Préface

Parfois, votre destin vous suit pendant des années sans même que vous le remarquiez. Dans la foison des nouvelles technologies fascinantes avec lesquelles je me suis amusé – euh, ai travaillé – figurait, au début des années 1990, un langage appelé JavaScript. J'ai rapidement réalisé qu'en dépit de son nom, il n'avait rien à voir avec mon tendre et cher Java. Pourtant, il a continuellement suivi mes pas.

A la fin des années 1990, j'ai décidé de me couper les cheveux et de me trouver un vrai boulot. Je me suis retrouvé dans une équipe d'adeptes avant-gardistes des décodeurs numériques. L'interface utilisateur de cet élément logiciel important était entièrement écrite en JavaScript et je me suis retrouvé chef technique d'une petite équipe de développeurs, à développer du code de gestion de fenêtres, de planificateurs et de tout élément astucieux que ce code permet de générer.

Au fil du temps, je suis passé à des tâches plus exigeantes, en développant des architectures de messageries d'entreprises et divers composants d'interfaces utilisateur pour une "maison du futur", "parlante" et "intelligente". J'ai été engagé pour mes compétences en Java, mais je me suis rapidement retrouvé à écrire à nouveau des interfaces utilisateur JavaScript farfelues. Le fait étonnant est que l'on ait trouvé des personnes qui prenaient dorénavant ce langage suffisamment au sérieux pour l'employer dans la conception de frameworks. J'ai récupéré les premières versions de la bibliothèque X de Mike Foster (que vous verrez à l'œuvre dans ce livre). Un après-midi, alors que je travaillais sur un système d'affichage d'e-mails et de textes, j'ai eu l'idée étrange et excitante de vérifier l'arrivée de nouveaux messages dans un cadre masqué et de les ajouter à l'interface utilisateur sans actualiser l'écran. Après quelques heures de programmation délirantes, j'étais parvenu à faire fonctionner la chose et j'avais même trouvé comment restituer les nouveaux messages en couleur afin que l'utilisateur puisse les remarquer. "Quel délire !", me suis-je dit, avant de revenir à du code plus sérieux. Entre-temps, Eric Costello, Erik Hatcher, Brent Ashley et quelques autres personnes, qui m'étaient toutes parfaitement inconnues, s'attelaient aux mêmes réflexions, et Microsoft pondait la méthode XMLHttpRequest pour sa solution OWA (*Outlook Web Access*).

Le destin me chatouillait les talons. J'ai ensuite pris un poste de développement associé à de lourdes responsabilités : je devais développer un logiciel pour de grosses banques. Nous utilisions un mélange de Java et de JavaScript et exploitions des astuces avec des cadres masqués et diverses autres finesses. Mon équipe s'occupe à l'heure actuelle de plus de 1,5 million d'octets de code de ce type – autrement dit, du code JavaScript, en plus de code généré à partir de JSP. Ce chiffre n'inclut pas les images et autres ressources liées du genre ! Notre travail nous sert à développer des applications pour des centaines d'opérateurs qui gèrent des comptes valant des millions de dollars. Votre compte en banque est peut-être même géré par ce logiciel…

Au cours de ce cheminement, le JavaScript a pris de l'ampleur sans que je m'en rende véritablement compte. En février 2005, Jesse James Garrett m'a fourni le morceau manquant du puzzle. Il a donné un nom court et accrocheur à la technologie HTML-riche-dynamique-client-serveur-asynchrone-inter-navigateur que nous avions exploitée au cours des dernières années : Ajax.

Le reste, comme on dit, c'est de l'histoire. Ajax fait maintenant l'objet d'un grand intérêt et une grande quantité de code de qualité est écrite par ceux qui sont à l'origine de Prototype, Rico, Dojo, qooxdoo, Sarissa et maints autres frameworks, trop nombreux pour être cités. Nous tâcherons cependant d'en dresser la liste à l'Annexe C. Nous pensons avoir mis la main sur la plupart des suspects… Et je ne me suis jamais autant amusé – je veux dire, je n'ai jamais autant travaillé – avec des ordinateurs !

Bien sûr, nous n'avons pas fini. Ce domaine continue d'évoluer, et j'ai été très étonné de voir à quel point c'était le cas lorsque j'ai apporté les modifications finales, en septembre 2005, du premier chapitre que j'avais écrit en mai ! Il reste encore beaucoup à penser dans ce domaine, et les deux prochaines années promettent d'être passionnantes. J'ai eu beaucoup de chance d'avoir Eric et Darren à mes côtés pour ce livre.

Nous espérons que vous rejoindrez notre ronde et que vous apprécierez l'aventure !

Dave Crane

Remerciements

Si la couverture de ce livre ne fait apparaître que trois noms, une véritable légion de personnes talentueuses, travailleuses et tout bonnement cinglées ont cependant été à l'œuvre en nous apportant leur aide. Nous aimerions remercier toute l'équipe de Manning et notamment notre éditeur, Marjan Bace, ainsi que nos éditeurs de développement, Jackie Carter et Doug Bennett, pour leur soutien et leur aide ininterrompus sur tant d'aspects de ce manuscrit. Aux autres employés de Manning qui ont travaillé avec nous à différents stades du projet – Blaise Bace, Karen Tegtmayer (éditrice-réviseuse), Iain Shigeoka (webmaster), Helen Trimes (attachée de presse) et Mary Piergies (éditrice du projet) –, merci de nous avoir aidés à suivre notre trajet sans encombre. Nos secrétaires de rédaction, Linda Recktenwald et Liz Welch, ainsi que nos relectrices, Barbara Mirecki et Tiffany Taylor, se sont avérées indispensables. Notre éditrice conceptrice, Dottie Marsico, et notre typographe, Denis Dalinnik, ont fait un travail fantastique en convertissant nos gribouillis et notre texte en un véritable livre !

Un grand nombre de programmeurs talentueux ont donné de leur temps pour notre cause, sans sourciller, en qualité de relecteurs techniques et de réviseurs. En tête viennent Phil McCarthy – qui a corrigé non seulement notre code, mais également notre grammaire et notre style, et par-dessus le marché, en a profité pour nous rappeler les règles exactes de la

Bataille navale –, et Bear Bibeault, qui nous a courageusement conseillés sur l'architecture serveur, le code côté client et la compatibilité Mac, en dépit de l'ouragan Rita. Joe Mayo, Valentin Crettaz, James Tikalsky, Shane Witbeck, Frank Zammetti, Joel Webber, Jonathan Esterhazy, Garret Wilson, Joe Walker et J. B. Rainsberger ont apporté un support technique de premier plan au pied levé. Nous leur sommes très reconnaissants.

Nous remercions également les nombreux relecteurs du manuscrit à ses différentes étapes, pour leurs bienveillantes remarques : Ernest Friedman-Hill, Craig Walls, Patrick Peak, J. B. Rainsberger, Jack Herrington, Erik Hatcher, Oliver Zeigermann, Suresh Kumar, Mark Chaimungkalanont, Doug Warren, Deiveehan Nallazhagappan, Norman Richards, Mark Eagle, Christophe Avare, Bill Lynch, Wayland Chan, Shane Witbeck, Mike Stenhouse, Frank Zammetti, Brendan Murray, Ryan Cox, Valentin Crettaz, Thomas Baekdal, Peter-Paul Koch, Venkatt Guhesan, Frank Jania, Mike Foster, Bear Bibeault, Peter George, Joel Webber, Nikhil Narayana, Harshad Oak et Bas Vodde.

Merci à Paul Hobbs, Bill Gathen et Charlie Arehart qui se sont occupés de la typographie du code des chapitres MEAP (*Manning Early Access Program*). Nous souhaitons également remercier Brian J. Sletten, Ben Galbraith et Kito Mann pour nous avoir aidés à nous lancer. Enfin, nos remerciements vont aux auteurs des nombreux frameworks Ajax que nous avons utilisés dans le livre, de même qu'à Jesse James Garrett pour nous avoir fourni un acronyme court et accrocheur pour orner la couverture de notre livre.

Hissés sur les épaules d'une troupe de géants, quelle vue magnifique nous avons !

J'aimerais remercier Chia, Ben et Sophie pour leur soutien, leur sagesse et leur enthousiasme, mais également pour m'avoir supporté pendant les longues veillées et les réveils matinaux. Maintenant que j'ai fini, je promets de bien me comporter ! Merci à mes parents également, qui ont patiemment prêté leurs oreilles au récit de la saga de l'écriture de ce livre et qui m'ont donné la force et le brin de folie qui m'ont poussé à entreprendre un tel projet.

Eric et Darren ont été d'excellents coauteurs. J'aimerais les remercier eux aussi, pour leurs contributions inestimables à ce livre.

Mes remerciements vont encore à mes collègues de Smartstream Technologies, qui ont exploré avec moi l'univers d'Ajax avant qu'il ne soit consacré : Tony Coombes, John Kellett, Phil McCarthy, Anthony Warner, Jon Green, Rob Golder, David Higgins, Owen Rees-Hayward, Greg Nwosu, Hristo Gramatikov et Stuart Martin, ainsi qu'à mes responsables Colin Reid et Andrew Elmore. Merci aussi à nos collègues d'outre-mer, Bhupendra, Pooja, Rahul, Dhiraj, Josef, Vjeko et Ted, et aux autres nombreuses personnes talentueuses avec lesquelles j'ai eu le plaisir de travailler au cours des dernières années. Je remercie particulièrement Rodrigo Barnes pour m'avoir fait connaître il y a dix ans ce nouveau langage de programmation appelé Java, et mon frère Mike pour avoir compris comment piloter notre micro-ordinateur BBC.

Dave Crane

J'aimerais remercier ma femme Shona, pour avoir supporté mes nuits tardives et avoir planifié notre mariage sans mon aide, alors que j'écrivais ce livre. Merci à mes parents qui m'ont laissé devenir un fêlé de l'informatique. Merci à mes collègues Fred Grau, Paul Fuseyamore, Tim Stanton, Tracey Baker, Adrienne Cantler et Kelly Singleton pour avoir supporté ma mauvaise humeur matinale après des nuits trop courtes. Merci aux personnes de **www.JavaRanch.com** pour leur aide et leurs nombreuses idées utiles. Je ne peux pas non plus oublier de remercier les extraterrestres qui m'ont kidnappé et m'ont appris à programmer.

Eric Pascarello

J'aimerais remercier ma femme, Alana, et mes enfants, Hannah and Paul, qui sont l'inspiration de ma vie. Merci à mes parents qui m'ont encouragé à bien faire à l'école ; à mon collègue et ami Bill Scott, pour ses idées et son soutien, à Richard Cowin et aux contributeurs de Rico, à Butch Clarke, qui aura fait figure d'ancre en pleine tempête, et à Gordon, Junior et Jub-Jub pour m'avoir fait rire.

Darren James

A propos de ce livre

A l'heure où ces lignes sont écrites, Ajax est une nouvelle technologie en pleine croissance et c'est une joie pour nous de vous en apprendre davantage à son sujet, dans le style inimitable de la collection *In Action* de Manning. Nous nous trouvons cependant confrontés à un problème intéressant : si Ajax est indiscutablement l'affaire du moment, il ne s'agit pas d'une nouveauté en soi. Il ne s'agit pas non plus d'une technologie.

Expliquons cela. Ajax rassemble plusieurs technologies Web bien établies et les utilise conjointement d'une manière nouvelle et intéressante. L'apprentissage d'une technologie entièrement nouvelle est généralement plus simple, parce que vous commencez par une sorte de page blanche. Avec Ajax, l'affaire est différente : il y a aussi beaucoup à désapprendre. C'est la raison pour laquelle ce livre est organisé un peu différemment des autres ouvrages de la collection *In Action* de Manning, comme vous le remarquerez peut-être au cours de votre lecture. Nous avons estimé qu'il s'agissait de la meilleure organisation possible pour notre sujet.

En outre, comme vous le verrez, si les technologies Ajax elles-mêmes se situent toutes côté client, les différences s'étendent pourtant jusqu'au côté serveur. Ce livre concerne avant tout la programmation côté client, et la plupart des exemples de code que vous trouverez ici sont en JavaScript. Les principes d'Ajax découplent merveilleusement le client du serveur et peuvent être utilisés avec n'importe quel langage côté serveur. Nous avons donc affaire à un public de grande envergure et nous avons choisi de présenter notre code côté serveur dans une variété de langages : PHP, Java, C# et Visual Basic .NET. De manière générale, nous avons essayé de présenter un code côté serveur aussi simple que possible et détaché de toute implémentation particulière, afin que vous puissiez le porter dans l'environnement de votre choix. Lorsque nous employons des fonctions spécifiques à un langage, nous les expliquons suffisamment en détail pour que ceux qui sont familiarisés avec l'environnement comprennent ce que nous faisons.

A qui s'adresse ce livre ?

Ajax est à la croisée d'un certain nombre de disciplines. Les lecteurs y viendront par différents biais. Il s'agira d'un côté de développeurs d'entreprises professionnels, diplômés en informatique et munis d'une expérience concrète de plusieurs années dans les projets logiciels d'envergure, qui doivent quelquefois sortir la tête du capot et s'occuper de la couche de présentation. On trouvera d'un autre côté des professionnels créatifs passés de la conception graphique à la conception Web et aux "nouveaux médias", qui ont appris la programmation par leurs propres moyens et qui se servent de langages comme le PHP, Visual Basic, JavaScript ou ActionScript. Seront également intéressés les développeurs d'applications qui se recyclent dans le Web, ainsi que les administrateurs système mis à contribution pour la création d'outils de gestion Web, et bien d'autres encore.

Tous ces lecteurs possibles ont un réel intérêt pour Ajax. Dans cet ouvrage, nous avons essayé de répondre à chacun de leurs besoins, dans la mesure du possible. Nous proposons des liens pour le développeur côté serveur vers les technologies Web essentielles utilisées pour traiter le navigateur Web comme terminal passif. Au développeur de nouveaux médias, sans doute plus familier des styles de programmation *ad hoc*, nous apportons également des renseignements de fond concernant la conception logicielle et l'organisation. Ajax est une technologie interdisciplinaire, et d'où que vous veniez, elle vous mènera vers des zones inconnues. Nous vous mettrons quelque peu à l'épreuve et vous demanderons d'acquérir de nouvelles compétences en cours de route. C'est ce que nous avons fait dans notre propre utilisation d'Ajax, même au cours de la rédaction ce livre. Cette expérience a été très gratifiante et très appréciable, car ses avantages s'étendent à d'autres aspects de nos vies professionnelles.

Feuille de route

Ce livre est divisé en quatre parties. La Partie 1 présente Ajax, explique en quoi celui-ci peut être utile dans votre boîte à outils de développeur, et présente les outils qui feront votre succès. La Partie 2 couvre les techniques centrales qui permettent aux applications Ajax de fonctionner. La Partie 3 s'appuie sur ces explications pour traiter de tous les éléments nécessaires, depuis la preuve de faisabilité jusqu'au logiciel prêt à l'emploi. Dans la Partie 4, nous adoptons une approche concrète et construisons cinq projets Ajax, pas à pas. Nous les réunissons ensuite sous forme de composants réutilisables dans vos propres applications Web.

Comme nous l'avons indiqué, Ajax n'est pas une technologie, mais un processus. Le Chapitre 1 nous sert donc à réorienter les développeurs habitués à l'univers du développement Web pré-Ajax. Nous traitons des différences fondamentales entre Ajax et les applications

Web classiques, de la manière de concevoir l'utilisabilité et d'autres affaires conceptuelles du même acabit. Si vous souhaitez comprendre les raisons pour lesquelles tant de monde s'agite autour d'Ajax, nous vous suggérons de commencer par là. Si vous souhaitez passer directement à la consommation de code, rendez-vous au Chapitre 2.

Les technologies Ajax sont déjà assez bien documentées en elles-mêmes. Le Chapitre 2 propose un tour d'horizon illustré par des exemples de ces technologies, mais nous n'avons pas tenté d'être exhaustifs. Nous nous sommes plutôt souciés d'insister sur les points sur lesquels Ajax amène la technologie à être utilisée différemment ou à se comporter différemment.

Le Chapitre 3 présente le troisième thème principal de ce livre, à savoir la gestion de la base de code Ajax. Ayant nous-mêmes vu une base de code JavaScript dépasser les 1,5 Mo de code source, nous pouvons témoigner que le fait d'écrire du JavaScript pour Ajax est une autre affaire. S'il est question ici de motifs de conception et de réusinage, ce n'est pas parce que c'est à la mode, mais simplement parce qu'il s'agit d'outils précieux et extrêmement pratiques pour travailler avec Ajax. Nous sommes persuadés que vous en viendrez vous-même aux mêmes conclusions.

Aux Chapitres 4 et 5, nous nous occupons des composants clés d'Ajax et mettons en pratique nos acquis sur les motifs de conception, afin de dégager un ensemble des meilleures pratiques. Le Chapitre 4 propose des moyens de s'assurer que votre code reste propre sur le client même, en mettant à contribution le bon vieux Modèle-Vue-Contrôleur, à la mode Ajax. Le Chapitre 5 traite de différents moyens de communiquer entre le client et le serveur et de la manière dont divers types de frameworks peuvent être adaptés pour opérer avec Ajax. A ce stade, nous aurons couvert l'essentiel de la mécanique élémentaire et vous saurez comment Ajax opère d'un bout à l'autre de la chaîne.

Les Chapitres 6 à 8 s'appuient sur les connaissances fondamentales acquises au cours des précédents chapitres afin de voir comment ajouter une touche de vernis à votre application, et en vue de dépasser la simple preuve de faisabilité pour passer à quelque chose d'amusant, de sûr et d'utilisable dans le monde réel. Le Chapitre 6 couvre l'expérience utilisateur et examine en profondeur les moyens qui permettent d'informer l'utilisateur pendant que des tâches asynchrones sont en cours d'exécution. Il y a un équilibre à trouver entre le fait de ne pas interférer avec les activités de l'utilisateur et le fait de le laisser dans le noir. Nous tenterons de définir ensemble ce juste milieu.

Le Chapitre 7 aborde le problème de la sécurité dans Ajax sous plusieurs angles. Ajax est une technologie Web et bon nombre des problèmes auxquels elle fait face ne diffèrent pas de ceux de toute autre application Web. Nous traiterons des points essentiels, en nous concentrant sur les problèmes spécifiques à Ajax, comme l'importation sécurisée du JavaScript généré à partir du serveur, et la protection des points d'entrée de votre service Web contre les manipulations directes indésirables. La sécurité peut être un sérieux trouble-fête pour les applications sérieuses, et nous vous indiquerons les étapes essentielles requises pour en conserver un contrôle complet.

Le Chapitre 8 traite d'un autre trouble-fête, la performance (ou plutôt le manque de performance !). Nous verrons comment surveiller les performances de votre application et comment analyser le code afin de l'améliorer et de s'assurer que ces améliorations seront uniformes dans toute l'application.

Dans la Partie 4, qui regroupe les Chapitres 9 à 13, nous changerons de vitesse et examinerons un certain nombre de projets Ajax. Dans chaque cas, nous coderons la fonction de manière simple, puis la réusinerons en un composant plus robuste que vous pourrez placer dans vos propres projets en quelques lignes de code. Vous pourrez ainsi non seulement comprendre les principes et l'avantage de la réutilisation, mais aussi voir concrètement des exemples de réusinage Ajax.

Au Chapitre 9, nous examinerons un moyen simple d'enrichir les fonctions offertes à l'utilisateur en améliorant les formulaires HTML avec Ajax : nous utiliserons des données saisies dans un champ pour préremplir une deuxième liste déroulante en interrogeant le serveur à l'arrière-plan. Nous poursuivrons sur le thème de l'amélioration des formules au Chapitre 10, avec une implémentation de suggestions de saisies, en extrayant des données du serveur en fonction des touches enfoncées par l'utilisateur.

Le Chapitre 11 évoque les possibilités étendues des interfaces utilisateur Ajax. Nous développerons une application de portail complète qui ressemble plus à un bureau de station de travail qu'à une page Web, avec ses fenêtres redimensionnables que l'utilisateur peut faire glisser à l'écran. Les processus d'Ajax enregistrent les mouvements des fenêtres à l'arrière-plan, de sorte que le bureau se trouve toujours dans le même état que celui où vous l'avez laissé, même si vous vous connectez sur un ordinateur différent.

Le Chapitre 12 développe un système de recherche Ajax et illustre la puissance du XSLT côté client pour transformer des données brutes XML en un contenu mis en forme et stylisé.

Au Chapitre 13, nous présenterons un client Ajax sans implémentation dorsale. Celui-ci communique toujours avec les processus serveur, mais il le fait cette fois directement avec des flux de syndication de blogs et de news, en exploitant le protocole Internet RSS.

Pour finir, nous avons inclus trois annexes qui, nous l'espérons, vous seront utiles. Bien entendu, le corps de l'ouvrage traite de la technologie elle-même. Mais dans le cas d'une technologie interdisciplinaire comme Ajax, associer les outils de manière efficace représente un défi encore plus grand que dans le cas d'une pile de technologies matures comme J2EE ou .NET. Les éditeurs ne proposent pas encore d'outils Ajax, mais il ne fait aucun doute qu'ils ne tarderont pas ! En attendant, nous proposons à l'Annexe A une vue d'ensemble des outils et des astuces dont nous nous sommes servis pour développer nos projets Ajax et garder un peu d'ordre dans tout cela.

L'Annexe B est destinée aux programmeurs d'entreprises qui comprennent les principes de la conception logicielle mais ne sont pas certains de la manière de les appliquer dans un langage aussi flexible, déstructuré et, disons le mot, bizarre, que le JavaScript. Nous expliquerons les possibilités qu'offre ce langage et indiquerons les points de divergence principaux avec les langages Java et C#.

Si les éditeurs d'outils ne sont pas encore sur les rangs en ce qui concerne Ajax, il en va de même pour les développeurs de frameworks. L'univers des frameworks d'Ajax est un véritable laboratoire en pleine explosion. L'Annexe C propose un tour d'horizon des frameworks d'Ajax et des kits d'outils que nous connaissons à l'heure actuelle. Elle fournit une rapide vue d'ensemble et un lien pour chacun de ces frameworks.

Conventions relatives au code

Tout le code source dans les listings ou dans le texte se trouve dans `une police à chasse fixe comme celle-ci`, afin d'être distingué du texte ordinaire. Nous employons un grand nombre de langages et de balises dans ce livre – JavaScript, HTML, CSS, XML, Java, C#, Visual Basic .NET et PHP –, mais en nous efforçant d'adopter une approche uniforme. Les noms de méthodes et de fonctions, les propriétés d'objets, les éléments XML et les attributs dans le texte sont présentés avec cette même police.

Bien souvent, le code source d'origine a été reformaté : nous avons ajouté des sauts de lignes et réadapté l'indentation afin de l'ajuster au format des pages de l'ouvrage. Dans certains cas rares, cela même n'a pas suffi et les listings incluent des marques de continuation à la ligne. De nombreux commentaires ont en outre été supprimés des listings. Lorsque cela s'est avéré approprié, nous avons également ignoré les détails d'implémentation qui auraient distrait le lecteur au lieu de l'aider à comprendre, comme les *setters* et les *getters* JavaBean, les instructions *import* et *include* et les déclarations d'espaces de noms.

Des annotations de code accompagnent un grand nombre de listings, afin de mettre en valeur les notions importantes. Dans certains cas, des puces numérotées renvoient aux explications qui suivent le listing.

Téléchargement du code

Le code source de tous les exemples de ce livre est disponible en téléchargement à l'adresse **http://www.manning.com/crane**.

Nous avons conscience que nos lecteurs ne posséderont pas tous un serveur .NET, un serveur d'applications J2EE et une installation Linux, Apache, MySQL, PHP/Python/Perl (LAMP) sur leur bureau, d'autant plus que cet ouvrage les intéresse principalement pour la technologie côté client. Nous avons donc essayé d'inclure des versions "de simulation" du code d'exemple, qui peuvent être exécutées avec des données statiques depuis n'importe quel serveur Web, dont Apache, Tomcat et IIS. Ces exemples viennent en plus des exemples pleinement fonctionnels : si vous aimez vous débattre avec des bases de données et des serveurs d'applications, vous pouvez donc vous en donner à cœur joie ! Un document d'installation de base est fourni pour les fichiers en téléchargement.

Auteur en ligne

L'achat d'*Ajax en pratique* inclut un accès libre à un forum Web privé tenu par Manning Publications et sur lequel vous pouvez proposer vos commentaires concernant le livre, poser des questions techniques et recevoir de l'aide de la part des auteurs et d'autres utilisateurs. Pour accéder au forum et vous y inscrire, rendez-vous à l'adresse **www.manning.com/crane**. Cette page fournit des informations sur la manière d'accéder au forum une fois inscrit, sur le type d'aide disponible et les règles de participation au forum.

L'engagement de Manning envers ses lecteurs consiste à concrétiser la possibilité d'un dialogue enrichissant entre les lecteurs, et entre les lecteurs et les auteurs. Cela dit, il ne s'agit pas d'un engagement portant sur le niveau de participation des auteurs eux-mêmes, dont la contribution aux forums reste bénévole. Nous vous suggérons donc de poser aux auteurs des questions qui puissent les intéresser !

Le forum *Author Online* et les archives des précédentes discussions seront accessibles sur le site Web de l'éditeur pendant toute la durée de vie de ce livre.

Concernant le titre de ce livre

Associant introductions, vues d'ensemble et exemples pratiques, les livres *En pratique (In action)* sont conçus pour favoriser l'apprentissage et la mémorisation. D'après les recherches menées en science cognitive, il apparaît que les gens retiennent mieux ce qu'ils découvrent au cours d'explorations personnelles.

Si nous ne comptons pas d'expert en sciences cognitives parmi nous, nous sommes néanmoins convaincus que pour que l'apprentissage devienne permanent, il faut passer par des phases d'exploration et de jeu, et répéter ce qui a été appris. Les gens ne comprennent et ne retiennent de nouvelles choses – autrement dit, ne les maîtrisent – qu'après les avoir activement explorées. L'homme apprend en agissant. L'une des caractéristiques essentielles de cette collection tient à ce qu'elle s'appuie sur des exemples et encourage le lecteur à effectuer des tests, à s'amuser avec le code et à explorer de nouvelles idées.

Le titre de l'ouvrage a une autre raison d'être : nos lecteurs sont affairés. Ils ont recours à des livres pour réaliser un travail ou résoudre un problème. Ils ont besoin de lectures qui leur permettent de se jeter à l'eau et de ressortir aisément du bain, en apprenant uniquement ce dont ils ont besoin, au moment où ils en ont besoin. Ils ont besoin d'ouvrages qui les aident à agir, et les livres de cette série sont conçus pour ce type de lecteurs.

Concernant l'illustration de la couverture

L'illustration sur la couverture représente une "sultane", membre féminin de la famille d'un sultan. Ce nom peut désigner la femme comme la mère du sultan. L'illustration est tirée d'une collection de costumes de l'Empire ottoman qui a fait l'objet d'un ouvrage publié le 1er janvier 1802 par William Miller, à Londres. La page de titre du livre est manquante et nous n'avons pas pu en retrouver trace à ce jour. Mais la table des matières du livre identifie les illustrations en anglais et en français, et chaque image porte le nom de des deux artistes qui ont travaillé dessus. On peut imaginer que les artistes en question seraient assez surpris de retrouver leur œuvre sur la première page d'un livre de programmation... deux cents ans plus tard !

La collection a été achetée par un éditeur de Manning chez un antiquaire du marché aux puces de la 26e rue à Manhattan. Le vendeur était un américain qui résidait à Ankara, en Turquie, et la transaction s'est faite au moment où celui-ci remballait son stand. L'éditeur de Manning n'avait pas assez d'argent sur lui et ne pouvait régler par carte de crédit ou par chèque. Le vendeur repartant à Ankara le soir même, la situation semblait sans espoir. Quelle fut la solution ? Un simple accord verbal, à l'ancienne, scellé par une poignée de mains. Le vendeur a tout simplement proposé que l'argent lui soit remis par transfert bancaire, et l'éditeur est reparti avec un bout de papier portant les coordonnées bancaires du vendeur, et le portfolio d'images sous son bras. Bien sûr, nous avons procédé au transfert dès le lendemain, mais nous sommes encore reconnaissants à cette personne inconnue, et impressionnés par la confiance qu'elle a bien voulu accorder à l'un d'entre nous. On croirait entendre une histoire très ancienne...

Les images de la collection ottomane, comme les autres illustrations qui apparaissent sur nos couvertures, ramènent à la vie la richesse et la variété des habitudes vestimentaires d'il y a deux cents ans. Elles rappellent le sentiment d'isolation et de distance qui régnait à cette période de l'histoire.

Les codes vestimentaires ont changé et la diversité des régions, si riche à l'époque, s'est partiellement estompée. A présent, il est souvent difficile de différencier les habitants d'un continent de ceux d'un autre continent. Si l'on adopte un regard positif, on peut supposer que nous avons troqué une diversité culturelle et visuelle contre une variété de la vie personnelle – ou dit autrement, contre une vie intellectuelle et technique plus intéressante.

Chez Manning, nous célébrons l'inventivité, le sens de l'initiative et le plaisir en informatique, ce que nous illustrons sur les couvertures de nos livres, qui présentent la grande diversité de la vie régionale d'il y a deux siècles.

I

Repenser l'application Web

Cette partie du livre introduit les principaux concepts d'Ajax. Le Chapitre 1 présente Ajax et ses avantages. Le Chapitre 2 expose les technologies Ajax et montre comment elles opèrent entre elles. Le but est que vous puissiez, à la fin de cet ouvrage, vous atteler à des projets réels qui ne se limitent pas à une simple application "Hello World". Le Chapitre 3 aborde les outils de développement logiciel que nous avons utilisés pour gérer de gros projets et vous montre comment vous en servir avec Ajax.

1

Un nouveau mode de conception pour le Web

Au sommaire de ce chapitre

- Interactions réseau asynchrones et motifs d'utilisation
- Les différences clés entre Ajax et les applications Web classiques
- Les quatre principes fondamentaux d'Ajax
- Ajax en pratique

Idéalement, les interfaces utilisateur doivent être invisibles pour les utilisateurs. Elles doivent leur fournir les options dont ils ont besoin au moment où ils en ont besoin et s'effacer sinon, en leur permettant de se focaliser sur ce qui les concerne directement. Malheureusement, ce résultat est très difficile à atteindre et nous nous résignons généralement à travailler avec des interfaces utilisateur tout sauf optimales – jusqu'au jour où l'on nous présente une meilleure méthode et où nous réalisons à quel point l'usage que nous avions adopté pouvait être frustrant.

L'univers Internet est en passe de prendre la mesure de ce fait, car les technologies de base des navigateurs Web qui servent à afficher le contenu des documents ont été poussées au-delà des limites de ce qu'elles peuvent raisonnablement accomplir.

La dénomination Ajax (*Asynchronous JavaScript + XML*), choisie par Jesse James Garrett, d'Adaptive Path, est relativement récente. On connaissait déjà certains aspects d'Ajax sous le nom de HTML dynamique et de *remote scripting*, mais Ajax est un nom plus accrocheur, qui évoque des images de poudre à récurer, d'équipe de football hollandaise ou de héros grec tourmenté par les affres de la folie.

Mais il ne s'agit pas que d'un nom. Il y a beaucoup d'excitation autour d'Ajax, et à juste titre, tant du point de vue technologique qu'au regard des perspectives commerciales qui s'y rapportent. Techniquement, Ajax donne vie à bon nombre de potentialités inexploitées des technologies de navigateurs Web. Google et quelques autres acteurs clés s'appuient sur Ajax pour montrer au grand public ce qu'on est en droit d'attendre des applications Web.

L'application Web classique à laquelle nous nous sommes habitués est en passe de disparaître : elle se fissure lentement aujourd'hui en croulant sous le poids des services Web de plus en plus sophistiqués que l'on appose sur son socle. Un grand nombre de technologies se bousculent au portillon pour combler le manque avec des clients plus riches, plus intelligents ou améliorés. Ajax est à même de proposer cette richesse et cette intelligence, en utilisant uniquement des technologies déjà installées sur la plupart des ordinateurs modernes.

Ajax reprend un ensemble d'anciennes technologies et en tire parti bien au-delà de leur portée d'origine. Le but est de gérer la complexité des éléments que nous avons peu à peu introduits. Ce livre aborde les questions pratiques concernant l'usage des différentes technologies individuelles mais considère également la gestion de projets Ajax d'envergure. Nous présenterons en outre les *design patterns* (littéralement, "motifs de conception") d'Ajax tout au long de ce livre afin de vous aider à réaliser votre travail. Les design patterns permettent de consigner nos connaissances et nos expériences relatives à une technique à mesure que nous les acquérons, et de les communiquer à d'autres personnes. En introduisant la régularité dans une base de code, ils peuvent faciliter la création d'applications, ainsi que leur modification et leur extension lorsque les besoins évoluent. C'est même un plaisir de travailler avec les design patterns !

Pourquoi des clients Ajax riches ?

L'élaboration d'une interface client riche est un peu plus compliquée que la conception d'une simple page Web. Qu'est-ce qui peut donc bien mériter que vous fassiez ce bout de chemin supplémentaire ? Quelle récompense en tirerez-vous ? Et puis d'ailleurs, un client riche, c'est quoi ?

Les clients riches se caractérisent par deux aspects clés : ils sont riches et ce sont des clients !

Ces mots méritent explication. Le terme "riche" fait ici référence au modèle d'interaction du client. Un modèle d'interaction utilisateur est dit riche s'il peut supporter une variété de méthodes de saisies, s'il est intuitif et réactif. Nous pourrions définir un point de référence assez modeste en stipulant que pour que l'interaction utilisateur soit riche, il faut qu'elle soit d'aussi bonne qualité que la génération actuelle des applications de bureau comme les traitements de texte et les tableurs. Voyons ce que cela implique.

Comparaison des expériences utilisateur

Prenez quelques minutes pour jouer avec une application de votre choix (à l'exception d'un navigateur Web) et comptez les différents types d'interactions utilisateur qu'elle propose. Revenez à cette page lorsque vous avez terminé. Je me servirai sous peu d'un tableur comme exemple, mais les remarques que je ferai seront suffisamment générales pour convenir à toute application d'un simple éditeur de texte.

Vous avez fini votre test ? Moi aussi. En tapant quelques équations simples dans mon tableur, j'ai remarqué que je pouvais interagir avec de plusieurs manières, que je pouvais modifier des données *in situ*, parcourir les données avec le clavier et la souris, et réorganiser ces données par glisser-déposer.

Tandis que je faisais tout cela, le programme me fournissait des retours d'information. Le curseur changeait de forme, les boutons s'allumaient lorsque je les survolais, le texte sélectionné changeait de couleur, les fenêtres et les boîtes de dialogue actives étaient représentées différemment, etc. (voir Figure 1.1). C'est ce que l'on désigne par "interactivité riche" de nos jours. On conviendra qu'il y a encore des progrès à faire, mais c'est un début.

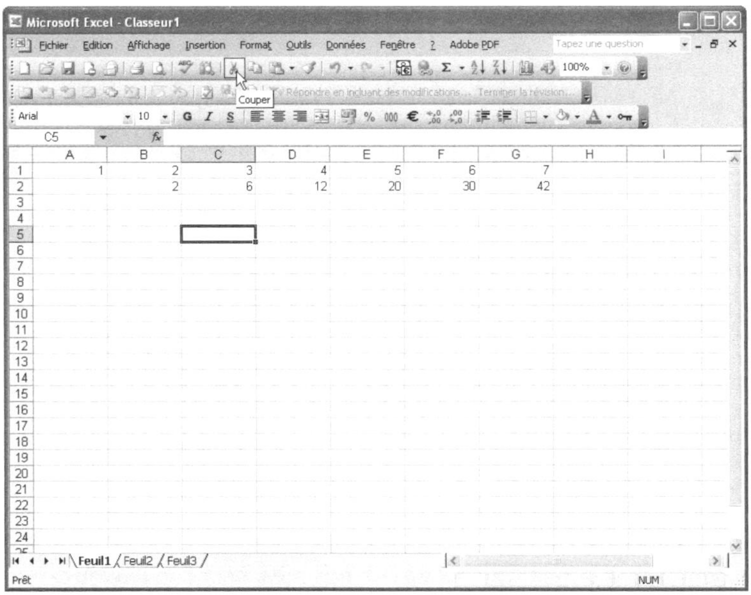

Figure 1.1

Cette application de bureau, un tableur en l'occurrence, présente une variété de possibilités pour l'interaction de l'utilisateur. Les en-têtes des lignes et colonnes sélectionnées sont passés en surbrillance, les boutons affichent des info-bulles quand on les survole, les barres d'outils contiennent divers bitoniaux sophistiqués et les cellules peuvent être inspectées et modifiées de manière interactive.

L'application de tableur est-elle donc un client riche ? Je dirais que non.

Dans un tableur ou une application de bureau similaire, la logique et le modèle de données sont tous deux exécutés dans un environnement fermé au sein duquel ils peuvent se voir l'un l'autre très clairement mais laissent tomber le voile sur le reste du monde (voir Figure 1.2). Ma définition d'un client est celle d'un programme qui communique avec un processus différent et indépendant, lequel s'exécute généralement sur un serveur. En général, le serveur est plus gros, plus fort et mieux que le client, et il stocke des quantités d'informations monstrueuses. Le client permet aux utilisateurs de visualiser et modifier ces informations, et si plusieurs clients sont connectés au même serveur, ce dernier leur permet de partager ces données. La Figure 1.3 présente un schéma simple d'architecture client/serveur.

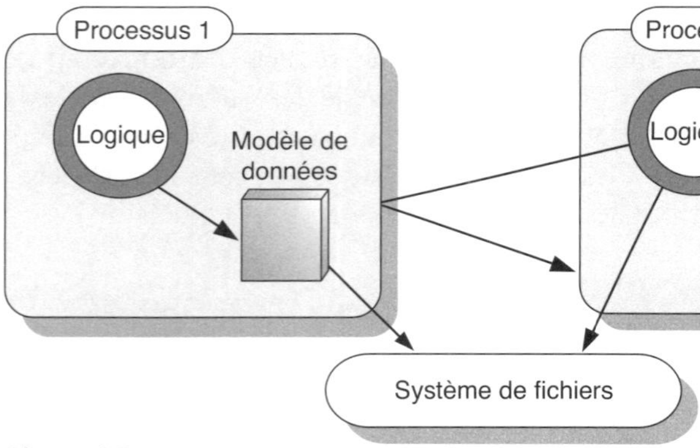

Figure 1.2

Architectures schématiques pour une application de bureau autonome. L'application s'exécute dans son propre processus, au sein duquel le modèle de données et la logique du programme peuvent se "voir" l'un l'autre. Toute autre instance de l'application qui s'exécute sur le même ordinateur n'a aucun accès au modèle de données de la première, sauf par le biais du système de fichiers. En général, l'état entier du programme est stocké dans un unique fichier, qui se trouve verrouillé pendant que l'application s'exécute, afin d'empêcher tout échange simultané d'informations.

Dans une architecture n-tier moderne, le serveur communique évidemment avec des serveurs dorsaux ultérieurs comme des bases de données, ce qui aboutit à une juxtaposition de couches intermédiaires (*middlewares*) qui agissent à la fois comme clients et comme serveurs. Nos applications Ajax se situent généralement au bout de cette chaîne, et agissent uniquement comme clients, de sorte que nous pouvons traiter le système n-tier tout entier comme une unique boîte noire appelée "serveur" pour les besoins de nos présentes explications.

Mon tableur se trouve installé sur sa propre petite pile de données, stockées localement en mémoire et sur le système de fichiers local. S'il est bien architecturé, le couplage entre les données et la présentation peut être admirablement souple, mais je ne peux pas répartir ces données sur le réseau ou les partager comme telles. En vertu de ce qui nous occupe actuellement, il ne s'agit donc pas d'un client.

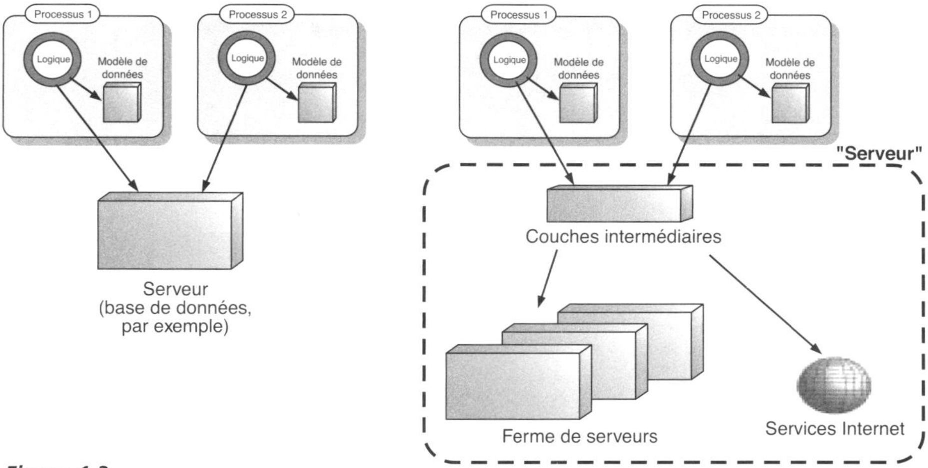

Figure 1.3

Architectures schématiques pour les systèmes client/serveur et les architectures n-tier. Le serveur offre un modèle de données partagé, avec lequel les clients peuvent interagir. Les clients conservent leurs propres modèles de données partiels, pour un accès rapide, mais ces derniers se rapportent au modèle serveur pour la représentation définitive des objets métier. Plusieurs clients peuvent interagir avec le même serveur, le verrouillage des ressources étant géré par granularité fine au niveau des objets individuels ou des lignes de base de données. Le serveur peut être un processus unique – comme dans le modèle client/serveur traditionnel qui était en vigueur du début au milieu des années 1990 –, ou se trouver constitué de plusieurs tiers intermédiaires, services Web externes, etc. Dans tous les cas, du point de vue du client, le serveur possède un unique point d'entrée et peut être considéré comme une sorte de boîte noire.

Les navigateurs Web sont évidemment des clients, qui contactent les serveurs Web dont ils demandent les pages. Le navigateur possède des fonctions riches pour la gestion de la navigation Web de l'utilisateur, comme des boutons de retour arrière, des listes d'historiques et des onglets pour le stockage des documents multiples, mais si on considère les pages Web d'un site particulier comme une application, ces contrôles génériques de navigateurs ne sont pas plus liés à l'application que le menu Démarrer de Windows ou la liste des fenêtres le sont à mon application de tableur.

Considérons une application Web moderne. Puisque tout le monde en a entendu parler, choisissons celle d'Amazon, le célèbre libraire en ligne (voir Figure 1.4). J'ai dirigé mon navigateur vers le site d'Amazon. Comme ce dernier se souvient de moi, il m'accueille avec un message convivial, une liste de livres recommandés et des informations concernant mon historique d'achat.

Le fait de cliquer sur un titre de la liste des recommandations me conduit sur une page séparée (l'écran clignote et je perds complètement de vue toutes les listes que j'observais quelques secondes auparavant). Cette page est encore pleine d'informations contextuelles : informations sur le livre, prix d'occasion, liens vers des auteurs similaires et titres d'autres ouvrages récemment achetés (voir Figure 1.5).

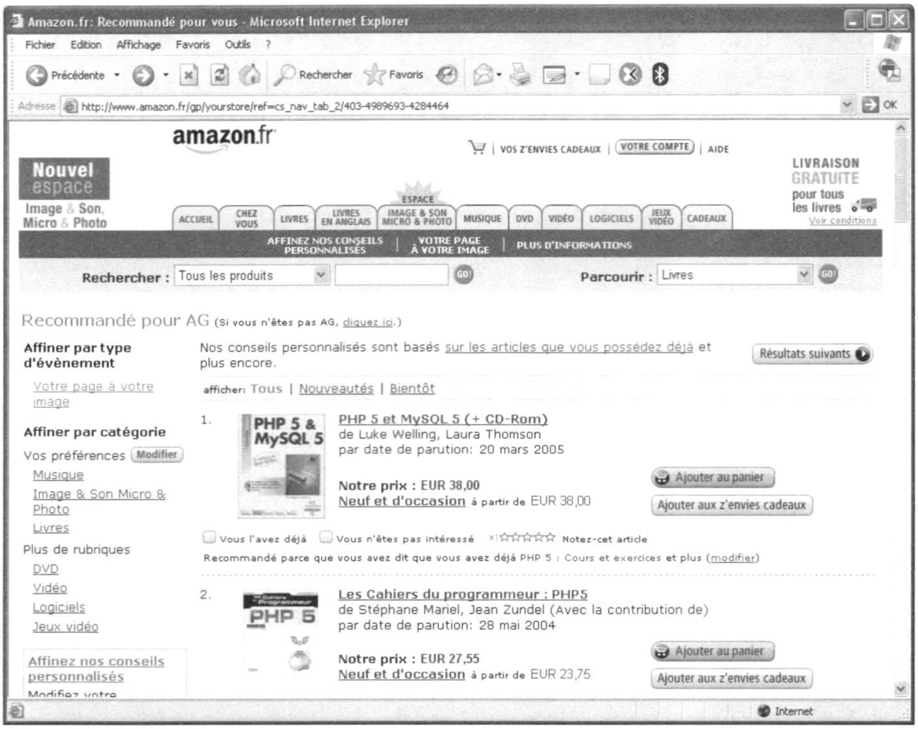

Figure 1.4

La page d'accueil d'Amazon. Le système s'est souvenu de moi suite à ma dernière visite. Les liens de navigation correspondent à un mélange de promotions génériques et d'informations personnelles.

En somme, j'ai affaire à des informations très riches et étroitement liées. Le seul moyen qui me soit offert d'interagir avec ces informations consiste cependant à cliquer sur des liens et à remplir des formulaires textuels. Si je m'endormais sur mon clavier en naviguant sur ce site et que je me réveille le lendemain, je ne saurais pas que le dernier Harry Potter vient de sortir tant que je n'aurais pas actualisé l'affichage de la page tout entière. Je ne peux pas promener mes listes d'une page à l'autre et ne peux redimensionner des portions du document afin de voir plusieurs éléments de contenu à la fois.

Le but n'est pas de descendre Amazon, qui se débrouille très bien dans son domaine, où de nombreuses contraintes sont à l'œuvre. Toutefois, si l'on compare tout cela au tableur, on voit bien que le modèle d'interaction sur lequel il s'appuie est indubitablement limitant.

Pourquoi ces limites font-elles loi dans les applications Web modernes ? Il existe de solides raisons techniques à cela, qu'il convient d'examiner dès à présent.

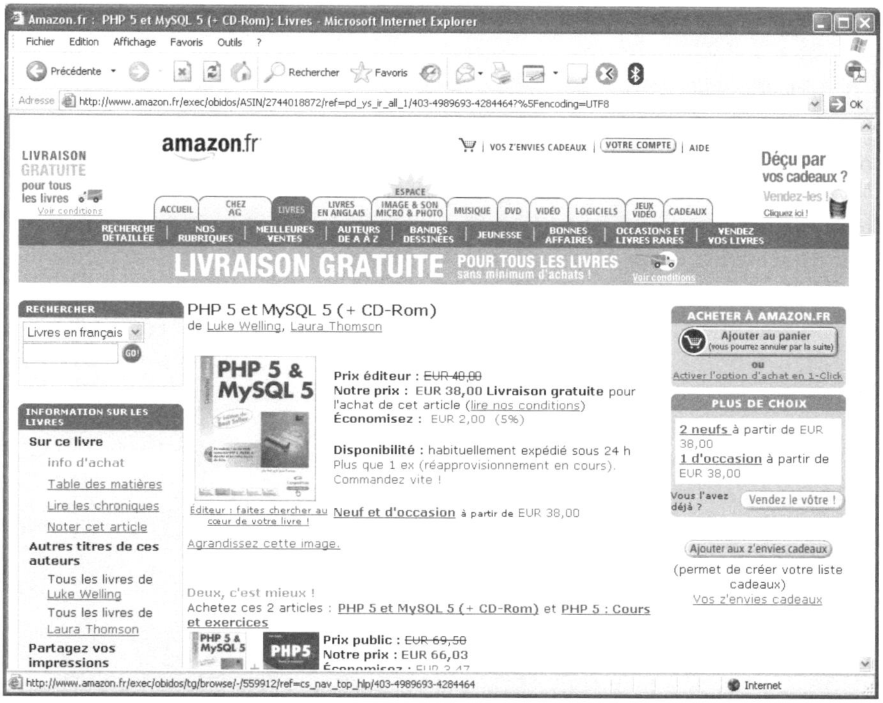

Figure 1.5

Page de détail du livre d'Amazon. A nouveau, un ensemble dense de liens combine des informations génériques et des informations personnelles. Une grande quantité de données sont cependant identiques à celles de la Figure 1.4 : vu le principe de fonctionnement lié au document du navigateur, elles doivent être retransmises avec chaque page.

Latence réseau

La vision grandiose que l'on se fait de l'ère Internet est celle d'un monde où tous les ordinateurs s'interconnecteraient sous la forme d'une unique ressource informatique de très grande taille. Les appels de procédures distants et locaux seraient impossibles à distinguer et les émetteurs ne sauraient plus à partir de quel ordinateur physique ils travailleraient, s'affairant joyeusement à leurs calculs de repliements de protéines ou au décodage de signaux extraterrestres…

Malheureusement, les appels de procédures distants et locaux sont tout autre chose. Les communications réseau sont coûteuses (autrement dit, elles sont lentes et peu fiables). Lorsqu'un élément de code hors réseau est compilé ou interprété, les différentes méthodes et fonctions sont codées sous forme d'instructions et stockées dans la même mémoire locale que les données sur lesquelles les opèrent (voir Figure 1.6). Le passage des données aux méthodes et le retour des résultats sont donc assez simples.

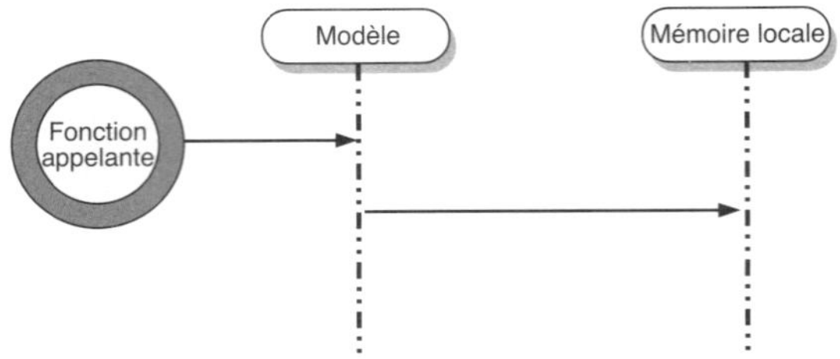

Figure 1.6
Diagramme séquentiel d'un appel de procédure local. Très peu d'acteurs sont impliqués dans ce processus, car la logique du programme et le modèle de données se trouvent tous deux stockés dans la mémoire locale et peuvent se voir directement.

Pour envoyer et recevoir des données, il faut qu'un grand nombre de calculs s'opèrent sous le capot aux deux extrémités de la connexion réseau (voir Figure 1.7). Ce sont ces calculs qui ralentissent la procédure, plus que le voyage physique sur le câble. Les différentes phases du codage et du décodage concernent divers aspects de la communication : le passage physique des signaux sur le fil (ou par les ondes), la traduction de ces signaux sous la forme des 1 et des 0 des données binaires, la vérification des erreurs et la retransmission, le réassemblage de la séquence et pour finir la restitution du sens des informations binaires.

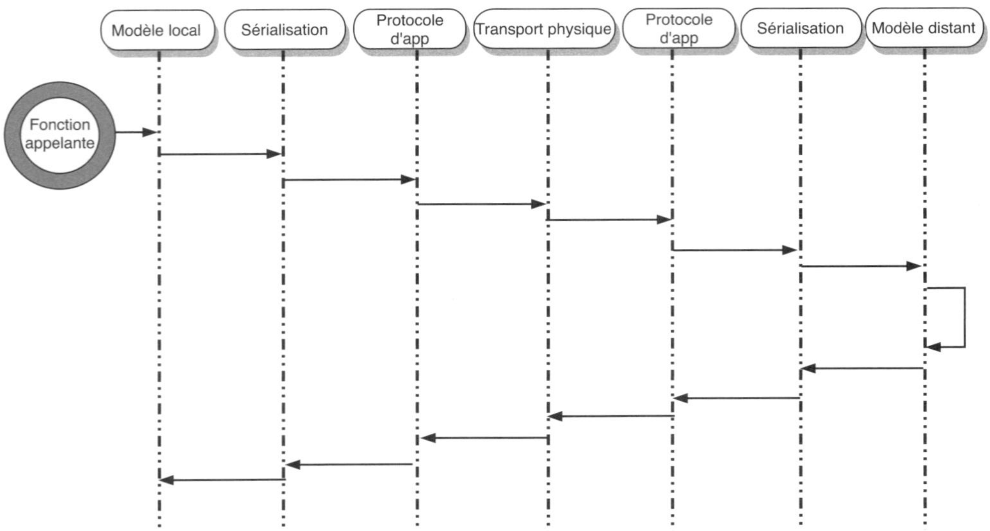

Figure 1.7
Diagramme séquentiel d'un appel de procédure distant. La logique du programme sur un ordinateur tente de manipuler un modèle de données sur un autre ordinateur.

La requête de la fonction appelante doit être codée sous la forme d'un objet, qui se trouve ensuite sérialisé (autrement dit, converti en un ensemble linéaire d'octets). Les données sérialisées sont ensuite passées au protocole d'application (en général, de nos jours, il s'agit du HTTP) et transmises par le biais du transport physique (un câble de cuivre ou de fibre optique ou une connexion sans fil quelconque).

Sur l'ordinateur distant, le protocole d'application est décodé et les octets des données sont désérialisés, afin de créer une copie de l'objet requis. Cet objet peut ensuite être appliqué au modèle de données et un objet de réponse est généré. Pour communiquer la réponse à la fonction appelante, il faut à nouveau parcourir les couches de sérialisation et de transport pour que, en fin de compte, un objet réponse soit retourné.

Ces interactions sont complexes mais elles peuvent être automatisées. Les environnements de programmation modernes comme le Java et le .NET Framework offrent gratuitement cette fonction. Il n'en reste pas moins qu'une activité intense a lieu lorsqu'un appel de procédure distant (APD) est opéré et que si ces appels sont réalisés trop fréquemment, les performances en pâtissent.

Un appel sur un réseau ne sera donc jamais aussi efficace que l'appel d'une méthode locale en mémoire. En outre, le manque de fiabilité du réseau (et, partant, le besoin de retransmettre les paquets d'informations perdus) rend ce manque d'efficacité variable et difficile à prévoir. La réactivité du bus mémoire sur votre ordinateur local est non seulement meilleure, mais elle se définit aussi bien mieux.

Qu'est-ce que tout cela a à voir avec l'utilisabilité ? Beaucoup, en réalité.

Une bonne interface utilisateur d'ordinateur doit à la base épouser nos attentes vis-à-vis de la réalité. L'une des règles les plus fondamentales de l'interaction tient à ce que lorsque nous poussons, secouons ou tapons quelque chose, il réagit immédiatement. De légers délais entre la secousse et la réaction peuvent désorienter et distraire l'utilisateur : ils détournent son attention de la tâche dont il s'occupait vers l'interface utilisateur elle-même.

Le travail supplémentaire à effectuer pour traverser le réseau suffit souvent à ralentir le système au point que le délai se remarque. Dans une application de bureau, il faut véritablement prendre de mauvaises décisions en matière de conception et d'utilisabilité pour que l'application paraisse boguer ou manquer de réactivité. Dans le cas d'une application en réseau, on a tout cela sans le moindre effort !

Le manque de prévisibilité de la latence réseau fait que cette impression de bogage vient et s'en va et que le test de la réactivité de l'application peut s'avérer plus difficile. La latence réseau explique donc souvent le manque d'interactivité des applications que l'on rencontre aujourd'hui.

Interactions asynchrones

Une seule réponse saine au problème de latence réseau s'offre au développeur d'interfaces utilisateur : assumer le pire ! En pratique, nous devons essayer de rendre les réponses de l'interface utilisateur indépendantes de l'activité réseau. Par chance, une réponse provisoire suffit souvent, pourvu qu'elle soit donnée rapidement. Revenons de nouveau au monde réel. L'un des moments clés de ma routine matinale consiste à réveiller mes enfants pour l'école.

Je pourrais rester à leur chevet et les secouer jusqu'à ce qu'ils sortent du lit et s'habillent, mais cette méthode prend du temps et me tient occupé un long moment sans rien faire (voir Figure 1.8).

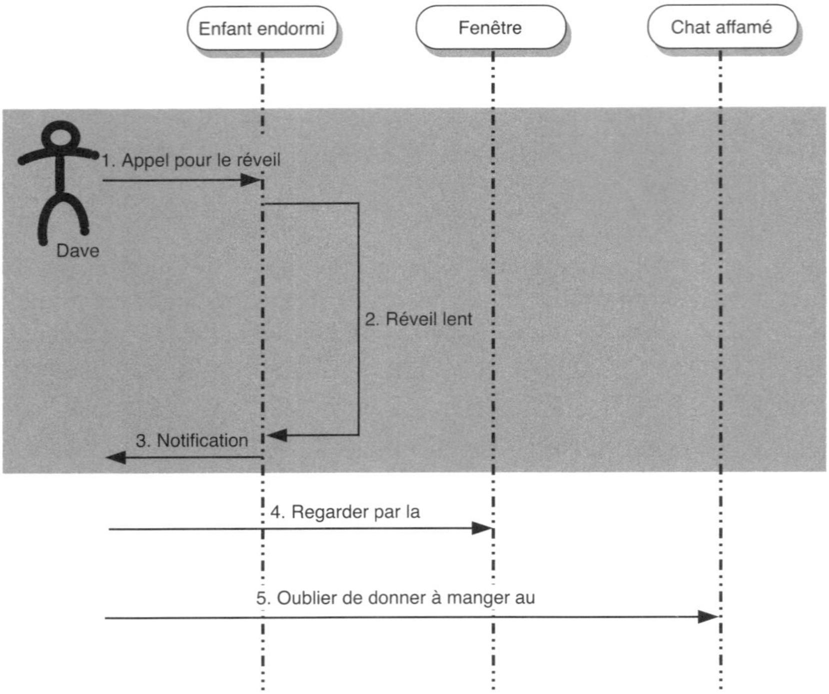

Figure 1.8

Diagramme séquentiel d'une réponse synchrone à la saisie de l'utilisateur, durant ma routine matinale. Dans un diagramme séquentiel, l'écoulement du temps est vertical. Le huitième de la zone grisée indique la durée pendant laquelle je suis bloqué et ne peux procéder à aucune autre saisie.

Je dois réveiller mes enfants, regarder par la fenêtre et ignorer le chat. Les enfants me signaleront le moment où ils seront bien réveillés en me demandant un petit-déjeuner. Comme les processus côté serveur, les enfants sont lents à réveiller. Si j'adopte un modèle d'interaction synchrone, je passe un long moment à attendre. S'ils pouvaient marmonner un simple "Oui, je suis réveillé", je pourrais résolument passer à autre chose et revenir vérifier par la suite en cas de besoin.

En termes informatiques, je déclenche ici un processus asynchrone, dans un thread séparé. Une fois démarrés, mes enfants vont se réveiller par eux-mêmes dans leur propre thread. Moi, le thread parent, je n'ai pas besoin de me synchroniser avec eux jusqu'au moment où ils me transmettent une notification (en général, par une requête de remplissage de leurs estomacs). Pendant qu'ils se réveillent, je ne peux interagir avec eux comme s'ils étaient déjà debout et habillés, mais je peux raisonnablement penser que cela finira par arriver (voir Figure 1.9).

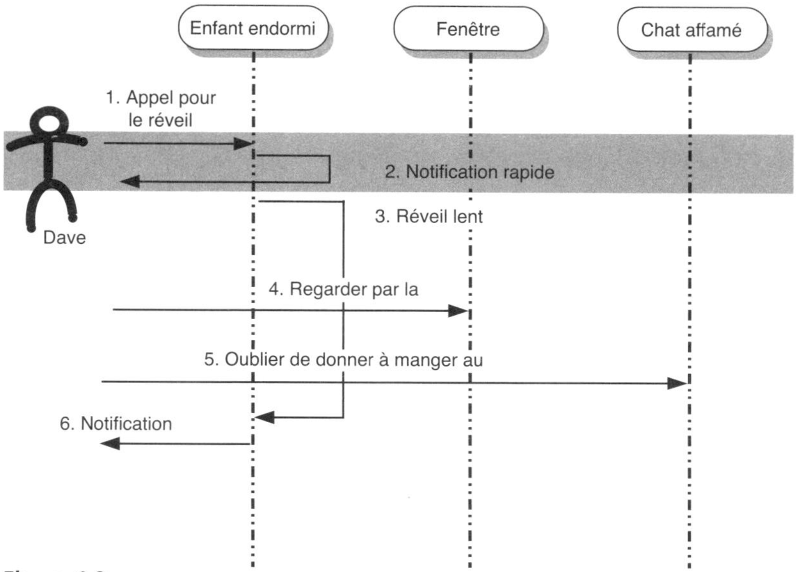

Figure 1.9

Diagramme séquentiel d'une réponse asynchrone à la saisie de l'utilisateur. Si j'adopte un modèle de saisie asynchrone, je peux laisser les enfants me notifier qu'ils commencent à se réveiller. Je peux ensuite vaquer à d'autres activités pendant que le réveil est en cours. Je reste ainsi bloqué moins longtemps.

Avec n'importe quelle interface utilisateur, il est de bon usage de lancer un thread asynchrone quand il faut gérer la moindre opération de calcul longue, et de le laisser tourner à l'arrière-plan pendant que l'utilisateur s'occupe d'autre chose. L'utilisateur est bloqué au moment où le thread est lancé, mais cette opération peut s'effectuer en un temps assez court. En raison de la latence réseau, il est bon de traiter tout APD comme étant potentiellement long et de le gérer de manière asynchrone.

Ce problème et sa solution sont tous deux bien établis. La latence réseau existait dans l'ancien modèle client/serveur : elle amenait certains clients mal conçus à se geler de manière inexplicable lorsqu'ils essayaient d'accéder à un serveur surchargé. Aujourd'hui, à l'ère d'Internet, ce sont les navigateurs qui "halètent" de manière frustrante en passant d'une page Web à une autre. Bon, d'accord : on ne peut pas se débarrasser de la latence, mais on peut la gérer en traitant les appels distants de manière asynchrone, non ?

Au grand malheur des développeurs d'applications Web, il y a un hic. Le protocole HTTP est un protocole de requête/réponse. En d'autres termes, le client émet une requête en demandant un document, et le serveur répond en fournissant le document, en indiquant qu'il ne peut pas le trouver, en proposant un autre emplacement ou en indiquant au client d'utiliser sa copie en cache, etc. Le protocole de requête/réponse est à sens unique. Le client peut contacter le serveur, mais le serveur ne peut initier une communication avec le client. En effet, le serveur ne mémorise pas le client d'une requête à l'autre.

La majorité des développeurs Web qui se servent des langages modernes comme le Java, le PHP ou .NET sont familiarisés avec la notion de session utilisateur. Il s'agit d'une sorte d'ajout compensatoire aux serveurs d'applications dont le but est de fournir un état côté serveur, lequel manque au protocole HTTP. Le HTTP fait très bien ce pour quoi il a été conçu à l'origine, mais il a été adapté avec beaucoup d'ingéniosité pour dépasser ces limites. Toutefois, la fonction clé de notre solution d'appel asynchrone tient à ce que le client est notifié à deux reprises : une fois lorsque le thread est engendré et une nouvelle fois lorsqu'il est terminé. Or, le HTTP simple et le modèle d'application Web classique ne peuvent faire cela pour nous.

Le modèle d'application Web classique, tel qu'il est utilisé par exemple par Amazon, s'articule toujours autour de la notion de page. A l'utilisateur est montré un document qui contient des listes de liens et/ou des éléments de formulaires qui lui permettent de passer à d'autres documents. On peut interagir de cette manière avec des ensembles de données complexes à grande échelle. Comme Amazon et bien d'autres l'ont démontré, cette approche peut être suffisamment convaincante pour qu'une entreprise commerciale s'appuie dessus.

Ce modèle d'interaction s'est assez profondément incrusté dans notre conception des choses ces dix dernières années, au cours desquelles Internet s'est imposé. Les outils de conception Web WYSIWYG conviviaux présentent les sites sous la forme de collections de pages. Les frameworks Web côté serveur modélisent la transition entre les pages sous la forme de diagrammes de transitions. A l'application Web classique s'associe étroitement un manque inévitable de réactivité lorsque la page se réactualise, sans que l'on puisse facilement recourir à la solution du gestionnaire asynchrone.

Amazon a cependant bâti un succès commercial sur son site Web. L'application Web classique ne saurait donc être inutilisable à ce point ! Pour bien comprendre pourquoi la page Web fonctionne pour Amazon mais pas pour tout le monde, il convient de considérer ce que l'on appelle les *motifs d'utilisation* (*usage patterns*).

Motifs d'utilisation souverains et transitoires

Il n'y a aucun intérêt à se disputer pour savoir si un vélo est mieux qu'une voiture de course. Chacun possède ses avantages et ses inconvénients – confort, vitesse, consommation d'essence, accord de style avec votre personnalité, etc. Lorsque nous considérons des motifs d'utilisation particuliers, comme l'accès aux heures de pointe à un centre-ville très dense, le départ en vacances d'une grande famille ou la recherche d'un abri contre la pluie, on peut parvenir à isoler un véritable gagnant. Il en va de même pour les interfaces utilisateur d'ordinateurs.

Alan Cooper, un expert en utilisabilité des logiciels, a écrit d'intéressants articles concernant les motifs d'utilisation et a défini deux modes d'utilisation clés appelés *transitoire* et *souverain*. Une application transitoire peut être exploitée chaque jour, mais de manière occasionnelle, pendant de courtes périodes et généralement au titre d'une activité secondaire. A l'inverse, une application souveraine se doit de gérer l'attention totale de l'utilisateur pendant plusieurs heures consécutives.

Un grand nombre d'applications sont par nature transitoires ou souveraines. Le traitement de texte de l'écrivain est par exemple une application souveraine autour de laquelle viennent opérer un certain nombre de fonctions transitoires, comme la gestion de fichiers (souvent incorporée dans le traitement de texte sous la forme d'une boîte de dialogue Enregistrer ou Ouvrir), un dictionnaire ou un correcteur d'orthographe (de nouveau, souvent incorporés) et un programme de messagerie pour communiquer avec les collègues. Pour un développeur de logiciels, l'éditeur de texte ou l'EDI (environnement de développement intégré) est souverain, de même que le débogueur.

Les applications souveraines sont souvent employées de manière plus intensive. Souvenez-vous qu'une interface utilisateur, si elle a de bonnes manières, doit être invisible ! L'un des repères utiles concernant l'intensité du travail concerne l'effet qu'ont, sur le flux de travail de l'utilisateur, les blocages de l'interface utilisateur, qui rappellent son existence à l'utilisateur. Si je me limite à déplacer des fichiers d'un dossier à un autre et que je doive subir un délai d'environ deux secondes, je m'en sortirai sans trop de problèmes. Mais si j'ai affaire au même délai de deux secondes en pleine création d'un chef-d'œuvre dans un programme de dessin ou au cours d'une session de débogage intense avec du code complexe, je risque de m'arracher les cheveux.

Amazon est une application transitoire, tout comme eBay et Google. Il en va de même de la plupart des grandes applications Web publiques. Dès les premiers jours d'Internet, les experts ont prédit la fin des suites bureautiques traditionnelles face au déferlement des solutions Web. Dix ans après, rien de cela ne s'est produit. Les solutions Web conviennent aux modes d'utilisation transitoires, mais pas pour une utilisation souveraine.

Désapprendre le Web

Par chance, les navigateurs Web ressemblent autant à l'idéal original du client pour les serveurs de documents distants qu'un couteau suisse à un outil de chasse préhistorique ! Des gadgets interactifs, des langages de script et des plug-ins ont été greffés bon gré mal gré au cours d'une course effrénée dont le but était d'offrir à l'utilisateur les sensations les plus extraordinaires pour sa navigation. L'illustration vaut le détour : jetez un œil à **www.webhistory.org/www.lists/www-talk.1993q1/0182.html** afin de vous faire une idée du chemin parcouru. En 1993, Marc Andreessen, de Netscape, tentait de suggérer à Tim Berners-Lee et aux autres que le HTML pourrait tirer parti d'une balise image…

Cela fait quelques années déjà que quelques âmes intrépides considèrent le JavaScript comme un langage de programmation sérieux, mais dans l'ensemble, il reste associé aux boîtes de dialogue intempestives et trafiquées, et aux bannières sur lesquelles il faut cliquer pour toucher le gros lot.

Ajax est en quelque sorte un centre de réhabilitation pour cet enfant mal compris et maladif de la guerre des navigateurs. En proposant des directives et un framework au sein duquel opérer, nous pouvons transformer le JavaScript en un citoyen modèle d'Internet, capable d'améliorer l'utilisabilité réelle d'une application Web – et ce, sans faire enrager l'utilisateur ni crasher le navigateur au cours du processus. Il existe des outils matures et bien compris pour nous y aider. Les design patterns en font partie. Nous y avons fréquemment recours dans notre travail et nous y ferons souvent référence dans ce livre.

L'introduction d'une nouvelle technologie est un processus à la fois technique et social. Une fois que la technologie est là, les gens doivent savoir quoi en faire et l'une des premières étapes consiste souvent à l'utiliser comme s'il s'agissait d'un outil plus ancien et plus familier. C'est ainsi que les premières bicyclettes furent appelées "chevaux de loisir" ou "chevaux dandy" et se conduisaient en poussant avec son pied sur le sol. Alors que cette technique se faisait connaître à un public toujours plus large, une seconde vague d'innovateurs découvrirent de nouveaux moyens de l'améliorer, en y ajoutant des pédales, des freins, des vitesses et des pneumatiques. A chaque amélioration, la bicyclette s'apparentait de moins en moins au cheval (voir Figure 1.10).

Figure 1.10
Développement de la bicyclette moderne.

Les mêmes mécanismes sont à l'œuvre pour le développement du Web aujourd'hui. Les techniques constitutives d'Ajax ont la capacité de transformer les pages Web en quelque chose de complètement différent. Les anciennes tentatives pour utiliser les techniques d'Ajax ressemblaient encore fortement aux pages Web traditionnelles et avaient ce parfum d'indécision qui caractérisait le "cheval de loisir". Pour bien saisir le potentiel d'Ajax, il faut se déprendre de la notion de page Web et, ce faisant, désapprendre un grand nombre des présupposés que nous avons forgés au cours des dernières années. Depuis les premiers mois qui ont suivi le baptême d'Ajax, de grands efforts de "désapprentissage" ont été entrepris.

Les quatre principes définitionnels d'Ajax

Le modèle d'application classique fondé sur les pages est incrusté dans bon nombre des frameworks que nous employons, mais également dans notre manière de penser. Prenons quelques instants pour découvrir ce que sont ces présupposés fondamentaux et comment il convient de les revoir afin de tirer le meilleur parti d'Ajax.

Le navigateur héberge une application, pas un contenu

Dans le cas des applications classiques fondées sur les pages Web, le navigateur est de fait un terminal passif. Il ne sait rien concernant l'endroit où l'utilisateur se trouve au sein du flux de travail englobant. Toutes ces informations sont contenues dans le serveur Web, le plus souvent dans la session utilisateur. Les sessions utilisateur côté serveur sont très courantes aujourd'hui. Si vous travaillez en Java ou avec .NET, la session côté serveur fait partie de l'API standard, avec les requêtes, les réponses et les types MIME (*Multipurpose Internet Mail Extensions*). La Figure 1.11 présente le cycle de vie typique d'une application Web classique.

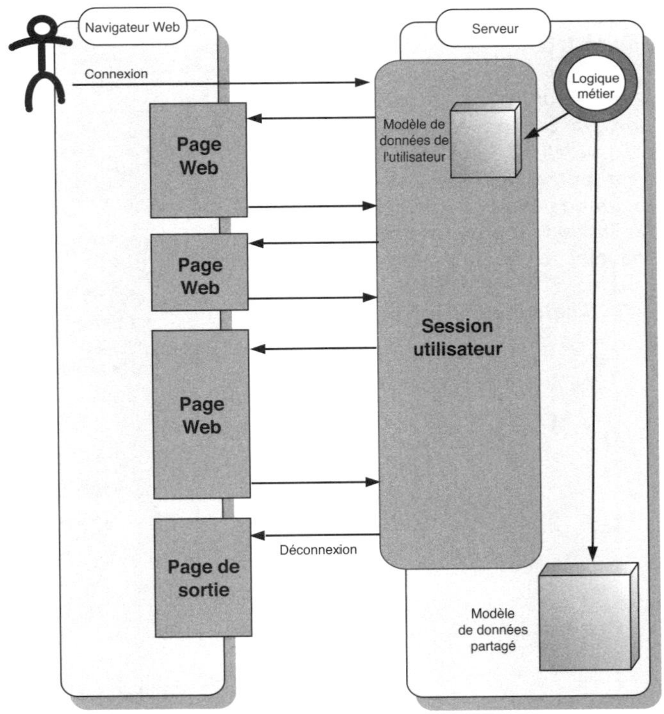

Figure 1.11
Cycle de vie d'une application Web classique. L'état de la "conversation" de l'utilisateur avec l'application est conservé sur le serveur Web. L'utilisateur voit une succession de pages, dont aucune ne peut faire progresser la conversation plus générale sans retourner vers le serveur.

Lorsque l'utilisateur se connecte ou initialise une session, plusieurs objets sont créés côté serveur, afin de représenter par exemple le panier d'achat et les informations d'authentification du client dans le cas d'un site de commerce électronique. Au même moment, la page d'accueil est servie au navigateur dans un flux de balises HTML qui combinent des éléments de présentation et des données spécifiques à l'utilisateur avec du contenu, comme une liste des produits récemment consultés.

A chaque fois que l'utilisateur interagit avec le site, un autre document est transmis au navigateur, qui contient le même mélange de formatage et de données. Le navigateur, obéissant, balance l'ancien document et en affiche un nouveau, parce qu'il est passif (en anglais, *dumb*, "idiot") et ne sait pas quoi faire d'autre.

Lorsque l'utilisateur clique sur le lien Déconnecter ou ferme le navigateur, l'application quitte et la session est détruite. Toutes les informations que l'utilisateur devra voir la prochaine fois qu'il se connectera auront à ce moment déjà été gérées par la couche de persistance. L'application Ajax, quant à elle, déplace une partie de la logique de l'application au niveau du navigateur, comme le montre la Figure 1.12.

Figure 1.12

Cycle de vie d'une application Ajax. Lorsque l'utilisateur se connecte, une application cliente est livrée au navigateur. Cette application peut coordonner indépendamment un grand nombre d'interactions de l'utilisateur ou transmettre des requêtes au serveur à l'arrière-plan, sans interrompre le flux de travail de l'utilisateur.

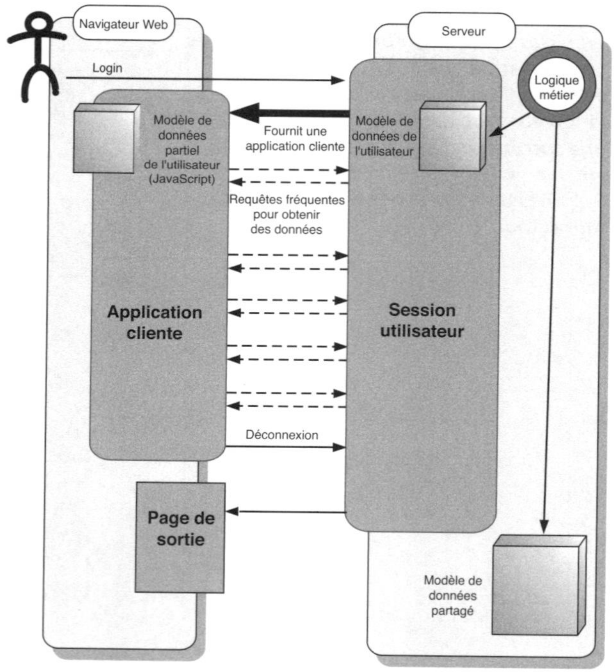

Lorsque l'utilisateur se connecte, un document plus complexe est livré au navigateur, dont une grande partie correspond à du code JavaScript. Ce document est conservé par l'utilisateur pendant la session, bien que son apparence puisse considérablement changer à mesure que l'utilisateur interagit avec. Il sait comment répondre aux entrées de l'utilisateur et peut décider s'il doit gérer lui-même l'entrée de l'utilisateur, transmettre une requête au serveur Web (qui a accès à la base de données système et à d'autres ressources) ou faire un peu des deux.

Puisque le document est conservé pendant toute la durée de la session utilisateur, il peut stocker un état. Ainsi, le contenu du panier d'achat du client peut être stocké dans le navigateur au lieu d'être mémorisé dans la session serveur.

Le serveur fournit des données, pas du contenu

Comme nous l'avons noté, l'application Web classique associe présentation, contenu et données à chaque étape. Lorsque notre utilisateur ajoute un élément à un panier d'achat, il suffit de retourner le montant actualisé du panier ou d'indiquer si un problème est survenu. Comme le montre la Figure 1.13, ces éléments ne constitueront pourtant qu'une toute petite partie du document complet.

Un panier d'achat Ajax pourrait être plus malin que cela en transmettant des requêtes asynchrones au serveur. La présentation, les listes de navigation et les autres fonctions de la page sont déjà là : le serveur n'a donc qu'à renvoyer les données véritablement requises.

L'application Ajax pourrait faire cela de plusieurs manières, en retournant un fragment de JavaScript, un flux de texte ou un petit document XML. Nous verrons les avantages et les inconvénients de chaque approche en détail au Chapitre 5. Il suffit de savoir pour l'instant qu'avec Ajax, tous ces formats seraient bien plus petits que le méli-mélo retourné par l'application Web classique.

Dans une application Ajax, le trafic est constitué par une forte charge au départ, un grand et complexe client étant livré en une unique opération lors de la connexion de l'utilisateur. Les communications subséquentes avec le serveur sont cependant bien plus efficaces. Dans le cas d'une application transitoire, le trafic cumulé peut être inférieur pour une application de page Web conventionnelle, mais à mesure que le temps d'interaction augmente, le coût de bande passante de l'application Ajax devient inférieur à celui de l'application classique.

L'interaction de l'utilisateur avec l'application peut être fluide et continue

Les navigateurs Web proposent à la base deux processus d'entrée : les liens hypertexte et les formulaires HTML.

Les liens hypertexte peuvent être construits sur le serveur et préchargés avec des paramètres CGI (*Common Gateway Interface*) pointés vers des pages de serveur ou des servlets dynamiques. Ils peuvent être habillés avec des images et des CSS (*Cascading Style Sheets*) afin de fournir une réaction rudimentaire lorsque la souris les survole. Si le concepteur Web est bon, les liens hypertexte peuvent prendre l'apparence de composants d'interfaces plutôt intéressants.

Les contrôles de formulaires proposent un sous-ensemble de base des composants d'interfaces de bureau standard : zones de saisies de texte, cases à cocher, boutons radio et listes déroulantes. Plusieurs candidats manquent pourtant à l'appel. Aucun contrôle d'arborescence n'est proposé, ni aucune grille ou zone de liste modifiable. Les formulaires, comme les liens hypertexte, pointent vers des URL côté serveur.

Les liens hypertexte et les contrôles de formulaire peuvent également être pointés vers des fonctions JavaScript. Il est courant dans les pages Web qu'une validation de formulaire rudimentaire soit proposée en JavaScript, afin de vérifier la présence de champs vides ou de détecter les nombres invalides avant de transmettre les données au serveur. La durée de vie de ces fonctions JavaScript correspond à celle de la page elle-même : elles sont remplacées dès soumission du formulaire.

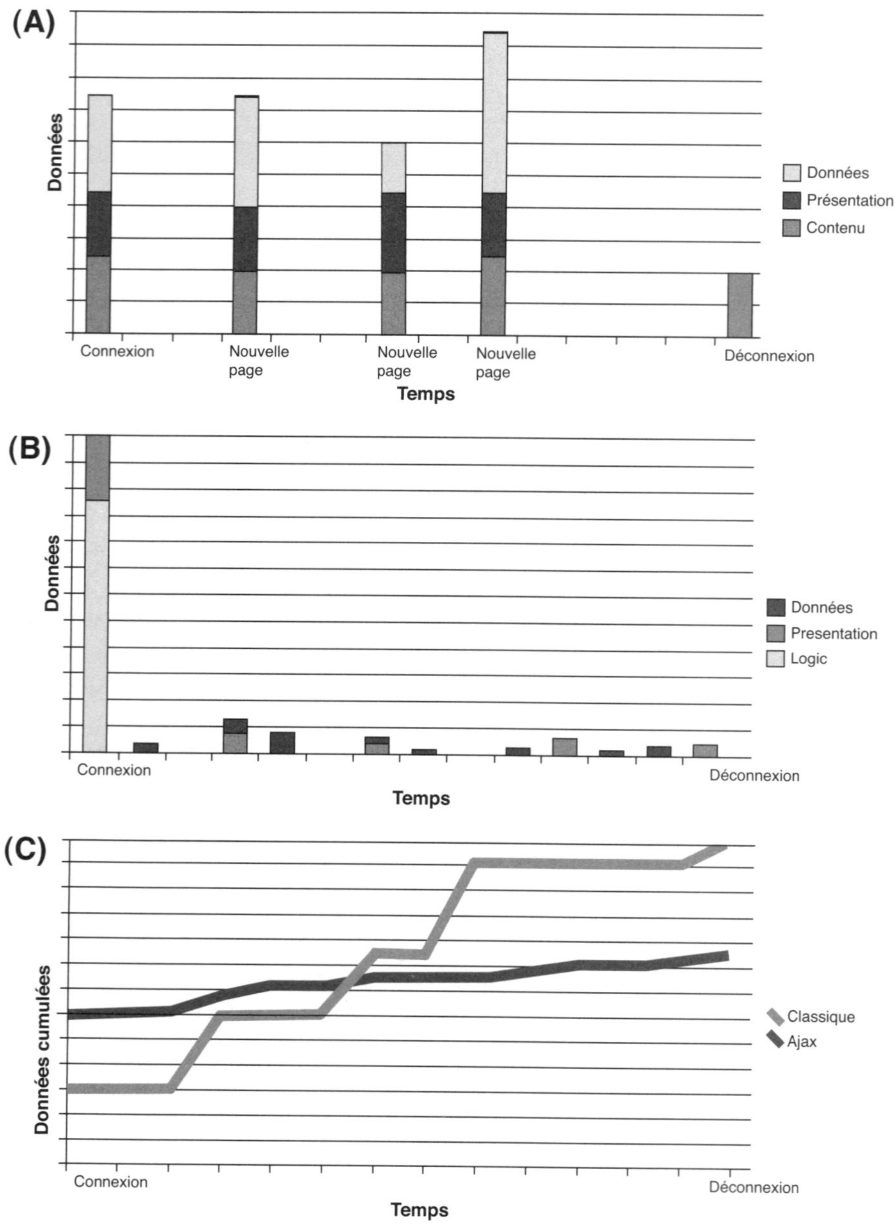

Figure 1.13

Décomposition du contenu fourni (A) à une application Web classique et (B) à une application Ajax. A mesure que l'application continue à être utilisée, le trafic cumulé (C) ne cesse d'augmenter.

Au moment où la page transmet les données du formulaire, l'utilisateur est dans les limbes. L'ancienne page peut toujours être visible pendant un certain temps et le serveur peut même permettre à l'utilisateur de cliquer sur les liens visibles ; dans ce cas, cependant, ces actions produisent souvent des résultats imprévisibles et peuvent semer la pagaille dans la session côté serveur. On attend généralement de l'utilisateur qu'il patiente jusqu'à ce que la page soit actualisée, le plus souvent en affichant un ensemble de choix semblables aux articles qu'il a sélectionnés quelques secondes auparavant. Après tout, l'ajout d'un pantalon au panier d'achat a peu de chances de modifier les catégories de niveau supérieur –"Hommes", "Femmes", "Enfants" ou "Accessoires".

Considérons une nouvelle fois l'exemple du panier d'achat. Puisque notre panier Ajax transmet les données de manière asynchrone, les utilisateurs peuvent y glisser des articles aussi vite qu'ils déplacent la souris. Si le code côté client est robuste, il pourra gérer aisément cette charge et l'utilisateur pourra poursuivre ses manipulations sans encombre.

Bien évidemment, il n'y a pas véritablement de panier dans lequel jeter les articles, mais un objet dans une session sur le serveur. Seulement voilà, les utilisateurs n'ont que faire des objets de session pendant leur shopping, et cette métaphore du panier fournit une description concrète de ce qui est à l'œuvre : c'est le basculement entre la métaphore et l'accès direct à l'ordinateur qui distrait les utilisateurs. Quand un utilisateur attend qu'une page se réactualise, il est renvoyé pendant un instant à sa réalité : à savoir qu'il se trouve assis devant son ordinateur (voir Figure 1.14) ! Notre implémentation Ajax évite justement cela. Le shopping est une activité transitoire, mais pour d'autres domaines de métiers, comme dans le cas d'un centre d'assistance très sollicité ou d'une tâche d'ingénierie complexe, le coût de l'interruption du flux de travail toutes les deux secondes par la réactualisation d'une page peut être prohibitif.

Le deuxième avantage d'Ajax tient à ce que les événements peuvent être reliés à une plus large gamme d'actions de l'utilisateur. Les mécanismes d'interfaces utilisateur plus sophistiqués comme le glisser-déposer deviennent réalisables, ce qui restitue le niveau de l'interface de plain-pied avec celui des applications de bureau. En termes d'utilisabilité, cette liberté est importante non tant parce qu'elle nous permet d'exercer notre imagination que parce qu'elle nous permet de fondre plus complètement l'interaction de l'utilisateur et les requêtes côté serveur.

Pour contacter le serveur dans une application Web classique, il faut cliquer sur un lien hypertexte ou envoyer un formulaire, puis attendre. Cette approche interrompt le flux de travail de l'utilisateur. En revanche, le fait de contacter le serveur en réponse à un mouvement de souris, un glissement ou une frappe de touche permet au serveur d'opérer en étroite connexion avec l'utilisateur. Google Suggest (**www.google.com/webhp?complete=1**) en est un exemple simple mais efficace : l'application répond aux frappes de touches de l'utilisateur à mesure que les lettres apparaissent dans la zone de texte de recherche, et elle contacte le serveur afin de récupérer et d'afficher une liste de saisies complétées possibles, en fonction des recherches effectuées par d'autres utilisateurs du moteur de recherche de par le monde. Nous proposerons une implémentation simple d'un service similaire au Chapitre 8.

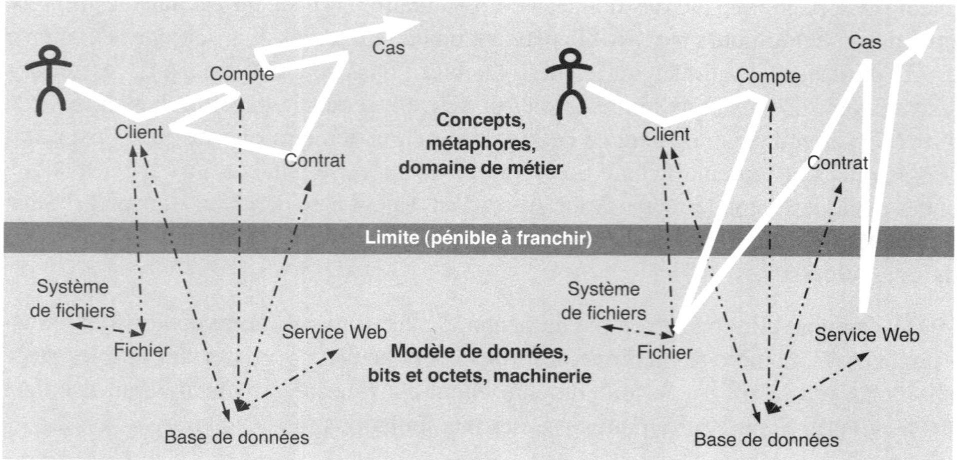

Figure 1.14

Le flux de travail de l'utilisateur est interrompu pour traiter des événements. L'utilisateur a affaire avec deux types d'objets : ceux liés à leur métier et ceux liés au système de l'ordinateur. Lorsque l'utilisateur est forcé à basculer trop fréquemment entre les deux, il peut être distrait et devenir moins productif.

C'est de la vraie programmation, qui requiert de la discipline !

Cela fait déjà longtemps que les applications Web classiques emploient du JavaScript pour ajouter des gadgets à leurs pages. Mais le modèle fondé sur les pages empêche chacun de ces joujoux de rester bien longtemps dans les parages, ce qui en limite les possibilités d'usage. Cette situation inextricable a malheureusement forgé au JavaScript la réputation d'un langage trivial convenant au bricolage, et déprécié par les vrais développeurs.

Or la programmation d'une application Ajax est une toute autre affaire. Le code que vous livrez lorsque les utilisateurs lancent l'application doit s'exécuter jusqu'à ce qu'ils la ferment, sans crash, sans ralentissement et sans générer de fuite de mémoire. Si nous nous orientons vers le marché des applications souveraines, cela implique plusieurs heures d'utilisation intensive. Pour atteindre cet objectif, nous devons écrire du code de haute qualité optimisé pour la maintenance, avec la même discipline et le même savoir-faire que pour le tier serveur.

En outre, la base de code sera généralement plus grande que tout ce qui s'écrit pour une application Web classique. Les bonnes pratiques pour la structuration de la base de code deviennent alors importantes. La programmation du code peut devenir l'affaire d'une équipe au lieu de se limiter à un individu, ce qui soulève des problèmes concernant la maintenance, la séparation des champs de préoccupations et l'harmonisation des styles de programmation et des design patterns.

Les applications Ajax sont donc des éléments fonctionnels complexes qui communiquent efficacement avec le serveur pendant que l'utilisateur s'occupe de son travail. Il s'agit clairement d'un descendant de l'application classique fondée sur les pages, mais la similarité n'est pas plus importante qu'entre le premier cheval de loisir et le vélo tout terrain moderne. Le fait de bien garder ces différences à l'esprit vous aidera à créer des applications Web vraiment passionnantes.

Les clients riches Ajax en pratique

Assez de théorie… Ajax est désormais exploité pour créer des applications réelles, et l'avantage de l'approche d'Ajax peut déjà se percevoir, même s'il ne s'agit encore que des premiers jours – les bicyclettes de quelques individus avisés possèdent des pédales et des pneus alors que d'autres construisent des freins à disque et des boîtes de vitesse, pour ainsi dire. La section qui suit fait le point sur l'état des lieux actuel et examine en détail l'un des adeptes précoces d'Ajax, afin de déterminer l'intérêt de ce dernier.

Etat des lieux

Google a fait plus que toute autre entreprise pour élever le niveau des applications Ajax (et l'a fait, comme la majorité de ses adeptes, avant que le terme Ajax ne soit forgé). Google a lancé son service GMail en version bêta au début de 2004. En plus de la taille très généreuse de sa boîte de messagerie, le principal attrait de GMail tenait à son interface utilisateur, qui permettait aux utilisateurs d'ouvrir plusieurs messages à la fois et mettait automatiquement à jour des listes de boîtes de messagerie, même si l'utilisateur était en train de taper un message. En regard des systèmes de messagerie Web classiques proposés par la plupart des fournisseurs d'accès Internet (FAI) de l'époque, il s'agissait d'une avancée considérable. GMail offrait la plupart des fonctions présentes dans les interfaces Web des serveurs de messagerie de Microsoft Outlook et Lotus Notes, sans faire appel à d'encombrants et pénibles contrôles ActiveX ou applets Java. Il était ainsi interplateformes et indépendant de l'emplacement – nul besoin pour l'utilisateur, par conséquent, de disposer d'un ordinateur d'entreprise soigneusement préinstallé.

Google a poursuivi sur cette lancée avec d'autres fonctions interactives comme Google Suggest, qui interroge le serveur afin d'obtenir des suggestions de saisies pour votre requête à mesure que vous la tapez, et Google Maps, une carte interactive avec zoom utilisée pour réaliser des recherches cartographiques. D'autres entreprises ont commencé à expérimenter cette technologie, comme le système de partage de photographies en ligne de Flickr, à présent possédé par Yahoo!.

Les applications dont nous avons traité jusqu'ici testent la température de l'eau. Il s'agit toujours d'applications transitoires conçues pour un usage occasionnel. Les signes d'un marché émergent pour les applications Ajax souveraines se font jour, notamment par la prolifération notable de frameworks au cours des derniers mois. Nous en examinerons plusieurs en détail à la fin du Chapitre 3 et tenterons d'en dresser l'inventaire dans l'Annexe C.

Il y a donc suffisamment de signaux indiquant qu'Ajax s'impose réellement sur le marché. Nous, les développeurs, nous jouerions avec n'importe quelle technologie pour le simple plaisir de le faire, mais les entreprises comme Google et Yahoo! ne rejoignent la danse que si des raisons commerciales le commandent. Nous avons déjà évoqué un certain nombre d'avantages théoriques d'Ajax. Dans la section suivante, nous allons considérer Google Maps afin de comparer théorie et pratique.

Google Local

Google Local (ex Google Maps) est un croisement entre un visualiseur cartographique et un moteur de recherche. Au départ, la carte présente l'ensemble des Etats-Unis (voir Figure 1.15). On peut l'interroger en tapant du texte, ce qui permet de pointer sur des adresses spécifiques ou des commerces, comme des hôtels ou des restaurants (voir Figure 1.16).

La fonction de recherche opère comme une application Web classique, en actualisant la page entière, mais la carte elle-même est gérée par Ajax. Lorsqu'on clique sur les liens individuels d'une recherche d'hôtel, des fenêtres supplémentaires s'affichent à la volée, en faisant même défiler légèrement la carte en cas de besoin. Le défilement de la carte elle-même représente la fonction la plus intéressante de Google Local. L'utilisateur peut faire glisser la carte entière à l'aide de la souris. La carte est composée de petites images en mosaïque. Si l'utilisateur fait suffisamment défiler la carte pour exposer une nouvelle portion, cette dernière est chargée de manière asynchrone. Un retard notable peut survenir de temps à autre, une zone blanche apparaissant d'abord, avant de se remplir une fois la portion chargée. Néanmoins, l'utilisateur peut continuer à faire défiler la carte, en déclenchant de nouvelles requêtes pendant le téléchargement. Les portions de la carte sont mises en cache par le navigateur pendant la durée de la session de l'utilisateur, ce qui lui permet de retourner plus rapidement vers les zones de la carte qu'il a déjà visitées.

Pour revenir au sujet de l'utilisabilité, il convient de noter deux choses évidentes. Tout d'abord, l'action qui déclenche le téléchargement des nouvelles données de carte n'est pas un clic spécifique sur un lien intitulé "télécharger d'autres portions de la carte", mais une action que l'utilisateur réalise de toute façon, à savoir qu'il se déplace sur la carte. Le flux de travail de l'utilisateur n'est pas interrompu par la communication avec le serveur. Ensuite, les requêtes elles-mêmes sont asynchrones, ce qui signifie que les liens contextuels, le contrôle de zoom et les autres fonctions de pages restent accessibles pendant que la carte récolte de nouvelles données.

Les services de cartographie Internet ne sont pas nouveaux. Si l'on étudie un exemple de site Internet cartographique typique de l'ère pré-Ajax, on repère des motifs d'interaction différents. La carte est généralement divisée en portions carrées. Un contrôle de zoom et quelques liens de navigation latéraux peuvent être proposés. Un clic sur l'un de ces contrôles provoque une actualisation complète de l'écran : une page similaire s'affiche, en présentant d'autres portions de la carte. Le flux de travail de l'utilisateur est interrompu plus souvent : après être passé par Google Local, l'utilisateur serait frustré.

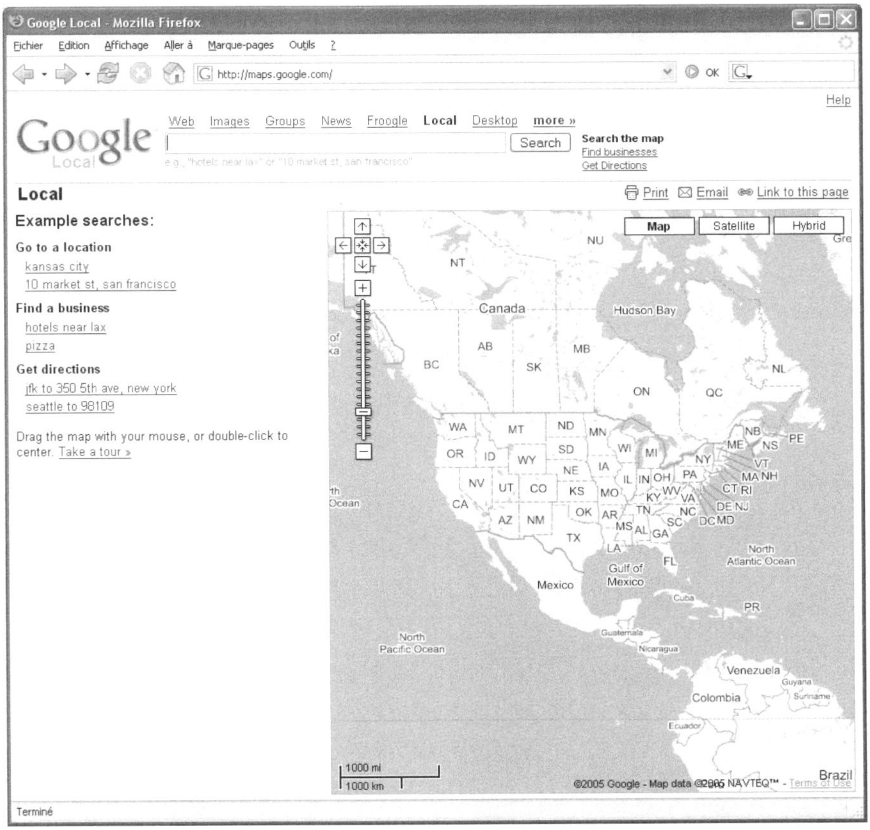

Figure 1.15

La page d'accueil de Google Local propose une fenêtre dont le contenu peut défiler et qui présente une carte avec zoom des Etats-Unis, à laquelle est associée la familière barre de recherche de Google. Notez que le contrôle de zoom est positionné au-dessus la carte et non à côté, ce qui permet à l'utilisateur de zoomer sans quitter la carte des yeux.

Côté serveur, les deux services s'appuient inévitablement sur des solutions cartographiques puissantes. Tous deux présentent les portions de carte sous forme d'images. Le serveur Web conventionnel du site pré-Ajax réactualise continuellement le code de présentation lorsque l'utilisateur fait défiler la carte, alors que Google Local, une fois opérationnel, ne sert que les données requises, soit les portions d'images qui ne sont pas déjà en cache. (Certes, le navigateur mettra de toute façon les images en cache si l'URL est la même, mais le système de mise en cache du navigateur génère toujours du trafic serveur lors de la recherche des données à jour, et fournit une approche moins fiable que la mise en cache programmatique en mémoire.) Pour un site aussi exposé que celui de Google, les économies en termes de bande passante doivent être considérables.

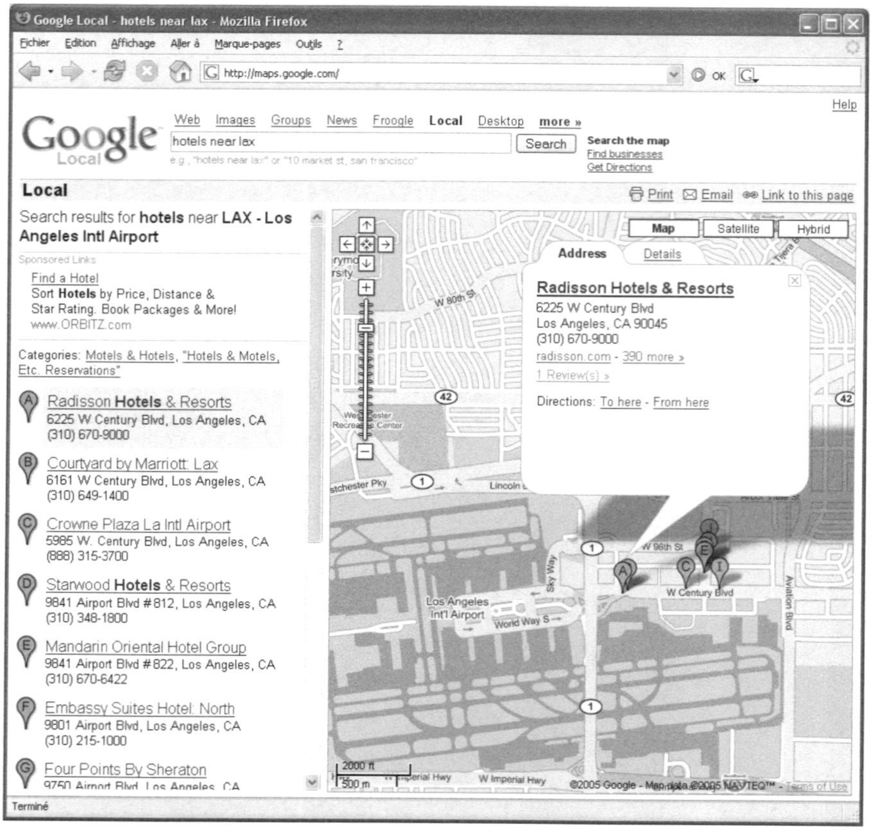

Figure 1.16

Recherche d'un hôtel avec Google Local. Notez l'usage qui est fait des technologies DHTML traditionnelles pour créer des ombres et des info-bulles riches. L'ajout de requêtes Ajax les rend plus dynamiques et plus utiles.

Pour les services en ligne comme ceux de Google, la facilité d'utilisation est une fonction clé pour attirer les visiteurs et les fidéliser. En introduisant une meilleure interface utilisateur grâce à la flexibilité d'Ajax, Google vient clairement inquiéter les services de cartographie traditionnels. D'autres facteurs, comme celui de la qualité du service dorsal, entrent évidemment en compte, mais toutes choses égales par ailleurs, Ajax peut constituer un sérieux avantage commercial.

On peut s'attendre à ce que le succès d'Ajax s'amplifie à mesure que le public découvrira des interfaces toujours plus riches. Comme technologie commercialisable, Ajax semble promis à un brillant avenir. D'autres technologies de clients riches jouent cependant aussi des coudes. Si elles sortent résolument du cadre de ce livre, il est cependant indispensable de les examiner avant de tirer les conclusions de notre tour d'horizon.

Homologues d'Ajax

Ajax répond à un besoin du marché pour des clients Web plus riches et plus réactifs qui ne requièrent aucune installation locale. Il ne s'agit pourtant pas du seul acteur sur ce créneau, et dans certains cas, il ne s'agit pas même du meilleur choix. Dans la section qui suit, nous décrirons rapidement les principales solutions de remplacement d'Ajax.

Solutions Flash

Flash de Macromedia est un système qui permet de lire des animations interactives à l'aide d'un format graphique vectoriel compressé. Les animations Flash peuvent être diffusées en flux continu (autrement dit, lues pendant qu'elles sont téléchargées), ce qui permet aux utilisateurs de voir le début de l'animation avant que le téléchargement ne soit terminé. Les animations Flash sont interactives et incluent du code ActionScript, un cousin proche du JavaScript. Le support de divers gadgets pour les formulaires de saisie est aussi proposé, et Flash peut avoir toutes sortes d'emplois, des jeux interactifs aux interfaces métier complexes. Flash possède un très bon support des graphiques vectoriels, qui fait totalement défaut dans la pile de technologies d'Ajax.

Flash est maintenant un vieux de la vieille, et il faut un plug-in pour y avoir accès. En règle générale, il n'est pas judicieux de s'appuyer sur un plug-in de navigateur Web, mais Flash est "le" plug-in de navigateur Web, la majorité des navigateurs l'intégrant dans leur installation. Flash est disponible pour Windows, Mac OS X et Linux, bien que la base d'installation sur Linux soit probablement moins élevée que sur les deux autres plates-formes.

Pour la création de clients riches avec Flash, Macromedia propose deux technologies très intéressantes : Flexible et la suite open source Laszlo, qui fournissent toutes deux des frameworks côté serveur simplifiés pour la génération d'interfaces utilisateur métier sous Flash. Les deux frameworks exploitent Java/Java 2 Enterprise Edition (J2EE) côté serveur. Pour un contrôle plus simple de la création dynamique d'animations Flash, plusieurs kits d'outils, dont le module PHP libswf, proposent des fonctions.

Java Web Start et technologies liées

Java Web Start est une spécification qui permet de proposer des applications Web Java sur un serveur Web de manière à ce qu'un processus bureau puisse les trouver, les télécharger et les exécuter. Ces applications peuvent être ajoutées sous forme de liens hypertexte, pour un accès à partir d'un navigateur Web compatible Web Start. Web Start est fourni avec les moteurs d'exécution Java récents dont le processus d'installation active automatiquement Web Start sur les navigateurs Internet Explorer et Mozilla.

Une fois téléchargées, les applications Web Start sont stockées dans un "bac à sable" géré dans le système de fichiers, et automatiquement mises à jour lorsqu'une nouvelle version est disponible. Elles peuvent ainsi être exécutées hors connexion et réduire le trafic réseau, ce qui rend possible le déploiement d'applications lourdes de plusieurs mégaoctets.

Les applications possèdent une signature numérique et l'utilisateur peut choisir de leur accorder un accès complet au système de fichiers, aux ports réseau et à d'autres ressources.

Traditionnellement, les interfaces utilisateur Web Start sont écrites avec le Java Swing Widget Toolkit, concernant lequel les avis sont partagés. Des widgets (éléments d'interfaces graphiques) SWT (*Standard Widget Toolkit*), utilisés pour gérer la plate-forme Eclipse d'IBM, peuvent également être déployés *via* Web Start, bien que cela requière un peu plus de travail.

La plate-forme .NET de Microsoft propose une fonction similaire appelée No Touch Deployment, qui associe de même un déploiement simple à des interfaces utilisateur riches, le tout sécurisé.

Le principal inconvénient de ces deux technologies tient au fait qu'un moteur d'exécution doit être préinstallé. Bien évidemment, tous les clients riches requièrent un moteur d'exécution, mais Flash et Ajax (lequel s'appuie sur le navigateur Web lui-même comme moteur d'exécution) utilisent des moteurs d'exécution couramment déployés. Les moteurs d'exécution Java et .NET sont tous deux très limités dans leur distribution à l'heure actuelle et l'on ne peut les exploiter pour un service Web public.

En résumé

Nous avons traité des différences entre les applications transitoires et les applications souveraines, et abordé leurs contraintes respectives. Les applications transitoires doivent être efficaces, mais lorsque l'utilisateur y accède, il a déjà interrompu son flux de travail habituel et peut accepter un certain manque de réactivité. Les applications souveraines sont au contraire conçues pour un usage intensif et prolongé. Leurs interfaces doivent être mises au service de l'utilisateur tout en étant invisibles afin de ne pas déranger sa concentration dans le travail.

Les architectures client/serveur et les architectures n-tier liées sont essentielles pour les applications collaboratives ou centralisées, mais elles sont soumises aux aléas de la latence réseau, toujours susceptible de réduire la productivité de l'utilisateur. Bien qu'il existe une solution générale à ce conflit –par la gestion distante asynchrone des événements –, c'est le modèle de requête/réponse traditionnel de l'application Web classique qui est le plus à même de le résoudre.

Dans ce chapitre, nous nous sommes fixé un but, pour nous et pour Ajax : fournir des applications souveraines utilisables par le biais d'un navigateur Web, en satisfaisant ainsi simultanément les objectifs de l'utilisateur en matière de productivité, de mise en réseau, de facilité d'usage et de maintenance centralisée d'une application. Pour que cette mission réussisse, nous devons penser différemment aux pages Web et aux applications. Nous avons identifié les notions clés à apprendre et celles que nous devons désapprendre :

- Le navigateur héberge une application, pas du contenu.
- Le serveur fournit des données, pas du contenu.

- L'utilisateur interagit continuellement avec l'application et la plupart des requêtes au serveur sont implicites plutôt qu'explicites.
- Notre base de code est vaste, complexe et bien structurée. Il s'agit d'un élément modèle dans notre architecture et nous devons en prendre soin.

Au chapitre suivant, nous présenterons les techniques clés d'Ajax et retrousserons nos manches pour nous attaquer au code. Dans le reste de l'ouvrage, nous traiterons d'importants principes de conception qui pourront nous aider à atteindre ces objectifs.

Ressources

Afin de vérifier plus en détail certaines de nos références, voici les URL menant vers plusieurs des articles que nous avons mentionnés dans ce chapitre :

- Jesse James Garrett a baptisé Ajax le 18 février 2005, dans l'article suivant : **www.adaptivepath.com/publications/essays/archives/000385.php**.
- L'explication d'Alan Cooper concernant les applications souveraines et transitoires peut être trouvée à cette adresse : **www.cooper.com/articles/art_your_programs_posture.htm**.
- Google Local peut être trouvé à l'adresse suivante aux Etats-Unis : **http://maps.google.com**.
- Si vous résidez au Royaume-Uni : **http://maps.google.co.uk**.
- Si vous habitez sur la lune : **http://moon.google.com**.
- Les images de bicyclettes proviennent du site Web Pedaling History : **www.pedalinghistory.com**.

2

Premiers pas avec Ajax

Au sommaire de ce chapitre

- √ Présentation des technologies Ajax
- √ Utiliser des CSS pour l'apparence des éléments
- √ Utiliser le DOM pour définir la structure de l'interface utilisateur
- √ Utiliser XMLHttpRequest pour contacter le serveur de manière asynchrone
- √ Rassembler les différents composants

Au Chapitre 1, nous nous sommes concentrés sur les utilisateurs et sur la manière dont Ajax peut les aider dans leurs activités quotidiennes. La plupart d'entre nous sommes développeurs et puisque nous nous sommes convaincus qu'Ajax, c'est bien, nous devons savoir comment travailler avec. Bonne nouvelle : comme pour bon nombre de technologies flambant neuves, l'essentiel de ce processus est déjà plutôt familier, notamment si vous avez déjà travaillé avec Internet.

Dans ce chapitre, nous allons présenter les technologies Ajax. Nous traiterons des quatre pierres d'angle d'Ajax et des liens qui les unissent. Nous nous servirons d'exemples de code pour montrer comment chaque technologie fonctionne et comment l'ensemble se coordonne.

Ce chapitre peut être considéré comme la section "Hello World" de ce livre, qui consiste à présenter les technologies centrales à l'aide d'exemples simples. L'idée pour l'instant est avant tout de faire fonctionner les exemples. Nous passerons à des opérations plus complexes au Chapitre 3. Si vous êtes déjà familiarisé avec certaines des technologies Ajax, libre à vous de passer ces sections. Si vous découvrez Ajax et la programmation des clients Web, cette introduction devrait suffire à vous orienter pour le reste du livre.

Les éléments clés d'Ajax

Ajax ne désigne pas une seule technologie. En réalité, il s'agit d'un ensemble de quatre technologies qui se complètent les unes les autres. Le Tableau 2.1 présente ces technologies et indique le rôle que joue chacune d'entre elles.

Tableau 2.1 : Les éléments clés d'Ajax

JavaScript	Le JavaScript est un langage de script de portée générale conçu pour être incorporé dans des applications. L'interpréteur JavaScript dans un navigateur Web permet une interaction programmatique avec un grand nombre des fonctions intégrées du navigateur. Les applications Ajax sont écrites en JavaScript.
Feuilles de style en cascade (CSS, *Cascading Style Sheets*)	Les CSS permettent de définir des styles visuels réutilisables pour les éléments de pages Web. Elles offrent un moyen simple et puissant de définir et d'appliquer une mise en forme visuelle homogène. Dans une application Ajax, la stylisation de l'interface utilisateur peut être modifiée de manière interactive *via* des CSS.
Modèle objet de document (DOM, *Document Object Model*)	Le DOM présente la structure des pages Web sous la forme d'un ensemble d'objets programmables qui peuvent être manipulés en JavaScript. La gestion programmatique du DOM permet à une application Ajax de modifier l'interface utilisateur à la volée, en redessinant des éléments de la page.
XMLHttpRequest	L'objet XMLHttpRequest (appelé "objet" par abus de langage) permet aux programmeurs Web de récupérer des objets de données sur le serveur Web dans le cadre d'une activité à l'arrière-plan. Le format des données est généralement du XML, mais le principe fonctionne bien avec n'importe quelles données textuelles. Si XMLHttpRequest est l'outil générique le plus flexible pour cette tâche, il existe néanmoins d'autres moyens de récupérer des données depuis le serveur, que nous présenterons tous dans ce chapitre.

Au Chapitre 1, nous avons vu comment l'application Ajax livre à l'avance une application complexe fonctionnelle aux utilisateurs, avec laquelle ils peuvent interagir. Le JavaScript est le ciment qui agrège cette application en définissant le flux de travail de l'utilisateur et la logique métier de l'application. L'interface utilisateur est manipulée et actualisée à l'aide de code JavaScript qui intervient sur le DOM, en redessinant et réorganisant continuellement les données présentées aux utilisateurs et en traitant leurs interactions au clavier et à la souris. Les CSS fournissent une apparence homogène à l'application et un raccourci puissant pour la manipulation programmatique du DOM. L'objet XMLHttpRequest (ou une série de processus similaires) est utilisé pour communiquer de manière asynchrone avec le serveur, en validant les requêtes et en extrayant des données à jour pendant que l'utilisateur travaille. La Figure 2.1 montre comment ces technologies s'intègrent au sein d'Ajax.

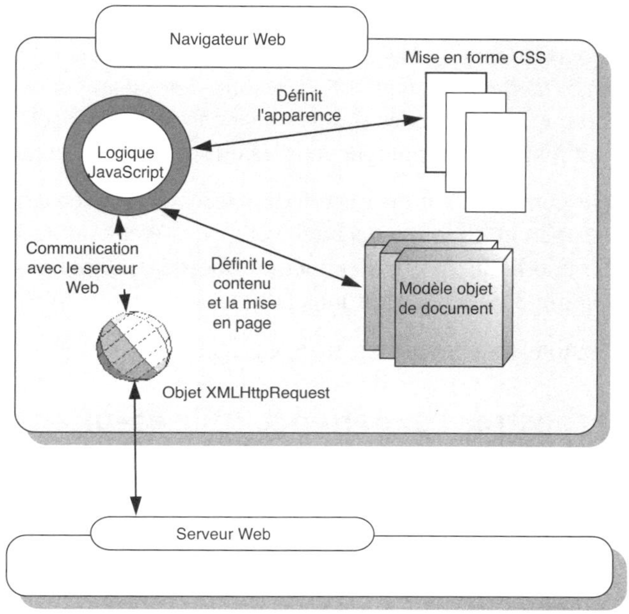

Figure 2.1
Les quatre principaux composants d'Ajax : le JavaScript définit les règles métier et le flux du programme. Le DOM et les CSS permettent à l'application de réorganiser son apparence en réaction aux données extraites à l'arrière-plan depuis le serveur par l'objet XMLHttpRequest ou l'un de ses cousins proches.

Trois de ces quatre technologies (CSS, DOM et JavaScript) ont été baptisées communément HTML dynamique ou DHTML (*Dynamic HTML*). Le DHTML était la grande affaire aux alentours de 1997, mais sans surprise pour ce secteur, il n'a pas tenu ses promesses initiales. Le DHTML offrait la possibilité de créer des interfaces interactives amusantes pour les pages Web, mais il n'a jamais surmonté le problème de la réactualisation complète des pages. Sans la possibilité de revenir communiquer avec le serveur, on ne pouvait faire des miracles. Ajax utilise beaucoup le DHTML, mais grâce au mécanisme d'interrogation asynchrone, il parvient à étendre considérablement la longévité des pages Web. En retournant interroger le serveur pendant que l'interface continue de s'activer et sans l'interrompre, Ajax produit un tout autre résultat au final.

Chose pratique, toutes ces technologies sont déjà préinstallées dans la plupart des navigateurs Web modernes, dont Internet Explorer, la famille de navigateurs Mozilla/Gecko (dont Firefox, Mozilla Suite, Netscape Navigator et Camino), le navigateur Opera, Safari d'Apple et son cousin proche Konqueror, de l'environnement de bureau UNIX KDE. Chose moins pratique, l'implémentation de ces technologies varie concernant certains menus détails et diffère d'une version à une autre, mais cette situation s'est améliorée au cours des cinq dernières années et il existe des moyens de surmonter sans heurt les problèmes de compatibilité entre navigateurs.

Tous les systèmes d'exploitation modernes possèdent un navigateur Web préinstallé. La grande majorité des ordinateurs de bureau et des portables de la planète sont donc déjà prêts à exécuter des applications Ajax, ce qui tient du rêve pour la plupart des développeurs Java et .NET.

Généralement, les navigateurs présents dans les assistants personnels et les smartphones (ou téléphones intelligents) offrent une liste très réduite de fonctions et ne peuvent prendre en charge la gamme complète des technologies Ajax, mais les différences concernant la taille de l'écran et les méthodes d'entrée seraient de toute façon un problème. Pour l'instant, Ajax est avant tout une technologie pour les ordinateurs de bureau et les ordinateurs portables.

Nous commencerons par étudier ces technologies séparément, puis nous verrons comment elles interopèrent. Si vous êtes un développeur Web confirmé, il est probable que vous connaissez déjà une bonne partie des thèmes abordés, auquel cas vous pouvez passer directement au Chapitre 3, où nous abordons la gestion de ces technologies par l'usage de design patterns.

Débutons notre étude par le langage JavaScript.

Orchestrer l'expérience utilisateur en JavaScript

L'acteur central de la trousse à outils d'Ajax est sans conteste le JavaScript. L'application Ajax télécharge en mémoire un client complet qui combine les données et la logique métier et de présentation. Le JavaScript est l'outil employé pour implémenter cette logique. Ce langage de programmation générique, héritier de plusieurs autres langages, présente une similarité superficielle avec les langages de la famille C.

Le JavaScript peut être sommairement défini comme un langage de script générique interprété à typage lâche. Le typage lâche indique que les variables ne sont pas déclarées spécifiquement comme étant des chaînes, des entiers ou des objets, et que la même variable peut se voir attribuer des valeurs de différents types. A titre d'exemple, le code suivant est valide :

```
var x=3.1415926;
x='pi';
```

La variable x est définie en premier comme valeur numérique et se voit réattribuer une valeur de chaîne par la suite.

Le JavaScript est dit "interprété" parce qu'il n'est pas compilé sous forme de code exécutable. Le code source est directement exécuté. Lors du déploiement d'une application JavaScript, vous placez le code source sur le serveur Web. Ce code source est transmis directement sur Internet au navigateur Web. Il est même possible d'évaluer des fragments de code à la volée :

```
var x=eval('7*5');
```

Ici, nous avons défini notre calcul comme étant un élément de texte au lieu de deux nombres et d'un opérateur arithmétique. L'appel de `eval()` sur ce texte interprète le JavaScript qu'il contient et retourne la valeur de l'expression. Dans la plupart des cas, cela ne fait que ralentir l'exécution du programme, mais il peut arriver que la flexibilité supplémentaire de cette approche soit utile.

Le terme "générique" désigne le fait que le langage JavaScript convient pour la plupart des algorithmes et des tâches de programmation. Le JavaScript de base prend en charge les nombres, les chaînes, les dates et heures, les tableaux, les expressions régulières pour le traitement du texte et les fonctions mathématiques comme la trigonométrie et la génération de nombres aléatoires. Il est possible de définir des objets structurés en JavaScript, afin d'introduire des principes de conception et de l'ordre dans du code plus complexe.

Au sein de l'environnement du navigateur Web, des parties de la fonction native du navigateur, dont les CSS, le DOM et les objets XMLHttpRequest, sont exposées au moteur JavaScript, ce qui permet aux auteurs des pages de contrôler plus ou moins finement celles-ci de manière programmatique. Bien que l'environnement JavaScript que l'on rencontre dans le navigateur soit massivement occupé par des objets spécifiques au navigateur, le langage sous-jacent n'est qu'un simple langage de programmation.

Il n'est pas question de proposer ici un tutoriel détaillé sur les notions de base du JavaScript ; des exemples de JavaScript sont disséminés tout au long du livre, et l'Annexe B présente plus en détail le langage et souligne ses différences avec la famille de langages C et notamment Java. Par ailleurs, il existe déjà plusieurs ouvrages qui couvrent les principes fondamentaux du langage (voyez à ce sujet la section Ressources à la fin de ce chapitre).

Au sein de la pile de technologies Ajax, le JavaScript fait office de liant, en agissant comme agrégateur des autres composants. Il est ainsi impératif d'être au moins familiarisé avec le JavaScript pour écrire des applications Ajax. Ceux qui le "parlent" couramment et en connaissent les points forts pourront tirer pleinement parti d'Ajax.

Passons maintenant aux CSS, qui contrôlent les éléments du style visuel des pages Web.

Définir l'apparence en CSS

Les feuilles de style en cascade, ou CSS (*Cascading Style Sheets*) font partie intégrante de la conception Web et sont fréquemment exploitées dans les applications Web classiques comme dans Ajax. Les feuilles de style offrent un moyen centralisé de définir des catégories de styles visuels qui peuvent être appliqués de manière très concise à des éléments individuels d'une page. En plus des éléments de mise en forme évidents comme la couleur, les bordures, les images d'arrière-plan, la transparence et la taille, les CSS peuvent définir les caractéristiques de la disposition relative des éléments et une interactivité utilisateur simple. Des effets visuels assez puissants peuvent ainsi être obtenus à l'aide de simples feuilles de style.

Au sein d'une application Web classique, les feuilles de style fournissent un moyen simple de définir, à un endroit unique, un style qui peut être réutilisé dans de nombreuses pages Web. Avec Ajax, il ne s'agit plus de penser en termes de succession rapide de pages : les feuilles de style se présentent encore comme un entrepôt utile de modes d'apparence prédéfinis qui peuvent être appliqués dynamiquement aux éléments avec un minimum de code. Nous considérerons quelques exemples de CSS simples dans cette section, mais pour commencer, voyons comment les règles CSS sont définies.

Les CSS appliquent un style au document en définissant des règles, le plus souvent dans un fichier séparé auquel la page Web mise en forme fait référence. Les règles de style peuvent également être définies à l'intérieur de la page Web, mais on déconseille généralement cette approche.

Les règles de style sont constituées de deux parties : le sélecteur et la déclaration de style. Le sélecteur spécifie les éléments auxquels le style est appliqué. La déclaration de style déclare les propriétés de style à appliquer. Supposons que nous souhaitions passer en rouge tous les titres de premier niveau de notre document (autrement dit, les balises <H1>). Pour y parvenir, nous pouvons déclarer la règle CSS suivante :

```
h1 { color: red }
```

Le sélecteur est ici très simple : il applique le style à toutes les balises <H1> du document. La déclaration de style est aussi très simple, puisqu'elle modifie une unique propriété de style. Dans la pratique, le sélecteur et la déclaration de style sont généralement beaucoup plus complexes. Considérons quelques-unes de leurs variantes, en commençant par le cas du sélecteur.

Sélecteurs CSS

En plus de définir un type de balise HTML à laquelle appliquer un style, nous pouvons limiter la règle aux styles qui interviennent au sein d'un contexte spécifique. Il existe plusieurs moyens de spécifier le contexte : par type de balise HTML, par un type de classe déclaré ou par un ID unique d'élément.

Considérons d'abord les sélecteurs de balises. Par exemple, pour appliquer la règle précédente uniquement aux balises <H1> contenues dans une balise <DIV>, nous modifierions notre règle de la manière suivante :

```
div h1 { color: red; }
```

On parle aussi de sélecteurs d'éléments, parce qu'ils décident si un élément du DOM se voit appliquer un style ou non en fonction de son type. Nous pouvons également définir des classes pour l'application des styles, qui n'ont rien à voir avec le type des balises HTML. Par exemple, pour définir une classe de styles appelée `callout`, qui doit apparaître dans un encadré en couleur, nous pourrions écrire :

```
.callout { border: solid blue 1px; background-color: cyan }
```

Pour attribuer une classe de styles à un élément, nous déclarons simplement un attribut de classe dans la balise HTML, comme ceci :

```
<div>J'apparaîtrai comme du texte normal</div>
<div class='callout'>Et moi comme un avertissement !</div>
```

Les éléments peuvent se voir attribuer plusieurs classes. Supposons que nous définissions une classe de styles supplémentaire de la manière suivante :

```
.loud { color: orange }
```

et que nous appliquions les deux styles dans un document, comme ceci :

```
<div class='loud'>Je serai orange fluo</div>
<div class='callout'>Et moi comme un avertissement !</div>
<div class='callout loud'>Et moi, un horrible mélange des deux !</div>
```

Le troisième élément `<div>` apparaîtra avec du texte orange dans un encadré cyan à bordure bleue. Rassurez-vous : il est également possible de combiner des styles CSS afin de créer une mise en forme plaisante et harmonieuse !

Nous pouvons combiner des classes avec des règles fondées sur des éléments ou définir une classe qui n'opère que sur des types de balises particuliers. Par exemple :

```
span.highlight { background-color: yellow }
```

ne sera appliqué qu'aux balises `<span>` dont l'attribut de classe déclaré est `highlight`. Les autres balises `<span>` ou les autres types de balises avec `class='highlight'` ne seront pas affectés.

Nous pouvons également les utiliser en conjonction avec les sélecteurs parents-enfants afin de créer des règles très spécifiques :

```
div.prose span.highlight { background-color: yellow }
```

Cette règle ne sera appliquée qu'aux balises `<span>` de classe `highlight` imbriquées dans des balises `<div>` de classe `prose`.

Nous pouvons spécifier des règles qui ne s'appliquent qu'à un élément avec un ID unique donné défini par l'attribut `id` en HTML. Pas plus d'un élément dans un document HTML ne doit avoir un ID donné : ces sélecteurs sont donc généralement employés pour sélectionner un unique élément dans la page. Pour attirer l'attention sur un bouton de fermeture dans une page, nous pourrions ainsi définir le style suivant :

```
#close { color: red }
```

Les CSS nous permettent également de définir des styles fondés sur des pseudo-sélecteurs. Un navigateur Web définit un nombre limité de pseudo-sélecteurs. Nous présenterons quelques-uns des plus utiles ici. Par exemple :

```
*:first-letter {
  font-size: 500%;
  color: red;
  float: left;
}
```

trace la première lettre de chaque élément avec une police rouge en gras. Cette règle peut être affinée de la manière suivante :

```
 p.illuminated:first-letter {
  font-size: 500%;
  color: red;
  float: left;
}
```

L'effet de bordure rouge ne s'applique à présent qu'aux éléments `<p>` déclarés comme relevant de la classe `illuminated`. Parmi les autres pseudo-sélecteurs utiles, on peut citer `first-line` ou encore `hover`, qui modifie l'apparence des liens hypertexte lorsque le curseur les survole.

Par exemple, pour faire en sorte qu'un lien s'affiche en jaune lorsque l'utilisateur le survole, on peut recourir à la règle suivante :

```
a:hover{ color:yellow; }
```

Notre tour d'horizon des sélecteurs CSS est ainsi achevé. Nous avons déjà introduit plusieurs déclarations de style de manière informelle dans ces exemples. Observons-les de plus près maintenant.

Propriétés de style CSS

Chaque élément dans une page HTML peut être stylisé de diverses manières. Les éléments les plus génériques, comme la balise `<DIV>`, peuvent se voir appliquer des dizaines de styles. Considérons rapidement quelques-uns d'entre eux.

Le texte d'un élément peut être stylisé au niveau de sa couleur, de la taille de police, du corps de la police et de la police employée. Plusieurs options peuvent être spécifiées pour les polices, afin de pouvoir réaliser des substitutions harmonieuses dans le cas où une police ne serait pas installée sur l'ordinateur client. Pour passer en gris un paragraphe et lui donner l'apparence d'un texte de terminal informatique, nous pourrions définir le style suivant :

```
.robotic{
  font-size: 14pt;
  font-family: courier new, courier, monospace;
  font-weight: bold;
  color: gray;
}
```

Pour être plus concis, nous pourrions fusionner les éléments de police :

```
.robotic{
  font: bold 14pt courier new, courier, monospace;
  color: gray;
}
```

Dans les deux cas, les multiples propriétés de style sont écrites dans une notation par paires clé-valeur séparées par des points-virgules.

Les CSS peuvent définir la mise en forme et la taille d'un élément (grâce à ce que l'on appelle souvent le "modèle des boîtes") en spécifiant des marges et des remplissages, pour les quatre côtés ou pour chaque côté pris individuellement.

```
.padded{ padding: 4px; }
.eccentricPadded {
  padding-bottom: 8px;
  padding-top: 2px;
  padding-left: 2px;
  padding-right: 16px;
  margin: 1px;
}
```

Les dimensions d'un élément peuvent être spécifiées par les propriétés `width` et `height`. La position d'un élément peut être spécifiée comme étant absolue ou relative. Les éléments positionnés de manière absolue peuvent être placés sur la page en définissant les propriétés `top` et `left`, alors que les éléments positionnés de manière relative flottent avec le reste de la page.

On peut définir des couleurs d'arrière-plan pour les éléments à l'aide de la propriété `background-color`, de même qu'une image d'arrière-plan avec la propriété `background-image` :

```
.titlebar{ background-image: url(images/topbar.png); }
```

Les éléments peuvent être masqués en spécifiant `:hidden` ou `display:none`. Dans le premier cas, l'élément occupe toujours l'espace dans la page (s'il est positionné de manière relative). Dans le second, il n'est pas pris en compte.

Cette présentation sommaire couvre les propriétés de style élémentaires requises pour construire des interfaces utilisateur pour les applications Ajax avec des CSS. A la section suivante, nous allons aborder un exemple pratique de mise en application des CSS.

Un exemple simple de CSS

Nous avons rapidement passé en revue les concepts fondamentaux des CSS. Passons à présent à la pratique. Les CSS peuvent servir à créer des conceptions graphiques élégantes, mais dans une application Ajax, nous nous occupons plus généralement de créer des interfaces qui s'apparentent à celles des environnements de bureau. La Figure 2.2, qui illustre un dossier mis en forme à l'aide de CSS, présente un exemple simple de ce type d'usage des CSS.

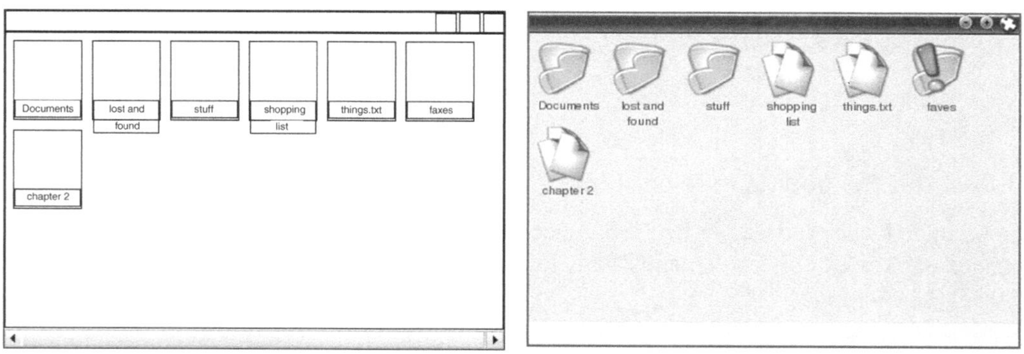

Figure 2.2
Exemple d'usage des CSS pour la mise en forme d'une interface utilisateur. Les deux écrans ont été générés à partir du même code HTML : seules les feuilles de style diffèrent. La feuille de style utilisée à gauche ne conserve que les éléments de positionnement, alors que celle de droite y ajoute des éléments décoratifs, comme des couleurs et des images.

Les CSS accomplissent deux tâches pour créer la fenêtre illustrée à la Figure 2.2. Etudions-les tour à tour.

Utiliser des CSS pour le positionnement

La première tâche concerne le positionnement des éléments. L'élément le plus extérieur, qui représente la fenêtre comme un tout, se voit attribuer une position absolue :

```
div.window{
  position: absolute;
  overflow: auto;
  margin: 8px;
  padding: 0px;
  width: 420px;
  height: 280px;
}
```

Dans la zone de contenu, les icônes sont mises en forme à l'aide de la propriété `float`, afin de flotter dans les confins de leur élément parent – elles sont renvoyées à la ligne si nécessaire :

```
div.item{
  position: relative;
  height: 64px;
  width: 56px;
  float: left;
  padding: 0px;
  margin: 8px;
}
```

On positionne le texte de l'élément `itemName` imbriqué dans l'élément `item` sous l'icône en définissant une marge supérieure de la même taille que l'image de l'icône :

```
div.item div.itemName{
  margin-top: 48px;
  font: 10px verdana, arial, helvetica;
  text-align: center;
}
```

Utiliser des CSS pour la mise en forme

La seconde tâche réalisée par les CSS concerne la mise en forme visuelle des éléments. Les images exploitées par les éléments dans le dossier sont attribuées en fonction du nom de classe. Par exemple :

```
div.folder{
  background:
    transparent url(images/folder.png)
    top left no-repeat;
}
div.file{
  background:
    transparent url(images/file.png)
    top left no-repeat;
}
div.special{
```

```
    background:
      transparent url(images/folder_important.png)
      top left no-repeat;
  }
```

On définit la propriété `background` des styles d'icônes de manière à ce qu'elle ne se répète pas et de manière à ce qu'elle soit positionnée en haut à gauche de l'élément, en activant la transparence. La Figure 2.2 est produite par Firefox, car la transparence des images .png est soumise à des bogues sous Internet Explorer. Il existe des solutions de contournement, mais elles sont imparfaites ; la version 7 à venir d'Internet Explorer résout apparemment ces bogues. Si vous avez besoin d'images transparentes pour tous les navigateurs, nous vous suggérons pour l'instant de recourir à des images .gif.

Les éléments individuels déclarent deux classes de styles : l'élément générique définit leur positionnement dans le conteneur et un second élément, plus spécifique, définit l'icône à utiliser. Par exemple :

```
<div class='item folder'>
<div class='itemName'>stuff</div>
</div>
<div class='item file'>
<div class='itemName'>shopping list</div>
</div>
```

Toutes les images dans la mise en forme sont appliquées sous la forme d'images d'arrière-plan avec des CSS. La barre de titre est stylisée à l'aide d'une image de même taille que la barre et d'un pixel de large, qui se répète horizontalement :

```
div.titlebar{
  background-color: #0066aa;
  background-image: url(images/titlebar_bg.png);
  background-repeat: repeat-x;
  ...
}
```

Le code HTML complet de cet élément est présenté au Listing 2.1 :

Listing 2.1 : window.html

```
<html>
<head>
<link rel='stylesheet' type='text/css'
  href='window.css' />
</head>
<body>
<div class='window'>
  <div class='titlebar'>
    <span class='titleButton' id='close'></span>
    <span class='titleButton' id='max'></span>
    <span class='titleButton' id='min'></span>
  </div>
```

```
    <div class='contents'>
      <div class='item folder'>
        <div class='itemName'>Documents</div>
      </div>
      <div class='item folder'>
        <div class='itemName'>lost and found</div>
      </div>
      <div class='item folder'>
        <div class='itemName'>stuff</div>
      </div>
      <div class='item file'>
        <div class='itemName'>shopping list</div>
      </div>
      <div class='item file'>
        <div class='itemName'>things.txt</div>
      </div>
      <div class='item special'>
        <div class='itemName'>faves</div>
      </div>
      <div class='item file'>
        <div class='itemName'>chapter 2</div>
      </div>
    </div>
  </div>
  </body>
  </html>
```

Les balises HTML définissent la structure du document et non son apparence. Elles définissent également des points dans le document auxquels la mise en forme peut être appliquée, comme les noms de classe, les ID uniques et les types de balises eux-mêmes. A la lecture du HTML, on voit comment chaque élément est lié à l'autre en termes d'imbrication, mais on ne sait rien du style lui-même. L'édition de la feuille de style peut modifier considérablement l'apparence de ce document tout en conservant sa structure, comme le montrait la Figure 2.2. La feuille de style complète est présentée au Listing 2.2.

Listing 2.2 : window.css

```
div.window{
  position: absolute;
  overflow: auto;
  background-color: #eeefff;
  border: solid #0066aa 2px;
  margin: 8px;
  padding: 0px;
  width: 420px;      ─❶ Géométrie de l'élément
  height: 280px;
}
div.titlebar{
```

```
  background-color: #0066aa;
  background-image:                    ❷ Texture d'arrière-plan
  url(images/titlebar_bg.png);
  background-repeat: repeat-x;
  color:white;
  border-bottom: solid black 1px;
  width: 100%;
  height: 16px;
  overflow:hidden;
}
span.titleButton{
  position: relative;
  height: 16px;
  width: 16px;
  padding: 0px;
  margin: 0px 1px; 0px 1px;
  float:right;          ❸ Positionnement du flux
}
span.titleButton#min{
  background: transparent
    url(images/min.png) top left no-repeat;
}
span.titleButton#max{
  background: transparent
    url(images/max.png) top left no-repeat;
}
span.titleButton#close{
  background: transparent
    url(images/close.png) top left no-repeat;
}
div.contents {
  background-color: #e0e4e8;
  overflow: auto;
  padding: 2px;
  height:240px;
}
div.item{
  position : relative;
  height : 64px;
  width: 56px;
  float: left;
  color : #004488;
  font-size: 18;
  padding: 0px;
  margin: 4px;
}
div.item div.itemName {
  margin-top: 48px;          ❹ Placement du texte
  font: 10px verdana, arial, helvetica;
  text-align: center;
```

```
}
div.folder{
  background: transparent
    url(images/folder.png) top left no-repeat;
}
div.file{
  background: transparent
    url(images/file.png) top left no-repeat;
}
div.special{
  background: transparent
    url(images/folder_important.png)
    top left no-repeat;
}
```

Nous avons déjà examiné un certain nombre des astuces qu'exploite cette feuille de style pour ajuster l'apparence des éléments individuels. Quelques autres exemples sont ici introduits, afin de montrer l'éventail des domaines auxquels les CSS peuvent toucher : placement à l'écran ❶, texturage d'éléments ❷, aide au positionnement des éléments ❸ et placement du texte relatif aux images qui l'accompagnent ❹.

Les CSS sont un élément important du kit d'outils de base du développeur Web. Comme nous l'avons montré ici, elles peuvent être appliquées tout aussi aisément aux divers types d'interfaces requises par une application Ajax qu'à l'approche plus orientée sur la mise en forme d'un site statique de type brochure.

Organiser l'affichage à l'aide du DOM

Le DOM (*Document Object Model*, modèle objet de document) expose les documents (pages Web) au moteur JavaScript. Grâce au DOM, la structure du document (voir Figure 2.3) peut être manipulée de manière programmatique. Cela est particulièrement utile lorsqu'on écrit une application Ajax. Dans une application Web classique, la page entière est régulièrement actualisée avec de nouveaux flux HTML en provenance du serveur, et l'interface peut être redéfinie à volonté en se servant du nouveau HTML. Dans les applications Ajax, on apporte la plupart des modifications à l'interface utilisateur en recourant au DOM. Les balises HTML d'une nouvelle page Web sont organisées en une structure arborescente. La racine de l'arbre est la balise `<HTML>`, qui représente le document. A l'intérieur, la balise `<BODY>`, qui représente le corps du document, est la racine de la structure visible du document. Dans le corps se trouvent des balises de tableaux, de paragraphes ou de listes, qui contiennent parfois elles-mêmes d'autres balises.

La représentation DOM d'une page Web est également structurée en une arborescence composée d'éléments ou de nœuds, qui peuvent contenir des nœuds enfants, et ainsi de suite. Le moteur JavaScript expose le nœud racine de la page Web courante par le biais de la variable globale *document*, qui sert de point de départ pour toutes nos manipulations DOM.

L'élément DOM est bien défini par la spécification W3C. Il possède un unique élément parent, zéro, un ou plusieurs éléments enfants et n'importe quel nombre d'attributs, stockés sous forme de tableau associatif (autrement dit, avec une clé textuelle comme `width` ou `style` au lieu d'un index numérique). La Figure 2.3 présente la structure abstraite du document du Listing 2.2 dans l'outil Inspecteur de DOM de Mozilla (voir l'Annexe A pour plus de détails à ce sujet).

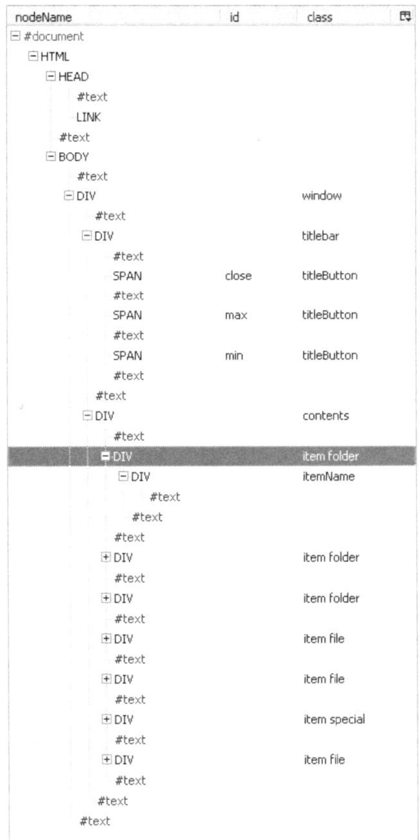

Figure 2.3
Le DOM présente un document HTML sous forme de structure arborescente, chaque élément représentant une balise dans le balisage HTML.

La relation entre les éléments dans le DOM peut se comparer à une sorte de représentation en miroir du listing HTML. La relation est bidirectionnelle. Le fait de modifier le DOM altère le balisage HTML et donc la présentation de la page.

On obtient ainsi une vue de haut niveau du DOM. Dans la section suivante, nous verrons comment le DOM est exposé à l'interpréteur JavaScript et comment il fonctionne avec lui.

Travailler avec le DOM en utilisant JavaScript

Dans toute application, il convient de modifier l'interface utilisateur pendant que l'utilisateur travaille, afin de lui procurer un retour d'information concernant ses actions et l'état d'avancement de ses tâches. Ces modifications peuvent aller du simple changement d'étiquette ou de couleur d'un élément jusqu'à l'affichage d'une boîte de dialogue temporaire ou le remplacement de grandes portions de l'écran avec un ensemble d'éléments entièrement nouveaux. Le plus souvent, on construit un arbre DOM en alimentant le navigateur avec du HTML déclaratif (en d'autres termes, en écrivant une page Web HTML).

Le document que nous avons présenté au Listing 2.2 et à la Figure 2.3 est assez volumineux et complexe. Commençons notre apprentissage de la manipulation du DOM par une petite opération. Supposons que nous souhaitions gratifier l'utilisateur d'une salutation conviviale. Lorsque la page se charge, nous ne connaissons pas son nom. Nous souhaitons donc modifier la structure de la page afin d'y ajouter son nom plus tard, si possible en manipulant les nœuds du DOM de manière programmatique. Le Listing 2.3 présente le balisage HTML initial de cette page simple.

Listing 2.3 : Page Ajax "Hello"

```
<html>
<head>
<link rel='stylesheet' type='text/css'
  href='hello.css' />          ❶ Lien vers la feuille de style
<script type='text/JavaScript'
  src='hello.js'></script>       ❷ Lien vers le fichier JavaScript
</head>
<body>
<p id='hello'>hello</p>
<div id='empty'></div>       ❸ Elément vide
</body>
```

Nous avons ajouté des références à deux ressources externes : une feuille de style CSS ❶ et un fichier contenant du code JavaScript ❷. Nous avons également déclaré un élément `<div>` vide avec un ID ❸ dans lequel nous pourrons ajouter d'autres éléments.

Considérons les ressources vers lesquelles nous avons fait des liens. La feuille de style définit des styles simples pour différencier les catégories d'éléments de notre liste en fonction de polices et de couleurs (voir le Listing 2.4).

Listing 2.4 : hello.css

```
.declared{
  color: red;
  font-family: arial;
  font-weight: normal;
  font-size: 16px;
}
```

```
.programmed{
  color: blue;
  font-family: helvetica;
  font-weight: bold;
  font-size: 10px;
}
```

Nous avons défini deux styles qui décrivent l'origine de nos nœuds DOM. Les noms des styles sont arbitraires. Nous les avons choisis de manière à ce que l'exemple soit simple à comprendre, mais ils auraient aussi bien pu s'appeler `fred` et `jim`. Aucune de ces classes de style n'est utilisée dans le code HTML, mais nous les appliquerons aux éléments de manière programmatique. Le Listing 2.5 présente le code JavaScript qui accompagne la page Web du Listing 2.4. Une fois le document chargé, nous mettrons en forme un nœud existant de manière programmatique et créerons d'autres éléments DOM de manière programmatique.

Listing 2.5 : hello.js

```
window.onload=function(){
  var hello=document.getElementById('hello');  <— Retrouver l'élément par ID
  hello.className='declared';

  var empty=document.getElementById('empty');
  addNode(empty,"reader of");
  addNode(empty,"Ajax in Action!");

  var children=empty.childNodes;
  for (var i=0;i<children.length;i++){
    children[i].className='programmed';
  }

  empty.style.border='solid green 2px';  |  Mettre directement
  empty.style.width="200px";             |  en forme le nœud
}
function addNode(el,text){
  var childEl=document.createElement("div");  <— Créer un nouvel élément
  el.appendChild(childEl);
  var txtNode=document.createTextNode(text);  <— Créer un nouvel élément
  childEl.appendChild(txtNode);
}
```

Le code JavaScript est un peu plus complexe que le code HTML ou la feuille de style. Le point d'entrée du code est la fonction `window.onload()`, qui sera appelée de manière programmatique une fois que la page sera entièrement chargée. A ce stade, l'arborescence a été construite et nous avons commencé à travailler avec. Le Listing 2.5 emploie plusieurs méthodes de manipulation du DOM, afin de modifier des attributs des nœuds DOM, d'afficher et de masquer des nœuds, et même de créer à la volée des nœuds complètement nouveaux.

Nous ne traiterons pas ici de chaque méthode de manipulation du DOM (pour ces questions, consultez la section Ressources à la fin de ce chapitre), mais nous en examinerons dans les sections suivantes quelques-unes qui nous seront utiles.

Retrouver un nœud du DOM

Pour travailler sur un DOM avec du JavaScript, il faut en premier lieu trouver les éléments que nous souhaitons modifier. Comme nous l'avons indiqué précédemment, tout ce que nous avons au départ est une référence au nœud racine, dans la variable globale `document`. Chaque nœud dans le DOM est un enfant (ou petit-enfant, arrière-petit-enfant, etc.) de `document`, mais il peut être difficile de progresser pas à pas dans l'arborescence d'un grand document complexe. Il existe heureusement quelques raccourcis utiles. La méthode la plus fréquente consiste à associer un ID unique à certains éléments. Dans la fonction `onload()` du Listing 2.5, nous souhaitons trouver deux éléments : l'élément de paragraphe, afin de le mettre en forme, et la balise vide `<div>`, afin d'y ajouter du contenu. Pour cela, nous associons des attributs d'ID uniques à chaque élément dans le code HTML, ainsi :

```
<p id='hello'>
```

et ainsi :

```
<div id='empty'></div>
```

Chaque nœud DOM peut se voir attribuer un ID, qui peut servir à obtenir une référence programmatique au nœud dans un appel de fonction, où qu'il se trouve dans le document :

```
var hello=document.getElementById('hello');
```

Notez qu'il s'agit d'une méthode appliquée à un objet Document. Dans un cas simple comme celui-ci (et même dans bon nombre de cas plus complexes), vous pouvez faire référence à l'objet Document actuel par le terme `document`. Si vous utilisez des IFrames (nous y reviendrons sous peu), vous devez en revanche tenir le registre de plusieurs objets Document et devez bien vérifier celui auquel s'applique votre requête.

Dans certains cas, on peut effectivement souhaiter parcourir le DOM pas à pas. Les nœuds du DOM étant disposés sous la forme d'une structure arborescente, chacun d'entre eux possède un parent au plus et un nombre quelconque d'enfants. L'accès à ces enfants peut se faire par les propriétés `parentNode` et `childNodes`. `parentNode` retourne un autre objet de nœud DOM, alors que `childNodes` retourne un tableau JavaScript de nœuds pouvant être parcourus en boucle, comme ceci :

```
var children=empty.childNodes;
for (var i=0;i<children.length;i++){
  ...
}
```

Mentionnons une troisième méthode, qui permet de prendre des raccourcis en parcourant des documents qui n'ont pas été balisés avec des ID uniques : les nœuds DOM peuvent également être parcourus en tenant compte des balises HTML, grâce à `getElementsByTagName()`.

Par exemple, `document.getElementsByTagName("UL")` retourne un tableau de toutes les balises `<UL>` dans le document.

Ces méthodes sont utiles pour travailler avec des documents sur lesquels vous n'avez que peu de contrôle. En règle générale, il est plus sûr de recourir à `getElementById()` qu'à `getElementsByTagName()`, car il implique un moins grand nombre de présuppositions concernant la structure et l'ordonnancement du document, qui peuvent changer indépendamment du code.

Créer un nœud du DOM

En plus de réorganiser des nœuds existants du DOM, il peut arriver que l'on ait besoin de créer des nœuds entièrement nouveaux et de les ajouter au document (par exemple afin de créer une boîte de dialogue de messages à la volée). Les implémentations JavaScript du DOM offrent également des méthodes pour cela.

Considérons notre code d'exemple (Listing 2.5) de nouveau. Le nœud DOM marqué par l'ID `'empty'` commence en étant vide. Lorsque la page se charge, nous créons pour elle du contenu de manière dynamique. Notre fonction `addNode()` exploite les méthodes standard `document.createElement()` et `document.createTextNode()`. `createElement()` peut être utilisée pour créer n'importe quel élément HTML, en prenant le type de balise comme argument :

```
var childEl=document.createElement("div");
```

`createTextNode()` crée un nœud du DOM qui représente un fragment de texte, qui se trouve généralement imbriqué dans une balise de titre, de division, de paragraphe ou de liste.

```
var txtNode=document.createTextNode("texte");
```

Le standard DOM traite les nœuds texte comme étant distincts de ceux qui représentent des éléments HTML. Les styles ne peuvent leur être appliqués directement, aussi prennent-ils moins de place en mémoire. Le texte représenté par un nœud texte peut cependant se voir appliquer un style par le biais de l'élément DOM qui le contient.

Une fois que le nœud a été créé, et ce quel que soit son type, il doit être attaché au document pour pouvoir être visible dans la fenêtre du navigateur. La méthode `appendChild()` est employée pour cela :

```
el.appendChild(childEl);
```

Ces trois méthodes – `createElement()`, `createTextNode()` et `appendChild()` – nous apportent tout le nécessaire pour ajouter une nouvelle structure à un document. Cela fait, nous souhaiterons aussi appliquer les styles appropriés. Voyons comment procéder.

Ajouter des styles à votre document

Nous avons vu comment recourir au DOM pour manipuler la structure d'un document (comment un élément était contenu par un autre, etc.). On peut ainsi remodeler les structures déclarées dans le HTML statique. Le DOM fournit également des méthodes pour la modification programmatique du style des éléments et le remodelage des structures définies dans les feuilles de style.

En manipulant le DOM, on peut appliquer une variété de caractéristiques visuelles à chacun des éléments d'une page Web, en modifiant leur position, leur hauteur et largeur, leurs couleurs, marges et bordures. La modification individuelle de chaque attribut offre un haut niveau de contrôle mais peut être pénible. Heureusement, le navigateur Web fournit des liaisons JavaScript qui permettent d'intervenir précisément, en cas de besoin, par le biais d'une interface de bas niveau, et d'appliquer facilement et de manière homogène des styles à l'aide de classes CSS. Etudions-les tour à tour.

La propriété *className*

Les CSS offrent un moyen concis d'appliquer aux documents des styles prédéfinis et réutilisables. Lorsque vous appliquez des styles à des éléments que vous avez créés de manière programmatique, il est également possible de tirer parti des CSS, à l'aide de la propriété `className` d'un nœud du DOM. A titre d'exemple, la ligne suivante applique à un nœud les règles de présentation définies par la classe `declared` :

```
hello.className='declared';
```

`hello` est la référence au nœud du DOM. Cette approche offre un moyen concis et simple d'attribuer simultanément de nombreuses règles CSS à un nœud et de gérer des mises en forme complexes à l'aide de feuilles de style.

La propriété *style*

Dans d'autres cas, on peut souhaiter apporter une modification plus fine au style d'un élément particulier, par exemple en remplaçant des styles déjà appliqués à l'aide de CSS.

Les nœuds du DOM contiennent également un tableau associatif appelé `style`, qui comprend toutes les données détaillées relatives au style du nœud. Comme le montre la Figure 2.4, les styles des nœuds du DOM incluent généralement un grand nombre d'entrées. A l'arrière-plan, l'attribution de la propriété `className` au nœud modifie les valeurs dans le tableau `style`.

Le tableau `style` peut être manipulé directement. Après avoir mis en forme les éléments dans le nœud `empty`, nous dessinons un cadre autour, de la manière suivante :

```
empty.style.border="solid green 2px";
empty.style.width="200px";
```

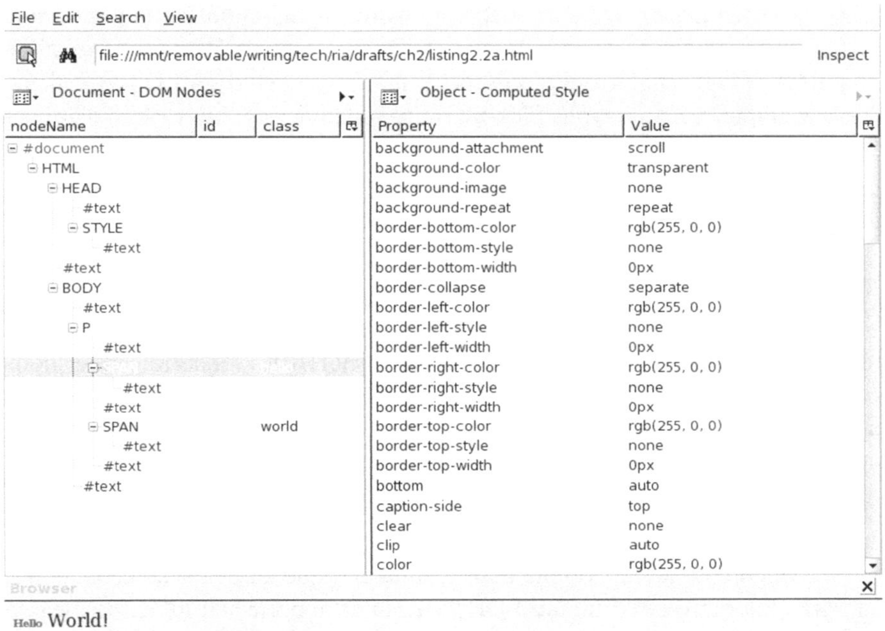

Figure 2.4

Inspection de l'attribut style d'un nœud du DOM dans l'inspecteur DOM. La plupart des valeurs ne seront pas positionnées explicitement par l'utilisateur mais seront attribuées par le moteur de rendu lui-même. Notez la présence de la barre de défilement : nous n'apercevons ici qu'un quart de la liste complète des propriétés de style.

Nous aurions pu aussi déclarer une classe `box` et l'appliquer à l'aide de la propriété `className`, mais cette approche peut être plus rapide et plus simple dans certaines circonstances et autorise la construction programmatique de chaînes. Si le but est de redimensionner librement des éléments au pixel près, il serait tout à fait inefficace et contraignant de le faire en prédéfinissant des styles pour chaque largeur allant de 1 à 800 pixels.

A l'aide des méthodes précédentes, nous pourrions ensuite créer de nouveaux éléments de DOM et les mettre en forme. Un autre outil intéressant dans notre boîte de techniques de manipulation de contenus adopte une approche légèrement différente pour l'écriture programmatique des pages Web, grâce à la propriété `innerHTML`.

Un raccourci : recourir à la propriété *innerHTML*

Les méthodes que nous avons décrites jusqu'ici fournissent un contrôle de bas niveau sur l'API DOM. Pour leur part, `createElement()` et `appendChild()` fournissent une API verbeuse pour la construction d'un document et conviennent bien pour les cas où le document créé suit une structure régulière qui peut être codée sous la forme d'un algorithme.

Tous les éléments du DOM des navigateurs Web connus reconnaissent aussi une propriété nommée `innerHTML`, qui permet d'attribuer un contenu arbitraire à un élément de manière très simple. `innerHTML` est une chaîne qui représente l'enfant d'un nœud sous la forme d'une balise HTML. Par exemple, nous pouvons réécrire notre fonction `addNode()` afin d'utiliser `innerHTML` de la manière suivante :

```
function addListItemUsingInnerHTML(el,text){
  el.innerHTML+="<div class='programmed'>"+text+"</div>";
}
```

L'élément `<DIV>` et le nœud texte imbriqué peuvent être ajoutés dans une unique instruction. Notez en outre que l'instruction ajoute la propriété à l'aide de l'opérateur `+=`, et non en l'attribuant directement. La suppression d'un nœud avec `innerHTML` requerrait que nous extrayions et parsions la chaîne. `innerHTML` est moins verbeux et convient aux applications relativement simples comme celle-ci. Dans le cas d'un nœud qui doit être massivement modifié par une application, les nœuds du DOM présentés précédemment offrent un processus plus adapté.

Nous avons maintenant traité du JavaScript, des CSS et du DOM. Ce trio est réuni sous le nom de DHTML (*Dynamic HTML*). Comme nous l'avons indiqué au début de ce chapitre, Ajax exploite un grand nombre de techniques DHTML, mais apporte son lot de nouveauté et de fraîcheur. Dans la section suivante, nous verrons ce qui différencie Ajax du DHTML, à savoir sa capacité à communiquer avec le serveur pendant que l'utilisateur travaille.

Chargement asynchrone des données avec les technologies XML

Pendant qu'ils travaillent sur une application (et plus particulièrement une application souveraine), les utilisateurs interagissent continuellement avec elle. Au Chapitre 1, nous avons indiqué l'importance qu'il y a à faire en sorte que l'application reste réactive. Si tout se verrouille pendant qu'une tâche d'arrière-plan longue s'exécute, l'utilisateur est interrompu. Nous avons traité des avantages des appels de méthode asynchrones en indiquant qu'il s'agissait d'un moyen d'améliorer la réactivité de l'interface utilisateur lors de l'exécution de telles tâches longues, et nous avons noté qu'en raison de la latence réseau, tous les appels au serveur doivent être considérés comme étant longs. Nous avons également noté que le recours au modèle de requête/réponse HTTP était voué à l'échec. Les applications Web classiques effectuent des rechargements complets des pages Web à chaque appel au serveur, ce qui provoque de fréquentes interruptions pour l'utilisateur.

A partir du moment où nous devons accepter qu'une demande de document reste bloquée jusqu'à ce que le serveur retourne sa réponse, plusieurs moyens se présentent pour faire en sorte que la requête au serveur semble asynchrone pour les utilisateurs et qu'ils puissent poursuivre leur travail. Les premières tentatives visant à tirer parti de ce type de communication à l'arrière-plan s'appuyaient sur des IFrames. Plus récemment, l'objet XMLHttpRequest a offert une solution plus propre et plus puissante. Considérons ces deux technologies.

IFrames

Lorsque le DHTML est arrivé avec les versions 4 de Netscape Navigator et Internet Explorer, il a offert de nouvelles possibilités de mises en page flexibles et programmables. L'une des extensions naturelles de l'ancien frameset HTML était l'élément IFrame. Le "I" est mis pour "*inline*", qui indique que le cadre fait partie de la mise en page d'un autre document au lieu de se trouver côte à côte avec d'autres cadres dans un frameset. L'IFrame est représenté sous la forme d'un élément dans l'arborescence du DOM. Il est donc possible de le déplacer, de le redimensionner et même de le masquer pendant que la page est visible. Le véritable progrès est apparu lorsque les gens ont commencé à réaliser que les IFrames pouvaient se voir appliquer un style de manière à être complètement invisibles. Il était ainsi possible d'extraire des données à l'arrière-plan, sans perturber l'écran de l'utilisateur. Soudain apparaissait ainsi un mécanisme qui permettait de contacter le serveur de manière asynchrone, bien qu'il s'apparente assez à du bricolage. La Figure 2.5 présente la séquence d'événements de cette approche.

Comme les autres éléments DOM, l'IFrame peut être déclaré dans le HTML d'une page ou être généré de manière programmatique avec `document.createElement()`. Dans le cas simple où nous ne voulons qu'un seul IFrame invisible pour y charger des données, nous pouvons déclarer l'IFrame comme faisant partie du document et y accéder de manière programmatique avec `document.getElementById()`, comme le montre le Listing 2.6.

Listing 2.6 : Utiliser un IFrame

```
<html>
<head>
<script type='text/JavaScript'>
window.onload=function(){
  var iframe=document.getElementById('dataFeed');
  var src='datafeeds/mydata.xml';
  loadDataAsynchronously(iframe,src);
}
function loadDataAsynchronously(iframe,src){
  //...faire quelque chose d'extraordinaire !!
}
</script>
</head>
<body>
<!--
...contenu visible ici...
-->
<iframe
  id='dataFeed'
  style='height:0px;width:0px;'
>
</iframe>
</body>
</html>
```

L'IFrame a été mis en forme et rendu invisible en positionnant sa largeur et sa hauteur à zéro pixel. Nous pourrions recourir à la propriété `display:none`, mais certains navigateurs, qui cherchent astucieusement à optimiser les téléchargements, s'épargnent alors la peine de charger le document ! Notez en outre que nous devons attendre que le document se charge avant de rechercher l'IFrame, en appelant `getElementById()` dans la fonction de gestionnaire `window.onload`. Il existe une autre approche, qui consiste à générer de manière programmatique les IFrames à la demande, comme le montre le Listing 2.7. Cette méthode possède en outre l'avantage de conserver tout le code lié à la réalisation des requêtes de données dans un unique emplacement, ce qui évite d'avoir à s'assurer que les ID de nœuds du DOM se correspondent entre le script et le HTML.

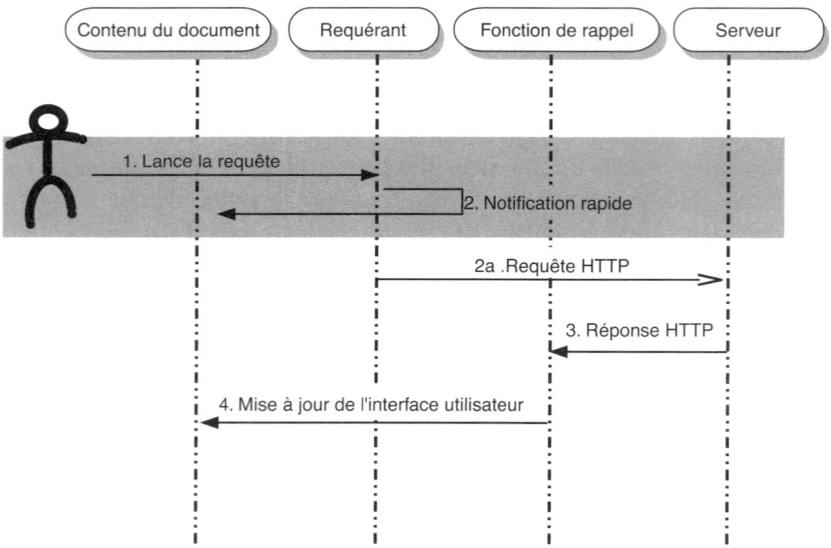

Figure 2.5

Séquence d'événements lors d'une communication asynchrone dans une page Web. L'action de l'utilisateur invoque une requête depuis un objet requérant caché (un IFrame ou un objet XMLHttpRequest), qui initie un appel asynchrone au serveur. La méthode reprend rapidement la main, en ne bloquant l'interface que pour un temps très court, représenté par la hauteur de la zone grisée. La réponse est parsée par une fonction de rappel, qui met ensuite à jour l'interface en fonction.

Listing 2.7 : Créer un IFrame

```
function fetchData(){
  var iframe=document.createElement('iframe');
  iframe.className='hiddenDataFeed';
  document.body.appendChild(iframe);
  var src='datafeeds/mydata.xml';
  loadDataAsynchronously(iframe,src);
}
```

L'utilisation de `createElement()` et `appendChild()` pour modifier le DOM doit à présent vous être familière, grâce aux exemples antérieurs. Si nous suivons cette approche sans précaution, nous finirons par créer un grand nombre d'IFrames à mesure que l'application continuera de s'exécuter. Nous devons au contraire détruire les IFrames lorsque nous avons fini de les utiliser ou implémenter une sorte de mécanisme de mise en pool.

Les design patterns, que nous présenterons au Chapitre 3, peuvent nous aider à implémenter des pools robustes, des files d'attente et divers autres processus qui permettent aux applications à grande échelle de s'exécuter sans heurt. Nous reviendrons donc sur ce sujet plus en détail par la suite. Entre-temps, portons notre attention sur le deuxième ensemble de technologies que nous évoquions pour lancer des requêtes au serveur à l'arrière-plan.

Objets *XmlDocument* et *XMLHttpRequest*

Comme nous venons de le voir, il est possible d'exploiter des IFrames pour demander des données à l'arrière-plan, mais il s'agit à franchement parler de bricolage, puisque les éléments sont employés dans un but détourné : les IFrames sont en effet censés afficher du contenu visible dans les pages. Les versions ultérieures des navigateurs Web populaires ont introduit des objets adaptés au transfert asynchrone des données, objets qui, comme nous le verrons, présentent certains avantages pratiques par rapport aux IFrames.

Les objets XmlDocument et XMLHttpRequest sont des extensions non standard du DOM du navigateur Web qui sont prises en charge par la majorité des navigateurs Web. Ils rationalisent considérablement le processus des appels asynchrones, car ils sont explicitement conçus pour extraire des données à l'arrière-plan. Les deux objets sont nés sous la forme de composants ActiveX spécifiques à Microsoft et qui étaient disponibles en tant qu'objets JavaScript dans le navigateur Internet Explorer. D'autres navigateurs ont depuis implémenté des objets natifs avec des fonctions et des appels d'API similaires. Ces deux objets ont des fonctions comparables, XMLHttpRequest offrant un contrôle plus fin sur la requête. Nous l'utiliserons dans la majeure partie de ce livre, mais nous mentionnerons ici rapidement XmlDocument au cas où vous le rencontreriez et où vous vous demanderiez en quoi il diffère de XMLHttpRequest. Le Listing 2.8 présente un corps de fonction simple qui crée un objet XmlDocument.

Listing 2.8 : Fonction *getXmlDocument()*

```
function getXMLDocument(){
  var xDoc=null;
  if (document.implementation
    && document.implementation.createDocument){
    xDoc=document.implementation
     .createDocument("","",null);      <—— Mozilla/Safari
  }else if (typeof ActiveXObject != "undefined"){
    var msXmlAx==null;
    try{
```

```
      msXmlAx=new ActiveXObject
        ("Msxml2.DOMDocument");  <---- Nouvel Internet Explorer
    }catch (e){
      msXmlAx=new ActiveXObject
        ("Msxml.DOMDocument");  <---- Ancien Internet Explorer

    }
    xDoc=msXmlAx;
  }
  if (xDoc==null || typeof xDoc.load=="undefined"){
    xDoc=null;
  }
  return xDoc;
}
```

La fonction retourne un objet XmlDocument avec une API identique dans la plupart des navigateurs modernes. Les moyens de créer le document diffèrent cependant considérablement.

Le code vérifie si l'objet document prend en charge la propriété d'implémentation requise pour créer un objet XmlDocument natif (qu'il trouvera dans les navigateurs Mozilla et Safari récents). S'il ne parvient pas à en trouver un, il se rabat sur des objets ActiveX, en vérifiant s'ils sont pris en charge ou non (ce qui est le cas uniquement avec les navigateurs Microsoft). Le cas échéant, il essaie de localiser un objet approprié. Le script opte de préférence pour les bibliothèques plus récentes MSXML version 2.

INFO

Il est possible de demander au navigateur des informations – éditeur et numéro de version – et il est de pratique courante d'utiliser ces informations pour effectuer des branchements dans le code en fonction du type de navigateur. A notre sens, cette approche est sujette aux erreurs, car elle ne sait anticiper les versions futures des navigateurs et peut exclure des navigateurs capables d'exécuter un script. Dans notre fonction `getXmlDocument()`, nous n'essayons pas de deviner la version du navigateur : nous demandons directement si certains objets sont disponibles. Cette approche, dite de détection d'objet, a de meilleures chances de fonctionner avec les versions ultérieures des navigateurs ou avec les navigateurs inhabituels que nous n'avons pas testés. Elle est ainsi généralement plus robuste.

Le Listing 2.9 suit une approche similaire mais légèrement plus simple pour l'objet XMLHttpRequest.

Listing 2.9 : Fonction *gestXmlHttpRequest()*

```
function getXMLHTTPRequest() {
  var xRequest=null;
  if (window.XMLHttpRequest) {
    xRequest=new XMLHttpRequest(); <---- Mozilla/Safari
  }else if (typeof ActiveXObject != "undefined"){
```

```
      xRequest=new ActiveXObject
       ("Microsoft.XMLHTTP");  <——   Internet Explorer
    }
    return xRequest;
  }
```

De nouveau, nous nous servons de la détection d'objet pour tester la prise en charge de l'objet XMLHttpRequest natif, et, en cas d'échec, d'ActiveX. Dans un navigateur qui ne supporte ni l'un ni l'autre, nous retournons null *null* pour l'instant. Nous étudierons des solutions de gestion de l'échec plus élégantes au Chapitre 6.

Nous pouvons donc créer un objet qui transmettra des requêtes au serveur de notre part. Que faire maintenant que nous l'avons ?

Transmettre une requête au serveur

La transmission d'une requête au serveur depuis un objet XMLHttpRequest est plutôt simple. Tout ce que nous avons à faire est de lui passer l'URL de la page du serveur qui générera les données pour nous. Voici le principe de l'opération :

```
function sendRequest(url,params,HttpMethod){
  if (!HttpMethod){
    HttpMethod="POST";
  }
  var req=getXMLHTTPRequest();
  if (req){
    req.open(HttpMethod,url,true);
    req.setRequestHeader
         ("Content-Type",
          "application/x-www-form-urlencoded");
    req.send(params);
  }
}
```

XMLHttpRequest supporte une vaste gamme de sémantiques d'appel HTTP, dont les paramètres optionnels de chaînes de requêtes pour les pages dynamiques (que vous appellerez peut-être paramètres CGI, arguments de formulaires ou paramètres ServletRequest, selon votre domaine en développement serveur). Passons rapidement en revue les bases du HTTP avant de voir comment notre objet de requête le prend en charge.

Introduction rapide au HTTP

Le HTTP est tellement présent aujourd'hui sur Internet que nous l'ignorons généralement. Lors de l'écriture d'applications Web classiques, on ne s'approche guère plus du protocole HTTP qu'en définissant un lien hypertexte par ci et en positionnant l'attribut de méthode d'envoi d'un formulaire par là. En revanche, Ajax découvre nous fait découvrir les détails de bas niveau du protocole en nous amenant à jouer avec afin de réaliser des choses surprenantes.

Une transaction HTTP entre un navigateur et un serveur Web correspond à une requête émise par le navigateur, suivie par une réponse du serveur (avec, entre les deux, un code extraordinaire et spectaculaire développé par nos soins, cela va sans dire !). La requête et la réponse ne sont rien d'autre que des flux de texte que le client et le serveur interprètent comme une série d'en-têtes suivis d'un corps. Les en-têtes peuvent être comparés aux lignes d'une adresse écrite sur une enveloppe, le corps étant assimilé à la lettre à l'intérieur. Les en-têtes indiquent à l'entité réceptrice ce qu'il faut faire avec le contenu de la lettre.

Les requêtes HTTP sont principalement composées d'en-têtes, le corps pouvant éventuellement contenir des données ou des paramètres. La réponse contient généralement le balisage HTML pour la page retournée. Un utilitaire intéressant des navigateurs Mozilla, appelé LiveHTTPHeaders (voir la section Resources à la fin de ce chapitre et l'Annexe A), nous permet d'observer les en-têtes des requêtes et des réponses à mesure que le navigateur travaille. Accédons à la page d'accueil de Google et voyons ce qui se passe sous le capot…

La première requête que nous envoyons contient les en-têtes suivants :

```
GET / HTTP/1.1
Host: www.google.com
User-Agent: Mozilla/5.0
  (Windows; U; Windows NT 5.0; en-US; rv:1.7)
  Gecko/20040803 Firefox/0.9.3
Accept: text/xml,application/xml,
  application/xhtml+xml,text/html;q=0.9,
  text/plain;q=0.8,image/png,*/*;q=0.5
Accept-Language: en-us,en;q=0.5
Accept-Encoding: gzip,deflate
Accept-Charset: ISO-8859-1,utf-8;q=0.7,*;q=0.7
Keep-Alive: 300
Connection: keep-alive
Cookie: PREF=ID=cabd38877dc0b6a1:TM=1116601572
  :LM=1116601572:S=GD3SsQk3v0adtSBP
```

La première ligne indique la méthode HTTP que nous employons. La plupart des développeurs Web sont familiarisés avec la méthode `GET`, qui sert à récupérer des documents, et avec la méthode `POST`, qui est utilisée pour transmettre des formulaires HTML. La spécification du W3C (*World Wide Web Consortium*) inclut cependant quelques autres méthodes courantes, dont `HEAD`, qui récupère les en-têtes de fichiers, `PUT`, qui télécharge des documents vers le serveur, et `DELETE`, qui supprime des documents. Les en-têtes subséquents procèdent à de nombreuses négociations, le client indiquant au serveur les types de contenus, les jeux de caractères, etc., qu'il peut comprendre. Comme j'ai déjà rendu visite à Google auparavant, le navigateur envoie aussi un cookie, c'est-à-dire un court message qui indique à Google qui je suis.

Les en-têtes de réponses présentés ci-après contiennent aussi de grandes quantités d'informations :

```
HTTP/1.x 302 Found
Location: http://www.google.co.uk/cxfer?c=PREF%3D:
  TM%3D1116601572:S%3DzFxPsBpXhZzknVMF&prev=/
Set-Cookie: PREF=ID=cabd38877dc0b6a1:CR=1:TM=1116601572:
  LM=1116943140:S=fRfhD-u49xp9UE18;
  expires=Sun, 17-Jan-2038 19:14:07 GMT;
  path=/; domain=.google.com
Content-Type: text/html
Server: GWS/2.1
Transfer-Encoding: chunked
Content-Encoding: gzip
Date: Tue, 24 May 2005 17:59:00 GMT
Cache-Control: private, x-gzip-ok=""
```

La première ligne indique le statut de la réponse. La réponse `302` signale une redirection vers une page différente. En outre, un autre cookie est repassé pour cette session. Le type de contenu de la réponse (appelé aussi type MIME) est également déclaré. Une autre requête est réalisée suite à l'instruction de redirection, qui produit une seconde réponse avec les en-têtes suivants :

```
HTTP/1.x 200 OK
Cache-Control: private
Content-Type: text/html
Content-Encoding: gzip
Server: GWS/2.1
Content-Length: 1196
Date: Tue, 24 May 2005 17:59:00 GMT
```

Le code d'état `200` signale le succès de l'opération, la page d'accueil de Google étant attachée au corps de la réponse afin d'être affichée. L'en-tête `Content-Type` indique au navigateur que le contenu est du HTML.

Notre méthode `sendRequest()` est construite de manière à ce que le second et le troisième paramètres, dont nous n'aurons probablement pas besoin la plupart du temps, soient optionnels. Cela revient par défaut à employer `POST` pour récupérer la ressource, sans passer de paramètre dans le corps de la requête.

Le code de ce listing met la requête en mouvement et nous retourne immédiatement le contrôle, alors que le réseau et le serveur prennent le temps qu'il leur faut. Cette approche est intéressante en termes de réactivité, mais comment savoir quand la requête est terminée ?

Utiliser des fonctions de rappel pour surveiller la requête

La seconde partie de l'équation dans la gestion des communications asynchrones consiste à définir un point de réentrée dans notre code, afin de récupérer les résultats de l'appel une fois le traitement terminé. Cette procédure est généralement implémentée en attribuant une fonction de rappel, soit une portion de code qui sera exécutée lorsque les résultats seront prêts, à un instant non déterminé dans le futur. La fonction `window.onload` que nous avons vue dans le Listing 2.9 est une fonction de rappel.

Les fonctions de rappel conviennent au style de programmation pilotée par les événements, qui est utilisé dans la plupart des kits d'outils d'interfaces utilisateur modernes – l'appui sur les touches du clavier et les clics de souris interviennent à des moments que le programmeur ne peut déterminer à l'avance et qu'il anticipe en écrivant une fonction pour les gérer le moment venu. Lors de la programmation d'événements d'interfaces utilisateur en JavaScript, nous attribuons des fonctions à `onkeypress`, `onmouseover` et aux autres propriétés semblables des objets. Lors de la programmation des rappels de requêtes serveur, on rencontre des propriétés similaires appelées `onload` et `onreadystatechange`.

Internet Explorer et Mozilla prennent tous deux en charge le rappel `onreadystatechange`. C'est donc lui que nous utiliserons. Mozilla supporte aussi `onload`, qui est un peu plus simple, mais ce dernier ne nous fournit aucune information que `onreadystatechange` ne propose pas également. Le Listing 2.10 présente un gestionnaire de rappel simple.

Listing 2.10 : Utilisation d'un gestionnaire de rappel

```
var READY_STATE_UNINITIALIZED=0;
var READY_STATE_LOADING=1;
var READY_STATE_LOADED=2;
var READY_STATE_INTERACTIVE=3;
var READY_STATE_COMPLETE=4;
var req;
function sendRequest(url,params,HttpMethod){
  if (!HttpMethod){
    HttpMethod="GET";
  }
  req=getXMLHTTPRequest();
  if (req){
    req.onreadystatechange=onReadyStateChange;
    req.open(HttpMethod,url,true);
    req.setRequestHeader
         ("Content-Type", "application/x-www-form-urlencoded");
    req.send(params);
  }
}
function onReadyStateChange(){
  var ready=req.readyState;
  var data=null;
  if (ready==READY_STATE_COMPLETE){
    data=req.responseText;
  }else{
    data="loading...["+ready+"]";
  }
  //... Faire quelque chose avec les données ...
}
```

Tout d'abord, nous modifions notre méthode `sendRequest()` afin d'indiquer à l'objet de requête son gestionnaire de rappel, avant de le transmettre. Ensuite, nous définissons la fonction de gestionnaire, que nous avons appelée `onReadyStateChange()`.

`readyState` peut prendre un ensemble de valeurs numériques. Nous avons ici attribué un nom descriptif à chacune des variables, afin de rendre notre code plus lisible. Pour l'instant, le code ne se préoccupe que de vérifier la valeur 4, qui correspond à l'achèvement de la requête.

Notez que nous déclarons l'objet de requête comme une variable globale. Pour l'instant, cela permet de simplifier les choses alors que nous nous occupons des mécanismes liés à l'objet XMLHttpRequest, mais nous pourrions rencontrer des problèmes si nous essayions de déclarer plusieurs requêtes simultanément. Nous verrons quelle solution apporter à ce problème au Chapitre 3. Rassemblons maintenant nos éléments afin de voir comment gérer une requête de bout en bout.

Le cycle de vie complet

A présent, nous avons assez d'informations pour coordonner le cycle de vie complet du chargement d'un document, comme le montre le Listing 2.11. Nous instancions l'objet `XMLHttpRequest`, lui demandons de charger un document, puis surveillons ce processus de chargement de manière asynchrone à l'aide des gestionnaires de rappel. Dans cet exemple simple, nous définissons un nœud de DOM appelé `console`, vers lequel nous pouvons envoyer en sortie les informations d'état, afin d'obtenir un enregistrement écrit du processus de téléchargement.

Listing 2.11 : Exemple complet de chargement de document avec XMLHttpRequest

```
<html>
<head>
<script type='text/JavaScript'>
var req=null;
var console=null;
var READY_STATE_UNINITIALIZED=0;
var READY_STATE_LOADING=1;
var READY_STATE_LOADED=2;
var READY_STATE_INTERACTIVE=3;
var READY_STATE_COMPLETE=4;
function sendRequest(url,params,HttpMethod){
  if (!HttpMethod){
    HttpMethod="GET";
  }
  req=initXMLHTTPRequest();
  if (req){
    req.onreadystatechange=onReadyState;
    req.open(HttpMethod,url,true);
    req.setRequestHeader
         ("Content-Type", "application/x-www-form-urlencoded");
    req.send(params);
  }
}
```

```
function initXMLHTTPRequest(){
  var xRequest=null;
  if (window.XMLHttpRequest){
    xRequest=new XMLHttpRequest();
  } else if (window.ActiveXObject){          Initialise l'objet
    xRequest=new ActiveXObject               de requête
     ("Microsoft.XMLHTTP");
  }
  return xRequest;
}
function onReadyState(){  <— Définit le gestionnaire de rappel
  var ready=req.readyState;
  var data=null;
  if (ready==READY_STATE_COMPLETE){  <—  Vérifie readyState
    data=req.responseText;  <— Lit les données de réponse
  }else{
    data="loading...["+ready+"]";
  }
  toConsole(data);
}
function toConsole(data){
  if (console!=null){
    var newline=document.createElement("div");
    console.appendChild(newline);
    var txt=document.createTextNode(data);
    newline.appendChild(txt);
  }
}
window.onload=function(){
  console=document.getElementById('console');
  sendRequest("data.txt");
}
</script>
</head>
<body>
<div id='console'></div>
</body>
</html>
```

Examinons la sortie de ce programme dans Internet Explorer et dans Firefox. Notez que la séquence des readyStates est différente, mais que le résultat final est le même. Le point à retenir à cet égard est qu'il convient de ne pas s'appuyer sur la mécanique particulière du readyState dans un programme générique destiné à plusieurs navigateurs (ou dans un programme censé prendre en charge plusieurs versions du même navigateur). Voici la sortie dans Internet Explorer :

```
loading...[1]
loading...[1]
loading...[3]
Here is some text from the server!
```

Chaque ligne de sortie représente une invocation séparée de notre gestionnaire de rappel. Elle est appelée deux fois durant l'état de chargement, à mesure que chaque portion de données est chargée, puis à nouveau dans l'état interactif, stade auquel le contrôle est retourné à l'interface utilisateur par le biais d'une requête synchrone. Le rappel final se trouve à l'état terminé et le texte de la réponse peut être affiché.

A présent, considérons la sortie dans Mozilla Firefox version 1.0 :

```
loading...[1]
loading...[1]
loading...[2]
loading...[3]
Here is some text from the server!
```

La séquence de rappels est semblable à celle d'Internet Explorer, avec un rappel supplémentaire dans le readyState chargé, dont la valeur est `2`.

Dans cet exemple, nous avons utilisé la propriété `responseText` de l'objet XMLHttpRequest pour récupérer la réponse sous la forme d'une chaîne de texte. Cette approche est utile pour les données simples, mais si nous avons besoin qu'une volumineuse collection structurée de données nous soit retournée, nous pouvons recourir à la propriété `responseXML`. Si le type MIME correct (`text/xml`) a été affecté à la réponse, cette opération retourne un document DOM que nous pouvons interroger à l'aide des propriétés et fonctions DOM comme `getElementById()` et `childNodes`, que nous avons rencontrées à la section "Travailler avec le DOM en utilisant JavaScript" (voir plus haut dans ce chapitre).

Voilà les briques dont est construit Ajax. Chacune d'entre elles apporte une contribution utile, mais la puissance d'Ajax vient en grande partie de la manière dont ses éléments se combinent en un tout. A la section qui suit, nous allons clore notre introduction des technologies d'Ajax en considérant le panorama dans son ensemble.

Particularité d'Ajax

Si les CSS, le DOM, les requêtes asynchrones et le JavaScript sont tous des composants nécessaires d'Ajax, il reste parfaitement possible de les exploiter sans "faire de l'Ajax", du moins dans le sens où nous allons le pratiquer dans ce livre.

Nous avons déjà traité des différences entre les applications Web classiques et les applications Ajax au Chapitre 1. Rappelons-les brièvement. Dans une application Web classique, le flux de travail de l'utilisateur est défini par du code sur le serveur, et l'utilisateur passe d'une page à une autre. Son travail est donc ponctué par le rechargement complet de sa page. Au cours de ce chargement, il ne peut poursuivre ses tâches. Dans une application Ajax, le flux de travail est au moins partiellement défini par l'application cliente, et une communication est établie avec le serveur à l'arrière-plan pendant que l'utilisateur poursuit son travail.

Entre ces deux extrêmes s'intercalent de nombreuses nuances de gris. Une application Web peut fournir une série de pages discrètes selon l'approche classique si l'on fait un usage astucieux des CSS, du DOM, du JavaScript et des objets de requêtes asynchrones afin d'améliorer l'interaction avec l'utilisateur au sein des pages – mais alors la productivité en pâtit brutalement au chargement de page suivant. Une application JavaScript peut afficher des fenêtres pop-up en guise de pages, qui se comportent comme des pages Web classiques à certaines étapes du flux de travail. Le navigateur Web est un environnement flexible et clément, et l'on peut combiner des fonctions Ajax et non Ajax dans une même application.

Ce qui distingue Ajax, ce ne sont pas les technologies sur lesquelles il s'appuie, mais le modèle d'interaction qu'il rend possible grâce à l'emploi de ces technologies. Le modèle d'interaction Web auquel nous nous sommes habitués ne convient pas aux applications souveraines, et de nouvelles possibilités commencent à émerger à mesure que nous nous éloignons de ce modèle d'interaction.

Il existe au moins deux niveaux auxquels Ajax peut être utilisé (et plusieurs niveaux intermédiaires à mesure que nous nous éloignons de l'approche classique). La stratégie la plus simple consiste à développer des modules Ajax en grande partie autonomes que l'on peut ajouter à une page Web grâce à quelques instructions d'importation et de script. Il est ainsi possible de créer des mots de téléscripteur, des calendriers interactifs et des fenêtres de chat. Des îlots de fonctions applicatives sont alors incorporés dans une page Web de type document (voir Figure 2.6). La plupart des incursions de Google dans l'univers d'Ajax (voir le Chapitre 1) relèvent de ce modèle. La liste déroulante de suggestions de Google Suggest et la carte de Google Local sont des éléments interactifs incorporés dans une page.

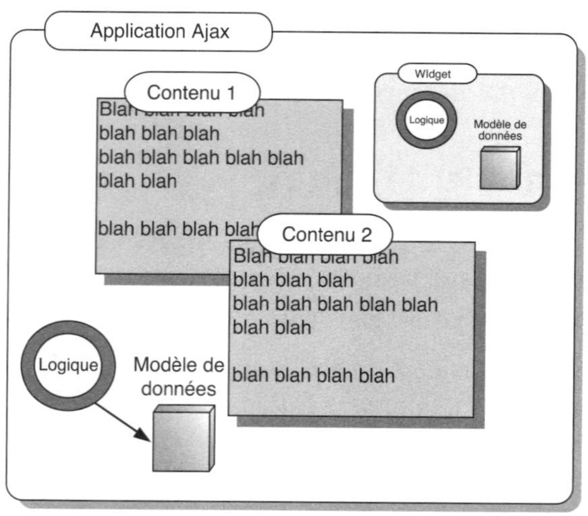

Figure 2.6
Une application Ajax simple ressemble toujours à une page Web, des îlots de fonctions interactives étant incorporés dans la page.

Si l'on souhaite adopter Ajax de manière plus aventureuse, il est possible de renverser ce modèle en développant une application hôte dans laquelle peuvent résider des fragments de type application et des fragments de type document (voir Figure 2.7). Cette approche s'apparente davantage à celle d'une application de bureau ou même à celle d'un gestionnaire de fenêtres ou d'un environnement de bureau. Le service GMail de Google est lié à ce modèle, les messages individuels étant reproduits sous la forme de documents dans une superstructure interactive de type application.

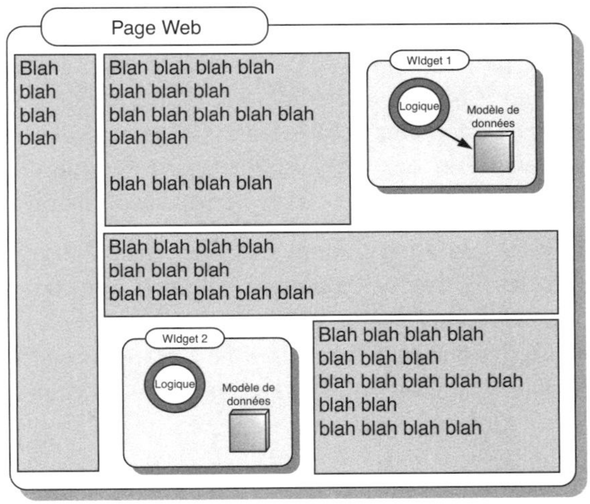

Figure 2.7
Dans une application Ajax plus complexe, l'application entière est un système interactif, au sein duquel des îlots de contenus de type document peuvent être chargés ou déclarés de manière programmatique.

A certains égards, l'apprentissage des technologies est encore ce qu'il y a de plus facile. Le défi intéressant que présente le développement d'Ajax est de savoir comment les combiner. Nous avons pris l'habitude de conceptualiser les applications Web à la manière de storyboards, en expédiant l'utilisateur d'une page à l'autre au moyen d'un script prédéfini. Grâce aux fonctions applicatives de notre application Web, nous pouvons fournir à l'utilisateur un contrôle plus fin du domaine métier et donc frayer la voie à une approche plus libre pour résoudre ses problèmes fonctionnels.

Pour tirer parti des avantages de cette flexibilité accrue, il faut remettre en question un grand nombre de nos habitudes de programmation. Le formulaire HTML est-il le seul moyen pour l'utilisateur d'entrer des informations ? Devons-nous déclarer toutes nos interfaces utilisateur sous forme de code HTML ? Pouvons-nous contacter le serveur en réponse aux interactions de l'utilisateur – enfoncement des touches du clavier ou mouvements de souris, en plus du conventionnel clic de souris ? Dans le monde effréné des technologies de l'information, on se préoccupe beaucoup d'acquérir de nouvelles compétences, mais il peut être au moins aussi important de perdre certaines habitudes !

En résumé

Dans ce chapitre, nous avons introduit les quatre piliers techniques d'Ajax.

Le JavaScript est un langage de programmation générique puissant qui a la mauvaise réputation de servir à générer des fenêtres volantes, des boutons de retour en arrière et des survols d'images. L'Annexe B contient une description plus détaillée de certaines des fonctions de ce langage, mais les exemples que nous venons d'étudier dans ce chapitre doivent suffire à vous donner une idée de la manière dont vous pouvez l'employer pour améliorer astucieusement son utilisabilité.

Les CSS et le DOM se complètent en apportant une vue programmatique claire de l'interface utilisateur et en maintenant la structure séparée de la mise en forme visuelle. Les structures de documents claires simplifient considérablement la manipulation des documents, et la séparation des tâches est importante pour le développement d'applications Ajax plus importantes, comme nous le verrons aux Chapitres 3 et 4.

Nous avons vu comment travailler avec l'objet XMLHttpRequest, avec XmlDocument et avec les IFrames. L'agitation autour d'Ajax fait la part belle à XMLHttpRequest, présenté comme le moyen à la mode de communiquer avec le serveur, mais l'IFrame offre un ensemble de fonctions différent qui peut être à l'occasion la solution la mieux adaptée. Le savoir permet d'enrichir son kit d'outils. Dans ce chapitre, nous avons étudié ces techniques et en avons proposé quelques exemples. Au Chapitre 5, nous traiterons des communications client/serveur plus en détail.

Pour finir, nous avons vu comment les piliers technologiques d'Ajax peuvent être combinés avec profit. Si Ajax peut être utilisé à petites doses pour intégrer des éléments attrayants dans des pages Web par ailleurs statiques, il peut également être appliqué plus massivement, pour créer des interfaces utilisateur complètes au sein desquelles peuvent venir s'insérer des îlots de contenu statique. Ce bond qui consiste à passer des coulisses au centre de la scène requiert cependant une grande quantité de code JavaScript, qui doit pouvoir s'exécuter sans heurt pendant de longues périodes. Cela nécessite une approche différente du code et un examen attentif de certains critères tels que la fiabilité, la maintenance et la flexibilité. Au chapitre suivant, nous considérerons divers moyens qui offrent la possibilité de mettre de l'ordre dans les bases de code Ajax à grande échelle.

Ressources

Pour une compréhension plus approfondie des CSS, nous recommandons le CSS Zen Garden (**www.csszengarden.com**), un site qui change d'apparence comme un caméléon, sans rien utiliser d'autre que des CSS (voir aussi l'ouvrage *le Zen des CSS*, éditions Eyrolles, novembre 2005).

Eric Meyer a beaucoup écrit sur les CSS. Consultez son site Web à l'adresse suivante : **www.meyerweb.com/eric/css**. Blooberry (**www.blooberry.com**) est un autre excellent site Web qui donne des informations concernant les CSS. Voir également l'ouvrage *CSS par Eric Meyer* aux éditions CampusPress, février 2005.

Des solutions Ajax précoces exploitant des IFrames sont décrites à l'adresse **http://developer.apple.com/Internet/webcontent/iframe.html**.

L'extension LiveHttpHeaders pour Mozilla peut être trouvée à l'adresse **http://livehttpheaders.mozdev.org.**

Les ouvrages de Danny Goodman sur le JavaScript, qui sont une référence essentielle pour la programmation du DOM, traitent les environnements de navigateurs en détail : *Dynamic HTML : The Definitive Reference* (O'Reilly, 2002) et *JavaScript Bible* (John Wiley, 2004).

Le site Web W3Schools contient des tutoriels interactifs sur le JavaScript, pour ceux qui aiment apprendre par l'expérience (**http://www.w3schools.com/js/js_examples.asp**).

3

Mettre de l'ordre dans Ajax

Au sommaire de ce chapitre

- √ Développer et assurer la maintenance de bases de code volumineuses pour des clients Ajax
- √ Réusiner du code JavaScript Ajax
- √ Explorer les design patterns courants employés dans les applications Ajax
- √ Utiliser le Modèle-Vue-Contrôleur sur le côté serveur d'une application Ajax
- √ Vue d'ensemble des bibliothèques Ajax

Au Chapitre 2, nous avons abordé toutes les technologies de base qui constituent une application Ajax. Avec ce que nous avons appris jusque-là, il est possible de construire l'époustouflante application Web Ajax dont vous avez toujours rêvé. Mais vous pouvez aussi vous retrouver avec des soucis sans nombre et avec une montagne de code, de balises HTML et de balises CSS impossibles à gérer et qui un jour cessent brutalement de fonctionner. Pire, vous pourriez vous retrouver avec une application qui continue de fonctionner, mais uniquement lorsque vous retenez votre respiration et évitez d'émettre le moindre bruit à son approche ! Se retrouver dans une pareille situation avec un projet personnel peut être démoralisant. Avec le site d'un employeur ou d'un client (qui souhaite toujours procéder à quelques ajustements ici et là), cela peut être un vrai cauchemar…

Heureusement, ce problème est récurrent depuis les premières heures de l'informatique (et sans doute même avant cela !). Des moyens ont été inventés pour gérer la complexité et maintenir de l'ordre dans les bases de code volumineuses. Dans ce chapitre, nous allons présenter les outils essentiels qui vous permettront de faire surface et de contrôler votre code en vous donnant la possibilité d'écrire et de réécrire votre application Ajax selon les envies de vos clients, tout en rentrant chez vous de bonne heure.

Par rapport aux utilisations antérieures des technologies DHTML, Ajax représente une rupture non seulement quant à la manière d'assembler ces technologies, mais également concernant l'échelle à laquelle elles sont employées. Les applications Ajax utilisent bien plus de code JavaScript que ne le font les applications Web classiques, et le code réside souvent dans le navigateur pendant un temps largement plus long. Du coup, Ajax requiert une gestion de la complexité dont le DHTML classique peut se dispenser.

Dans ce chapitre, nous proposons une vue d'ensemble des outils et des techniques qui peuvent vous aider à soigner votre code. Ces techniques sont plus spécifiquement utiles au développement d'applications Ajax volumineuses et complexes. Si vous ne souhaitez écrire que des applications Ajax simples, nous vous conseillons donc de passer directement aux chapitres relatifs aux exemples, en commençant au Chapitre 9. Si vous êtes déjà versé dans l'art du réusinage et des design patterns, vous pourrez aussi ignorer le présent chapitre et passer à l'application de ces techniques à Ajax, dans les Chapitres 4 à 6. Les bases que nous jetons ici sont cependant importantes pour l'adaptation de ces approches au JavaScript : on peut donc s'attendre à ce que vous reveniez à ces pages à un moment ou à un autre. Nous en profiterons aussi, à la fin du chapitre, pour dresser l'état des lieux des bibliothèques tierces actuellement disponibles pour Ajax.

Un peu d'ordre dans le chaos

L'outil principal que nous mettrons à l'œuvre est le réusinage – autrement dit, le processus de réécriture du code qui permet de clarifier le code plutôt que de lui apporter de nouvelles fonctions. Ce regain de clarté peut être une fin en soi, mais il a également des effets indirects.

Il est généralement plus facile d'ajouter de nouvelles fonctions à du code, de modifier ses fonctions existantes et d'en supprimer lorsque le code est bien écrit. Le code est alors compréhensible. Dans une base de code mal écrite, il arrive souvent que tout corresponde aux spécifications établies mais que l'équipe de programmation ne soit pas tout à fait sûre des raisons pour lesquelles tout fonctionne.

Les contraintes de modification, souvent renforcées par des délais serrés, font partie du travail quotidien de la plupart des développeurs professionnels. Le réusinage permet de soigner votre code et d'en faciliter la maintenance, afin que vous puissiez affronter sans crainte ces demandes et les satisfaire.

Nous avons déjà examiné un exemple élémentaire de réusinage au Chapitre 2, lorsque nous avons déplacé le JavaScript, le HTML et les feuilles de style dans des fichiers séparés. Le JavaScript commence cependant à devenir assez long au-delà de 120 lignes, et combine des fonctions de bas niveau (comme les requêtes au serveur) avec du code directement lié à notre logique applicative. Lorsqu'on s'attaque à de gros projets, cet unique fichier JavaScript (de même que la feuille de style, unique aussi) peut en souffrir. Le but que nous poursuivons (à savoir créer de petits morceaux de code faciles à lire et à changer, destinés à répondre à un problème particulier) est appelé *séparation des responsabilités*.

Il existe souvent un second motif au réusinage, qui est d'identifier des solutions courantes pour réaliser certaines actions, et de faire évoluer le code vers ce pattern spécifique. A nouveau, cette fin peut être recherchée en soi, mais ses effets sont très pratiques. Voyons cela à présent.

Patterns : créer un vocabulaire commun

Le code qui se conforme à des patterns bien établis a de bonnes chances de fonctionner de manière satisfaisante, tout simplement parce qu'il correspond à quelque chose qui a fonctionné auparavant. Bon nombre des problèmes auront déjà été considérés et sans doute résolus. Avec un peu de chance, quelqu'un aura même déjà écrit un framework réutilisable donnant l'exemple de l'approche à suivre.

Cette manière de procéder a été figée par l'expression *design pattern*. Le concept de pattern est apparu dans les années 1970 pour décrire des solutions à des problèmes d'architecture et de planification, mais il est emprunté par l'industrie du développement logiciel depuis environ dix ans. L'univers Java côté serveur est fortement marqué par l'adoption des design patterns. Microsoft les a récemment fortement mis en valeur pour le .NET Framework. L'expression est entourée d'une sorte d'aura académique rébarbative et se trouve souvent employée improprement, dans le simple but d'impressionner. Or, à la base, le design pattern n'est cependant que la description d'un moyen reproductible de résoudre un problème particulier de conception logicielle. Il est important de noter que les design patterns donnent des noms à des solutions techniques abstraites, ce qui en facilite l'usage et la compréhension.

Les design patterns peuvent être importants pour le réusinage, parce qu'ils permettent de décrire de manière succincte un objectif. Dire que nous allons "extraire des morceaux de code et en faire des objets qui encapsulent le processus de réalisation d'une action de l'utilisateur puis tout défaire si nous le souhaitons", c'est dire beaucoup : en tout cas trop pour faire connaître le but que nous avons à l'esprit en réécrivant notre code. Si nous pouvons dire simplement que nous introduisons le pattern Commande dans notre code, l'objectif est plus précis et plus simple à communiquer.

Si vous êtes un développeur serveur Java endurci ou un architecte de tout bord, vous vous demandez peut-être ce qu'il y a de nouveau dans tout cela. Si vous sortez des tranchées du design Web et des nouveaux médias, vous devez vous demander à l'inverse quelle mouche a piqué ces fondus du contrôle qui préfèrent dessiner des diagrammes plutôt que d'écrire de vraies lignes de code. Dans l'un ou l'autre cas, vous devez vous demander ce que tout cela a à faire avec Ajax. A vrai dire, pas mal de choses ! Voyons quel peut être l'intérêt du réusinage pour le programmeur Ajax.

Ajax et le réusinage

Nous avons déjà noté que les applications Ajax utilisent *a priori* plus de code JavaScript et que la durée de vie de ce code a tendance à être prolongée.

Dans une application Web classique, le code complexe se trouve sur le serveur, et des design patterns sont constamment appliqués au code PHP, Java ou .NET qui s'exécute à cet endroit. Avec Ajax, il s'agit d'utiliser les mêmes techniques avec le code client.

On peut même avancer l'argument que le JavaScript requiert plus encore cette organisation que ses contreparties structurées que sont le Java et le C#. En dépit de sa syntaxe, comparable à celle du C, le JavaScript est plus proche de langages tels que le Ruby, le Python et même le Common Lisp, que du Java ou du C#. Il offre une très grande flexibilité et concède une grande étendue pour le développement de styles et d'idiomes personnels. Entre les mains d'un développeur confirmé, tout cela peut être merveilleux, mais cela représente un risque accru pour le programmeur intermédiaire. Les langages d'entreprises, comme le Java et le C#, sont conçus pour bien fonctionner avec des équipes de programmeurs intermédiaires et un renouvellement fréquent des ingénieurs. Ce n'est pas le cas du JavaScript.

Le risque est assez élevé d'aboutir à un code JavaScript confus et inextricable, d'autant plus lorsqu'on change d'échelle pour passer de la création de simples astuces de pages Web à celle de véritables applications Ajax. Voilà pourquoi j'encourage plus encore le réusinage avec Ajax qu'avec le Java ou le C#, qui sont des langages "sûrs" avec lesquels les design patterns ont fleuri.

Garder le sens des proportions

Avant de poursuivre, il est important de noter que le réusinage et les design patterns ne sont que des outils et qu'ils ne doivent être employés que s'ils sont véritablement nécessaires. S'ils sont utilisés à tort et à travers, ils peuvent conduire à ce que l'on appelle la paralysie par analyse : l'implémentation de l'application est alors sans cesse freinée par des révisions de la conception, révisions qui visent à augmenter la flexibilité de la structure ou qui tiennent compte de contraintes éventuelles qui peuvent ne jamais survenir.

Erich Gamma, un expert en design patterns, a bien résumé cela dans une interview récente (voir la section Ressources à la fin de ce chapitre) : il y raconte l'appel à l'aide d'un lecteur qui n'était parvenu à implémenter dans son application que 21 des 23 design patterns décrits dans le livre *Design Patterns*. De la même manière que les développeurs n'utilisent pas les entiers, les chaînes et les tableaux pour le simple plaisir de le faire, les design patterns ne sont utiles que dans certains cas particuliers.

Gamma recommande le réusinage en indiquant qu'il s'agit du meilleur moyen d'introduire les patterns. La méthode la plus simple consiste à écrire le code en premier, puis à introduire des patterns afin de résoudre les problèmes courants à mesure que vous les rencontrez. Si vous avez déjà écrit beaucoup de code ou si vous avez été chargé de la maintenance du fourbi inextricable programmé par une autre personne, vous avez dû déjà vous sentir bien seul et dépourvu. Par chance, il est possible d'appliquer des design patterns de manière rétroactive à du code de qualité inégale. Dans la section suivante, nous allons reprendre certains fragments de code développés sous leur forme brute au Chapitre 2 et voir ce qu'il est possible d'en faire grâce au réusinage.

Le réusinage en pratique

Cette histoire de réusinage peut paraître intéressante, mais les plus pragmatiques d'entre vous auront peut-être envie de le voir à l'œuvre avant de s'y convertir. Prenons quelques instants dès maintenant pour réaliser un réusinage de la fonction Ajax centrale que nous avons développée dans le Listing 2.11, au chapitre précédent. Récapitulons la structure de ce code : nous avions défini une fonction `sendRequest()` qui transmettait une requête au serveur. `sendRequest()` donnait à la fonction `initHttpRequest()` la tâche de retrouver l'objet XMLHttpRequest approprié et attribuait une fonction de rappel codée en dur, `onReadyState()`, afin de traiter la réponse. L'objet XMLHttpRequest était défini comme une variable globale, ce qui permettait à la fonction de rappel de récupérer une référence à cet objet. Le gestionnaire de rappel interrogeait ensuite l'état de l'objet de requête et générait des informations de débogage.

Le code dans le Listing 2.11 fait ce que nous souhaitons mais il est assez difficile à réutiliser. En général, lorsque nous transmettons une requête au serveur, le but est de parser la réponse et de réaliser une action spécifique à notre application avec le résultat. Pour connecter une logique métier personnalisée dans le code courant, nous devons modifier des sections de la fonction `onReadyState()`.

La présence de la variable globale est également problématique. Si nous souhaitons réaliser simultanément plusieurs appels au serveur, nous devons pouvoir attribuer des gestionnaires de rappel différents à chacun. Si nous récupérons une liste de ressources à mettre à jour et une autre liste de ressources à supprimer, il est important de savoir laquelle est laquelle !

Avec la programmation orientée objet (POO), la solution habituelle à ce type de problème consiste à encapsuler la fonction requise dans un objet. Le JavaScript supporte suffisamment bien les styles de programmation orientée objet pour que nous procédions ainsi. Nous allons appeler notre objet `ContentLoader`, car celui-ci charge du contenu depuis le serveur. A quoi devrait donc ressembler notre objet ? Idéalement, nous devrions pouvoir en créer un en passant une URL à laquelle la requête sera transmise. Nous devrions également pouvoir passer une référence à un gestionnaire de rappel personnalisé à exécuter si le document se charge avec succès, et passer une référence à un autre en cas d'erreur. L'appel à l'objet pourrait ressembler à ceci :

```
var loader=new net.ContentLoader('mydata.xml',parseMyData);
```

Ici, `parseMyData` est une fonction de rappel à lancer lorsque le document se charge avec succès. Le Listing 3.1 présente le code requis pour implémenter l'objet ContentLoader. Plusieurs nouvelles notions sont introduites ici, dont nous traiterons ensuite.

Listing 3.1 : objet ContentLoader

```
var net=new Object();            ❶ Attribution de l'espace de noms à l'objet
net.READY_STATE_UNINITIALIZED=0;
net.READY_STATE_LOADING=1;
```

```
net.READY_STATE_LOADED=2;
net.READY_STATE_INTERACTIVE=3;
net.READY_STATE_COMPLETE=4;
net.ContentLoader=function(url,onload,onerror){        ❷ Fonction constructeur
  this.url=url;
  this.req=null;
  this.onload=onload;
  this.onerror=(onerror) ? onerror : this.defaultError;
  this.loadXMLDoc(url);
}
net.ContentLoader.prototype={
 loadXMLDoc:function(url){        ❸ Fonction initXMLHttpRequest renommée
  if (window.XMLHttpRequest){
    this.req=new XMLHttpRequest();
  } else if (window.ActiveXObject){                       ❹ Fonction loadXML
    this.req=new ActiveXObject("Microsoft.XMLHTTP");        réusinée
  }
  if (this.req){
    try{
      var loader=this;
      this.req.onreadystatechange=function(){
        loader.onReadyState.call(loader);
      }
      this.req.open('GET',url,true);       ❺ Fonction sendRequest réusinée
      this.req.send(null);
    }catch (err){
      this.onerror.call(this);
    }
  }
 },
 onReadyState:function(){        ❻ Fonction de rappel réusinée
  var req=this.req;
  var ready=req.readyState;
  if (ready==net.READY_STATE_COMPLETE){
    var httpStatus=req.status;
    if (httpStatus==200 || httpStatus==0){
      this.onload.call(this);
    }else{
      this.onerror.call(this);
    }
  }
 },
 defaultError:function(){
  alert("error fetching data!"
    +"\n\nreadyState:"+this.req.readyState
    +"\nstatus: "+this.req.status
    +"\nheaders: "+this.req.getAllResponseHeaders());
 }
}
```

La première chose à remarquer, c'est que nous définissons une unique variable globale `net` ❶ et que nous y attachons toutes nos autres références. On minimise ainsi les risques de conflits de noms de variables, et l'on conserve tout le code lié aux requêtes réseau en un unique endroit.

Nous fournissons une unique fonction constructeur pour notre objet ❷. Elle possède trois arguments, mais seuls les deux premiers sont obligatoires. Dans le cas du gestionnaire d'erreurs, nous vérifions la présence de valeurs null et fournissons une valeur par défaut cohérente, en cas de besoin. La possibilité de passer un nombre variable d'arguments à une fonction peut sembler bizarre pour les programmeurs orientés objet, tout comme la possibilité de passer des fonctions comme références de première classe. C'est pourtant courant en JavaScript. Nous traiterons de ces caractéristiques du langage en détail dans l'Annexe B.

Nous avons déplacé de grandes portions de nos fonctions `initXMLHttpRequest()` ❹ et `sendRequest()` ❺ du Listing 2.11 dans les entrailles de l'objet. Nous avons également renommé la fonction afin de tenir compte de sa portée plus étendue. Elle s'appelle maintenant `loadXMLDoc` ❸. Nous appliquons toujours les mêmes techniques pour retrouver un objet XMLHttpRequest et pour initier une requête, mais l'utilisateur de l'objet n'a pas besoin de s'en soucier. La fonction de rappel `onReadyState` ❻ doit également être familière, du fait de sa ressemblance avec le Listing 2.11. Nous avons remplacé les appels à la console de débogage par des appels aux fonctions `onload` et `onerror`. La syntaxe peut paraître un peu bizarre, aussi étudions-la de plus près. `onload` et `onerror` sont des objets `Function`, et `Function.call()` est une méthode de ces objets. Le premier argument de `Function.call()` devient le contexte de la fonction – autrement dit, il peut être référencé dans la fonction appelée par le mot clé `this`.

Il est ensuite assez facile d'écrire un gestionnaire de rappel à passer dans notre ContentLoader. Si nous devons faire référence à l'une des propriétés de ContentLoader, comme `XMLHttpRequest` ou `url`, nous pouvons utiliser `this` à cet effet. Par exemple :

```
function myCallBack(){
  alert(
    this.url
    +" loaded! Here's the content:\n\n"
    +this.req.responseText
  );
}
```

La configuration de la "plomberie" requiert une certaine compréhension des arcanes du JavaScript, mais une fois l'objet écrit, l'utilisateur n'a plus à s'en soucier.

Cette situation est souvent le signe d'un bon réusinage. Nous avons enfoui les morceaux de code difficiles à l'intérieur de l'objet, en présentant un extérieur simple d'emploi. On épargne ainsi des difficultés inutiles à l'utilisateur, tandis que l'expert chargé de la maintenance de ce code difficile l'a isolé dans un unique endroit. Les corrections ne doivent être appliquées qu'une seule fois pour être répercutées dans toute la base de code.

Nous avons présenté le réusinage et montré les avantages qu'il offre en pratique. Dans la section suivante, nous allons considérer certains des problèmes courants de la programmation Ajax et voir comment le réusinage peut aider à les résoudre. En chemin, nous découvrirons quelques astuces utiles dont nous pourrons nous resservir dans les chapitres subséquents, et que vous pourrez appliquer à vos propres projets.

Le réusinage : petites études de cas

Les sections qui suivent traitent de problèmes de développement Ajax et présentent des solutions possibles à ces problèmes. Dans chaque cas, nous montrerons comment un réusinage peut servir à faciliter le travail, et nous indentifierons les éléments de solution qui peuvent être réutilisés à d'autres endroits.

Pour ne pas déroger à une règle bien établie dans la littérature sur les design patterns, nous présenterons chaque problème en considérant d'abord le problème et sa solution technique, puis en évoquant les problèmes plus généraux qui en découlent.

Incohérences entre navigateurs : patterns Façade et Adaptateur

Demandez à n'importe quel développeur Web (programmeur, concepteur, graphiste ou multicasquette) de vous dire quelle est sa bête noire au travail : il est fort probable qu'il s'agisse de l'affichage dans les navigateurs Web. Le Web n'en finit pas de proposer des standards technologiques, et la plupart des éditeurs de navigateurs implémentent plus ou moins complètement la plupart des standards. Parfois, les standards sont vagues et ouverts à différentes interprétations. D'autres fois, les éditeurs de navigateurs étendent les standards en proposant des choses utiles mais qu'ils sont les seuls à proposer. D'autres fois encore, les navigateurs contiennent de bons vieux bogues bien réels.

Les programmeurs JavaScript ont pris l'habitude, dès le début, de vérifier dans leur code le navigateur de l'utilisateur ou de vérifier l'existence de certains objets. Considérons un exemple très simple.

Travailler avec des éléments du DOM

Comme nous l'avons indiqué au Chapitre 2, les pages Web sont exposées au code JavaScript par le biais du DOM (*Document Object Model*), une structure arborescente dont les éléments correspondent aux balises du document HTML. Lors de la manipulation programmatique d'un arbre DOM, il est assez courant que l'on souhaite retrouver la position d'un élément dans la page. Malheureusement, au fil des ans, les éditeurs de navigateurs ont proposé à cet effet des méthodes diverses et non standard. Il n'est donc pas facile d'écrire du code sûr et compatible avec tous les navigateurs pour cette tâche. Le Listing 3.2 – une version simplifiée d'une fonction de la bibliothèque x de Mike Foster présente un moyen complet de découvrir la position en pixels du bord gauche de l'élément du DOM *e* passé en argument.

Listing 3.2 : fonction *getLeft()*

```
function getLeft(e){
  if(!(e=xGetElementById(e))){
    return 0;
  }
  var css=xDef(e.style);
  if (css && xStr(e.style.left)) {
    iX=parseInt(e.style.left);
    if(isNaN(iX)) iX=0;
  }else if(css && xDef(e.style.pixelLeft)) {
    iX=e.style.pixelLeft;
  }
  return iX;
}
```

Les différents navigateurs proposent de nombreux moyens de déterminer la position du nœud à l'aide du tableau de styles rencontré au Chapitre 2. Le standard CSS2 du W3C prend en charge une propriété appelée `style.left`, définie sous la forme d'une chaîne désignant une valeur et des unités, comme `100px`. D'autres unités que les pixels sont également prises en charge. En revanche, `style.pixelLeft` est numérique et mesure les valeurs uniquement en pixels. `pixelLeft` est uniquement pris en charge dans Internet Explorer. La méthode `getLeft()` traitée ici vérifie d'abord que les CSS sont prises en charge et teste ensuite les deux valeurs, en commençant par le standard du W3C. Si aucune valeur n'est trouvée, zéro est retourné par défaut. Notez que nous ne vérifions pas explicitement le nom ou la version du navigateur mais adoptons une technique de détection d'objet plus robuste, comme indiqué au Chapitre 2.

L'écriture de fonctions de ce type, dont le but est de tenir compte des particularités de multiples navigateurs, est fastidieuse, mais lorsque c'est fait, le développeur se trouve libre de développer l'application sans plus se soucier de ces problèmes. En outre, avec des bibliothèques bien testées, comme x, la majeure partie du travail fastidieux est déjà réalisée pour vous. Le fait de s'appuyer sur une fonction d'adaptateur fiable pour découvrir la position, sur la page, d'un élément du DOM, peut considérablement accélérer le développement des interfaces utilisateur Ajax.

Transmettre des requêtes au serveur

Nous sommes déjà tombés sur une incompatibilité internavigateur similaire au Chapitre 2. Les éditeurs de navigateurs ont proposé des mécanismes non standard pour l'obtention de l'objet XMLHttpRequest, qui sert à opérer des requêtes asynchrones au serveur : lorsque nous avons voulu charger un document XML depuis le serveur, nous avons dû déterminer la méthode appropriée.

Internet Explorer ne donnera satisfaction que si nous demandons un composant ActiveX, alors que Mozilla et Safari se feront dociles si nous demandons un objet prédéfini natif. Seul le code de chargement XML lui-même connaissait ces différences. Une fois que l'objet XMLHttpRequest a été retourné dans le reste du code, il s'est comporté de la même manière dans les deux cas. Le code appelant n'a pas besoin de comprendre le sous-système ActiveX ou le sous-système de l'objet natif ; il lui suffit de comprendre le constructeur `net.ContentLoader()`.

Le pattern Façade

Pour `getLeft()` comme pour le nouveau constructeur `net.ContentLoader()`, le code qui procède à la détection d'objet est lourd et fastidieux. En définissant une fonction pour le masquer, vous rendez votre code plus simple à lire et vous isolez le code de détection d'objet dans un unique emplacement. Il s'agit là d'un principe de base du réusinage : ne pas se répéter ! Si nous découvrons un cas limite que notre code de détection d'objet ne gère pas correctement, il suffit d'apporter la correction une fois pour qu'elle se répercute sur tous les appels (découvrir les coordonnées du bord gauche d'un élément du DOM, créer un objet de requête XML, etc.).

Dans le domaine des design patterns, on recourt ainsi à un pattern appelé Façade. Il s'agit d'un pattern utilisé pour fournir un point d'accès commun à différentes implémentations d'un service ou d'un élément de fonction. Par exemple, l'objet XMLHttpRequest offre un service utile et notre application ne se soucie pas vraiment de la manière dont il est fourni, pourvu qu'il fonctionne (voir Figure 3.1).

Figure 3.1

Schéma du pattern Façade pour l'objet XMLHttpRequest dans les différents navigateurs. La fonction loadXML() requiert un objet XMLHttpRequest, mais ne se soucie pas de son implémentation effective. Les implémentations sous-jacentes peuvent proposer des sémantiques de requêtage HTTP bien plus complexes, mais toutes deux sont simplifiées ici pour fournir la fonction de base requise par la fonction appelante.

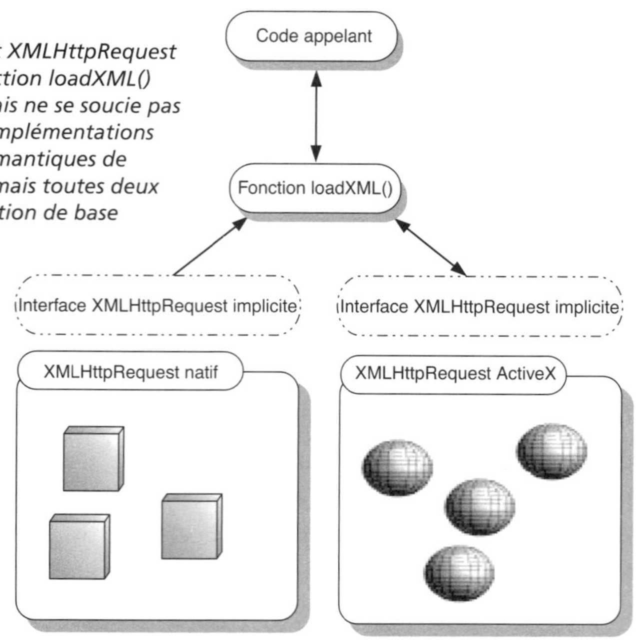

Dans de nombreux cas, il peut aussi être souhaitable de simplifier l'accès à un sous-système. Par exemple, lorsqu'il s'agit de récupérer les coordonnées du bord gauche d'un élément du DOM, la spécification CSS offre quantité de choix : elle permet de spécifier la valeur en pixels, en points, en ems (cadratin, en anglais) et dans d'autres unités. Cette liberté d'expression peut provoquer des confusions. La fonction `getLeft()` du Listing 3.2 fonctionne si nous employons les pixels comme unité dans tout notre système de mise en forme. Cette simplification du sous-système est une autre caractéristique du pattern Façade.

Le pattern Adaptateur

Le pattern Adaptateur est étroitement lié au pattern Façade. Avec ce pattern aussi, nous travaillons avec deux sous-systèmes qui accomplissent la même fonction, à l'instar des approches Microsoft et Mozilla pour l'obtention d'un objet XMLHttpRequest. Au lieu de construire une nouvelle Façade pour chacun, comme nous l'avons fait précédemment, nous fournissons une couche supplémentaire sur l'un des sous-systèmes qui présente la même API que l'autre sous-système. Cette couche est l'Adaptateur. La bibliothèque XML Sarissa pour Ajax, dont nous traiterons dans la section "Bibliothèques compatibles avec les différents navigateurs" (voir plus loin), s'appuie sur le pattern Adaptateur pour donner au contrôle ActiveX d'Internet Explorer la même apparence que l'objet XMLHttpRequest prédéfini de Mozilla. Les deux approches sont valables et peuvent aider à intégrer du code tier ou hérité (dont les navigateurs eux-mêmes) dans un projet Ajax.

Passons à notre étude de cas suivante, au travers de laquelle nous allons considérer des problèmes relatifs au modèle de gestion des événements du JavaScript.

Gérer des gestionnaires d'événements : le pattern Observateur

Nous ne pouvons écrire beaucoup de code Ajax sans rencontrer des techniques de programmation fondées sur les événements. Les interfaces utilisateur JavaScript sont massivement pilotées par les événements, et l'introduction des requêtes asynchrones avec Ajax rajoute un ensemble de rappels et d'événements que doit gérer notre application. Dans une application assez simple, un événement tel que le clic de la souris ou l'arrivée de données en provenance du serveur peut être géré par une unique fonction. A mesure que l'application grandit et se complexifie, il peut cependant être souhaitable de notifier des sous-systèmes distincts, et même de présenter un mécanisme auprès duquel les parties concernées peuvent s'inscrire pour ces notifications. Considérons un exemple afin de mieux en comprendre les enjeux.

Utiliser plusieurs gestionnaires d'événements

Lorsqu'on manipule des nœuds du DOM à l'aide de scripts, il est courant de recourir à du code JavaScript pour définir le script dans la fonction `window.onload` qui est exécutée une fois que la page (et donc l'arbre du DOM) est complètement chargée. Supposons que nous ayons, dans notre page, un élément DOM qui affiche des données dynamiques récupérées sur un serveur à intervalles réguliers une fois que la page est chargée. Le code JavaScript qui coordonne l'extraction des données et l'affichage a besoin d'une référence au nœud DOM.

Il l'obtient donc en définissant un événement `window.onload` :

```
window.onload=function(){
  displayDiv=document.getElementById('display');
}
```

Tout va pour le mieux. Supposons à présent que nous souhaitions ajouter un deuxième affichage visuel qui propose des alertes à partir d'un flux d'actualités (si l'implémentation de cette fonction vous intéresse, consultez le Chapitre 13). Le code qui contrôle l'affichage du flux d'actualités a également besoin de récupérer des références à certains éléments du DOM au démarrage. Il définit donc également un gestionnaire d'événements `window.onload` :

```
window.onload=function(){
  feedDiv=document.getElementById('feeds');
}
```

Nous testons les deux ensembles de code sur des pages séparées et constatons qu'ils fonctionnent très bien tous deux. Nous les réunissons. La deuxième fonction `window.onload` redéfinit la première et le flux de données ne parvient pas à s'afficher ; il commence à générer des erreurs JavaScript. Le problème tient au fait que l'objet `window` ne peut se voir associer qu'une seule fonction `onload`.

Limitations relatives aux gestionnaires d'événements composites

Notre second gestionnaire d'événements redéfinit le premier. Ce problème peut être contourné en écrivant une unique fonction composite :

```
window.onload=function(){
  displayDiv=document.getElementById('display');
  feedDiv=document.getElementById('feeds');
}
```

Cette approche fonctionne pour notre exemple actuel, mais elle mêle du code d'affichage des données avec du code de lecteur de flux d'actualités, qui n'ont par ailleurs aucun rapport entre eux. Si nous avions affaire à 10 ou 20 systèmes au lieu de 2, et si chacun devait obtenir des références à plusieurs éléments de DOM, il serait impossible d'assurer la maintenance d'un tel gestionnaire d'événements composite. Le basculement d'un composant à un autre deviendrait difficile, provoquerait des erreurs et nous ramènerait à la situation décrite en introduction, à savoir que personne ne souhaitera toucher au code de peur de tout casser. Tâchons de poursuivre notre réusinage en définissant une fonction de chargement pour chaque sous-système :

```
window.onload=function(){
  getDisplayElements();
  getFeedElements();
}
function getDisplayElements(){
  displayDiv=document.getElementById('display');
}
function getFeedElements(){
  feedDiv=document.getElementById('feeds');
}
```

Cette modification clarifie le code en réduisant notre méthode `window.onload()` composite à une unique ligne pour chaque sous-système, mais la fonction composite reste un point faible dans le design et risque de nous poser des problèmes. Dans la section suivante, nous allons examiner une solution légèrement plus complexe mais plus évolutive.

Le pattern Observateur

Parfois, il peut être utile de se demander à qui revient la responsabilité d'une action. L'approche de la fonction composite donne la responsabilité de l'obtention des références aux éléments DOM à l'objet `window`, qui doit ensuite savoir quels sous-systèmes sont présents dans la page actuelle. Idéalement, chaque sous-système devrait avoir à charge d'acquérir ses propres références. Ainsi, s'il est présent sur une page, il les obtiendra, mais ne le fera pas s'il n'est pas présent.

Afin de clarifier le partage des responsabilités, nous pouvons donner aux systèmes la possibilité de s'inscrire pour la notification de l'événement `onload` en passant une fonction à appeler lorsque l'événement `window.onload` est déclenché. Voici une implémentation simple :

```
window.onloadListeners=new Array();
window.addOnLoadListener(listener){
  window.onloadListeners[window.onloadListeners.length]=listener;
}
```

Lorsque la fenêtre est complètement chargée, l'objet `window` n'a plus qu'à parcourir en boucle son tableau d'écouteurs et à les appeler tour à tour :

```
window.onload=function(){
  for(var i=0;i<window.onloadListeners.length;i++){
    var func=window.onlloadListeners[i];
    func.call();
  }
}
```

Si chaque sous-système s'appuie sur cette approche, nous pouvons proposer un moyen bien plus soigné de configurer tous les sous-systèmes sans les mêler les uns avec les autres. Evidemment, il suffit d'un seul morceau de code défectueux qui redéfinisse directement `window.onload` pour que le système soit anéanti, mais nous allons prendre en charge notre base de code à un moment ou à un autre afin d'empêcher que cela n'arrive.

Il est important de noter que le nouveau modèle événementiel du W3C implémente également un système de gestionnaires d'événements multiples. Nous avons choisi ici de construire le nôtre par-dessus l'ancien modèle événementiel JavaScript, car les implémentations du modèle du W3C ne sont pas uniformisées d'un navigateur à l'autre. Nous traiterons de tout cela plus en détail au Chapitre 4.

Le design pattern employé pour réusiner notre code est appelé le pattern Observateur. Il définit un objet Observable, soit dans notre cas l'objet fenêtre prédéfini, et un ensemble d'observateurs (Observateurs) ou d'écouteurs (Listeners) qui peuvent s'inscrire (voir Figure 3.2).

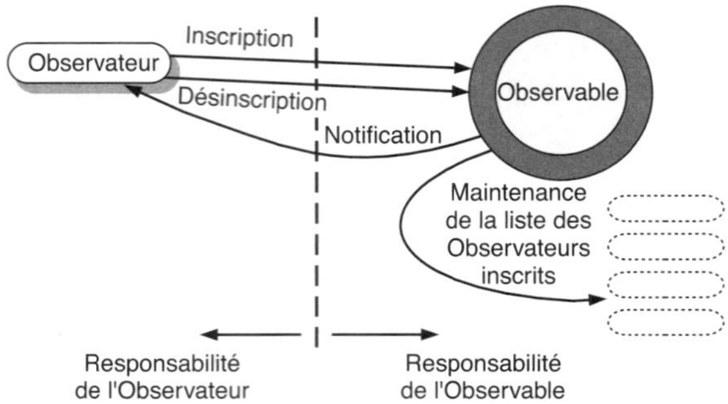

Figure 3.2
Division des responsabilités dans le pattern Observateur. Les objets qui souhaitent être notifiés au sujet d'un événement, appelés Observateurs, peuvent s'inscrire et se désinscrire avec la source d'événement, Observable, qui notifiera toutes les parties inscrites lorsqu'un événement se produira.

Avec le pattern Observateur, la responsabilité est répartie de manière appropriée entre la source d'événements et le gestionnaire d'événements. Les gestionnaires prennent en charge leur inscription et leur désinscription. La source d'événements prend en charge la maintenance d'une liste de parties inscrites et le déclenchement de notifications lorsque l'événement se produit. Le pattern Observateur possède un long historique dans le domaine de la programmation d'interfaces utilisateur pilotées par les événements ; nous y reviendrons lorsque nous traiterons plus en détail des événements JavaScript au Chapitre 4. Comme vous allez le voir, nous pouvons aussi recourir au pattern Observateur dans nos propres objets de code, indépendamment du traitement événementiel de la souris et des touches par le navigateur.

Pour l'instant, passons à un autre problème récurrent que nous pouvons résoudre grâce au réusinage.

Réutiliser des gestionnaires d'actions utilisateur : le pattern Commande

Dans la plupart des applications, l'utilisateur demande à l'application de réaliser des actions en cliquant avec la souris et en appuyant sur des touches : l'application obéit à ces ordres. Dans un programme simple, on peut ne proposer qu'un seul moyen de réaliser une action, mais dans les interfaces plus complexes, l'utilisateur peut généralement déclencher la même action de plusieurs manières.

Implémenter un bouton

Supposons que nous ayons un élément DOM auquel s'applique un style qui lui donne l'apparence d'un bouton, et que ce bouton réalise un calcul et mette à jour un tableau HTML avec le résultat lorsqu'on clique dessus. Nous pourrions définir une fonction de gestionnaire d'événements de clic de souris pour l'élément `button` qui ressemble à ceci :

```
function buttonOnclickHandler(event){
  var data=new Array();
  data[0]=6;
  data[1]=data[0]/3;
  data[2]=data[0]*data[1]+7;
```

```
  var newRow=createTableRow(dataTable);
  for (var i=0;i<data.length;i++){
    createTableCell(newRow,data[i]);
  }
}
```

Ici, nous partons du principe que la variable `dataTable` est une référence à une table existante et que les fonctions `createTableRow()` et `createTableCell()` se chargent des détails de la manipulation DOM pour nous. Ce qui nous intéresse en l'occurrence concerne la phase de calcul, qui, dans une application réelle, pourrait correspondre à des centaines de lignes de code. Nous attribuons ce gestionnaire d'événements à l'élément `button` de la manière suivante :

```
buttonDiv.onclick=buttonOnclickHandler;
```

Support de types d'événements multiples

Supposons que nous ayons à présent agrémenté notre application avec Ajax. Nous interrogeons le serveur afin d'obtenir des mises à jour et nous souhaitons, lorsqu'une valeur particulière est mise à jour depuis le serveur, non seulement réaliser ce calcul, mais en plus mettre à jour une autre table avec les données. Inutile ici de s'occuper des détails de l'implémentation du système d'interrogation répétitive du serveur. Supposons que nous ayons une référence à un objet appelé `poller`. Le mécanisme interne de cet objet utilise un objet XMLHttpRequest et positionne son gestionnaire `onreadystatechange` de manière à appeler une fonction `onload` à chaque fois qu'il a fini de télécharger une mise à jour depuis le serveur.

Le calcul et les phases d'affichage peuvent être abstraits dans des fonctions d'assistance, comme ceci :

```
function buttonOnclickHandler(event){
  var data=calculate();
  showData(dataTable,data);
}
function ajaxOnloadHandler(){
  var data=calculate();
  showData(otherDataTable,data);
}
function calculate(){
  var data=new Array();
  data[0]=6;
  data[1]=data[0]/3;
  data[2]=data[0]*data[1]+7;
  return data;
}
function showData(table,data){
  var newRow=createTableRow(table);
  for (var i=0;i<data.length;i++){
    createTableCell(newRow,data[i]);
  }
}
buttonDiv.onclick=buttonOnclickHandler;
poller.onload=ajaxOnloadHandler;
```

Une grande partie des fonctions communes ont été abstraites dans les fonctions `calculate()` et `showData()` et nous ne concédons qu'un faible taux de répétition dans les gestionnaires `onclick` et `onload`.

Nous venons de réaliser une meilleure séparation entre la logique métier et les mises à jour de l'interface utilisateur. A nouveau, nous sommes tombés sur une solution répétable utile, qui porte cette fois le nom de pattern Commande. L'objet Command définit une activité de complexité arbitraire qui peut aisément circuler dans le code et être échangée entre les éléments de l'interface utilisateur. Dans le pattern Commande classique des langages orientés objet, les interactions de l'utilisateur sont encapsulées sous la forme d'objets Command, qui dérivent généralement d'une classe de base ou d'une interface. Nous avons résolu le même problème ici, mais un peu différemment. Les fonctions JavaScript étant des objets de première classe, nous pouvons les traiter directement comme des objets Command et malgré tout fournir le même niveau d'abstraction.

Le fait d'encapsuler tout ce que l'utilisateur réalise sous forme de Command peut paraître un peu fastidieux, mais il y a un intérêt à cela. Lorsque toutes les actions de vos utilisateurs sont encapsulées dans des objets Command, il devient facile de leur associer d'autres fonctions standard. L'extension la plus couramment exploitée consiste ainsi à ajouter une méthode `undo()`. Lorsque cet ajout est opéré, vous avez les fondations d'une fonction Annuler pour toute l'application. Pour renforcer la complexité d'un cran, il est possible d'enregistrer les Commands dans une pile, à mesure qu'elles s'exécutent : l'utilisateur peut alors utiliser le bouton Annuler pour remonter dans la pile et ramener l'application à ses états précédents (voir Figure 3.3).

Chaque nouvelle commande est placée en haut de la pile, qui peut être annulée élément par élément. L'utilisateur crée un document par le biais d'une série d'actions d'écriture. Il sélectionne ensuite le document entier et appuie accidentellement sur la touche Suppr. Lorsqu'il exécute la fonction Annuler, l'élément supérieur de la pile est retiré, sa méthode `undo()` est appelée et le texte supprimé est restitué. Une nouvelle annulation désélectionne le texte, et ainsi de suite.

Bien évidemment, le fait d'adopter le pattern Commande pour créer une pile d'annulation demande davantage de travail au développeur, qui doit s'assurer que la combinaison de l'exécution et de l'annulation de la commande a bien pour effet de ramener le système à son état initial. Le fait de proposer une véritable fonction Annuler peut cependant constituer une différence de taille entre deux produits, notamment pour les applications qui sont utilisées de manière intensive et prolongée. Comme nous l'avons indiqué au Chapitre 1, il s'agit précisément du territoire de chasse d'Ajax.

Les objets Command peuvent aussi être utiles lorsqu'il s'agit d'amener des informations à franchir les limites entre les sous-systèmes d'une application. Le réseau fait partie de ces limites ; nous reviendrons à cet égard sur le pattern Commande au Chapitre 5, lorsque nous traiterons des interactions client/serveur.

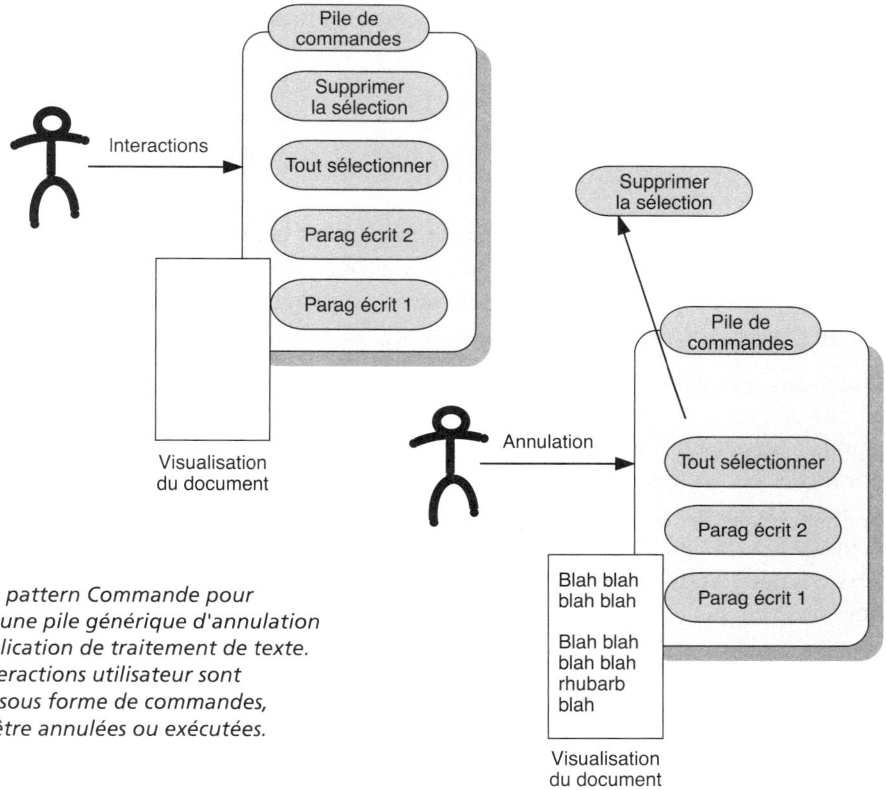

Figure 3.3
Utilisation du pattern Commande pour implémenter une pile générique d'annulation dans une application de traitement de texte. Toutes les interactions utilisateur sont représentées sous forme de commandes, qui peuvent être annulées ou exécutées.

Ne conserver qu'une seule référence à une ressource: le pattern Singleton

Dans certains cas, il est important de s'assurer qu'il n'existe qu'un seul point de contact avec une ressource particulière. Pour mieux comprendre cela, considérons un exemple.

Exemple simple d'application boursière

Supposons que notre application Ajax manipule des données boursières : elle nous permet de réaliser des transactions sur les marchés réels, de réaliser des calculs de simulation et d'exécuter des jeux de simulation sur un réseau avec d'autres utilisateurs. Nous définissons trois modes pour notre application, comme pour les feux de circulation. En mode Temps réel (mode Vert), nous pouvons acheter et vendre des actions sur des marchés en direct, lorsqu'ils sont ouverts, et réaliser des calculs de simulation sur des *datasets* (ensembles de données) stockés. Lorsque les marchés sont fermés, nous revenons en mode Analyse seule (mode Rouge) et pouvons toujours procéder aux analyses de simulation, mais ne pouvons ni acheter ni vendre. En mode Simulation (mode Orange), nous pouvons réaliser toutes les actions disponibles en mode Vert, mais avec un dataset fictif et non en interagissant avec des marchés réels.

Notre code client représente ces permutations sous la forme d'un objet JavaScript, comme ceci :

```
var MODE_RED=1;
var MODE_AMBER=2;
var MODE_GREEN=2;
function TradingMode(){
  this.mode=MODE_RED;
}
```

Nous pouvons retrouver et positionner le mode dans cet objet ; c'est d'ailleurs ce que nous ferons dans notre code à de nombreux endroits. Nous pourrions fournir des fonctions `getMode()` et `setMode()` qui pourraient tester des conditions, par exemple en vérifiant si les marchés boursiers réels sont ouverts ou non, mais pour l'instant, faisons simple.

Supposons que deux des options offertes à l'utilisateur consistent à acheter et vendre des actions et à calculer les gains et pertes potentiels d'une transaction avant de la réaliser. Les actions d'achat et de vente pointeront vers des services Web différents selon le mode d'opération (serveur interne en mode Orange, serveur de notre courtier en mode Vert) et seront désactivées en mode Rouge. Selon la même logique, les analyses seront basées sur la récupération de flux de données sur les prix actuels et récents (simulés en mode Orange, et réels en mode Vert). Pour savoir quel flux récupérer, les deux se référeront à un objet TradingMode tel qu'il est défini ici (voir Figure 3.4).

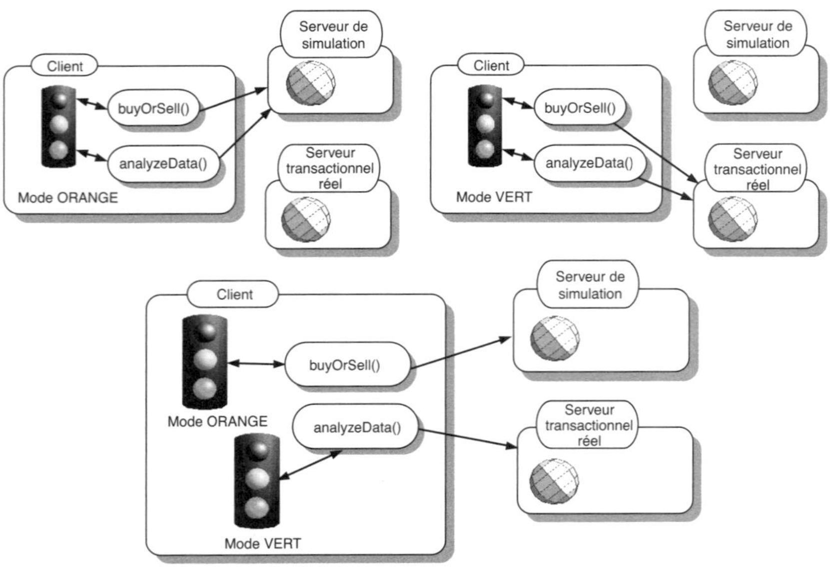

Figure 3.4

Dans notre exemple d'application boursière Ajax, les fonctions d'achat/vente et d'analyse déterminent toutes deux s'il faut utiliser des données réelles ou simulées en fonction de l'état d'un objet TradingMode, en communiquant avec le serveur de simulation s'il se trouve en mode Orange et avec le serveur transactionnel réel en mode Vert. Si plusieurs objets TradingMode sont présents dans le système, ce dernier peut s'arrêter dans un état instable.

Il est impératif que les deux activités pointent vers le même objet TradingMode. Si notre utilisateur achète et vend sur un marché simulé en s'appuyant, pour ses décisions, sur l'analyse des données du marché réel, il perdra sans doute au jeu ; s'il achète et vend des actions réelles en fonction des analyses opérées sur une simulation, il risque fort de perdre son job !

Un objet dont il n'existe qu'une seule instance est parfois appelé un singleton. Nous verrons en premier lieu comment les singletons sont gérés dans un langage orienté objet, puis établirons une stratégie pour les utiliser en JavaScript.

Singletons en Java

Les singletons sont généralement implémentés dans des langages de type Java en masquant le constructeur de l'objet et en fournissant une méthode getter, comme le montre le Listing 3.3.

Listing 3.3 : objet TradingMode singleton en Java

```
public class TradingMode{
  private static TradingMode instance=null;
  public int mode;
  private TradingMode(){
    mode=MODE_RED;
  }
  public static TradingMode getInstance(){
    if (instance==null){
       instance=new TradingMode();
    }
    return instance;
  }
  public void setMode(int mode){
    ...
  }
}
```

La solution Java utilise les modificateurs d'accès `private` et `public` pour faire appliquer le comportement de singleton. Le code suivant ne se compile pas, car le constructeur n'est pas publiquement accessible :

```
new TradingMode().setMode(MODE_AMBER);
```

A l'inverse, le code suivant se compile :

```
TradingMode.getInstance().setMode(MODE_AMBER);
```

Ce code garantit que chaque appel est acheminé vers le même objet TradingMode. Nous avons employé ici plusieurs fonctions du langage qui ne sont pas disponibles en JavaScript. Voyons donc comment contourner ces limitations.

Singletons en JavaScript

En JavaScript, il n'existe pas de support intégré des modificateurs d'accès, mais nous pouvons "masquer" le constructeur en omettant d'en proposer un. Le JavaScript est fondé sur les prototypes, les constructeurs étant des objets Function ordinaires (si vous ne comprenez pas ce que cela veut dire, consultez l'Annexe B). Nous pourrions envisager d'écrire un objet TradingMode de manière ordinaire :

```
function TradingMode(){
  this.mode=MODE_RED;
}
TradingMode.prototype.setMode=function(){
}
```

puis de fournir une variable globale comme pseudo-Singleton :

```
  TradingMode.instance=new TradingMode();
```

Toutefois, cette approche n'empêcherait pas du code mal écrit d'appeler le constructeur. Nous pourrions cependant construire manuellement l'objet tout entier, sans prototype :

```
var TradingMode=new Object();
TradingMode.mode=MODE_RED;
TradingMode.setMode=function(){
  ...
}
```

Nous pouvons aussi le définir de manière plus concise, comme ceci :

```
var TradingMode={
  mode:MODE_RED,
  setMode:function(){
    ...
  }
};
```

Ces deux exemples génèrent un objet identique. La première méthode est sans doute plus familière aux programmeurs Java ou C#. Nous avons présenté la seconde parce qu'elle est souvent utilisée dans la bibliothèque Prototype et dans les frameworks qui en dérivent.

Cette solution fonctionne dans les limites d'un unique contexte de script. Si le script est chargé dans un IFrame séparé, il lance sa propre copie du singleton. Nous pouvons modifier cela de manière explicite en spécifiant que l'accès à l'objet singleton doit se faire depuis le document de niveau supérieur (en JavaScript, `top` fait toujours référence à ce document), comme le montre le Listing 3.4.

Listing 3.4 : objet TradingMode singleton en JavaScript

```
Function getTradingMode(){
  if (!top.TradingMode){
    top.TradingMode=new Object();
    top.TradingMode.mode=MODE_RED;
```

```
        top.TradingMode.setMode=function(){
          ...
        }
      }
      return top.TradingMode;
    }
```

Cette précaution permet d'inclure sans risque le script dans plusieurs IFrames tout en préservant l'unicité de l'objet Singleton (si vous prévoyez de supporter un singleton dans plusieurs fenêtres de niveau supérieur, vous devrez interroger `top.opener` ; par souci de concision, nous laissons au lecteur le soin d'effectuer cet exercice).

Il y a peu de risques que vous ayez un grand besoin de singletons lors de l'écriture de code d'interface utilisateur, mais ils peuvent être très utiles lors de la modélisation de la logique métier en JavaScript. Dans une application Web traditionnelle, la logique métier est généralement modélisée sur le serveur, mais avec l'approche Ajax, il peut être utile de connaître les singletons.

Voilà qui donne un avant-goût de ce à quoi le réusinage peut servir en pratique. Les cas examinés jusqu'à présent étaient tous assez simples ; malgré tout, le fait de recourir au réusinage pour clarifier le code nous a aidés à nous débarrasser de quelques points faibles qui seraient revenus nous hanter une fois que l'application serait devenue plus grande.

En passant, nous avons rencontré quelques design patterns. Dans la section suivante, nous allons examiner un pattern côté serveur d'échelle supérieure et nous allons voir comment réusiner un code confus afin de le rendre plus ordonné et plus flexible.

Modèle-Vue-Contrôleur

Les petits patterns que nous avons vus jusqu'à présent peuvent être appliqués de manière utile à des tâches de programmation spécifiques, mais les patterns ont aussi été développés pour l'organisation d'applications tout entières. On parle dans ce cas de patterns architecturaux. Dans cette section, nous allons étudier un pattern architectural qui peut nous aider à organiser nos projets Ajax de différentes manières, en en facilitant la programmation et la maintenance.

Le Modèle-Vue-Contrôleur (MVC) est un moyen de décrire la séparation appropriée entre la partie d'un programme qui interagit avec l'utilisateur et celle qui s'occupe de la charge lourde, du traitement des calculs et des autres opérations métier de l'application.

Le MVC est généralement appliqué à grande échelle, en couvrant des couches entières d'une application, voire en s'étendant sur plusieurs couches. Dans ce chapitre, nous introduirons ce pattern et nous verrons comment l'appliquer au serveur Web lors de la délivrance de données à une application Ajax. Au Chapitre 4, nous considérerons le cas légèrement plus complexe de son utilisation avec l'application client JavaScript.

Le pattern MVC identifie trois rôles qu'un composant de système peut remplir. Le Modèle est la représentation du domaine des problèmes de l'application, autrement dit de ce avec quoi elle est censée travailler. Un traitement de texte modélisera ainsi un document, tandis qu'une application de mapping modélisera des points sur une grille, des lignes de contour, etc.

La Vue est la partie du programme qui présente des éléments à l'utilisateur – formulaires de saisie, images, texte ou éléments d'interface. La Vue ne doit pas nécessairement être graphique. Dans un programme à interface vocale, par exemple, la Vue correspond aux invites sonores.

La règle d'or du MVC stipule que la Vue et le Modèle ne doivent pas communiquer entre eux. La responsabilité de cet échange incombe en fait au Contrôleur. Lorsque l'utilisateur clique sur un bouton ou remplit un formulaire, la Vue le signale au Contrôleur. Le Contrôleur manipule ensuite le Modèle et décide si les changements dans le Modèle requièrent une mise à jour de la Vue. Si c'est le cas, il demande à la Vue de se modifier elle-même (voir Figure 3.5).

Figure 3.5
Les principaux composants du pattern Modèle-Vue-Contrôleur. La Vue et le Modèle n'interagissent pas directement ; ils le font par le biais du Contrôleur. Ce dernier s'apparente à une sorte de couche intermédiaire fine qui permet au Modèle et à la Vue de communiquer tout en garantissant une séparation claire de la base de code. Cette approche améliore la flexibilité et la maintenabilité du code au fil du temps.

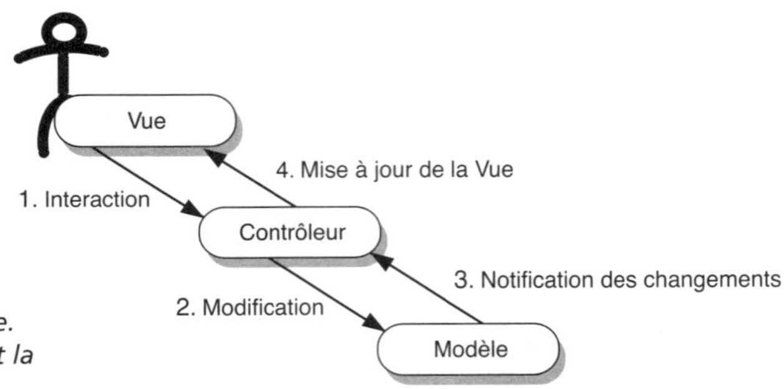

L'avantage de cette approche tient à ce que le Modèle et la Vue sont liés par un couplage lâche : autrement dit, aucun d'entre eux n'est étroitement lié à l'autre et ne connaît vraiment l'autre. Ils doivent évidemment se connaître juste assez pour réaliser leur travail, mais on peut dire en fin de compte que la Vue ne connaît le Modèle qu'en des termes très généraux.

Considérons l'exemple d'un programme de gestion des inventaires. Le Contrôleur approvisionne la Vue à l'aide d'une fonction qui retourne une liste de toutes les lignes de produits correspondant à un ID de catégorie donné. Avec le pattern MVC, la Vue ne sait rien concernant la manière dont la liste a été générée. La version 1 de ce programme stockait les données employées pour générer la liste dans un tableau en mémoire et lisait ce tableau à partir d'un fichier texte plat. Dans la seconde version du programme, devant la nécessité de gérer des datasets bien plus volumineux, un serveur de bases de données relationnelles a été ajouté à l'architecture. Les implications de ces modifications sur le Modèle sont significatives et une grande quantité de code doit être réécrite. Néanmoins, pour autant que le Contrôleur puisse continuer à délivrer une liste de lignes de produits correspondant à une catégorie, l'impact sur le code de la Vue serait nul.

De la même manière, les ingénieurs qui travaillent sur la Vue seraient libres d'améliorer l'utilisabilité de l'application sans craindre de dérégler le fonctionnement interne du Modèle, dans la mesure où ils respecteraient un accord élémentaire concernant les interfaces avec lesquelles le Contrôleur les alimente. En divisant le système en sous-systèmes, le MVC apporte une garantie en empêchant que les modifications mineures viennent se répercuter par ricochet dans toute la base de code, et il permet à l'équipe en charge de chaque sous-système de réagir rapidement sans marcher sur les plates-bandes des autres équipes.

Le pattern MVC est généralement appliqué de manière particulière aux frameworks d'applications Web, afin de servir une série de pages statiques qui composent l'interface. Lorsqu'une application Ajax tourne et requiert des données de la part du serveur, le mécanisme de livraison des données est semblable à celui d'une application Web classique. Le MVC pour les serveurs Web peut également profiter aux applications Ajax. Puisqu'il est bien compris, nous commencerons par là, mais nous considérerons ensuite des approches plus spécifiques à Ajax pour l'utilisation du MVC.

Si vous êtes novice en matière de frameworks Web, cette section vous fournira les informations nécessaires pour comprendre comment ils peuvent rendre une application Ajax plus évolutive et robuste. A l'inverse, si vous êtes familiarisé avec les outils du tier Web comme les moteurs de modèles et le Mapping objet/relationnel (ORM, *Object-Relational Mapping*) ou avec des frameworks comme Struts, Spring ou Tapestry, vous connaîtrez probablement la plupart des concepts abordés ici. Dans ce cas, passez cette section et reprenez au Chapitre 4, où nous traiterons d'un autre type d'usage du MVC.

MVC du serveur Web

Les applications Web – et même les applications classiques à pages que nous passons tant de temps à décrier dans ce livre – ne sont pas étrangères au MVC. La nature même des applications Web requiert un certain degré de séparation entre la Vue et le Modèle qui se trouvent de fait isolés sur des ordinateurs différents (le serveur et le client). Peut-on alors dire que les applications Web suivent par nature le pattern MVC ? Ou pour le dire autrement : est-il possible d'écrire une application Web qui mélange la Vue et le Modèle ?

Malheureusement, oui. C'est même très facile, et la plupart des développeurs Web l'ont probablement déjà fait, les auteurs de ce livre inclus.

La plupart des partisans du MVC sur le Web traitent la page HTML générée et le code qui la génère comme la Vue, plutôt que ce que l'utilisateur voit véritablement lorsque la page est restituée. Dans le cas d'une application Ajax servant des données à un client JavaScript, la Vue correspond au document XML qui est retourné au client dans la réponse HTTP. La séparation du document généré et de la logique métier requiert donc un minimum de discipline.

Le tier serveur Web Ajax sans pattern

Pour illustrer nos explications, développons un exemple de tier serveur Web pour une application Ajax. Nous avons déjà abordé les principes fondamentaux du code Ajax côté client au Chapitre 2 et dans ce chapitre, et nous y reviendrons encore au Chapitre 4. Pour l'instant, nous allons nous occuper de ce qui se passe dans le serveur Web. Nous commencerons par effectuer la programmation la plus simple possible, puis nous réusinerons progressivement notre code en vue d'implémenter le pattern MVC et de voir comment notre application en tire parti quant à sa capacité d'adaptation aux modifications. Pour commencer, présentons l'application.

Nous disposons d'une liste de vêtements dans un magasin de vêtements, qui sont stockés dans une base de données. Nous souhaitons interroger la base de données et présenter la liste des articles à l'utilisateur, en affichant une image, un titre, une courte description et un prix. Lorsque l'article est disponible en plusieurs couleurs ou plusieurs tailles, nous souhaitons proposer un sélecteur à cet effet. La Figure 3.6 présente les principaux composants de ce système, soit la base de données, la structure de données représentant un produit unique et un document XML à transmettre à notre client Ajax, qui liste tous les produits correspondant à une requête.

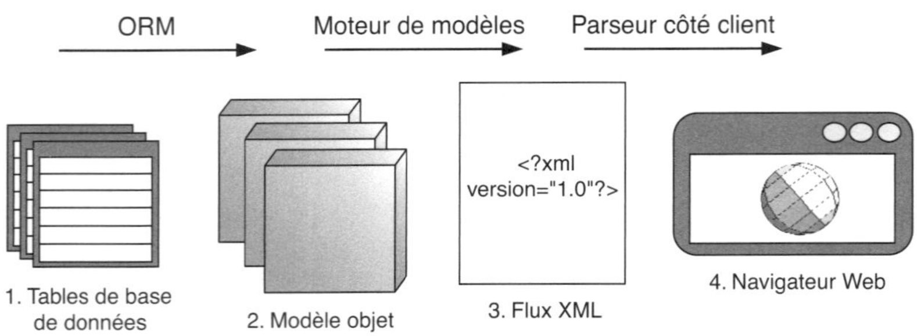

Figure 3.6

Les principaux composants utilisés pour générer un flux XML de données de produits dans notre exemple de magasin en ligne. Lors du processus de génération de la vue, nous extrayons un ensemble de résultats de la base de données, l'utilisons pour remplir des structures de données représentant des vêtements individuels, puis retransmettons ces données au client sous la forme d'un flux XML.

Supposons que l'utilisateur vienne d'accéder au magasin et se voit proposer un choix entre les catégories Homme, Femme et Enfant. Chaque produit est rangé dans l'une de ces catégories à l'aide de la colonne Category de la table de base de données Garments (vêtements). Voici un exemple possible d'instruction SQL simple qui permet de récupérer les articles appropriés pour une recherche dans la catégorie Homme (en anglais, "Menswear") :

```
SELECT * FROM garments WHERE CATEGORY = 'Menswear';
```

Nous devons extraire les résultats de cette requête puis les envoyer à l'application Ajax au format XML. Voyons comment faire cela.

Générer les données XML pour le client

Le Listing 3.5 présente une solution rapide et peu soignée pour cette contrainte particulière. Cet exemple utilise PHP et une base de données MySQL, mais l'important à noter ici est la structure générale. Une page ASP ou JSP ou un script Ruby pourraient être construits de la même manière.

Listing 3.5 : génération rapide d'un flux XML à partir d'une requête de base de données

```
<?php
header("Content-type: application/xml");
echo "<?xml version=\"1.0\" encoding=\"UTF-8\" ?>\n";
$db=mysql_connect("my_db_server","mysql_user");
mysql_select_db("mydb",$db);
$sql="SELECT id,title,description,price,colors,sizes"
  ."FROM garments WHERE category=\"{$cat}\"";
$result=mysql_query($sql,$db);
echo "<garments>\n";
while ($myrow = mysql_fetch_row($result)) {
    printf("<garment id=\"%s\" title=\"%s\">\n"
      ."<description>%s</description>\n<price>%s</price>\n",
      $myrow["id"],
      $myrow["title"],
      $myrow["description"],
      $myrow["price"]);
    if (!is_null($myrow["colors"])){
      echo "<colors>{$myrow['colors']}</colors>\n";
    }
    if (!is_null($myrow["sizes"])){
      echo "<sizes>{$myrow['sizes']}</sizes>\n";
    }
    echo "</garment>\n";
}
echo "</garments>\n";
?>
```

La page PHP dans le Listing 3.5 génère une page XML pour nous qui ressemble à celle du Listing 3.6 si nous avons deux produits correspondants dans notre base de données. Les retraits ont été ajoutés pour faciliter la lecture du code. Nous avons choisi le XML comme format de communication entre le client et le serveur parce qu'il est couramment employé à cet effet et parce que nous avons vu au Chapitre 2 comment consommer un document XML généré par le serveur à l'aide de l'objet XMLHttpRequest. Au Chapitre 5, nous étudierons diverses options plus en détail.

Listing 3.6 : sortie XML d'exemple du Listing 3.5

```
<garments>
  <garment id="SCK001" title="Golfers' Socks">
    <description>Garish diamond patterned socks. Real wool.
      Real itchy.</description>
    <price>$5.99</price>
    <colors>heather combo,hawaiian medley,wild turkey</colors>
  </garment>
  <garment id="HAT056" title="Deerstalker Cap">
    <description>Complete with big flappy bits.
    As worn by the great detective Sherlock Holmes.
    Pipe is model's own.</description>
    <price>$79.99</price>
    <sizes>S, M, L, XL, egghead</sizes>
  </garment>
</garments>
```

Nous voilà donc en présence d'un semblant d'application de serveur Web, et nous supposerons qu'il existe une interface frontale Ajax intéressante pour consommer notre XML. Tournons-nous vers l'avenir. Supposons que notre gamme de produit s'étende et que nous souhaitions ajouter des sous-catégories (Smart, Décontracté, Extérieur, etc.), ainsi qu'une fonction de "recherche par saison", éventuellement une recherche par mot clé et un lien vers des articles en promotion. Toutes ces fonctions pourraient sans problème être servies par un flux XML similaire. Voyons comment nous pourrions réutiliser notre code actuel à cet effet et quels seraient les obstacles rencontrés.

Problèmes avec la réutilisabilité

Il existe plusieurs obstacles pour la réutilisation de notre script sous sa forme actuelle. Premièrement, nous avons codé en dur la requête SQL dans la page. Si nous souhaitons effectuer un nouveau type de recherche par catégorie ou par mot clé, nous allons devoir modifier la génération du SQL. Nous risquerions sinon de nous retrouver avec une horrible toile d'instructions If qui s'accumulent au fil du temps – à mesure que les options de recherche se complètent –, et avec une liste grandissante de paramètres optionnels de recherche.

Il existe même une alternative plus sombre : accepter une clause WHERE de forme libre dans les paramètres CGI, du genre :

```
    $sql="SELECT id,title,description,price,colors,sizes"
      ."FROM garments
  WHERE ".$sqlWhere;
```

que nous pourrions ensuite appeler directement depuis l'URL, comme ceci :

```
garments.php?sqlWhere=CATEGORY="Menswear"
```

Cette solution vient encore plus embrouiller le Modèle et la Vue, en exposant du SQL brut dans le code de présentation. Elle ouvre en outre la porte aux attaques par injection de SQL, et même si les versions modernes du PHP possèdent des défenses intégrées contre ces opérations, il serait idiot de s'appuyer entièrement sur elles.

Deuxièmement, nous avons codé en dur le format de données XML dans la page : il est enterré quelque part là-dedans, parmi les instructions `printf` et `echo`. Plusieurs raisons pourraient nous pousser plus tard à vouloir changer de format des données. Nous pourrions souhaiter afficher un prix d'origine à côté du prix de vente, histoire de persuader de pauvres hères d'acheter ces chaussettes de golf rêches que nous avons commandées !

Troisièmement, le jeu de résultats de la base de données lui-même est utilisé pour générer le XML. Au départ, cette méthode peut paraître efficace, mais elle recèle deux problèmes potentiels. Nous conservons une connexion de base de données ouverte pendant toute la durée où nous générons le XML. Dans le cas présent, nous ne faisons rien de bien compliqué durant cette boucle `while()`, aussi la connexion ne sera-t-elle pas trop longue, mais il pourrait s'agir d'un goulot d'étranglement par la suite. Et par ailleurs, cela ne fonctionne que si nous traitons notre base de données comme une structure plate de données.

Réusiner le modèle de domaine

Nous gérons actuellement nos listes de couleurs et de tailles de manière plutôt inefficace, en stockant des listes séparées par des virgules dans des champs de la table Garments. Si nous normalisons nos données pour obéir à un véritable modèle relationnel, nous devons avoir une table séparée de toutes les couleurs disponibles et une table de liaison entre les vêtements et les couleurs (ce que les spécialistes des bases de données appellent une relation plusieurs-à-plusieurs). La Figure 3.7 présente une relation plusieurs-à-plusieurs de ce type.

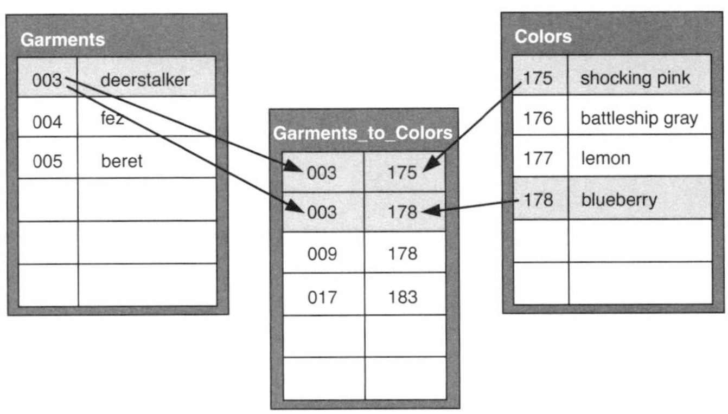

Figure 3.7
Une relation plusieurs-à-plusieurs dans un modèle de base de données. La table Colors liste toutes les couleurs disponibles pour tous les vêtements et la table Garments ne liste plus aucune information de couleur.

Afin de déterminer les couleurs disponibles pour notre article de chapeau de chasse, nous consultons la table Garments_to_Colors avec la clé étrangère `garment_id`. En mettant en correspondance la colonne color_id avec la clé primaire de la table Colors, nous pouvons voir que le chapeau est disponible en rose fluo ("shocking pink") et myrtille ("blueberry"), mais pas en gris métallique ("battleship gray"). En exécutant la requête inverse, nous pourrions également nous servir de la table Garments_to_Colors pour lister tous les vêtements dans une couleur donnée.

A présent, nous utilisons mieux notre base de données, mais le SQL requis pour extraire les informations commence à devenir quelque peu complexe. Au lieu d'avoir à construire des requêtes de jointure élaborées à la main, il serait préférable de pouvoir traiter nos vêtements comme des objets contenant un tableau de couleurs et de tailles.

Outils de mapping objet/relationnel

Il existe heureusement des outils et des bibliothèques qui peuvent réaliser cette opération pour nous, que l'on appelle des outils de mapping objet/relationnel (ORM, *Object-Relational Mapping*). L'ORM effectue automatiquement la traduction entre les données de base de données et les objets en mémoire, évitant au programmeur de s'échiner avec du code SQL brut. Les programmeurs PHP peuvent par exemple s'intéresser à PEAR DB_DataObject, à Easy PHP Data Objects (EZPDO) ou à Metastorage. Les développeurs Java sont assez gâtés en la matière, avec Hibernate (également porté en .NET), qui connaît actuellement un vrai succès. Les outils d'ORM sont en eux-mêmes un sujet de taille, que nous laisserons de côté pour l'instant.

Si l'on examine notre application en termes de MVC, on remarque que l'adoption de l'ORM possède un effet connexe intéressant, puisqu'elle nous met en possession d'un embryon de Modèle à part entière. Nous pouvons à présent écrire notre routine de génération du XML en communiquant avec l'objet Garment et en laissant l'ORM s'occuper de la base de données. Nous ne sommes dès lors plus liés à une API de base de données particulière (ni à ses caprices). Le Listing 3.7 présente la modification dans notre code après le passage à un ORM.

Pour notre exemple de magasin, nous allons définir les objets métier (autrement dit, le Modèle) en PHP, à l'aide de l'objet `Pear::DB_DataObject`, qui requiert que nos classes étendent une classe de base `DB_DataObject`. Les diverses solutions d'ORM s'y prennent différemment, mais ce qui importe, c'est que nous créons un ensemble d'objets avec lesquels nous pouvons communiquer, avec du code standard, en faisant abstraction des complexités des instructions SQL.

Listing 3.7 : modèle objet pour notre magasin de vêtements

```
require_once "DB/DataObject.php";
class GarmentColor extends DB_DataObject {
  var $id;
  var $garment_id;
  var $color_id;
}
class Color extends DB_DataObject {
  var $id;
  var $name;
}
```

```
class Garment extends  DB_DataObject {
  var $id;
  var $title;
  var $description;
  var $price;
  var $colors;
  var $category;
  function getColors(){
    if (!isset($this->colors)){
      $linkObject=new GarmentColor();
      $linkObject->garment_id = $this->id;
      $linkObject->find();
      $colors=array();
      while ($linkObject->fetch()){
        $colorObject=new Color();
        $colorObject->id=$linkObject->color_id;
        $colorObject->find();
        while ($colorObject->fetch()){
          $colors[] = clone($colorObject);
        }
      }
    }
    return $colors;
  }
}
```

En plus de l'objet central Garment, nous avons défini un objet Color et une méthode de Garment pour récupérer toutes les couleurs dans lesquelles le vêtement est disponible. Les tailles pourraient être implémentées de la même manière. Nous ne traitons pas de ce mécanisme ici, par souci de concision. Cette bibliothèque ne supportant pas directement les relations plusieurs-à-plusieurs, nous devons définir un type d'objet pour la table de liaison et parcourir par itération ces liaisons dans la méthode `getColors()`. Néanmoins, il s'agit d'un modèle objet lisible et plutôt complet. Voyons comment l'utiliser dans notre page.

Utiliser le modèle révisé

Nous avons généré un modèle de données à partir de notre structure de base de données améliorée. Nous devons maintenant l'employer dans notre script PHP. Le Listing 3.8 adapte notre page principale de manière à utiliser les objets élaborés autour de l'ORM.

Listing 3.8 : Page revue et corrigée utilisant l'ORM pour communiquer avec la base de données

```
<?php
header("Content-type: application/xml");
echo "<?xml version=\"1.0\" encoding=\"UTF-8\" ?>\n";
include "garment_business_objects.inc"
$garment=new Garment;
$garment->category = $_GET["cat"];
```

```
$number_of_rows = $garment->find();
echo "<garments>\n";
while ($garment->fetch()) {
    printf("<garment id=\"%s\" title=\"%s\">\n"
      ."<description>%s</description>\n<price>%s</price>\n",
      $garment->id,
      $garment->title,
      $garment->description,
      $garment->price);
    $colors=$garment->getColors();
    if (count($colors)>0){
      echo "<colors>\n";
      for($i=0;$i<count($colors);$i++){
        echo "<color>{$colors[$i]}</color>\n";
      }
      echo "</colors>\n";
    }
    echo "</garment>\n";
}
echo "</garments>\n";
?>
```

Nous incluons les définitions du modèle objet, puis nous nous exprimons dans les termes du modèle objet. Au lieu de construire du SQL au coup par coup, nous créons un objet Garment vide et le remplissons partiellement avec nos critères de recherche. Puisque le modèle objet est inclus à partir d'un fichier séparé, nous pouvons le réutiliser pour d'autres recherches également. La Vue XML est maintenant générée d'après le modèle objet également. Notre prochaine étape de réusinage consistera à séparer le format du XML du processus de génération du flux XML.

Séparer le contenu et la présentation

Notre code de Vue est toujours assez emmêlé avec l'objet, car le format XML est défini dans le code de parsing de l'objet lui-même. Si nous assurons la maintenance de plusieurs pages, nous devons pouvoir modifier le format XML à un endroit et voir cette modification se répercuter partout. Dans le cas plus complexe où nous souhaiterions exploiter plusieurs formats, par exemple afin d'en adopter un pour les listings courts et détaillés à afficher pour les clients, et un autre pour l'application destinée aux inventaires, nous aimerions ne définir chaque format qu'une seule fois et proposer un mapping centralisé pour ces formats.

Systèmes fondés sur les modèles

L'une des approches courantes pour ce problème consiste à faire appel à un langage de modèle, autrement dit à un système qui accepte un document texte contenant un balisage spécial qui délimite des emplacements fictifs que remplaceront des variables réelles à l'exécution.

Le PHP, les ASP et les JSP sont eux-mêmes des langages de modèle à leur manière, puisqu'ils sont écrits sous la forme d'un contenu de page Web qui intègre du code, plutôt que sous la forme d'un code qui intègre du contenu, à l'instar des servlets Java ou les scripts CGI traditionnels. En revanche, ils fournissent à la page toute la puissance du langage de script, ce qui favorise le mélange entre la logique métier et la présentation.

A la différence, les langages de modèle spécialisés comme PHP Smarty et Apache Velocity (système Java, porté sur .NET sous le nom de NVelocity), offrent des capacités de programmation plus restreintes, car elles limitent généralement le flux de contrôle à de simples structures de branchement (`if`, par exemple) et de boucle (`for`, `while`). Le Listing 3.9 présente un modèle PHP Smarty pour générer notre XML.

Listing 3.9 : modèle PHP Smarty pour notre sortie XML

```
<?xml version="1.0" encoding="UTF-8" ?>
<garments>
{section name=garment loop=$garments}
  <garment id="{$garment.id}" title="{$garment.title}">
    <description>{$garment.description}</description>
    <price>{$garment.price}</price>
{if count($garment.getColors())>0}
    <colors>
{section name=color loop=$garment.getColors()}
      <color>$color->name</color>
{/section}
    </colors>
{/if}
  </garment>
{/section}
</garments>
```

Le modèle s'attend à voir une variable table `garments`, contenant des objets Garment, comme entrée. L'essentiel du modèle est émis tel quel depuis le moteur, mais les sections à l'intérieur des accolades sont interprétées comme des instructions et sont soit remplacées par des noms de variable, soit traitées comme des instructions de branchement ou de boucle simples. La structure du document de sortie XML est plus lisible dans le modèle que lorsqu'elle est mêlée au code, comme c'est le cas dans le corps du Listing 3.7. Voyons comment nous servir du modèle de notre page.

Utiliser la vue révisée

Nous avons déplacé la définition de notre format XML hors de notre page principale pour la placer dans le modèle Smarty. Maintenant, la page principale a donc uniquement besoin de configurer le moteur de modèles et de passer les données appropriées. Le Listing 3.10 présente les changements requis pour cela.

Listing 3.10 : Utiliser Smarty pour générer le XML

```
<?php
header("Content-type: application/xml");
include "garment_business_objects.inc";
include "smarty.class.php";
$garment=new DataObjects_Garment;
$garment->category = $_GET["cat"];
$number_of_rows = $garment->find();
$smarty=new Smarty;
$smarty->assign('garments',$garments);
$smarty->display('garments_xml.tpl');
?>
```

Smarty est très concis dans son usage et suit un processus en trois étapes. Tout d'abord, nous créons un moteur Smarty. Ensuite, nous le remplissons avec des variables. Dans le cas présent, il n'y en a qu'une, mais nous pouvons en ajouter autant qu'il le faut. Si les détails concernant l'utilisateur étaient stockés dans la session, nous pourrions les passer, par exemple afin d'afficher un message de salutation personnalisé par le biais du modèle. Pour finir, nous appelons `display()`, en passant le nom du fichier de modèle.

Nous sommes à présent parvenus à séparer la Vue de notre page de résultats de recherche. Le format XML n'est défini qu'une seule fois et peut être exécuté en quelques lignes de code. La page des résultats de recherche est bien ciblée : elle ne contient que les informations qui lui sont spécifiques, à savoir les paramètres de recherche et la définition d'un format de sortie. Vous rappelez-vous qu'auparavant, nous avons rêvé de pouvoir basculer à la volée sur des formats alternatifs ? Avec Smarty, aucun problème : nous définissons simplement un format supplémentaire. Smarty permet même d'imbriquer des modèles dans d'autres modèles si l'on souhaite affiner la structuration pour les variations mineures.

Pour revenir à nos premières considérations concernant le pattern Modèle-Vue-Contrôleur, nous voyons maintenant que nous l'implémentons plutôt bien. La Figure 3.8 fait le point sur notre avancement.

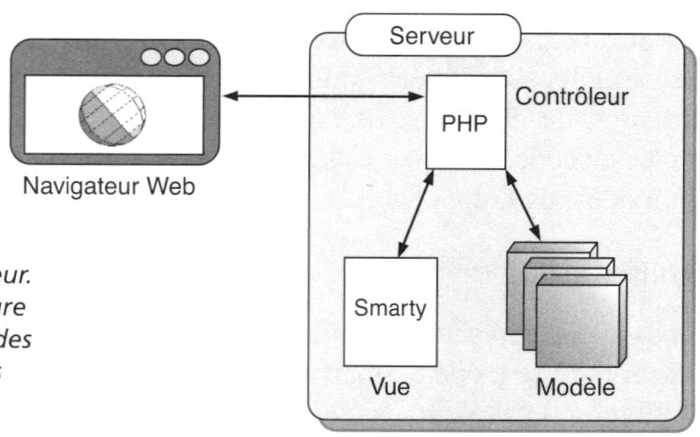

Figure 3.8
Le MVC tel qu'il est actuellement appliqué dans l'application Web. La page Web/servlet agit comme Contrôleur et interroge d'abord le Modèle afin d'obtenir les données appropriées. Elle passe ensuite ces données au fichier de modèle (la Vue), qui génère le contenu à transmettre à l'utilisateur. Notez qu'il s'agit d'un cas de figure en lecture seule. Si nous modifiions le Modèle, le flux des événements différerait légèrement, mais les rôles seraient les mêmes.

Le Modèle est notre collection d'objets de domaine, enregistrés automatiquement dans la base de données avec notre ORM. La Vue est le modèle qui définit le format XML. Le Contrôleur est la page "Recherche par catégorie" et les autres pages que nous souhaitons définir, qui relient le Modèle et la Vue l'un à l'autre.

Il s'agit là d'un mapping classique du MVC sur l'application Web. Nous avons vu comment l'appliquer ici au tier du serveur Web d'une application Ajax qui délivre des documents XML, mais on peut aisément voir aussi comment l'appliquer à une application Web classique qui fournit des pages HTML.

Selon les technologies employées, ce pattern peut connaître quelques variantes, mais le principe ne change pas. Les beans d'entreprises J2EE fournissent une telle abstraction du Modèle et du Contrôleur que ces derniers peuvent résider sur des serveurs différents. Les classes code-behind de .NET délèguent le rôle du Contrôleur à des objets spécifiques aux pages, alors que les frameworks comme Struts définissent un "contrôleur frontal" qui intercepte et achemine toutes les requêtes à destination de l'application. Les frameworks comme Apache Struts ont poussé cet art à l'extrême, en affinant le rôle du Contrôleur de manière à acheminer l'utilisateur entre les pages et en appliquant ce mécanisme à petite échelle, au niveau de la page individuelle (avec une application Ajax, nous pourrions faire cela dans le code JavaScript). Dans tous les cas, le mapping est cependant fondamentalement le même ; c'est la raison pour laquelle le MVC est généralement compris dans l'univers des applications Web.

Cette architecture Web qui s'appuie sur le MVC est une approche utile, qui continuera de nous servir lorsque nous passerons des applications classiques aux applications Ajax. Ce n'est cependant pas le seul usage que l'on peut faire du MVC dans Ajax. Au Chapitre 4, nous examinerons une variante du pattern qui nous permet de tirer parti de la conception structurée dans toute notre application. Mais avant, commençons par considérer un autre moyen de mettre de l'ordre dans nos applications Ajax.

En plus de réusiner notre propre code, il nous est souvent possible de rationaliser un corps de code à l'aide des frameworks et des bibliothèques d'éditeurs tiers. L'intérêt grandissant porté à Ajax a d'ailleurs fait émerger un certain nombre de frameworks utiles. Nous conclurons ce chapitre par une brève synthèse des plus répandus d'entre eux.

Bibliothèques et frameworks d'éditeurs tiers

L'un des buts de la plupart des opérations de réusinage consiste à réduire les répétitions dans la base de code, en isolant les détails d'implémentation dans des fonctions ou des objets communs. Selon la même logique, on peut encapsuler les fonctions courantes dans des bibliothèques ou des frameworks qui peuvent être réutilisés dans différents projets. Cette approche réduit la quantité de code à programmer soi-même et améliore la productivité. En outre, étant donné que le code de la bibliothèque a déjà été testé dans d'autres projets, on peut s'attendre à ce qu'il soit de haute qualité.

Nous développerons quelques petits frameworks JavaScript dans ce livre que vous pourrez réutiliser dans vos propres projets. Nous verrons notamment ObjectBrowser aux Chapitres 4 et 5, CommandQueue au Chapitre 5, les frameworks de notification au Chapitre 6, les outils de profilage StopWatch au Chapitre 8 et la console de débogage dans l'Annexe A. Nous réusinerons aussi les exemples des Chapitres 9 à 13 à la fin de chaque chapitre, afin de fournir des composants réutilisables.

Nous ne sommes évidemment pas les seuls à nous amuser à cela. Un grand nombre de frameworks JavaScript et Ajax sont aussi disponibles sur Internet. Les mieux établis d'entre eux ont l'avantage d'avoir bénéficié de tests étendus auprès d'un grand nombre de développeurs.

Dans cette section, nous allons examiner quelques bibliothèques et frameworks disponibles pour Ajax. L'univers des frameworks Ajax est en pleine ébullition à l'heure actuelle. Il n'est donc pas possible de traiter en une fois de tous les concurrents, mais nous essaierons de vous offrir un avant-goût des types de frameworks existants et de la manière dont vous pourriez mettre de l'ordre dans vos projets en les utilisant.

Bibliothèques compatibles avec les différents navigateurs

Comme nous l'avons indiqué précédemment, les incompatibilités avec les différents navigateurs guettent toujours le développeur lors de la programmation des applications Ajax. Un certain nombre de bibliothèques ont le grand avantage d'éviter ce problème d'incompatibilité en fournissant une façade commune que le développeur peut programmer. Certaines bibliothèques se focalisent sur des fonctions spécifiques, tandis que d'autres tentent d'offrir un environnement de programmation plus exhaustif. Nous listerons ci-après les bibliothèques de ce type qui nous ont paru utiles lors de l'écriture de code Ajax.

Bibliothèque x

La bibliothèque x est une bibliothèque mature et générique destinée à l'écriture d'applications DHTML. Sortie dans sa première version en 2001, elle est venue remplacer la précédente bibliothèque CBE (*Cross-Browser Extensions*) de l'auteur, mais avec un style de programmation bien plus simple. Elle fournit des fonctions compatibles avec les différents navigateurs pour manipuler et mettre en forme des éléments du DOM, en travaillant avec le modèle événementiel du navigateur, et inclut des bibliothèques de support complètes pour l'animation et le glisser-déposer. Elle supporte Internet Explorer versions 4 et ultérieures, ainsi que les récentes versions des navigateurs Opera et Mozilla.

La bibliothèque x exploite un style de programmation simple fondé sur les fonctions, qui tire parti des listes d'arguments variables et du typage lâche du JavaScript. Par exemple, elle encapsule la méthode courante `document.getElementById()`, qui n'accepte que des chaînes en entrée, dans une fonction qui accepte des chaînes ou des éléments DOM, en résolvant l'ID de l'élément si une chaîne est passée, mais en retournant l'élément DOM non modifié s'il est passé comme argument. Du coup, `xGetElementById()` peut être appelée afin de s'assurer qu'un argument a été résolu en un nœud du DOM à partir de l'ID sans requérir de test pour le vérifier. Le fait de pouvoir remplacer l'ID texte par un élément du DOM est particulièrement utile lors de la création de code dynamique, par exemple lorsqu'on passe une chaîne à la méthode `setTimeout()` ou à un gestionnaire de rappel.

Un style similaire aussi concis est employé dans les méthodes pour manipuler la mise en forme des éléments du DOM, la même fonction agissant à la fois comme getter et comme setter. Par exemple, l'instruction :

```
xWidth(myElement)
```

retourne la largeur de l'élément DOM `myElement`, où `myElement` correspond à un élément DOM ou à l'ID d'un élément DOM. En ajoutant un argument supplémentaire, comme ceci :

```
xWidth(myElement,420)
```

nous définissons la largeur de l'élément. Du coup, pour définir une largeur égale à celle d'un autre élément, nous pouvons écrire :

```
xWidth(secondElement,xWidth(firstElement))
```

La bibliothèque x ne contient pas de code pour créer des requêtes réseau, néanmoins elle est utile pour construire les interfaces utilisateur d'applications Ajax, dans un style clair et compréhensible.

Sarissa

Sarissa est une bibliothèque plus ciblée que x qui s'attache principalement à la manipulation du XML en JavaScript. Elle supporte les composants ActiveX MSXML d'Internet Explorer (versions 3 et ultérieures), Mozilla, Opera, Konqueror et Safari pour les fonctions de base, bien que quelques-unes des fonctions plus avancées comme XPath et les XSLT ne soient supportées que par une gamme plus réduite de navigateurs.

L'élément le plus important de cette bibliothèque pour les développeurs Ajax est le support internavigateur de l'objet XMLHttpRequest. Au lieu de créer un objet Façade qui lui soit propre, Sarissa s'appuie sur le pattern Adaptateur pour créer un objet XMLHttpRequest JavaScript sur les navigateurs qui ne proposent pas d'objet natif sous ce nom (soit sous Internet Explorer). Par son mécanisme interne, cet objet utilise les objets ActiveX que nous avons décrits au Chapitre 2, mais en ce qui concerne le développeur, tout est plus simple, puisque le code suivant fonctionne sur n'importe quel navigateur une fois que Sarissa a été importée :

```
var xhr = new XMLHttpRequest();
xhr.open("GET", "myData.xml");
xhr.onreadystatechange = function(){
  if(xhr.readyState == 4){
    alert(xhr.responseXML);
  }
}
xhr.send(null);
```

Comparez ce code avec le Listing 2.11 et notez que les appels d'API sont identiques à ceux de l'objet XMLHttpRequest natif proposé par les navigateurs Mozilla et Safari.

Comme indiqué précédemment, Sarissa fournit également un certain nombre de mécanismes génériques de support pour le travail avec les documents XML, en offrant notamment la possibilité de sérialiser des objets JavaScript arbitraires en XML. Ces processus peuvent être utiles pour le traitement de documents XML retournés au serveur à partir d'une requête Ajax, si votre projet utilise le format XML pour les données de réponse (nous traiterons de ce problème et des alternatives possibles au Chapitre 5).

Prototype

Prototype est une bibliothèque d'assistance générique pour la programmation en JavaScript, qui met l'accent sur l'extension du langage JavaScript lui-même en vue de supporter un style de programmation plus orienté objet. Cette bibliothèque possède un style distinct de codage JavaScript fondé sur les fonctions supplémentaires du langage. Si le code Prototype est lui-même difficile à lire parce qu'il est assez éloigné du style Java/C#, il est en revanche assez facile d'utiliser Prototype et les bibliothèques bâties sur elle. Prototype peut être considérée comme une bibliothèque pour les développeurs de bibliothèques. Les concepteurs d'applications Ajax sont plus susceptibles de recourir à des bibliothèques bâties sur Prototype qu'à la bibliothèque Prototype elle-même. Nous étudierons certaines de ces bibliothèques dans les sections qui suivent. En attendant, une rapide analyse des fonctions centrales de Prototype nous permettra de présenter ce style de programmation et s'avérera utile lorsque nous devrons aborder Scriptaculous, Rico et Ruby on Rails.

Prototype permet à un objet "d'étendre" un autre objet en copiant toutes les propriétés et méthodes de l'objet parent sur l'enfant. Illustrons cette fonction par un exemple. Supposons que nous définissions une classe parente nommée `Vehicle` :

```
function Vehicle(numWheels,maxSpeed){
  this.numWheels=numWheels;
  this.maxSpeed=maxSpeed;
}
```

Nous souhaitons définir pour cette classe une instance spécifique représentant un train de passagers. Dans notre classe enfant, nous souhaitons également représenter le nombre de *wagonsets* afin de fournir un mécanisme pour l'ajout et la suppression de wagons. En JavaScript ordinaire, nous pourrions écrire le code suivant :

```
var passTrain=new Vehicle(24,100);
passTrain.carriageCount=12;
passTrain.addCarriage=function(){
  this.carriageCount++;
}
passTrain.removeCarriage=function(){
  this.carriageCount--;
}
```

Ce code nous fournit la fonction requise pour notre objet passTrain. En examinant le code du point de vue de sa conception, on remarque cependant qu'il est peu propice à encapsuler la fonction étendue dans une unité cohérente. Prototype peut nous aider sur ce point, en nous permettant de définir le comportement étendu comme un objet et d'étendre ainsi l'objet de base. Tout d'abord, nous définissons la fonction étendue sous forme d'objet :

```
function CarriagePuller(carriageCount){
  this.carriageCount=carriageCount;
  this.addCarriage=function(){
    this.carriageCount++;
  }
  this.removeCarriage=function(){
    this.carriageCount--;
  }
}
```

Ensuite, nous fusionnons les deux afin de fournir un unique objet contenant le comportement requis :

```
var parent=new Vehicle(24,100);
var extension=new CarriagePuller(12);
var passTrain=Object.extend(parent,extension);
```

Notez que nous définissons les objets parent et extension séparément au départ, puis les mélangeons ensuite. La relation parent-enfant est établie entre ces instances et non entre les classes `Vehicle` et `CarriagePuller`. S'il ne s'agit pas exactement d'une orientation objet classique, cela nous permet de conserver tout le code lié à une fonction spécifique (soit, ici, la fonction d'ajout/suppression des wagons) dans un endroit, depuis lequel il peut aisément être réutilisé. S'il ne paraît pas si nécessaire que cela de procéder ainsi dans un petit exemple de ce type, il devient en revanche très utile d'encapsuler des fonctions de cette manière dans des projets de plus grande envergure.

Prototype fournit également un support Ajax sous la forme d'un objet Ajax qui peut résoudre un objet XMLHttpRequest internavigateur. Ajax est étendu par le type `Ajax.Request`, qui peut lancer des requêtes au serveur à l'aide de XMLHttpRequest de la manière suivante :

```
var req=new Ajax.Request('myData.xml');
```

Le constructeur utilise un style que nous verrons également dans de nombreuses bibliothèques basées sur Prototype. Il prend un tableau associatif comme argument facultatif et permet de configurer une vaste gamme d'options selon les besoins. Des valeurs par défaut cohérentes sont fournies pour chaque option : nous devons donc passer uniquement les objets que nous souhaitons redéfinir. Dans le cas du constructeur `Ajax.Request`, le tableau d'options permet de définir les données postées, les paramètres de requêtes, les méthodes HTTP et les gestionnaires de rappel. Voici un exemple d'exécution plus personnalisée de `Ajax.Request` :

```
var req=new Ajax.Request(
  'myData.xml',
  {
    method: 'get',
```

```
        parameters: { name:'dave',likes:'chocolate,rhubarb' },
        onLoaded: function(){ alert('loaded!'); },
        onComplete: function(){
          alert('done!\n\n'+req.transport.responseText);
        }
      }
    );
```

Le tableau d'options passe ici quatre paramètres. La méthode HTTP est positionnée sur `get`, car Prototype propose par défaut la méthode HTTP `post`. Le tableau de paramètres sera passé dans la chaîne de requête, car nous nous servons de la méthode HTTP `get`. Si nous avions utilisé `POST`, il aurait été passé dans le corps de la requête. `onLoaded` et `onComplete` sont des gestionnaires d'événements de rappel qui seront déclarés lorsque le readyState de l'objet XMLHttpRequest sous-jacent changera. La variable `req.transport` dans la fonction `onComplete` est une référence à l'objet XMLHttpRequest sous-jacent.

Par-dessus `Ajax.Request`, Prototype définit en outre un type d'objet `Ajax.Updater` qui extrait des fragments de script générés sur le serveur et les évalue. Cette approche se conforme au pattern "orienté sur les scripts" que nous décrirons au Chapitre 5 et dépasse le cadre de notre sujet ici. Voilà qui conclut notre bref tour d'horizon des bibliothèques compatibles avec les différents navigateurs. Notre choix de bibliothèques est plutôt arbitraire et incomplet : comme nous l'avons indiqué, nous devions nous cantonner à certaines offres bien établies et largement répandues. Dans la prochaine section, nous passerons en revue les frameworks de composants (widgets) élaborés sur ces bibliothèques et sur d'autres bibliothèques.

Composants et suites de composants

Les bibliothèques dont nous avons traité jusque-là fournissaient un support pour les différents navigateurs pour des fonctions de niveau relativement bas, comme la manipulation des éléments DOM et la récupération de ressources sur le serveur. Avec ces outils à notre disposition, l'élaboration d'interfaces utilisateur fonctionnelles et de la logique applicative se trouve certes simplifiée, mais il nous reste toujours plus de travail que pour nos collègues qui utilisent Swing, MFC ou Qt.

Des composants prédéfinis pour les développeurs Ajax (et parfois même de véritables jeux complets de composants) sont en train d'émerger. Dans cette section, nous en découvrirons quelques-uns, cette fois encore plutôt afin d'en donner un avant-goût que pour en proposer un aperçu complet.

Scriptaculous

Les bibliothèques Scriptaculous sont des composants d'interfaces utilisateur bâtis sur Prototype (voir la précédente section). Sous sa forme actuelle, Scriptaculous propose deux fonctions majeures, mais son développement se poursuit activement et d'autres fonctions sont prévues.

La bibliothèque Effects définit une gamme d'effets visuels animés pouvant être appliqués aux éléments DOM, afin de faire changer leur taille, leur position et leur transparence. Des effets peuvent aisément être combinés et un certain nombre d'effets secondaires prédéfinis sont fournis, comme `Puff()`, qui fait grossir et s'évanouir un élément jusqu'à ce qu'il disparaisse complètement. Un autre effet utile fondamental appelé `Parallel()` est fourni afin de permettre l'exécution simultanée de plusieurs effets. Les effets peuvent être un moyen très utile de donner un retour d'information rapide dans l'interface utilisateur Ajax, comme nous le verrons au Chapitre 6.

Pour exécuter un effet prédéterminé, il suffit d'appeler son constructeur et de passer l'élément DOM cible ou son ID comme argument, comme ceci :

```
new Effect.SlideDown(myDOMElement);
```

Le concept d'objet de transition articule de manière sous-jacente le fonctionnement des effets. Cet objet peut être paramétré afin de spécifier une durée et des gestionnaires d'événements à exécuter à la fin de la transition. Plusieurs types de transitions de base sont proposés (linéaire, sinusoïdal, tremblement et pulsation). Pour créer un effet personnalisé, il suffit de combiner des effets de base et de passer les paramètres appropriés. Nous utiliserons des effets Scriptaculous au Chapitre 6, lorsque nous développerons un système de notification, mais l'élaboration des effets personnalisés dépasse le cadre de ce livre.

La seconde fonction proposée par Scriptaculous est une bibliothèque de fonctions de glisser-déposer proposées avec la classe `Sortable`. Cette classe prend un élément DOM parent comme argument et permet de bénéficier d'une fonction de glisser-déposer pour tous ses enfants. Les options passées dans le constructeur peuvent spécifier des gestionnaires de rappel – pour le cas où l'utilisateur ferait glisser l'élément et le déposerait –, les types des éléments enfants à rendre "déplaçables" et une liste des cibles valides pour déposer les éléments (autrement dit, des éléments qui accepteront l'élément que l'utilisateur a fait glisser et a relâché sur eux). Des objets d'effets peuvent également être passés en option, afin d'être exécutés lorsque l'utilisateur saisit l'élément, lorsqu'il le fait glisser et lorsqu'il le relâche.

Rico

Comme Scriptaculous, Rico est fondé sur la bibliothèque Prototype et fournit des effets très personnalisables, ainsi que des fonctions de glisser-déposer. En outre, il introduit la notion d'objet Behavior (comportement), avec un élément de code qui peut être appliqué à une partie d'un arbre DOM afin de lui ajouter des fonctions interactives. Quelques exemples de comportements sont fournis, dont le composant Accordion, qui imbrique un ensemble d'éléments DOM dans un espace donné, en les déroulant un à un (ce style de composant est souvent appelé barre Outlook, l'application Outlook de Microsoft ayant contribué à le faire connaître).

Créons un composant Accordion Rico simple. Au départ, il nous faut un élément DOM parent. Chaque enfant du parent deviendra un panneau dans l'accordéon. Nous définissons un élément DIV pour chaque panneau, avec deux autres DIV à l'intérieur représentant l'intitulé et le corps de chaque panneau :

```
<div id='myAccordion'>
  <div>
    <div>Dictionary Definition</div>
    <div>
      <ul>
      <li><b>n.</b>A portable wind instrument with a small
      keyboard and free metal reeds that sound when air is
      forced past them by pleated bellows operated by the
      player.</li>
      <li><b>adj.</b>Having folds or bends like the bellows
      of an accordion: accordion pleats; accordion blinds.</li>
      </ul>
    </div>
  </div>
  <div>
    <div>A picture</div>
    <div>
    <img src='monkey-accordion.jpg'></img>
    </div>
  </div>
</div>
```

Le premier panneau fournit une définition de dictionnaire pour le terme *accordion* (en anglais) et le second, une image de singe jouant de l'accordéon (voir Figure 3.9). Reproduit tel quel, ce code affichera simplement ces deux éléments l'un sur l'autre. Toutefois, nous avons attribué un ID à l'élément DIV de niveau supérieur, ce qui nous permet de passer une référence à cet élément à l'objet Accordion, que nous construisons comme ceci :

```
var outer=$('myAccordion');
outer.style.width='320px';
new Rico.Accordion(
  outer,
  { panelHeight:400,
    expandedBg:'#909090',
    collapsedBg:'#404040',
  }
);
```

La première ligne est assez curieuse. `$` est en fait un nom de variable JavaScript valide qui fait simplement référence à une fonction dans la bibliothèque Prototype centrale. `$()` résout les nœuds DOM un peu comme la fonction `xGetElementById()` de la bibliothèque x dont nous avons traité dans la précédente section. Nous passons, au constructeur de l'objet Accordion, une référence à l'élément DOM résolu, avec un tableau d'options, dans l'idiome standard pour les bibliothèques dérivées de Prototype. Dans le cas présent, les options ne fournissent qu'une simple mise en forme des éléments visuels du composant Accordion, bien que les fonctions de gestionnaire de rappel à déclarer lorsque les panneaux sont ouverts ou fermés puissent également être passées ici. La Figure 3.9 montre le résultat de la mise en forme des éléments avec l'objet Accordion.

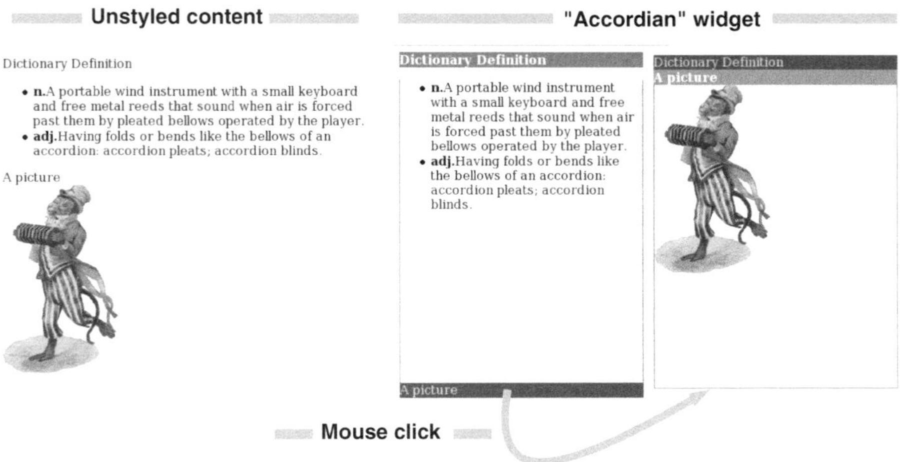

Figure 3.9

Les comportements (behaviors) du framework Rico permettent de mettre en forme des nœuds DOM et de les transformer en composants interactifs, en passant simplement, au constructeur de l'objet Behavior, une référence au nœud de niveau supérieur. Ici, l'objet Accordion a été appliqué à un ensemble d'éléments DIV (à gauche) afin de créer un composant de menu interactif (à droite) dans lequel les clics de souris ouvrent et ferment les panneaux individuels.

Les comportements de Rico offrent un moyen simple de créer des composants réutilisables à partir de balises courantes et de séparer le contenu de l'interactivité. Nous aborderons au Chapitre 4 la question de l'application, à l'interface utilisateur JavaScript, des bonnes pratiques en matière de conception.

La dernière fonction du framework Rico qu'il convient de mentionner concerne son excellent support des requêtes de type Ajax au serveur, par le biais d'un objet Rico global nommé AjaxEngine. L'objet AjaxEngine apporte plus qu'une simple encapsulation internavigateur de l'objet XMLHttpRequest. Il définit un format de réponse XML constitué d'un certain nombre d'éléments `<response>`. Le moteur les décode automatiquement. Rico possède un support prédéfini pour deux types de réponses : celles qui mettent directement à jour des éléments DOM et celles qui mettent à jour des objets JavaScript. Nous examinerons plus en détail un mécanisme similaire au Chapitre 5, lorsque nous traiterons plus précisément des interactions client/serveur. Pour l'instant, passons au type de frameworks suivant, à savoir ceux qui s'étendent à la fois côté client et côté serveur.

Frameworks d'applications

Les frameworks que nous avons considérés jusque-là sont exécutés exclusivement dans le navigateur et peuvent être servis sous forme de fichiers JavaScript statiques à n'importe quel serveur Web. La dernière catégorie de frameworks que nous allons considérer correspond à celle des frameworks qui résident sur le serveur et génèrent au moins une partie du code JavaScript ou du balisage HTML de manière dynamique.

Il s'agit des frameworks les plus complexes dont nous traiterons, et nous ne pourrons que les survoler afin de donner un bref aperçu de leurs fonctions. Nous reviendrons sur le sujet des frameworks côté serveur au Chapitre 5.

DWR, JSON-RPC et SAJAX

Nous commencerons par examiner ensemble trois petits frameworks côté serveur, qui partagent une approche commune bien qu'ils soient écrits pour différents langages côté serveur. SAJAX fonctionne avec une variété de langages serveur dont PHP, Python, Perl et Ruby. DWR (sigle de *Direct Web Remoting*) est un framework Java à l'approche similaire, qui expose des méthodes d'objets plutôt que des fonctions autonomes. JSON-RPC (*JavaScript Object Notation-based Remote Procedure Calls*) est proche aussi quant à sa conception. Il propose un support pour le JavaScript côté serveur, Python, Ruby, Perl et Java.

Ces trois frameworks permettent à des objets définis sur le serveur d'exposer leurs méthodes directement sous forme de requêtes Ajax. Nous aurons fréquemment besoin de fonctions côté serveur qui retournent un résultat utile devant être calculé sur le serveur, par exemple afin de rechercher une valeur dans une base de données. Ces frameworks offrent un moyen pratique d'accéder à ces fonctions ou méthodes depuis le navigateur Web et peuvent constituer un bon moyen d'exposer le modèle de domaine côté serveur au code du navigateur Web.

Considérons un exemple qui s'appuie sur SAJAX, lequel expose des fonctions définies sur le serveur en PHP. Nous utiliserons une fonction d'exemple simple qui retourne une chaîne texte, comme ceci :

```
<?php
function sayHello(name){
  return("Hello! {$name} Ajax in Action!!!!");
?>
```

Pour exporter cette fonction vers le tier JavaScript, nous importons simplement le moteur SAJAX dans notre code PHP et appelons la fonction `sajax_export` :

```
<?php
require('Sajax.php');
sajax_init();
sajax_export("sayHello");
?>
```

Dès lors, lorsque nous écrivons notre page Web dynamique, nous recourons à SAJAX pour générer des wrappers JavaScript pour les fonctions exportées. Le code généré crée une fonction JavaScript locale avec des signatures identiques à celles de la fonction côté serveur :

```
<script type='text/JavaScript'>
<?
 sajax_show_JavaScript();
?>
...
alert(sayHello("Dave"));
...
</script>
```

Lorsque nous appelons `sayHello("Dave")` dans le navigateur, le code JavaScript généré transmet une requête Ajax au serveur, exécute la fonction côté serveur et retourne le résultat dans la réponse HTTP. La réponse est parsée et la valeur de retour extraite dans le JavaScript. Le développeur n'a besoin de toucher à aucune des technologies Ajax ; tout est géré à l'arrière-plan par les bibliothèques SAJAX.

Ces trois frameworks offrent un mapping – de plutôt bas niveau – de fonctions et d'objets côtés serveur vers des appels Ajax côté client. Ils automatisent ce qui pourrait être sans cela une tâche fastidieuse, mais ils présentent toutefois le danger de trop exposer la logique côté serveur sur le réseau Internet. Nous traiterons de ces problèmes plus en détail au Chapitre 5.

Les frameworks restants que nous aborderons dans cette section adoptent une approche plus sophistiquée, en générant des couches d'interface utilisateur complètes à partir de modèles déclarés sur le serveur. Bien qu'ils exploitent de manière interne des technologies Ajax standard, ces frameworks fournissent principalement leur propre modèle de programmation. Du coup, le travail avec ces frameworks est assez différent de celui de l'écriture de code Ajax générique. Nous ne pourrons donc en proposer qu'un tour d'horizon rapide ici.

Backbase

Le serveur de présentation Backbase fournit un ensemble de composants riche qui se lie à l'exécution à des balises XML incorporées dans les documents HTML générés par le serveur. Le principe est semblable à celui des composants Behavior de Rico, à ceci près que Backbase utilise un ensemble commun de balises XHTML pour marquer les composants d'interfaces utilisateur, au lieu de balises HTML standard.

Backbase fournit des implémentations côté serveur pour Java et .NET. C'est un produit commercial, mais il offre une édition communautaire gratuite.

Echo2

Le framework Echo2 de NextApp est un moteur de serveur Java qui génère des composants d'interfaces utilisateur riches à partir d'un modèle de l'interface utilisateur déclaré sur le serveur. Une fois lancés dans le navigateur, les composants sont plutôt autonomes et gèrent les interactions utilisateur localement en utilisant du JavaScript ; sans cela, ils retransmettent des requêtes au serveur par lots à l'aide d'une file d'attente des requêtes semblable à celle employée par Rico.

Echo2 se promeut comme étant une solution Ajax qui ne requiert aucune connaissance du HTML, du JavaScript ou des CSS à moins que vous ne souhaitiez étendre l'ensemble des composants disponibles. Dans la plupart des cas, l'application cliente est développée en recourant uniquement au Java. Echo2 est open source, proposé sous licence de type Mozilla, ce qui lui permet d'être exploité dans des applications commerciales.

Ruby on Rails

Ruby on Rails est un framework de développement Web écrit dans le langage de programmation Ruby. Il réunit des solutions pour le mapping des objets côté serveur vers une base de données et la présentation de contenu avec des modèles, dans un style proche du MVC côté serveur dont nous avons traité précédemment dans ce chapitre. Ruby on Rails est présenté comme un produit qui permet un développement très rapide des sites Web simples ou de complexité moyenne, car il utilise des techniques de génération de code pour générer une grande quantité du code commun. Il cherche également à minimiser les efforts de configuration pour l'obtention d'une application opérationnelle.

Dans ses versions récentes, Rails propose un support renforcé d'Ajax *via* la bibliothèque Prototype. Prototype et Rails se marient bien, puisque le code JavaScript de Prototype est généré à partir d'un programme Ruby et que les styles de programmation sont similaires. Comme avec Echo2, le recours à Ajax avec Rails ne requiert pas de connaissance poussée des technologies Ajax telles que le JavaScript, mais le développeur qui connaît JavaScript peut étendre le support Ajax par de nouvelles voies.

Voilà qui conclut notre vue d'ensemble des frameworks d'éditeurs tiers pour Ajax. Notez encore une fois qu'il s'agit d'un domaine en pleine ébullition et que la plupart des frameworks dont nous avons traité sont en cours de développement.

Bon nombre des bibliothèques et frameworks possèdent également leurs propres idiomes et styles de programmation. Pour rédiger les exemples de code de ce livre, nous nous sommes efforcés d'offrir un aperçu de l'étendue des technologies et des techniques Ajax et nous avons évité de nous appuyer trop exclusivement sur un framework particulier. Cependant, certains des produits dont nous avons parlé ici ressurgiront ici et là dans le reste du livre.

En résumé

Dans ce chapitre, nous avons présenté le concept de réusinage comme méthode d'amélioration de la qualité et de la flexibilité du code. Notre premier contact avec le réusinage a consisté à encapsuler l'objet XMLHttpRequest (le cœur même de la pile Ajax) dans un objet simple et réutilisable.

Nous avons examiné un certain nombre de design patterns qui peuvent s'appliquer à des problèmes courants lors du travail avec Ajax. Les design patterns s'offrent comme un moyen conventionnel de consigner les connaissances des programmeurs qui ont frayé avant nous les voies que nous empruntons, afin de nous aider à réusiner notre code pour l'améliorer.

Les patterns Façade et Adaptateur offrent des solutions utiles pour atténuer les différences entre les différentes implémentations. Avec Ajax, ces patterns sont particulièrement utiles parce qu'ils implémentent une couche isolante vis-à-vis des incompatibilités entre navigateurs, lesquelles représentent une source d'inquiétude majeure pour les développeurs JavaScript.

Le pattern Observateur est un pattern flexible pour la gestion des systèmes pilotés par les événements. Nous y reviendrons au Chapitre 4 lorsque nous aurons affaire aux couches de l'interface utilisateur de notre application. En combinaison avec le pattern Commande, qui offre un bon moyen d'encapsuler les interactions utilisateur, il est possible de développer un framework robuste pour gérer les entrées de l'utilisateur et fournir une fonction d'annulation. Le pattern Commande peut également servir à organiser des interactions client/serveur, comme nous le verrons au Chapitre 5.

Le pattern Singleton offre un moyen simple de contrôler l'accès à des ressources spécifiques. Avec Ajax, il peut être utilisé de manière intéressante pour contrôler l'accès au réseau, comme nous le verrons au Chapitre 5.

Pour finir, nous avons présenté le pattern Modèle-Vue-Contrôleur, un pattern architectural exploité depuis longtemps (sur l'échelle chronologique d'Internet, à tout le moins !) dans les applications Web. Nous avons vu comment ce pattern pouvait améliorer la flexibilité d'une application côté serveur grâce à l'emploi d'une couche de données abstraite et d'un système de modèles.

Notre exemple de magasin de vêtements nous a aussi permis de montrer comment les design patterns et le réusinage vont de pair. La création d'un morceau de code parfaitement conçu est difficile à obtenir en un seul jet, mais il est possible de réusiner du code fonctionnel mal soigné, comme celui du Listing 3.4, pour le faire progressivement évoluer et atteindre finalement un résultat tout aussi satisfaisant.

Pour finir, nous avons vu comment les bibliothèques et frameworks d'éditeurs tiers pouvaient permettre d'organiser un projet Ajax. Un nombre important de bibliothèques et de frameworks émergent en ce moment, depuis les simples wrappers internavigateurs jusqu'aux ensembles de composants complets, voire aux solutions bout à bout qui couvrent aussi bien le côté serveur que le côté client. Nous avons rapidement passé en revue un certain nombre des frameworks les plus répandus, mais nous y reviendrons dans les prochains chapitres.

Dans les deux chapitres suivants, nous allons appliquer nos connaissances en matière de réusinage et de design patterns au client Ajax, puis au système de communication client/serveur. Nous serons ainsi à même de développer un vocabulaire et un ensemble de pratiques qui faciliteront le développement d'applications Web robustes et multifonctionnelles.

Ressources

Martin Fowler a corédigé, avec Kent Beck, John Brant, William Opdyke et Don Roberts, un guide essentiel pour le réusinage : *Refactoring : Improving the Design of Existing Code*, Addison-Wesley Professional, 1999.

Erich Gamma, Richard Helm, Ralph Johnson et John Vlissides (aussi connus sous le nom "The Gang of Four") ont écrit le célèbre ouvrage *Design Patterns*, Addison-Wesley Professional, 1995.

Gamma, qui est par la suite devenu l'architecte de l'EDI Eclipse (voir l'Annexe A), traite à la fois d'Eclipse et des design patterns dans cette interview récente : **www.artima.com/lejava/articles/gammadp.html**.

Michael Mahemoff a récemment mis en place un site Web de catalogage des design patterns Ajax : **www.ajaxpatterns.org**.

II

Techniques fondamentales

Maintenant que vous comprenez mieux en quoi consiste Ajax, nous allons nous attaquer aux techniques fondamentales de conception d'une application. Notre but est de concevoir du code flexible, dont la maintenance soit aisée et avec lequel il soit plaisant de travailler. Au Chapitre 4, nous verrons comment mettre en forme le code client et comment tenir à distance les uns des autres les CSS, le HTML et le JavaScript. Au Chapitre 5, nous verrons comment interagir avec le serveur et comment gérer la communication entre les tiers du client et du serveur.

4

La page comme application

Au sommaire de ce chapitre

- ✓ Organiser du code d'interface utilisateur complexe
- ✓ Utiliser le pattern Modèle-Vue-Contrôleur avec JavaScript
- ✓ Séparer la présentation de la logique pour la maintenance du code
- ✓ Créer un mode de gestion flexible des événements
- ✓ Générer l'interface utilisateur directement à partir de vos objets métier

Dans les Chapitres 1 et 2, nous avons traité des principes de base d'Ajax, à la fois en termes d'utilisabilité et du point de vue des technologies impliquées. Au Chapitre 3, nous avons abordé la question de la création de code maintenable grâce au réusinage et aux design patterns. Dans les exemples que nous avons considérés jusqu'à présent, il n'y avait pas d'intérêt véritablement flagrant à leur usage, mais à mesure que nous approfondirons le sujet de la programmation Ajax, ils s'avéreront indispensables.

Dans ce chapitre et le suivant, nous traiterons en détail de la construction d'un client Ajax de plus grande taille et évolutif. Nous verrons quels principes architecturaux sont requis pour le faire fonctionner. Dans ce chapitre, nous nous occuperons de la programmation du client lui-même, en nous appuyant massivement sur le pattern MVC (Modèle-Vue-Contrôleur), dont nous avons traité au Chapitre 3. Nous croiserons aussi le pattern Observateur et quelques autres patterns plus petits en chemin. Au Chapitre 5, nous examinerons la relation entre le client et le serveur.

Un autre type de MVC

Au Chapitre 3, nous avons présenté un exemple de réusinage d'une application simple de magasin de vêtements en ligne dont le but était de se conformer au pattern MVC. Il s'agit du contexte dans lequel la plupart des développeurs Web auront été amenés à rencontrer le MVC, le Modèle étant le modèle de domaine sur le serveur, la Vue étant le contenu généré transmis au client, et le Contrôleur un servlet ou un ensemble de pages qui définit le flux de travail de l'application.

Le pattern MVC, cependant, qui provient à l'origine du développement des applications de bureau, s'avère pouvoir servir à plusieurs autres endroits dans les applications Ajax.

Répéter le pattern à différentes échelles

Le modèle MVC Web classique décrit l'application entière selon une granularité grossière : le flux entier des données générées correspond à la Vue ; la couche CGI ou servlet entière correspond au Contrôleur, etc.

Dans l'univers du développement des applications de bureau, les patterns MVC sont souvent appliqués aussi à plus fine échelle. Un composant aussi simple qu'un bouton à cliquer peut utiliser le MVC :

- La représentation interne des états (enfoncé, relâché, inactif, etc.) est le Modèle. Un composant Ajax implémenterait cela sous la forme d'un objet JavaScript.
- Le composant reproduit à l'écran (composé de nœuds DOM dans le cas d'une interface utilisateur Ajax), avec ses variantes pour les différents états, ses info-bulles, etc., est la Vue.
- Le code interne servant à lier les deux est le Contrôleur. Le code de gestion des événements (autrement dit, ce qui se passe dans l'application lorsque l'utilisateur clique sur le bouton) est également un Contrôleur, mais pas celui de cette Vue et de ce Modèle. Nous y reviendrons sous peu.

Un bouton à cliquer possède isolément peu de comportements, d'états ou de variations visibles ; l'intérêt du MCV à ce niveau est donc relativement réduit. Si l'on considère un composant plus complexe comme un arbre ou une table, le système global apparaît cependant assez compliqué pour que l'on ait intérêt à privilégier un style de conception qui adopte plus uniformément l'approche MVC.

La Figure 4.1 présente le MVC appliqué à un composant d'arborescence. Le Modèle est constitué de trois nœuds possédant chacun une liste de nœuds enfants, un état ouvert/fermé et une référence à un objet métier représentant des fichiers et des répertoires dans un explorateur de fichiers. La Vue est constituée par les icônes et les lignes dessinées sur la surface du composant. Le Contrôleur gère les événements utilisateur, comme l'ouverture et la fermeture de nœuds et l'affichage de menus déroulants, en déclarant en outre une mise à jour graphique pour des nœuds particuliers, afin de permettre à la Vue de s'actualiser de manière incrémentielle.

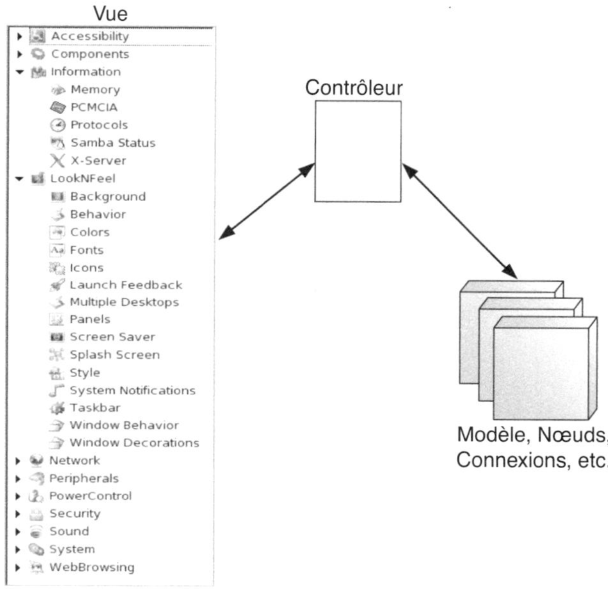

Figure 4.1
Le pattern Modèle-Vue-Contrôleur appliqué au fonctionnement interne d'un composant d'arborescence. La Vue correspond à une série d'éléments dessinés à l'écran composés d'éléments DOM. Dans son mécanisme interne, la structure arborescente est modélisée sous la forme d'une série d'objets JavaScript. Le code du Contrôleur opère la médiation entre les deux.

Il s'agit là d'un moyen parmi d'autres d'appliquer le MVC en dehors du cadre plus familier des serveurs Web. Nous n'avons cependant pas encore fini. Portons maintenant notre attention sur le navigateur Web.

Appliquer le MVC dans le navigateur

Nous nous sommes focalisés sur les petits détails de notre application, mais il est aussi possible de prendre du recul et de considérer dans son ensemble l'application JavaScript qui est livrée au navigateur au démarrage. Il est possible de proposer, à ce niveau aussi, une structuration qui obéit au pattern MVC. Elle aura pour avantage d'établir une séparation claire des champs de préoccupation.

A ce niveau, le Modèle est constitué d'objets de domaine métier. La Vue correspond à la page manipulée par programme comme un tout, et le Contrôleur à une combinaison de tous les gestionnaires d'événements dans le code qui lient l'interface utilisateur aux objets de domaine. La Figure 4.2 présente le MVC qui opère à ce niveau. Il s'agit sans doute de l'utilisation la plus importante du MVC pour un développeur Ajax, car elle convient parfaitement aux applications clientes riches de type Ajax. Dans le reste de ce chapitre, nous verrons en détail comment utiliser le pattern à cet effet, et les avantages que l'on peut en tirer.

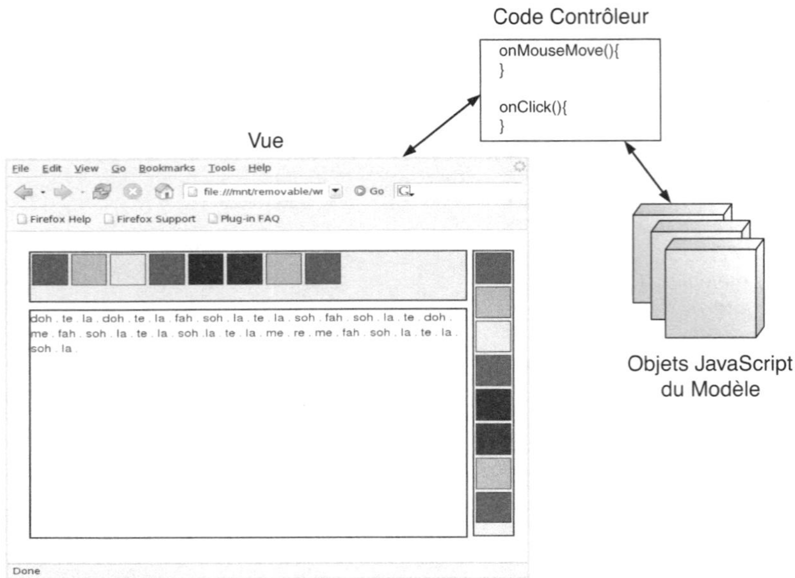

Figure 4.2
Le pattern Modèle-Vue-Contrôleur appliqué à l'application cliente Ajax dans son ensemble. A ce niveau, le Contrôleur correspond au code qui lie l'interface utilisateur aux objets métier dans le JavaScript.

Si vous repensez au MVC conventionnel du Web dont nous avons traité au Chapitre 3, vous vous rappellerez qu'il y a au moins trois couches de MVC dans une application Ajax classique, chacune réalisant des tâches différentes dans le cycle de vie de l'application et chacune contribuant à la propreté et à l'organisation du code. La Figure 4.3 montre comment ces patterns MVC à différentes échelles sont imbriqués les uns dans les autres au sein de l'architecture de l'application.

Qu'est-ce que cela signifie pour nous lorsque nous travaillons sur le code ? Dans les sections suivantes, nous allons voir en pratique comment nous servir du pattern MVC pour définir la structure de notre application JavaScript. Nous verrons comment cette approche affecte notre manière d'écrire le code et quels avantages on peut en tirer. Commençons par examiner la Vue.

La Vue dans une application Ajax

Du point de vue de l'application JavaScript livrée au navigateur au démarrage de l'application, la Vue est la page visible, constituée d'éléments DOM reproduits par des balises HTML ou *via* une manipulation programmatique. Nous avons déjà montré comment manipuler le DOM de manière programmatique au Chapitre 2.

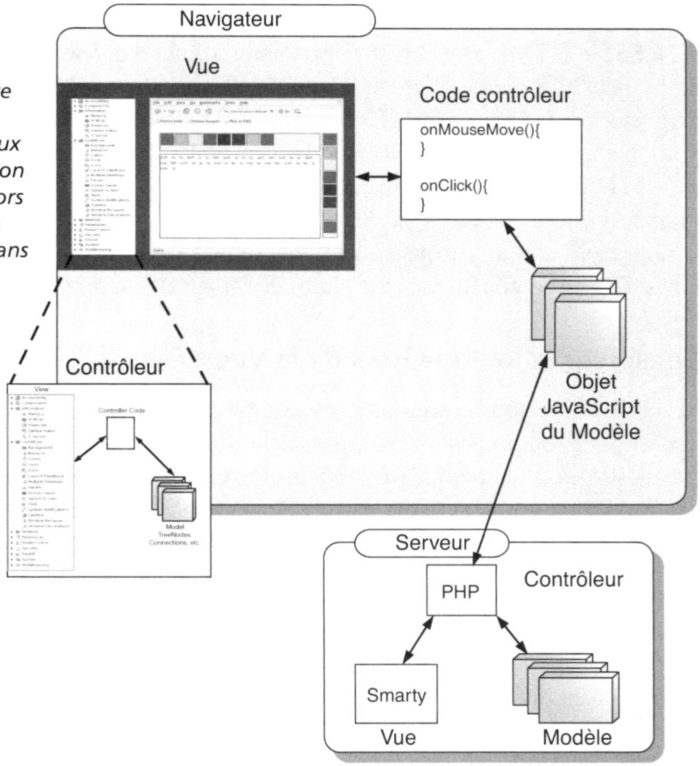

Figure 4.3
Architecture MVC imbriquée, dans laquelle le pattern se répète à différents niveaux. Au niveau supérieur, le pattern définit le flux de travail de l'application dans son ensemble, le modèle résidant alors sur le serveur Web. A plus petite échelle, le pattern est répliqué dans l'application cliente et à plus petite échelle encore, dans des composants individuels dans l'application cliente.

Selon le pattern MVC, notre Vue possède deux responsabilités principales. Elle doit fournir une interface visible à partir de laquelle l'utilisateur puisse déclencher des événements – autrement dit, communiquer avec le Contrôleur. Elle doit en outre se mettre à jour afin de réagir aux changements dans le Modèle, changements que communique généralement aussi le Contrôleur.

Si l'application est développée par une équipe, la Vue sera sans doute la plus sujette à controverse. Des concepteurs et des graphistes seront impliqués, de même que des programmeurs, notamment lorsqu'il s'agira d'explorer le champ de l'interactivité dans les interfaces Ajax. Or, il est généralement peu judicieux de demander à des concepteurs d'écrire du code ou à des programmeurs de s'impliquer dans la conception esthétique d'une application. Même si vous proposez ces deux tâches, il peut être utile de les séparer afin de se concentrer sur une seule à la fois.

Dans notre vue d'ensemble du MVC serveur, nous avons étudié comment le code et la présentation pouvaient s'emmêler et nous les avons séparés à l'aide d'un système de modèles. Quelles sont les solutions disponibles avec le navigateur ?

Au Chapitre 3, nous avons montré comment structurer nos pages Web de manière à ce que les CSS, le HTML et le JavaScript soient définis dans des fichiers séparés. Du point de vue de la page elle-même, cette séparation obéit au pattern MVC, la feuille de style correspondant alors à la Vue et le HTML/DOM au Modèle (un modèle objet de document). Selon notre perspective actuelle, la reproduction de la page correspond cependant à une boîte noire et le HTML et les CSS doivent être traités comme formant ensemble la Vue. Il est néanmoins toujours judicieux de les séparer, et, en déplaçant simplement le JavaScript dans un fichier séparé, nous aurons contribué à tenir à distance les concepteurs et les programmeurs afin qu'ils ne se gênent pas. Ce n'est cependant qu'un début, comme vous allez le voir.

Conserver la logique hors de la Vue

Le fait d'écrire tout notre code JavaScript dans un fichier séparé constitue un bon point de départ pour renforcer la séparation de la Vue, mais même ainsi, nous pouvons mêler la Vue avec les rôles de la logique (le Modèle et le Contrôleur) sans trop de difficulté. Si nous écrivons des gestionnaires d'événements JavaScript à l'intérieur des lignes de code, comme ceci :

```
<div class='importButton'
onclick='importData("datafeed3.xml", mytextbox.value);'/>
```

nous codons en dur la logique métier dans la Vue. A quoi correspond `datafeed3` ? Quel rapport la valeur de `mytextbox` a-t-elle avec ? Pourquoi `importData()` prend-elle deux arguments et que signifient-elles ? Le concepteur ne devrait pas avoir à savoir tout cela.

`importData()` est une fonction de la logique métier. Selon les règles canoniques du pattern MVC, la Vue et le Modèle ne devraient pas communiquer directement entre eux. L'une des solutions consiste donc à les séparer par une couche intermédiaire supplémentaire. Si nous réécrivons notre balise DIV de la manière suivante :

```
  <div class='importButton' onclick='importFeedData()'/>
and define an event handler like this
  function importFeedData(event){
    importData("datafeed3.xml", mytextbox.value);
  }
```

les arguments se trouvent encapsulés à l'intérieur de la fonction `importFeedData()` au lieu de se trouver dans un gestionnaire d'événements anonyme. Grâce à cela, nous pouvons réutiliser la fonction à d'autres endroits, nous distinguons bien les champs de préoccupation et nous évitons toute répétition.

Le Contrôleur est cependant toujours incorporé dans le HTML, ce qui pourrait le rendre difficile à trouver dans une application de grande taille.

Afin de bien séparer le Contrôleur et la Vue, nous pouvons attacher l'événement de manière programmatique. Au lieu de déclarer un gestionnaire d'événements sur la ligne, nous pouvons spécifier un marqueur d'un type ou d'un autre, que nous sélectionnerons plus tard par le biais du code. Plusieurs options nous sont offertes pour ce marqueur. Nous pouvons attacher un ID unique à l'élément et spécifier des gestionnaires d'événements élément par élément. Le HTML serait réécrit de la manière suivante :

```
<div class='importButton' id='dataFeedBtn'>
```

et le code suivant serait par exemple exécuté dans le cadre du rappel de `window.onload` :

```
var dfBtn=document.getElementById('dataFeedBtn');
dfBtn.onclick=importFeedData;
```

Si nous souhaitons réaliser la même action sur plusieurs gestionnaires d'événements, nous devons appliquer un marqueur non unique. L'une des approches les plus simples consiste alors à définir une classe CSS supplémentaire.

Ajouter des événements indirectement à l'aide des CSS

Considérons un exemple simple où nous lions des événements de souris à des touches sur un clavier musical virtuel. Dans le Listing 4.1, nous définissons une page simple contenant une structure de document non mise en forme.

Listing 4.1 : musical.html

```
<!DOCTYPE html
PUBLIC "-//W3C//DTD XHTML 1.0 Strict//EN"
"http://www.w3.org/TR/xhtml1/DTD/xhtml1-strict.dtd">
<html>
<head>
<title>Keyboard</title>
<link rel='stylesheet' type='text/css' href='musical.css'/>
<script type='text/JavaScript' src='musical.js'></script>
<script type='text/JavaScript'>
window.onload=assignKeys;
</script>
</head>
<body>
<div id='keyboard' class='musicalKeys'>
  <div class='do musicalButton'></div>
  <div class='re musicalButton'></div>
  <div class='mi musicalButton'></div>
  <div class='fa musicalButton'></div>     ❶ Touches de notre "clavier"
  <div class='so musicalButton'></div>
  <div class='la musicalButton'></div>
  <div class='ti musicalButton'></div>
  <div class='do musicalButton'></div>
</div>
<div id='console' class='console'>
</div>
</body>
</html>
```

Nous déclarons que la page doit être conforme à la définition stricte du XHTML, afin de signaler que ce but peut être atteint. Un ID unique est attribué à l'élément `keyboard`, mais pas aux touches. Notez que les touches désignées ❶ sont toutes définies comme ayant deux styles. `musicalButton` est commun à toutes les touches et un style séparé les différencie note par note. Les styles sont définis séparément dans la feuille de style (voir Listing 4.2).

Listing 4.2 : musical.css

```
.body{
  background-color: white;
}
.musicalKeys{
  background-color: #ffe0d0;
  border: solid maroon 2px;
  width: 536px;
  height: 68px;
  top: 24px;
  left: 24px;
  margin: 4px;
  position: absolute;
  overflow: auto;
}
.musicalButton{
  border: solid navy 1px;
  width: 60px;
  height: 60px;
  position: relative;
  margin: 2px;
  float: left;
}
.do{ background-color: red; }
.re{ background-color: orange; }
.mi{ background-color: yellow; }
.fa{ background-color: green; }
.so{ background-color: blue; }
.la{ background-color: indigo; }
.ti{ background-color: violet; }
div.console{
  font-family: arial, helvetica;
  font-size: 16px;
  color: navy;
  background-color: white;
  border: solid navy 2px;
  width: 536px;
  height: 320px;
  top: 106px;
  left: 24px;
  margin: 4px;
  position: absolute;
  overflow: auto;
}
```

Le style `musicalButton` définit les propriétés communes des clés. Les styles spécifiques aux notes individuelles définissent simplement une couleur pour chaque clé. Notez qu'alors que les éléments du document de niveau supérieur sont explicitement positionnés au pixel près, nous utilisons l'attribut de style `float` afin de disposer les touches sur une ligne horizontale à l'aide du moteur de mise en page intégré du navigateur.

Liaison du code de gestionnaire d'événements

Le fichier JavaScript (voir Listing 4.3) lie les événements à ces touches de manière programmatique.

Listing 4.3 : muscial.js

```
function assignKeys(){
  var keyboard=document.getElementById("keyboard");<—— Trouver la DIV parente
  var keys=keyboard.getElementsByTagName("div");  <—— Enumérer les enfants
  if (keys){
    for(var i=0;i<keys.length;i++){
      var key=keys[i];
      var classes=(key.className).split(" ");
      if (classes && classes.length>=2
       && classes[1]=="musicalButton"){
        var note=classes[0];
        key.note=note;      <——— Ajouter un attribut personnalisé
        key.onmouseover=playNote;
      }
    }
  }
}
function playNote(event){
  var note=this.note;      <——— Récupérer l'attribut personnalisé
  var console=document.getElementById("console");
  if (note && console){
    console.innerHTML+=note+" . ";
  }
}
```

La fonction `assignKeys()` est appelée par `window.onload` (nous pourrions définir `window.onload` directement dans ce fichier, mais cela en limiterait la portabilité). Nous retrouvons l'élément `keyboard` grâce à son ID unique puis nous recourons à `getElementsByTagName()` pour parcourir en boucle tous les éléments DIV qui se trouvent à l'intérieur. Cette approche requiert une certaine connaissance de la structure de page, mais elle permet au concepteur de déplacer la DIV `keyboard` dans la page en toute liberté.

Les éléments DOM représentant les clés retournent une chaîne unique sous la forme d'une propriété `className`. Nous utilisons la fonction intégrée `String.split` pour la convertir en un tableau et vérifions que l'élément est de la classe `musicalButton`. Nous lisons ensuite l'autre partie de la mise en forme (qui représente la note jouée par la touche) et l'attachons au nœud DOM sous la forme d'une propriété supplémentaire, où elle pourra être récupérée à nouveau dans le gestionnaire d'événements.

Jouer de la musique avec un navigateur Web est quelque peu ardu ; aussi, pour simplifier les choses, nous allons nous contenter d'écrire la note dans la "console" sous le clavier. `innerHTML` est parfait pour cela. La Figure 4.4 présente notre clavier musical en action. Nous sommes parvenus ici à séparer correctement les rôles. Si le concepteur place les balises DIV `keyboard` et `console` quelque part dans la page et inclut la feuille de style et le JavaScript, l'application fonctionnera. Le risque que la logique événementielle soit rompue par une opération de maintenance est en outre assez faible. En effet, la page HTML est devenue un modèle dans lequel nous injectons des variables et de la logique. Nous avons ainsi un bon moyen de conserver la logique à distance de la Vue. Nous avons travaillé manuellement avec cet exemple, afin d'en présenter le fonctionnement en détail. En production, vous pourrez cependant vous servir des bibliothèques tierces qui résolvent ce problème.

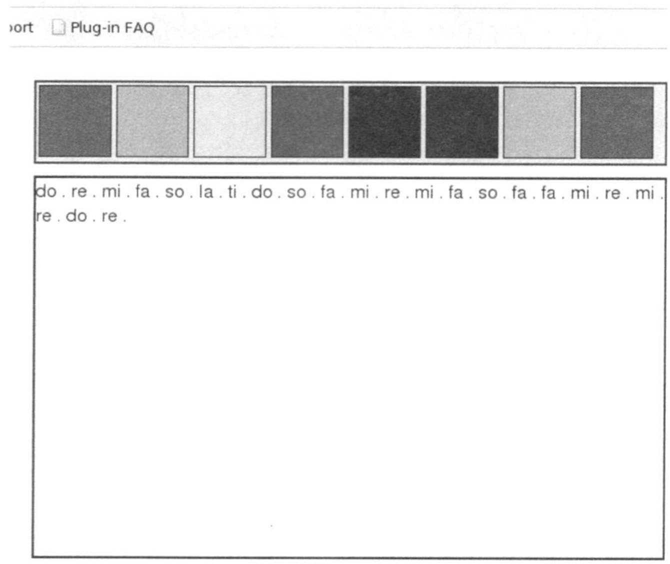

Figure 4.4
Application de clavier musical s'exécutant dans un navigateur. Les zones colorées en haut sont mappées sur des notes de musique, qui sont imprimées dans la zone de console inférieure lorsque le curseur de la souris les survole.

Le framework Rico (**www.openrico.org**) propose des objets Behavior qui ciblent des sections spécifiques d'une arborescence DOM et y ajoutent des éléments d'interactivité. Nous avons rapidement présenté le comportement Accordion de Rico au Chapitre 3.

Une séparation similaire entre le balisage HTML et l'interactivité peut être obtenue avec la bibliothèque Behaviour de Ben Nolan (voir la section Ressources à la fin de ce chapitre). Cette bibliothèque permet d'attribuer du code de gestionnaire d'événements à des éléments DOM en fonction de règles de sélecteur CSS (voir le Chapitre 2). Dans notre précédent exemple, la fonction `assignKeys()` sélectionnait de façon programmatique l'élément du document avec l'id `keyboard`, puis obtenait tous les éléments DIV directement contenus dedans en employant des méthodes de manipulation du DOM. On peut exprimer cela à l'aide d'un sélecteur CSS comme le suivant :

```
#keyboard div
```

Avec des CSS, nous pourrions mettre en forme tous nos éléments `keyboard` à l'aide de ce sélecteur. Grâce à la bibliothèque Behaviour.js, nous pourrions aussi appliquer des gestionnaires d'événements, comme ceci :

```
var myrules={
  '#keyboard div' : function(key){
    var classes=(key.className).split(" ");
    if (classes && classes.length>=2
    && classes[1]=='musicalButton'){
      var note=classes[0];
      key.note=note;
      key.onmouseover=playNote;
    }
  }
};
Behaviour.register(myrules);
```

L'essentiel de la logique est identique à celle de notre précédent exemple, mais les sélecteurs CSS offrent une solution de rechange concise à la localisation programmatique des éléments du DOM, notamment si vous ajoutez plusieurs comportements à la fois.

Cette approche conserve la logique hors de vue pour nous, mais il reste possible de combiner la Vue dans la logique, comme nous le verrons.

Conserver la Vue à l'écart de la logique

Nous avons maintenant atteint le point où les concepteurs peuvent développer l'apparence de la page sans avoir à toucher le code. En l'état, certaines fonctions de l'application, l'ordre des touches en l'occurrence, sont cependant toujours incorporées dans le HTML. Chaque touche est définie sous la forme d'une balise DIV séparée et les concepteurs pourraient accidentellement supprimer certaines d'entre elles.

Si l'ordre des touches correspond à une fonction de domaine métier au lieu d'être une affaire de conception (ce qui se défend plutôt bien), il serait judicieux de générer une partie du DOM pour le composant de manière programmatique au lieu de le déclarer dans le HTML. En outre, nous pourrions souhaiter avoir plusieurs composants du même type sur une page. Si nous ne souhaitons pas que le concepteur modifie l'ordre des touches sur notre clavier, nous pourrions simplement stipuler qu'une balise DIV avec la classe `keyboard` doit être attribuée, et faire en sorte que notre code d'initialisation la trouve et ajoute les touches de manière programmatique. Le Listing 4.4 présente le code JavaScript modifié qui permet cela.

Listing 4.4 : musical_dyn_keys.js

```
var notes=new Array("do","re","mi","fa","so","la","ti","do");
function assignKeys(){
  var candidates=document.getElementsByTagName("div");
  if (candidates){
    for(var i=0;i<candidates.length;i++){
      var candidate=candidates[i];
      if (candidate.className.indexOf('musicalKeys')>=0){
        makeKeyboard(candidate);
      }
    }
  }
}
function makeKeyboard(el){
  for(var i=0;i<notes.length;i++){
    var key=document.createElement("div");
    key.className=notes[i]+" musicalButton";
    key.note=notes[i];
    key.onmouseover=playNote;
    el.appendChild(key);
  }
}
function playNote(event){
  var note=this.note;
  var console=document.getElementById('console');
  if (note && console){
    console.innerHTML+=note+" . ";
  }
}
```

Auparavant, nous avons défini notre séquence de touches dans le code HTML. A présent, elle se trouve définie sous la forme d'un tableau JavaScript global. La méthode `assignKeys()` examine toutes les balises DIV de plus haut niveau, afin de voir si le nom de la classe (`className`) contient la valeur `musicalKeys`. Si c'est le cas, elle essaie de remplir cette DIV avec un clavier opérationnel, à l'aide de la fonction `makeKeyboard()`. `makeKeyboard()` crée simplement de nouveaux nœuds DOM et les manipule de la même manière que le Listing 4.4 l'a fait pour les nœuds DOM déclarés qu'il rencontrait. Le gestionnaire de rappel `playNote()` opère exactement comme avant.

Puisque nous remplissons des DIV vides avec nos contrôles de clavier, il devient simple d'ajouter un second ensemble de touches lorsqu'il le faut, comme le montre le Listing 4.5.

Listing 4.5 : musical_dyn_keys.html

```
<!DOCTYPE html
PUBLIC "-//W3C//DTD XHTML 1.0 Strict//EN"
"http://www.w3.org/TR/xhtml1/DTD/xhtml1-strict.dtd">
<html>
<title>Two Keyboards</title>
```

```
<head>
<link rel='stylesheet' type='text/css'
  href='musical_dyn_keys.css'/>
<script type='text/JavaScript'
  src='musical_dyn_keys.js'>
</script>
<script type='text/JavaScript'>
window.onload=assignKeys;
</script>
</head>
<body>
<div id='keyboard-top' class='toplong musicalKeys'></div>
<div id='keyboard-side' class='sidebar musicalKeys'></div>
<div id='console' class='console'>
</div>
</body>
</html>
```

L'ajout d'un second clavier est l'affaire d'une simple ligne de code. Puisque nous ne souhaitons pas que les claviers s'empilent les uns sur les autres, nous déplaçons la mise en forme de placement en dehors de la classe de style `musicalKeys` et la plaçons dans des classes séparées. Les modifications de la feuille de style sont présentées dans le Listing 4.6.

Listing 4.6 : changements apportés à musical_dyn_keys.css

```
.musicalKeys{
  background-color: #ffe0d0;
  border: solid maroon 2px;
  position: absolute;
  overflow: auto;
  margin: 4px;
}
.toplong{
  width: 536px;
  height: 68px;
  top: 24px;
  left: 24px;
}
.sidebar{
  width: 48px;
  height: 400px;
  top: 24px;
  left: 570px;
}
```

La classe `musicalKeys` définit le style visuel commun à tous les claviers. `toplong` et `sidebar` définissent simplement la géométrie de chaque clavier.

En réusinant notre exemple de clavier de cette manière, nous avons permis une réutilisation facile du code. Pourtant, bien que la conception du clavier soit partiellement définie dans le JavaScript, à l'intérieur de la fonction `makeKeyboard()` du Listing 4.4, l'un des claviers possède une disposition verticale et l'autre une disposition horizontale, comme le montre la Figure 4.5. Comment a-t-on réalisé cela ?

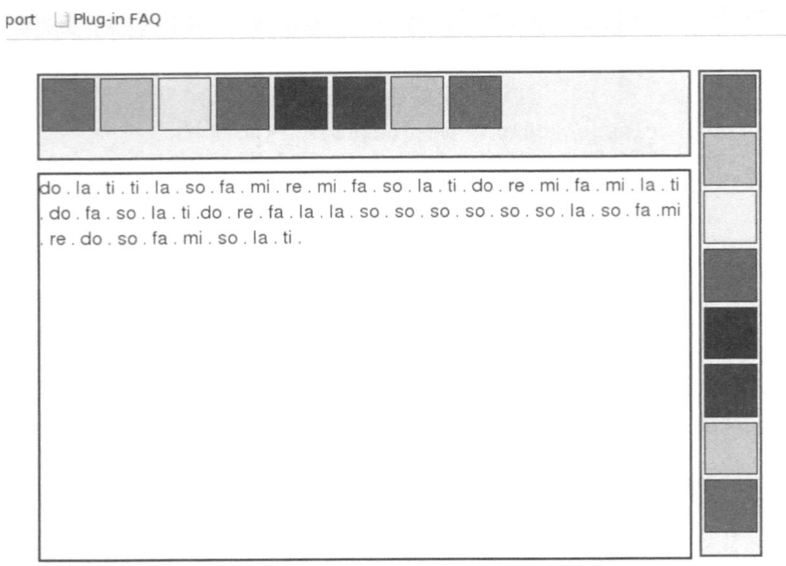

Figure 4.5

Notre programme de clavier musical révisé permet au concepteur de spécifier plusieurs claviers. A l'aide d'une mise en forme CSS et du moteur de rendu du navigateur, nous pouvons produire une disposition verticale et horizontale des claviers sans écrire de code de mise en forme explicite dans notre code JavaScript.

`makeKeyboard()` pourrait aisément calculer la taille de la DIV qu'elle cible et placer chaque bouton par programme. Dans un tel cas, nous serions contraints d'être assez pointilleux quant à décider si la DIV doit être verticale ou horizontale et nous devrions écrire notre propre code de positionnement. Pour un programmeur d'interface utilisateur graphique Java familiarisé avec les arcanes des objets LayoutManager, il n'y aurait rien de plus naturel ; mais si nous adoptions cette solution, nos programmeurs retireraient en partie le contrôle de l'apparence du composant aux concepteurs, et les ennuis ne feraient que commencer !

En l'état, `makeKeyboard()` ne modifie que la structure du document. Les touches sont disposées par le moteur de mise en page du navigateur, qui est contrôlé par des feuilles de style – dans le cas présent, par l'attribut de style `float`. Il est important que la disposition des éléments soit contrôlée par le concepteur. La logique et la Vue sont séparées, c'est le règne de la paix !

Le clavier est un composant plutôt simple. Dans le cas d'un composant plus grand et plus complexe comme un tableau d'arbre, il peut être plus difficile de voir comment le moteur de rendu du navigateur lui-même peut influer sur la disposition des éléments et, dans certains cas, la mise en forme programmatique est même inévitable. Il vaut cependant toujours la peine de se poser cette question, afin de distinguer au mieux logique et Vue. Le moteur de rendu du navigateur correspond en outre à du code natif bien testé, hautement performant et rapide, qui a toutes les chances de battre les algorithmes JavaScript que nous pourrions concocter par nous-mêmes.

Nous avons quasiment fait le tour du sujet de la Vue pour l'instant. Dans la section suivante, nous allons considérer le rôle du Contrôleur au sein du MVC et voir comment il est lié aux gestionnaires d'événements JavaScript dans une application Ajax.

Le Contrôleur dans une application Ajax

Le rôle du Contrôleur dans le MVC consiste à servir d'intermédiaire entre le Modèle et la Vue, en les découplant l'un de l'autre. Dans une application à interface utilisateur graphique comme notre application cliente Ajax, la couche Contrôleur est composée de gestionnaires d'événements. Comme souvent avec les navigateurs Web, les techniques ont évolué au fil du temps et les navigateurs modernes supportent deux modèles événementiels différents. Le modèle classique est assez simple et est en passe d'être remplacé par les nouvelles spécifications du W3C pour la gestion des événements. A l'heure où ces lignes sont écrites, les implémentations du nouveau modèle de gestion des événements varient cependant selon les navigateurs et s'avèrent quelque peu problématiques. Nous traiterons tour à tour des deux modèles événementiels.

Gestionnaires d'événements JavaScript classiques

L'implémentation JavaScript dans les navigateurs Web nous permet de définir du code qui sera exécuté en réponse à un événement utilisateur, en général suite à une action de la souris ou du clavier. Dans les navigateurs Web modernes qui supportent Ajax, ces gestionnaires d'événements peuvent être attribués à pratiquement tous les éléments visuels. Il est possible d'utiliser des gestionnaires d'événements pour connecter notre interface utilisateur visible, c'est-à-dire la Vue, au Modèle objet métier.

Le modèle événementiel classique existe depuis les premiers jours du JavaScript. Il est relativement simple. Les éléments du DOM possèdent un petit nombre de propriétés prédéfinies auxquelles des fonctions de rappel peuvent être attribuées. Ainsi, pour attacher une fonction qui sera appelée lors du clic sur un élément `myDomElement`, nous pouvons écrire ceci :

```
myDomElement.onclick=showAnimatedMonkey
```

`myDomElement` est un élément du DOM pour lequel nous avons un handle programmatique. `showAnimatedMonkey` est une fonction, définie de la manière suivante :

```
function showAnimatedMonkey(){
  //du code habilement exécuté pour afficher ici
  //un personnage de dessin animé attrayant
}
```

Cette fonction est donc définie comme une fonction JavaScript ordinaire. Notez que lorsque nous attribuons le gestionnaire d'événements, nous passons l'objet Function, et non un appel à cet objet, aussi n'y a-t-il pas de parenthèses après le nom de la fonction. La syntaxe suivante est une erreur courante :

```
myDomElement.onclick=showAnimatedMonkey();
```

Elle semble plus naturelle aux programmeurs qui ne sont pas habitués à traiter les fonctions comme des objets de première classe, mais elle n'a pas l'effet escompté. La fonction est dans ce cas appelée pendant que nous opérons l'attribution et non lorsque l'utilisateur clique sur l'élément du DOM. La propriété `onclick` est alors positionnée à la valeur retournée par la fonction. A moins que vous réalisiez une opération très astucieuse qui implique des fonctions retournant des références à d'autres fonctions, cela ne paraît pas souhaitable. Voici comment faire :

```
myDomElement.onclick=showAnimatedMonkey;
```

Cette instruction passe une référence à notre fonction de rappel à l'élément DOM, en lui indiquant qu'il s'agit de la fonction à lancer lorsque l'utilisateur clique dessus. Les éléments du DOM possèdent un grand nombre de propriétés de ce genre auxquelles des fonctions de gestionnaire d'événements peuvent être attachées. Le Tableau 4.1 liste les rappels de gestionnaires d'événements courants pour le travail avec les interfaces utilisateur graphiques. Des propriétés similaires peuvent être trouvées à d'autres endroits dans le JavaScript du navigateur Web également. `XMLHttpRequest.onreadystate` et `window.onload`, que nous avons déjà rencontrées, sont également des fonctions de gestionnaire d'événements susceptibles d'être attribuées par le programmeur.

Tableau 4.1 : propriétés courantes de gestionnaires d'événements d'interfaces utilisateur graphique dans le DOM

Propriété	Description
`onmouseover`	Déclenchée lorsque la souris passe dans la région d'un élément.
`onmouseout`	Déclenchée lorsque la souris sort de la région d'un élément.
`onmousemove`	Déclenchée lorsque la souris se déplace alors qu'elle se trouve dans la région d'un élément (autrement dit, souvent déclenchée !).
`onclick`	Déclenchée lorsque l'utilisateur clique à l'intérieur de la région d'un élément.
`onkeypress`	Déclenchée lorsqu'une touche est enfoncée alors que l'élément est actif (a le focus). Des gestionnaires de touches globaux peuvent être attachés au corps du document.
`onfocus`	Déclenchée lorsqu'un élément visible devient actif (reçoit le focus).
`onblur`	Déclenchée lorsqu'un élément visible cesse d'être actif (perd le focus).

Une fonction inhabituelle des fonctions des gestionnaires d'événements vaut la peine d'être mentionnée ici parce qu'elle piège généralement les programmeurs lors de l'écriture de JavaScript orienté objet – une approche sur laquelle nous nous appuierons largement pour le développement de clients Ajax.

Nous avons un handle pour un élément du DOM et nous avons attribué une fonction de rappel à la propriété `onclick`. Lorsque l'utilisateur clique sur l'élément du DOM, la fonction de rappel est lancée. Toutefois, le contexte de la fonction (autrement dit, la valeur à laquelle correspond la variable `this` – voir l'Annexe B pour plus de détails sur les objets Function JavaScript) – est attribué au nœud DOM qui a reçu l'événement. Selon l'endroit et la manière dont la fonction a été déclarée à l'origine, ce comportement peut être très déroutant.

Considérons ce problème à l'aide d'un exemple. Nous définissons une classe pour représenter un objet de bouton, qui possède une référence à un nœud DOM, un gestionnaire de rappel et une valeur affichée lorsque l'utilisateur clique sur le bouton. Toute instance du bouton réagira de la même manière à l'événement de clic de souris : nous définissons donc le gestionnaire de rappel comme une méthode de la classe du bouton. Cette spécification suffit pour commencer. Voyons maintenant le code. Voici le constructeur pour notre bouton :

```
function Button(value,domEl){
  this.domEl=domEl;
  this.value=value;
  this.domEl.onclick=this.clickHandler;
}
```

Nous poursuivons en définissant un gestionnaire d'événements dans le cadre de la classe `Button` :

```
Button.prototype.clickHandler=function(){
  alert(this.value);
}
```

Tout cela a l'air très simple, mais ne produit pas le résultat recherché. La boîte de dialogue d'alerte retourne généralement un message `undefined` et non la propriété `value` que nous avons passée au constructeur. Voyons pourquoi. La fonction `clickHandler` est lancée par le navigateur lorsque l'utilisateur clique sur l'élément du DOM, et le navigateur positionne le contexte de la fonction au niveau de l'élément du DOM et non au niveau de l'objet JavaScript Button. Vous ne l'auriez jamais deviné en observant la déclaration de la fonction de gestionnaire d'événements, n'est-ce pas ?

Il est possible de résoudre ce problème en passant une référence à l'objet Button à l'élément du DOM, autrement dit en modifiant notre constructeur de la manière suivante :

```
function Button(value,domEl){
  this.domEl=domEl;
  this.value=value;
  this.domEl.buttonObj=this;
  this.domEl.onclick=this.clickHandler;
}
```

L'élément du DOM ne possède toujours pas de propriété `value`, mais il possède une référence à l'objet Button, qu'il peut utiliser pour obtenir la valeur. Nous finissons alors par modifier le gestionnaire d'événements comme ceci :

```
Button.prototype.clickHandler=function(){
  var buttonObj=this.buttonObj;
  var value=(buttonObj && buttonObj.value) ?
    buttonObj.value : "unknown value";
  alert(value);
}
```

Le nœud DOM fait référence au Button, qui fait référence à sa propriété `value`, et notre gestionnaire d'événements se comporte en fin de compte comme nous le souhaitons. Nous aurions pu attacher directement la valeur au nœud DOM, mais le fait d'attacher une référence à l'objet auxiliaire permet à ce pattern de fonctionner aisément avec des objets de tous niveaux de complexité. Il vaut la peine de noter en passant que nous avons implémenté ici un mini-pattern MVC, la Vue de l'élément DOM faisant façade devant un Modèle objet à l'arrière.

Il s'agit là du modèle événementiel classique. Son principal point faible tient à ce qu'il n'accepte qu'une seule fonction de gestionnaire d'événements par élément. Avec le pattern Observateur que nous avons présenté au Chapitre 3, nous avons noté qu'un élément Observable pouvait se voir attacher n'importe quel nombre d'Observateurs, à n'importe quel moment. Lors de l'écriture d'un script simple pour une page Web, il y a peu de chances que cette limitation pose problème, mais en passant à des clients Ajax plus complexes, la restriction devient plus sensible. Nous y reviendrons plus précisément dans la suite de ce chapitre, mais pour l'instant, quelques mots sur le nouveau modèle événementiel.

Le modèle événementiel du W3C

Le modèle événementiel plus flexible proposé par le W3C est assez complexe. Un nombre arbitraire d'écouteurs peut être attaché à un élément du DOM. En outre, si une action intervient dans une région du document au sein de laquelle plusieurs éléments se chevauchent, les gestionnaires d'événements de chaque élément se voient offrir une opportunité de se déclencher et d'interrompre les appels ultérieurs dans la pile d'événements (on dit alors qu'ils "avalent" l'événement). La spécification propose que la pile d'événements soit traversée deux fois en tout, la première fois au gré d'une progression allant de l'élément le plus extérieur vers l'élément le plus intérieur (depuis l'élément document vers ses sous-éléments), et la deuxième fois en remontant à la surface, depuis l'élément le plus intérieur vers l'élément le plus extérieur. En pratique, les différents navigateurs implémentent en fait des sous-ensembles différents de ce comportement.

Dans les navigateurs Mozilla et dans Safari, les rappels événementiels sont attachés à l'aide de `addEventListener()` et supprimés par une fonction `removeEventListener()` correspondante. Internet Explorer offre des fonctions similaires : `attachEvent()` et `detachEvent()`.

L'objet xEvent de Mike Foster (qui fait partie de la bibliothèque x – voir la section Ressources à la fin de ce chapitre) constitue une vaillante tentative de création d'une Façade (voir Chapitre 3) entre ces implémentations, afin de fournir un modèle événementiel riche compatible avec les différents navigateurs.

Il existe cependant un autre souci de compatibilité entre les navigateurs, car les fonctions de gestionnaire de rappel définies par l'utilisateur sont appelées un peu différemment. Dans les navigateurs Mozilla, lorsque la fonction est exécutée, l'élément DOM reçoit l'événement comme objet de contexte, comme pour le modèle événementiel classique. Sous Internet Explorer, le contexte de fonction est toujours l'objet Window, ce qui n'offre aucun moyen de savoir quel élément DOM est en train d'appeler le gestionnaire d'événements ! Même avec une couche telle que xEvent, les développeurs se trouvent donc obligés de tenir compte de ces variantes lors de l'écriture de leurs gestionnaires de rappel.

Le dernier problème à mentionner tient à ce qu'aucune des implémentations ne fournit un moyen satisfaisant de retourner une liste de tous les écouteurs actuellement attachés.

En l'état actuel des choses, je vous conseille de ne pas vous servir du nouveau modèle événementiel. Le principal défaut du modèle classique (à savoir l'impossibilité d'attacher plusieurs écouteurs) peut être contourné en recourant à des design patterns, comme nous allons le voir ensuite.

Implémenter un modèle événementiel flexible en JavaScript

En raison des incompatibilités du nouveau modèle événementiel du W3C, l'idée d'un framework flexible d'écouteurs événementiels reste pour l'instant du domaine du rêve. Nous avons présenté le pattern Observateur au Chapitre 3. Il semble le bienvenu ici, car il nous permet d'ajouter ou de supprimer facilement des Observateurs à partir de la source d'événements. Le W3C s'est à l'évidence fait la même réflexion, puisque le modèle événementiel revu et corrigé implémente le pattern Observateur, mais les éditeurs de navigateurs ont proposé des implémentations incohérentes et défectueuses. Le modèle événementiel classique laisse à désirer quant à l'implémentation du pattern Observateur, mais il est possible de l'améliorer avec notre propre code.

Gérer des rappels événementiels multiples

Avant de nous lancer dans l'implémentation de notre propre solution, tâchons de bien comprendre le problème à l'aide d'un exemple simple. Le Listing 4.7 présente une page Web simple, dans laquelle une grande zone DIV réagit aux événements de la souris de deux manières.

Listing 4.7 : mousemat.html

```
<html>
<head>
<link rel='stylesheet' type='text/css' href='mousemat.css' />
<script type='text/JavaScript'>
var cursor=null;
```

```
window.onload=function(){
  var mat=document.getElementById('mousemat');
  mat.onmousemove=mouseObserver;
  cursor=document.getElementById('cursor');
}
function mouseObserver(event){
  var e=event || window.event;
  writeStatus(e);
  drawThumbnail(e);
}
function writeStatus(e){
  window.status=e.clientX+","+e.clientY;
}
function drawThumbnail(e){
  cursor.style.left=((e.clientX/5)-2)+"px";
  cursor.style.top=((e.clientY/5)-2)+"px";
}
</script>
</head>
<body>
<div class='mousemat' id='mousemat'></div>
<div class='thumbnail' id='thumbnail'>
  <div class='cursor' id='cursor'/>
</div>
</body>
</html>
```

Tout d'abord, ce code met à jour la barre d'état du navigateur dans la fonction `writeStatus()`. Ensuite, la fonction `drawThumbnail()` met à jour une vignette de la zone de page (qui fait office de tapis de souris virtuel), en repositionnant un point dans la vignette afin de reproduire les mouvements du curseur de la souris. La Figure 4.6 présente la page en action.

Ces deux actions sont indépendantes l'une de l'autre et nous aimerions pouvoir passer d'une réponse aux mouvements de souris à l'autre, voire à d'autres réponses possibles, à volonté et même lorsque le programme est en train de s'exécuter.

La fonction `mouseObserver()` est notre écouteur événementiel. En passant, notez que la première ligne réalise un tour de passe-passe de compatibilité entre navigateurs : à la différence de Mozilla, Opera ou Safari, Internet Explorer ne passe aucun argument à la fonction de gestionnaire de rappel mais stocke l'objet event dans window.event. Dans cet exemple, nous avons codé en dur les deux activités dans le gestionnaire d'événements, en appelant `writeStatus()` et `drawThumbnail()` tour à tour. Le programme fait exactement ce que nous souhaitons et, parce qu'il s'agit d'un petit programme, le code de `mouseObserver()` est relativement clair. Idéalement, nous aimerions cependant disposer d'une méthode plus claire pour relier les écouteurs événementiels entre eux, qui permettent d'effectuer une mise à l'échelle de cas plus complexes ou dynamiques.

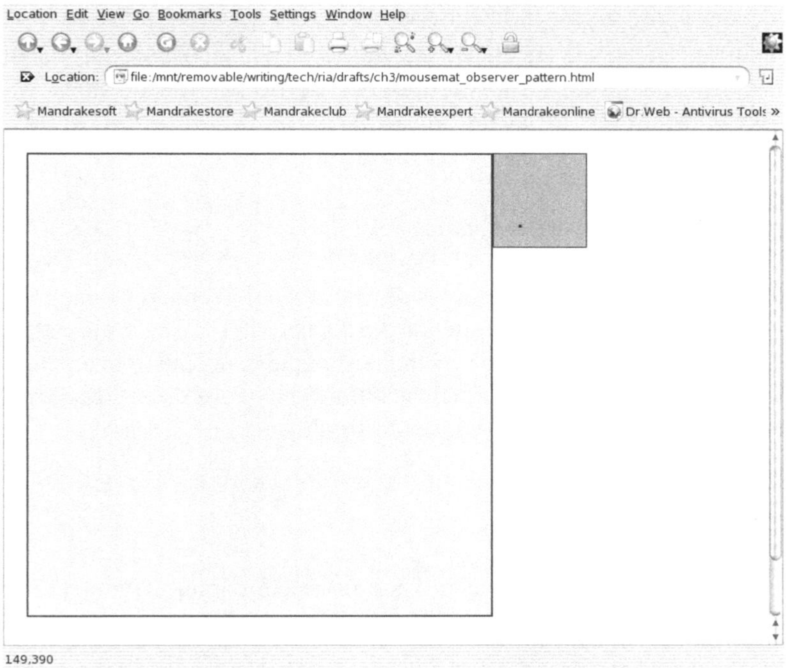

Figure 4.6

Le programme Mousemat surveille les événements de mouvements de souris sur la zone du "tapis de souris virtuel" de deux manières : en mettant à jour la barre d'état du navigateur afin d'y afficher les coordonnées du curseur et en déplaçant le point dans la vignette en synchronisation avec le curseur de la souris.

Implémenter le pattern Observateur en JavaScript

La solution proposée consiste à définir un objet de routeur événementiel générique, qui attache une fonction standard à l'élément cible sous la forme d'un rappel événementiel, et conserve une liste des fonctions d'écouteur. Cette méthode nous permettrait de réécrire notre code d'initialisation du tapis de souris de la manière suivante :

```
window.onload=function(){
  var mat=document.getElementById('mousemat');
  ...
  var mouseRouter=new jsEvent.EventRouter(mat,"onmousemove");
  mouseRouter.addListener(writeStatus);
  mouseRouter.addListener(drawThumbnail);
}
```

Nous définissons un objet `EventRouter`, lui passons l'élément DOM et le type d'événement que nous souhaitons inscrire sous forme d'arguments. Ensuite, nous ajoutons des fonctions d'écouteur à l'objet routeur, qui supporte également une méthode `removeListener()` dont nous n'avons pas besoin ici. Tout cela semble simple, mais comment l'implémenter ?

En premier lieu, nous devons écrire un constructeur pour l'objet, ce qui correspond en JavaScript à une simple fonction (l'Annexe B contient une présentation de la syntaxe des objets JavaScript : vous pouvez vous y référer si le code qui suit paraît étrange ou déroutant) :

```
jsEvent.EventRouter=function(el,eventType){
  this.lsnrs=new Array();
  this.el=el;
  el.eventRouter=this;
  el[eventType]=jsEvent.EventRouter.callback;
}
```

Nous définissons le tableau des fonctions écouteurs (vide à l'origine), récupérons une référence à l'élément du DOM et lui donnons une référence à l'objet `this` à l'aide du pattern décrit au Chapitre 3. Ensuite, nous attribuons une méthode statique de la classe `EventRouter` appelée `callback` comme gestionnaire d'événements. Souvenez-vous qu'en JavaScript, les notations à crochets et à point sont équivalentes, ce qui signifie que :

```
el.onmouseover
```

est équivalent à :

```
el['onmouseover']
```

Nous tirons parti de ce fait ici, en passant le nom d'une propriété comme argument. Ce procédé s'apparente à celui de la réflexion dans les langages Java ou .NET.

Examinons donc la fonction de rappel :

```
jsEvent.EventRouter.callback=function(event){
  var e=event || window.event;
  var router=this.eventRouter;
  router.notify(e)
}
```

Puisqu'il s'agit d'un rappel, le contexte de la fonction est le nœud DOM qui a déclenché l'événement et non l'objet routeur. Nous récupérons la référence `EventRouter` que nous avions attachée au nœud DOM, à l'aide du pattern de l'objet d'arrière-plan que nous avons découvert précédemment. Ensuite, nous appelons la méthode `notify()` du routeur, en passant l'objet event comme argument.

Le code complet de l'objet EventRouter est présenté dans le Listing 4.8.

Listing 4.8 : EventRouter.js

```
var jsEvent=new Array();
jsEvent.EventRouter=function(el,eventType){
  this.lsnrs=new Array();
  this.el=el;
  el.eventRouter=this;
  el[eventType]=jsEvent.EventRouter.callback;
}
jsEvent.EventRouter.prototype.addListener=function(lsnr){
  this.lsnrs.append(lsnr,true);
}
jsEvent.EventRouter.prototype.removeListener=function(lsnr){
  this.lsnrs.remove(lsnr);
```

```
}
jsEvent.EventRouter.prototype.notify=function(e){
  var lsnrs=this.lsnrs;
  for(var i=0;i<lsnrs.length;i++){
    var lsnr=lsnrs[i];
    lsnr.call(this,e);
  }
}
jsEvent.EventRouter.callback=function(event){
  var e=event || window.event;
  var router=this.eventRouter;
  router.notify(e)
}
```

Notez que certaines des méthodes du tableau ne correspondent pas à du JavaScript standard mais ont été définies par le biais de notre définition de tableau étendue, qui est traitée à l'Annexe B. En particulier, `addListener()` et `removeListener()` sont simples à implémenter avec les méthodes `append()` et `remove()`. Les fonctions d'écouteur sont lancées à l'aide de la méthode `Function.call()`, dont le premier argument est le contexte de la fonction et dont les arguments subséquents (dans le cas présent, l'objet event) sont passés à l'appelé.

L'exemple de tapis de souris virtuel revu et corrigé est présenté dans le Listing 4.9.

Listing 4.9 : mousemat.html revu, en utilisant EventRouter

```
<html>
<head>
<link rel='stylesheet' type='text/css' href='mousemat.css' />
<script type='text/JavaScript' src='extras-array.js'></script>
<script type='text/JavaScript' src='eventRouter.js'></script>
<script type='text/JavaScript'>
var cursor=null;
window.onload=function(){
  var mat=document.getElementById('mousemat');
  cursor=document.getElementById('cursor');
  var mouseRouter=new jsEvent.EventRouter(mat,"onmousemove");
  mouseRouter.addListener(writeStatus);
  mouseRouter.addListener(drawThumbnail);
}
function writeStatus(e){
  window.status=e.clientX+","+e.clientY
}
function drawThumbnail(e){
  cursor.style.left=((e.clientX/5)-2)+"px";
  cursor.style.top=((e.clientY/5)-2)+"px";
}
</script>
</head>
<body>
<div class='mousemat' id='mousemat'></div>
<div class='thumbnail' id='thumbnail'>
  <div class='cursor' id='cursor'/>
</div>
</body>
</html>
```

Le JavaScript qui intervient au sein du HTML est considérablement simplifié. Tout ce que nous avons à faire est de créer le routeur `EventRouter`, de lui passer les fonctions écouteurs et de fournir des implémentations pour les écouteurs. Nous laissons au lecteur le soin d'inclure à titre d'exercice les cases à cocher qui permettent d'ajouter et de supprimer dynamiquement chaque écouteur.

Nous avons ainsi fait le tour de notre présentation de la couche Contrôleur dans les applications Ajax et du rôle que les design patterns (en particulier le pattern Observateur) peuvent jouer pour clarifier et simplifier le code. Dans la section suivante, nous allons considérer la dernière partie du pattern MVC, à savoir le Modèle.

Le Modèle dans une application Ajax

Le Modèle a pour rôle de représenter le domaine métier de notre application, autrement dit l'objet réel de l'application, qu'il s'agisse d'un magasin de vêtements, d'un instrument de musique ou d'un ensemble de points dans l'espace. Comme nous l'avons déjà noté, le DOM n'est pas, à l'échelle à laquelle nous considérons actuellement l'application, le Modèle. Le modèle est en fait une collection de codes que nous avons écrits en JavaScript. Comme la plupart des design patterns, le MVC s'appuie fortement sur une conception orientée objet.

Le JavaScript n'est pas conçu comme un langage orienté objet, bien qu'on puisse facilement l'y assimiler. Il supporte la définition d'éléments très comparables aux classes d'objet par le biais de son mécanisme de prototype, et certains développeurs sont allés jusqu'à implémenter des systèmes d'héritage pour le JavaScript. Nous traiterons plus en détail de ces questions à l'Annexe B. Jusqu'à présent, par exemple, lors de l'implémentation du pattern MVC en JavaScript, nous avons réalisé une adaptation au style de programmation JavaScript, en passant des objets Function directement comme écouteurs événementiels. Lorsqu'il s'agit de définir le Modèle, il devient cependant judicieux de s'appuyer sur des objets JavaScript et une approche aussi orientée objet que possible. Dans la section suivante, nous allons voir comment procéder.

Utiliser le JavaScript pour modéliser le domaine métier

Lorsque nous traitons de la Vue, nous sommes très étroitement liés au DOM. Lorsque nous traitons du Contrôleur, nous sommes contraints par les modèles événementiels du navigateur. Lors de l'écriture du Modèle, nous avons cependant presque entièrement affaire à du JavaScript et très peu à nous soucier des fonctions spécifiques au navigateur. Ceux qui ont déjà eu à se battre avec les incompatibilités et les bogues des navigateurs admettront qu'il s'agit là d'une situation confortable.

Considérons un exemple simple. Au Chapitre 3, nous avons présenté notre application de magasin de vêtements en ligne afin de montrer comment générer un flux de données provenant du serveur. Les données décrivaient une liste de types de vêtements avec un ID unique, un nom, une description et des informations de prix, de couleurs et de tailles. Revenons maintenant à cet exemple et voyons ce qui se passe lorsque les données parviennent au client.

Au cours de sa durée de vie, l'application recevra un grand nombre de flux de données de ce genre et aura besoin de stocker des données en mémoire. En quelque sorte, il lui faudra un cache (des données stockées sur le client qui peuvent être réaffichées très rapidement, sans avoir à revenir au serveur au moment où l'utilisateur les demande). Ce mécanisme améliorera le flux de travail de l'utilisateur, comme nous l'avons indiqué au Chapitre 1.

Nous pouvons définir un objet JavaScript simple qui corresponde à l'objet vêtement (Garment) défini sur le serveur. Le Listing 4.10 présente un exemple classique.

Listing 4.10 : Garment.js

```
var garments=new Array();
function Garment(id,title,description,price){
  this.id=id;
  garments[id]=this;
  this.title=title;
  this.description=description;
  this.price=price;
  this.colors=new Object();
  this.sizes=new Object();
}
Garment.prototype.addColor(color){
  this.colors.append(color,true);
}
Garment.prototype.addSize(size){
  this.sizes.append(size,true);
}
```

Tout d'abord, nous définissons un tableau global afin de contenir tous nos vêtements (oui, j'entends votre objection : les variables globales sont diaboliques ; en production, nous emploierions effectivement un espace de noms, mais nous l'omettons ici pour simplifier le code). Il s'agit d'un tableau associatif, dont la clé est l'ID unique des vêtements, qui garantit que nous n'aurons qu'une seule référence à chaque type de vêtement à la fois. Dans la fonction constructeur, nous positionnons toutes les propriétés simples, autrement dit celles qui ne sont pas des tableaux. Nous définissons les tableaux comme étant vides et fournissons des méthodes d'ajout simples, qui utilisent notre code de tableau amélioré (voir l'Annexe B) pour éviter les doublons.

Nous ne proposons pas de méthode getter ou setter par défaut et ne prenons pas en charge le contrôle complet de l'accès (les variables et méthodes private, protected et public) qu'offre un langage entièrement orienté objet. Il existe des moyens de le faire, comme expliqué à l'Annexe B, mais nous préférons conserver un Modèle simple.

Lors du parsing du flux XML, il serait intéressant de générer initialement un objet Garment vide puis de le remplir champ par champ. Le lecteur astucieux se demandera peut-être pourquoi nous n'avons pas fourni de constructeur plus simple. En réalité, nous l'avons fait. Les arguments des fonctions JavaScript sont mutables et toutes les valeurs manquantes d'un appel à une fonction initialisent simplement cette valeur à null. Ainsi, l'appel :

```
var garment=new Garment(123);
```

sera traité comme étant identique à :

```
var garment=new Garment(123,null,null,null);
```

Nous devons passer l'ID, car nous l'utilisons dans le constructeur pour placer le nouvel objet dans la liste globale de vêtements.

Interagir avec le serveur

Nous pourrions parser le flux XML du type présenté dans le Listing 4.10 afin de générer des objets Garment dans l'application cliente. Nous avons déjà vu cela au Chapitre 2, et nous verrons un certain nombre de variantes au Chapitre 5. Inutile donc de s'étendre ici sur ce sujet. Le document XML contient un mélange d'attributs et de balises. Nous lisons les données d'attributs à l'aide de la propriété `attributes` et et de la fonction `getNamedItem()`, et nous lisons le texte de corps des balises en utilisant les propriétés `firstChild` et `data`, comme ceci :

```
garment.description=descrTag.firstChild.data;
```

afin de passer un fragment XML de ce type :

```
<description>Large tweedy hat looking
like an unappealing strawberry
</description>
```

Notez que les vêtements sont automatiquement ajoutés à notre tableau global de vêtements à mesure qu'ils sont créés, simplement en invoquant le constructeur. Il est aussi assez simple de supprimer un vêtement du tableau :

```
function unregisterGarment(id){
  garments[id]=null;
}
```

Cette fonction supprime le type du vêtement du registre global mais ne répercute pas en cascade la suppression des instances de Garment qui ont déjà été créées. Nous pouvons cependant ajouter un test de validation simple à l'objet Garment :

```
Garment.prototype.isValid=function(){
  return garments[this.id]!=null;
}
```

Nous avons à présent défini un chemin clair pour la propagation des données depuis la base de données jusqu'au client, avec des objets bien conçus et faciles d'accès à chaque étape. Récapitulons les étapes. Tout d'abord, nous générons un modèle objet côté serveur à partir de la base de données. Au Chapitre 3, nous avons vu comment faire cela à l'aide d'un outil d'ORM (*Object-Relational Mapping*, mapping objet/relationnel), qui nous fournissait des interactions prêtes à l'emploi entre le modèle objet et la base de données. Nous pouvons lire les données sous forme d'objets, modifier ces objets et enregistrer les données.

Ensuite, nous avons utilisé un système de modèles pour générer un flux XML depuis notre modèle objet, puis nous avons parsé ce flux afin de créer un modèle objet sur le tier JavaScript. Pour l'instant, nous devons effectuer ce parsing manuellement. Il se peut que des bibliothèques de mapping de type ORM voient le jour à l'avenir.

Evidemment, dans une application administrative, nous pourrions souhaiter modifier nos données également – à savoir modifier le modèle JavaScript, puis communiquer ces modifications au modèle serveur. Cela nous obligerait à affronter un problème : nous avons en ce moment deux copies de notre modèle de domaine et il existe une possibilité qu'elles se désynchronisent.

Dans le cas d'une application Web classique, toute la cogitation a lieu sur le serveur ; c'est donc là que se trouve notre Modèle, quel que soit le langage employé. Dans une application Ajax, nous souhaitons répartir l'activité de cogitation entre le client et le serveur, afin que le code client puisse opérer des décisions par lui-même avant de revenir au serveur. Si le client ne réalise que des décisions très simples, nous pouvons programmer cela au coup par coup, de manière localisée, mais nous ne bénéficierons pas de l'avantage qu'apporte un client intelligent et le système aura tendance à manquer de réactivité à certains moments. Si à l'inverse nous autorisons le client à réaliser des décisions plus importantes pour son compte, il devra en savoir plus sur notre domaine métier, auquel cas il aura vraiment besoin d'avoir un modèle du domaine.

On ne peut se passer du modèle de domaine sur le serveur, car certaines ressources ne sont disponibles qu'à cet endroit, comme les connexions de base de données pour la persistance, l'accès aux systèmes hérités, etc. Le modèle de domaine côté client doit opérer avec le modèle de domaine côté serveur. Qu'est-ce que cela implique ? Au Chapitre 5, nous tenterons de comprendre de façon plus approfondie les interactions client/serveur, et verrons comment opérer de manière soignée avec un modèle de domaine réparti sur les deux tiers.

Jusqu'ici nous avons considéré le Modèle, la Vue et le Contrôleur de manière isolée. Le dernier sujet de ce chapitre rassemble à nouveau le Modèle et la Vue.

Générer la Vue à partir du Modèle

En introduisant le pattern MVC dans le navigateur, nous nous retrouvons avec trois sous-systèmes à prendre en compte. La séparation des champs de préoccupation a sans doute pour effet de produire du code plus clair, mais elle peut aussi générer une grande quantité de code. L'une des fréquentes critiques au sujet des design patterns porte justement sur ce point, l'argument étant qu'ils transforment la tâche la plus simple en un processus assez fastidieux (ce que les développeurs Enterprise JavaBeans [EJB] ne savent que trop bien !).

Les conceptions d'applications multicouches finissent souvent par répéter des informations dans plusieurs couches. Nous savons l'importance qu'il y a à éviter les répétitions dans le code, et l'un des moyens courants d'y faire obstacle consiste à définir une seule fois les informations nécessaires puis à générer les différentes couches automatiquement à partir de cette définition.

C'est ce que nous ferons dans cette section, en présentant en outre une technique qui simplifie l'implémentation du pattern MVC et réunit les trois tiers de manière simple. Nous ciblerons en particulier la couche Vue.

Jusqu'à présent, nous avons considéré la Vue comme étant une représentation programmée à la main du Modèle sous-jacent. Cela nous offre une flexibilité considérable lorsqu'il s'agit de déterminer ce que voit l'utilisateur, mais à l'occasion, nous n'aurons pas besoin d'une telle flexibilité et le codage manuel de l'interface utilisateur peut devenir fastidieux et répétitif. Il existe à cet égard une autre approche qui consiste à générer automatiquement l'interface utilisateur – ou à tout le moins certaines portions – à partir du Modèle sous-jacent. Les environnements de langage Smalltalk et le framework Naked Objects Java/.NET (voir la section Ressources) l'ont déjà proposée et le JavaScript convient bien pour ce type de tâche. Voyons en quoi la réflexion JavaScript peut nous aider à cet effet dans le développement d'un composant "Navigateur d'objet" qui pourra être utilisé comme Vue pour n'importe quel objet JavaScript que nous lui transmettrons.

Réflexion sur un objet JavaScript

La plupart du temps, lorsque nous écrivons du code pour manipuler un objet, nous savons déjà assez précisément ce qu'est l'objet et ce qu'il peut faire. Il arrive cependant parfois aussi qu'il faille programmer à l'aveuglette et examiner l'objet sans connaissance préalable. La génération d'une interface utilisateur pour nos objets de modèles de domaines relève de ce cas de figure. Idéalement, l'idée serait de développer une solution réutilisable qui puisse être appliquée de la même manière à n'importe quel domaine (finances, commerce électronique, visualisation scientifique, etc.). Cette section présente une bibliothèque JavaScript de ce type, ObjectViewer, dont vous pouvez vous servir dans vos propres applications. Afin de vous faire une idée, la Figure 4.7 présente ObjectViewer qui affiche plusieurs couches de la présentation graphique d'un objet complexe.

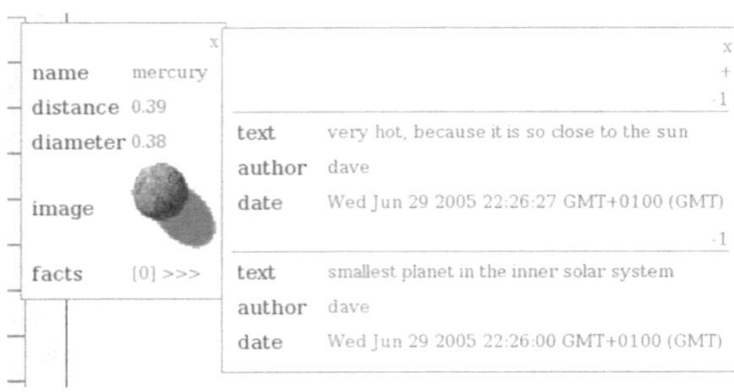

Figure 4.7
ObjectViewer est ici employée pour afficher un système hiérarchique de planètes, qui contiennent chacune un certain nombre de propriétés informatives ainsi qu'une liste de données factuelles stockée sous la forme d'un tableau.

L'objet visualisé, qui représente la planète Mercure, est assez sophistiqué, avec des propriétés incluant l'URL d'une image, un tableau de données factuelles ainsi que des chaînes et des nombres simples. Notre visualiseur ObjectViewer peut gérer tout cela intelligemment sans rien connaître à l'avance du type de l'objet.

Le processus d'examen d'un objet et d'interrogation de ses propriétés et capacités est appelé *réflexion*. Les lecteurs pour qui le Java ou .NET sont familiers doivent déjà connaître ce terme. Nous traiterons des capacités de réflexion du JavaScript plus en détail à l'Annexe B. Pour résumer, un objet JavaScript peut être parcouru par itération comme s'il s'agissait d'un tableau associatif. Pour imprimer toutes les propriétés d'un objet, il suffit ainsi d'écrire :

```
var description="";
for (var i in MyObj){
  var property=MyObj[i];
  description+=i+" = "+property+"\n";
}
alert(description);
```

Le fait de présenter des données sous la forme d'une boîte d'alerte est assez primitif en soi, et cette modalité d'affichage s'intègre mal avec le reste d'une interface utilisateur. Le Listing 4.11 présente le code central pour l'objet ObjectViewer.

Listing 4.11 : objet ObjectViewer

```
objviewer.ObjectViewer=function(obj,div,isInline,addNew){
  styling.removeAllChildren(div);
  this.object=obj;
  this.mainDiv=div;
  this.mainDiv.viewer=this;
  this.isInline=isInline;
  this.addNew=addNew;
  var table=document.createElement("table");
  this.tbod=document.createElement("tbody");
  table.appendChild(this.tbod);
  this.fields=new Array();
  this.children=new Array();
  for (var i in this.object){
    this.fields[i]=new objviewer.PropertyViewer(
      this, i
    );
  }
objviewer.PropertyViewer=function(objectViewer,name){
  this.objectViewer=objectViewer;
  this.name=name;
  this.value=objectViewer.object[this.name];
  this.rowTr=document.createElement("tr");
  this.rowTr.className='objViewRow';
  this.valTd=document.createElement("td");
  this.valTd.className='objViewValue';
  this.valTd.viewer=this;
  this.rowTr.appendChild(this.valTd);
  var valDiv=this.renderSimple();
  this.valTd.appendChild(valDiv);
  viewer.tbod.appendChild(this.rowTr);
}
```

```
objviewer.PropertyViewer.prototype.renderSimple=function(){
    var valDiv=document.createElement("div");
    var valTxt=document.createTextNode(this.value);
    valDiv.appendChild(valTxt);
    if (this.spec.editable){
      valDiv.className+=" editable";
      valDiv.viewer=this;
      valDiv.onclick=objviewer.PropertyViewer.editSimpleProperty;
    }
    return valDiv;
}
```

Notre bibliothèque contient deux objets : un ObjectViewer, qui parcourt par itération les membres d'un objet et assemble un tableau HTML dans lequel les données peuvent être affichées, et un PropertyViewer, qui reproduit le nom et la valeur d'une propriété individuelle sous la forme d'une ligne de tableau.

Ce code suffit à réaliser le travail de fond, mais il pose plusieurs problèmes. Tout d'abord, il parcourra par itération toutes les propriétés sans exception. Si nous avons ajouté des fonctions d'assistance au prototype Object, nous les verrons. Si nous appliquons cela à un nœud DOM, nous verrons toutes les propriétés prédéfinies et nous pourrons constater avec effroi combien les éléments du DOM en sont richement dotés. En général, il convient d'être sélectif concernant les propriétés de l'objet que l'on présente à l'utilisateur. Il est possible de spécifier les propriétés à afficher pour un objet donné en attachant à l'objet une propriété spéciale (un tableau de type Array) avant de le passer au reproducteur d'objet. Le Listing 4.12 présente cette solution.

Listing 4.12 : utilisation de la propriété *objViewSpec*

```
objviewer.ObjectViewer=function(obj,div,isInline,addNew){
  styling.removeAllChildren(div);
  this.object=obj;
  this.spec=objviewer.getSpec(obj);
  this.mainDiv=div;
  this.mainDiv.viewer=this;
  this.isInline=isInline;
  this.addNew=addNew;
  var table=document.createElement("table");
  this.tbod=document.createElement("tbody");
  table.appendChild(this.tbod);
  this.fields=new Array();
  this.children=new Array();
  for (var i=0;i<this.spec.length;i++){
    this.fields[i]=new objviewer.PropertyViewer(
      this,this.spec[i]
    );
  }
```

```
objviewer.getSpec=function (obj){
  return (obj.objViewSpec) ?
    obj.objViewSpec :
    objviewer.autoSpec(obj);
}
objviewer.autoSpec=function(obj){
  var members=new Array();
  for (var propName in obj){
    var spec={name:propName};
    members.append(spec);
  }
  return members;
}
objviewer.PropertyViewer=function(objectViewer,memberSpec){
  this.objectViewer=objectViewer;
  this.spec=memberSpec;
  this.name=this.spec.name;
  ...
}
```

Nous définissons une propriété `objViewSpec`, que le constructeur ObjectViewer recherche dans chaque objet. S'il ne trouve pas cette propriété, il en crée une en parcourant par itération l'objet dans la fonction `autoSpec()`. La propriété `objViewSpec` est un tableau numérique, dont chaque élément est un tableau de recherche de propriétés. Pour l'instant, nous ne nous préoccupons que de générer la propriété `name`. Le PropertyViewer se voit passer la spécification pour cette propriété dans son constructeur et peut obtenir des renseignements de la part de la spécification concernant la manière dont il doit être reproduit.

En fournissant une propriété de spécification à un objet que nous souhaitons inspecter dans l'ObjectViewer, nous pouvons limiter l'affichage des propriétés à l'ensemble des propriétés que nous jugeons pertinentes.

Le deuxième problème avec notre ObjectViewer tient à ce qu'il ne gère pas très bien les propriétés complexes. Lorsque des objets, des tableaux et des fonctions sont ajoutés à une chaîne, la méthode `toString()` est appelée. Dans le cas d'un objet, cette méthode retourne généralement un résultat peu descriptif comme `[Object object]`. Dans le cas d'un objet Function, le code source entier de la fonction est retourné. Nous devons opérer une distinction entre les différents types de propriétés, ce que nous permet l'opérateur `instanceof`. Cela fait, voyons comment améliorer notre visualiseur.

Gérer des tableaux et des objets

L'un des moyens de gérer les tableaux et les objets consiste à permettre à l'utilisateur de les parcourir à l'aide des objets ObjectViewer séparés pour chaque propriété. Il existe plusieurs moyens de représenter cela. Ici, nous avons choisi de représenter les objets enfants sous forme de fenêtres pop-up, à la manière d'un menu hiérarchique.

Pour cela, nous devons réaliser deux choses. Tout d'abord, nous devons ajouter une propriété `type` à la spécification d'objet et définir les types que nous prenons en charge :

```
objviewer.TYPE_SIMPLE="simple";
objviewer.TYPE_ARRAY="array";
objviewer.TYPE_FUNCTION="function";
objviewer.TYPE_IMAGE_URL="image url";
objviewer.TYPE_OBJECT="object";
```

Nous modifions la fonction qui génère les spécifications pour les objets qui n'en possèdent pas, afin de prendre en compte le type, comme le montre le Listing 4.13.

Listing 4.13 : fonction *autoSpec()* modifiée

```
objviewer.autoSpec=function(obj){
  var members=new Array();
  for (var propName in obj){
    var propValue=obj[name];
    var propType=objviewer.autoType(value);
    var spec={name:propName,type:propType};
    members.append(spec);
  }
  if (obj && obj.length>0){
    for(var i=0;i<obj.length;i++){
      var propName="array ["+i+"]";
      var propValue=obj[i];
      var propType=objviewer.ObjectViewer.autoType(value);
      var spec={name:propName,type:propType};
      members.append(spec);
    }
  }
  return members;
}
objviewer.autoType=function(value){
  var type=objviewer.TYPE_SIMPLE;
  if ((value instanceof Array)){
    type=objviewer.TYPE_ARRAY;
  }else if (value instanceof Function){
    type=objviewer.TYPE_FUNCTION;
  }else if (value instanceof Object){
    type=objviewer.TYPE_OBJECT;
  }
  return type;
}
```

Notez que nous ajoutons aussi le support des tableaux à index numérique, dont les éléments ne seraient pas découverts par la boucle de type `for... in`.

En deuxième lieu, nous devons modifier le PropertyViewer afin de tenir compte des différents types et de les reproduire de la manière appropriée, comme au Listing 4.14.

Listing 4.14 : constructeur PropertyViewer modifié

```
objviewer.PropertyViewer=function
 (objectViewer,memberSpec,appendAtTop){
  this.objectViewer=objectViewer;
  this.spec=memberSpec;
  this.name=this.spec.name;
  this.type=this.spec.type;
  this.value=objectViewer.object[this.name];
  this.rowTr=document.createElement("tr");
  this.rowTr.className='objViewRow';
  var isComplexType=(this.type==objviewer.TYPE_ARRAY
                    ||this.type==objviewer.TYPE_OBJECT);
  if ( !(isComplexType && this.objectViewer.isInline
)
  ){
    this.nameTd=this.renderSideHeader();
    this.rowTr.appendChild(this.nameTd);
  }
  this.valTd=document.createElement("td");
  this.valTd.className='objViewValue';
  this.valTd.viewer=this;
  this.rowTr.appendChild(this.valTd);
  if (isComplexType){
    if (this.viewer.isInline){
      this.valTd.colSpan=2;
      var nameDiv=this.renderTopHeader();
      this.valTd.appendChild(nameDiv);
      var valDiv=this.renderInlineObject();
      this.valTd.appendChild(valDiv);
    }else{
      var valDiv=this.renderPopoutObject();
      this.valTd.appendChild(valDiv);
    }
  }else if (this.type==objviewer.TYPE_IMAGE_URL){
    var valImg=this.renderImage();
    this.valTd.appendChild(valImg);
  }else if (this.type==objviewer.TYPE_SIMPLE){
    var valTxt=this.renderSimple();
    this.valTd.appendChild(valTxt);
  }
  if (appendAtTop){
    styling.insertAtTop(viewer.tbod,this.rowTr);
  }else{
    viewer.tbod.appendChild(this.rowTr);
  }
}
```

Afin de nous adapter aux différents types de propriétés, nous avons défini plusieurs méthodes de rendu dont l'implémentation est trop longue pour être entièrement reproduite ici. Le code source pour l'ObjectViewer entier peut être téléchargé à partir du site Web qui accompagne ce livre.

Nous avons à présent un moyen assez complet de visualiser automatiquement notre modèle de domaine. Pour rendre visibles les objets du modèle de domaine, il nous suffit d'attribuer les propriétés `objViewSpec` à leurs prototypes. Ainsi, l'objet Planet qui est présenté à la Figure 4.7 contient l'instruction suivante dans son constructeur :

```
this.objViewSpec=[
  {name:"name",      type:"simple"},
  {name:"distance", type:"simple", editable:true},
  {name:"diameter", type:"simple", editable:true},
  {name:"image",     type:"image url"},
  {name:"facts",     type:"array",  addNew:this.newFact, inline:true }
];
```

La notation pour cette spécification est la notation d'objet JavaScript appelée JSON (*JavaScript Object Notation*). Les crochets signalent un tableau numérique et les accolades un tableau associatif ou un objet (les deux étant fondamentalement identiques). Nous traiterons de la JSON plus en détail à l'Annexe B.

Quelques entrées n'ont pas été présentées. Que signifient `addNew` et `editable` ? Leur but est de notifier la Vue en lui indiquant que ces parties du modèle de domaine peuvent non seulement être inspectées mais aussi modifiées par l'utilisateur, ce qui introduit certains aspects du Contrôleur dans notre système également. Voyons cela dans la prochaine section.

Ajouter un Contrôleur

Il est intéressant de pouvoir examiner un modèle de domaine, mais bon nombre d'applications courantes requièrent que nous les modifiions également (en téléchargeant un morceau, en modifiant un document, en ajoutant des articles à un panier d'achats, etc.). Il revient au Contrôleur d'opérer la médiation entre les interactions de l'utilisateur et le modèle de domaine. Nous allons maintenant ajouter cette fonction à notre ObjectViewer.

La première chose que nous souhaiterions est de pouvoir modifier des valeurs texte simples lorsque nous cliquons dessus, pour autant que nos drapeaux de spécification d'objet les signalent comme étant modifiables (`editable`). Le Listing 4.15 présente le code employé pour reproduire une propriété texte simple.

Listing 4.15 : fonction *renderSimple()*

```
objviewer.PropertyViewer.prototype.renderSimple=function(){
    var valDiv=document.createElement("div");
    var valTxt=document
      .createTextNode(this.value); <---- Afficher la valeur en lecture seule
    valDiv.appendChild(valTxt);
```

```
    if (this.spec.editable){        ❶ Ajouter une interactivité si modifiable
      valDiv.className+=" editable";
      valDiv.viewer=this;
      valDiv.onclick=objviewer.PropertyViewer.editSimpleProperty;
    }
    return valDiv;
}
objviewer.PropertyViewer.editSimpleProperty=function(e){ ❷ Commencer la modification
  var viewer=this.viewer;
  if (viewer){
    viewer.edit();
  }
}
objviewer.PropertyViewer.prototype.edit=function(){
  if (this.type=objviewer.TYPE_SIMPLE){
    var editor=document.createElement("input");
    editor.value=this.value;
    document.body.appendChild(editor);
    var td=this.valTd;
    xLeft(editor,xLeft(td));
    xTop(editor,xTop(td));
    xWidth(editor,xWidth(td));
    xHeight(editor,xHeight(td));
    td.replaceChild(editor,td.firstChild); ❸ Remplacer par vue lecture/écriture
    editor.onblur=objviewer.
      PropertyViewer.editBlur;        ❹ Ajouter rappel de validation
    editor.viewer=this;
    editor.focus();
  }
}
objviewer.PropertyViewer
 .editBlur=function(e){        ❺ Finir la modification
  var viewer=this.viewer;
  if (viewer){
    viewer.commitEdit(this.value);
  }
}
objviewer.PropertyViewer.prototype.commitEdit=function(value){
  if (this.type==objviewer.TYPE_SIMPLE){
    this.value=value;
    var valDiv=this.renderSimple();
    var td=this.valTd;
    td.replaceChild(valDiv,td.firstChild);
    this.objectViewer
     .notifyChange(this);        ❻ Notifier les observateurs
  }
}
```

La modification d'une propriété implique plusieurs étapes. Tout d'abord, nous souhaitons attribuer un gestionnaire `onclick` à l'élément DOM qui affiche la valeur, si le champ est modifiable ❶. Nous attribuons également un nom de classe CSS spécifique aux champs modifiables, qui les fera changer de couleur lorsque le curseur de la souris les survolera : il faut bien que l'utilisateur puisse réaliser qu'il a la possibilité de modifier le champ.

`editSimpleProperty()` ❷ est un gestionnaire d'événements simple qui récupère la référence au PropertyViewer à partir du nœud DOM sur lequel l'utilisateur a cliqué, et qui appelle la méthode `edit()`. Cette manière de relier la Vue et le Contrôleur doit vous être familière puisque nous l'avons présentée dans ce chapitre. Nous vérifions que le type de la propriété est correct puis nous remplaçons l'étiquette en lecture seule par une zone de saisie de formulaire HTML de taille équivalente contenant la valeur ❸. Nous attachons également un gestionnaire `onblur` à cette zone de texte ❹, qui remplace la zone modifiable par une étiquette en lecture seule ❺ et met à jour le modèle de domaine.

Nous pouvons manipuler le modèle de domaine de cette manière, mais en général, il est souhaitable de réaliser d'autres actions lorsque le modèle est mis à jour. C'est là qu'entre en jeu la méthode `notifyChange()` de l'ObjectViewer ❻, exécuté dans la fonction `commitEdit()`. Le Listing 4.16 présente cette fonction dans son intégralité.

Listing 4.16 : *ObjectViewer.notifyChange()*

```
objviewer.ObjectViewer.prototype
 .notifyChange=function(propViewer){
  if (this.onchangeRouter){
    this.onchangeRouter.notify(propViewer);
  }
  if (this.parentObjViewer){
    this.parentObjViewer.notifyChange(propViewer);
  }
}
objviewer.ObjectViewer.prototype
 .addChangeListener=function(lsnr){
  if (!this.onchangeRouter){
    this.onchangeRouter=new jsEvent.EventRouter(this,"onchange");
  }
  this.onchangeRouter.addListener(lsnr);
}
objviewer.ObjectViewer.prototype
 .removeChangeListener=function(lsnr){
  if (this.onchangeRouter){
    this.onchangeRouter.removeListener(lsnr);
  }
}
```

Le problème auquel nous avons affaire (à savoir signaler à des processus arbitraires une modification dans notre modèle de domaine) est idéalement résolu par le pattern Observateur et l'objet EventRouteur que nous avons défini dans la section précédente. Nous pourrions attacher un EventRouter à l'événement onblur des champs modifiables, mais ces champs pourraient figurer en grand nombre dans un modèle complexe et notre code ne doit pas avoir de visibilité sur des détails aussi fins de l'implémentation d'ObjectViewer.

Au lieu de cela, nous définissons notre propre type d'événement sur l'ObjectViewer lui-même, à savoir un événement onchange, et nous y attachons un EventRouter. Nos ObjectViewers étant organisés en une structure arborescente lorsque nous parcourons les propriétés des objets et des tableaux, nous passons des événements onchange au parent de manière récursive. En général, nous pouvons donc attacher des écouteurs à l'ObjectViewer racine (celui que nous créons dans notre code d'application), et les changements apportés aux propriétés du modèle, à plusieurs couches de profondeur dans le graphe d'objets, se repropagent jusqu'à nous.

L'un des exemples de gestionnaires d'événements les plus simples consisterait à écrire un message dans la barre d'état du navigateur. L'objet de niveau supérieur dans un modèle de planètes est le système solaire. Nous pouvons donc écrire :

```
var topview=new objviewer.ObjectViewer
  (planets.solarSystem,mainDiv);
topview.addChangeListener(testListener);
```

où testListener est une fonction de gestionnaire d'événements qui ressemble à ceci :

```
function testListener(propviewer){
  window.status=propviewer.name+" ["+propviewer.type+"] = "+propviewer.value;
}
```

Evidemment, en réalité, on préférera réaliser des actions plus passionnantes lorsque le modèle de domaine changera, notamment en contactant le serveur. Au Chapitre suivant, nous considérerons les moyens qui nous sont offerts de contacter le serveur et nous verrons comment utiliser encore notre ObjectViewer.

En résumé

Le pattern Modèle-Vue-Contrôleur est un pattern architectural qui a été appliqué au code serveur des applications Web classiques. Nous avons montré comment le réutiliser sur le serveur dans une application Ajax, afin de générer des flux de données pour le client. Nous l'avons également adopté pour la conception du client lui-même, en en retirant un certain nombre d'enseignements intéressants.

En abordant le sous-système Vue, nous avons montré comment séparer efficacement la présentation de la logique, et l'avantage très pratique que cela présente, en permettant aux rôles du concepteur et du programmeur de rester séparés. La préservation d'un cadre clair de partage des responsabilités dans la base de code, qui reflète la structure organisationnelle et les compétences de votre équipe, peut être un véritable moteur pour la productivité.

Dans le code du Contrôleur, nous avons examiné les différents modèles événementiels disponibles pour les applications Ajax et nous nous sommes cantonnés avec précaution à l'ancien modèle événementiel. Bien qu'il se limite à une unique fonction de rappel pour chaque type d'événement, il nous a permis d'implémenter le pattern Observateur afin de développer une couche de gestionnaire d'événements flexible et reconfigurable par-dessus le modèle événementiel JavaScript standard.

Pour le Modèle, nous avons commencé à considérer la question plus vaste des applications multi-utilisateurs distribuées, thème sur lequel nous poursuivrons au Chapitre 5.

Le fait de s'occuper d'un Modèle, d'une Vue et d'un Contrôleur peut sembler représenter beaucoup de travail. Avec notre exemple ObjectViewer, nous avons étudié plusieurs moyens de simplifier les interactions entre ces sous-systèmes grâce à l'automatisation, et nous avons créé un système simple capable de présenter un modèle objet à l'utilisateur et de lui offrir la possibilité d'interagir avec.

Nous poursuivrons notre travail avec les design patterns lorsque nous explorerons les interactions client/serveur dans le prochain chapitre.

Ressources

La bibliothèque Behaviour utilisée dans ce chapitre peut être trouvée à l'adresse **http://ripcord.co.nz/behaviour**. La bibliothèque x de Mike Foster peut être trouvée à l'adresse **www.cross-browser.com**.

L'autogénération de la Vue à partir du Modèle est une technique inspirée par le projet Naked Objects (**http://www.nakedobjects.org**). Le livre de Richard Pawson et Robert Matthews, *Naked Objects* (John Wiley & Sons, 2002), est quelque peu dépassé en ce qui concerne le code, mais il présente une critique incisive du pattern MVC codé à la main dans les premières sections.

Les images des planètes utilisées dans l'exemple ObjectViewer, qui sont fournies par Jim's Cool Icons (**http://snaught.com/JimsCoolIcons**), sont modélisées avec le modélisateur POV-Ray et texturées avec des images réelles de la NASA (si l'on en croit ce site Web) !

5

Le rôle du serveur

Au sommaire de ce chapitre

- Utiliser les types de frameworks Web actuels avec Ajax
- Echanger des données avec le serveur sous forme de contenu, de scripts ou de données
- Communiquer des mises à jour au serveur
- Construire des requêtes et des réponses multiples dans un unique appel HTTP

Ce chapitre vient conclure le travail que nous avons entamé au Chapitre 4, dont l'objectif est de rendre nos applications robustes et évolutives. Nous sommes passés du stade de la preuve de faisabilité à celui d'une élaboration qui peut être utilisée en pratique. Au Chapitre 4, nous avons considéré différents moyens de structurer le code client afin d'atteindre notre but. A présent, nous allons nous occuper du serveur, et plus spécifiquement de la communication entre le client et le serveur.

Nous commencerons par la vue d'ensemble et traiterons des fonctions remplies par le serveur. Nous décrirons ensuite les types d'architectures couramment employés dans les frameworks côté serveur. Il existe un très grand nombre de frameworks Web aujourd'hui, notamment dans l'univers Java. Nous n'essaierons pas de les traiter tous, mais plutôt d'identifier les approches communes et les moyens adoptés pour répondre aux problèmes du développement d'applications Web. La plupart des frameworks ont été conçus pour générer des applications Web classiques : notre principal intérêt est donc de voir de quelle manière ils peuvent s'adapter à Ajax et où résident les défis.

Maintenant que nous avons considéré les patterns à grande échelle, nous examinerons plus en détail la communication entre le client et le serveur. Au Chapitre 2, nous avons rapidement abordé la question de l'objet XMLHttpRequest et des IFrames cachés. Nous reviendrons sur ces thèmes en analysant les différents patterns qui permettent de mettre à jour le client depuis le serveur, et étudierons les solutions de rechange possibles pour le parsing des documents XML à l'aide des méthodes DOM. Dans la dernière section, nous présenterons un système de gestion du trafic client/serveur pour la durée de vie de l'application, qui fournit une file d'attente pour les requêtes côté client et des processus côté serveur pour les gérer.

Commençons par considérer le rôle du serveur dans Ajax.

Travailler avec le côté serveur

Dans le cycle de vie d'une application Ajax, le serveur a deux rôles à remplir, qui sont assez distincts. Tout d'abord, il doit livrer l'application au navigateur. Jusque-là, nous avons supposé que la livraison initiale du contenu était plutôt statique, autrement dit que nous écrivions l'application elle-même sous la forme d'une série de fichiers .html, .css et .js, que même un serveur Web basique pourrait livrer. Cette approche n'est pas mauvaise (elle a même un certain nombre d'arguments en sa faveur), mais il ne s'agit pas de la seule option disponible. Nous examinerons les autres solutions possibles plus tard, lorsque nous traiterons des frameworks côté serveur.

Le second rôle du serveur consiste à communiquer avec le client, en réceptionnant des requêtes et en fournissant des données à la demande. Le HTTP étant le seul mécanisme de transport à notre disposition, c'est au client qu'il revient de démarrer toutes les conversations. Le serveur ne peut que répondre. Au Chapitre 4, nous avons traité de la nécessité pour les applications Ajax de conserver un modèle de domaine à la fois sur le client (pour des réponses rapides) et sur le serveur (pour un accès aux ressources comme la base de données). La synchronisation des modèles est un défi majeur, que le client ne peut résoudre à lui seul. Plus loin dans ce chapitre, nous examinerons différents moyens d'écrire des données sur le serveur et présenterons une solution à ce problème qui s'appuiera sur l'un des patterns rencontrés au Chapitre 3.

Il est possible de livrer l'application cliente (et de communiquer avec le client) de plusieurs manières, comme vous le verrez dans ce chapitre. Est-ce qu'une méthode est préférable aux autres ? Est-ce que les différentes variantes se prennent en charge les unes les autres ? Peuvent-elles être combinées ou mises en correspondance ? Comment fonctionnent les différentes solutions avec les architectures et les frameworks serveur hérités ? Pour répondre à ces questions, il sera utile de posséder une terminologie décrivant nos différentes options. C'est ce à quoi nous allons nous consacrer dans ce chapitre. Tout d'abord, considérons la manière dont le serveur est configuré dans une application Web et en quoi Ajax affecte cette configuration.

Programmer le côté serveur

Dans une application Web conventionnelle, le côté serveur a tendance à être plutôt complexe : il contrôle le flux de travail de l'utilisateur dans l'application et assure la maintenance de l'état des communications. L'application est conçue pour un langage et un jeu de conventions particuliers qui déterminent ce qu'elle peut et ne peut pas faire. Certains langages peuvent être liés à des architectures, des systèmes d'exploitation ou des configurations matérielles spécifiques.

Le choix d'un environnement de programmation est important, aussi devons-nous considérer les options qui sont à notre disposition.

Langages d'implémentation populaires

La programmation côté serveur est dominée par une myriade de langages. Au cours de l'histoire – encore brève – d'Internet, les modes ont considérablement évolué en ce qui concerne les langages côté serveur. Les rois de l'arène sont à l'heure actuelle le PHP, le Java et les ASP ; ASP.NET et Ruby gagnent par ailleurs en popularité. Ces noms seront inévitablement familiers à la plupart des lecteurs : inutile donc d'expliquer ce qu'ils désignent. Ajax est avant tout une technologie côté client, qui peut interopérer avec n'importe lequel de ces langages. En effet, certaines des méthodes de travail avec Ajax minimisent considérablement l'importance du langage côté serveur, ce qui facilite le portage des applications Ajax d'une plate-forme serveur à une autre.

Par bien des aspects, les frameworks Web importent plus pour Ajax que le langage d'implémentation. Ces frameworks imposent un certain nombre de contraintes concernant la manière de structurer l'application et la localisation des responsabilités essentielles. La plupart des frameworks ont été conçus pour créer des applications Web classiques et les présuppositions qu'ils opèrent concernant les cycles de vie de ces dernières (qui sont bien différentes de celles des applications Ajax) peuvent parfois s'avérer problématiques. Nous considérerons les conceptions et les frameworks côté serveur dans la prochaine section, mais pour l'instant, passons en revue les principes de base des architectures Web, afin de préparer ces questions.

Architectures n-tier

Le "tier" est l'un des concepts fondamentaux des applications distribuées. Il représente souvent un ensemble particulier de responsabilités pour une application, mais il décrit également un sous-système qui peut être isolé physiquement sur un ordinateur ou un processus particuliers. Cela le distingue par exemple des rôles dans le MVC. Le Modèle, la Vue et le Contrôleur ne sont pas des tiers, car ils résident généralement dans le même processus.

Les premiers systèmes distribués étaient constitués d'un tier client et d'un tier serveur. Le tier client était un programme de bureau qui s'appuyait sur une bibliothèque de sockets réseau pour communiquer avec le serveur. Le tier serveur était généralement un serveur de bases de données.

Dans la même veine, les premiers systèmes Web étaient constitués d'un navigateur qui communiquait avec un serveur Web, un système monolithique sur le réseau transmettant des fichiers depuis le système de fichiers.

Lorsque les applications Web sont devenues plus complexes et ont commencé à requérir un accès à des bases de données, le modèle deux-tier client/serveur a été appliqué au serveur Web afin de créer un modèle trois-tier, le serveur Web opérant la médiation entre le navigateur

Web client et la base de données. Les réajustements ultérieurs du modèle ont amené une nouvelle séparation du tier intermédiaire entre un rôle de présentation et un rôle métier, soit sous la forme de processus distincts, soit par une approche de conception logicielle plus modulaire au sein d'un unique processus.

Les applications Web modernes possèdent généralement deux tiers principaux. Le tier métier modélise le domaine métier et communique directement avec la base de données. Le tier de présentation récupère les données à partir du tier métier et les présente à l'utilisateur. Le navigateur agit en tant que client passif dans cette configuration.

L'introduction d'Ajax peut être envisagée comme le développement d'un autre tier client qui sépare les responsabilités traditionnelles du tier de présentation – relatives au flux de travail et à la gestion des sessions – entre le serveur Web d'un côté et le client de l'autre (voir Figure 5.1). Le rôle du tier de présentation côté serveur peut être considérablement réduit et le contrôle du flux de travail partiellement ou entièrement transféré au nouveau tier client écrit en JavaScript et hébergé dans le navigateur.

Figure 5.1
L'application Ajax déplace certaines des responsabilités du tier sant passer du serveur vers le navigateur, dans une nouvelle entité que l'on désigne par "tier client".

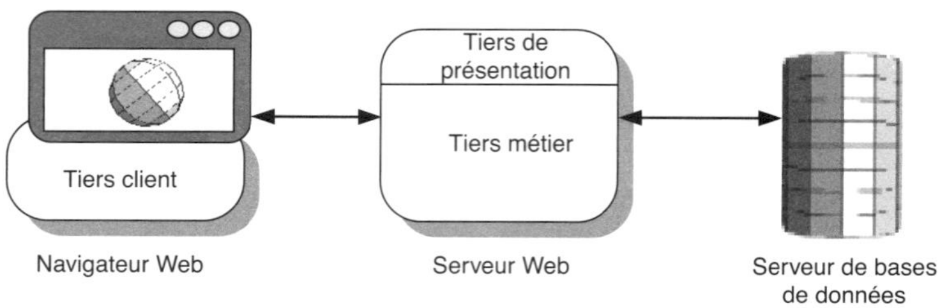

Comme nous l'avons déjà indiqué, ce nouveau tier dans notre application apporte de nouvelles possibilités. Il apporte aussi de nouveaux risques de complexité et de confusion. Il nous faut à l'évidence un moyen de gérer cela.

Maintenance des modèles de domaines côté client et côté serveur

Dans une application Ajax, il convient toujours de modéliser le domaine métier sur le serveur, près de la base de données et des autres ressources centralisées essentielles. Toutefois, afin que le code client soit suffisamment réactif et intelligent, il convient généralement aussi de conserver au moins un modèle partiel dans le navigateur. Voilà qui soulève le problème de la synchronisation des deux modèles.

L'ajout d'un tier supplémentaire a pour effet de renforcer la complexité du code et d'alourdir les charges de communication. Ce problème n'est heureusement pas complètement nouveau et des problèmes similaires se rencontrent, par exemple, assez souvent dans le développement Web J2EE, où figure une séparation stricte entre le tier métier et le tier de présentation. Le modèle de domaine réside dans le tier métier et se trouve interrogé par le tier de présentation, qui génère ensuite le contenu Web à transmettre au navigateur. Avec J2EE, le problème est résolu grâce à l'emploi d'"objets de transfert", de simples objets Java conçus pour passer des données entre les tiers, en présentant des vues limitées du modèle de domaine au tier de présentation.

Ajax soulève cependant de nouveaux défis. Avec J2EE, les deux tiers sont écrits dans un langage commun et un mécanisme de procédure distante est fourni, ce qui n'est généralement pas le cas avec Ajax. Nous pourrions par exemple utiliser du JavaScript sur le tier serveur, *via* Rhino de Mozilla ou JScript .NET de Microsoft, mais il est à l'heure actuelle assez peu orthodoxe de procéder ainsi et cela ne nous éviterait pas d'avoir à communiquer entre les deux moteurs JavaScript.

Les deux contraintes fondamentales pour la communication entre les tiers concernent la lecture des données depuis le serveur et l'écriture des données sur le serveur. Nous étudierons ces points en détail plus loin dans ce chapitre. Avant de conclure notre vue d'ensemble des problèmes architecturaux, nous considérerons cependant les principales catégories d'architecture serveur actuellement employées. En particulier, nous nous occuperons de voir comment ces serveurs présentent le modèle de domaine au tier de présentation et quelles restrictions cela peut impliquer pour la conception Ajax.

Une enquête informelle récente (voir la section Ressources à la fin de ce chapitre) listait plus de 60 frameworks de présentation rien que pour Java (pour être honnête, il faut admettre que Java, plus que tout autre langage serveur, souffre *a priori* de cette prolifération des frameworks). Heureusement, la plupart d'entre eux ne se différencient que sur des points de détail et il s'avère possible de caractériser le tier de présentation (quel que soit le langage serveur) en le rattachant à l'un des quelques patterns architecturaux en vigueur. Considérons ces derniers à présent.

Vue d'ensemble : conceptions courantes côté serveur

Les frameworks côté serveur importent pour toutes les applications Ajax. Si l'on choisit de générer le code client depuis un modèle côté serveur, c'est en effet plus qu'important. Si le code client est programmé manuellement et servi sous forme de pages HTML et JavaScript statiques, le framework ne se trouve pas impliqué dans la livraison de l'application, mais les données que l'application consomme doivent encore être générées de manière dynamique. En outre, comme nous l'avons noté dans la précédente section, le framework côté serveur contient généralement un modèle de domaine d'un certain type et le framework du tier de présentation s'insère entre ce modèle et notre application Ajax. Nous devons donc pouvoir travailler avec le framework pour que notre application fonctionne sans heurt.

Les serveurs d'applications Web sont en quelque sorte les aires de jeux des développeurs. Le problème lié au fait de présenter un flux de travail cohérent à un utilisateur, par le biais d'une série de pages Web, tout en interagissant avec des systèmes dorsaux comme des serveurs de bases de données, n'a jamais été correctement résolu. Le Web est parsemé de frameworks et d'utilitaires indigents et souffreteux ; de nouveaux projets surgissent chaque mois, voire chaque semaine.

Il est pourtant possible d'isoler des familles individuelles au sein de ce bouillonnement chaotique. Si l'on réduit cette soupe à ses essences fondamentales, il existe quatre moyens principaux d'opérer. Considérons-les tour à tour et voyons comment ils peuvent être adaptés au modèle Ajax.

Programmer le serveur Web natif sans framework

Le plus simple en matière de framework, c'est de ne pas avoir de framework du tout ! Le fait d'écrire une application Web sans framework qui définisse les éléments clés du flux de travail ou médiatise l'accès aux systèmes dorsaux n'aboutit pas à un désordre complet. Bon nombre de frameworks sont toujours développés de cette manière, chaque page générant ses propres vues et accomplissant son propre travail à l'arrière-plan, éventuellement avec l'aide d'une bibliothèque partagée de fonctions ou d'objets d'assistance. La Figure 5.2 présente ce pattern de programmation.

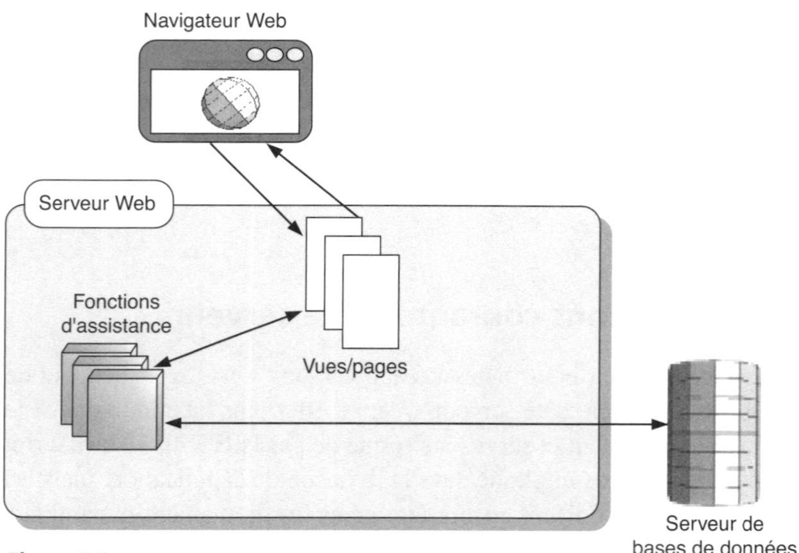

Figure 5.2

Programmation Web sans framework. Chaque page, servlet ou script CGI assure la maintenance de sa propre logique et de sa propre présentation. Des fonctions ou des objets d'assistance peuvent encapsuler des fonctions courantes de bas niveau, comme l'accès à une base de données.

Il est assez simple d'adapter cette approche pour Ajax, à supposer que le client soit programmé manuellement (mais le cas d'une génération du code client à partir du serveur est un sujet de taille qui dépasse le cadre de ce livre). Pour livrer le client, nous devons définir une page maîtresse qui inclue tous les fichiers JavaScript, toutes les feuilles de style et toutes autres ressources nécessaires. Pour fournir des flux de données, nous devons simplement remplacer les pages HTML générées par du XML ou tout autre flux de données de notre choix (nous reviendrons sur ce sujet par la suite).

Le principal inconvénient de cette approche dans une application Web classique tient à ce que les liens entre les documents sont éparpillés dans les documents eux-mêmes. Autrement dit, le rôle de Contrôleur n'est pas clairement défini et centralisé dans un unique emplacement. Si un développeur doit modifier le parcours de l'utilisateur entre les écrans, les liens hypertexte doivent être modifiés à plusieurs endroits. Il est possible de résoudre en partie ce problème en plaçant le contenu avec de nombreux liens (comme les barres de navigation) dans des fichiers include ou en les générant de manière programmatique avec des fonctions d'assistance, mais les coûts de maintenance augmentent considérablement lorsque l'application devient plus complexe.

Dans une application Ajax, ce problème peut être de moindre importance, les liens hypertexte et autres références croisées n'étant généralement pas incorporés dans les flux de données aussi densément que dans une page Web, mais les instructions d'inclusion et de redirection entre les pages posent toujours problème. Il n'y a pas besoin d'opérer des inclusions et des redirections dans les documents XML simples, mais les applications plus conséquentes peuvent transmettre des documents structurés complexes assemblés par plusieurs sous-processus, comme nous le verrons dans la suite de ce chapitre. La première génération des frameworks Web utilisait le pattern MVC pour résoudre ces problèmes, et bon nombre de ces frameworks sont encore en usage aujourd'hui. C'est donc à eux que nous allons nous intéresser à présent.

Travailler avec les frameworks de flux de travail Model2

Le design patterns Model2 est une variante du pattern MVC avec laquelle le Contrôleur possède un unique point d'entrée et une unique définition des flux de travail possibles de l'utilisateur. Appliqué à une application Web, cela signifie qu'une unique page ou un unique servlet Contrôleur ont à charge de router la plupart des requêtes, en passant la requête par différents services dorsaux puis à une Vue particulière. Apache Struts est probablement le framework Model2 le plus connu, bien qu'un certain nombre d'autres frameworks Java et PHP suivent ce pattern. La Figure 5.3 illustre la structure d'un framework Web Model2.

Comment appliquer ce modèle de conception à une application serveur communiquant avec un client Ajax ? Le pattern Model2 a relativement peu à dire concernant la livraison de l'application cliente, qui survient le plus souvent au démarrage sous la forme d'une seule charge utile, identique pour tous les utilisateurs authentifiés. Le Contrôleur centralisé peut être impliqué dans le processus d'authentification lui-même, mais il y a peu d'intérêt à réaliser la livraison de l'application elle-même par un autre biais qu'un unique point de terminaison du Contrôleur.

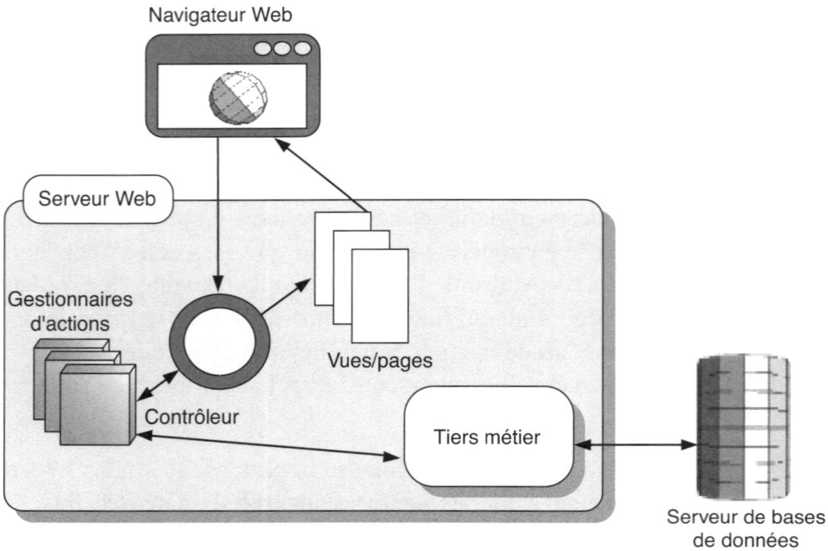

Figure 5.3

Le framework Web Model2. Une unique page ou servlet de Contrôleur accepte toutes les requêtes et se trouve configurée avec un graphique complet de flux de travail et d'interactions utilisateur. La requête est gérée par l'une des multiples classes ou fonctions auxiliaires afin d'opérer des traitements plus spécialisés, puis est en fin de compte acheminée vers un composant Vue (par exemple une page JSP ou PHP) avant d'être transmise au navigateur.

Ce modèle s'offre cependant comme une solution viable pour la livraison des flux de données. Les Vues retournées avec le pattern Model2 sont pour l'essentiel indépendantes du framework et l'on peut aisément échanger du HTML contre du XML ou d'autres formats de données. Une part de la responsabilité du Contrôleur est transférée vers le tier client, mais il reste intéressant que certaines fonctions du Contrôleur soient exprimées par le biais de mappings côté serveur.

Le pattern Model2 pour les applications Web classiques permet d'exprimer une grande partie de la responsabilité du Contrôleur à un haut niveau d'abstraction, mais l'implémentation de la Vue reste une affaire de programmation manuelle. Les frameworks Web développés ultérieurement ont tenté de fournir un plus haut niveau d'abstraction pour la Vue également. Etudions-les à présent.

Travailler avec des frameworks fondés sur des composants

Lors de l'écriture d'une page HTML pour une application Web classique, l'auteur de la page possède un ensemble très limité de composants d'interfaces utilisateur graphique à disposition, à savoir celui des éléments de formulaire HTML. Leur jeu de fonctions est resté pratiquement inchangé depuis près de 10 ans et si on les compare aux kits d'outils d'interfaces utilisateur graphique modernes, ils paraissent résolument rudimentaires et peu inspirants.

Si un auteur de page Web souhaite présenter un contrôle d'arborescence ou une grille modifiable, un contrôle de calendrier ou un menu hiérarchique animé, il doit recourir à une programmation de bas niveau d'éléments de document de base. En regard du niveau d'abstraction dont dispose un développeur qui élabore une interface utilisateur graphique de bureau avec des kits d'outils comme MFC, GTK+, Cocoa, Swing ou Qt, cette option paraît bien indigente.

Composants pour le Web

Les frameworks fondés sur les composants visent à élever le niveau d'abstraction pour la programmation des interfaces utilisateur Web, en fournissant un kit d'outils de composants côté serveur dont les API s'apparentent à celles d'un ensemble de composants d'interfaces utilisateur graphique de bureau. Lorsqu'on reproduit des composants de bureau, on les dessine généralement dans un contexte graphique en employant des appels de bas niveau pour générer des composants géométriques élémentaires, des images bitmap, etc. Lorsque les composants Web sont reproduits, ils génèrent automatiquement un flux de HTML et de JavaScript qui fournit une fonction équivalente dans le navigateur, ce qui libère le programmeur d'une grande partie des corvées de bas niveau. La Figure 5.4 présente la structure d'un framework Web fondé sur les composants.

Bon nombre de frameworks fondés sur les composants décrivent l'interaction de l'utilisateur en employant des métaphores qui renvoient aux mécanismes des applications de bureau. Un composant Button aura ainsi un gestionnaire d'événements de clics, une zone de texte aura un gestionnaire `valueChange`, etc. Dans la plupart des frameworks, le traitement des événements est en grande partie délégué au serveur, une requête étant déclenchée pour chaque interaction de l'utilisateur. Les frameworks les plus intelligents parviennent à faire cela à l'arrière-plan, mais certains réactualisent toute la page à chaque événement utilisateur. Ce fonctionnement donne lieu à un système interactif plutôt médiocre puisqu'une application conçue comme un ensemble de composants donne lieu à un grand nombre d'interactions fines par rapport aux applications conçues comme un ensemble de pages, par exemple à l'aide du pattern Model2.

L'un des objectifs de conception importants de ces frameworks consiste à pouvoir reproduire différents types d'interfaces utilisateur à partir d'une unique description de modèle de composant. Certains frameworks comme les Windows Forms pour .NET et les JavaServer Faces (JSF) sont déjà capables de le faire.

Interopérer avec Ajax

Comment se comportent donc les frameworks fondés sur les composants avec Ajax ? Superficiellement, les deux s'écartent du modèle des interfaces de type document afin de se tourner vers une approche fondée sur les composants. Cette orientation commune semble donc de bon augure. Ce type de framework peut offrir de réelles possibilités en ce qui concerne la génération de l'application cliente s'il est possible de développer des modules de rendu enfichables capables de comprendre Ajax. L'attrait de cette solution est considérable puisqu'elle évite d'avoir à reformer les développeurs aux arcanes du JavaScript, et qu'elle ouvre une voie pour des solutions de rechange aux navigateurs plus anciens avec un bon vieux système de rendu HTML.

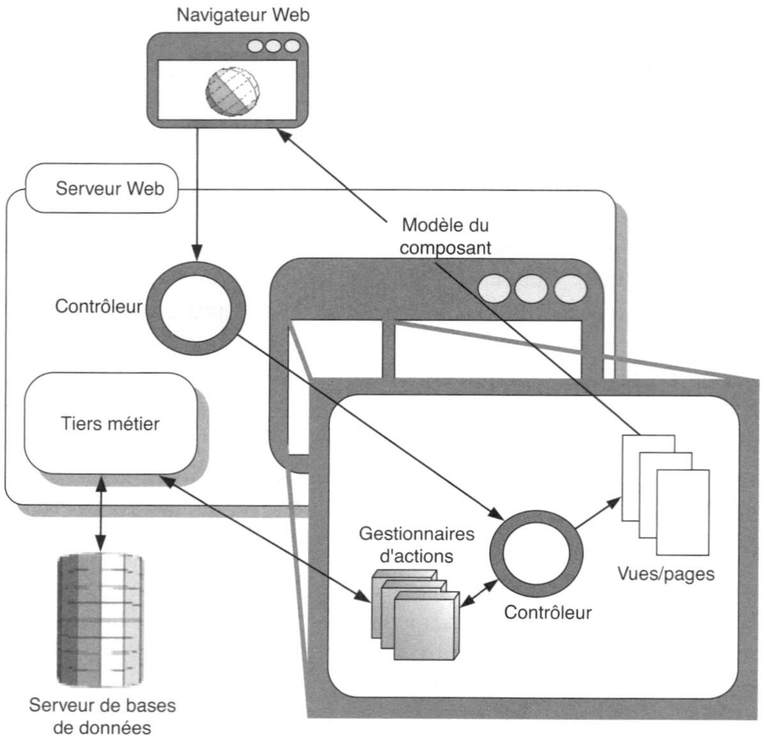

Figure 5.4

Architecture d'un framework Web fondé sur les composants. L'application est décrite comme une collection de composants qui sont reproduits via l'émission d'un flux de HTML et de JavaScript vers le navigateur. Chaque composant contient ses propres Modèle, Vue et Contrôleur à petite échelle, en plus du Contrôleur à plus grande échelle, qui présente les requêtes du navigateur aux composants individuels et au modèle de domaine global.

Une solution de ce type fonctionnera bien pour les applications qui ne requièrent que des composants standard. Elle pêchera cependant par manque de flexibilité. Google Local, par exemple (voir Chapitre 1), doit sa réussite en grande partie au fait qu'il définit son propre ensemble de composants, depuis la carte défilante jusqu'au curseur de zoom en passant par les marqueurs cartographiques et les info-bulles. Il serait fort difficile de construire ce système avec un ensemble de composants de bureau standard, et le résultat final serait sans doute bien moins attrayant.

Ces précisions faites, reste qu'un grand nombre d'applications entrent mieux en conformité avec la gamme conventionnelle des composants et seraient mieux servies par ces types de frameworks. Ce compromis entre flexibilité et commodité se rencontre dans bon nombre de solutions de génération de code et correspond à une problématique bien connue.

Pour satisfaire pleinement une application Ajax, le framework doit également pouvoir fournir les flux de données nécessaires. Sur ce point, la situation peut être quelque peu plus problématique, car le Contrôleur est étroitement lié aux tier serveur et se trouve en grande partie défini conformément à la métaphore des applications de bureau. Pour pouvoir être réactive, l'application Ajax requiert plus de liberté que ne semble en offrir le modèle événementiel serveur lorsqu'il s'agit de déterminer ses gestionnaires d'événements. On constate cependant un élan considérable pour ces frameworks et l'on ne peut douter que des solutions verront le jour à mesure qu'Ajax grandira en popularité. L'approche du type Command-Queue que nous présenterons plus loin dans ce chapitre peut représenter l'une des avancées pour JSF et ses cousins, même si elle n'a pas été conçue dans cette optique. Pour le moment, il faut bien admettre que ces frameworks lient le client de manière un peu trop étroite.

Il sera intéressant de voir comment ces frameworks s'adaptent à Ajax à l'avenir. Du côté de Sun et de plusieurs des éditeurs JSF, on constate déjà un intérêt significatif pour la fourniture de kits d'outils adaptés à Ajax. Les formulaires .NET supportent déjà certaines fonctions de type Ajax et l'on attend de belles avancées encore dans le kit d'outils Atlas à venir (consultez la section Ressources à la fin de ce chapitre pour découvrir les URL de ces différentes références).

Tous ces sujets soulèvent une question : à quoi devrait ressembler un framework Web s'il était conçu spécifiquement pour Ajax ? Aucun produit de ce genre n'existe aujourd'hui, mais notre dernière étape de ce tour d'horizon des frameworks Web pourra bien un jour être identifiée comme l'un des premiers ancêtres de ce type de framework.

Travailler avec des architectures orientées service

Le dernier type de framework que nous considérerons ici est l'architecture orientée service (AOS). Un service dans un AOS a cette particularité qu'il peut être appelé depuis le réseau et retourne sa réponse sous la forme d'un document structuré. On insiste ici sur les données et non le contenu, ce qui convient bien à Ajax. Les services Web correspondent actuellement au type de service le plus courant et leur utilisation du XML comme Lingua Franca convient aussi bien à Ajax.

NOTE

L'expression *Services Web*, avec des majuscules, fait généralement référence aux systèmes qui exploitent le protocole de transport SOAP. L'expression plus large de *services Web* (en minuscules) désigne tout système distant d'échange de données qui s'exécute sur HTTP, sans contrainte relative à l'utilisation de SOAP ou même du XML. XML-RPC, JSON-RPC et tous les systèmes personnalisés qui se développent avec l'objet XMLHttpRequest sont des services Web, mais pas des Services Web. Nous faisons référence à la catégorie plus vaste des services Web dans cette section.

Lorsqu'il consomme un service Web pour son flux de données, le client Ajax atteint un haut niveau d'indépendance, comparable à celui d'un client de messagerie bureau communiquant avec un serveur de messagerie. Il s'agit d'un type de réutilisation différent de celui offert par les kits d'outils fondés sur les composants. Avec ces derniers, le client n'est défini qu'une seule fois et peut être exporté vers plusieurs interfaces. Avec les services Web, le service est défini une seule fois et peut être utilisé par plusieurs clients qui n'ont aucun rapport les uns avec les autres. On voit clairement l'intérêt d'une solution qui combinerait l'AOS et Ajax et il se peut que l'on voie des frameworks évoluer afin de générer et de servir des applications Ajax.

Exposition des objets côté serveur à Ajax

Un grand nombre de kits d'outils d'AOS et de services Web sont apparus qui permettent d'exposer un objet côté serveur à l'ancienne, écrit en Java, C# ou PHP directement sous la forme d'un service Web, avec un mapping un-à-un entre les méthodes de l'objet et l'interface du service Web. Les outils Visual Studio de Microsoft permettent cela, tout comme Apache Axis pour Java. Un certain nombre de kits d'outils Ajax, comme DWR (pour Java) et SAJAX (pour PHP, .NET, Python et différents autres langages), améliorent ces capacités avec du code client spécifique au JavaScript.

Ces kits d'outils peuvent être très utiles. On peut également en faire mauvais usage si l'on n'y prête pas attention. Considérons un exemple simple qui s'appuie sur le kit d'outils Java DWR, afin de découvrir la manière adéquate d'utiliser ces outils. Nous allons définir un objet côté serveur représentant une personne :

```
package com.manning.ajaxinaction;

public class Person{
  private String name=null;
  public Person(){
  }
  public String getName(){
    return name;
  }
  public void setName(String name){
    this.name=name;
  }
}
```

L'objet doit se conformer à la spécification JavaBeans de base. Autrement dit, il doit fournir un constructeur public sans argument et exposer tous les champs que nous souhaitons lire ou positionner avec des méthodes getter et setter. Nous demandons ensuite à DWR d'exposer cet objet au tier JavaScript en modifiant le fichier dwr.xml :

```
<dwr>
  <init>
    <convert id="person" converter="bean"
      match="com.manning.ajaxinaction.Person"/>
  </init>
```

```
    <allow>
      <create creator="new" JavaScript="person">
        <param name="class" value="com.manning.ajaxinaction.Person">
      </create>
    </allow>
  </dwr>
```

Dans la section `<init>`, nous définissons un convertisseur de type bean pour notre classe, et dans la section `<allow>`, nous définissons un créateur qui exposera des instances de cet objet au JavaScript sous la forme d'une variable appelée person. Notre objet `Person` ne possède qu'une seule méthode publique, `getName()`. Nous pourrons donc écrire ceci dans notre code client Ajax :

```
var name=person.getName();
```

et récupérer la valeur de manière asynchrone depuis le serveur.

Notre Person ne possède qu'une seule méthode : c'est donc tout ce que nous avons exposé ? Malheureusement, non. Notre classe Java `Person` est une descendante de `java.lang.Object` et hérite de quelques méthodes publiques par ce biais, dont `hashCode()` et `toString()`, que nous pouvons également lancer depuis le serveur. Cette fonction cachée n'est pas particulière à DWR. La méthode `JSONRPCBridge.registerObject()`, par exemple, en fait autant. Pour sa défense, notez que DWR fournit un mécanisme dans son fichier de configuration XML qui permet de restreindre l'accès à des méthodes spécifiques. Le comportement par défaut consiste cependant à tout exposer. Ce problème est inhérent à la plupart des solutions fondées sur la réflexion. Nous l'avons rencontré au Chapitre 4, dans nos premières versions de l'utilitaire ObjectViewer employant la réflexion JavaScript. Voyons ce que nous pouvons faire pour y parer.

Limiter l'exposition

Nous avons accidentellement exposé nos hachages sur le Web, mais avons-nous vraiment causé des dégâts ? Dans le cas présent, peut-être pas, car la superclasse `java.lang.Object` a peu de chances de changer. Dans un modèle de domaine plus complexe, nous pourrions cependant exposer les détails d'implémentation de nos propres superclasses, que nous pourrions souhaiter réusiner par la suite. Avant que nous ne procédions à ce réusinage, il est immanquable qu'un petit malin aura découvert nos méthodes involontairement exposées et s'en sera servi dans son code client. Du coup, lorsque nous déploierons le modèle objet réusiné, son client cessera soudain de fonctionner. Autrement dit, nous ne sommes pas parvenus à effectuer une séparation adéquate des champs de préoccupation. Si nous utilisons un kit d'outils comme DWR ou JSON-RPC, nous devons bien faire attention à choisir les objets que nous allons publier comme interface Ajax ; de préférence, il convient de créer un objet Façade d'un genre ou d'un autre (voir Figure 5.5).

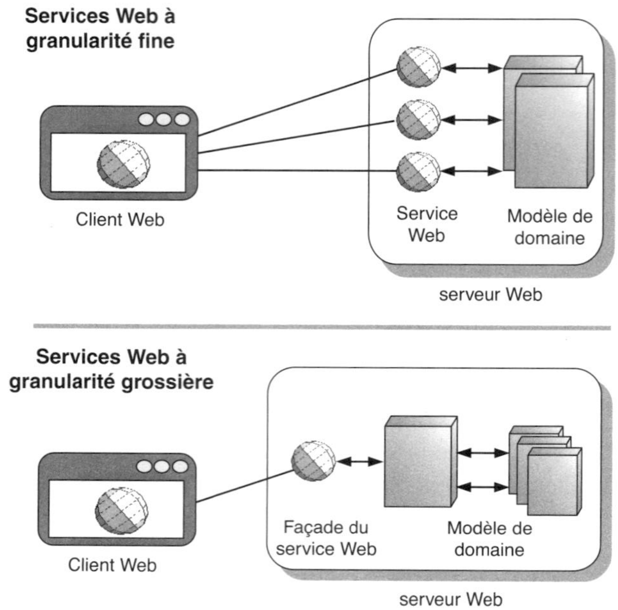

Figure 5.5
Comparaison entre un système dont tous les objets sont exposés sous forme de services Internet à un client Ajax, et un système s'appuyant sur une Façade pour n'exposer que quelques éléments choisis de fonctionnalité. Lorsque le nombre de méthodes publiées est ainsi limité, il est possible de réusiner notre modèle de domaine sans craindre de rompre le code client sur lequel nous n'avons aucun contrôle.

Le recours à une Façade offre plusieurs avantages dans une telle situation. Tout d'abord, et nous l'avons déjà noté, il est ainsi possible de réusiner sans crainte notre modèle côté serveur. Ensuite, l'interface publiée que le code client utilisera s'en trouve simplifiée. Par rapport au code écrit pour une consommation interne, les interfaces publiées à l'intention d'autres parties sont coûteuses. De deux choses l'une : soit nous proposons à l'avance une documentation, soit nous n'offrons pas de documentation – et nous nous retrouvons alors submergés d'appels de la part des développeurs qui programment du code utilisant nos interfaces publiées.

L'autre avantage de la Façade tient à ce qu'elle nous permet de définir le niveau de granularité de nos services indépendamment de la conception de notre modèle de domaine. Un bon modèle de domaine peut contenir un grand nombre de petites méthodes précises si cette précision et ce contrôle sont requis au sein de notre code côté serveur. Les contraintes d'une interface de service Web pour un client Ajax sont pourtant assez différentes en raison de la latence réseau. Les appels de méthodes en surnombre peuvent ruiner l'utilisabilité du client, et s'il se trouve déployé en masse, geler le serveur ou le réseau lui-même.

Imaginez-vous qu'il s'agit de la même différence que celle qui existe entre une conversation en face à face et une correspondance écrite (ou entre un chat par messagerie instantanée et une correspondance par e-mail pour ceux qui sont trop jeunes et trop dynamiques pour se souvenir de ce que sont les stylos et le papier !). Lorsqu'on se parle directement, de très nombreux petits échanges interviennent, dont toute une série destinés, par exemple, à s'assurer que chacun "va bien" aujourd'hui. Lorsqu'on écrit une lettre, un unique échange peut avoir pour but de faire part de son état de santé, de raconter ses vacances, d'indiquer le programme des activités familiales et de raconter une blague entendue il y a peu.

En regroupant les appels sur le réseau au sein de documents plus grands, les architectures orientées services font un meilleur usage des ressources réseau. La bande passante pose généralement moins problème que la latence elle-même. Ces architectures se créent par ailleurs elles-mêmes des problèmes en standardisant leurs échanges sur un format de données XML volumineux et un protocole de transmission verbeux (notre bien-aimé HTTP), mais il s'agit encore là d'une autre histoire. En considérant les options disponibles avec Ajax, on peut voir que l'on bénéficie d'un bon support natif des technologies HTTP et XML dans le navigateur : une approche centrée sur les documents pour nos modèles de domaine distribués ne paraît donc pas dénuée de sens.

Un document traditionnel (ce livre, par exemple) est composé de paragraphes, de titres, de tableaux et de figures. De la même manière, un document dans un appel à un service peut contenir une variété d'éléments, comme des requêtes, des mises à jour et des notifications. Le pattern Commande dont nous avons traité au Chapitre 3 peut constituer une bonne fondation pour structurer nos documents sous la forme d'une série d'actions annulables à passer entre le client et le serveur. Nous en examinerons un exemple d'implémentation plus loin dans ce chapitre.

Ainsi s'achève notre tour d'horizon des architectures côté serveur actuelles. Aucune ne fournit encore une ossature parfaitement adéquate pour Ajax, ce qui n'est pas surprenant lorsqu'on sait qu'elles ont été conçues pour servir un type d'application Web fort différent. Un travail considérable a été entamé pour intégrer Ajax dans des frameworks existants, et l'année 2006 semble prometteuse en nouveautés intéressantes. Bon nombre de développeurs Web devront cependant s'efforcer de faire fonctionner Ajax avec ces systèmes hérités, et cette vue d'ensemble des forces et des faiblesses de chacun d'entre eux avait pour but de fournir un point de départ.

Supposons pour l'instant que nous ayons choisi une architecture et commencé à développer une application Ajax. Nous avons déjà traité de l'architecture de l'application cliente même au Chapitre 4, et nous avons proposé des exemples pour la récupération des données XML depuis le serveur au Chapitre 2. Le XML est répandu, mais il ne s'agit pas du seul moyen d'échanger des données entre le client et le serveur. Dans la section suivante, nous passerons en revue le spectre complet des options qui vous sont offertes pour la communication entre le client et le serveur.

Considérations détaillées : l'échange des données

Nous avons présenté les principaux patterns architecturaux qui décrivent le comportement possible de notre application Web et nous avons montré qu'il existe un grand nombre d'options. Par ailleurs, nous avons souligné l'importance de la communication entre les modèles de domaines client et serveur. A présent, nous pourrions naïvement supposer qu'une fois notre framework choisi, nos options de conception en découleront logiquement. Dans cette section et la suivante, nous verrons que c'est loin d'être le cas. En nous focalisant sur un unique échange de données, nous verrons qu'il existe un grand nombre d'options. Nous allons les cataloguer dans cette section, dans l'idée de développer un langage de patterns pour l'échange de données avec Ajax. Ce préalable nous permettra d'opérer des décisions averties concernant les techniques à utiliser dans diverses circonstances.

L'échange de données pures ne possède pas d'équivalent véritable dans les applications Web classiques. C'est la raison pour laquelle le langage des patterns est moins développé dans ce domaine. Nous allons tenter de combler ce vide en établissant quelques définitions de notre cru. En premier lieu, considérons que les interactions utilisateur se décomposent en quatre catégories : client seul, centrées sur le contenu, centrées sur les scripts et centrées sur les données. Les interactions client seul sont simples. Nous commencerons donc par les traiter rapidement dans la section suivante, avant de présenter un exemple qui nous confrontera ensuite aux trois suivantes.

Interactions client seul

On appelle interaction client seul une interaction utilisateur traitée par un script qui a déjà été chargé dans le navigateur. Aucun recours au serveur Web (l'ancien tier de présentation) n'est requis, ce qui est un atout en termes de réactivité et de charge serveur. Ce type d'interaction convient aux calculs relativement simples tels que l'ajout d'une taxe ou de frais d'expédition à la commande d'un client. En général, pour que cette approche soit efficace, la logique côté client qui traite l'interaction doit être concise et ne pas changer pendant la durée de vie de l'interaction du client. Dans le cas d'options de livraison, nous nous trouvons en terrain sûr, avec deux à cinq options et non plusieurs milliers (comme pour le catalogue complet d'un site marchand) et des coûts de livraison qui risquent peu de changer d'une minute à l'autre (à la différence d'un téléscripteur boursier ou d'un système de réservation de tickets en nombre limité). Nous avons déjà traité de ce type d'interaction au Chapitre 4, lorsque nous nous sommes occupés du Contrôleur côté client. Inutile d'en dire plus ici.

Les trois autres catégories impliquent toutes un trajet vers le serveur et diffèrent principalement quant à la nature des données qui en sont extraites. Les différences clés sont résumées dans les sections qui suivent, avec une présentation des avantages et des inconvénients dans chaque cas.

Présentation de l'exemple du navigateur de planètes

Avant de nous plonger dans les différents mécanismes d'échanges de données, commençons par présenter un exemple simple, qui nous servira d'appui pour nos démonstrations. L'application dont nous allons nous occuper a pour fonction de présenter une vaste gamme de données factuelles concernant les planètes de notre système solaire. Son écran principal présente une vue idéalisée du système solaire, chaque planète étant représentée par une icône. Sur le serveur, nous avons enregistré différentes données factuelles concernant ces planètes, qui peuvent être affichées dans des fenêtres pop-up en cliquant sur les icônes (voir Figure 5.6).

Nous n'allons pas recourir ici à l'ObjectViewer du Chapitre 4, mais nous y reviendrons plus loin dans ce chapitre.

Figure 5.6

Capture d'écran de l'application des informations sur les planètes. Lorsqu'on clique sur les icônes, des fenêtres pop-up s'affichent afin de présenter une description de chaque planète.

La partie du puzzle qui nous intéresse pour l'instant concerne la livraison depuis le serveur vers le navigateur des données présentées dans les fenêtres pop-up. Nous allons considérer le format des données que le serveur transmet dans chaque cas étudié, mais nous ne nous occuperons pas des mécanismes internes de la génération des données, dont nous avons déjà abordé les principes au sujet du pattern MVC au Chapitre 3. Le Listing 5.1 présente l'ossature de notre application côté client, qui nous permettra d'explorer les différents mécanismes de livraison de contenu.

Listing 5.1 : popups.html

```
<!DOCTYPE html PUBLIC
"-//W3C//DTD XHTML 1.0 Strict//EN"
"http://www.w3.org/TR/xhtml1/DTD/xhtml1-strict.dtd">
<html>
<head>
<title>Planet Browser</title>
<link rel=stylesheet type="text/css"
  href="main.css"/>
<link rel=stylesheet type="text/css"
  href="windows.css"/>
<link rel=stylesheet type="text/css"
  href="planets.css"/>
```

```
<script type="text/JavaScript"
  src="x/x_core.js"></script>
<script type="text/JavaScript"
  src="x/x_event.js"></script>
<script type="text/JavaScript"
  src="x/x_drag.js"></script>
<script type="text/JavaScript"
  src="windows.js"></script>
<script type="text/JavaScript"
  src="net.js"></script>
<script type="text/JavaScript">

window.onload=function(){
  var pbar=document.getElementById("planets");
  var children=pbar.getElementsByTagName("div");
  for(var i=0;i<children.length;i++){
    children[i].onclick=showInfo;

  }
}

</script>

</head>
<body>

<div class="planetbar" id="planets">

<div class="planetbutton" id="mercury">
 <img src="img/ball-mercury.gif" alt="mercury"/>
</div>
<div class="planetbutton" id="venus">
 <img src="img/ball-venus.gif" alt="venus"/>
</div>
<div class="planetbutton" id="earth">
 <img src="img/ball-earth.gif" alt="earth"/>
</div>
<div class="planetbutton" id="mars">
 <img src="img/ball-mars.gif" alt="mars"/>
</div>
<div class="planetbutton" id="jupiter">
 <img src="img/ball-jupiter.gif" alt="jupiter"/>
</div>
<div class="planetbutton" id="saturn">
 <img src="img/ball-saturn.gif" alt="saturn"/>
</div>
<div class="planetbutton" id="uranus">
 <img src="img/ball-uranus.gif" alt="uranus"/>
</div>
<div class="planetbutton" id="neptune">
 <img src="img/ball-neptune.gif" alt="neptune"/>
</div>
```

❶ Inclure les bibliothèques JavaScript

❷ Attribuer un gestionnaire d'événements aux icônes

❸ Ajouter des icônes codées en dur des planètes

```
<div class="planetbutton" id="pluto">
 <img src="img/ball-pluto.gif" alt="pluto"/>
</div>
</div>

</body>
</html>
```

Nous avons inclus quelques bibliothèques JavaScript ❶ dans notre fichier. net.js gère le mécanisme de requêtage HTTP de bas niveau pour nous, à l'aide de l'objet XMLHttpRequest que nous avons décrit au Chapitre 2. windows.js définit un objet de fenêtre déplaçable dont nous pouvons nous servir pour notre fenêtre pop-up. Les détails de l'implémentation de la fenêtre ne nous importent pas ici, hormis la signature du constructeur :

```
var MyWindow=new Window(bodyDiv,title,x,y,w,h);
```

`bodyDiv` est un élément DOM qui sera ajouté dans le corps de la fenêtre, `title` est une chaîne à afficher dans la barre de titre de la fenêtre, et `x`, `y`, `w` et `h` donnent la dimension et la position initiales de la fenêtre. En spécifiant un élément DOM comme argument, nous nous offrons une grande flexibilité concernant la manière dont le contenu est fourni à la fenêtre. Le code source téléchargeable associé à ce livre contient le listing complet de l'objet Windows.

Dans le code HTML, nous définissons simplement un élément `div` pour chaque planète ❸, auquel nous attribuons un gestionnaire `onclick` dans la fonction `window.onload` ❷, en suivant les trois méthodes de navigation standard de l'arborescence DOM. Le gestionnaire `onclick`, `showInfo()`, n'est pas défini ici car nous fournirons plusieurs implémentations dans ce chapitre. Commençons par examiner les diverses actions que nous pouvons accomplir lorsque nous en venons à charger le contenu.

Penser comme une page Web : interactions centrées sur le contenu

Les premiers pas que nous faisons en direction d'Ajax doivent étrangement ressembler à l'application Web classique dont le Chapitre 1 nous apprenait que nous nous écartions. Les patterns d'interaction centrés sur le contenu suivent toujours le paradigme Web classique, mais ils peuvent avoir un rôle à jouer dans une application Ajax.

Vue d'ensemble

Dans un pattern d'interaction centré sur le contenu, le contenu HTML, toujours généré par le serveur, est transmis à un IFrame incorporé dans la page Web principale. Nous avons traité des IFrames au Chapitre 2, et nous avons montré comment les définir dans le balisage HTML de la page et comment les générer par programme. Dans ce dernier cas, il reste possible de considérer un style d'interface toujours assez radicalement dynamique, plus comparable à un gestionnaire de fenêtres qu'à un bureau. La Figure 5.7 propose un schéma d'architecture centrée sur le contenu.

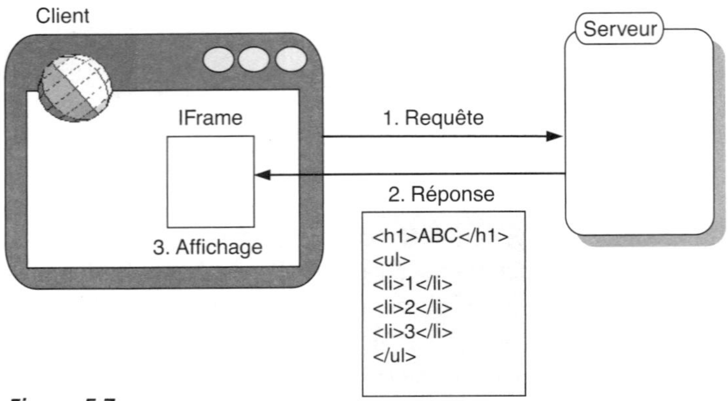

Figure 5.7
Architecture centrée sur le contenu dans une application Ajax. Le client crée un IFrame et transmet une demande de contenu au serveur. Le contenu est généré à partir d'un système Modèle-Vue-Contrôleur sur le tier de présentation du serveur et retourné à l'IFrame. Aucun modèle de domaine métier n'est requis sur le tier client.

Le Listing 5.2 présente, pour notre application d'informations sur les planètes, une implémentation du gestionnaire d'événements qui utilise une approche centrée sur le contenu.

Listing 5.2 : ContentPopup.js

```
var offset=8;

function showInfo(event){
  var planet=this.id;
  var infoWin=new ContentPopup(
    "info_"+planet+".html",
    planet+"Popup",
    planet,offset,offset,320,320
  );
  offset+=32;
}

function ContentPopup(url,winEl,displayStr,x,y,w,h){

  var bod=document.createElement("div");
  document.body.appendChild(bod);

  this.iframe=document.createElement("iframe");
  this.iframe.className="winContents";
  this.iframe.src=url;
  bod.appendChild(this.iframe);

  this.win=new windows.Window(bod,displayStr,x,y,w,h);
}
```

`showInfo()` est la fonction de gestionnaire d'événements pour l'élément DOM représentant la planète. Dans le gestionnaire d'événements, `this` fait référence à l'élément DOM et nous recourons à l'ID de cet élément pour déterminer la planète dont nous souhaitons afficher les informations.

Nous définissons un objet ContentPopup, qui compose l'un des objets Window génériques, crée un IFrame à utiliser comme contenu principal dans le corps de la fenêtre et y charge l'URL donnée. Dans notre cas, l'URL est un simple nom de fichier HTML statique que nous avons construit. Dans un système plus sophistiqué où des données seraient générées dynamiquement, nous ajouterions probablement des paramètres de chaîne de requête à l'URL. Le fichier simple que nous chargeons dans l'IFrame est généré par le serveur. Il est présenté dans le Listing 5.3.

Listing 5.3 : info_earth.html

```
<html>
<head>
<link rel=stylesheet type="text/css" href="../style.css"/>
</head>
<body class="info">
<div class="framedInfo" id="info">
<div class="title" id="infotitle">earth</div>
<div class="content" id="infocontent">
A small blue planet near the outer rim of the galaxy,
third planet out from a middle-sized sun.
</div>
</div>
</body>
</html>
```

Rien de remarquable ici : nous pouvons tout simplement nous servir du balisage HTML standard comme nous le ferions pour une application Web classique.

Avec le pattern centré sur le contenu, le code du tier client ne requiert qu'une compréhension limitée de la logique métier de l'application, car la seule charge est de placer l'IFrame et de construire l'URL requise pour lancer le contenu. Le couplage entre le tier client et le tier de présentation est assez souple, l'essentiel des responsabilités restant cantonné côté serveur. L'avantage de ce mode d'interaction tient à l'abondance sur le Web de code HTML prêt à l'emploi. Il peut notamment être utile dans deux cas : pour l'incorporation de contenu depuis des sites externes (par exemple des sites de partenaires commerciaux ou des services publics) et pour l'affichage du contenu hérité d'une application. Le balisage HTML peut être très efficace et il y a peu d'intérêt à convertir certains types de contenu dans le jargon de l'application. Les pages d'aide en sont un bon exemple. Dans de nombreux cas où une application Web classique utiliserait une fenêtre pop-up, l'application Ajax pourra préférer du code centré sur le contenu, notamment afin d'éviter les fonctions de blocage des fenêtres des navigateurs récents.

Ce pattern est donc utile dans un ensemble limité de situations. Examinons rapidement ses limitations avant de passer à la suite.

Problèmes et limitations

Parce qu'elles ressemblent tant aux pages Web conventionnelles, les interactions centrées sur le contenu possèdent bon nombre des limitations propres à l'ancienne approche. Le document de contenu est isolé à l'intérieur de l'IFrame de la page dans laquelle il est incorporé. La surface de l'écran s'en trouve en quelque sorte partitionnée. En termes de mise en page, l'IFrame impose une unique fenêtre rectangulaire pour le document enfant, bien qu'il puisse se voir attribuer un arrière-plan transparent afin de mieux se fondre dans le document parent.

Il serait tentant d'exploiter ce mécanisme pour fournir des sous-pages dynamiques dans une application hautement dynamique, mais ce type d'introduction des IFrames peut être problématique. Chaque IFrame conserve son propre contexte de script, et la quantité de code de "plomberie" requise pour les scripts dans l'IFrame et le parent pour qu'ils communiquent entre eux peut être considérable. Pour la communication avec des scripts dans d'autres cadres, le problème s'accentue encore. Nous reviendrons sur ces questions sous peu lorsque nous considérerons les patterns centrés sur les scripts.

Bon nombre des problèmes d'utilisabilité propres aux applications Web traditionnelles font aussi leur retour. Tout d'abord, si la mise en forme de l'IFrame requiert un balisage un peu complexe, nous continuons de retransmettre du contenu statique avec chaque demande de contenu. Ensuite, si le document principal ne souffre pas de "clignotements" lors de l'actualisation des données, ce peut être le cas de l'IFrame si le même cadre est réutilisé pour plusieurs extractions de contenu. Ce dernier problème peut être évité avec quelques ajouts de code afin de présenter par exemple un message de chargement par-dessus le cadre.

L'expression "centré sur le contenu" est le premier néologisme de notre terminologie des techniques de requêtage serveur Ajax. Les approches centrées sur le contenu sont limitées quant à leur utilité, mais il est bon de pouvoir les nommer. Un grand nombre de problèmes peuvent être aisément résolus grâce à une approche centrée sur le contenu, comme pour la mise à jour d'un petit élément de la surface d'un composant, d'une icône ou d'une unique ligne dans une table. L'un des moyens de réaliser ces types de modifications consiste à transmettre du code JavaScript. Considérons à présent cette option.

Variantes

Le style centré sur le contenu que nous avons appliqué jusqu'à présent s'appuyait sur un IFrame pour recevoir le contenu généré par le serveur. Il existe cependant une autre approche que l'on peut considérer comme centrée sur le contenu : elle consiste à générer un fragment de code HTML en réponse à une requête asynchrone, et à attribuer la réponse au `innerHTML` d'un élément DOM dans le document courant. Nous recourrons à cette approche au Chapitre 12, dans notre répertoire téléphonique XSLT. Inutile donc de reproduire un exemple complet ici.

Penser comme un plug-in : interactions centrées sur les scripts

Lorsque nous transmettons un fichier JavaScript à un navigateur depuis notre serveur Web et que nous amenons ce fichier JavaScript à s'exécuter dans ce navigateur, nous réalisons une opération assez poussée. Si nous générons le code JavaScript transmis à partir d'un programme, nous mettons pourtant en place un système encore plus complexe. Traditionnellement, ce sont des données que les programmes client/serveur se transmettent les uns aux autres, mais le fait de communiquer du code mobile exécutable sur le réseau apporte une grande flexibilité. Les langages réseau d'entreprise comme le Java et la pile .NET commencent à s'ouvrir aux possibilités du code mobile, grâce à des technologies comme RMI, Jini et le Remoting Framework .NET. Nous, les développeurs Web légers, nous le faisons pourtant depuis des années ! Comme toujours, Ajax offre dans ce domaine quelques nouvelles potentialités. Voyons de quoi il s'agit.

Vue d'ensemble

Dans une application Web classique, le code JavaScript et son HTML associé sont livrés ensembles, dans un unique lot, et le script est généralement contraint d'opérer avec sa page attitrée. Avec Ajax, il est possible de charger des scripts et des pages indépendamment. Cette liberté ouvre de nombreuses possibilités pour la modification des pages, selon les scripts chargés. Le code qui constitue notre application du tier client peut en effet être étendu à l'exécution. Comme nous le verrons, si la porte s'ouvre pour de nouvelles opportunités, elle fraie malheureusement aussi une voie pour de nouveaux problèmes. La Figure 5.8 présente l'architecture de base d'une application centrée sur les scripts.

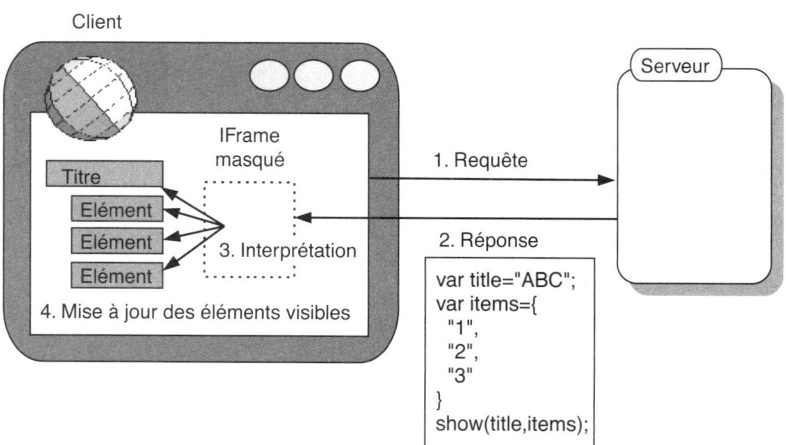

Figure 5.8

Architecture centrée sur les scripts dans une application Ajax. L'application cliente transmet une requête au serveur afin d'obtenir un fragment de stockage qu'elle interprète ensuite. L'application cliente expose plusieurs points d'entrée auxquels les scripts générés peuvent se raccorder afin de manipuler le client.

Le premier avantage de cette approche par rapport à une solution centrée sur le contenu tient à ce que l'activité réseau est reléguée à l'arrière-plan – il n'y a plus de risque, dès lors, de voir apparaître des clignotements visuels.

La nature exacte du script généré dépend des fonctions "hook" que nous exposons dans le tier client lui-même. Comme bien souvent pour la génération de code, l'essentiel est de faire en sorte que la portion de code générée reste simple, et d'utiliser du code de bibliothèque non généré dès que possible, qu'il soit transmis parallèlement au code généré ou qu'il réside dans l'application cliente. Dans l'un ou l'autre cas, ce pattern produit un couplage relativement étroit entre les tiers, car le code généré par le serveur requiert une connaissance intime des appels d'API sur le client. Deux problèmes se posent dès lors. Tout d'abord, les changements apportés au serveur et au code client peuvent involontairement les faire dysfonctionner. Des règles de conception modulaires efficaces peuvent permettre de repousser ces dangers dans une certaine mesure en fournissant une API bien définie et bien documentée – qui implémente le pattern Façade. Ensuite, le flux de JavaScript est très spécifiquement conçu pour ce client et a peu de chances d'être aussi réutilisable dans d'autres contextes que le serait par exemple un flux de XML. La réutilisabilité n'est cependant pas systématiquement une fin en soi.

Considérons notre exemple d'informations planétaires à nouveau. Le Listing 5.4 présente une API simple pour l'affichage de nos fenêtres d'informations.

Listing 5.4 : fonction *showPopup()* et code associé

```
var offset=8;

function showPopup(name,description){
  var win=new ScriptIframePopup
    (name,description,offset,offset,320,320);
  offset+=32;
}

function ScriptIframePopup(name,description,x,y,w,h){

  var bod=document.createElement("div");
  document.body.appendChild(bod);

  this.contentDiv=document.createElement("div");
  this.contentDiv.className="winContents";
  this.contentDiv.innerHTML=description;
  bod.appendChild(this.contentDiv);

  this.win=new windows.Window(bod,name,x,y,w,h);
}
```

Nous définissons une fonction showPopup qui prend un nom et une description comme arguments et construit un objet fenêtre pour nous. Le Listing 5.5 présente un script d'exemple qui lance cette fonction.

Listing 5.5 : script_earth.js

```
var name='earth';
var description="A small blue planet near the outer rim of the galaxy,"
  +"third planet out from a middle-sized sun.";

showPopup (name,description);
```

Nous définissons simplement les arguments et opérons un appel à destination de l'API. A l'arrière-plan, nous devons cependant charger ce script depuis le serveur et convaincre le navigateur de l'exécuter. Il existe plusieurs approches possibles. Considérons-les tour à tour.

Charger des scripts dans des IFrames

Si nous chargeons un script JavaScript à l'aide de la balise `<script>` d'un document HTML, le script sera automatiquement exécuté par l'interpréteur lorsqu'il se chargera. Les IFrames se comportent comme tout autre document à cet égard. Nous pouvons définir une méthode `showInfo()` afin de créer un IFrame pour nous, et charger le script à l'intérieur :

```
function showInfo(event){
  var planet=this.id;
  var scriptUrl="script_"+planet+".html";
  var dataframe=document.getElementById('dataframe');
  if (!dataframe){
    dataframe=document.createElement("iframe");
    dataframe.className='dataframe';
    dataframe.id='dataframe';
    dataframe.src=scriptUrl;
    document.body.appendChild(dataframe);
  }else{
    dataframe.src=scriptUrl;
  }
}
```

Les méthodes de manipulation du DOM que nous employons doivent maintenant vous être familières. Si nous utilisons un IFrame invisible pour charger notre script, nous n'avons qu'à nous concentrer sur la génération du script lui-même, puisque toutes les autres interactions sont générées pour nous. Ficelons donc notre script d'exemple dans un document HTML, comme au Listing 5.6.

Listing 5.6 : script_earth.html

```
<html>
<head>
<script type='text/JavaScript' src='script_earth.js'>
</script>
</head>
<body>
</body>
</html>
```

Lorsque nous essayons de charger ce code, il ne fonctionne pas, car l'IFrame crée son propre contexte JavaScript et ne peut directement voir l'API que nous avons définie dans le document principal. Lorsque notre script déclare :

```
showPopup(name,description);
```

le navigateur recherche une fonction `showPopup()` définie dans le contexte de l'IFrame. Dans une situation simple à deux contextes comme celle-là, il est possible de faire référence au document de niveau supérieur en préfaçant les appels d'API par le mot clé `top`, comme ceci :

```
top.showPopup(name,description);
```

Si nous imbriquions des IFrames dans d'autres IFrames ou si nous souhaitions pouvoir exécuter notre application dans un frameset, tout risquerait de se compliquer bigrement.

Le script que nous chargeons s'appuie sur une approche fonctionnelle. Si nous choisissons d'instancier un objet dans le script de notre IFrame, de nouvelles complications surviennent. Supposons que nous ayons un fichier PlanetInfo.js qui définisse un type d'objet `PlanetInfo` que nous exécutons dans notre script de la manière suivante :

```
var pinfo=new PlanetInfo(name,description);
```

Pour utiliser ce type dans notre script, nous pourrions importer PlanetInfo.js dans le contexte de l'IFrame, en ajoutant une balise de script supplémentaire :

```
<script type='text/JavaScript' src='PlanetInfo.js'></script>
<script type='text/JavaScript'>
  var pinfo=new PlanetInfo(name,description);
</script>
```

L'objet PlanetInfo créé dans l'IFrame aurait un comportement identique à celui créé dans le cadre de niveau supérieur, mais les deux ne posséderaient pas le même prototype. Si l'IFrame était par la suite détruit mais que le document de niveau supérieur conserve une référence à un objet créé par cet IFrame, les appels subséquents aux méthodes de l'objet échoueraient. En outre, le comportement de l'opérateur `instanceof` irait à l'encontre de ce que l'on attendrait, comme le fait apparaître le Tableau 5.1.

Tableau 5.1 : Comportement de l'opérateur *instanceof* d'un cadre à l'autre

Objet créé dans	*instanceof* exécutée dans	L'objet *instanceof* est évalué à
Document de niveau supérieur	Document de niveau supérieur	True
Document de niveau supérieur	IFrame	False
IFrame	Document de niveau supérieur	False
IFrame	IFrame	True

L'importation de la même définition d'objet dans plusieurs contextes de script n'est pas aussi simple qu'il y paraît. Nous pouvons l'éviter en fournissant une méthode d'usine dans le cadre de l'API de notre document de niveau supérieur. Par exemple :

```
function createPlanetInfo(name,description){
  return new PlanetInfo(name,description);
}
```

Notre script peut ensuite l'appeler sans devoir se référer à sa propre version du type PlanetInfo, ainsi :

```
<script type='text/JavaScript'>
  var pinfo=createPlanetInfo(name,description);
</script>
```

La fonction `showPopup()` du Listing 5.4 est principalement une usine pour l'objet ScriptIframePopup.

Cette approche fonctionne et réalise ce que nous souhaitons. Nous devons transmettre une petite quantité de code HTML interne avec chaque page, mais bien moins qu'avec la solution centrée sur le contenu. Le principal désavantage de cette approche s'avère être la création d'un contexte JavaScript séparé. Cependant, pour éviter cela complètement, il existe un moyen que nous allons étudier à présent.

Charger des scripts à l'aide de XMLHttpRequest et *eval()*

Le JavaScript, comme bon nombre de langages de script, possède une fonction `eval()`, qui permet de passer n'importe quel texte directement à l'interpréteur JavaScript. L'emploi de `eval()` est souvent déconseillé ou déconsidéré pour sa lenteur, qui s'avère effectivement un défaut lorsque la fonction est appelée fréquemment dans un grand nombre de petits scripts. Cette fonction garde pourtant son utilité. Nous pouvons notamment l'exploiter ici pour évaluer des scripts chargés depuis le serveur avec l'objet XMLHttpRequest. `eval()` offre des performances raisonnables lorsqu'on travaille sur un nombre plus réduit de scripts de plus grande taille.

Notre exemple d'informations sur les planètes est réécrit de manière à exploiter `eval()` dans le code suivant :

```
function showInfo(event){
  var planet=this.id;
  var scriptUrl="script_"+planet+".js";
  new net.ContentLoader(scriptUrl,evalScript);
}

function evalScript(){
  var script=this.req.responseText;
  eval(script);
}
```

La méthode `showInfo()` utilise maintenant l'objet XMLHttpRequest (encapsulé dans notre classe `ContentLoader`) pour récupérer le script depuis le serveur, sans avoir à l'envelopper dans une page HTML. La deuxième fonction, `evalScript()`, est passée au `ContentLoader` sous forme de rappel, auquel moment nous pouvons lire la propriété `responseText` de l'objet XMLHttpRequest. Le script entier est évalué dans le contexte de page actuel, au lieu de l'être dans un contexte séparé à l'intérieur d'un IFrame.

Nous pouvons ainsi ajouter l'expression "centré sur les scripts" à notre terminologie des patterns et noter qu'il en existe deux implémentations qui s'appuient respectivement sur les IFrames et sur `eval()`. Revenons maintenant un peu en arrière et voyons quelle comparaison peut être établie entre les approches fondées sur les scripts et le style fondé sur le contenu.

Problèmes et limitations

Lorsqu'on charge un script directement depuis le serveur, le message transmis est généralement plus simple et réduit la bande passante dans une certaine mesure. La logique et la présentation se trouvent plus fortement découplées. Premier effet pratique : les modifications visuelles ne sont pas confinées à une portion rectangulaire fixe de l'écran comme elles le sont dans le cas de l'approche centrée sur le contenu.

Du côté des points négatifs, il faut noter en revanche que nous introduisons un couplage étroit entre le code client et le code serveur. Le code JavaScript émis par le serveur a peu de chances d'être réutilisable dans d'autres contextes et devra être écrit spécifiquement pour le client Ajax. En outre, une fois publiée, l'API fournie par le client sera relativement difficile à changer.

Nous faisons cependant un pas dans la bonne direction. L'application Ajax commence à se comporter davantage comme une application et moins comme un document. Avec le prochain style de communication client/serveur que nous allons traiter, nous pourrons relâcher le couplage entre le client et le serveur qui a été introduit ici.

Penser comme une application : interactions centrées sur les données

Avec l'approche centrée sur les scripts que nous venons de décrire, nous avons commencé à proposer un comportement plus proche de celui du client lourd traditionnel, les requêtes de données au serveur intervenant à l'arrière-plan, découplées de l'interface utilisateur. Le contenu du script reste cependant très spécifique au client navigateur.

Vue d'ensemble

Il peut arriver parfois que l'on souhaite partager les flux de données destinés au client Ajax avec d'autres terminaux frontaux, comme des clients actifs Java ou .NET ou des logiciels client de téléphones cellulaires ou de PDA. Dans ce type de cas, il est sans doute préférable d'utiliser un format de données plus neutre qu'un ensemble d'instructions JavaScript.

Avec une solution centrée sur les données, le serveur sert des flux de données pures qui sont parsées par notre propre code client et non par le moteur JavaScript. La Figure 5.9 présente les caractéristiques d'une solution centrée sur les données.

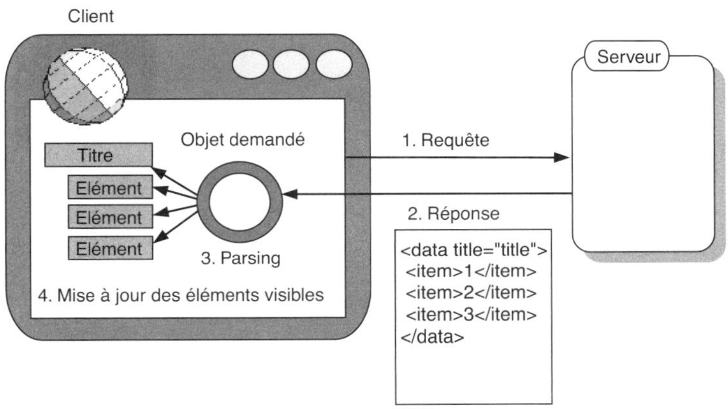

Figure 5.9
Dans un système centré sur les données, le serveur retourne des flux de données brutes (dans le cas présent, du XML), qui sont parsées sur le tier client et utilisées pour mettre à jour le modèle du tier client et/ ou l'interface utilisateur.

La plupart des exemples de ce livre suivent l'approche centrée sur les données. Le format le plus évident pour les données est le XML, mais d'autres formats peuvent aussi être adoptés, comme nous le verrons sous peu.

Utiliser des données XML

Le XML est un format de données presque universel pour l'informatique moderne. L'environnement du navigateur Web dans lequel réside notre application Ajax et l'objet XMLHttpRequest en particulier fournissent un bon support natif pour le traitement du XML. Si l'objet XMLHttpRequest reçoit une réponse avec un type de contenu XML comme `application/xml` ou `text/xml`, il peut présenter la réponse sous forme de DOM, comme nous l'avons déjà vu. Le Listing 5.7 montre comment notre application d'informations sur les planètes s'adapte pour exploiter des flux de données XML.

Listing 5.7 : DataXMLPopup.js

```
var offset=8;
function showPopup(name,description){
  var win=new DataPopup(name,description,offset,offset,320,320);
  offset+=32;
}

function DataPopup(name,description,x,y,w,h){

  var bod=document.createElement("div");
  document.body.appendChild(bod);
```

```
    this.contentDiv=document.createElement("div");
    this.contentDiv.className="winContents";
    this.contentDiv.innerHTML=description;
    bod.appendChild(this.contentDiv);

    this.win=new windows.Window(bod,name,x,y,w,h);
  }

  function showInfo(event){
    var planet=this.id;
    var scriptUrl=planet+".xml";
    new net.ContentLoader(scriptUrl,parseXML);
  }

  function parseXML(){
    var name="";
    var descrip="";
    var xmlDoc=this.req.responseXML;
    var elDocRoot=xmlDoc.getElementsByTagName("planet")[0];
    if (elDocRoot){
      attrs=elDocRoot.attributes;
      name=attrs.getNamedItem("name").value;
      var ptype=attrs.getNamedItem("type").value;
      if (ptype){
        descrip+="<h2>"+ptype+"</h2>";
      }

      descrip+="<ul>";
      for(var i=0;i<elDocRoot.childNodes.length;i++){
        elChild=elDocRoot.childNodes[i];
        if (elChild.nodeName=="info"){
          descrip+="<li>"+elChild.firstChild.data+"</li>\n";
        }
      }
      descrip+="</ul>";
    }else{
      alert("no document");
    }
    top.showPopup(name,descrip);
  }
```

La fonction `showInfo()` ouvre simplement un objet XMLHttpRequest, encapsulé dans un objet ContentLoader qui fournit la fonction `parseXML()` comme rappel. Le rappel est ici un peu plus complexe que la méthode `evalScript()` rencontrée précédemment, car nous parcourons le DOM de réponse, extrayons les données, puis lançons manuellement la méthode `showPopup()`. Le Listing 5.8 présente une réponse XML d'exemple générée par le serveur que notre application centrée sur les données XML peut consommer.

Listing 5.8 : earth.xml

```
<planet name="earth" type="small">
  <info id="a" author="dave" date="26/05/04">
    Earth is a small planet, third from the sun
  </info>
  <info id="b" author="dave" date="27/02/05">
    Surface coverage of water is roughly two-thirds
  </info>
  <info id="c" author="dave" date="03/05/05">
    Exhibits a remarkable diversity of climates and landscapes
  </info>
</planet>
```

L'un des grands avantages du XML tient à ce qu'il se prête naturellement à la structuration des informations. On peut en tirer parti ici de manière à fournir un certain nombre de balises `<info>` que nous traduirons dans le code de `parseXML()` sous la forme d'une liste HTML désordonnée.

La séparation des tiers serveur et client s'est améliorée avec l'emploi du XML. Si les deux côtés comprennent le format de document, le code client et le code serveur peuvent être modifiés indépendamment l'un de l'autre. Les solutions centrées sur les scripts que nous avons présentées dans la précédente section avaient pourtant ceci d'intéressant que l'interpréteur JavaScript faisait tout le travail pour nous. L'exemple suivant, qui s'appuie sur JSON, permet en quelque sorte de tirer profit des deux approches à la fois.

Utiliser des données JSON

L'objet XMLHttpRequest porte un nom qui suggère un usage spécifique, mais il peut en fait recevoir n'importe quel type d'information texte. L'un des formats utiles pour la transmission de données aux clients Ajax est ainsi le format JSON (*JavaScript Object Notation*), une méthode compacte pour représenter des graphes d'objets JavaScript génériques. Le Listing 5.9 montre comment adapter notre exemple d'application d'informations sur les planètes afin d'utiliser JSON.

Listing 5.9 : DataJSONPopup.js

```
function showInfo(event){
  var planet=this.id;
  var scriptUrl=planet+".json";
  new net.ContentLoader(scriptUrl,parseJSON);
}

function parseJSON(){
  var name="";
  var descrip="";
  var jsonTxt=net.req.responseText;
  var jsonObj=eval("("+jsonTxt+")");
  name=jsonObj.planet.name
```

```
    var ptype=jsonObj.planet.type;
    if (ptype){
      descrip+="<h2>"+ptype+"</h2>";
    }

    var infos=jsonObj.planet.info;
    descrip+="<ul>";
    for(var i in infos){
      descrip+="<li>"+infos[i]+"</li>\n";
    }
    descrip+="</ul>";

    top.showPopup(name,descrip);
  }
```

Cette fois encore, nous extrayons les données à l'aide d'un ContentLoader et attribuons une fonction de rappel – ici, `parseJSON()`. Le texte de réponse entier est une instruction JavaScript valide. Nous pouvons donc créer un graphe d'objets en une ligne en appelant simplement `eval()` :

```
    var jsonObj=eval("("+jsonTxt+")");
```

Notez que nous devons entourer l'expression entière de parenthèses avant de l'évaluer. Il est ensuite possible d'interroger les propriétés de l'objet directement par leur nom, ce qui donne lieu à un code plus concis et lisible que les méthodes de manipulation du DOM que nous avons employées pour le XML. La méthode `showPopup()` est omise, car elle est identique à celle du Listing 5.7.

A quoi ressemble donc JSON en pratique ? Le Listing 5.10 présente nos données pour la planète Terre (Earth) sous la forme d'une chaîne JSON.

Listing 5.10 : earth.json

```
  {"planet": {
    "name": "earth",
    "type": "small",
    "info": [
      "Earth is a small planet, third from the sun",
      "Surface coverage of water is roughly two-thirds",
      "Exhibits a remarkable diversity of climates and landscapes"
    ]
  }}
```

Les accolades signalent des tableaux associatifs et les crochets des tableaux numériques. Ces deux types de parenthèses peuvent s'imbriquer l'un dans l'autre. Ici, nous définissons un objet appelé `planet` qui contient trois propriétés. Les propriétés `name` et `type` sont de simples chaînes et la propriété `info` est un tableau.

JSON est un format moins courant que le XML, mais il peut être consommé par n'importe quel moteur JavaScript, et même par des moteurs fondés sur Java comme Rhino de Mozilla et JScript .NET de Microsoft. Les bibliothèques JSON-RPC contiennent des parseurs JSON pour un certain nombre de langages de programmation (voir la section Ressources à la fin de ce chapitre), ainsi qu'un convertisseur JavaScript pour la conversion des objets JavaScript en chaînes JSON dans les communications bidirectionnelles où JSON sert d'intermédiaire. Si un interpréteur JavaScript est disponible côté serveur et côté client, JSON est indéniablement une option viable. Le projet JSON-RPC a également développé des bibliothèques pour le parsing et la génération de données JSON pour un certain nombre de langages courants côté serveur.

L'expression "centré sur les données" peut maintenant figurer dans notre technologie. Notez qu'il existe un potentiel pour une vaste gamme d'autres formats de données de type texte que le célèbre XML.

Utiliser des XSLT

Au lieu de manipuler manuellement l'arbre DOM afin de créer du HTML, il est possible de s'appuyer sur des transformations XSL pour convertir automatiquement le XML en XHTML. C'est ce que nous ferons plus loin dans ce chapitre. Il s'agit là d'une méthode hybride, qui combine l'approche centrée sur les données et l'approche centrée sur le contenu. Du point de vue du serveur, il s'agit d'une approche centrée sur les données. Du point de vue du client, tout est plutôt centré sur le contenu. Cette méthode est plus rapide et plus simple, mais elle souffre des mêmes limitations que l'approche centrée sur le contenu : la réponse est purement interprétée comme un balisage visuel qui affecte une unique zone rectangulaire et visible de l'interface utilisateur. Les XSLT sont traitées plus en détail au Chapitre 11.

Problèmes et limitations

La principale limitation de l'approche centrée sur les données tient à ce qu'elle place toute la charge de traitement des données sur le client. Le code du tier client a donc tendance à être plus compliqué, mais si cette approche est adoptée massivement dans une application plus grande, les coûts peuvent être minimisés en réutilisant le code de parseur ou en abstrayant certaines des fonctions dans une bibliothèque.

Les trois approches que nous avons présentées ici forment un éventail de possibilités qui relient les deux extrêmes que sont le modèle applicatif Web traditionnel et le client lourd de bureau. Heureusement, les trois patterns ne s'excluent pas les uns les autres et peuvent être exploités tous ensemble dans la même application.

Les communications client/serveur s'exécutent évidemment dans les deux sens. Nous terminerons donc ce chapitre en voyant comment le client peut transmettre des données au serveur.

Ecrire au serveur

Jusqu'à présent, nous nous sommes occupés de l'un des côtés de la communication, à savoir du serveur qui indique au client ce qui se passe. Dans la plupart des applications, l'utilisateur souhaitera cependant manipuler le modèle de domaine en plus de l'observer. Dans un environnement multi-utilisateur, il est également nécessaire de recevoir des mises à jour concernant les modifications que les autres utilisateurs ont opérées.

Considérons d'abord le cas de la mise à jour des modifications que nous avons faites. Techniquement, il existe deux mécanismes principaux pour transmettre des données : les formulaires HTML et l'objet XMLHttpRequest. Examinons-les tour à tour.

Utiliser des formulaires HTML

Dans une application Web classique, les éléments de formulaires HTML constituent le mécanisme standard qui permet à l'utilisateur d'entrer des données. Les éléments de formulaires peuvent être déclarés à l'intérieur du balisage HTML de la page :

```
<form method="POST" action="myFormHandlerURL.php">
  <input type="text" name="username"/>
  <input type="password" name="password"/>
  <input type="submit" value="login"/>
</form>
```

Ce code affichera deux zones de texte vides. Si nous entrons les valeurs `dave` et `letmein` dans le formulaire, une requête HTTP POST est transmise à myFormHandlerURL.php, avec comme corps `username=dave&password=letmein`. Dans la plupart des systèmes de programmation Web modernes, ces données de formulaires encodées ne s'affichent pas, les paires nom-valeur étant décodées sous la forme d'un tableau associatif ou de variables "magiques".

Il est assez courant aujourd'hui d'ajouter un peu de JavaScript pour valider le contenu du formulaire en local avant de le transmettre. Notre formulaire peut être modifié à cet effet :

```
<form id="myForm" method="POST" action=""
      onsubmit="validateForm(); return false;">
  <input type="text" name="username"/>
  <input type="password" name="password"/>
  <input type="submit" value="login"/>
</form>
```

Ensuite, nous définissons une routine de validation dans le code JavaScript de la page :

```
function validateForm(){
  var form=document.getElementById('myForm');
  var user=form.elements[0].value;
  var pwd=form.elements[1].value;
  if (user && user.length>0 && pwd && pwd.length>0){
    form.action='myFormHandlerURL.php';
    form.submit();
  }else{
    alert("please fill in your credentials before logging in");
  }
}
```

Le formulaire est initialement défini sans attribut d'action. L'URL réelle n'est remplacée que lorsque les valeurs dans le formulaire ont été correctement validées. Du JavaScript peut aussi être utilisé pour améliorer les formulaires en désactivant le bouton Envoyer afin d'empêcher les envois multiples, en cryptant les mots de passe avant de les transmettre sur le réseau, etc. De manière générale, ces techniques sont bien documentées ; nous ne nous attarderons donc pas dessus ici. Les Chapitres 9 et 10 contiennent des exemples plus détaillés de formulaires HTML améliorés grâce à Ajax.

Il est aussi possible de construire des éléments de formulaires de manière programmatique et de les transmettre à l'arrière-plan. Si l'on applique un style spécifiant que l'élément ne doit pas être affiché, il est possible de faire en sorte qu'il ne soit jamais vu par l'utilisateur, comme le montre l'exemple du Listing 5.11.

Listing 5.11 : fonction *submitData()*

```
function addParam(form,key,value){
  var input=document.createElement("input");
  input.name=key;
  input.value=value;
  form.appendChild(input);
}
function submitData(url,data){
  var form=document.createElement("form");
  form.action=url;
  form.method="POST";
  for (var i in data){
    addParam(form,i,data[i]);
  }
  form.style.display="none";
  document.body.appendChild(form);
  form.submit();
}
```

`submitData()` crée l'élément de formulaire et parcourt en boucle les données, en les ajoutant au formulaire avec la fonction `addParam()`. Elle peut être lancée de la manière suivante :

```
submitData(
  "myFormHandlerURL.php",
  {username:"dave",password:"letmein"}
);
```

Cette technique est concise, mais elle présente un sérieux inconvénient : il n'existe aucun moyen simple de capturer les réponses du serveur. Nous pourrions faire pointer le formulaire sur un IFrame invisible puis parser les résultats, mais cette approche est pour le moins compliquée. Heureusement, il est possible d'obtenir le même effet avec l'objet XMLHttpRequest.

Utiliser l'objet XMLHttpRequest

Nous avons déjà vu l'objet XMLHttpRequest en action au Chapitre 2, et précédemment dans ce chapitre. Du point de vue du code client, il n'y a que peu de différences entre la lecture et la mise à jour. Nous devons simplement spécifier la méthode POST et passer nos paramètres de formulaires.

Le Listing 5.12 présente le code principal pour notre objet ContentLoader développé au Chapitre 3. Nous l'avons réusiné afin de pouvoir passer des paramètres à la requête et de spécifier une méthode HTTP.

Listing 5.12 : objet ContentLoader

```
net.ContentLoader=function
 (url,onload,onerror,method,params,contentType){      ❶ Arguments
                                                         supplémentaires
  this.onload=onload;
  this.onerror=(onerror) ? onerror : this.defaultError;
  this.loadXMLDoc(url,method,params,contentType);
}

net.ContentLoader.prototype.loadXMLDoc
  =function(url,method,params,contentType){
  if (!method){
    method="GET";
  }
  if (!contentType && method=="POST"){
    contentType="application/x-www-form-urlencoded";
  }
  if (window.XMLHttpRequest){
    this.req=new XMLHttpRequest();
  } else if (window.ActiveXObject){
    this.req=new ActiveXObject("Microsoft.XMLHTTP");
  }
  if (this.req){
    try{
      this.req.onreadystatechange=net.ContentLoader.onReadyState;
      this.req.open(method,url,true);          <—— Méthode HTTP
      if (contentType){                <—— Type du contenu
        this.req.setRequestHeader("Content-Type", contentType);
      }
      this.req.send(params);          <—— Paramètres de la requête
    }catch (err){
      this.onerror.call(this);
    }
  }
}
```

Nous passons plusieurs nouveaux arguments au constructeur ❶. Seule l'URL (correspondant à l'action du formulaire) et le gestionnaire `onload` sont requis, mais la méthode HTTP, les paramètres de requête et le type de contenu peuvent également être spécifiés. Notez que si nous transmettons des paires clé-valeur de données avec la méthode POST, le type de contenu doit être positionné à `application/x-www-form-urlencoded`. Nous gérons cela automatiquement lorsqu'aucun type de contenu n'est spécifié. La méthode HTTP est spécifiée dans la méthode `open()` de XMLHttpRequest et les paramètres dans la méthode `send()`. Un appel comme le suivant réalisera donc la même requête que la méthode `submitData()`, fondée sur les formulaires du Listing 5.11 :

```
var loader=net.ContentLoader(
  'myFormHandlerURL.php',
  showResponse,
  null,
  'POST',
  'username=dave&password=letmein'
);
```

Notez que les paramètres sont passés sous forme d'objets chaîne en utilisant le format des chaînes de requête d'URL, comme ceci :

```
name=dave&job=book&work=Ajax_In+Action
```

Cette présentation couvre les mécanismes de base de la transmission de données au serveur, qu'il s'agisse d'entrées textuelles depuis un formulaire ou d'autres activités comme des actions de glisser-déposer ou des mouvements de souris. Dans la section suivante, nous allons reprendre notre exemple ObjectViewer du Chapitre 4 et voir comment gérer des mises à jour du modèle de domaine de manière méthodique.

Gérer efficacement les mises à jour utilisateur

Au Chapitre 4, nous avons introduit l'ObjectViewer, un module de code générique qui permet de parcourir des modèles complexes de domaines, et nous avons proposé un exemple simple qui nous a servi à visualiser des informations concernant des planètes. Les objets représentant les planètes dans le système solaire contenaient chacun plusieurs paramètres et nous avons marqué deux propriétés textuelles simples (le diamètre et la distance depuis le soleil) comme étant modifiables. Les changements apportés aux propriétés dans le système ont été capturés par une fonction d'écouteur événementiel central, que nous avons exploitée pour écrire des informations de débogage dans la barre d'état du navigateur (notez que les versions récentes de Firefox restreignent l'écriture dans la barre d'état ; dans l'Annexe A, nous présenterons une console de journalisation JavaScript pure qui peut servir à proposer des messages d'état à l'utilisateur en l'absence d'une barre d'état native). Ce mécanisme d'écouteur événementiel se présente également comme un moyen idéal pour capturer des mises à jour afin de les transmettre au serveur.

Supposons que nous ayons un script updateDomainModel.jsp qui s'exécute sur notre serveur et capture les informations suivantes :

- l'ID unique de la planète mise à jour ;
- le nom de la propriété mise à jour ;
- la valeur attribuée à la propriété.

Nous pouvons dès lors écrire un gestionnaire d'événements pour déclarer tous les changements au serveur, comme ceci :

```
function updateServer(propviewer){
  var planetObj=propviewer.viewer.object;
  var planetId=planetObj.id;
  var propName=propviewer.name;
  var val=propviewer.value;
  net.ContentLoader(
    'updateDomainModel.jsp',
    someResponseHandler,
    null,
    'POST',
    'planetId='+encodeURI(planetId)
    +'&propertyName='+encodeURI(propName)
    +'&value='+encodeURI(val)
  );
}
```

Ensuite, nous pouvons l'attacher à notre ObjectViewer :

```
myObjectViewer.addChangeListener(updateServer);
```

Ce code est simple à programmer mais peut générer un grand nombre de petits échanges avec le serveur, ce qui manque d'efficacité et peut semer la confusion. Si nous souhaitons contrôler notre trafic, nous pouvons capturer ces mises à jour et les placer localement en file d'attente, puis les transmettre au serveur par lots, à notre guise. Le Listing 5.13 présente une file d'attente des mises à jour simple implémentée en JavaScript.

Listing 5.13 : objet CommandQueue

```
net.CommandQueue=function(id,url,freq){      ❶ Créer un objet de file d'attente
  this.id=id;
  net.cmdQueues[id]=this;
  this.url=url;
  this.queued=new Array();
  this.sent=new Array();
  if (freq){
    this.repeat(freq);
  }
}

net.CommandQueue.prototype.addCommand=function(command){
```

```
  if (this.isCommand(command)){
    this.queue.append(command,true);
  }
}

net.CommandQueue.prototype.fireRequest=function(){
```
❷ **Transmettre la requête au serveur**
```
  if (this.queued.length==0){
    return;
  }
  var data="data=";
  for(var i=0;i<this.queued.length;i++){
    var cmd=this.queued[i];
    if (this.isCommand(cmd)){
      data+=cmd.toRequestString();
      this.sent[cmd.id]=cmd;
    }
  }
  this.queued=new Array();
  this.loader=new net.ContentLoader(
    this.url,
    net.CommandQueue.onload,net.CommandQueue.onerror,
    "POST",data
  );
}

net.CommandQueue.prototype.isCommand=function(obj){
```
❸ **Tester le type de l'objet**
```
  return (
    obj.implementsProp("id")
    && obj.implementsFunc("toRequestString")
    && obj.implementsFunc("parseResponse")
  );
}

net.CommandQueue.onload=function(loader){
```
❹ **Parser la réponse du serveur**
```
  var xmlDoc=net.req.responseXML;
  var elDocRoot=xmlDoc.getElementsByTagName("commands")[0];
  if (elDocRoot){
    for(i=0;i<elDocRoot.childNodes.length;i++){
      elChild=elDocRoot.childNodes[i];
      if (elChild.nodeName=="command"){
        var attrs=elChild.attributes;
        var id=attrs.getNamedItem("id").value;
        var command=net.commandQueue.sent[id];
        if (command){
          command.parseResponse(elChild);
        }
      }
    }
  }
```

```
}
net.CommandQueue.onerror=function(loader){
  alert("problem sending the data to the server");
}

net.CommandQueue.prototype.repeat=function(freq){        ❺ Interroger le serveur
  this.unrepeat();
  if (freq>0){
    this.freq=freq;
    var cmd="net.cmdQueues["+this.id+"].fireRequest()";
    this.repeater=setInterval(cmd,freq*1000);
  }
}
net.CommandQueue.prototype.unrepeat=function(){   ❻ Désactiver la surveillance
  if (this.repeater){                                  du serveur
    clearInterval(this.repeater);
  }
  this.repeater=null;
}
```

L'objet CommandQueue (appelé ainsi parce qu'il place en file d'attente des objets Command – nous y reviendrons dans un instant) est initialisé ❶ avec un ID unique, l'URL d'un script côté serveur et, facultativement, un drapeau indiquant s'il faut surveiller régulièrement le serveur. Si ce n'est pas le cas, nous devrons opérer un déclenchement manuel de temps à autre. Les deux modes opératoires peuvent être utiles : c'est pour cette raison qu'ils sont tous deux proposés. Lorsque la file d'attente transmet une requête au serveur, elle convertit toutes les commandes dans la file en chaînes et les transmet avec la requête ❷.

La file d'attente utilise deux tableaux : `queued` est un tableau à index numérique auquel les nouvelles mises à jour sont ajoutées ; `sent` est un tableau associatif contenant les mises à jour qui ont été transmises au serveur et qui sont en attente d'une réponse. Les objets dans les deux files sont des objets Command conformes à une interface mise en application par la fonction `isCommand()` ❸. Autrement dit :

- Ils peuvent fournir un unique ID qui les désigne.
- Ils peuvent se sérialiser afin d'être inclus dans les données POST transmises au serveur (voir ❷).
- Ils peuvent parser une réponse du serveur (voir ❹) afin de déterminer si la mise à jour a réussi ou non et de savoir quelle action doit être effectuée ensuite.

Nous recourons à une fonction `implementsFunc()` pour vérifier que ces règles sont respectées. Puisqu'il s'agit d'une méthode s'appliquant à la classe de base `Object`, on pourrait s'attendre à du JavaScript standard. Pourtant, nous la définissons nous-mêmes dans une bibliothèque d'assistance, comme ceci :

```
Object.prototype.implementsFunc=function(funcName){
  return this[funcName] && this[funcName] instanceof Function;
}
```

L'Annexe B présente le prototype JavaScript plus en détail. A présent, revenons à notre objet de file d'attente. La méthode `onload` de la file d'attente ❹ s'attend à ce que le serveur retourne un document XML constitué de balises `<command>` à l'intérieur d'une balise `<commands>` centrale.

Pour finir, les méthodes `repeat()` ❺ et `unrepeat()` ❻ sont exploitées pour gérer l'objet minuteur qui va interroger le serveur périodiquement afin d'y rechercher des mises à jour.

L'objet Command pour la mise à jour des propriétés de planètes est présenté dans le Listing 5.14.

Listing 5.14 : objet UpdatePropertyCommand

```
planets.commands.UpdatePropertyCommand=function(owner,field,value){
  this.id=this.owner.id+"_"+field;
  this.obj=owner;
  this.field=field;
  this.value=value;
}

planets.commands.UpdatePropertyCommand.toRequestString=function(){
  return {
    type:"updateProperty",
    id:this.id,
    planetId:this.owner.id,
    field:this.field,
    value:this.value
  }.simpleXmlify("command");
}

planets.commands.UpdatePropertyCommand.parseResponse=function(docEl){
  var attrs=docEl.attributes;
  var status=attrs.getNamedItem("status").value;
  if (status!="ok"){
    var reason=attrs.getNamedItem("message").value;
    alert("failed to update "
     +this.field+" to "+this.value
     +"\n\n"+reason);
  }
}
```

La commande fournit simplement un ID unique pour la commande et encapsule les paramètres requis sur le serveur. La fonction `toRequestString()` s'écrit elle-même sous la forme d'un bloc XML, à l'aide d'une fonction personnalisée que nous avons attachée au prototype d'Object :

```
Object.prototype.simpleXmlify=function(tagname){
  var xml="<"+tagname;
  for (i in this){
    if (!this[i] instanceof Function){
      xml+=" "+i+"=\""+this[i]+"\"";
    }
  }
  xml+="/>";
  return xml;
}
```

Ce code crée une balise XML simple, comme ceci (ici formatée manuellement par souci de lisibilité) :

```
<command type='updateProperty'
  id='001_diameter'
  planetId='mercury'
  field='diameter'
  value='3'/>
```

Notez que l'ID unique n'est constitué que de l'ID de la planète et du nom de la propriété. Il n'est pas possible de transmettre plusieurs modifications de la même valeur au serveur. Si nous modifions une propriété plusieurs fois avant que la file d'attente ne déclenche sa requête, chaque dernière valeur vient remplacer la précédente.

Les données POST transmises au serveur contiendront une ou plusieurs de ces balises, selon la fréquence d'interrogation et l'activité de l'utilisateur. Le processus serveur doit traiter chaque commande et stocker les résultats dans une réponse similaire. Le gestionnaire `onload` de notre CommandQueue mettra en correspondance chaque balise dans la réponse à l'objet Command dans la file d'attente, puis exécutera la méthode `parseResponse` de cette Command. Dans le cas présent, nous recherchons simplement un attribut d'état. La réponse pourrait dès lors ressembler à ceci :

```
<commands>
  <command id='001_diameter' status='ok'/>
  <command id='003_albedo' status='failed' message='value out of range'/>
  <command id='004_hairColor' status='failed' message='invalid property name'/>
</commands>
```

Le diamètre de Mercure (Mercury) a été mis à jour, mais deux autres mises à jour ont échoué (une raison a été indiquée dans chaque cas). Notre utilisateur a été informé de ces problèmes (de façon plutôt rudimentaire, à l'aide de la fonction `alert()`) et peut y remédier.

Le composant côté serveur qui gère ces requêtes doit pouvoir décomposer les données de requête en commandes et attribuer chaque commande à un objet de gestionnaire approprié afin de les traiter. Le résultat est écrit dans la réponse HTTP à mesure que chaque commande est traitée. Le Listing 5.15 présente une implémentation simple d'un servlet Java qui gère cette tâche.

Listing 5.15 : CommandServlet.java

```
public class CommandServlet extends HttpServlet {

  private Map commandTypes=null;

  public void init() throws ServletException {
    ServletConfig config=getServletConfig();
    commandTypes=new HashMap();      ❶ Configurer les gestionnaires au démarrage
    boolean more=true;
    for(int counter=1;more;counter++){
      String typeName=config.getInitParameter("type"+counter);
      String typeImpl=config.getInitParameter("impl"+counter);
```

```
        if (typeName==null || typeImpl==null){
          more=false;
        }else{
          try{
            Class cls=Class.forName(typeImpl);
            commandTypes.put(typeName,cls);
          }catch (ClassNotFoundException clanfex){
            this.log(
              "couldn't resolve handler class name "
              +typeImpl);
          }
        }
      }
    }

    protected void doPost(
      HttpServletRequest req,
      HttpServletResponse resp
    ) throws IOException{
      resp.setContentType("text/xml");        ❷ Traiter une requête
      Reader reader=req.getReader();
      Writer writer=resp.getWriter();
      try{
        SAXBuilder builder=new SAXBuilder(false);
        Document doc=builder.build(reader);        ❸ Traiter les données XML
        Element root=doc.getRootElement();
        if ("commands".equals(root.getName())){
          for(Iterator iter=root.getChildren("command").iterator();
          iter.hasNext();){
            Element el=(Element)(iter.next());
            String type=el.getAttributeValue("type");
            XMLCommandProcessor command=getCommand(type,writer);
            if (command!=null){
              Element result=command.processXML(el);   ❹ Déléguer au
              writer.write(result.toString());            gestionnaire
            }
          }
        }else{
          sendError(writer,
            "incorrect document format - "
            +"expected top-level command tag");
        }
      }catch (JDOMException jdomex){
        sendError(writer,"unable to parse request document");
      }
    }

  private XMLCommandProcessor getCommand
    (String type,Writer writer)
    throws IOException{          ❺ Associer le gestionnaire approprié à la commande
      XMLCommandProcessor cmd=null;
```

```
    Class cls=(Class)(commandTypes.get(type));
    if (cls!=null){
      try{
        cmd=(XMLCommandProcessor)(cls.newInstance());
      }catch (ClassCastException castex){
         sendError(writer,
           "class "+cls.getName()
           +" is not a command");
      } catch (InstantiationException instex) {
         sendError(writer,
           "not able to create class "+cls.getName());
      } catch (IllegalAccessException illex) {
         sendError(writer,
          "not allowed to create class "+cls.getName());
      }
    }else{
      sendError(writer,"no command type registered for "+type);
    }
    return cmd;
  }`

  private void sendError
   (Writer writer,String message) throws IOException{
    writer.write("<error msg='"+message+"'/>");
    writer.flush();
  }
}
```

Le servlet gère une carte d'objets XMLCommandProcessor configurés ici *via* l'interface `ServletConfig` ❶. Un framework plus évolué pourrait fournir son propre fichier de configuration XML. Lors du traitement d'une requête POST entrante ❷, nous utilisons JDOM pour parser les données XML ❸ et parcourons en boucle les balises `<command>`, en faisant correspondre les attributs de type aux XMLCommandProcessors appropriés ❹. La carte d'objets contient des définitions de classe grâce auxquelles nous créons des instances actives en employant la réflexion dans la méthode `getCommand()` ❺.

L'interface `XMLCommandProcessor` est constituée d'une unique méthode :

```
public interface XMLCommandProcessor {
   Element processXML(Element el);
}
```

L'interface dépend des bibliothèques JDOM pour obtenir une représentation pratique du XML fondée sur les objets. Les objets Element sont utilisés à la fois comme arguments et comme types de retour. Le Listing 5.16 présente une implémentation simple de cette interface pour la mise à jour des données planétaires.

Listing 5.16 : PlanetUpdateCommandProcessor.java

```
public class PlanetUpdateCommandProcessor
  implements XMLCommandProcessor {

  public Element processXML(Element el) {
    Element result=new Element("command");        ❶ Créer le nœud résultat XML
    String id=el.getAttributeValue("id");
    result.setAttribute("id",id);
    String status=null;
    String reason=null;
    String planetId=el.getAttributeValue("planetId");
    String field=el.getAttributeValue("field");
    String value=el.getAttributeValue("value");
    Planet planet=findPlanet(planetId);       ❷ Accéder au modèle de domaine
    if (planet==null){
      status="failed";
      reason="no planet found for id "+planetId;
    }else{
      Double numValue=new Double(value);
      Object[] args=new Object[]{ numValue };
      String method = "set"+field.substring(0,1).toUpperCase()
        +field.substring(1);
      Statement statement=new Statement(planet,method,args);
      try {
        statement.execute();          ❸ Mettre à jour le modèle de domaine
        status="ok";
      } catch (Exception e) {
        status="failed";
        reason="unable to set value "+value+" for field "+field;
      }
    }
    result.setAttribute("status",status);
    if (reason!=null){
      result.setAttribute("reason",reason);
    }
    return result;
  }

  private Planet findPlanet(String planetId) {
    // TODO use hibernate
    return null;          ❹ Utiliser l'ORM pour le modèle de domaine
  }

}
```

JDOM nous sert non seulement pour parser le XML entrant, mais également ici pour générer le XML, en construisant un nœud racine ❶ et ses enfants de manière programmatique dans la méthode `processXML()`. Nous accédons au modèle de domaine côté serveur à l'aide de la méthode `findPlanet()` ❷ une fois que nous avons un ID unique avec lequel travailler.

`findPlanet()` n'est pas implémentée ici, par souci de concision – en général, c'est une solution d'ORM comme Hibernate qui est utilisée pour communiquer avec la base de données à l'arrière-plan ❹. Nous recourons à la réflexion pour mettre à jour le modèle de domaine ❸ et nous retournons l'objet JDOM que nous avons construit, à l'endroit où il sera sérialisé par le servlet.

Nous terminons ainsi l'ébauche du cycle de vie complet de notre architecture à files d'attente, qui permet de regrouper plusieurs petites mises à jour du modèle de domaine en une unique transaction HTTP. Cette architecture permet à la fois d'offrir une synchronisation à granularité fine des modèles de domaines client et serveur, et de gérer efficacement le trafic serveur. Comme nous l'indiquions précédemment, elle peut être une solution pour JSF et les frameworks dans lesquels la structure de l'interface utilisateur et le modèle d'interaction sont étroitement associés au serveur. Dans notre cas, elle a simplement pour intérêt d'offrir une méthode efficace pour la mise à jour des modèles de domaines entre les tiers.

Voilà qui achève notre tour d'horizon des techniques de communication client/serveur pour ce chapitre et notre vue d'ensemble des problèmes clés de conception pour les applications Ajax. En passant, nous avons développé un embryon de terminologie relative aux patterns pour les requêtes serveur Ajax, et sommes parvenus à mieux comprendre les options techniques dont nous disposions pour les implémenter.

En résumé

Nous avons commencé ce chapitre en examinant les rôles clés du serveur d'application Ajax qui a à charge de livrer le code client au navigateur et de lui fournir des données une fois qu'il s'exécute. Nous avons considéré les langages d'implémentation et les frameworks côté serveur les plus courants à ce jour. Ces derniers sont essentiellement conçus pour servir des applications Web classiques. Nous avons vu comment ils peuvent être adaptés à Ajax. L'univers des frameworks côté serveur est surpeuplé et en perpétuelle évolution : au lieu de considérer des produits particuliers, nous avons donc préféré les répartir en catégories d'architecture génériques. Trois approches principales se sont ainsi dégagées : les frameworks Model2, les frameworks fondés sur les composants et les architectures orientées service. Les AOS semblent correspondre le plus naturellement à Ajax, bien que les autres puissent être adaptées avec plus ou moins de réussite. Nous avons vu comment imposer une séparation claire des champs de préoccupation dans les AOS en introduisant des Façades.

En étudiant la mécanique de plus bas niveau, nous avons comparé trois approches pour la récupération de données depuis le serveur : centrée sur le contenu, centrée sur les scripts et centrée sur les données. Ces approches tissent un continuum, les applications Web ayant tendance à pencher du côté de l'approche centrée sur le contenu et les applications Ajax vers le style centré sur les données. Lorsque nous avons traité de l'approche centrée sur les données, nous avons découvert que le XML n'est pas la seule solution, en considérant notamment un exemple utilisant JSON comme intermédiaire pour la transmission des données au client.

Pour finir, nous avons présenté divers moyens de transmettre des mises à jour au serveur, avec des formulaires HTML et avec l'objet XMLHttpRequest. Nous avons également abordé la question de la gestion de la bande passante en recourant à une file d'attente côté client d'objets Command. Cette technique peut considérablement améliorer les performances car elle réduit la charge serveur et le trafic réseau en passant – conformément aux bonnes pratiques relatives aux AOS – d'une approche de style RPC à une stratégie de communication fondée sur les documents.

Ce chapitre conclut notre présentation des techniques centrales d'Ajax. Nous avons maintenant traité de toutes les notions fondamentales et abordé quelques sujets avancés en cours de route. Dans les trois chapitres qui suivent, nous reviendrons sur le thème de l'utilisabilité et apporterons quelques touches de finition aux joujoux techniques que nous avons déjà mis en place, afin de mieux insister sur les points clés qui distinguent une prouesse technique d'un ajout véritablement profitable dont l'utilisateur profane souhaitera tirer parti.

Ressources

Plusieurs frameworks Web ont été présentés dans ce chapitre. Ils peuvent être retrouvés aux adresses suivantes :

- Struts (**http://struts.apache.org**)
- Tapestry (**http://jakarta.apache.org/tapestry)**
- JSF (**http://java.sun.com/j2ee/javaserverfaces/faq.html**)
- PHP-MVC (**www.phpmvc.net**)

Java compte à lui seul plus de 60 frameworks Web, selon la liste proposée par les développeurs de Wicket (**http://wicket.sourceforge.net/Introduction.html**).

JSF est une catégorie large qui couvre de nombreux frameworks et produits individuels. Kito Mann, l'auteur de *JavaServer Faces in Action* (Manning, 2004), assure la maintenance du portail de référence pour tout ce qui concerne JSF, à l'adresse suivante : **www.jsfcentral.com**. Le catalogue Blueprints de Greg Murray et de ses collègues de Sun traite d'Ajax et des JSF à l'adresse **https://bpcatalog.dev.java.net/nonav/ajax/jsf-ajax/frames.html**. AjaxFaces est une implémentation JSF compatible Ajax (**www.ajaxfaces.com**). Le projet open source MyFaces d'Apache traite également d'Ajax (**http://myfaces.apache.org/sandbox/inputSuggestAjax.html**).

Atlas de Microsoft est toujours en cours de développement à l'heure où nous rédigeons ces lignes, mais des versions bêta sont attendues pour la fin 2005. Le responsable projet d'Atlas est Scott Guthrie. Son blog peut être consulté à l'adresse suivante : **http://weblogs.asp.net/scottgu/archive/2005/06/28/416185.aspx**.

Vous trouverez des bibliothèques JSON-RPC pour une variété de langages de programmation à l'adresse : **http://json-rpc.org/wiki/implementations**.

III

Ajax professionnel

Votre application Ajax fonctionne maintenant de bout en bout : elle peut lire des données sur le serveur et y mettre des données à jour. Il reste pourtant du chemin à faire si vous souhaitez déployer une application de qualité professionnelle destinée à de véritables utilisateurs. Dans cette partie, nous allons voir comment rendre votre application plus simple à utiliser, plus sûre et plus rapide.

6

L'expérience de l'utilisateur

Au sommaire de ce chapitre

- Fonctions clés du code utilisable
- Fonctions courantes de notification
- Un framework réutilisable pour les notifications
- Signaler les données mises à jour *in situ*

Au Chapitre 1, nous avons traité de l'utilisabilité, pierre d'angle de toute application logicielle. Quelles que soient la qualité d'organisation de votre base de code et l'excellence technique de votre application, vous ne pourrez faire bonne figure aux yeux de l'utilisateur si votre application pêche en ce qui concerne l'utilisabilité. Cela peut-être très injuste ; ce n'en est pas moins un fait. Albert Einstein est plus connu pour ses grimaces et sa chevelure ébouriffée que pour la teneur de son discours sur l'espace-temps ! Ce sont les premières impressions (et le souci du détail) qui comptent.

Dans les Chapitres 2 à 5, nous avons présenté de nombreuses technologies intéressantes et nous avons réalisé diverses tâches astucieuses avec Ajax. L'attention que nous avons portée à l'organisation dans la dernière partie de cet exposé nous a permis d'être flexibles et d'adapter notre manière de procéder. Nos exemples étaient cependant assez bruts, puisque nous nous concentrions sur leur aspect technique. Nous devons à présent prendre un peu de recul et considérer ce que nous avons accompli en ayant à l'esprit qu'il s'agit de créer quelque chose que les utilisateurs vont effectivement utiliser, peut-être même plusieurs heures par jour. Les thèmes abordés dans ce chapitre vous aideront à préparer votre application Ajax afin de la rendre présentable.

L'une des attitudes les plus importantes pour mettre vos utilisateurs à l'aise avec votre application consiste à les informer au sujet des événements qui se déroulent à l'arrière-plan, de manière discrète et cohérente. L'utilisabilité ne se réduit pas à cet agrément, mais nous nous concentrerons sur cette question dans ce chapitre afin de montrer comment un traitement approfondi et cohérent peut profiter à l'application tout entière. Dans presque toutes les applications Ajax, il convient de notifier l'utilisateur à un moment ou à une autre ; les composants finaux vous seront donc utiles pour vos propres projets également.

Nous développerons dans ce chapitre plusieurs solutions qui permettent aux utilisateurs de savoir ce qui se passe sans interférer avec leur travail. Avant d'en venir aux détails, voyons rapidement à quoi correspond une solution de qualité et comment atteindre ce niveau.

Bien faire : construire une application de qualité

L'utilisabilité est un sujet particulièrement important pour Ajax car les utilisateurs d'applications Web peuvent être particulièrement capricieux. L'inconvénient lié au fait de pouvoir télécharger et exécuter votre application sans le moindre effort est que les utilisateurs ne se seront investis ni en temps ni en efforts lorsqu'ils commenceront à utiliser l'application, et qu'ils n'hésiteront pas à s'en débarrasser et à passer aux huit autres milliards de pages Web auxquelles Google peut les mener. Histoire de compliquer les choses, on voit, avec Ajax, converger deux traditions distinctes en matière d'utilisabilité, à savoir celle des applications de bureau et celle des pages Web. Il n'est pas toujours aisé de trouver le bon dosage et si l'on échoue sur ce point, tout le travail peut en pâtir.

Au Chapitre 1, nous avons considéré l'utilisabilité du point de vue des utilisateurs. Que souhaitent les utilisateurs dans une application ? Que sont-ils prêts à supporter ? Retournons maintenant la question et demandons-nous quelles qualités notre code requiert pour atteindre ces objectifs en matière d'utilisabilité. Avec ce point de départ, nous pourrons déterminer ce dont nous avons besoin en pratique pour faire fonctionner notre application. Les sections qui suivent présentent en détail un certain nombre de fonctions clés qui permettent de renforcer la qualité de notre application.

Réactivité

La frustration la plus fondamentale pour un utilisateur d'ordinateur consiste à être interrompu sans cesse dans ses actions parce que l'ordinateur tente de le suivre au pas de course. Les erreurs de conception fondamentales, comme celles qui consistent à bloquer l'interface utilisateur pendant l'écriture de fichiers de configuration volumineux sur le disque, peuvent dérouter l'utilisateur et le forcer à faire mentalement un saut entre le modèle de domaine dans lequel il se trouve engagé et les tristes contraintes du matériel informatique.

Lorsqu'on considère la question de la réactivité, il peut être important de comprendre le public cible et ses configurations système typiques. Dans le cas de l'écriture d'un fichier de configuration, il est possible que la vitesse soit acceptable sur le disque dur SATA à 7 200 tpm de la station de travail ultra-rapide du développeur, mais que l'effet soit bien différent pour l'utilisateur dont le fichier est enregistré sur un partage réseau encombré ou sur un disque amovible USB. Dans le cas particulier du développement d'applications Web, l'une des erreurs courantes consiste souvent à ne tester que l'application qui s'exécute sur l'interface de bouclage, autrement dit le serveur Web qui s'exécute sur le même ordinateur de développement que le navigateur Web. Ce type de test n'offre pas un aperçu réel des problèmes de latence réseau et toutes les applications Web doivent être testées sur un LAN, ou un WAN réel ou simulé, à l'aide d'un outil de profilage.

En dehors des problèmes de réseaux, la performance du code client peut faire une différence considérable pour la réactivité. La performance est une question importante que nous traiterons en détail au Chapitre 7.

Robustesse

Une application est dite robuste lorsqu'elle peut supporter les conditions habituellement rencontrées sur une station de travail très occupée. Comment fait-elle face à une panne réseau temporaire ? Si un programme délictueux monopolise le processeur pendant cinq minutes, l'application fonctionne-t-elle encore une fois l'orage passé ? Dans le cadre de l'un des derniers projets auxquels j'ai participé, nous avons testé la robustesse de notre application en tapant aléatoirement sur le clavier pendant une dizaine de secondes et en "gribouillant" avec la souris sur la page en cliquant à tout va. Ce test était un peu brut dans son genre, mais il a été efficace et plutôt distrayant !

Que peut révéler un tel test ? Tout d'abord, il peut mettre en évidence des faiblesses du code de gestion des événements. Il convient de récupérer le contrôle très rapidement après les appuis sur les touches, les mouvements de souris et toutes les actions susceptibles d'intervenir très fréquemment. En outre, ces actions peuvent révéler des dépendances involontaires entre des composants. Une condition particulière peut ainsi se produire dans une interface utilisateur, par exemple lorsqu'une boîte de dialogue modale bloque l'accès à l'application principale alors qu'un élément de menu ouvert bloque lui-même l'accès à la boîte de dialogue modale. Si ce type de problème surgit suite à un enchaînement précis d'ouverture de la boîte de dialogue et du menu, il peut falloir près de deux mois de travail quotidien à un unique utilisateur pour le découvrir. Sur un panel de plusieurs milliers d'utilisateurs, ce problème peut cependant surgir dès les premières heures et s'avérer très difficile à reproduire d'après les données des rapports de bogues. L'identification préalable du problème et sa correction renforcent la robustesse globale de l'application.

La robustesse ne s'évalue pas simplement en giflant aléatoirement un clavier ! Il est tout aussi important d'observer un utilisateur externe (autre que le développeur) en train d'utiliser l'application. Dans le cas d'un nouveau venu, cette expérience peut fournir en passant des informations utiles concernant l'utilisabilité et la conception générale, mais il peut être intéressant de laisser aussi une personne connaissant bien le domaine et le produit tester quelques fonctions.

Lorsque la personne qui a écrit le code exécute elle-même le programme, elle "voit" le code agir à l'arrière-plan et peut inconsciemment éviter des combinaisons spécifiques d'actions ou des actions données dans des contextes spécifiques. L'utilisateur final n'aura pas cette connaissance interne, pas plus que le développeur assis à côté de vous (à moins que vous ne programmiez l'application ensemble). Le fait d'amener une autre personne à parcourir le flux de travail de votre application peut vous aider à en renforcer plus tôt la robustesse.

Homogénéité

Nous l'avons déjà noté, les patterns d'utilisabilité d'Ajax évoluent encore et oscillent entre deux types de conventions : les conventions de l'univers des applications bureau et celles des navigateurs Web. Certains kits d'outils Ajax comme Bindows, qooxdoo et Backbase présentent même des ensembles de composants qui cherchent délibérément à ressembler aux boutons, aux arborescences et aux tableaux des applications de bureau.

Cette énigme anime toujours les webmasters, les maîtres en utilisabilité et les utilisateurs quotidiens du Web à mesure que ce dernier continue d'évoluer. En attendant, le meilleur conseil que l'on puisse donner est d'opter pour un maximum d'homogénéité. Si une partie de votre application utilise des clics simples de type Web pour faire apparaître des fenêtres pop-up et qu'une autre requière des doubles-clics sur des icônes de même apparence, l'utilisateur sera dérouté. En outre, si un petit cochon rose qui parle fait office de mascotte et guide vos utilisateurs dans le site, assurez-vous qu'il ne change pas soudain d'accent, de costume ou de coupe de cheveu !

Du point de vue de votre base de code, l'homogénéité et la réutilisabilité vont de pair. Si vous coupez et collez une fonction pour la déplacer d'un endroit à un autre, puis répondez à une requête de modification dans trois copies du code de rendu de bouton et en manquez une quatrième, l'homogénéité de votre interface s'érodera au fil du temps. S'il n'existe qu'une seule copie du code de rendu de bouton que tout le monde utilise, l'homogénéité de votre application a toutes les chances d'être bien préservée. Cette remarque s'applique non seulement au comportement visuel de l'interface utilisateur, mais également à des parties moins visibles de l'interface, comme les délais réseau et les réponses aux données incorrectes.

Simplicité

Pour finir, il convient de souligner l'importance de la simplicité. Ajax permet de réaliser des choses folles et créatives, qui pour certaines n'ont jamais été vues auparavant dans des pages Web. Certaines n'ont jamais vu le jour parce que la technologie requise n'existait pas avant. D'autres parce qu'il existait de bonnes raisons de ne pas les implémenter. Il peut être très amusant de programmer des menus remplis de gadgets qui rebondissent à l'écran et s'immobilisent progressivement, il peut même être amusant de les utiliser cinq minutes, histoire de décompresser. En revanche, l'utilisateur qui se sert de l'application plusieurs heures par jour aura moins de chances d'apprécier ces facéties en fin de journée.

Il vaut toujours la peine de se demander si une nouvelle fonction aura pour effet d'améliorer l'expérience de l'utilisateur. Dans de nombreux cas avec Ajax, la réponse sera positive et le développeur pourra se concentrer sur la programmation de fonctions qui seront réellement bénéfiques.

Faire fonctionner l'application

Votre code ne présente sans doute pas toutes les caractéristiques que nous venons de mentionner. En tout cas, ce n'est pas le cas du mien. Nous parlons là d'idéaux. L'effort consenti pour se rapprocher de ces idéaux peut être cependant considérablement payé de retour lors de la maintenance de votre base de code. Or le réusinage du code existant peut contribuer à introduire progressivement ces améliorations en cours de route. Le choix des domaines sur lesquels les efforts doivent être concentrés est affaire de science occulte, et le meilleur moyen de s'améliorer consiste à s'entraîner. Si vous n'avez pas d'expérience en matière de réusinage, voyez d'abord petit puis avancez progressivement. Rappelez-vous que le réusinage est un processus incrémentiel et que le code peut être peu à peu amélioré.

Dans le reste de ce chapitre, nous allons examiner certaines des fonctions spécifiques qui peuvent être développées dans des applications Ajax. Une grande partie du chapitre est consacrée aux frameworks de notification, qui permettent d'informer l'utilisateur pendant qu'interviennent des processus à l'arrière-plan, comme des calculs ou des requêtes réseau. En donnant à l'utilisateur un indice visuel qui signale que le processus est en cours, on peut améliorer la réactivité de l'application. Le fait d'exécuter toutes ces notifications par le biais d'un framework commun présente un double avantage : cela assure l'homogénéité de la présentation et simplifie le travail avec les notifications pour l'utilisateur, puisque tout fonctionne de la même manière.

Commençons par examiner les différents moyens qui nous sont offerts de notifier l'utilisateur concernant les événements qui interviennent au sein de l'application.

Informer l'utilisateur

Dans une application Ajax, il arrive souvent qu'il faille parcourir le réseau pour y récupérer des ressources, puis pour récupérer les résultats dans une fonction de rappel et les utiliser pour autre chose. Si nous gérions les requêtes serveur de manière synchrone, il serait assez simple de voir comment gérer cela en termes d'interface utilisateur. La requête serait initiée, l'interface utilisateur serait entièrement verrouillée et cesserait de réagir, les résultats reviendraient du serveur, l'interface se mettrait à jour et recommencerait à réagir. Ce qui est un paradis pour le développeur est ici un enfer pour l'utilisateur. Voilà pourquoi nous utiliserons un mécanisme de requêtage asynchrone. La mauvaise nouvelle, c'est que cela complique sérieusement la tâche qui consiste à communiquer les mises à jour serveur dans l'interface utilisateur.

Gérer les réponses à vos propres requêtes

Prenons un exemple concret. Le visualiseur d'informations planétaires que nous avons développé au Chapitre 5 permet à l'utilisateur de mettre à jour deux propriétés modifiables pour les planètes : le diamètre et la distance depuis le Soleil. Ces mises à jour sont transmises au serveur, lequel répond ensuite, en indiquant s'il les a acceptées ou rejetées. Avec l'introduction du système de file d'attente des commandes, nous avons permis à chaque réponse du serveur d'inclure des accusés de réception pour les différentes mises à jour d'un utilisateur donné. Voici un document réponse XML d'exemple présentant une commande qui a réussi et une autre qui a échoué :

```
<commands>
  <command id='001_diameter' status='ok'/>
  <command id='003_albedo' status='failed'
   message='value out of range'/>
</commands>
```

Du point de vue de l'utilisateur, les choses se déroulent de la manière suivante : il modifie la propriété puis passe à une autre tâche, par exemple en éditant la liste des données associées à la planète ou en examinant la fenêtre. Il ne se focalise plus sur le diamètre de la planète Mercure. Entre-temps, à l'arrière-plan, la valeur mise à jour a été encapsulée dans un objet Command JavaScript qui est entré dans la file d'attente des messages sortants et sera transmis au serveur peu après. L'objet Command est ensuite transféré dans la file d'attente "transmis" et retrouvé lorsque la réponse est retournée, *a priori* en même temps qu'un certain nombre d'autres mises à jour. L'objet Command a ensuite à charge de traiter la mise à jour et de réaliser l'action appropriée.

Avant de commencer le réusinage, récapitulons depuis le point où nous avions laissé ce code. Voici l'implémentation de la méthode `parseResponse()` de l'objet Command, que nous avions présentée au Chapitre 5 :

```
planets.commands.UpdatePropertyCommand
  .parseResponse=function(docEl){
  var attrs=docEl.attributes;
  var status=attrs.getNamedItem("status").value;
  if (status!="ok"){
    var reason=attrs.getNamedItem("message").value;
    alert("failed to update "+this.field
      +" to "+this.value+"\n\n"+reason);
  }
}
```

Il s'agit d'un bon code de preuve de faisabilité. Reste à le réusiner, afin de lui donner une meilleure apparence. En l'état, si la mise à jour réussit, rien ne se passe. Le modèle de domaine local a déjà été mis à jour avant que les données ne soient transmises au serveur, aussi tout est-il censé être synchronisé avec le modèle de domaine du serveur. Si la mise à jour échoue, nous générons un message d'alerte. Du point de vue du développeur, ce mécanisme a l'avantage d'être simple à programmer, mais comme nous allons le voir, il est médiocre en termes d'utilisabilité.

Revenons à notre utilisateur, qui ne pense sans doute même plus à la planète Mercure. Il se trouve soudain nez à nez avec un message d'alerte indiquant : "La mise à jour de l'albédo a échoué. La valeur 180 est trop grande." Hors contexte, ce message ne signifie pas grand-chose. Nous pourrions le modifier de manière à ce qu'il indique : "La mise à jour de l'albédo de Mercure a échoué…", mais nous interromprions toujours l'utilisateur en plein travail, or c'est justement pour éviter cela que nous étions passés à un traitement asynchrone des messages.

Dans ce cas particulier, nous créerions aussi un problème plus sérieux. Notre implémentation des champs modifiables emploie l'événement `onblur` pour initier le processus de transmission des données au serveur. La méthode `onblur()` est déclenchée à chaque fois que le champ de saisie texte perd le focus, ce qui se produit notamment lorsqu'une boîte de message apparaît. Si notre utilisateur est en train de modifier une autre propriété et se trouve en train de saisir une nouvelle valeur, notre alerte aura pour effet de transmettre les données partielles et de semer la pagaille dans le modèle de domaine sur le serveur ou de générer une erreur – ce qui promet un autre message d'alerte dans le cas où notre code de validation l'intercepterait !

Il convient de trouver une solution plus élégante. Nous allons en développer une sous peu, mais pour l'instant, compliquons encore les choses en considérant ce que font les autres utilisateurs pendant que nous transmettons nos requêtes au serveur.

Gérer les mises à jour d'autres utilisateurs

Notre application de visualiseur d'informations planétaires permet à plusieurs utilisateurs de se connecter en même temps. On peut donc supposer que d'autres utilisateurs modifieront les données pendant que nous le faisons. Chaque utilisateur souhaitera sans doute être informé des modifications opérées par les autres utilisateurs à peu près au moment où elles surviennent. La plupart des applications Ajax amènent plusieurs navigateurs à partager un même modèle de domaine : il s'agit donc d'une contrainte relativement courante.

La réponse XML et l'objet de file d'attente des commandes peuvent être modifiés afin de résoudre cette situation de la manière suivante : pour chaque mise à jour apportée au modèle côté serveur, nous générons un horodatage ; nous modifions le processus côté serveur qui gère les mises à jour afin de vérifier également s'il existe des mises à jour récentes d'autres utilisateurs et nous les attachons au document de réponse, qui peut maintenant ressembler à ceci :

```
<responses updateTime='1120512761877'>
  <command id='001_diameter' status='ok'/>
  <command id='003_albedo' status='failed' message='value out of range'/>
  <update planetId='002' fieldName='distance' value='0.76' user='jim'/>
</responses>
```

A côté des balises <command> identifiées par l'ID de l'objet Command dans la file d'attente se trouve une balise <update>, qui dans le cas présent indique que la distance entre le Soleil et Vénus a été positionnée à 0,76 par un autre utilisateur appelé Jim. Nous avons également ajouté un attribut à la balise de niveau supérieur, dont nous expliquerons la fonction sous peu.

Auparavant, notre file d'attente des commandes n'envoyait de requête au serveur que si des commandes se trouvaient dans la file d'attente. Nous devons modifier cela à présent, de manière à interroger le serveur même lorsque la file d'attente est vide, afin de recevoir les mises à jour. Cette implémentation affecte le code à plusieurs endroits. Le Listing 6.1 présente l'objet CommandQueue revu et corrigé (les modifications sont signalées en gras).

Listing 6.1 : objet CommandQueue

```
net.cmdQueues=new Array();            ❶ Recherche globale

net.CommandQueue=function(id,url,onUpdate,freq){        ❷ Paramètres
  this.id=id;                                              supplémentaires
  net.cmdQueues[id]=this;
  this.url=url;
  this.queued=new Array();
  this.sent=new Array();
  this.onUpdate=onUpdate;
  if (freq){        ❸ Initialiseur pour l'interrogation du serveur
    this.repeat(freq);
  }
  this.lastUpdateTime=0;
}

net.CommandQueue.prototype.fireRequest=function(){
  if (!this.onUpdate && this.queued.length==0){
    return;
  }
  var data="lastUpdate="+this.lastUpdateTime+"&data="; <— Horodatages
  for(var i=0;i<this.queued.length;i++){                    des requête
    var cmd=this.queued[i];
    if (this.isCommand(cmd)){
      data+=cmd.toRequestString();
      this.sent[cmd.id]=cmd;
    }
  }
  this.queued=new Array();
  this.loader=new net.ContentLoader(
    this.url,
    net.CommandQueue.onload,net.CommandQueue.onerror,
    "POST",data
  );
}
```

```
net.CommandQueue.onload=function(loader){
  var xmlDoc=net.req.responseXML;
  var elDocRoot=xmlDoc.getElementsByTagName("responses")[0];
  var lastUpdate=elDocRoot.attributes.getNamedItem("updateTime");
  if (parseInt(lastUpdate)>this.lastUpdateTime){
    this.lastUpdateTime=lastUpdate;          ❹ Horodatage mis à jour
  }
  if (elDocRoot){
    for(i=0;i<elDocRoot.childNodes.length;i++){
      elChild=elDocRoot.childNodes[i];

      if (elChild.nodeName=="command"){
        var attrs=elChild.attributes;
        var id=attrs.getNamedItem("id").value;
        var command=net.commandQueue.sent[id];
        if (command){
          command.parseResponse(elChild);
        }
      }else if (elChild.nodeName=="update"){
        if (this.implementsFunc("onUpdate")){
          this.onUpdate.call(this,elChild);          ❺ Gestionnaire mis à jour
        }
      }

    }
  }

}
net.CommandQueue.prototype.repeat=function(freq){          ❻ Système d'interrogation du serveur
  this.unrepeat();
  if (freq>0){
    this.freq=freq;
    var cmd="net.cmdQueues["+this.id+"].fireRequest()";
    this.repeater=setInterval(cmd,freq*1000);
  }
}
net.CommandQueue.prototype.unrepeat=function(){          ❼ Interrupteur d'arrêt pour l'interrogation
  if (this.repeater){
    clearInterval(this.repeater);
  }
  this.repeater=null;
}
```

Nous venons d'ajouter plusieurs éléments de fonctionnalité. Considérons-les pas à pas.

Tout d'abord, nous avons introduit une recherche globale d'objets de file d'attente de commandes ❶. Il s'agit d'un mal nécessaire dû aux limitations de la méthode `setInterval()`, dont nous traiterons sous peu. Le constructeur prend un ID unique comme argument et s'enregistre pour cette recherche sous cette clé.

Le constructeur CommandQueue prend maintenant deux nouveaux arguments ❷. `onUpdate` est un objet Function utilisé pour gérer les balises `<update>` que nous avons introduites dans notre XML de réponse. `freq` est une valeur numérique qui indique le nombre de secondes entre les recherches de mises à jour sur le serveur. Si elle est positionnée, le constructeur initialise un appel à la fonction `repeat()` ❻, qui s'appuie sur la méthode JavaScript prédéfinie `setInterval()` pour exécuter régulièrement un bloc de code. `setInterval()` et sa cousine `setTimeout()` n'acceptent que des chaînes comme arguments sous Internet Explorer, aussi n'est-il pas possible de passer des références de variables directement dans le code. Nous utilisons la variable de recherche globale et l'ID unique de cette file d'attente comme solution de contournement pour ce problème dans la méthode `repeat()`. Nous conservons également une référence à l'intervalle de répétition, afin de pouvoir l'arrêter à l'aide de `clearInterval()` dans notre méthode `unrepeat()` ❼.

Auparavant, dans la méthode `fireRequest()`, nous sortions directement si la file d'attente des commandes était vide. Ce test a été modifié : maintenant, si un gestionnaire `onUpdate` est défini, nous poursuivons malgré tout et transmettons une file d'attente vide afin de récupérer toutes les balises `<update>` en attente. Parallèlement à nos propres données modifiées, nous transmettons un horodatage qui indique au serveur la dernière date à laquelle nous avons reçu des mises à jour ❸, afin qu'il puisse déterminer celles qui doivent nous êtres transmises. Cet horodatage est stocké sous forme de propriété de la file d'attente des commandes et positionné à 0 au départ.

Nous passons ces horodatages sous forme de dates au format UNIX (le nombre de millisecondes écoulées depuis le 1er janvier 1970). Ce choix d'horodatage est motivé par un souci de portabilité. Si nous avions choisi un format de date plus simple à lire, nous rencontrerions des problèmes relatifs à la localisation, des différences concernant les formats par défaut sur les différentes plates-formes et dans les différents langages, etc. Les problèmes de localisation sont un sujet d'importance pour les applications Ajax, car l'application sera exposée aux utilisateurs du monde entier si elle se trouve sur Internet ou sur le WAN d'une grande entreprise.

Dans la fonction `onload()`, nous ajoutons le code qui sert à mettre à jour le dernier horodatage lors de l'arrivée d'une réponse ❹ et à parser les balises `<update>` ❺. La fonction de gestionnaire `onUpdate` est appelée de la manière suivante : son objet de contexte est la file d'attente des commandes et son unique argument est l'élément DOM qu'est la balise `<update>`.

Le Listing 6.2 présente la fonction de gestionnaire des mises à jour de notre modèle de domaine du système solaire.

Listing 6.2 : fonction *updatePlanets()*

```
function updatePlanets(updateTag){
   var attribs=updateTag.attributes;
   var planetId=attribs.getNamedItem("planetId").value;
   var planet=solarSystem.planets[planetId];
```

```
        if (planet){
          var fld=attribs.getNamedItem("fieldName").value;
          var val=attribs.getNamedItem("value").value;
          if (planet.fld){
            planet[fld]=val;
          }else{
            alert('unknown planet attribute '+fld);
          }
        }else{
          alert('unknown planet id '+planetId);
        }
    }
```

Les attributs dans la balise <update> nous fournissent toutes les informations requises pour mettre à jour le modèle de domaine sur le tier JavaScript. Bien évidemment, les données provenant du serveur peuvent ne pas être correctes et nous devons alors agir en conséquence. Dans le cas présent, nous sommes retombés sur une instruction `alert()`, ce qui pose à nouveau les problèmes évoqués précédemment.

Nous avons ajouté un code astucieux à notre objet de file d'attente des commandes (dans le processus de gestion des mises à jour d'autres utilisateurs), notamment en passant des horodatages entre le tier client et le tier Web, et en ajoutant une fonction de gestionnaire des mises à jour enfichable. Notre boucle est bouclée : l'utilisateur est maintenant informé des changements et des mises à jour asynchrones au moment où ils interviennent. Dans la section suivante, nous considérerons les options qui nous sont offertes pour présenter ces renseignements à l'utilisateur de manière plus élégante et nous ferons disparaître cette agaçante fonction `alert()`.

Concevoir un système de notification pour Ajax

La fonction `alert()` sur laquelle nous nous sommes appuyés est une relique des premiers temps du JavaScript, lorsque les pages Web étaient en grande partie statiques et que l'activité à l'arrière-plan était réduite au strict minimum. Nous ne pouvons pas contrôler son apparence à l'aide de CSS, et pour la notification en phase de production, mieux vaut développer nos propres mécanismes à l'aide des techniques employées pour le reste de notre interface utilisateur Ajax. Nous gagnerons en outre en flexibilité.

Si l'on examine le spectre complet des systèmes informatiques, on remarque que les notifications sont proposées dans toutes sortes de formes et de tailles et qu'elles varient considérablement quant à leur impact sur l'utilisateur. Parmi les plus discrètes, on peut citer les variations de formes du curseur de la souris (comme le sablier Windows ou le "ballon de plage tournoyant " des Macintosh), ou les icônes et les emblèmes qui se surimposent à une image afin de signaler l'état de fichiers ou d'autres éléments dans un dossier. Ces indicateurs simples fournissent relativement peu d'informations. Les barres d'état peuvent proposer un peu plus de renseignements sur les événements d'arrière-plan. Pour finir, les véritables boîtes de dialogue peuvent fournir davantage de détails encore. La Figure 6.1 présente plusieurs conventions de notification en usage dans le bureau KDE pour UNIX.

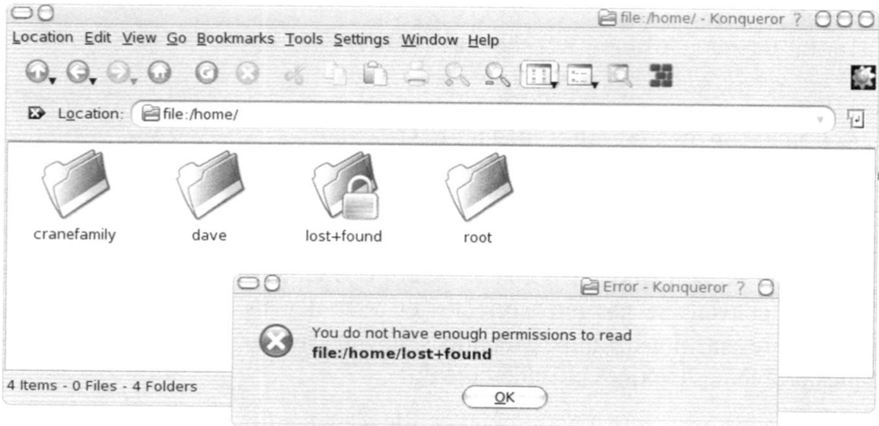

Figure 6.1

Exemples de conventions pour l'affichage d'informations d'états dans une interface utilisateur : les icônes sont modifiées afin de signaler des caractéristiques particulières (ici, les autorisations d'accès), une barre d'état fournit des informations synthétiques et une boîte de dialogue modale affiche un message d'erreur. Cette interface est celle du bureau KDE pour les stations de travail UNIX, mais des conventions semblables sont employées dans la plupart des interfaces graphiques populaires.

Le dossier lost+found n'est pas accessible à l'utilisateur courant : une image secondaire de verrou a donc été surimposée au dossier. La barre d'état en bas de la fenêtre principale fournit d'autres informations concernant le contenu du dossier visualisé, sans interrompre l'utilisateur. Enfin, la fenêtre d'erreur qui s'affiche lorsque l'utilisateur tente d'ouvrir le dossier verrouillé fournit une notification plus explicite requérant une action immédiate de la part de l'utilisateur.

Par rapport à ces notifications, le recours à la fonction `alert()` tient assez du bricolage, en plus d'être rudimentaire et laid. Pour nous qui recherchons la robustesse, l'homogénéité et la simplicité, il paraît judicieux de développer un framework de présentation des notifications que nous pourrons réutiliser dans toute l'application. C'est ce que nous allons faire dans les prochaines sections.

Modéliser les notifications

Notre première étape consistera à déterminer à quoi ressemble un message de notification. Il contient une description texte pour l'utilisateur et éventuellement une icône à afficher avec le message.

Lorsque nous notifierons l'utilisateur au sujet des activités à l'arrière-plan, certains messages seront plus urgents que d'autres. Au lieu de se demander à chaque fois s'il faut ou non afficher un message particulier, définissons des niveaux de priorité plus génériques que nous pourrons ensuite attribuer à chaque message.

En général, il convient de transmettre à l'utilisateur un message dont il peut accuser réception et se débarrasser ensuite. Certains messages peuvent être suffisamment importants pour qu'on les impose indéfiniment jusqu'à ce que l'utilisateur les fasse disparaître, tandis que d'autres ne seront pertinents que pendant un temps limité. Un message peut par exemple se supprimer lui-même sans intervention de l'utilisateur, s'il s'agit d'une réponse à un rappel ou s'il indique à l'utilisateur qu'un processus d'arrière-plan – comme un téléchargement – est en cours et que le processus se termine avant que l'utilisateur ne supprime le message. Dans d'autres cas, comme avec des messages d'actualité, il peut être souhaitable d'attribuer une durée de vie limitée au message et de le faire disparaître automatiquement passé ce délai.

Le Listing 6.3 présente un objet Message fournissant une représentation interne générique d'un message de notification qui doit être présenté à l'utilisateur. Une fois ce modèle de message de notification défini, nous pourrons l'habiller de diverses manières, comme nous le verrons plus loin.

Listing 6.3 : objet Message

```
var msg=new Object();

msg.PRIORITY_LOW=    { id:1, lifetime:30, icon:"img/msg_lo.png" };
msg.PRIORITY_DEFAULT={ id:2, lifetime:60, icon:"img/msg_def.png" };
msg.PRIORITY_HIGH=   { id:3, lifetime:-1, icon:"img/msg_hi.png" };

msg.messages=new Array();

msg.Message=function(id,message,priority,lifetime,icon){
  this.id=id;
  msg.messages[id]=this;
  this.message=message;
  this.priority=(priority) ? priority : msg.PRIORITY_DEFAULT.id;
  this.lifetime=(lifetime) ? lifetime : this.defaultLifetime();
  this.icon=(icon) ? icon : this.defaultIcon();
  if (this.lifetime>0){
    this.fader=setTimeout(
      "msg.messages['"+this.id+"'].clear()",
      this.lifetime*1000
    );
  }
}
msg.Message.prototype.clear=function(){
  msg.messages[this.id]=null;
}
```

```
msg.Message.prototype.defaultLifetime=function(){
  if (this.priority<=msg.PRIORITY_LOW.id){
    return msg.PRIORITY_LOW.lifetime;
  }else if (this.priority==msg.PRIORITY_DEFAULT.id){
    return msg.PRIORITY_DEFAULT.lifetime;
  }else if (this.priority>=msg.PRIORITY_HIGH.id){
    return msg.PRIORITY_HIGH.lifetime;
  }
}

msg.Message.prototype.defaultIcon=function(){
  if (this.priority<=msg.PRIORITY_LOW.id){
    return msg.PRIORITY_LOW.icon;
  }else if (this.priority==msg.PRIORITY_DEFAULT.id){
    return msg.PRIORITY_DEFAULT.icon;
  }else if (this.priority>=msg.PRIORITY_HIGH.id){
    return msg.PRIORITY_HIGH.icon;
  }
}
```

Nous définissons un objet disque `msg` d'espace de noms global pour notre système de notification, et, à l'intérieur, un tableau associatif à partir duquel n'importe quel message peut être retrouvé d'après son ID unique. Le système de génération des ID dépendra de l'application qui utilise le framework.

Nous définissons trois constantes représentant les trois niveaux de priorité (low, default et high) que peut se voir attribuer un message. Chaque priorité définit une icône et une durée de vie par défaut (en secondes), qui peuvent toutes deux être redéfinies par des arguments facultatifs dans la fonction constructeur. Une durée de vie de –1 attribuée aux messages de haute priorité indique que le message n'expire pas automatiquement mais doit être fermé explicitement, soit par l'utilisateur, soit par une fonction de rappel.

Définir les caractéristiques de l'interface utilisateur

Pour reprendre la technologie du pattern MVC, nous venons de fournir un Modèle pour notre système de notification. Pour qu'il soit utile, nous devons définir une Vue. Il existe de nombreux moyens de représenter visuellement des notifications. Pour cet exemple, nous avons choisi de fournir une sorte de barre d'état dans laquelle les notifications sont représentées sous forme d'icônes, comme le montre la Figure 6.2.

Figure 6.2
Interface utilisateur de la barre d'état de notre système de notification. Les messages individuels sont représentés par leurs icônes.

L'icône en forme de croix rouge est une icône standard fournie pour les notifications de priorité faible de notre système. Le troisième objet de message sur la barre d'état propose sa propre icône : une sphère bleue ombrée, qui remplace la croix rouge par défaut. Chaque notification ajoutée à cette barre d'état peut être inspectée grâce à une infobulle (voir Figure 6.3).

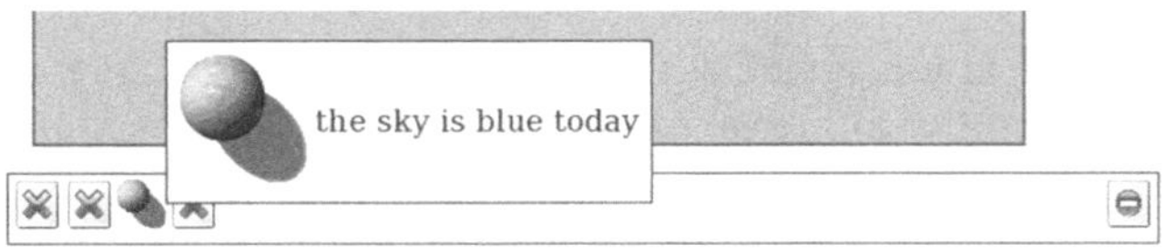

Figure 6.3
Les messages dans la barre d'état peuvent être inspectés en plaçant le curseur sur leur icône, afin de faire apparaître leur infobulle.

Ce mécanisme est conçu de manière à ne pas être obstructif. La barre d'état occupe assez peu d'espace à l'écran, mais elle se remarque lorsqu'une nouvelle notification arrive, grâce à la présence d'une icône supplémentaire. Pour les messages plus urgents, nous pourrions souhaiter quelque chose de plus immédiat, aussi allons-nous n'afficher d'abord que des messages de faible priorité dans la barre d'état ; les messages de priorité normale ou élevée apparaîtront dans une boîte de dialogue (voir Figure 6.4) avant d'être fermés.

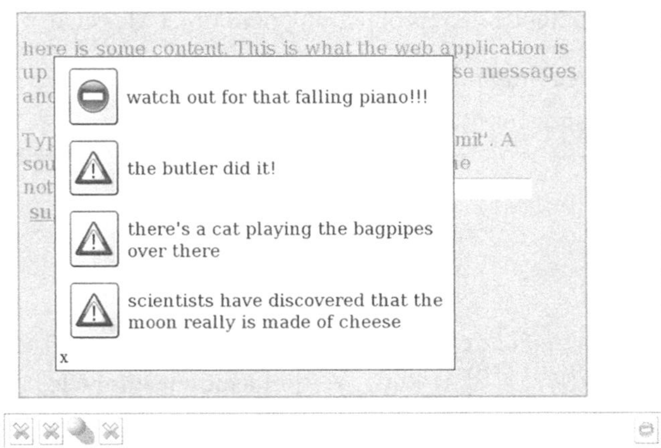

Figure 6.4
Les messages de priorité plus élevée sont affichés dans une boîte de dialogue qui les fait apparaître dans l'ordre de priorité.

La boîte de dialogue peut être modale ou non. Si elle l'est, nous nous servons d'un calque semi-transparent pour bloquer le reste de l'interface utilisateur jusqu'à ce que celui-ci ferme la boîte de dialogue. Lorsqu'elle est fermée, la boîte de dialogue est représentée par une icône au côté droit de la barre d'état. Dans les deux sections qui suivent, nous examinerons des implémentations de ces fonctions.

Implémenter un framework de notification

Nous avons défini deux parties principales de notre interface utilisateur : la barre d'état et la boîte de dialogue. Voyons à présent comment implémenter ces fonctions. Le système de notification complet est assez compliqué. Nous allons donc le décomposer en plusieurs étapes. Tout d'abord, nous allons améliorer notre objet Message afin qu'il sache lui-même comment reproduire une interface utilisateur, à la fois quand il réside dans la barre d'état sous la forme d'une icône, et lorsqu'il affiche des informations détaillées, dans une infobulle ou dans la boîte de dialogue. Commençons par l'implémentation du composant de barre d'état.

Reproduire les icônes de barres d'état

La barre d'état doit se reproduire elle-même à l'écran et contient les icônes qui représentent les messages actifs. Nous déléguons la tâche de reproduction des icônes individuelles aux objets Message eux-mêmes. Le Message implémente un pattern MVC à petite échelle. Il peut fournir une Vue dont les fonctions interactives remplissent le rôle de Contrôleur. Ce type de conception pourrait être problématique si nous souhaitions ajouter de manière arbitraire d'autres mécanismes de reproduction à notre framework de notification, mais ce n'est pas notre souhait, car nous voulons au contraire un système d'affichage unifié dans toute l'application. Le Listing 6.4 présente une méthode de reproduction pour l'objet Message.

Listing 6.4 : framework des messages avec interface utilisateur

```
msg.Message.prototype.render=function(el){
  if (this.priority<=msg.PRIORITY_LOW.id){          ❶ Reproduction du message
    this.renderSmall(el);
  }else if (this.priority>=msg.PRIORITY_DEFAULT.id){
    this.renderFull(el);
  }
}

msg.Message.prototype.renderSmall=function(el){     ❷ Affichage sous
  this.icoTd=document.createElement("div");            forme d'icône
  var ico=document.createElement("img");               avec une infobulle
  ico.src=this.icon;
  ico.className="msg_small_icon";
  this.icoTd.appendChild(ico);
  this.icoTd.messageObj=this;
  this.icoTd.onmouseover=msg.moverIconTooltip;
  this.icoTd.onmouseout=msg.moutIconTooltip;
  this.icoTd.onclick=msg.clickIconTooltip;

  el.appendChild(this.icoTd);
}

msg.moverIconTooltip=function(e){      ❸ Gestion des événements de survol
  var event=e || window.event;
  var message=this.messageObj;
  var popped=message.popped;
  if (!popped){
```

```
    message.showPopup(event,false);
  }
}
```

❹ **Gestion des événements de fin de survol**

```
msg.moutIconTooltip=function(e){
  var message=this.messageObj;
  var popped=message.popped;
  var pinned=message.pinned;
  if (popped && !pinned){
    message.hidePopup();
  }
}
```

❺ **Gestion des événements de clics de souris**

```
msg.clickIconTooltip=function(e){
  var event=e || window.event;
  var message=this.messageObj;
  var popped=message.popped;
  var pinned=message.pinned;
  var expired=message.expired;
  if (popped && pinned){
    message.hidePopup();
    if (expired){
      message.unrender();
    }
  }else{
    message.showPopup(event,true);
  }
}
```

❻ **Affichage de l'infobulle**

```
msg.Message.prototype.showPopup=function(event,pinned){
  this.pinned=pinned;
  if (!this.popup){
    this.popup=document.createElement("div");
    this.popup.className='popup';
    this.renderFull(this.popup);
    document.body.appendChild(this.popup);
  }
  this.popup.style.display='block';
  var popX=event.clientX;
  var popY=event.clientY-xHeight(this.popup)-12;
  xMoveTo(this.popup,popX,popY);
  if (msg.popper && msg.popper!=this){
    msg.popper.hidePopup();
  }
  this.popped=true;
  msg.popper=this;
}
```

Masquage de l'infobulle

```
msg.Message.prototype.hidePopup=function(){
  if (this.popped){
    if (this.popup){
      this.popup.style.display='none';
    }
    this.popped=false;
  }
}
```

Nous venons de présenter le code de niveau supérieur pour la reproduction de notre objet Message, ainsi que les détails concernant la représentation dans la barre d'état. Considérons d'abord le code de niveau supérieur. Nous fournissons une méthode `render()` ❶, qui prend un élément DOM comme argument. Cette méthode délègue son travail à `renderSmall()` ❷ ou à `renderFull()` ❸, selon la priorité du message. Les messages affichés dans la barre d'état possèdent une priorité faible et sont affichés sous la forme d'une icône qui présente une infobulle en cas de survol (voir Figure 6.2 et Figure 6.3). `renderSmall()` reproduit l'icône à l'intérieur de l'élément DOM et fournit des gestionnaires d'événements pour afficher l'infobulle.

Puisque ce chapitre traite de la finition des applications Ajax, l'infobulle que nous créons pour l'icône a été implémentée entièrement, avec trois gestionnaires d'événements. Elle apparaît lorsque le curseur survole l'icône ❹ et disparaît lorsque le curseur s'en écarte ❺. Si l'utilisateur clique sur l'icône, l'infobulle est "punaisée" ❻ et reste en place jusqu'à ce qu'il clique à nouveau sur l'icône, que le message expire ou qu'une autre infobulle soit sélectionnée (seule une infobulle peut être visible à la fois).

Reproduire les notifications détaillées

Les messages dans la boîte de dialogue sont de priorité normale ou élevée, et combinent une icône et un message (voir Figure 6.4). Ce type d'affichage est également requis pour les infobulles des icônes de la barre d'état. Lorsque l'infobulle est lancée dans `showPopup()`, elle appelle la méthode `renderFull()` afin de présenter le message complet. La même méthode est réutilisée pour reproduire les messages dans la boîte de dialogue. Cette réutilisation nous évite de dupliquer inutilement du code et assure en outre une meilleure homogénéité de l'interface utilisateur. La méthode `renderFull()` est présentée dans le Listing 6.5.

Listing 6.5 : méthode *renderFull()*

```
msg.Message.prototype.renderFull=function(el){
  var inTable=(el.tagName=="TBODY");
  var topEl=null;
  this.row=document.createElement("tr");
  if (!inTable){
    topEl=document.createElement("table");
    var bod=document.createElement("tbody");
    topEl.appendChild(bod);
    bod.appendChild(this.row);
  }else{
    topEl=this.row;
  }

  var icoTd=document.createElement("td");
  icoTd.valign='center';
  this.row.appendChild(icoTd);
  var ico=document.createElement("img");
```

```
    ico.src=this.icon;
    icoTd.className="msg_large_icon";
    icoTd.appendChild(ico);

    var txtTd=document.createElement("td");
    txtTd.valign='top';
    txtTd.className="msg_text";
    this.row.appendChild(txtTd);
    txtTd.innerHTML=this.message;

    el.appendChild(topEl);
  }
```

La méthode `renderFull()` génère une ligne de table pour le message. Elle vérifie l'élément DOM auquel elle est ajoutée. S'il s'agit d'une balise <tbody>, elle s'ajoute directement. Sinon, elle génère les balises `<table>` et `<tbody>` requises. Cette technique permet de présenter plusieurs messages dans la même table de la boîte de dialogue principale et permet de remplir correctement la balise `<div>` de l'infobulle.

Notez que le texte du message est attaché à l'interface utilisateur à l'aide de `innerHTML`, au lieu des méthodes DOM W3C dont nous nous servons habituellement. Cette approche permet d'utiliser un balisage HTML et de présenter ainsi les notifications dans un style plus riche que celui auquel nous aurions droit en générant simplement un nœud texte.

Assembler les éléments

Avec ces mécanismes destinés à l'affichage des messages sous forme d'icône ou en pleine taille, nous avons fourni une méthode `render()` complète pour les messages individuels. La boîte de dialogue et la barre d'état sont elles-mêmes générées par une méthode `render()` de niveau supérieur, que présente le Listing 6.6.

Listing 6.6 : fonction *msg.render()*

```
msg.render=function(msgbar){
  if (!msgbar){
    msgbar='msgbar';
  }
  msg.msgbarDiv=xGetElementById(msgbar);        ❶ Vérification : la barre
  if (!msg.msgbarDiv){                            d'état existe-t-elle ?
    msg.msgbarDiv=msg.createBar(msgbar);
  }
  styling.removeAllChildren(msg.msgbarDiv);
  var lows=new Array();
  var meds=new Array();
  var highs=new Array();
  for (var i in msg.messages){          ❷ Tri des messages par priorité
    var message=msg.messages[i];
    if (message){
      if (message.priority<=msg.PRIORITY_LOW.id){
        lows.append (message);
```

```
        }else if (message.priority==msg.PRIORITY_DEFAULT.id){
          meds.append(message);
        }else if (message.priority>=msg.PRIORITY_HIGH.id){
          highs.append(message);
        }
      }
    }
    for (var i=0;i<lows.length;i++){          ❸ Reproduction des messages
      lows[i].render(msg.msgbarDiv);               de priorité faible
    }                                          Reproduction des messages
    if (meds.length+highs.length>0){         ❹ de priorité élevée
      msg.dialog=xGetElementById(msgbar+"_dialog");
      if (!msg.dialog){
        msg.dialog=msg.createDialog(
          msgbar+"_dialog",
          msg.msgbarDiv,
          (highs.length>0) );          ❺ Test : la boîte de dialogue existe-t-elle ?

      }
      styling.removeAllChildren(msg.dialog.tbod);
      for (var i=0;i<highs.length;i++){
        highs[i].render(msg.dialog.tbod);
      }
      for (var i=0;i<meds.length;i++){
        meds[i].render(msg.dialog.tbod);
      }
      if (highs.length>0){
        msg.dialog.ico.src=msg.PRIORITY_HIGH.icon;
      }else{
        msg.dialog.ico.src=msg.PRIORITY_DEFAULT.icon;
      }
    }
  }

msg.createBar=function(id){        ❻ Création d'une barre d'état
  var msgbar=document.createElement("div");
  msgbar.className='msgbar';
  msgbar.id=id;
  var parentEl=document.body;
  parentEl.append(msgbar);
  return msgbar;
}

msg.createDialog=function(id,bar,isModal){ ❼ Création d'une boîte de dialogue
  var dialog=document.createElement("div");
  dialog.className='dialog';
  dialog.id=id;
  var tbl=document.createElement("table");
  dialog.appendChild(tbl);
```

```
  dialog.tbod=document.createElement("tbody");
  tbl.appendChild(dialog.tbod);

  var closeButton=document.createElement("div");
  closeButton.dialog=dialog;
  closeButton.onclick=msg.hideDialog;
  var closeTxt=document.createTextNode("x");
  closeButton.appendChild(closeTxt);
  dialog.appendChild(closeButton);

  if (isModal){        ❽ Ajout d'un calque modal en cas de besoin
    dialog.modalLayer=document.createElement("div");
    dialog.modalLayer.className='modal';
    dialog.modalLayer.appendChild(dialog);
    document.body.appendChild(dialog.modalLayer);
  }else{
    dialog.className+=' non-modal';
    document.body.appendChild(dialog);
  }

  dialog.ico=document.createElement("img");
  dialog.ico.className="msg_dialog_icon";
  dialog.ico.dialog=dialog;
  dialog.ico.onclick=msg.showDialog;
  bar.appendChild(dialog.ico);

  return dialog;
}

msg.hideDialog=function(e){        <—— Masquage de la boîte de dialogue
  var dialog=(this.dialog) ? this.dialog : msg.dialog;
  if (dialog){
    if (dialog.modalLayer){
      dialog.modalLayer.style.display='none';
    }else{
      dialog.style.display='none';
    }
  }
}

msg.showDialog=function(e){        <—— Affichage de la boîte de dialogue
  var dialog=(this.dialog) ? this.dialog : msg.dialog;
  if (dialog){
    if (dialog.modalLayer){
      dialog.modalLayer.style.display='block';
    }else{
      dialog.style.display='block';
    }
  }
}
```

`render()` peut être appelée plusieurs fois. Elle vérifie la présence des composants d'interface utilisateur courants ❶, ❺, et les crée en cas de besoin avec les fonctions `createDialog()` ❼ et `createBar()` ❻. Ces fonctions assemblent les composants d'interfaces utilisateur à l'aide des méthodes de manipulation DOM standard et des gestionnaires d'événements comme ceux exploités pour afficher et masquer la boîte de dialogue.

Pour reproduire toutes les notifications, le système commence par trier les messages selon leur niveau de priorité dans trois tableaux temporaires ❷. Les messages de priorité faible sont ensuite reproduits dans la barre d'état ❸ et les autres messages dans la boîte de dialogue, en commençant par ceux de priorité plus élevée ❹.

Pour implémenter notre boîte de dialogue modale, nous imbriquons tout simplement la boîte de dialogue visible dans un autre élément DIV qui couvre la surface complète de l'écran, et empêche tous les événements de souris d'atteindre l'interface utilisateur principale ❽. Cette DIV modale possède un motif d'arrière-plan fait de pixels blancs et transparents alternés, grâce auquel l'interface est grisée. Cet affichage signale clairement qu'il s'agit d'une boîte de dialogue modale. Nous utilisons cette technique au lieu des réglages de transparence CSS car les éléments imbriqués tels que la boîte de dialogue elle-même seraient sans cela transparents également. Notre mise en forme est implémentée dans le fichier CSS de notre framework de notification, que présente le Listing 6.7.

Listing 6.7 : message.css

```
.msg_small_icon{
  height: 32px;
  width: 32px;
  position:relative;
  float:left;
}

.msg_dialog_icon{
  height: 32px;
  width: 32px;
  position:relative;
  float:right;
}

.msg_large_icon{
  height: 64px;
  width: 64px;
}

.msg_text{
  font-family: arial;
  font-weight: light;
  font-size: 14pt;
  color: blue;
}
```

```
.msgbar{
  position:relative;
  background-color: white;
  border: solid blue 1px;
  width: 100%;
  height: 38px;
  padding: 2px;
}

.dialog{
  position: absolute;
  background-color: white;
  border: solid blue 1px;
  width: 420px;
  top: 64px;
  left: 64px;
  padding: 4px;
}

.popup{
  position: absolute;
  background-color: white;
  border: solid blue 1px;
  padding: 4px;
}

.non-modal{
}

.modal{
  position: absolute;
  top: 0px;
  left: 0px;
  width: 100%;
  height: 100%;
  background-image:url(img/modal_overlay.gif);
}
```

Notez que nous avons employé l'attribut CSS `float` dans les classes `msg_small_icon` et `msg_dialog_icon` qui servent à reproduire les icônes dans la barre d'état. `msg_small_icon`, qui reproduit les icônes pour les messages de priorité faible affichant les infobulles, utilise `left float` pour un alignement à gauche, tandis que `msg_dialog_icon` recourt à `right float` pour aligner l'icône de lancement de la boîte de dialogue du côté droit. Le framework permet à la barre d'état d'être reproduite dans un élément DIV de n'importe quelle taille ou forme. Les éléments flottants s'aligneront d'eux-mêmes de façon cohérente, en revenant à la ligne au besoin, sous forme de barres alignées verticales (voir Figure 6.5).

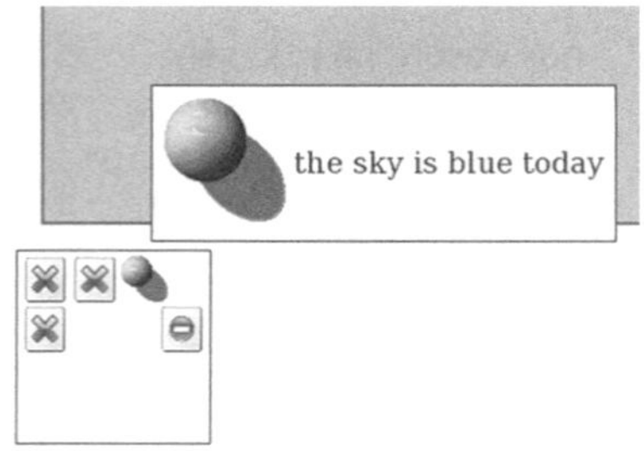

Figure 6.5
Les attributs CSS float permettent de faire tenir une liste d'icônes dans des conteneurs de formes diverses. Ici, nous avons modifié la barre d'état en en faisant un carré. Les icônes de croix et de sphère à gauche reviennent à la ligne automatiquement, tandis que l'icône de lancement pour la boîte de dialogue est flottante du côté droit.

Maintenant que nous avons une interface utilisateur pour notre objet Message, il convient de modifier ce dernier. Lorsque les messages individuels sont créés, ils ont la possibilité de s'ajouter eux-mêmes à l'interface utilisateur. Ils se suppriment eux-mêmes lorsque le message expire. Le Listing 6.8 présente les modifications requises pour implémenter cette fonction.

Listing 6.8 : objet Message modifié

```
var msg=new Object();

msg.PRIORITY_LOW=    { id:1, lifetime:30, icon:"img/msg_lo.png" };
msg.PRIORITY_DEFAULT={ id:2, lifetime:60, icon:"img/msg_def.png" };
msg.PRIORITY_HIGH=   { id:3, lifetime:-1, icon:"img/msg_hi.png" };

msg.messages=new Array();
msg.dialog=null;
msg.msgBarDiv=null;
msg.suppressRender=false;
msg.Message=function(id,message,priority,lifetime,icon){
  this.id=id;
  msg.messages[id]=this;
  this.message=message;
  this.priority=(priority) ? priority : msg.PRIORITY_DEFAULT.id;
  this.lifetime=(lifetime) ? lifetime : this.defaultLifetime();
  this.icon=(icon) ? icon : this.defaultIcon();
  if (this.lifetime>0){
    this.fader=setTimeout(
      "msg.messages['"+this.id+"'].clear()",
      this.lifetime*1000
    );
  }
  if (!msg.suppressRender){         ❶ Arguments supplémentaires
    this.attachToBar();
  }
}

msg.Message.prototype.attachToBar=function(){ ❷ Arguments supplémentaires
  if (!msg.msgbarDiv){
    msg.render();
```

```
    }else if (this.priority==msg.PRIORITY_LOW.id){
      this.render(msg.msgbarDiv);
    }else{
      if (!msg.dialog){
        msg.dialog=msg.createDialog(
          msg.msgbarDiv.id+"_dialog",
          msg.msgbarDiv,
          (this.priority==msg.PRIORITY_HIGH.id)
        );
      }
      this.render(msg.dialog.tbod);
      msg.showDialog();
    }
  }

  msg.Message.prototype.clear=function(){
    msg.messages[this.id]=null;
    if (this.row){                          ❸ Arguments supplémentaires
      this.row.style.display='none';
      this.row.messageObj=null;
      this.row=null;
    }
    if (this.icoTd){
      this.icoTd.style.display='none';
      this.icoTd.messageObj=null;
      this.icoTd=null;
    }
  }
```

Nous souhaitons permettre aux développeurs de travailler facilement avec ce framework : lorsqu'un message est créé, nous l'attachons donc automatiquement à l'interface utilisateur ❶. Une simple exécution du constructeur amène le nouveau message à se reproduire lui-même. Selon sa priorité, le message s'ajoute à la barre d'état ou à la boîte de dialogue ❷. Dans l'éventualité où nous souhaiterions éviter la surcharge liée à la reproduction de chaque message (par exemple lors de l'ajout simultané de plusieurs messages), nous fournissons un drapeau pour désactiver la reproduction automatique. Dans un tel cas, il est possible d'appeler manuellement `msg.render()` après avoir créé un grand nombre de messages.

Dans le même esprit, lorsque nous supprimons un message dans la fonction `clear()`, nous supprimons automatiquement tous les éléments d'interfaces utilisateur afin que le message disparaisse ❸.

Nous voilà équipés d'un véritable framework de notification. Nous pouvons le déclencher manuellement, mais également l'employer dans nos autres composants de code réutilisable. Dans la section suivante, nous allons voir comment le connecter à notre objet ContentLoader afin de faire état de l'avancement des téléchargements.

Utiliser le framework avec des requêtes réseau

Au Chapitre 5, nous avons présenté l'objet ContentLoader comme méthode d'encapsulation courante pour le trafic réseau. Notre framework peut être utilisé pour fournir des rapports d'états concernant n'importe quelle requête de données automatique. Voyons en premier lieu ce dont nous avons besoin.

Lorsqu'une requête est transmise au serveur, nous souhaitons indiquer qu'elle est en cours, avec une notification de priorité faible. Afin de différencier les requêtes réseau des autres notifications de faible priorité, nous souhaitons employer une autre icône. Pour cela, nous utiliserons tout simplement l'image de la terre de notre exemple de visualiseur des Chapitres 4 et 5.

Lorsque la requête réseau est terminée, nous souhaitons que la notification soit supprimée et remplacée par une notification de priorité faible si tout s'est bien passé, ou de priorité moyenne en cas d'erreur.

Pour implémenter ce système, il nous suffit de créer des objets Messages aux points appropriés du cycle de vie de la requête (lorsque la requête est déclenchée, lorsqu'elle se termine ou provoque une erreur, etc.). Le code modifié de l'objet ContentLoader est présenté dans le Listing 6.9.

Listing 6.9 : ContentLoader avec notifications

```
net.ContentLoader=function( ... ){ ... };
net.ContentLoader.msgId=1;
net.ContentLoader.prototype={
 loadXMLDoc:function(url,method,params,contentType){
  if (!method){
    method="GET";
  }
  if (!contentType && method=="POST"){
    contentType='application/x-www-form-urlencoded';
  }
  if (window.XMLHttpRequest){
    this.req=new XMLHttpRequest();
  } else if (window.ActiveXObject){
    this.req=new ActiveXObject("Microsoft.XMLHTTP");
  }
  if (this.req){
    try{
      var loader=this;
      this.req.onreadystatechange=function(){
        loader.onReadyState.call(loader);
      }
      this.req.open(method,url,true);
      if (contentType){
        this.req.setRequestHeader('Content-Type', contentType);
      }
```

```
        this.notification=new msg.Message(    ❶ Signaler que la requête a démarré
          "net00"+net.ContentLoader.msgId,
          "loading "+url,
          msg.PRIORITY_LOW.id,
          -1,
          "img/ball-earth.gif"
        );
        net.ContentLoader.msgId++;
        this.req.send(params);
      }catch (err){
        this.onerror.call(this);
      }
    }
  },

  onReadyState:function(){
   var req=this.req;
   var ready=req.readyState;
   if (ready==net.READY_STATE_COMPLETE){
     var httpStatus=req.status;
     if (httpStatus==200 || httpStatus==0){
       this.onload.call(this);
       this.notification.clear();          ❷ Supprimer la notification initiale
     }else{
       this.onerror.call(this);
     }
   }
  },

  defaultError:function(){          ❸ Signaler l'erreur
    var msgTxt="error fetching data!"
      +"<ul><li>readyState:"+this.req.readyState
      +"<li>status: "+this.req.status
      +"<li>headers: "+this.req.getAllResponseHeaders()
      +"</ul>";
    if (this.notification){
      this.notification.clear();
    }
    this.notification=new msg.Message(
      "net_err00"+net.ContentLoader.msgId,
      msgTxt,msg.PRIORITY_DEFAULT.id
    );
    net.ContentLoader.msgId++;
  }
};
```

Lorsque nous transmettons une requête réseau avec `loadXMLDoc()`, nous créons une notification de priorité faible ❶ et attachons une référence à cette notification à l'objet ContentLoader. Notez que nous positionnons la propriété `lifetime` à `–1` : la notification n'expirera donc pas.

Dans la méthode `onReadyState()`, nous supprimons la notification si tout s'est bien passé ❷. En cas d'erreur, nous appelons la méthode `defaultError()`, qui génère maintenant sa propre notification ❸. Le message de cette notification s'appuie sur un balisage HTML afin de créer un rapport mis en forme plutôt qu'un texte brut.

Le Listing 6.10 présente une page d'exemple qui utilise ce ContentLoader modifié.

Listing 6.10 : page d'exemple de notifications

```
<!DOCTYPE html PUBLIC "-//W3C//DTD XHTML 1.0 Strict//EN"
 "http://www.w3.org/TR/xhtml1/DTD/xhtml1-strict.dtd">
<html>
<head>
<title>Notifications test</title>
<link rel=stylesheet type="text/css" href="msg.css"/>

<script type="text/JavaScript" src="x/x_core.js"></script>
<script type="text/JavaScript" src="extras-array.js"></script>
<script type="text/JavaScript" src="styling.js"></script>
<script type="text/JavaScript" src="msg.js"></script>
<script type="text/JavaScript" src="net_notify.js"></script>
<script type="text/JavaScript">

window.onload=function(){
  msg.render('msgbar');
}
var msgId=1;

function submitUrl(){
  var url=document.getElementById('urlbar').value;
  var loader=new net.ContentLoader(url,notifyLoaded);  }   ❶ Transmission d'une requête au serveur

function notifyLoaded(){
  var doneMsg=new msg.Message(          ❷ Signaler que la ressource est chargée
    "done00"+msgId,
    "loaded that resource you asked for: "+this.url,
    msg.PRIORITY_LOW.id
  );
  msgId++;
  msg.render('msgbar');
}

</script>
</head>
<body>
<div class='content'>
<p>here is some content. This is what the Web
application is up to when not being bugged silly
by all these messages and notifications and stuff.
<p>Type in a URL in the box below (from the
same domain, see Chapter 7), and hit 'submit'.
A souped-up contentloader that understands the
```

```
notification system will be invoked.
<input id='urlbar' type='text'/> 
<a href='JavaScript:submitUrl()'>submit</a>
</div>
<div id='msgbar' class='msgbar'></div>
</body>
</html>
```

La page (voir Figure 6.6 et Figure 6.7) reproduit un formulaire HTML simple dans lequel l'utilisateur peut taper des URL. En cas de clic sur le lien d'envoi, l'URL tapée est chargée ❶, et la fonction de rappel `notifyLoaded()` est lancée en cas de succès. `notifyLoaded()` ne fait rien avec la ressource, à part signaler qu'elle a été récupérée en créant un autre objet Message ❷.

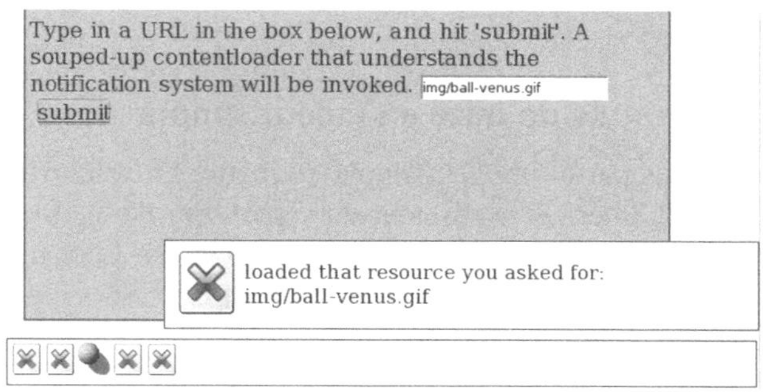

Figure 6.6
Le chargement réussi de la ressource est signalé sous la forme d'une infobulle dans la barre d'état.

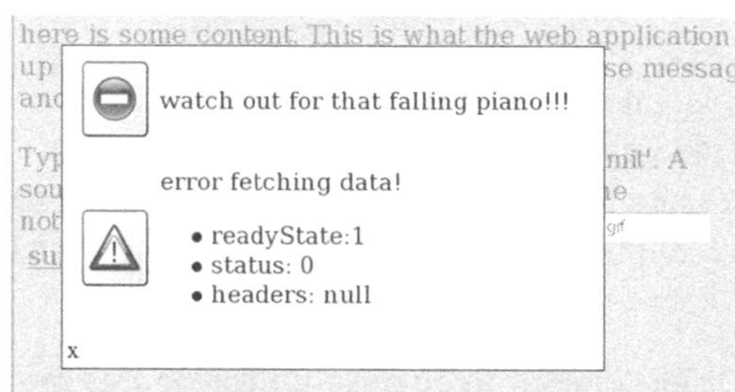

Figure 6.7
L'échec de la requête réseau est signalé par une boîte de dialogue de notification (deux messages sont affichés ici, le second étant une notification d'erreur réseau).

Notez que le comportement en cas de réussite de la requête n'est pas écrit dans le framework mais fourni par une fonction de gestionnaire `onload` personnalisée. Cette dissociation permet au framework d'être adapté à divers besoins. Dans l'exemple du Listing 6.9, nous avons codé en dur le comportement par défaut en cas d'erreur. Dans une véritable application, les moindres défaillances réseau ne justifieront pas nécessairement que l'on jette un avertissement à la figure de l'utilisateur. Nous laissons au lecteur le soin, à titre d'exercice, d'ajouter un paramètre au ContentLoader qui indique le niveau d'urgence de la notification requise en cas d'échec (ou de fournir un gestionnaire `onError` redéfini avec un mécanisme de notification plus subtil).

Nous avons assez développé ce framework pour le moment. Nous avons montré comment il pouvait se combiner harmonieusement avec le code existant. Dans la section suivante, nous considérerons une autre convention graphique pour les notifications qui peut également nous servir.

Signaler l'actualité des données

Le framework de notification que nous avons développé dans la précédente section fournit une série de nouveaux composants de niveau supérieur qui affichent des informations concernant l'activité du système. Dans certains cas, il peut arriver que l'on souhaite aussi présenter des notifications plus précises signalant des modifications contextuelles de données. Dans cette section, nous compléterons notre ObjectViewer développé dans les Chapitres 4 et 5 afin de fournir des indications visuelles supplémentaires concernant les données récemment modifiées.

Définir un style de mise en valeur simple

Commençons par un moyen simple de mettre en valeur les données, avec un effet d'inversion vidéo. L'interface utilisateur du visualiseur d'objets est assez pâle et présente des tons bleus-gris. Un beau rouge profond saura donc se faire remarquer. La première chose que nous ayons à faire consiste à définir une classe CSS supplémentaire afin de représenter les données nouvellement modifiées :

```
.new{
  background-color: #f0e0d0;
}
```

Nous avons choisi une mise en forme très simple. Dans une application plus sophistiquée, il conviendrait évidemment de proposer quelque chose d'un peu plus audacieux. Le Listing 6.11 présente les modifications requises du code ObjectViewer pour mettre en forme les propriétés récemment modifiées et supprimer automatiquement la mise en forme après un délai donné.

Listing 6.11 : ObjectViewer avec mise en forme des modifications récentes

```
objviewer.PropertyViewer.prototype.commitEdit=function(value){
  if (this.type=objviewer.TYPE_SIMPLE){
    this.value=value;
    var valDiv=this.renderSimple();
    var td=this.valTd;
    td.replaceChild(valDiv,td.firstChild);

    this.viewer.notifyChange(this);
    this.setStatus(objviewer.STATUS_NEW);        ❶ Définir l'état comme nouveau
  }
}
```

```
objviewer.STATUS_NORMAL=1;
objviewer.STATUS_NEW=2;

objviewer.PropertyViewer.prototype.setStatus=function(status){
  this.status=status;
  if (this.fader){
    clearTimeout(this.fader);
  }
  if (status==objviewer.STATUS_NORMAL){
    this.valTd.className='objViewValue';
  }else if (status==objviewer.STATUS_NEW){
    this.valTd.className='objViewValue new';
    var rnd="fade_"+new Date().getTime();
    this.valTd.id=rnd;
    this.valTd.fadee=this;
    this.fader=setTimeout("objviewer.age('"+rnd+"')",5000);     ❷ Définir le délai
  }
}

objviewer.age=function(id){
  var el=document.getElementById(id);
  var viewer=el.fadee;
  viewer.setStatus(objviewer.STATUS_NORMAL);     ❸ Redéfinir lorsque le délai expire
  el.id="";
  el.fadee=null;
}
```

Nous définissons deux états : normal et nouveau. Il aurait été possible de définir un terme booléen comme `isNew` à la place, mais cette approche est plus évolutive, puisqu'elle permettra par exemple à l'avenir de mettre en forme des éléments dont les mises à jour sont en train d'être transmises au serveur. Nous appelons la méthode `setStatus()` lorsque nous enregistrons une valeur modifiée ❶. Cette méthode positionne la classe CSS de manière appropriée et, si l'état est "nouveau", configure un minuteur qui réinitialise l'état normal au bout de cinq secondes ❷ (un délai plus long serait sans doute préférable en réalité, mais pour les besoins de la démonstration, cinq secondes suffisent). L'objet conserve une référence au minuteur qu'il peut annuler si un autre changement d'état intervient avant qu'il ait expiré.

En raison des limitations de la méthode JavaScript `setTimeout()`, nous attribuons un ID unique au nœud DOM mis en forme, afin de nous permettre de le retrouver lorsque le minuteur appelle la fonction `age()` ❸. `age()` nettoie l'ID et les autres références temporaires. La Figure 6.8 présente l'ObjectViewer avec une valeur récemment modifiée.

Le changement de couleur attire l'attention de l'utilisateur sur la valeur récemment modifiée. L'un des autres moyens de solliciter l'attention consiste à recourir à des animations. Nous allons voir à quel point c'est simple dans la section suivante.

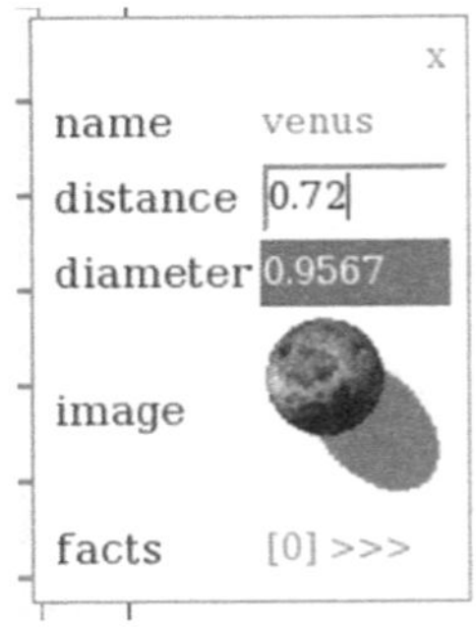

Figure 6.8
L'ObjectViewer affichant une valeur récemment modifiée pour la propriété diameter, qui est mise en forme avec un arrière-plan coloré. La mise en forme disparaît après un court délai, lorsque la modification n'est plus nouvelle et ne vaut plus la peine d'être signalée.

Mise en valeur avec la bibliothèque d'effets Scriptaculous

L'effet de mise en forme que nous venons de créer manuellement est très simple. Nous l'avons choisi notamment parce qu'il était facile à présenter au moyen d'un support statique comme celui d'un livre imprimé. En production, nous vous recommandons cependant les objets Effect de la bibliothèque Scriptaculous, qui peuvent égayer vos notifications. Nous avons rapidement présenté cette bibliothèque au Chapitre 3, en signalant qu'elle fournissait des appels à l'intérieur du balisage pour mettre en forme des éléments DOM avec une variété d'effets et de transitions.

Notre méthode `setStatus()` du Listing 6.11 peut aisément être réécrite afin d'utiliser des effets Scriptaculous. Supposons que vous souhaitiez mettre en forme les entrées récemment modifiées avec l'effet de pulsation de l'objet Effects.Pulsate. Cette animation fait disparaître et réapparaître les éléments de manière répétitive. Le Listing 6.12 présente les modifications requises pour utiliser cet effet.

Listing 6.12 : mise en forme des modifications récentes avec Scriptaculous

```
objviewer.PropertyViewer.prototype.setStatus=function(status){
  this.status=status;
  if (this.effect){
    this.effect.cancel();
    this.effect=null;
  }
  if (status==objviewer.STATUS_NEW){
    this.effect=new Effect.Pulsate(
      this.valTd,
      {duration: 5.0}
    );
  }
}
```

L'objet Effect s'occupe d'une partie de la plomberie à notre place : inutile à présent de gérer nos propres délais. La fonction `age()` peut tout simplement être supprimée. Nous lançons le constructeur de l'effet Pulsate en passant une référence à l'élément DOM qui doit être mis en forme, et un tableau associatif de toutes les options dont nous souhaitons redéfinir la valeur par défaut. Par défaut, l'effet Pulsate s'exécute pendant 3 secondes. Nous avons augmenté cette valeur à 5 secondes, comme pour le précédent exemple, en passant un paramètre `duration` dans le tableau d'options.

Les mêmes techniques de mises en forme peuvent être appliquées à d'autres événements qui affectent les données, comme les mises à jour provenant du serveur. Pour empêcher toute collusion entre les effets, nous vérifions d'abord si des effets sont actuellement en train de s'exécuter et les annulons au préalable (dans la version 1.1, tous les effets Scriptaculous peuvent être annulés à l'aide d'une fonction standard `cancel()`).

Ce type de mise en forme fournit un retour d'information immédiat à l'utilisateur au moment où son attention est déjà accaparée, à la différence des notifications dans la barre d'état et la boîte de dialogue, qui conviennent mieux à des informations générales. Combinées les unes aux autres, ces indications visuelles peuvent grandement contribuer à améliorer l'expérience de l'utilisateur.

En résumé

Dans ce chapitre, nous avons vu comment donner un aspect plus professionnel à votre application Ajax. Nous avons commencé en définissant les quatre facteurs qualitatifs clés que sont la réactivité, la robustesse, l'homogénéité et la simplicité.

La majeure partie de ce chapitre a été consacrée à l'examen de diverses méthodes qui permettent d'apporter à l'utilisateur un retour d'information pendant qu'il travaille. En passant, nous avons développé plusieurs implémentations de mécanismes visuels remplissant cette fonction, dont un affichage dans une barre d'état, un affichage dans une boîte de dialogue et une mise en valeur directe des données. Le petit effort supplémentaire que requiert l'ajout de ces fonctions peut améliorer considérablement l'expérience de l'utilisateur. En outre, lorsque cette fonction est encapsulée sous forme de framework réutilisable, comme ici, le développeur se trouve libéré d'un grand fardeau. Une fois les frameworks développés, nous avons montré comment les intégrer aisément à certains des exemples de code précédents. Nous avons créé des notifications de barres d'état apportant un retour d'information sur l'état d'avancement de nos requêtes serveur et une mise en valeur directe des données récemment mises à jour dans l'ObjectBrowser, qui sert à visualiser des données concernant les planètes du système solaire.

Mais assez de paillettes pour le moment ! Dans les deux prochains chapitres, nous nous occuperons d'améliorer l'utilisabilité des applications de manière souterraine, à savoir en veillant à leur sécurité et en améliorant leurs performances.

Ressources

La bibliothèque Scriptaculous Effects est accessible à l'adresse : **http://wiki.script.aculo.us/scriptaculous/list?category=Effects**.

7

Ajax et la sécurité

Au sommaire de ce chapitre

- Le modèle de sécurité JavaScript
- Les services Web distants
- Protéger les données des utilisateurs sur Internet
- Protéger vos flux de données Ajax

La sécurité est une préoccupation grandissante pour les services Internet. Le Web, par nature, n'est pas sécurisé, et l'intégration de mesures de sécurité appropriées à une application Ajax peut être un atout majeur pour le produit. Si l'argent d'un utilisateur est impliqué d'une manière ou d'une autre, par exemple dans le cadre d'un système d'achat en ligne ou pour un service payant, il est essentiel de faire de la sécurité une priorité.

La sécurité est un sujet de taille qui mériterait un livre à lui seul. Bon nombre des problèmes de sécurité auxquels se trouvent confrontées les applications Web sont identiques à ceux des applications Web classiques. Nous limiterons donc notre propos aux questions de sécurité directement liées aux spécificités d'Ajax. Tout d'abord, nous considérerons les implications en matière de sécurité liées à l'envoi de scripts exécutables sur le réseau et les étapes qu'ont suivies les éditeurs de navigateurs pour sécuriser ce processus. Nous verrons également comment assouplir ces mesures de protection avec l'accord de l'utilisateur. Ensuite, nous verrons comment protéger les données d'un utilisateur lorsqu'elles sont transmises au serveur, afin que l'utilisateur puisse travailler avec nos services Ajax en toute confiance. Pour finir, nous présenterons des moyens de sécuriser les services de données auxquels recourent nos clients Ajax, afin d'empêcher qu'ils soient utilisés de manière malveillante par des entités externes sur le réseau. Nous commencerons par considérer les implications en matière de sécurité liées à l'envoi de notre client sur le réseau.

Le JavaScript et la sécurité des navigateurs

Lorsqu'une application Ajax est lancée, le serveur Web transmet un ensemble d'instructions JavaScript à un navigateur Web qui se trouve sur un autre ordinateur et dont il connaît très peu de choses. Le navigateur procède à l'exécution de ces instructions. En laissant le navigateur faire cela, l'utilisateur de l'application Ajax accorde implicitement un haut niveau de confiance à l'application et à ses auteurs. Les éditeurs de navigateurs et les organismes officiels ont considéré que cette confiance n'était pas toujours justifiée et ont mis en place des mesures de protection visant à éviter les abus. Dans cette section, nous examinerons ces mesures de protection et verrons comment travailler avec. Nous traiterons ensuite des cas où ces contraintes ne s'avèrent pas appropriées et peuvent donc être assouplies. La possibilité de communiquer directement avec des services Web tiers est à cet égard une question d'importance pour les développeurs Ajax.

Avant de nous lancer plus avant dans ce sujet, commençons par définir ce qu'il faut entendre par "code mobile". Sur le disque dur d'un ordinateur, tout n'est qu'amas de données binaires. Il est cependant possible de distinguer d'une part les données purement descriptives, et d'autre part les données qui représentent des instructions machine pouvant être exécutées. Les données descriptives ne peuvent rien faire tant qu'un processus en cours d'exécution ne vient pas les récupérer. Dans les anciennes applications client/serveur, le client était installé sur l'ordinateur de l'utilisateur comme n'importe quelle autre application de bureau, et tout le trafic sur le réseau correspondait à de simples données descriptives. Le code JavaScript d'une application Ajax correspond en revanche à du code exécutable. Comme tel, il offre la possibilité d'accomplir bien plus de tâches qu'il ne serait possible avec des données inertes, mais il peut aussi être plus dangereux. Nous qualifierons le code de "mobile" s'il est stocké sur un ordinateur et peut se transmettre sur le réseau afin d'être exécuté sur une autre machine. L'ordinateur qui reçoit le code mobile doit vérifier s'il peut faire confiance à l'expéditeur du code, notamment sur Internet. A quelles ressources système doit-il accorder l'accès ?

Présentation de la stratégie de sécurité du serveur d'origine

Nous avons noté que lors de l'exécution de code JavaScript dans un navigateur Web, l'utilisateur laisse s'exécuter sur son propre ordinateur du code écrit par quelqu'un qu'il ne connaît pas. Le code mobile, capable de s'exécuter automatiquement sur un réseau, constitue un risque potentiel en matière de sécurité. Afin de faire face aux dangers éventuels liés au code mobile, les éditeurs de navigateurs exécutent le code JavaScript dans un *bac à sable*, un environnement hermétique qui n'a que peu ou pas d'accès aux ressources de l'ordinateur. L'application Ajax ne peut ni lire ni écrire dans le système de fichiers local. Dans la plupart des cas, elle ne peut pas non plus établir de connexion réseau à un domaine Web autre que celui dont elle provient. Un IFrame généré de manière programmatique peut charger des pages d'autres domaines et exécuter du code, mais les scripts des deux domaines ne peuvent interagir l'un avec l'autre.

Considérons un exemple très simple. Dans notre premier fichier de script, nous définissons une variable :

```
x=3;
```

Dans le second fichier de script, nous utilisons cette variable :

```
alert(top.x+4);
```

Le premier script est inclus dans notre document de niveau supérieur, qui ouvre un IFrame et charge une page incluant le second script (voir Figure 7.1).

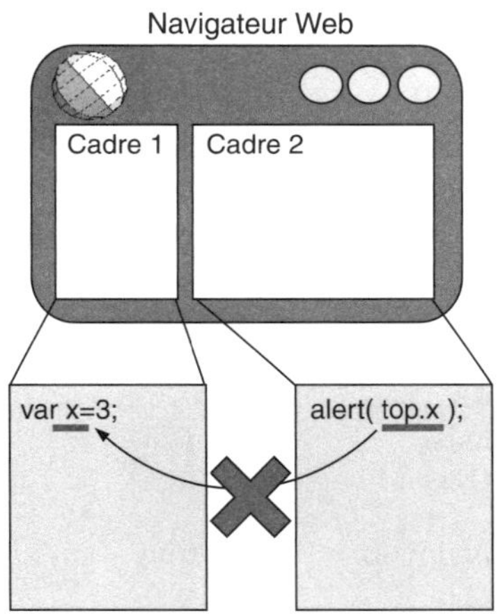

Figure 7.1
Le modèle de sécurité JavaScript empêche les scripts de domaines différents d'interagir les uns avec les autres.

Si les deux scripts sont hébergés dans le même domaine, l'alerte se déclenche sans problème. Sinon, une erreur JavaScript est levée et le second script échoue.

Considérations relatives à Ajax

Dans le cas de l'interaction centrée sur les scripts abordée au Chapitre 5, le code JavaScript est récupéré depuis le serveur et évalué à la volée. Le plus souvent, le client consomme du code de son propre serveur, mais considérons le cas où il exécute du code d'un autre domaine (on parle alors de "cross-scripting"). Le fait d'autoriser l'utilisateur à télécharger des scripts depuis n'importe quel domaine ouvrirait la porte à bien des abus, car cela permettrait à des parties tierces de reprogrammer ou de défigurer des sites Web, par exemple en manipulant le DOM. Les limitations imposées par le modèle de sécurité JavaScript apportent une véritable protection contre ce type d'exploit. Le modèle empêche également des sites malveillants de télécharger votre code client Ajax directement depuis votre site Web et de le faire pointer sur un serveur différent sans que vos utilisateurs sachent qu'ils communiquent avec un autre système dorsal.

Dans le cas de l'interaction centrée sur les données, le risque est plus faible, car le serveur livre des données et non du code. Néanmoins, si les données sont livrées depuis un serveur tier, elles peuvent contenir des informations spécialement conçues pour provoquer des dommages pendant qu'elles sont parsées. Par exemple, elles pourraient conduire à redéfinir ou à supprimer des informations vitales, ou provoquer la consommation de ressources sur le serveur.

Problèmes avec les sous-domaines

Pour finir, notez que les navigateurs Web ont une notion limitée de ce qui doit être considéré comme étant un même domaine et peuvent devenir frustrants par leurs précautions excessives. Le domaine n'est identifié que par la première portion de l'URL, sans chercher à déterminer si la même adresse IP est partagée par deux domaines. Le Tableau 7.1 présente quelques exemples du fonctionnement du modèle de sécurité du navigateur.

Tableau 7.1 : exemples de stratégie de sécurité internavigateur

URL	Cross-scripting autorisé ?	Commentaires
http://www.mysite.com/script1.js http://www.mysite.com/script1.js	Oui	Comme prévu !
http://www.mysite.com:8080/script1.js http://www.mysite.com/script2.js	Non	Les numéros de port ne se correspondent pas (le script 1 est servi depuis le port 8080).
http://www.mysite.com/script1.js https://www.mysite.com/script2.js	Non	Les protocoles ne correspondent pas (le script 2 utilise un protocole HTTM sécurisé).
http://www.mysite.com/script1.js http://192.168.0.1/script2.js	Non	La résolution de nom de www.mysite.com donne l'adresse IP 192.168.0.1, mais le navigateur n'effectue pas cette vérification.
http://www.mysite.com/script1.js http://scripts.mysite.com/script2.js	Non	Les sous-domaines sont traités comme des domaines séparés.
http://www.myisp.com/dave/script1.js http://www.myisp.com/eric/script2.js	Oui	Bien que les scripts proviennent de sites possédés par des personnes différentes, le domaine est le même.
http://www.myisp.com/dave/script1.js http://www.mysite.com/script2.js	Non	www.mysite.com pointe sur www .myisp.com/dave, mais le navigateur n'effectue pas cette vérification.

Dans le cas de sous-domaines, il est possible de tronquer la partie du domaine mise en correspondance en positionnant la propriété `document.domain`. Dans un script servi depuis **http://www.myisp.com/dave**, nous pouvons donc ajouter la ligne suivante :

```
document.domain='myisp.com';
```

Cette ligne permet d'interagir avec un script servi depuis le sous-domaine **http://dave.myisp.com**, pour autant que celui-ci positionne également la valeur `document.domain`. Il n'est cependant pas possible d'affecter à `document.domain` une valeur arbitraire comme **www.google.com**.

Sécurité internavigateur

Notre exposé ne serait pas complet si nous ne faisions mention d'un manque de cohésion flagrant entre les navigateurs. La sécurité d'Internet Explorer opère sur une série de "zones", avec des autorisations de sécurité plus ou moins restrictives. Par défaut (à tout le moins pour Internet Explorer 6), les fichiers qui s'exécutent sur le système de fichiers local se voient autorisés à contacter des sites Web sans que l'utilisateur en soit averti, le système de fichiers local étant supposé être une zone sécurisée. Le même code déclenchera cependant une alerte de sécurité s'il s'exécute depuis un serveur Web local (voir Figure 7.2).

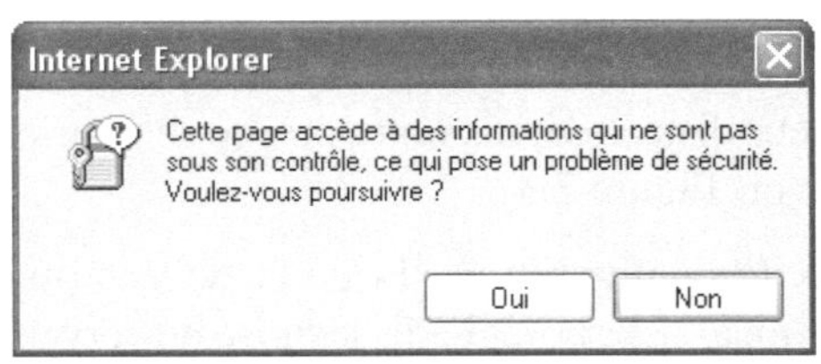

Figure 7.2
Une boîte de dialogue de sécurité s'affiche dans Internet Explorer si le code essaie de contacter un service Web qui ne provient pas de son propre serveur. Si l'utilisateur accepte cette interaction, les suivantes ne sont pas interrompues.

Il est possible d'écrire des applications Ajax sophistiquées et de tester de grandes portions de leurs fonctions avec des données fictives transmises directement depuis le système de fichiers. Le fait de mettre ainsi le serveur Web à l'écart simplifie la configuration de développement durant les sessions de programmation intense. Néanmoins, nous invitons fermement tous les développeurs à tester chaque fois le code qui accède à des services Web sur un serveur Web local, en plus du système de fichiers. Avec Mozilla, le principe des zones n'existe pas et les applications Web servies à partir du système de fichiers local sont aussi restreintes que celles livrées depuis un serveur Web. Sous Internet Explorer, le code s'exécute en revanche dans différentes zones de sécurité selon les cas, ce qui provoque de véritables différences de comportement.

Nous avons ainsi fait la synthèse des contraintes essentielles auxquelles les scripts Ajax sont soumis. Le modèle de sécurité JavaScript présente quelques désagréments mais fonctionne généralement bien. Sans lui, la confiance qu'accorde le public aux scripts Internet riches, comme ceux proposés par Ajax, serait si faible qu'Ajax serait viable uniquement pour des usages réellement futiles.

Il existe cependant des raisons légitimes d'exécuter des scripts depuis des domaines différents du vôtre, par exemple lorsque vous traitez avec un fournisseur de services Web. Dans la section suivante, nous verrons comment assouplir ces contraintes sécuritaires dans de telles situations.

Communiquer avec des services distants

L'intégration de la sécurité dans le navigateur Web est judicieuse, mais elle peut aussi être frustrante. Les systèmes de sécurité sont obligés de se méfier de tout le monde pour être efficaces, mais on peut aussi légitimement vouloir accéder à des ressources sur des serveurs tiers et en parfaite connaissance de cause pour ce qui concerne les implications en matière de sécurité. A présent que nous savons comment les navigateurs font appliquer leurs stratégies de sécurité, voyons quels moyens permettent de les assouplir. La première méthode que nous allons considérer requiert du code supplémentaire côté serveur, et la seconde ne fonctionne que sur le client.

Systèmes de proxy pour les services distants

La stratégie de sécurité du "serveur d'origine" oblige les applications Ajax à récupérer toutes leurs données depuis leur propre domaine Web. Si nous souhaitons que notre application Ajax accède à des informations d'un site tier, l'une des solutions consiste à opérer un appel au serveur distant depuis notre propre serveur et non depuis le client, puis à le transmettre au client (voir Figure 7.3).

Dans cette configuration, du point de vue du navigateur, les données paraissent venir du serveur local. La stratégie de sécurité du serveur d'origine n'est ainsi pas enfreinte. En outre, toutes les données peuvent être examinées par le serveur, ce qui donne l'occasion d'effectuer des vérifications sur la sécurité du code ou des données avant de les transmettre au client.

L'inconvénient de cette approche tient à ce qu'elle augmente la charge du serveur. La seconde solution que nous allons examiner passe directement du navigateur au serveur tier.

Travailler avec des services Web

Bon nombre d'organisations proposent aujourd'hui des services Web destinés à être consommés par des entités externes, dont des clients JavaScript. Il est important que les clients Ajax puissent contacter directement des services Web. La stratégie de sécurité du serveur d'origine pose ici problème, mais il est possible de la contourner en requérant de manière programmatique des privilèges pour des activités réseau. Cette requête peut être passée à l'utilisateur ou mémorisée par le navigateur et appliquée automatiquement si l'utilisateur l'a accepté.

Dans cette section, vous allez apprendre à appeler un service Web tier directement depuis une application cliente Ajax. Internet Explorer et Firefox gèrent tous deux ces requêtes à leur manière et nous verrons comment les satisfaire l'un et l'autre.

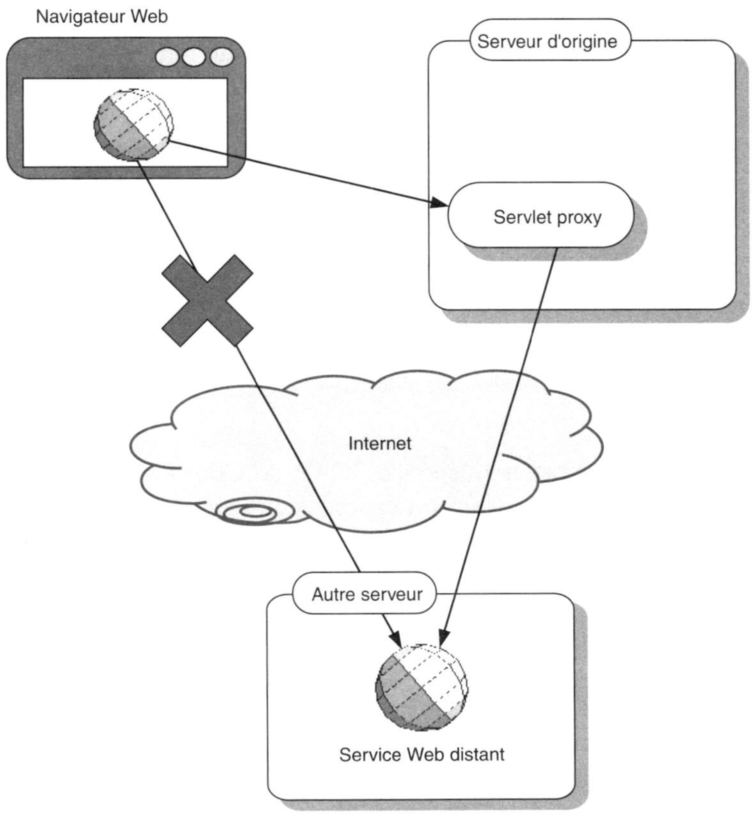

Figure 7.3
Si une application Ajax a besoin d'accéder à des ressources depuis d'autres domaines, le serveur d'origine peut faire office de proxy pour servir les ressources au client Ajax.

Notre programme d'exemple contacte l'un des services Web de Google *via* SOAP (*Simple Object Access Protocol*). SOAP est un protocole XML construit par-dessus le protocole HTTP. Le principe de fonctionnement de SOAP est le suivant : la requête transmet un document XML au serveur qui décrit les paramètres pour le service. Le serveur répond avec un document XML décrivant les résultats. Le code XML transmis par SOAP est assez volumineux. Il est constitué d'en-têtes et de contenus encapsulés dans une "enveloppe". Ce protocole, parce qu'il s'appuie sur le XML, est un outil idéal pour travailler avec l'objet XMLHttpRequest.

Google propose une interface SOAP pour son moteur de recherche, grâce à laquelle l'utilisateur peut transmettre une expression de recherche dans la requête et obtenir un document XML qui liste une page de résultats. La réponse XML est très similaire aux données présentées visuellement dans une page de résultats de Google, chaque entrée présentant un titre, un fragment, un résumé et une URL. Le document liste également le nombre total estimé de résultats pour l'expression.

Notre application est un jeu de devinette à l'ère d'Internet. C'est le nombre estimé de résultats qui nous intéresse. Nous allons présenter un formulaire simple et un grand nombre de résultats générés aléatoirement (voir Figure 7.4). L'utilisateur doit entrer une expression à transmettre à Google, dont il pense obtenir un nombre de résultats s'approchant à un millier près du nombre indiqué.

Figure 7.4

L'API SOAP de Google est ici employée dans une application Ajax simple à des fins parfaitement frivoles. L'utilisateur doit entrer une expression afin de tenter d'obtenir de la part de Google un nombre de résultats situé dans une plage spécifiée.

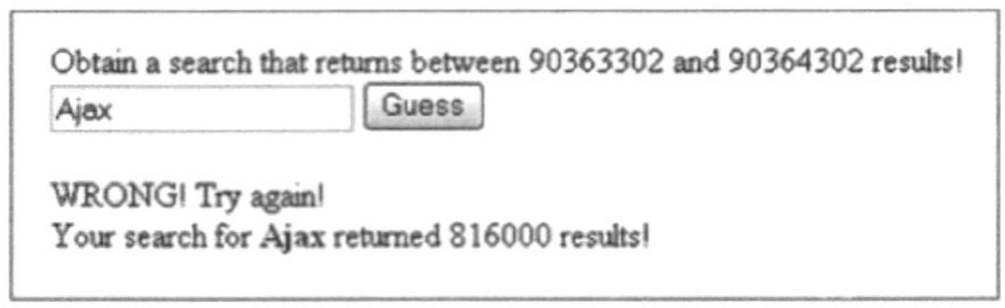

Nous allons contacter le service SOAP de Google à l'aide de l'objet XMLHttpRequest encapsulé dans l'objet ContentLoader que nous avons développé au Chapitre 3. Nous avons adapté cet objet au Chapitre 6 en lui ajoutant des capacités de notification. Si nous utilisons cette version du ContentLoader pour communiquer avec Google, nous parviendrons à nos fins dans Internet Explorer mais pas dans Mozilla. Etudions rapidement le comportement de chacun des navigateurs.

Internet Explorer et les services Web

Comme nous l'avons déjà noté, le système de sécurité d'Internet Explorer s'appuie sur le concept de zone. Si nous gérons notre application de jeu de devinette à partir d'un serveur Web, même exécuté sur le port localhost, elle sera par défaut considérée comme non sécurisée. Lorsque nous contactons Google la première fois avec notre ContentLoader, nous recevons un message de notification comme celui présenté à la Figure 7.2. Si l'utilisateur clique sur Oui, la requête et toutes les requêtes subséquentes destinées à ce serveur sont traitées. Si l'utilisateur clique sur Non, la requête est annulée et le gestionnaire d'erreurs du ContentLoader est exécuté. L'utilisateur n'est pas importuné outre mesure et un niveau moyen de sécurité est assuré.

Rappelez-vous que si vous testez votre client Ajax sur le système de fichiers local, Internet Explorer le traitera comme étant sécurisé et ne fera pas apparaître la boîte de dialogue.

Les navigateurs Mozilla et notamment Firefox ont une approche plus stricte en matière de sécurité ; ils sont donc plus difficiles à gérer. Examinons-les à présent.

Le PrivilegeManager de Mozilla

Le modèle de sécurité du navigateur Mozilla s'appuie sur le concept de privilège. Différentes activités, dont la communication avec des serveurs Web tiers, ainsi que la lecture et l'écriture de fichiers locaux, sont considérées comme potentiellement dangereuses. Tout code d'application qui tente de réaliser ces activités doit au préalable requérir le privilège de le faire.

Les privilèges sont gérés par l'objet `netscape.security.PrivilegeManager`. Si l'on souhaite que notre client Ajax communique avec Google, il convient d'abord de lui apprendre à bien se comporter avec le PrivilegeManager (gestionnaire des privilèges). Par chance, Firefox peut être configuré de manière à ce que le PrivilegeManager n'écoute même pas notre code. Ce réglage est sélectionné par défaut pour le contenu fourni depuis un serveur Web plutôt que depuis le système de fichiers local. La technique qui suit convient donc principalement aux intranets. Si vous vous trouvez dans un cas de ce genre ou si vous êtes curieux de savoir comment Firefox fonctionne, poursuivez la lecture.

Pour demander un privilège, nous pouvons appeler la méthode `enablePrivilege`. Le script est alors interrompu et une boîte de dialogue est présentée à l'utilisateur (voir Figure 7.5).

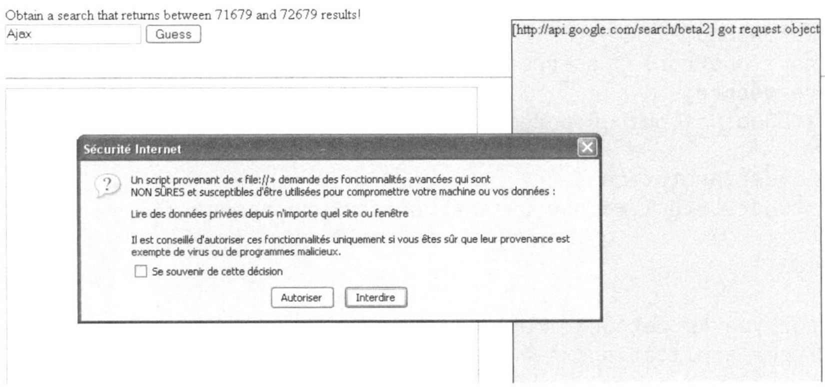

Figure 7.5

Lorsque des privilèges de sécurité supplémentaires sont demandés, le navigateur Firefox affiche une boîte de dialogue avec un message d'avertissement standard.

La boîte de dialogue explique que le script est sur le point de réaliser une action qui pourrait être dangereuse. L'utilisateur peut accorder ou refuser le privilège. Dans les deux cas, le script reprend ensuite son exécution. Si le privilège a été accordé, tout se passe pour le mieux. Sinon, la tentative d'exécution de l'action qui requiert le privilège produit généralement une erreur de script.

Nous avons vu qu'Internet Explorer se souvient automatiquement de la première décision de l'utilisateur et cesse de l'importuner après ce premier avertissement. Pour sa part, Mozilla n'accorde un privilège que pour la durée de la fonction dans laquelle il a été requis. A moins que l'utilisateur ne clique sur "Se souvenir de cette décision", il sera donc interrompu par la boîte de dialogue à chaque fois que le privilège est requis (soit deux fois par requête réseau, comme nous le verrons). La sécurité et l'utilisabilité paraissent exclusives l'une de l'autre.

L'autre différence entre Internet Explorer et Mozilla tient à ce que Mozilla requiert que le code fasse une demande explicite pour qu'apparaisse la boîte de dialogue. Considérons notre objet ContentLoader à nouveau (traité aux Chapitres 3, 5 et 6) et voyons ce qu'il nous faut pour transmettre la requête à Google. Le code modifié contient des requêtes à l'objet PrivilegeManager, comme le montre le Listing 7.1. Nous avons également ajouté la possibilité d'écrire des en-têtes HTTP personnalisés. Nous en aurons besoin pour créer le message SOAP, comme nous le verrons sous peu.

Listing 7.1 : objet ContentLoader adapté au système de sécurité

```
net.ContentLoader=function(
  url,onload,onerror,method,params,contentType,headers,secure
){
  this.req=null;
  this.onload=onload;
  this.onerror=(onerror) ? onerror : this.defaultError;
  this.secure=secure;
  this.loadXMLDoc(url,method,params,contentType,headers);
}
net.ContentLoader.prototype={
 loadXMLDoc:function(url,method,params,contentType,headers){
  if (!method){
    method="GET";
  }
  if (!contentType && method=="POST"){
    contentType='application/x-www-form-urlencoded';
  }
  if (window.XMLHttpRequest){
    this.req=new XMLHttpRequest();
  } else if (window.ActiveXObject){
    this.req=new ActiveXObject("Microsoft.XMLHTTP");
  }
  if (this.req){
    try{
      try{
        if (this.secure && netscape
          && netscape.security.PrivilegeManager.enablePrivilege) {
          netscape.security.PrivilegeManager
            .enablePrivilege('UniversalBrowserRead');
        }
      }catch (err){}
      this.req.open(method,url,true);
      if (contentType){
        this.req.setRequestHeader('Content-Type', contentType);
      }
      if (headers){
```

❶ Demander le privilège d'effectuer la requête

❷ Ajouter des en-têtes HTTP personnalisés

```
        for (var h in headers){
          this.req.setRequestHeader(h,headers[h]);
        }
      }
      var loader=this;
      this.req.onreadystatechange=function(){
        loader.onReadyState.call(loader);
      }
      this.req.send(params);
    }catch (err){
      this.onerror.call(this);
    }
  }
},

onReadyState:function(){
 var req=this.req;
 var ready=req.readyState;
 if (ready==net.READY_STATE_COMPLETE){
   var httpStatus=req.status;
   if (httpStatus==200 || httpStatus==0){
     try{
       if (this.secure && netscape
         && netscape.security.PrivilegeManager.enablePrivilege) {
         netscape.security.PrivilegeManager
          .enablePrivilege('UniversalBrowserRead');
       }
     }catch (err){}
     this.onload.call(this);
   }else{
     this.onerror.call(this);
   }
 }
},

defaultError:function(){
 alert("error fetching data!"
   +"\n\nreadyState:"+this.req.readyState
   +"\nstatus: "+this.req.status
   +"\nheaders: "+this.req.getAllResponseHeaders());
}
}
```

❸ **Demander le privilège de parser la réponse**

Nous avons ajouté deux nouveaux arguments à notre constructeur. Le premier est un tableau d'en-têtes HTTP supplémentaires ❷, car nous aurons à passer ces en-têtes durant la construction de la requête SOAP. Le deuxième est un drapeau booléen qui indique si le chargeur doit requérir des privilèges à des moments clés.

Lorsque nous demandons des privilèges à l'objet `netscape.PrivilegeManager`, ces privilèges ne sont accordés que dans la portée de la fonction actuelle. Nous les requérons donc à deux endroits : lorsque la requête au serveur distant est opérée ❶, et lorsque nous essayons de lire la réponse retournée ❸. Nous appelons la fonction de gestionnaire `onload` à l'intérieur de la portée de la fonction `onReadyState` : le privilège sera donc conservé dans toute la logique personnalisée que nous passons dans ce contexte.

Internet Explorer ne comprend pas le PrivilegeManager et lève une exception lorsqu'on y fait référence. C'est la raison pour laquelle nous englobons les références dans des blocs `try...catch`, afin de pouvoir capturer et avaler l'exception silencieusement. Lorsque le code précédent s'exécute dans Internet Explorer, il échoue silencieusement dans le bloc `try...catch`, reprend à nouveau et poursuit sans heurt. Sous Mozilla, le PrivilegeManager est contacté et aucune exception n'est levée.

Utilisons donc notre ContentLoader modifié pour transmettre une requête à Google. Le Listing 7.2 présente le code HTML requis pour notre application de jeu de devinette simple.

Listing 7.2 : googleSoap.html

```
<!DOCTYPE HTML PUBLIC "-//W3C//DTD HTML 4.0 Transitional//EN">
<html>
<head>
<title>Google Guessing</title>
  <script type="text/JavaScript" src='net_secure.js'></script>
  <script type="text/JavaScript" src='googleSoap.js'></script>
  <script type='text/JavaScript'>

    var googleKey=null;

    var guessRange = 1000;
    var intNum = Math.round(Math.random()
      * Math.pow(10,Math.round(Math.random()*8)));

    window.onload = function(){
      document.getElementById("spanNumber")
        .innerHTML = intNum + " and "
        + (intNum + guessRange);
    }

  </script>
</head>
<body>
  <form name="Form1" onsubmit="submitGuess();return false;">
  Obtain a search that returns between 
```

```
    <span id="spanNumber"></span>  results!<br/>
    <input type="text" name="yourGuess" value="Ajax">
      <input type="submit" name="b1" value="Guess"/><br/><br/>
      <span id="spanResults"></span>
    </form>
    <hr/>
    <textarea rows='24' cols='100' id='details'></textarea>
  </body>
  </html>
```

Nous configurons les éléments de formulaires en HTML et calculons un nombre aléatoire suffisamment grand à cet endroit. Nous déclarons aussi une variable appelée `googleKey`. Il s'agit d'une clé de licence qui nous permet d'exploiter les API SOAP de Google. Nous n'avons pas inclus de clé valide ici, les termes de la licence ne nous y autorisant pas. Les clés sont gratuites et offrent un nombre limité de recherches par jour. Elles peuvent être obtenues en ligne auprès de Google à l'aide d'un processus simple (voir l'URL dans la section Ressources à la fin de ce chapitre).

Transmettre la requête

L'essentiel du travail est opéré par la fonction `submitGuess()` qui est lancée lorsque le formulaire est envoyé. Elle est définie dans le fichier JavaScript inclus, qu'il est temps d'examiner à présent. Le Listing 7.3 présente la première partie du code JavaScript, qui appelle l'API de Google.

Listing 7.3 : fonction *submitGuess()*

```
function submitGuess(){

  if (!googleKey){                ❶ Vérification de la clé de licence
    alert("You will need to get a license key "
     +"from Google,\n and insert it into "
     +"the script tag in the html file\n "
     +"before this example will run.");
    return null;
  }
  var myGuess=document.Form1.yourGuess.value;

  var strSoap='<?xml version="1.0" encoding="UTF-8"?>'  ❷ Construction du
    +'\n\n<SOAP-ENV:Envelope'                              message SOAP
    +' xmlns:SOAP-ENV="http://schemas.xmlsoap.org/soap/envelope/"'
    +' xmlns:xsi="http://www.w3.org/1999/XMLSchema-instance"'
    +' xmlns:xsd="http://www.w3.org/1999/XMLSchema">'
    +'<SOAP-ENV:Body><ns1:doGoogleSearch'
    +' xmlns:ns1="urn:GoogleSearch"'
    +' SOAP-ENV:encodingStyle='
    +'"http://schemas.xmlsoap.org/soap/encoding/">'
    +'<key xsi:type="xsd:string">' + googleKey + '</key>'
```

```
      +'<q xsi:type="xsd:string">'+myGuess+'</q>'
      +'<start xsi:type="xsd:int">0</start>'
      +'<maxResults xsi:type="xsd:int">1</maxResults>'
      +'<filter xsi:type="xsd:boolean">true</filter>'
      +'<restrict xsi:type="xsd:string"></restrict>'
      +'<safeSearch xsi:type="xsd:boolean">false</safeSearch>'
      +'<lr xsi:type="xsd:string"></lr>'
      +'<ie xsi:type="xsd:string">latin1</ie>'
      +'<oe xsi:type="xsd:string">latin1</oe>'
      +'</ns1:doGoogleSearch>'
      +'</SOAP-ENV:Body>'
      +'</SOAP-ENV:Envelope>';

    var loader=new net.ContentLoader(              ❸ Création du ContentLoader
      "http://api.google.com/search/beta2",          ❹ URL vers l'API de Google
      parseGoogleResponse,
      googleErrorHandler,
      "POST",
      strSoap,
      "text/xml",
      {
        Man:"POST http://api.google.com/search/beta2 HTTP/1.1",
        MessageType:"CALL"
      },                                    Passage des en-têtes ❺
      true                                  HTTP personnalisés
    );
  }
```

La première chose que nous faisons dans la fonction `submitGuess()` est de vérifier qu'une clé de licence est présente, et d'alerter l'utilisateur si ce n'est pas le cas ❶. Lorsque vous téléchargez le code pour cet exemple, la clé de licence a la valeur `null` : vous devrez donc obtenir votre propre clé de la part de Google si vous souhaitez vous amuser avec.

Notre seconde tâche consiste à construire un message SOAP de taille gigantesque ❷, contenant l'expression que nous soumettons et la valeur de la clé de licence. SOAP est conçu pour un traitement automatisé et il est inhabituel de construire le XML manuellement comme nous l'avons fait ici. Internet Explorer et Mozilla proposent tous deux des objets navigateur qui permettent d'interagir plus simplement avec SOAP. Nous avons cependant considéré qu'il serait instructif de le faire manuellement et d'examiner la requête SOAP et les données de réponses.

Une fois le texte XML de la requête créé, nous construisons un objet ContentLoader ❸, le passons dans le XML SOAP comme contenu du corps HTTP, avec l'URL de l'API Google ❹ et les en-têtes HTTP personnalisés ❺. Nous attribuons la valeur `text/xml` au type de contenu. Notez que ce réglage définit le type MIME du corps de la requête et non celui attendu dans la réponse, même si, dans le cas présent, les deux sont les mêmes. Le dernier paramètre, dont la valeur est `true`, indique que nous devons requérir une autorisation de la part de l'objet PrivilegeManager.

Parser la réponse

Le ContentLoader émet la requête et si l'utilisateur obtient l'autorisation, finit par recevoir un bloc de XML d'une taille aussi importante en retour. Voici un petit échantillon de la réponse à une recherche portant sur le terme "Ajax" :

```
<?xml version='1.0' encoding='utf-8'?>
<soap-env:envelope
  xmlns:soap-env="http://schemas.xmlsoap.org/soap/envelope/"
  xmlns:xsi="http://www.w3.org/1999/xmlschema-instance"
  xmlns:xsd="http://www.w3.org/1999/xmlschema">
<soap-env:body>
  <ns1:dogooglesearchresponse xmlns:ns1="urn:googlesearch"
   soap-env:encodingstyle="http://schemas.xmlsoap.org/soap/encoding/">
<return xsi:type="ns1:googlesearchresult">
<directorycategories
  xmlns:ns2="http://schemas.xmlsoap.org/soap/encoding/"
  xsi:type="ns2:array"
  ns2:arraytype="ns1:directorycategory[1]">

...

<estimateisexact xsi:type="xsd:boolean">false</estimateisexact>
<estimatedtotalresultscount
xsi:type="xsd:int">741000</estimatedtotalresultscount>

...
<hostname xsi:type="xsd:string"></hostname>
<relatedinformationpresent xsi:type="xsd:boolean">true
 </relatedinformationpresent>
<snippet xsi:type="xsd:string">de officiële site van afc &lt;b&gt;ajax&lt;/
 b&gt;.</snippet>
<summary xsi:type="xsd:string">official club site, including roster,
 history, wallpapers, and video clips.&lt;br&gt;  [english/dutch]
 </summary>
<title xsi:type="xsd:string">
&lt;b&gt;ajax&lt;/b&gt;.nl - splashpagina
</title>

...
```

La réponse SOAP complète est trop longue pour être reproduite en entier, mais nous en avons conservé trois fragments. La première partie définit certains des en-têtes de transport, en indiquant notamment d'où provient la réponse. Dans le corps, on trouve deux éléments qui indiquent le compte estimé des résultats – l'expression a retourné 741 000 résultats, chiffre proposé en guise d'estimation. Le troisième fragment présente le premier résultat retourné qui indique le lien vers la page d'accueil de l'équipe de football hollandaise de l'Ajax Amsterdam. Le Listing 7.4 présente notre gestionnaire de rappel dans lequel nous parsons la réponse.

Listing 7.4 : fonction *parseGoogleResponse()*

```
function parseGoogleResponse(){
  var doc=this.req.responseText.toLowerCase();
  document.getElementById('details').value=doc;
  var startTag='<estimatedtotalresultscount xsi:type="xsd:int">';
  var endTag='</estimatedtotalresultscount>';
  var spot1=doc.indexOf(startTag);
  var spot2=doc.indexOf(endTag);
  var strTotal1=doc.substring(spot1+startTag.length,spot2);
  var total1=parseInt(strTotal1);
  var strOut="";
  if(total1>=intNum && total1<=intNum+guessRange){
    strOut+="You guessed right!";
  }else{
    strOut+="WRONG! Try again!";
  }
  strOut+="<br/>Your search for <strong>"
   +document.Form1.yourGuess.value
   +"</strong> returned " + strTotal1 + " results!";
  document.getElementById("spanResults").innerHTML = strOut;
}
```

Pour le moment, nous ne nous préoccupons pas de la structure du message SOAP mais du nombre estimé de résultats retournés. La réponse correspond à du XML valide et nous pourrions la parser à l'aide de la propriété `responseXML` de l'objet XMLHttpRequest. Nous suivrons cependant la facilité, en extrayant simplement le nombre de résultats estimé par manipulation de chaîne. Ensuite, nous nous servirons de quelques-unes de nos techniques de manipulation DOM pour indiquer le verdict à l'utilisateur (lui faire savoir si son estimation était proche). A titre de démonstration, nous intégrons aussi la réponse XML entière dans un élément `textarea`, pour ceux qui souhaitent examiner les données SOAP plus en détail.

Activer le PrivilegeManager dans Firefox

Comme nous l'avons indiqué précédemment, le PrivilegeManager peut être configuré de manière à ne pas répondre à nos appels programmatiques. Pour voir si un navigateur Firefox est configuré de cette manière, tapez "about:config" dans la barre d'adresse. Une liste des préférences s'affiche. Utilisez la zone de texte Filtre pour retrouver l'entrée `signed.applets.codebase_principal_support`. Si sa valeur est `true`, notre code précédent fonctionnera. Sinon, nous ne pourrons pas contacter Google.

Les versions précédentes de Mozilla requéraient que la configuration soit modifiée manuellement et suivie d'un redémarrage complet du navigateur. Dans Firefox, il suffit de double-cliquer sur la ligne appropriée de la liste des préférences pour faire basculer la valeur de préférence entre `true` et `false`. Les modifications réalisées ainsi prennent effet immédiatement, sans redémarrage du navigateur ni actualisation de la page lorsque les préférences sont ouvertes dans un onglet séparé.

Signer le code client Mozilla

Puisqu'Internet Explorer ignore le PrivilegeManager, l'application fonctionne assez harmonieusement dans ce navigateur. Dans Mozilla, l'utilisateur se retrouve cependant à deux reprises nez à nez avec une horrible boîte de dialogue (à supposer que le navigateur soit configuré de manière à utiliser le PrivilegeManager), ce qui rend cette approche des services Web assez problématique. Les utilisateurs de Mozilla peuvent empêcher la boîte de dialogue de réapparaître en cochant la case "Se souvenir de cette décision" (voir Figure 7.5), mais en tant que développeurs, nous n'avons aucun pouvoir sur cette action (et à juste titre !).

Il existe une solution, mais elle requiert que l'application soit empaquetée d'une manière très spécifique à Mozilla. Les applications Web peuvent être signées avec des certificats numériques. Pour être signées, elles doivent cependant être livrées aux navigateurs Mozilla sous forme de fichiers JAR, autrement dit une archive zip compressée regroupant l'ensemble des scripts, des pages HTML, des images et des autres ressources en un unique emplacement. Les fichiers JAR sont signés avec des certificats numériques tels que ceux vendus par les entreprises Thawte et VeriSign. Les ressources à l'intérieur des fichiers JAR signés sont amenées à employer une syntaxe d'URL spéciale comme :

```
jar:http://monserveur/monJarSigné.jar¦/chemin/vers/unePageWeb.html.
```

Lorsque l'utilisateur télécharge une application Web signée, il lui est demandé une fois s'il souhaite lui accorder les privilèges qu'elle demande, et c'est tout.

Mozilla propose des outils téléchargeables gratuits pour signer les fichiers JAR. Pour les utilisateurs qui souhaitent simplement expérimenter cette technologie, des certificats numériques non authentifiés peuvent être générés par des outils tels que l'utilitaire keytool, livré avec le kit de développement Java de Sun (JDK, *Java Development Kit*). Nous vous recommandons cependant de vous servir d'un certificat d'une autorité reconnue pour le déploiement.

Les fichiers JAR signés ne sont pas portables. Ils ne fonctionnent que dans les navigateurs Mozilla. Voilà pourquoi nous n'en traiterons pas plus précisément ici. Si vous souhaitez explorer cette approche plus en détail, consultez les URL dans la section Ressources à la fin de ce chapitre.

Ainsi s'achève notre exposé de l'interaction d'Ajax avec les services distants. Nous sommes parvenus au point où notre application s'exécute dans le navigateur et échange des données avec son serveur et avec d'éventuels serveurs tiers également. Il y a peu de risques que ces données exécutent du code malveillant sur notre ordinateur, mais elles peuvent présenter un risque de nature différente, notamment si les données sont confidentielles. Dans la prochaine section, nous allons donc voir comment protéger les données de nos utilisateurs des regards indiscrets.

Protéger des données confidentielles

Le navigateur Web devant lequel se trouve l'utilisateur ne se connecte pas directement au serveur. Lorsque des données sont acheminées, elles passent par de nombreux nœuds intermédiaires sur Internet (comme des routeurs et des serveurs proxy) avant d'atteindre le serveur. Les données HTTP ordinaires sont transmises en texte clair. Les nœuds intermédiaires peuvent donc lire les données dans les paquets. Comme nous le verrons, les données sont ainsi exposées au risque d'être compromises par toute personne qui contrôlerait ces nœuds intermédiaires.

L'intercepteur

Supposons que vous veniez d'écrire une application Ajax qui transmet des données financières telles que des numéros de comptes en banque et de cartes de crédit sur Internet. Les routeurs bienveillants réacheminent les paquets sans les modifier et sans rien examiner d'autre que les informations de routage dans les en-têtes, mais un routeur malveillant (voir Figure 7.6) peut lire le contenu de la transmission (par exemple afin de retrouver, dans le contenu, des numéros de cartes de crédit ou des adresses e-mail valides à ajouter à une liste de spam), modifier les informations de routage (par exemple afin de rediriger l'utilisateur vers un site factice conçu pour imiter celui qu'il visite) ou même modifier le contenu des données (par exemple afin de détourner les fonds d'un destinataire intercepté et de les placer sur son propre compte).

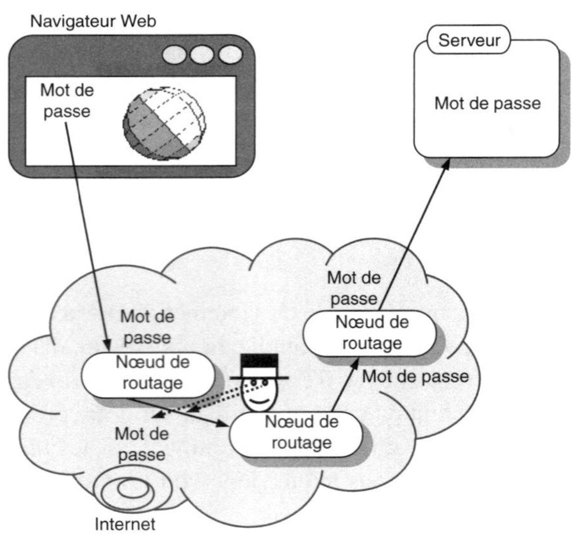

Figure 7.6
Dans une transmission HTTP ordinaire, les données sont transmises sur Internet en texte clair : elles peuvent donc être lues ou modifiées au niveau des nœuds intermédiaires par une personne malintentionnée.

Ajax exploite le HTTP pour transmettre le code client et pour envoyer les requêtes de données au serveur. Toutes les méthodes de communication que nous avons examinées (IFrames cachés, formulaires HTML et objets XMLHttpRequest) sont identiques à cet égard.

Comme pour toute application Web, plusieurs points d'appui s'offrent aux personnes malveillantes pour interférer avec votre service. L'exploitation de ces points faibles relève de la catégorie des "attaques de l'intercepteur" (ou, selon la formule anglaise, "man-in-the-middle"). Voyons quelles mesures nous pouvons prendre afin de nous protéger.

Utiliser le HTTP sécurisé

Si vous vous souciez de protéger le trafic entre le client Ajax et le serveur, la parade la plus évidente consiste à crypter le trafic à l'aide d'une connexion sécurisée. Le HTTPS (*HyperText Transfer Protocol over Secure Socket Layer*) fournit une encapsulation pour le HTTP en texte clair, en s'appuyant sur des paires de clés publiques et privées pour crypter les données dans les deux sens. L'intermédiaire voit toujours les paquets de données, mais ne peut en faire grand-chose, leur contenu étant crypté (voir Figure 7.7).

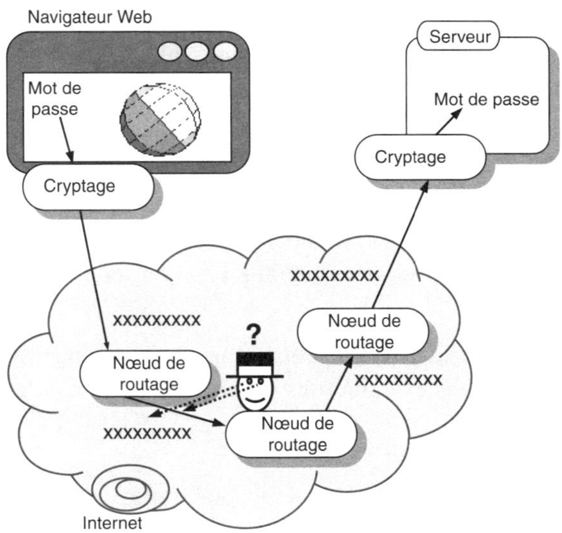

Figure 7.7
Avec une connexion HTTP sécurisée, les données sont cryptées dans les deux sens. Les nœuds intermédiaires voient toujours les données cryptées mais ne possèdent pas la clé nécessaire pour les décrypter.

Le HTTPS requiert une prise en charge native du code par le navigateur et le serveur. Les navigateurs Web modernes offrent une bonne prise en charge intégrée du HTTPS et la plupart des hébergeurs proposent maintenant des connexions sécurisées bon marché. Le HTTPS est coûteux en termes de calculs et transferts des données binaires. Le JavaScript ne se présente pas comme un choix naturel à ce niveau ; de même que nous n'essaierions pas de réimplémenter le DOM, les CSS ou le HTTP en JavaScript, le HTTPS doit être considéré comme un service à utiliser plutôt que comme un élément à redéfinir et à remplacer par nos propres solutions.

Considérons quelques-uns des pièges liés au HTTPS. Tout d'abord, le cryptage et le décryptage induisent une surcharge calculatoire. Côté client, cela ne pose pas particulièrement problème, car un unique client n'aura à traiter qu'un seul flux de trafic. Côté serveur, la charge supplémentaire peut en revanche être considérable dans le cas d'un grand site Web. Dans une application Web classique, il est courant que l'on ne transmette que les ressources vitales *via* HTTP et que le reste du contenu, comme les images et le code de présentation, soit transmis *via* HTTP. Dans une application Ajax, vous devez prendre conscience de l'impact que ce choix de transport peut avoir sur le modèle de sécurité JavaScript, qui reconnaîtra http:// et https:// comme étant des protocoles distincts.

Ensuite, le HTTPS ne sécurise que la transmission des données. Il ne s'agit pas d'une solution de sécurité complète en elle-même. Si vous transmettez de manière sécurisée les informations de cartes de crédit de vos utilisateurs avec un cryptage SSL 128 bits, puis stockez les informations dans une base de données infectée suite à une attaque par une porte dérobée (*backdoor*), les données seront toujours vulnérables.

Le HTTPS est néanmoins la solution recommandée pour le transfert des données sensibles sur le réseau. Il faut pourtant reconnaître que cette solution a un coût et peut même être un luxe pour le propriétaire d'un petit site Web. A l'intention de ceux dont les besoins sécuritaires sont plus modestes, nous allons présenter un mécanisme *via* HTTP pour la transmission de données cryptées.

Crypter des données sur le HTTP standard grâce au JavaScript

Supposons que vous gériez un petit site Web qui ne transmet pas tout le temps des données sensibles requérant des connexions sécurisées. Vous demandez cependant aux utilisateurs de se connecter et vous ne souhaitez pas que les mots de passe à vérifier soient transmis en texte clair.

Dans ce cas, le JavaScript peut être utile. Commençons par présenter une vue d'ensemble de la solution. Nous examinerons ensuite son implémentation.

Clés publiques et privées

Au lieu du mot de passe lui-même, une forme cryptée de ce mot de passe peut être transmise. Un algorithme de cryptage génère une sortie d'apparence aléatoire mais prévisible, à partir d'une chaîne d'entrée. L'algorithme MD5 est un algorithme de ce type. Il possède quelques fonctions clés qui le rendent utile pour la sécurité. Tout d'abord, l'application réitérée de cet algorithme à un même ensemble de données génère à chaque fois le même résultat. Ensuite, deux ressources différentes n'ont qu'une probabilité extraordinairement infime de générer le même résultat (appelé *digest*). Prises ensembles, ces deux fonctions font du digest MD5 d'une ressource (c'est-à-dire de la sortie de l'algorithme) une empreinte plutôt fiable de cette ressource. Enfin, l'algorithme n'est pas simple à inverser. Le digest MD5 peut donc librement être convoyé, sans risque qu'un utilisateur externe malveillant puisse décrypter le message.

Par exemple, l'algorithme MD5 génère à chaque fois la chaîne de digest "8bd04bbe6 ad2709075458c03b6ed6c5a" pour la chaîne de mot de passe "Ajax in action". Nous pourrions crypter ce mot de passe sur le client et le transmettre sous forme cryptée au serveur.

Le serveur récupérerait alors le mot de passe de l'utilisateur dans la base de données, le crypterait avec le même algorithme et comparerait les deux chaînes. Dans le cas où les deux chaînes se correspondraient, l'utilisateur serait connecté. Avec ce système, le mot de passe en texte clair ne passerait à aucun moment par Internet.

Il n'est pourtant pas possible de transmettre directement le digest MD5 sur Internet afin de se connecter. L'intercepteur malveillant ne pourrait certes pas savoir qu'il a été généré à partir de la chaîne "Ajax instance action", mais il comprendrait rapidement que ce digest donne accès à un compte de notre site.

C'est ici qu'interviennent les clés publiques et privées. Au lieu de crypter simplement notre mot de passe, nous allons crypter une concaténation de notre mot de passe et d'une séquence aléatoire de caractères fournie par le serveur. Le serveur nous fournira une séquence différente à chaque fois que nous accéderons à l'écran de connexion. Cette séquence aléatoire sera transmise au client par Internet.

Lorsque l'utilisateur entre son mot de passe sur le tier client, nous ajoutons la chaîne aléatoire et cryptons le résultat. Le serveur, qui mémorise la chaîne aléatoire pendant la durée de cette tentative de connexion, récupère l'ID de l'utilisateur, retrouve son mot de passe dans sa base de données, ajoute le terme aléatoire à ce mot de passe et compare les résultats. S'ils se correspondent, la session est ouverte. S'ils ne se correspondent pas (supposons que nous ayons mal tapé le mot de passe), il affiche l'écran de connexion à nouveau, mais génère cette fois une autre chaîne aléatoire.

Supposons que le serveur transmette la chaîne "abcd". Le digest MD5 de "Ajax in actionabcd" est "e992dc25b473842023f06a61f03f3787". Lors de la prochaine suivante, le serveur transmet la chaîne "wxyz". Un nouveau digest est généré, complètement différent du premier : "3f2da3b3ee2795806793c56bf00a8b94". Notre intercepteur peut voir chacune des chaînes aléatoires et les mettre en correspondance avec les hachages cryptés, mais il n'a aucun moyen de déduire le mot de passe à partir de ces paires de données. A moins qu'il ne soit très chanceux et qu'il intercepte un message avec une chaîne aléatoire déjà générée auparavant, il n'aura aucun moyen de pirater l'interface de connexion.

La chaîne aléatoire est la clé publique. Elle est visible par tous et éphémère. Notre mot de passe est la clé privée. Il possède une durée de vie longue et n'est jamais rendu visible.

Implémentation JavaScript

L'implémentation de cette solution requiert un générateur MD5 sur le client et le serveur. Pour le client, Paul Johnston a écrit une bibliothèque de générateur gratuite en JavaScript (voir la section Ressources à la fin de ce chapitre). Pour utiliser ce code, il suffit d'inclure la bibliothèque et d'exécuter une fonction :

```
<script type='text/JavaScript' src='md5.js'></script>
<script type='text/JavaScript'>
  var encrypted=str_md5('Ajax in action');
  // Faire quelque chose ici...
</script>
```

Sur le tier serveur, des algorithmes MD5 sont disponibles pour la plupart des langages populaires. Le PHP possède une fonction `md5()` intégrée depuis sa version 3. La classe `java.security.MessageDigest` fournit une implémentation de base pour les algorithmes de cryptage Java encryption, et des implémentations d'un certain nombre d'algorithmes courants, dont l'algorithme MD5. Le .NET Framework propose une classe `System.Security.Cryptography.MD5`.

Cette technique présente une utilité restreinte, car le serveur doit déjà connaître les données cryptées afin de pouvoir effectuer une comparaison. Elle est idéale pour la sécurisation des interfaces de connexion lorsqu'on ne veut pas recourir au protocole HTTPS, mais elle ne peut remplacer le HTTPS comme système complet de transmission sécurisée.

Faisons le point. La stratégie de sécurité du serveur d'origine protège les ordinateurs de nos utilisateurs du code malveillant. Les données échangées entre le client et le serveur sont protégées des attaques de l'intercepteur par le protocole HTTPS. Dans la dernière section, nous allons considérer un troisième point d'attaque, à savoir le serveur lui-même. Vous allez apprendre à sécuriser vos propres services Web contre les visiteurs indésirables.

Sécuriser l'accès aux flux de données Ajax

Commençons par passer en revue l'architecture Ajax standard, afin d'identifier la vulnérabilité dont nous traiterons dans cette section. Une fois qu'il s'exécute dans le navigateur de l'utilisateur, le client transmet des requêtes au serveur à l'aide du protocole HTTP. Ces requêtes sont fournies par des processus du serveur Web (des servlets, des pages dynamiques, etc.) qui retournent des flux de données au client, lequel parse ces flux. La Figure 7.8 propose un schéma de ce système.

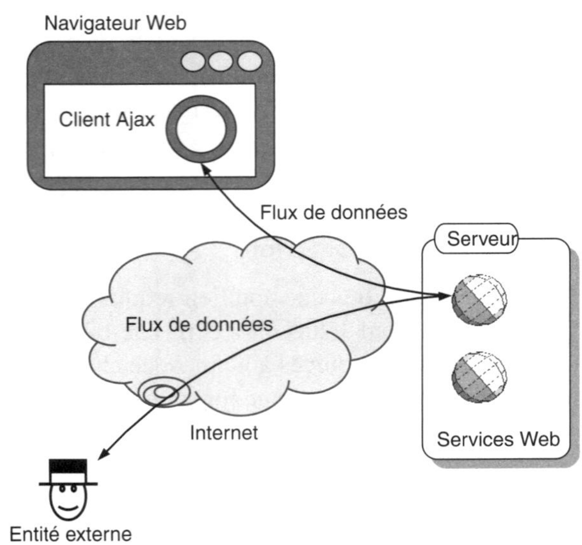

Figure 7.8
Dans une architecture Ajax, le serveur expose des services Web sur Internet via un protocole standard, soit en général le HTTP. Le client Ajax récupère des flux de données depuis le serveur. La nature publique de ces services Web permet à des entités externes de requérir directement les données, en ignorant le client.

Les services ou les pages Web sont accessibles depuis des entités externes, sans travail supplémentaire de notre part – c'est ainsi que fonctionne Internet. On peut même encourager de la sorte ceux qui viennent de l'extérieur à utiliser nos services Web et à publier une API, comme eBay, Amazon et Google l'ont fait. Dans ce cas encore, il convient cependant de faire attention à la sécurité. Il y a deux choses que l'on peut faire, comme nous le verrons dans les deux sections suivantes. Tout d'abord, il est possible de concevoir l'interface (ou API) de nos services Web de manière à ce que les entités externes ne puissent pas détourner notre application Web de sa finalité première – en commandant des articles sans les payer, par exemple. Ensuite, il existe des techniques qui permettent de restreindre l'accès aux services Web à des utilisateurs sélectionnés.

Concevoir un tier Web sécurisé

Lorsqu'on conçoit une application Web, c'est généralement en se représentant mentalement un flux de travail complet. Dans un site de commerce électronique, les utilisateurs parcourront ainsi le magasin, ajouteront des articles à leur panier et procéderont au paiement. Le processus de paiement lui-même présentera un flux de travail bien défini : choix de l'adresse de livraison, options de livraisons, méthode de paiement et confirmation de la commande. Tant que notre application dicte ses lois, on a la garantie que le flux de travail est correctement utilisé. En revanche, si une entité externe se met à appeler directement nos services Web, on peut avoir des problèmes.

Ajax et le screen-scraping

Les applications Web sont vulnérables aux programmes de screen-scraping, lesquels traversent d'un coup ces flux de travail en concevant des requêtes HTTP qui imitent celles générées par un utilisateur qui remplit un formulaire. Les screen-scrapers peuvent priver des sites de leurs revenus commerciaux et falsifier des statistiques Web. Plus grave encore, en automatisant ce qui est censé être une interaction entre une personne humaine et l'application, ils peuvent subvertir complètement le flux de travail de l'application, en appelant les événements serveur dans le désordre ou en surchargeant les processus serveur par des soumissions répétitives. Du point de vue de la sécurité, ils sont généralement considérés comme étant problématiques.

Dans les pages des applications Web classiques, les données sont souvent enfouies sous un amas de code HTML de présentation et de contenu décoratif. Dans les applications Ajax bien conçues, les pages Web transmises au client correspondent à des données plus épurées et bien structurées. La séparation des champs de préoccupation, entre présentation d'un côté et logique de l'autre, est excellente en termes de conception. Cela dit, elle a aussi pour effet de faciliter le travail des screen-scrapers, car les données retournées par le serveur sont plus spécifiquement faites pour être parsées que pour être reproduites dans un navigateur.

Les programmes de screen-scraping, plutôt fragiles, ont tendance à se corrompre lorsque l'apparence des sites est modifiée, mais les retouches visuelles des clients Ajax sont moins susceptibles d'altérer les signatures des services Web sous-jacents dont l'application cliente se sert pour communiquer avec le serveur. Pour protéger l'intégrité de notre application, nous devons tenir compte de ces problèmes lorsque nous concevons la structure de l'API de haut niveau utilisée pour la communication entre le client et le serveur. Par API, nous ne faisons pas référence ici au HTTP, à SOAP ou à du XML, mais aux URL des pages dynamiques et aux paramètres qu'elles sont susceptibles d'accepter.

Exemple : jeu de bataille navale en ligne

Afin de montrer comment la conception d'une API de service Web peut affecter la sécurité de l'application, considérons un exemple très simple. Nous développons une version en ligne du jeu de bataille navale (voir la section Ressources), qui sera exploité en utilisant un client Ajax pour communiquer avec le serveur à l'aide des services Web. Nous souhaitons nous assurer que le jeu est protégé contre toute tricherie, même contre un joueur malveillant qui piraterait le client en lui faisant transmettre des données au serveur lorsque ce n'est pas son tour.

Le but du jeu est de deviner la position des bateaux de l'autre joueur. Le jeu est constitué de deux phases. Tout d'abord, les joueurs positionnent leurs pièces sur la grille. Lorsque c'est fait, ils tentent tour à tour de découvrir des cases de la grille, afin de voir s'ils peuvent faire couler les bateaux de l'autre joueur. La copie maîtresse de la grille est stockée sur le serveur durant un jeu, chaque client conservant par ailleurs un modèle de sa propre moitié de grille, ainsi qu'une copie vierge de la grille de l'autre joueur, qui se remplit peu à peu, à mesure que des bateaux sont découverts (voir Figure 7.9).

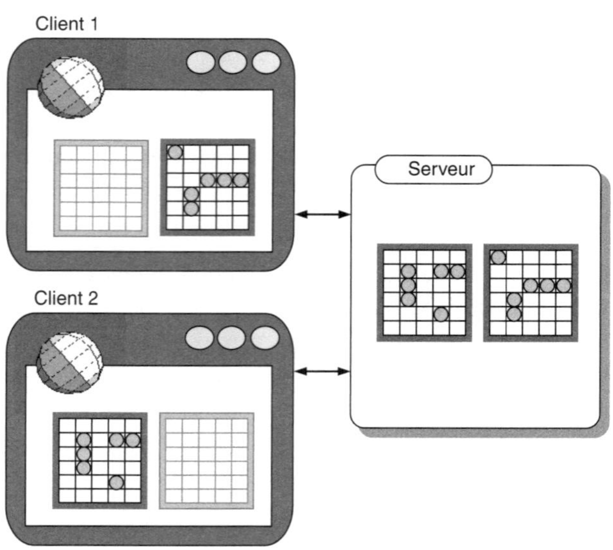

Figure 7.9
Modèles de données dans un jeu Ajax de bataille navale. Une fois que les pièces sont positionnées, le serveur conserve une grille avec les pièces des deux joueurs. Les clients ne représentent au départ que leurs propres pièces mais remplissent progressivement la grille de l'autre joueur, à mesure que le jeu avance.

Considérons la phase de configuration. Tout d'abord, la grille est effacée. Ensuite, chaque pièce est placée sur la grille, jusqu'à ce que toutes les pièces soient toutes positionnées. Il existe deux moyens de concevoir les appels de services au serveur que les clients opéreront durant la configuration. Le premier consiste à adopter une approche à granularité fine, avec des appels pour effacer la grille et ajouter une pièce donnée à une position donnée. Durant la phase de configuration, le serveur sera contacté plusieurs fois : une fois pour effacer la grille et une fois pour le positionnement de chaque pièce. Le Tableau 7.2 présente l'API à granularité fine de la configuration.

Tableau 7.2 : API Web à granularité fine pour la phase de configuration du jeu de bataille navale

URL	Arguments	Données retournées
clearBoard.do	userid	Accusé de réception
positionShip.do	userid shiplength coordonnées (x, y) format orientation (N, S, E ou W)	Accusé de réception ou erreur

La deuxième approche conceptuelle est à granularité grossière : un unique appel au service efface la grille et positionne toutes les pièces. Avec cette approche, le serveur n'est contacté qu'une seule fois durant la configuration. Le Tableau 7.3 présente cette autre API.

Tableau 7.3 : API Web à granularité grossière pour la phase de configuration du jeu de bataille navale

URL	Arguments	Données retournées
setupBoard.do	userid tableau de coordonnées de structures (x, y, longueur, orientation)	Accusé de réception ou erreur

Nous avons déjà opposé ces deux styles d'architecture de service en traitant des AOS au Chapitre 5. L'appel réseau unique est plus efficace et fournit un meilleur découplage entre les tiers, et il nous aide en outre à sécuriser notre jeu.

Avec l'approche à granularité fine, le client prend la responsabilité de vérifier que le nombre des pièces positionnées et leur type sont corrects. Le modèle serveur a la charge de vérifier l'exactitude du système à la fin de la configuration. Avec l'approche à granularité grossière, cette vérification est également écrite dans le format de document de l'appel du service.

Une fois la configuration terminée, un appel de service supplémentaire est défini pour représenter un tour du jeu, au cours duquel un joueur tente de deviner la position d'un bateau de l'autre joueur. La nature même du jeu impose qu'il s'agisse là d'un appel de service à granularité fine représentant une tentative pour une case unique, comme l'indique le Tableau 7.4.

Tableau 7.4 : API Web pour la phase de jeu de la bataille navale (utilisée pour les approches fine et grossière)

URL	Arguments	Données retournées
guessPosition.do	userid coordonnées (x,y)	"touché", "raté" ou "ce n'est pas votre tour", avec une mise à jour faisant suite au dernier coup de l'autre joueur

Quand le jeu fonctionne normalement, les deux utilisateurs configurent d'abord leurs pièces, puis appellent l'URL guessPosition.do tour à tour. Le serveur arbitre l'ordre de jeu, en retournant une réponse du type "ce n'est pas votre tour" lorsqu'un joueur tente de jouer avant son tour.

A présent, jouons aux méchants et tentons de pirater le jeu. Nous avons écrit un client capable d'appeler l'API du service Web dans l'ordre qui lui plaît. Comment pouvons-nous tricher ? Nous ne pouvons pas nous donner de tour supplémentaire car le serveur surveille cela – cela fait partie de l'API publiée.

L'une des astuces possibles consiste à déplacer un élément après que la phase de configuration est terminée. Avec l'architecture à granularité fine, on peut essayer d'appeler positionShip.do en cours de jeu. Si le code du serveur est bien écrit, il remarquera que cette action est contraire aux règles et retournera un avis négatif. Nous n'avons cependant rien à perdre à essayer ; c'est au développeur côté serveur qu'il revient d'anticiper ces mauvais usages et de s'en prémunir.

Si le serveur utilise l'API à granularité grossière, il n'est pas possible de déplacer des pièces individuelles sans effacer aussi la grille entière. Il n'est donc pas possible d'ajuster le jeu à votre avantage.

L'API à granularité grossière limite les options des pirates sans compromettre l'utilisabilité pour les utilisateurs honnêtes. Avec un modèle serveur bien conçu, l'emploi d'une API à granularité fine ne doit pas présenter de risque, mais le nombre de points d'entrée pour les exploits est plus élevé et la tâche de vérification des failles de sécurité au niveau de ces points d'entrée est un vrai fardeau pour le développeur du tier serveur.

A la section "Limiter l'exposition" du Chapitre 5, nous avons conseillé le recours à une Façade pour simplifier l'API exposée par les architectures orientées service. Cette approche doit être recommandée ici encore, dans une perspective sécuritaire cette fois, car un ensemble de points d'entrée simplifié est plus simple à réguler.

La conception peut contribuer à limiter l'exposition de l'application aux entités externes, mais il faut bien conserver des points d'entrée pour les clients Ajax légitimes. Dans la section suivante, nous allons voir comment sécuriser ces points d'entrée.

Restreindre l'accès aux données Web

Idéalement, on aimerait pouvoir autoriser l'accès aux données dynamiques transmises depuis notre application au client Ajax (et éventuellement à d'autres parties autorisées), et le refuser au reste du monde. Dans le cas de certaines technologies client riches, nous aurions la possibilité d'utiliser des protocoles réseau personnalisés, mais l'application Ajax se limite à la communication sur HTTP. Comme nous l'avons vu, le HTTPS peut placer les données des transactions individuelles à l'abri des regards indiscrets, mais il ne peut pas être employé pour déterminer qui appelle une URL particulière.

Par chance, le HTTP est un protocole assez riche et l'objet XMLHttpRequest offre un bon niveau de contrôle à granularité fine sur ce protocole. Lorsqu'une requête parvient au serveur, nous avons accès à une série d'en-têtes HTTP qui permettent d'inférer des renseignements concernant l'origine de la requête.

Filtrer les requêtes HTTP

Afin de proposer des exemples concrets, nous allons utiliser du code Java. D'autres technologies côté serveur offrent des moyens similaires d'implémenter les techniques que nous décrivons. Dans la spécification de l'application Web Java, on peut définir des objets de type `javax.servlet.Filter`, qui interceptent des requêtes spécifiques avant qu'elles ne soient traitées. Les sous-classes de `Filter` redéfinissent la méthode `doFilter()` et peuvent inspecter la requête HTTP avant de choisir s'il faut la laisser passer ou s'il faut la rediriger vers une autre destination. Le Listing 7.5 présente le code d'un filtre de sécurité simple qui inspecte les requêtes, puis les laisse passer ou les redirige vers une page d'erreur.

Listing 7.5 : filtre de sécurité Java générique

```
public abstract class GenericSecurityFilter implements Filter {
  protected String rejectUrl=null;
  public void init(FilterConfig config)
  throws ServletException {
    rejectUrl=config.getInitParameter("rejectUrl");   ❶ Configurer
  }                                                     l'URL de rejet

  public void doFilter(
    ServletRequest request, ServletResponse response,
    FilterChain chain)
    throws IOException, ServletException {
    if (isValidRequest(request)){        ❷ Vérifier la validité de la requête
      chain.doFilter(request, response);
    }else if (rejectUrl!=null){        ❸ Redirection vers l'URL de rejet
      RequestDispatcher dispatcher
       =request.getRequestDispatcher(rejectUrl);
      dispatcher.forward(request, response);
    }
  }

  protected abstract boolean
   isValidRequest(ServletRequest request);

  public void destroy(){}
}
```

Le filtre est une classe abstraite. Celle-ci définit une méthode abstraite `isValidRequest()` qui inspecte la requête entrante avant de rendre un verdict. Si la méthode échoue ❷, la requête est redirigée vers une URL différente ❸, définie dans le fichier de configuration de l'application Web ❶ que nous allons examiner sous peu.

Ce filtre est d'une grande flexibilité, parce qu'il permet de définir une sous-classe concrète. Il peut ainsi être adapté à des stratégies de sécurité diverses.

Utiliser la session HTTP

L'une des approches courantes consiste à créer un jeton de session HTTP lorsque l'utilisateur se connecte et à vérifier l'existence de cet objet pendant la session durant les requêtes subséquentes, avant de réaliser d'autres actions. Le Listing 7.6 présente un filtre simple de ce type.

Listing 7.6 : filtre de vérification de jeton de session

```
public class SessionTokenSecurityFilter
extends GenericSecurityFilter {
  protected boolean isValidRequest(ServletRequest request) {
    boolean valid=false;
    HttpSession session=request.getSession();
    if (session!=null){
      UserToken token=(Token) session.getAttribute('userToken');
      if (token!=null){
        valid=true;
      }
    }
    return valid;
  }
}
```

Cette technique est couramment employée dans les applications Web conventionnelles, en redirigeant généralement vers un écran de connexion si la validation échoue. Dans une application Ajax, nous avons la possibilité de retourner une réponse bien plus simple en XML, en JSON ou en texte clair, à laquelle le client pourra répondre en invitant l'utilisateur à se connecter à nouveau. Au Chapitre 11, nous présenterons une implémentation complète d'un écran de connexion de ce type pour notre application de portail Ajax.

Utiliser des en-têtes HTTP cryptés

L'une des autres stratégies courantes pour la validation d'une requête consiste à ajouter un en-tête supplémentaire à la requête HTTP et à vérifier sa présence dans le filtre. Le Listing 7.7 présente un deuxième filtre d'exemple qui recherche un en-tête spécifique et vérifie la valeur cryptée en la comparant à une clé connue conservée sur le serveur.

Listing 7.7 : filtre de vérification d'en-tête HTTP

```
public class SecretHeaderSecurityFilter
extends GenericSecurityFilter {
  private String headerName=null;
  public void init(FilterConfig config) throws ServletException {
    super.init(config);
    headerName=config.getInitParameter("headerName"); <— Configurer le
  }                                                        nom de l'en-tête

  protected boolean isValidRequest(ServletRequest request) {
    boolean valid=true;
    HttpServletRequest hrequest=(HttpServletRequest)request;
    if (headerName!=null){
      valid=false;
      String headerVal=hrequest.getHeader(headerName); ❶ Obtenir la valeur
      Encrypter crypt=EncryptUtils.retrieve(hrequest);      de l'en-tête
      if (crypt!=null){
        valid=crypt.compare(headerVal);           ❷ Comparer la valeur d'en-tête
      }
    }
    return valid;
  }
}
```

Lors du test de la requête, ce filtre lit un nom d'en-tête spécifique ❶ et le compare à une valeur cryptée stockée dans la session serveur ❷. Cette valeur est temporaire et peut être générée aléatoirement pour chaque session particulière afin de rendre le système plus difficile à pirater. La classe `Encrypter` s'appuie sur les classes `Codec` d'Apache Commons et les classes `javax.security.MessageDigest` pour générer une valeur MD5 hexadécimale. Le listing de la classe complète est disponible dans le code téléchargeable qui accompagne ce livre. Le principe de dérivation d'une valeur MD5 hexadécimale en Java est présenté ici :

```
MessageDigest digest=MessageDigest.getInstance("MD5");
byte[] data=privKey.getBytes();
digest.update(data);
byte[] raw=digest.digest(pubKey.getBytes());
byte[] b64=Base64.encodeBase64(raw);
return new String(b64);
```

`privKey` et `pubKey` sont les clés privée et publique. Pour configurer ce filtre afin de passer en revue toutes les URL sous le chemin /Ajax/data, on peut ajouter la définition de filtre suivante au fichier de configuration Web.xml de notre application Web :

```
<filter id='securityFilter_1'>
  <filter-name>HeaderChecker</filter-name>
  <filter-class>
   com.manning.ajaxinaction.Web.SecretHeaderSecurityFilter
  </filter-class>
  <init-param id='securityFilter_1_param_1'>
    <param-name>rejectUrl</param-name>
    <param-value>/error/reject.do</param-value>
  </init-param>
```

```
    <init-param id='securityFilter_1_param_2'>
      <param-name>headerName</param-name>
      <param-value>secret-password</param-value>
    </init-param>
  </filter>
```

Cette définition configure le filtre de manière à rediriger les requêtes rejetées vers l'URL /error/reject.do, après avoir vérifié la valeur d'en-tête HTTP "secret-password". Pour terminer la configuration, nous définissons un mapping de filtres afin de faire correspondre ce filtre à toutes les adresses sous un chemin spécifique :

```
<filter-mapping>
  <filter-name>HeaderChecker</filter-name>
  <url-pattern>/ajax/data/*</url-pattern>
</filter-mapping>
```

Côté client, le client peut générer des digests MD5 en base 64 avec les bibliothèques de Paul Johnston (dont nous avons traité précédemment dans ce chapitre). Pour ajouter l'en-tête HTTP requis à notre client Ajax, nous nous servons de la méthode `setRequestHeader()`, comme ceci :

```
function loadXml(url){
  var req=null;
  if (window.XMLHttpRequest){
    req=new XMLHttpRequest();
  } else if (window.ActiveXObject){
    req=new ActiveXObject("Microsoft.XMLHTTP");
  }
  if (req){
      req.onreadystatechange=onReadyState;
      req.open('GET',url,true);
      req.setRequestHeader('secret-password',getEncryptedKey());
      req.send(params);
  }
}
```

La fonction de cryptage est simplement définie comme le digest MD5 en base 64 d'une chaîne donnée :

```
var key="password";
function getEncryptedKey(){
  return b64_md5(key);
}
```

Cette solution requiert toujours que nous communiquions initialement la variable `key` au client Ajax. Nous pourrions transmettre cette clé pour la session *via* HTTPS lorsque l'utilisateur se connecte à l'application. Evidemment, en situation, la clé sera aléatoire au lieu d'être une simple chaîne "password".

L'intérêt de cette solution particulière tient à ce que les informations d'en-têtes HTTP ne peuvent pas être modifiées à partir d'un lien hypertexte ou d'un formulaire standard. En requérant ainsi que le pirate utilise un client HTTP programmatique, on contribue déjà à se débarrasser des moins acharnés d'entre eux. Evidemment, à mesure que le succès de l'objet XMLHttpRequest grandira, les connaissances relatives à la création des en-têtes HTTP dans les requêtes de page Web se répandront. Les clients HTTP programmatiques comme HTTP-Client d'Apache et LWP::UserAgent de Perl savent faire cela depuis longtemps déjà.

En définitive, les filtres et mécanismes de ce genre ne peuvent assurer complètement qu'aucun agent externe n'entrera jamais dans votre site, mais ils peuvent compliquer sérieusement cette tâche. Comme tous les autres développeurs, les pirates sont limités en ressources et en temps. Si vous sécurisez votre application grâce aux différents moyens que nous avons présentés, vous découragerez indubitablement les interférences occasionnelles avec vos services de données.

Nous arrivons au terme de notre exposé sur la sécurité des applications Ajax. Notez bien que la sécurisation des applications Ajax couvre plusieurs autres aspects que nous n'avons pas traités ici parce qu'ils recoupent en grande partie les problèmes des applications Web classiques. Un bon mécanisme d'authentifications et d'autorisations peut vous aider à contrôler l'accès aux services en fonction de rôles et de responsabilités. Les en-têtes HTTP standard peuvent servir à vérifier l'origine des appelants, ce qui rend plus difficile (mais pas impossible) l'exécution des services en dehors des canaux officiels. Nous vous recommandons de consulter les ouvrages consacrés à la sécurisation des applications Web si vous vous préoccupez de la sécurisation de vos applications Ajax.

Pour finir, rappelez-vous que la sécurité n'est pas un état en soi. Rien n'est jamais complètement sécurisé. Le mieux que vous puissiez espérer est d'avoir toujours une longueur d'avance sur les intrus. Le fait d'utiliser le protocole HTTPS en cas de besoin, de minimiser l'exposition de votre API Web et d'exploiter de manière judicieuse la vérification des requêtes HTTP constitue un bon début pour avancer dans ce sens.

En résumé

Dans ce chapitre, nous avons traité des implications en matière de sécurité relatives à l'utilisation d'Ajax. Nous nous sommes occupés avant tout des problèmes de sécurité pour lesquels les applications Ajax diffèrent des applications Web classiques. Tout d'abord, nous avons examiné le système de bac à sable employé pour l'exécution du code JavaScript dans les navigateurs Web, ainsi que les règles qui empêchent l'interaction des scripts provenant de différentes sources. Nous avons vu comment assouplir la stratégie du serveur d'origine, avec le consentement de l'utilisateur, pour accéder à des services Internet tiers tels que l'API de Google.

Ensuite, nous avons considéré les moyens qui nous sont offerts de protéger les données lorsqu'elles transitent entre le client et le serveur. Le HTTPS est la solution recommandée, mais nous avons également présenté une approche Ajax simple qui permet de transmettre des mots de passe de manière sécurisée sur le HTTP standard. Pour finir, nous avons vu qu'Ajax possédait une vulnérabilité particulière liée à la manière dont les données brutes sont fournies par le serveur afin d'être consommées. Ayant considéré qu'il s'agissait d'une menace sérieuse dans certains cas, nous avons examiné les solutions possibles pour concevoir l'architecture serveur de manière à minimiser l'exposition à ces risques. Nous avons également montré comment programmer le serveur afin de compliquer l'accès externe aux données.

Les questions que nous avons abordées dans ce chapitre devraient vous aider à renforcer vos applications Ajax pour un usage en production. Au chapitre suivant, nous continuerons de nous affronter à la dure réalité en étudiant les problèmes relatifs aux performances.

Ressources

Pour obtenir des clés pour les API de service Web Google, accédez à l'adresse **http://www.google.com/apis**.

Les bibliothèques JavaScript MD5 de Paul Johnston peuvent être téléchargées à l'adresse **http://pajhome.org.uk/crypt/md5/md5src.html**. Pour ceux qui souhaitent avoir un aperçu rapide de l'algorithme MD5, visitez le générateur de sommes de contrôles à l'adresse **www.fileformat.info/tool/hash.htm?text= ajax+in+action**.

La bibliothèque Java Codec d'Apache Commons que nous avons utilisée pour générer notre MD5 en base 64 sur le serveur peut être téléchargée à l'adresse **http://jakarta.apache.org/commons/codec**.

A la section "Communiquer avec des services distants", nous avons traité de la signature des fichiers JAR afin de créer des applications sécurisées pour les navigateurs Mozilla. Vous trouverez des informations générales sur le jeu de bataille navale à l'adresse **http://gamesmuseum.uwaterloo.ca/vexhibit/Whitehill/Battleship**.

8

Performances

Au sommaire de ce chapitre

- ✓ Profilage des applications Ajax
- ✓ Gestion des empreintes mémoire
- ✓ Utiliser des design patterns pour des performances homogènes
- ✓ Gérer les problèmes de performances spécifiques aux navigateurs

Dans les trois précédents chapitres, nous avons développé nos connaissances de manière à voir comment les applications Ajax pouvaient être rendues robustes et fiables – c'est-à-dire comment elles pouvaient être capables de faire face à des conditions d'utilisation réelles, ainsi qu'aux impératifs de modification auxquels elles sont continuellement soumises. Les design patterns nous ont permis d'organiser notre code et le principe de la séparation des champs de préoccupation nous a permis d'instaurer un couplage suffisamment lâche pour que les modifications de l'application soient aisées.

Pour que notre application soit réellement utile, il faut évidemment qu'elle propose des performances suffisantes, sans bloquer le reste de l'ordinateur de l'utilisateur. Jusqu'ici, nous avons feint de vivre dans une sorte de paradis terrestre hi-tech où les stations de travail de nos utilisateurs posséderaient des ressources infinies que les navigateurs Web sauraient utiliser efficacement… Nous arpenterons dans ce chapitre les sentiers rocailleux de la dure réalité, en nous attaquant au problème des performances. Les idéaux du réusinage et de nos design patterns nous suivront encore. Ici encore, ils fournissent un vocabulaire et des clés précieux pour traiter les problèmes de performances que l'on peut rencontrer.

Que sont les performances ?

Les performances d'un programme informatique reposent sur deux facteurs : la vitesse à laquelle il peut s'exécuter et la quantité de ressources système (notamment la mémoire et la charge processeur) qu'il consomme. Un programme trop lent est frustrant, quoi que l'on fasse avec, et dans un système d'exploitation multitâche moderne, les programmes qui gèlent le reste des activités de l'utilisateur sont doublement irritants. Ces problèmes sont d'ordre relatif : il n'existe pas de point fixe auquel la vitesse d'exécution ou l'utilisation du processeur deviendrait acceptable. La perception de l'utilisateur joue en outre un rôle important. Si l'attention du programmeur se porte principalement sur la logique des applications, il est nécessaire de conserver un œil sur les performances. Sans cela, nos utilisateurs pourraient bien nous rappeler à l'ordre.

Comme les échecs, les langages informatiques proposent un univers autonome qui agit selon un ensemble de règles bien définies. Dans le cadre de ces règles, tout paraît impeccablement défini et entièrement explicable. Cet univers réglé comme une horloge est confortable et possède un attrait indéniable pour le programmeur qui en vient rapidement à croire que ces règles autonomes décrivent en totalité le système sur lequel opère l'utilisateur afin de gagner son pain. La tendance propre des langages informatiques modernes, qui les pousse de plus en plus à interagir avec le prototype virtuel de l'ordinateur, plutôt qu'avec la machine concrète faite de câbles et de pièces électroniques, renforce ce sentiment que l'on peut écrire du code selon les seuls principes de la spécification, en ignorant complètement les bouts de métal qui lui donnent vie.

C'est parfaitement compréhensible, mais tout à fait incorrect. Les systèmes d'exploitation et les logiciels modernes sont bien trop compliqués pour être compris de cette manière purement mathématique, et les navigateurs Web n'y font pas exception. Pour écrire du code capable de s'exécuter sur une véritable machine, il convient de porter son regard au-delà du beau vernis de la spécification DOM du W3C ou de la spécification ECMA-262 pour le JavaScript, et de considérer la réalité telle qu'elle est, en tenant notamment compte des étrangetés des navigateurs. En ignorant ce double niveau dans la pile logicielle, on se prépare au pire.

Si notre application prend plusieurs secondes pour réagir lorsque l'utilisateur clique sur un bouton, ou plusieurs minutes pour traiter un formulaire, nous aurons des soucis, quelle que soit l'élégance de la conception du système. Dans la même veine, si notre application a besoin de récupérer 20 Mo de mémoire système à chaque fois que nous lui demandons l'heure et qu'elle ne libère que 15 Mo ensuite, nos utilisateurs potentiels s'en débarrasseront bien vite.

Le JavaScript n'a pas la réputation (à bon droit) d'être un langage rapide. Il ne pourra pas réaliser des calculs mathématiques avec la rapidité du C. Les objets JavaScript ne sont pas légers non plus et les éléments DOM prennent beaucoup de mémoire. Les implémentations des navigateurs Web ont aussi tendance à être parfois un peu primaires et ne sont pas dépourvues de leurs propres fuites mémoire.

Les performances du code JavaScript sont particulièrement importantes pour les développeurs Ajax qui s'aventurent audacieusement dans des zones que n'avaient pas explorées les programmeurs Web auparavant. La quantité de JavaScript qu'une véritable application Ajax requiert est sensiblement plus importante que celle d'une application Web traditionnelle. En outre, les objets JavaScript peuvent avoir une durée de vie bien supérieure à celle qu'ils possèdent dans une application Web classique, car la page n'est pas souvent actualisée, si tant est qu'elle le soit seulement.

Dans les deux sections qui suivent, nous allons traiter des deux caractéristiques fondamentales pour les performances, à savoir la vitesse d'exécution et l'empreinte mémoire. Ensuite, nous terminerons ce chapitre par une étude de cas illustrant l'importance de la nomination et de la compréhension des patterns utilisés par le développeur qui travaille avec Ajax et le DOM.

Vitesse d'exécution JavaScript

Le monde moderne ne jure que par la vitesse. A cet égard, le code rapide possède un avantage concurrentiel indéniable sur le code lent. Les développeurs doivent donc s'intéresser à la vitesse d'exécution de leur code et voir comment l'améliorer.

En règle générale, un programme s'exécute à la vitesse de son sous-système le plus lent. Il est possible de mesurer la vitesse d'exécution du programme entier, mais ce résultat n'est pas significatif. Il est bien plus utile de pouvoir chronométrer des sous-systèmes individuels. La tâche de mesure de la vitesse d'exécution du code est généralement appelée *profilage*. Le travail de création d'un code de qualité est un processus sans fin, dont le parcours se ponctue par des interruptions à des stades intéressants (le mauvais code, *a contrario*, se reconnaît au fait qu'il se contente de s'arrêter à un stade intéressant, sans plus en bouger ensuite). Il est toujours possible d'accélérer un peu le code en l'optimisant. Le facteur limitant est généralement celui du temps, plutôt qu'un manque de compétences ou d'ingénuité. Avec un bon profileur permettant d'identifier les goulots d'étranglement dans le code, il est possible de voir où concentrer ses efforts pour obtenir les meilleurs résultats. En revanche, lorsqu'on essaie d'optimiser son code pendant qu'on l'écrit, les résultats peuvent être mitigés. Les goulots d'étranglement en matière de performances se trouvent rarement là où l'on s'attend à les trouver.

Dans cette section, nous allons examiner plusieurs moyens de chronométrer le code de l'application, construire un outil de profilage simple en JavaScript et examiner un véritable profileur en action. Nous observerons ensuite plusieurs programmes simples et les soumettrons au contrôle du profileur afin de voir comment les optimiser.

Chronométrer votre application à l'ancienne

L'outil de chronométrage le plus simple que nous ayons à disposition est l'horloge système, que le langage JavaScript expose par le biais de l'objet Date. Si nous instancions un objet Date sans argument, celui-ci indique l'heure courante. Si un objet Date est soustrait à un autre, on obtient la différence en millisecondes. Le Listing 8.1 offre un exemple synthétique d'utilisation de l'objet Date pour chronométrer des événements.

Listing 8.1 : code de chronométrage avec l'objet Date

```
function myTimeConsumingFunction(){
  var beginning=new Date();
  ...
  // ici, réaliser quelque chose d'intéressant qui prend du temps !
  ...
  var ending=new Date();
  var duration=ending-beginning;
  alert("this function took "+duration
   +"ms to do something interesting!");
}
```

Nous définissons une date à chaque extrémité du bloc de code que nous souhaitons mesurer (à savoir notre fonction) et nous calculons la durée en soustrayant la première à la dernière. Dans cet exemple, nous avons employé une instruction `alert()` pour signaler la durée, mais il n'y a que dans les cas les plus simples que cette approche fonctionne sans interrompre le flux de travail que nous essayons de mesurer. L'approche habituelle pour récupérer ces données consiste à les écrire dans un fichier de journal. Malheureusement, le modèle de sécurité JavaScript nous empêche d'accéder au système de fichiers local. La meilleure approche disponible pour une application Ajax consiste dès lors à stocker les données de profilage en mémoire, dans une série d'objets que nous reproduisons par la suite sous forme de nœuds DOM afin de créer un rapport.

Notez qu'il convient que le code de profilage soit aussi rapide que possible pendant que le programme s'exécute, afin d'éviter qu'il n'interfère avec le système que nous essayons de mesurer. Il est ainsi bien plus rapide d'écrire une variable en mémoire que de créer des nœuds DOM supplémentaires pendant le flux du programme.

Le Listing 8.2 définit une bibliothèque de chronomètre simple dont nous pouvons nous servir pour le profilage de notre code. Les données de profilage sont stockées en mémoire pendant que le programme testé s'exécute, et sont reproduites ensuite sous forme de rapport.

Listing 8.2 : stopwatch.js

```
var stopwatch=new Object();
stopwatch.watches=new Array();     <-- Tableau de chronomètres enregistrés

stopwatch.getWatch=function(id,startNow){  <-- Point d'entrée pour le code client
  var watch=stopwatch.watches[id];
  if (!watch){
    watch=new stopwatch.StopWatch(id);
  }
  if (startNow){
    watch.start();
  }
  return watch;
}
```

```
stopwatch.StopWatch=function(id){     <—— Constructeur de l'objet StopWatch
  this.id=id;
  stopwatch.watches[id]=this;
  this.events=new Array();
  this.objViewSpec=[
    {name: "count", type: "simple"},
    {name: "total", type: "simple"},
    {name: "events", type: "array", inline:true}
  ];
}
stopwatch.StopWatch.prototype.start=function(){
  this.current=new TimedEvent();
}
stopwatch.StopWatch.prototype.stop=function(){
  if (this.current){
    this.current.stop();
    this.events.append(this.current);
    this.count++;
    this.total+=this.current.duration;
    this.current=null;
  }
}

stopwatch.TimedEvent=function(){     <—— Constructeur de l'objet TimedEvent
  this.start=new Date();
  this.objViewSpec=[
    {name: "start", type: "simple"},
    {name: "duration", type: "simple"}
  ];
}
stopwatch.TimedEvent.prototype.stop=function(){
  var stop=new Date();
  this.duration=stop-this.start;
}

stopwatch.report=function(div){     <—— Générateur de rapport de profilage
  var realDiv=xGetElementById(div);
  var report=new objviewer.ObjectViewer(stopwatch.watches,realDiv);
}
```

Notre système de chronomètre est composé d'une ou plusieurs catégories qui peuvent chacune chronométrer un événement actif à la fois et conserver une liste des événements précédemment chronométrés. Lorsque le code client appelle `stopwatch.start()` avec un ID donné comme argument, le système crée un nouvel objet `StopWatch` pour cette catégorie ou réutilise l'objet existant. Le code client démarre (`start()`) et arrête (`stop()`) ensuite le chronomètre plusieurs fois. Lors de chaque appel à `stop()`, un objet `TimedEvent` est généré, en notant l'heure de départ et la durée de cet événement chronométré. Si un chronomètre (StopWatch) est démarré plusieurs fois sans être stoppé entre-temps, tous les appels à `start()`, à l'exception du dernier, sont abandonnés.

Ce code produit un graphe des objets des catégories StopWatch, dont chacun contient un historique d'événements chronométrés, comme l'illustre la Figure 8.1.

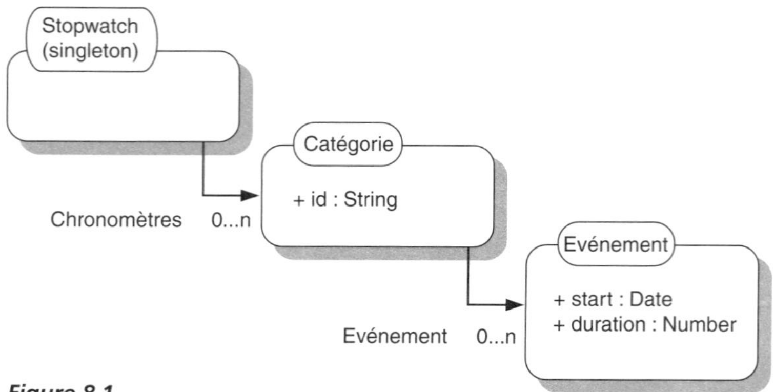

Figure 8.1

Graphe d'objets des classes de la bibliothèque StopWatch. Chaque catégorie est représentée par un objet contenant un historique des événements pour cette catégorie. Toutes les catégories sont accessibles à partir du singleton stopwatch.watches.

Lorsque des données ont été récupérées, le graphe d'objets entier peut être interrogé et visualisé. La fonction `render()` s'appuie ici sur la bibliothèque ObjectViewer que nous avons rencontrée au Chapitre 5 afin de générer automatiquement un rapport. A titre d'exercice, nous laissons au lecteur le soin d'imprimer les données au format CSV (valeurs séparées par des virgules) afin qu'elles puissent être collées dans un fichier.

Le Listing 8.3 montre comment appliquer le code de chronomètre à notre exemple de fonction à mesurer.

Listing 8.3 : code de chronométrage avec la bibliothèque stopwatch

```
function myTimeConsumingFunction(){
  var watch=stopwatch.getWatch("my time consuming function",true);
  ...
  //ici, réaliser quelque chose d'intéressant qui prend du temps !
  ...
  watch.stop();
}
```

Le code de chronomètre peut à présent être ajouté de manière relativement discrète à notre code. Nous pouvons définir le nombre de catégories que nous souhaitons, pour différents besoins. Ici, nous avons donné à la catégorie le même nom que celui de la fonction.

Avant de poursuivre, passons à la pratique avec un exemple fonctionnel. L'exemple du tapis de souris virtuel que nous avons proposé au Chapitre 4 à propos du pattern Observateur et des événements JavaScript paraît un bon choix. Ce programme inclut deux processus qui surveillent les mouvements de souris sur l'élément DOM du tapis de souris principal.

L'un écrit les coordonnées actuelles dans la barre d'état du navigateur, et l'autre trace la position du curseur dans une petite vignette. Tous deux fournissent des informations utiles, mais ils représentent aussi une charge de traitement. Il peut être utile de voir lequel consomme le plus de temps processeur.

Grâce à notre bibliothèque stopwatch, nous pouvons maintenant ajouter aisément des capacités de profilage à cet exemple. Le Listing 8.4 présente la page modifiée avec un nouvel élément DIV pour afficher le rapport du profileur, et quelques méthodes JavaScript stopwatch dispersées dans les blocs de code qui nous intéressent.

Listing 8.4 : mousemat.html avec profilage

```
<html>

<head>
<link rel='stylesheet' type='text/css' href='mousemat.css' />
<link rel='stylesheet' type='text/css' href='objviewer.css' />
<script type='text/JavaScript' src='x/x_core.js'></script>
<script type='text/JavaScript' src='extras-array.js'></script>
<script type='text/JavaScript' src='styling.js'></script>
<script type='text/JavaScript' src='objviewer.js'></script>
<script type='text/JavaScript' src='stopwatch.js'></script>
<script type='text/JavaScript' src='eventRouter.js'></script>
<script type='text/JavaScript'>

var cursor=null;

window.onload=function(){
  var watch=stopwatch.getWatch("window onload",true);
  var mat=document.getElementById('mousemat');
  cursor=document.getElementById('cursor');

  var mouseRouter=new jsEvent.EventRouter(mat,"onmousemove");
  mouseRouter.addListener(writeStatus);
  mouseRouter.addListener(drawThumbnail);
  watch.stop();
}

function writeStatus(e){
  var watch=stopwatch.getWatch("write status",true);
  window.status=e.clientX+","+e.clientY;
  watch.stop();
}

function drawThumbnail(e){
  var watch=stopwatch.getWatch("draw thumbnail",true);
  cursor.style.left=((e.clientX/5)-2)+"px";
  cursor.style.top=((e.clientY/5)-2)+"px";
  watch.stop();
}
</script>
</head>
```

```
<body>
<div>
<a href='JavaScript:stopwatch.report("profiler")'>profile</a>
</div>

<div>
  <div class='mousemat' id='mousemat'></div>
  <div class='thumbnail' id='thumbnail'>
    <div class='cursor' id='cursor'></div>
  </div>
  <div class='profiler objViewBorder' id='profiler'></div>
</div>

</body>
</html>
```

Nous définissons trois chronomètres : un pour l'événement `window.onload` et un pour chaque processus d'écouteur de souris. Nous leur donnons des noms représentatifs, car ces noms seront utilisés par le rapport que nous allons générer. Chargeons maintenant l'application modifiée et faisons-la tourner.

Lorsque nous survolons le tapis de souris comme auparavant, notre profileur s'affaire en collectant des données que l'on peut examiner à tout moment en cliquant sur le lien "profile", en haut à gauche. La Figure 8.2 présente l'application dans le navigateur après quelques centaines de déplacements de la souris, lorsque le rapport du profileur est affiché.

Figure 8.2

L'exemple de tapis de souris virtuel du Chapitre 4 inclut maintenant un profileur JavaScript qui génère un rapport concernant les chronomètres actifs. Nous avons choisi de surveiller l'événement window.onload, le dessin du curseur dans la vignette et la mise à jour de la barre d'état. count indique le nombre d'enregistrements opérés sur chaque bloc de code. total correspond au temps passé dans le bloc de code en question.

Dans Firefox comme dans Internet Explorer, on peut voir que dans le cas présent, la méthode d'écriture de l'état prend un quart du temps requis par celle qui trace les points dans la vignette.

Notez que l'événement `window.onload` est affiché comme s'étant exécuté en 0 ms, en raison de la granularité limitée de l'objet JavaScript Date. Avec ce système de profilage, nous travaillons entièrement à l'intérieur de l'interpréteur JavaScript, avec toutes les limitations que cela implique. Les navigateurs Mozilla peuvent en revanche tirer parti d'un profileur natif intégré dans le navigateur. Considérons maintenant cette solution.

Utiliser le profileur de Venkman

La famille des navigateurs Mozilla bénéficie d'une riche gamme d'extensions enfichables. Parmi les anciennes extensions bien établies figure le débogueur Venkman, qui peut être exploité pour avancer dans le code JavaScript au pas à pas. Nous traiterons des fonctions de débogage de Venkman à l'Annexe A. Pour l'instant, commençons par examiner l'une de ses fonctions moins connues, à savoir le profileur de code.

Pour tirer profit du code dans Venkman, ouvrez tout simplement la page qui vous intéresse, puis ouvrez le débogueur depuis le menu Outils du navigateur (cela suppose que vous avez installé l'extension Venkman ; si ce n'est pas le cas, consultez l'Annexe A). Dans la barre d'outils du débogueur apparaît un bouton intitulé Profile (voir Figure 8.3) : lorsque vous cliquez sur ce bouton, une marque de coche verte apparaît sur l'icône.

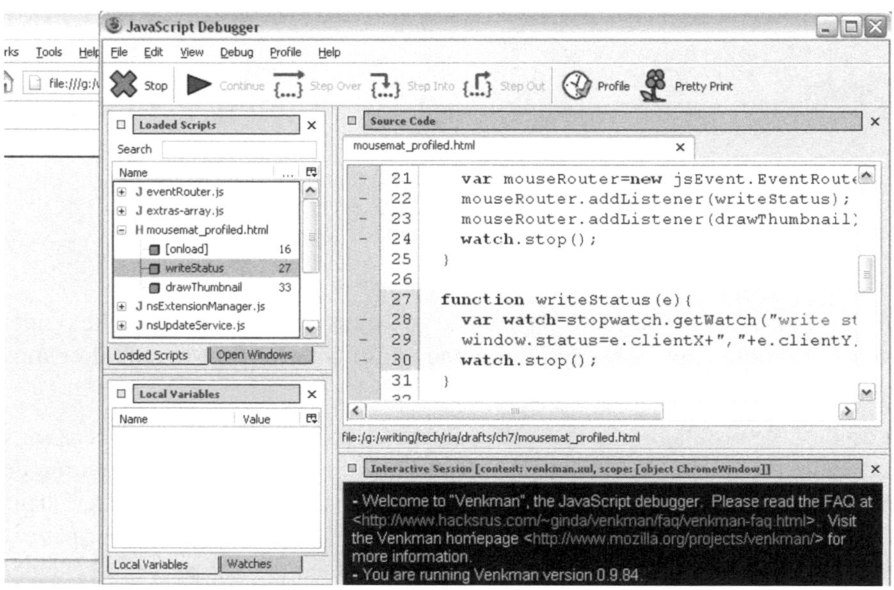

Figure 8.3

Le bouton Profile est coché dans le débogueur Venkman pour Mozilla, indiquant que le temps passé à exécuter tous les scripts chargés (comme le montre le panneau côté gauche) est enregistré.

A présent, Venkman enregistre soigneusement tout ce qui se passe dans le moteur JavaScript de votre navigateur. Faites glisser la souris sur la zone du tapis de souris virtuel pendant quelques secondes, puis cliquez sur le bouton Profile dans le débogueur, à nouveau pour arrêter le profilage. Dans le menu Windows du débogueur, choisissez Profile > Save Profile Data As. Les données peuvent être enregistrées dans différents formats et notamment au format CSV (pour les feuilles de calcul), sous la forme d'un rapport HTML ou sous la forme d'un fichier XML.

Malheureusement, Venkman a tendance à générer trop de données, et il liste différentes URL chrome:// en premier. Il s'agit des parties internes du navigateur et des plug-ins implémentés en JavaScript, que l'on peut ignorer. En plus des méthodes principales de la page HTML, toutes les fonctions dans toutes les bibliothèques JavaScript que nous utilisons (dont le profileur stopwatch.js que nous avons développé à la précédente section) ont été enregistrées. La Figure 8.4 présente la section concernée du rapport HTML de la page HTML principale.

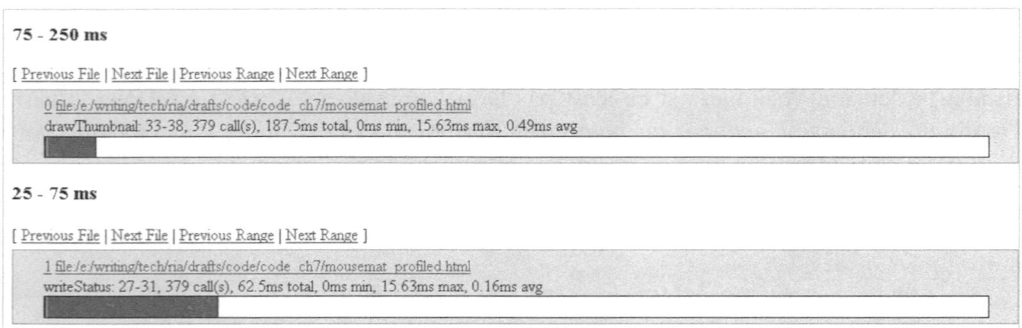

Figure 8.4

Fragment du rapport de profilage HTML généré par Venkman. Ce rapport affiche le nombre d'appels et le temps total, minimal, maximal et moyen pour chaque méthode qui écoute les mouvements de souris sur l'élément DOM de tapis virtuel dans notre page d'exemple.

Venkman génère des résultats qui se conforment à peu près aux temps révélés par notre propre objet stopwatch – l'écriture dans la barre d'état prend approximativement le tiers du temps qu'il faut pour mettre à jour la vignette.

Venkman est un outil de profilage utile qui peut générer un grand nombre de données sans nécessiter la moindre modification du code. Si vous devez mesurer la vitesse d'exécution de votre code dans différents navigateurs, notre bibliothèque stopwatch peut vous aider. Dans la section suivante, nous allons considérer quelques exemples de réusinage qui permettent d'accélérer notre code. Nous nous appuierons sur notre bibliothèque stopwatch pour évaluer les résultats.

Optimiser la vitesse d'exécution des applications Ajax

L'optimisation du code est un art ésotérique. En pratique, la programmation du code JavaScript pour les navigateurs Web se fait souvent au petit bonheur la chance. Dans ce contexte, il est donc assez normal que l'optimisation du code Ajax reste un sujet plutôt trouble. Tout un folklore entoure cette question, même s'il en ressort pas mal de choses vraies. Avec la bibliothèque de profilage que nous avons développée dans les précédentes sections, nous allons pouvoir considérer tout cela concrètement et mettre certains mythes à l'épreuve. Dans cette section, nous examinerons trois stratégies courantes pour l'amélioration de la vitesse d'exécution et nous verrons ce qu'elles valent en pratique.

Optimiser une boucle *for*

Le premier exemple que nous allons étudier est une erreur de programmation assez courante. Elle ne se limite pas au JavaScript, mais elle a bien des chances de se produire lors de l'écriture de code Ajax. Notre code d'exemple réalise un long calcul absolument inutile, dont le seul intérêt est de prendre suffisamment de temps pour que nous puissions mesurer une réelle différence. Le calcul que nous avons choisi ici est celui de la série de Fibonacci, dans laquelle chaque nombre successif correspond à la somme des deux nombres précédents. Si nous commençons la séquence par des 1, nous obtenons ainsi :

```
1, 1, 2, 3, 5, 8, ...
```

Notre calcul JavaScript de la série de Fibonacci s'opère de la manière suivante :

```
function fibonacci(count){
  var a=1;
  var b=1;
  for(var i=0;i<count;i++){
    var total=a+b;
    a=b;
    b=total;
  }
  return b;
}
```

Notre seul intérêt pour cette série tient à ce qu'elle requiert un certain temps de calcul. A présent, supposons que nous souhaitions calculer toutes les valeurs de la série de Fibonacci de 1 jusqu'à n et que nous en fassions la somme. Voici le code qui réalise ce calcul :

```
var total=0;
for (var i=0;i<fibonacci(count);i++){
  total+=i;
}
```

Si ce calcul est complètement inutile, vous retrouverez cependant souvent cette structure dans les programmes réels, lorsqu'il faut vérifier une valeur difficile à calculer à chaque itération d'une boucle. Le code précédent est inefficace parce qu'il calcule `fibonacci(count)` à chaque itération, alors que la valeur est la même à chaque fois. La syntaxe de la boucle `for` rend cette redondance moins évidente et favorise bien souvent ce type d'erreur. Le code peut être réécrit pour ne calculer `fibonacci()` qu'une seule fois :

```
var total=0;
var loopCounter=fibonacci(count);
for (var i=0;i<loopCounter;i++){
  total+=i;
}
```

Nous venons ainsi d'optimiser notre code. A quel point ? S'il s'agit d'une portion d'un bloc de code complexe et volumineux, nous devons savoir si nos efforts en valaient la peine. Pour cela, nous pouvons inclure les deux versions du code dans une page Web avec notre bibliothèque de profilage, et attacher un chronomètre (*stopwatch*) à chaque fonction. Le Listing 8.5 présente cette méthode.

Listing 8.5 : profilage d'une boucle *for*

```
<html>

<head>
<link rel='stylesheet' type='text/css' href='mousemat.css' />
<link rel='stylesheet' type='text/css' href='objviewer.css' />
<script type='text/JavaScript' src='x/x_core.js'></script>
<script type='text/JavaScript' src='extras-array.js'></script>
<script type='text/JavaScript' src='styling.js'></script>
<script type='text/JavaScript' src='objviewer.js'></script>
<script type='text/JavaScript' src='stopwatch.js'></script>
<script type='text/JavaScript' src='eventRouter.js'></script>
<script type='text/JavaScript'>

function slowLoop(count){
  var watch=stopwatch.getWatch("slow loop",true);
  var total=0;
  for (var i=0;i<fibonacci(count);i++){   <-- Le compteur de la boucle est recalculé à chaque fois
    total+=i;
  }
  watch.stop();
  alert(total);
}

function fastLoop(count){
  var watch=stopwatch.getWatch("fast loop",true);
  var total=0;
  var loopCounter=fibonacci(count);   <-- Le compteur de la boucle n'est calculé qu'une seule fois
  for (var i=0;i<loopCounter;i++){
    total+=i;
  }
  watch.stop();
  alert(total);
}
```

```
function fibonacci(count){      <——— Calcul de la série de Fibonacci
  var a=1;
  var b=1;
  for(var i=0;i<count;i++){
    var total=a+b;
    a=b;
    b=total;
  }
  return b;
}

function go(isFast){
  var count=parseInt(document.getElementById("count").value);
  if (count==NaN){
    alert("please enter a valid number");
  }else if (isFast){
    fastLoop(count);
  }else{
    slowLoop(count);
  }
}

</script>
</head>

<body>
<div>
<a href='JavaScript:stopwatch.report("profiler")'>profile</a> 
<input id='count' value='25'/> 
<a href='JavaScript:go(true)'>fast loop</a> 
<a href='JavaScript:go(false)'>slow loop</a>
</div>

<div>
  <div class='profiler objViewBorder' id='profiler'></div>
</div>

</body>
</html>
```

Les fonctions `slowLoop()` et `fastLoop()` présentent nos deux versions de cet algorithme et sont encapsulées par la fonction `go()`, qui exécute l'une ou l'autre avec une valeur de compteur donnée. La page propose des liens hypertexte pour exécuter chaque version de la boucle, en passant une valeur de compteur à partir d'une zone de texte de formulaire HTML. Sur notre ordinateur test, la valeur 25 s'est révélé produire un temps de calcul raisonnable.

Un troisième lien hypertexte permet de générer le rapport de profilage. Le Tableau 8.1 présente les résultats d'un test simple.

Tableau 8.1 : résultats du profilage pour l'optimisation de la boucle

Algorithme	Temps d'exécution (ms)
Original	3 085
Optimisé	450

On voit d'après ces résultats que le fait de retirer le calcul long de la boucle `for` a un réel impact sur le temps de traitement. Evidemment, dans votre propre code, ce gain par optimisation ne sera pas toujours assuré. En cas de doute, vérifiez-le en effectuant un profilage !

L'exemple suivant considère une question spécifique à Ajax : la création des nœuds DOM.

Attacher des nœuds DOM à un document

Pour reproduire quelque chose dans une fenêtre de navigateur avec Ajax, on crée généralement des nœuds DOM que l'on ajoute à l'arborescence du document (à `document.body` ou à un autre nœud qui en dépend). Dès qu'il entre en contact avec le document, le nœud DOM se reproduit. Il est impossible de supprimer cette fonction.

La reproduction réitérée du document dans la fenêtre du navigateur requiert que différents paramètres de mise en page soient recalculés et peut à cet égard être assez coûteuse. Lorsqu'on assemble une interface utilisateur complexe, il est donc judicieux de commencer par créer tous les nœuds et de les ajouter les uns aux autres avant d'ajouter cette structure assemblée au document. Le processus de mise en page n'intervient ainsi qu'une seule fois. Considérons un exemple simple où nous créons un élément conteneur dans lequel nous plaçons aléatoirement un grand nombre de petits nœuds DOM. En présentant cet exemple, nous faisons référence au nœud conteneur en premier. Il semble donc naturel de créer ce nœud en premier. En voici une première ébauche :

```
var container=document.createElement("div");
container.className='mousemat';
var outermost=document.getElementById('top');
outermost.appendChild(container);
for(var i=0;i<count;i++){
  var node=document.createElement('div');
  node.className='cursor';
  node.style.position='absolute';
  node.style.left=(4+parseInt(Math.random()*492))+"px";
  node.style.top=(4+parseInt(Math.random()*492))+"px";
  container.appendChild(node);
}
```

L'élément le plus externe est un élément DOM existant auquel nous attachons notre conteneur. A l'intérieur du conteneur, nous ajoutons ensuite les petits nœuds. En ajoutant ainsi le conteneur en premier puis en le remplissant, nous modifions le document entier count+1 fois ! Un petit réajustement nous permet de corriger ce problème :

```
var container=document.createElement("div");
container.className='mousemat';
var outermost=document.getElementById('top');
for(var i=0;i<count;i++){
  var node=document.createElement('div');
  node.className='cursor';
  node.style.position='absolute';
  node.style.left=(4+parseInt(Math.random()*492))+"px";
  node.style.top=(4+parseInt(Math.random()*492))+"px";
  container.appendChild(node);
}
outermost.appendChild(container);
```

En fait, il n'a fallu déplacer qu'une ligne de code pour ne plus avoir qu'une seule modification du document existant. Le Listing 8.6 présente le code complet d'une page test qui compare les deux versions de la fonction à l'aide de notre bibliothèque stopwatch.

Listing 8.6 : profilage de la création de nœuds DOM

```
<html>

<head>
<link rel='stylesheet' type='text/css' href='mousemat.css' />
<link rel='stylesheet' type='text/css' href='objviewer.css' />
<script type='text/JavaScript' src='x/x_core.js'></script>
<script type='text/JavaScript' src='extras-array.js'></script>
<script type='text/JavaScript' src='styling.js'></script>
<script type='text/JavaScript' src='objviewer.js'></script>
<script type='text/JavaScript' src='stopwatch.js'></script>
<script type='text/JavaScript' src='eventRouter.js'></script>
<script type='text/JavaScript'>

var cursor=null;

function slowNodes(count){
  var watch=stopwatch.getWatch("slow nodes",true);
  var container=document.createElement("div");
  container.className='mousemat';
  var outermost=document.getElementById('top');
  outermost.appendChild(container);  <—— Ajout du conteneur vide au départ
  for(var i=0;i<count;i++){
    var node=document.createElement('div');
    node.className='cursor';
    node.style.position='absolute';
    node.style.left=(4+parseInt(Math.random()*492))+"px";
    node.style.top=(4+parseInt(Math.random()*492))+"px";
    container.appendChild(node);
```

```
  }
  watch.stop();
}

function fastNodes(count){
  var watch=stopwatch.getWatch("fast nodes",true);
  var container=document.createElement("div");
  container.className='mousemat';
  var outermost=document.getElementById('top');
  for(var i=0;i<count;i++){
    var node=document.createElement('div');
    node.className='cursor';
    node.style.position='absolute';
    node.style.left=(4+parseInt(Math.random()*492))+"px";
    node.style.top=(4+parseInt(Math.random()*492))+"px";
    container.appendChild(node);
  }
  outermost.appendChild(container);    <—— Ajout du conteneur plein à la fin
  watch.stop();
}

function go(isFast){
  var count=parseInt(document.getElementById("count").value);
  if (count==NaN){
    alert("please enter a valid number");
  }else if (isFast){
    fastNodes(count);
  }else{
    slowNodes(count);
  }
}

</script>
</head>

<body>
<div>
<a href='JavaScript:stopwatch.report("profiler")'>profile</a> 
<input id='count' value='640'/> 
<a href='JavaScript:go(true)'>fast loop</a> 
<a href='JavaScript:go(false)'>slow loop</a>
</div>

<div id='top'>
  <div class='mousemat' id='mousemat'></div>
  <div class='profiler objViewBorder' id='profiler'></div>
</div>

</body>
</html>
```

A nouveau, nous avons un lien hypertexte pour lancer la fonction rapide et la fonction lente, en utilisant la valeur d'un champ de formulaire HTML comme argument. Ici, cette valeur spécifie le nombre de petits nœuds DOM à ajouter au conteneur. Avec notre ordinateur test, la valeur 640 a semblé un bon choix. Le Tableau 8.2 présente le résultat d'un test simple.

Tableau 8.2 : résultats du profilage pour l'optimisation de la boucle

Algorithme	Nombre de mises en page	Temps d'exécution (ms)
Original	641	681
Optimisé	1	461

Cette fois encore, l'optimisation réalisée d'après une réflexion de bon sens possède un effet positif réel. Notre profileur fait apparaître l'ampleur de ce gain. Ici, nous avons pu réduire de près d'un tiers le temps d'exécution. Dans le cas d'une mise en page différente avec d'autres types de nœuds, le résultat peut être différent (notez que notre exemple s'appuyait uniquement sur des nœuds positionnés de manière absolue, ce qui requiert un travail moindre de la part du moteur de rendu). Il est très facile d'insérer le profileur dans votre code afin de le vérifier.

Notre dernier exemple examine une fonction du langage JavaScript et établit une comparaison entre les différents sous-systèmes afin de repérer le goulot d'étranglement.

Minimiser la notation à points

En JavaScript, comme dans de nombreux langages, il est possible de se référer à des variables profondément enfouies dans la hiérarchie des objets à l'aide de la "notation à points". Par exemple :

```
monGrandPère.horloge.aiguilles.minutes
```

fait référence à l'aiguille des minutes de l'horloge de mon grand-père. Supposons que nous souhaitions faire référence aux trois aiguilles de l'horloge. Nous écririons :

```
var aiguilleHeures=monGrandPère.horloge.aiguilles.heures;
var aiguilleMinutes=monGrandPère.horloge.aiguilles.minutes;
var aiguilleSecondes=monGrandPère.horloge.aiguilles.secondes;
```

A chaque fois que l'interpréteur rencontre un point, il recherche la variable enfant du parent concerné. Au total, nous venons ici d'opérer neuf recherches de ce type, qui pour bon nombre se répètent. Réécrivons notre exemple :

```
var aiguilles=monGrandPère.horloge.aiguilles;
var aiguilleHeures=aiguilles.heures;
var aiguilleMinutes=aiguilles.minutes;
var aiguilleSecondes=aiguilles.secondes;
```

A présent, seules cinq recherches sont opérées, ce qui épargne une certaine quantité de travail répétitif à l'interpréteur. Dans un langage compilé comme le Java ou le C#, le compilateur optimisera souvent ces répétitions automatiquement.

Je ne sais pas si les interpréteurs JavaScript peuvent le faire (et si c'est le cas, dans quels navigateurs), mais notre bibliothèque stopwatch peut être utile pour savoir s'il y a des raisons de s'en inquiéter.

Le programme d'exemple de cette section calcule l'attraction gravitationnelle entre deux corps appelés *earth* (terre) et *moon* (lune). Chaque corps se voit attribuer un certain nombre de propriétés physiques telles qu'une masse, une position, une vélocité et une accélération, à partir desquelles les forces gravitationnelles peuvent être calculées. Afin de tester correctement notre notation à points, ces propriétés sont stockées sous la forme d'un graphe d'objets complexe, comme ceci :

```
var earth={
  physics:{
    mass:10,
    pos:{ x:250,y:250 },
    vel:{ x:0, y:0 },
    acc:{ x:0, y:0 }
  }
};
```

L'objet de niveau supérieur, physics, n'est pas absolument nécessaire, mais il nous servira à augmenter le nombre de points à résoudre. L'application s'exécute en deux phases. Tout d'abord, elle réalise une simulation pour un nombre donné d'étapes chronologiques, en calculant les distances, les forces gravitationnelles, les accélérations et diverses autres données dont nous ne nous sommes plus occupés depuis que nous avons quitté les bancs de l'école ! Elle stocke les données de position à chaque étape dans un tableau, avec une estimation correspondante des positions minimales et maximales des deux corps.

Lors de la seconde phase, nous nous servons de ces données pour tracer les trajectoires des deux corps à l'aide des nœuds DOM, les données de minimums et de maximums servant à redimensionner le support de manière appropriée. Dans une application réelle, il serait probablement plus intéressant de tracer les données pendant la simulation, mais nous avons séparé les deux ici afin de pouvoir effectuer un profilage distinct pour la phase de calcul et la phase de rendu.

Une fois de plus, nous définissons deux versions du code : l'une efficace, et l'autre optimisée. Dans le code inefficace, nous nous sommes mis en quatre pour utiliser autant de points que possible. Voici une section (ne vous préoccupez pas de la signification des équations !) :

```
var grav=(earth.physics.mass*moon.physics.mass)
  /(dist*dist*gravF);
var xGrav=grav*(distX/dist);
var yGrav=grav*(distY/dist);

moon.physics.acc.x=-xGrav/(moon.physics.mass);
moon.physics.acc.y=-yGrav/(moon.physics.mass);
moon.physics.vel.x+=moon.physics.acc.x;
moon.physics.vel.y+=moon.physics.acc.y;
moon.physics.pos.x+=moon.physics.vel.x;
moon.physics.pos.y+=moon.physics.vel.y;
```

C'est une sorte de caricature – nous avons délibérément eu recours au plus grand nombre possible de références à rallonge, afin de créer du code verbeux et lent. Voilà qui laisse du champ pour l'amélioration ! Voici le même code, dans sa version optimisée :

```
    var mp=moon.physics;
    var mpa=mp.acc;
    var mpv=mp.vel;
    var mpp=mp.pos;
    var mpm=mp.mass;

...

      var grav=(epm*mpm)/(dist*dist*gravF);
      var xGrav=grav*(distX/dist);
      var yGrav=grav*(distY/dist);

      mpa.x=-xGrav/(mpm);
      mpa.y=-yGrav/(mpm);
      mpv.x+=mpa.x;
      mpv.y+=mpa.y;
      mpp.x+=mpv.x;
      mpp.y+=mpv.y;
```

Nous avons simplement résolu toutes les références au début du calcul sous forme de variables locales. Le code est ainsi plus lisible et mieux, le travail de l'interpréteur s'en trouve simplifié. Le Listing 8.7 présente le code de la page Web complète qui permet de réaliser en parallèle le profilage des deux algorithmes.

Listing 8.7 : profilage de la résolution des variables

```
<html>

<head>
<link rel='stylesheet' type='text/css' href='mousemat.css' />
<link rel='stylesheet' type='text/css' href='objviewer.css' />
<script type='text/JavaScript' src='x/x_core.js'></script>
<script type='text/JavaScript' src='extras-array.js'></script>
<script type='text/JavaScript' src='styling.js'></script>
<script type='text/JavaScript' src='objviewer.js'></script>
<script type='text/JavaScript' src='stopwatch.js'></script>
<script type='text/JavaScript' src='eventRouter.js'></script>
<script type='text/JavaScript'>

var moon={  <—— Initialisation des corps planétaires
  physics:{
    mass:1,
    pos:{ x:120,y:80 },
    vel:{ x:-24, y:420 },
    acc:{ x:0, y:0 }
  }
};
var earth={  <—— Initialisation des corps planétaires
  physics:{
```

```
      mass:10,
      pos:{ x:250,y:250 },
      vel:{ x:0, y:0 },
      acc:{ x:0, y:0 }
    }
};

var gravF=100000;

function showOrbit(count,isFast){
  var data=(isFast) ?
    fastData(count) :            ❶ Sélection du type de calcul
    slowData(count);
  var watch=stopwatch.getWatch("render",true);
  var canvas=document.             ❷ Reproduction de l'orbite
    getElementById('canvas');
  var dx=data.max.x-data.min.x;
  var dy=data.max.y-data.min.y;
  var sx=(dx==0) ? 1 : 500/dx;
  var sy=(dy==0) ? 1 : 500/dy;
  var offx=data.min.x*sx;
  var offy=data.min.y*sy;
  for (var i=0;i<data.path.length;i+=10){
    var datum=data.path[i];
    var dpm=datum.moon;
    var dpe=datum.earth;

    var moonDiv=document.createElement("div");
    moonDiv.className='cursor';
    moonDiv.style.position='absolute';
    moonDiv.style.left=parseInt((dpm.x*sx)-offx)+"px";
    moonDiv.style.top=parseInt((dpm.x*sx)-offy)+"px";
    canvas.appendChild(moonDiv);

    var earthDiv=document.createElement("div");
    earthDiv.className='cursor';
    earthDiv.style.position='absolute';
    earthDiv.style.left=parseInt((dpe.x*sx)-offx)+"px";
    earthDiv.style.top=parseInt((dpe.x*sx)-offy)+"px";
    canvas.appendChild(earthDiv);
  }
  watch.stop();
}

function slowData(count){          ❸ Utilise beaucoup la notation à points
  var watch=stopwatch.getWatch("slow orbit",true);
  var data={
    min:{x:0,y:0},
    max:{x:0,y:0},
    path:[]
  };
  ...
```

```
    }
    watch.stop();
    return data;
  }

  function fastData(count){            ❹ Utilise la notation à points avec parcimonie
    var watch=stopwatch.getWatch("fast orbit",true);
    var data={
      min:{x:0,y:0},
      max:{x:0,y:0},
      path:[]
    };
    ...
    }
    watch.stop();
    return data;
  }

  function go(isFast){
    var count=parseInt(document.getElementById("count").value);
    if (count==NaN){
      alert("please enter a valid number");
    }else{
      showOrbit(count,isFast);
    }
  }

  </script>
  </head>

  <body>
  <div>
  <a href='JavaScript:stopwatch.report("profiler")'>profile</a> 
  <input id='count' value='640'/> 
  <a href='JavaScript:go(true)'>fast loop</a> 
  <a href='JavaScript:go(false)'>slow loop</a>
  </div>

  <div id='top'>
    <div class='mousemat' id='canvas'>
  </div>
    <div class='profiler objViewBorder' id='profiler'></div>
  </div>
  </body>
  </html>
```

La structure devrait vous être à peu près familière maintenant. Les fonctions `slowData()` ❸ et `fastData()` ❹ contiennent les deux versions de notre phase de calcul, qui génère les structures de données ❶. Les algorithmes complets ne sont pas inclus dans le listing, par souci de concision. Les différences de styles sont décrites dans les fragments présentés précédemment, et les listings complets sont disponibles dans le code d'exemple téléchargeable qui accompagne ce livre. Chaque fonction de calcul possède un objet `stopWatch` associé, qui procède au profilage de l'étape de calcul entière. Ces fonctions sont appelées par la fonction `showOrbit()`, qui prend les données puis crée une représentation DOM des trajectoires calculées ❷. Cette dernière est également soumise au profilage avec un troisième chronomètre.

Les éléments d'interfaces utilisateur sont les mêmes que pour les deux précédents exemples, avec des liens hypertexte pour exécuter les calculs lents et rapides, en passant la valeur de la zone de texte comme paramètre. Dans cet exemple, le paramètre indique le nombre d'étapes chronologiques que doit couvrir la simulation. Un troisième lien hypertexte affiche les données de profilage. Le Tableau 8.3 présente les résultats d'une exécution simple des 640 itérations par défaut.

Tableau 8.3 : résultats du profilage pour la résolution des variables

Algorithme	Temps d'exécution (ms)
Calcul original	94
Calcul optimisé	57
Reproduction (moyenne)	702

Une fois de plus, on voit que les optimisations provoquent une amélioration significative en réduisant le temps d'exécution de plus du tiers. On peut en conclure que cette sagesse intuitive concernant la résolution des variables et l'utilisation abusive des points est pertinente. Il est rassurant d'avoir pu le vérifier par nous-mêmes.

Néanmoins, lorsqu'on considère le pipeline complet de calcul et de rendu, la version optimisée prend 760 ms contre 796 ms pour la version d'origine – l'amélioration est donc plus proche des 5 % que des 40 %. C'est le sous-système de rendu et non le sous-système de calcul qui est le goulot d'étranglement de l'application. On peut ainsi conclure que l'optimisation du code de calcul n'a pas la moindre chance de produire d'amélioration spectaculaire.

Cet exemple montre l'intérêt plus général du profilage de votre code. Il est bon de savoir qu'un bloc de code peut être optimisé d'une certaine manière, mais il importe tout autant de savoir ce que produira le résultat de cette opération. Il peut être tentant de conclure que les opérations DOM sont presque huit fois plus coûteuses que des calculs purs JavaScript, mais ce n'est vrai que pour cet exemple spécifique. Il se peut que vous constatiez dans de nombreux cas que cette crainte est fondée, mais il vaut toujours la peine d'effectuer quelques mesures supplémentaires, et de préférence sur une série d'ordinateurs et de navigateurs différents.

Nous ne consacrerons pas plus de temps au profilage et à la vitesse d'exécution. Les exemples que nous avons présentés dans ce chapitre devraient vous donner une bonne idée des avantages du profilage pour vos projets Ajax. Supposons maintenant que votre code s'exécute à une vitesse satisfaisante grâce à vos opérations de profilage. Afin de vous assurer que vos performances sont correctes, vous devrez aussi vérifier la quantité de mémoire que votre application requiert. Nous allons traiter de la question des empreintes mémoire dans la section suivante.

Empreinte mémoire JavaScript

Le but de cette section est d'introduire les questions liées à la gestion de la mémoire dans la programmation Ajax. Certaines des idées sont applicables à n'importe quel langage de programmation ; d'autres sont spécifiques à Ajax et même à des navigateurs Web particuliers.

Une application qui s'exécute se voit allouer de la mémoire par le système d'exploitation. Idéalement, elle doit en réclamer assez pour réaliser ses tâches efficacement, puis restituer cette mémoire lorsqu'elle n'en a plus besoin. Les applications mal écrites peuvent inutilement consommer de grandes quantités de mémoire pendant l'exécution ou ne pas les restituer après. On appelle *empreinte mémoire* la quantité de mémoire qu'un programme utilise.

A mesure que l'on passe de la programmation de pages Web temporaires simples à celle de véritables clients riches Ajax, la qualité de la gestion mémoire peut avoir un impact considérable sur la réactivité et la stabilité de l'application. Le fait d'adopter des design patterns peut aider à produire un code plus homogène et gérable dans lequel les fuites mémoire peuvent être aisément repérées et évitées.

Tout d'abord, commençons par examiner les principes généraux de la gestion de la mémoire.

Eviter les fuites mémoire

Tous les programmes peuvent avoir des "fuites" mémoire (autrement dit, réclamer de la mémoire système et ne pas parvenir à la libérer une fois qu'ils se ferment). L'allocation et la désallocation mémoire sont une source de préoccupation majeure pour les développeurs qui s'appuient sur des langages non managés (non gérés) comme le C. Le JavaScript est un langage à mémoire managée dans lequel un processus de ramasse-miettes gère automatiquement l'allocation et la désallocation de la mémoire pour le programmeur. Ce système se charge d'un grand nombre des problèmes qui infestent souvent le code non managé, mais il est faux de croire que les langages managés sont incapables de générer des fuites mémoire.

Les processus de ramasse-miettes tentent de déduire à quel moment les variables non utilisées peuvent être nettoyées en toute sécurité, généralement en vérifiant si le programme peut les atteindre par le biais du réseau de références entre les variables. Lorsqu'une référence est considérée comme inatteignable, elle est marquée comme nettoyable et la mémoire associée est libérée au passage suivant du ramasse-miettes (qui peut intervenir à n'importe quel moment ultérieur). Dans ce contexte, rien de plus simple que de créer une fuite mémoire dans un langage managé : il suffit pour cela d'oublier de déréférencer une variable après qu'elle n'est plus employée.

Considérons un exemple simple, dans lequel nous définissons un modèle objet qui décrit des animaux domestiques et leurs propriétaires. Tout d'abord, considérons le propriétaire, décrit par l'objet Person :

```
function Person(name){
  this.name=name;
  this.pets=new Array();
}
```

Une personne peut avoir plusieurs animaux domestiques. Lorsqu'une personne en acquiert un, elle indique à l'animal qu'elle le possède à présent :

```
Person.prototype.addPet=function(pet){
  this.pets[pet.name]=pet;
  if (pet.assignOwner){
    pet.assignOwner(this);
  }
}
```

De la même manière, lorsqu'une personne supprime un animal de sa liste d'animaux, elle indique à l'animal qu'elle ne le possède plus :

```
this.removePet(petName)=function{
  var orphan=this.pets[petName];
  this.pets[petName]=null;
  if (orphan.unassignOwner){
    orphan.unassignOwner(this);
  }
}
```

La personne sait à tout moment quels sont ses animaux domestiques et peut gérer la liste des animaux avec les méthodes `addPet()` et `removePet()`. Le propriétaire informe l'animal lorsqu'il devient sa possession ou cesse de l'être, à supposer que l'animal adhère lui-même à un contrat (en JavaScript, nous considérerons que ce contrat est implicite et vérifierons à l'exécution qu'il est accepté).

Les animaux peuvent avoir différentes formes et différentes tailles. Nous en définirons deux : un chat et un chien. Ils diffèrent quant à l'attitude qu'ils manifestent vis-à-vis de leur possession par un maître. Le chat ne s'occupe pas de celui qui le possède, alors que le chien s'attache à son propriétaire à vie (toutes nos excuses à la gente animale pour ces grossières approximations !).

Voici notre définition du chat domestique :

```
function Cat(name){
  this.name=name;
}
Cat.prototype.assignOwner=function(person){
}
Cat.prototype.unassignOwner=function(person){
}
```

Le chat ne se préoccupe pas de savoir s'il possède ou non un maître. Il propose donc des implémentations vides des méthodes contractuelles.

A la différence, nous définirons un chien qui se souvient fidèlement de son maître et conserve une référence à ce maître après qu'il cesse d'en être l'animal :

```
function Dog(name){
  this.name=name;
}
Dog.prototype.assignOwner=function(person){
  this.owner=person;
}
Dog.prototype.unassignOwner=function(person){
  this.owner=person;
}
```

Les objets Cat et Dog sont deux implémentations sournoises de Pet. Elles s'en tiennent à la lettre du contrat relatif aux animaux domestiques, mais n'en respectent pas l'esprit. Dans une implémentation Java ou C#, nous définirions explicitement une interface Pet, mais cela n'empêcherait pas les implémentations de contrevenir à l'esprit du contrat. En pratique, les modélisateurs d'objets passent beaucoup de temps à se soucier des implémentations impropres de leurs interfaces, en tentant de combler les moindres failles qui pourraient être exploitées.

Amusons-nous un peu avec le modèle objet. Dans le script suivant, nous créons trois objets :

jim, une personne (Person)

whiskers, un chat (Cat)

fido, un chien (Dog)

Tout d'abord, nous instancions une Person (étape 1) :

```
var jim=new Person("jim");
```

Ensuite, nous donnons à cette personne un chat domestique (étape 2). Whiskers est instancié directement dans l'appel à `addPet()`. Cette référence particulière au chat dure donc le temps de l'appel à la méthode. Jim fait cependant aussi référence à whiskers, qui sera atteignable tant que jim le sera, autrement dit, jusqu'à ce que nous le supprimions à la fin du script :

```
jim.addPet(new Cat("whiskers"));
```

Donnons aussi à jim un chien (étape 3). Fido a un léger avantage sur whiskers en ceci qu'il est déclaré comme variable globale également :

```
var fido=new Dog("fido");
jim.addPet(fido);
```

Un jour, Jim se débarrasse de son chat (étape 4) :

```
jim.removePet("whiskers");
```

Ensuite, il se débarrasse de son chien également (étape 5) – peut-être émigre-t-il… :

```
jim.removePet("fido");
```

Nous ne nous intéressons plus à jim et nous supprimons sa référence (étape 6) :

```
jim=null;
```

Pour finir, nous libérons notre référence sur fido également (étape 7) :

```
fido=null;
```

Entre les étapes 6 et 7, on pourrait penser que l'on s'est débarrassé de jim en le déclarant null. En fait, il est toujours référencé par fido et reste donc atteignable par notre code en tant que `fido.owner`. Le ramasse-miettes ne peut y toucher et le laisse donc tapi sur le tas du moteur JavaScript où il occupe un espace mémoire précieux. Ce n'est qu'à l'étape 7, lorsque fido est déclaré null, que Jim devient inatteignable et que la mémoire peut être libérée.

Dans notre script simple, il s'agit là d'un problème infime et temporaire, mais il nous permet de voir que des décisions apparemment innocentes affectent en réalité le processus du ramasse-miettes. Fido pourrait ne pas être supprimé directement après jim, et s'il avait la possibilité de se souvenir de propriétaires multiples, il pourrait retenir des légions d'objets Person à l'état de vie fantomatique sur le temps avant d'être détruit. Si nous avions choisi de déclarer fido directement dans l'appel et le chat sous forme de variable globale, nous n'aurions pas eu ce problème. Pour évaluer la gravité du comportement de fido, nous devons nous poser les questions suivantes :

1. Combien de mémoire peut-il consommer (autrement dit, combien de références à des objets qui auraient été supprimés conserve-t-il actives) ? Nous savons que notre objet fido simple ne peut se souvenir que d'une seule Person à la fois. Toutefois, cette unique Person peut posséder des références à 500 chats autrement inatteignables, de sorte que la consommation mémoire peut devenir réellement considérable.

2. Pendant combien de temps la mémoire supplémentaire est-elle monopolisée ? Dans notre script simple, cette durée ne doit pas être longue, mais il est possible par la suite que nous ajoutions des étapes supplémentaires entre la suppression de jim et celle de fido. En outre, il convient de noter que le JavaScript tend plutôt en direction de la programmation pilotée par les événements : du coup, si la suppression de jim et celle de fido interviennent dans des gestionnaires d'événements séparés, il devient impossible de fournir une réponse certaine à cette question, ni même une estimation sans réaliser en quelque sorte une analyse de cas d'usage.

Il n'est pas aussi aisé qu'il y paraît de répondre à l'une ou l'autre de ces questions. Le mieux que nous puissions faire est de les garder à l'esprit pendant que nous écrivons et modifions notre code, et de mener des tests afin de vérifier que nos présuppositions sont fondées. Il convient de penser aux patterns d'utilisation de notre application pendant que nous programmons, et non après-coup.

Ces considérations achèvent notre présentation des principes de la gestion mémoire. Mais il existe des problèmes spécifiques aux applications Ajax, dont il convient d'être conscient. Examinons-les à présent.

Considérations spécifiques à Ajax

Jusqu'ici, nous avons traité de questions touchant à la gestion mémoire de la plupart des langages de programmation. Il est important de bien comprendre les concepts tels que l'empreinte mémoire et l'accessibilité des références pour le développement des applications Ajax, mais il existe aussi d'autres problèmes tout à fait spécifiques à Ajax. Dans le cas d'une application Ajax, le travail s'effectue dans un environnement managé, au sein d'un conteneur qui expose certaines de ses fonctions natives et en verrouille d'autres. Cette particularité modifie sensiblement les données du problème.

Au Chapitre 4, notre application Ajax était divisée en trois sous-systèmes : le Modèle, la Vue et le Contrôleur. Le Modèle est généralement composé d'objets JavaScript purs que nous avons définis et instanciés nous-mêmes. La Vue est en grande partie composée de nœuds DOM, autrement dit d'objets natifs exposés à l'environnement JavaScript par le navigateur. Le Contrôleur opère la liaison entre les deux. C'est dans cette couche que nous devons porter une attention toute particulière à la gestion de la mémoire.

Rompre les références circulaires

Au Chapitre 4, nous avons introduit un pattern couramment utilisé pour la gestion des événements, dans lequel nous attachons des objets de modèle (autrement dit, des parties du sous-système de Modèle) à des nœuds DOM (des parties de la Vue). Reprenons l'exemple que nous avons présenté. Voici un constructeur pour un objet de modèle de domaine qui représente un bouton à cliquer :

```
function Button(value,domEl){
  this.domEl=domEl;
  this.value=value;
  this.domEl.buttonObj=this;
  this.domEl.onclick=this.clickHandler;
}
```

Notez qu'une référence bidirectionnelle entre l'élément du DOM `domEl` et l'objet de domaine lui-même est créée. En dessous se trouve la fonction de gestionnaire d'événements à laquelle le constructeur fait référence :

```
Button.prototype.clickHandler=function(event){
  var buttonObj=this.buttonObj;
  var value=(buttonObj && buttonObj.value) ?
    buttonObj.value : "unknown value";
  alert(value);
}
```

Rappelez-vous que la fonction de gestionnaire d'événements est appelée avec pour contexte le nœud DOM, et non l'objet Button. Il nous faut une référence de la Vue au Modèle afin d'interagir avec le tier Modèle. Dans le cas présent, nous voyons que sa propriété est `value`. Dans certains autres cas où nous avons utilisé ce pattern dans ce livre, nous avons lancé des fonctions sur les objets de domaines.

L'objet de modèle de domaine de type Button ne sera atteignable que si d'autres objets atteignables le référencent eux-mêmes. De la même manière, l'élément DOM reste atteignable dès lors qu'un autre élément atteignable y fait référence. Dans le cas des éléments du DOM, l'élément est toujours atteignable s'il est attaché à l'arborescence principale du document, même si aucune référence programmatique à lui n'est conservée. A moins que nous ne rompions explicitement le lien entre l'élément DOM et l'objet Button, le Button ne peut donc pas être nettoyé par le ramasse-miettes tant que l'élément DOM fait toujours partie du document.

Lorsque les objets de modèle de domaine programmés interagissent avec le Modèle objet de document, il est possible de créer un objet JavaScript local qui reste atteignable *via* le DOM plutôt que par l'intermédiaire de variables globales que nous aurions définies. Afin de s'assurer que des objets ne sont pas écartés inutilement du ramasse-miettes, il est possible d'écrire des fonctions de nettoyage simples (ce qui constitue par bien des manières un pas en arrière vers les destructeurs d'objets C++, bien que nous devions les exécuter manuellement). Pour l'objet Button, nous pourrions écrire le code suivant :

```
Button.prototype.cleanUp=function(){
  this.domEl.buttonObj=null;
  this.domEl=null;
}
```

La première ligne supprime la référence que le nœud DOM possède à cet objet. La seconde supprime la référence de cet objet au nœud DOM. Elle ne supprime pas le nœud, mais réinitialise simplement cette référence locale au nœud en lui attribuant la valeur `null`. Le nœud DOM a été passé à notre objet sous forme d'argument de constructeur : dans ce cas, il ne nous revient donc pas de nous en débarrasser. Dans d'autres cas, nous aurons pourtant cette responsabilité : voyons donc comment nous devons nous y prendre.

Supprimer des éléments DOM

Avec Ajax et dans le cas de nombreux modèles de domaines, il est courant que l'on construise de nouveaux éléments DOM et que l'on interagisse de manière programmatique avec le document au lieu de le faire par le biais de simples déclarations HTML lorsque la page se charge. Notre ObjectViewer des Chapitres 4 et 5 et le framework de notification au Chapitre 6, par exemple, contenaient tous plusieurs objets de modèles de domaines capables de se reproduire en créant des éléments DOM supplémentaires et en les attachant à une partie du document principal. A cette grande flexibilité s'associe une grande responsabilité, et, pour chaque nœud créé de manière programmatique, les bonnes manières imposent que l'on prévoie sa suppression de manière programmatique également.

Le DOM du W3C et les implémentations des navigateurs Web populaires ne proposent aucun moyen de supprimer complètement un nœud DOM une fois qu'il a été créé. Le meilleur moyen de supprimer un nœud DOM créé consiste à le détacher de l'arborescence du document et à espérer que le mécanisme de ramasse-miettes dans le navigateur le trouvera.

Considérons un exemple simple. Le script suivant présente une boîte de message simple qui se retrouve elle-même grâce au DOM et utilise `document.getElementById()` lorsqu'elle se ferme :

```
function Message(txt, timeout){
  var box=document.createElement("div");
  box.id="messagebox";
  box.classname="messagebox";
  var txtNode=document.createTextNode(txt);
  box.appendChild(txtNode);
  setTimeout("removeBox('messagebox')",timeout);
}

function removeBox(id){
  var box=document.getElementById(id);
  if (box){
    box.style.display='none';
  }
}
```

Lorsque nous appelons `Message()`, une boîte de message invisible est créée et un minuteur JavaScript est configuré de manière à appeler une autre fonction qui supprime le message après un temps donné.

Les variables `box` et `txtNode` sont toutes deux créées localement et passent hors de portée dès que la fonction `Message()` a quitté, mais les nœuds du document qui ont été créés restent atteignables, car ils ont été attachés à l'arbre DOM.

La fonction `removeBox()` s'occupe de faire disparaître le nœud DOM créé lorsque nous en avons fini. D'un point de vue technique, plusieurs options nous sont offertes pour réaliser cette tâche. Dans l'exemple précédent, nous avons supprimé la boîte de message en la masquant simplement. Une fois invisible, cette boîte de message occupe toujours de la mémoire, mais si nous prévoyons de la réafficher sous peu, cela ne doit pas poser de problème.

Nous pourrions aussi modifier notre méthode `remove()` afin de dissocier les nœuds DOM du document principal, en espérant que le ramasse-miettes les repère rapidement. Cette fois encore, nous ne détruisons cependant pas directement la variable, et la durée de son séjour en mémoire est hors de notre contrôle.

```
function removeBox(id){
  var box=document.getElementById(id);
  if (box && box.parentNode){
    box.parentNode.removeChild(box);
  }
}
```

On peut discerner ici deux patterns pour la suppression de l'élément d'interface graphique, que nous fixerons par les expressions suivantes : Suppression par masquage et Suppression par dissociation. L'objet Message ne possède ici aucun gestionnaire d'événements – il apparaît et disparaît simplement à sa vitesse normale. Si nous liions le modèle de domaine et les nœuds DOM dans les deux sens, comme nous l'avons fait pour notre objet Button, il faudrait, conformément au pattern Suppression par dissociation, évoquer explicitement la fonction `cleanUp()`.

Les deux approches ont leurs avantages et leurs inconvénients. Pour opérer un choix, la principale question à se poser consiste à se demander si nous allons réutiliser le nœud DOM ultérieurement. Dans le cas d'une boîte de message générique, la réponse serait sans doute affirmative et nous opterions pour la Suppression par masquage. Dans le cas d'un usage plus spécifique, comme un nœud dans un composant d'arborescence complexe, il est plus simple de détruire le nœud lorsqu'on a terminé avec, plutôt que d'essayer de conserver des tas de références à des nœuds dormants.

Si nous choisissons de recourir au pattern Suppression par masquage, nous pouvons adopter une approche complémentaire de celle de la réutilisation des nœuds DOM. Nous allons maintenant modifier la fonction de création de message afin de vérifier d'abord l'existence d'un nœud. Nous ne créerons un nouveau nœud qu'en cas de nécessité. Notre constructeur d'objet Message peut être adapté ainsi :

```
function Message(txt, timeout){
  var box=document.geElementById("messagebox");
  var txtNode=document.createTextNode(txt);
  if (box==null){
    box=document.createElement("div");
    box.id="messagebox";
    box.classname="messagebox";
    box.style.display='block';
    box.appendChild(txtNode);
  }else{
    var oldTxtNode=box.firstChild;
    box.replaceChild(txtNode,oldTxtNode);
  }
  setTimeout("removeBox('messagebox')",timeout);
}
```

Il est maintenant possible de distinguer deux patterns pour la création des éléments d'interfaces graphiques, que nous appellerons respectivement Création systématique (notre exemple original) et Création en cas d'absence (la précédente version modifiée). L'ID que nous vérifions est ici codé en dur, aussi n'est-il possible d'afficher qu'un seul Message à la fois (ce qui convient probablement bien ici). Aux endroits où nous avons attaché un objet de modèle de domaine à un nœud DOM réutilisable, cet objet de domaine peut servir à récupérer la référence initiale au nœud DOM : il est donc possible de faire coexister le pattern Création en cas d'absence avec plusieurs instances d'un objet.

Dans la section suivante, nous allons considérer d'autres questions d'importance pour le programmeur Ajax qui travaille avec Internet Explorer.

NOTE

Lors de la programmation d'une application Ajax, il est important de bien connaître les problèmes de gestion de mémoire concernant les éléments DOM ainsi que les variables conventionnelles que l'on crée soi-même. Il faut aussi tenir compte de la nature managée des éléments DOM et traiter différemment leur suppression. Lorsque des nœuds DOM sont combinés à des variables ordinaires, il est recommandé d'utiliser du code de nettoyage afin de rompre les références circulaires.

Considérations supplémentaires concernant Internet Explorer

Chaque navigateur Web implémente son propre ramasse-miettes, qui ne fonctionne pas forcément comme ceux des autres navigateurs. Les mécanismes exacts du ramasse-miettes d'Internet Explorer ne sont pas parfaitement connus, mais les participants du newsgroup comp.lang.JavaScript semblent s'accorder pour dire qu'il rencontre des difficultés pour la libération des variables lorsqu'il existe une référence circulaire entre les éléments DOM et les objets JavaScript ordinaires, et qu'il semble judicieux de rompre manuellement ces liens.

Etudions ces questions au moyen d'un exemple. Le code suivant définit une référence circulaire :

```
function MyObject(id){
  this.id=id;
  this.front=document.createElement("div");
  this.front.backingObj=this;
}
```

`MyObject` est un type défini par l'utilisateur. Chaque instance se réfère à un nœud DOM avec `this.front` tandis que le nœud DOM se réfère en retour à l'objet JavaScript avec `this.backingObj`.

Pour supprimer cette référence circulaire lors de la finalisation de l'objet, nous pourrions proposer une méthode comme la suivante :

```
MyObject.prototype.finalize=function(){
  this.front.backingObj=null;
  this.front=null;
}
```

En attribuant la valeur null aux deux références, nous rompons la référence circulaire.

On peut aussi nettoyer un arbre DOM en le parcourant et en éliminant les références d'après leur nom, leur type ou tout autre critère. Richard Cornford a proposé une fonction de ce type pour gérer les fonctions de gestionnaire d'événements attachées à des éléments DOM (voir la section Ressources à la fin de ce chapitre).

Les approches génériques de ce genre ne doivent être adoptées qu'en dernier ressort, car il peut être difficile de les mettre à l'échelle pour les grandes arborescences de documents des clients riches Ajax. Une approche structurée fondée sur les patterns de la base de code doit permettre au programmeur de tenir le registre des cas spécifiques où le nettoyage est requis.

La deuxième chose à noter concernant Internet Explorer, c'est que la fonction "non documentée" de niveau supérieur appelée `CollectGarbage()` est disponible. Sous Internet Explorer version 6, cette fonction existe et peut être appelée mais semble être un stub vide. Nous n'avons jamais vu de différence concernant la mémoire évaluée dans le Gestionnaire des tâches.

Maintenant que nous avons présenté les problèmes de gestion de la mémoire, étudions les détails pratiques relatifs à la mesure de la mémoire et voyons ces mesures avec une application réelle.

Concevoir en vue des performances

Nous avons indiqué précédemment que les performances renvoyaient à la fois à la vitesse d'exécution et au contrôle de l'empreinte mémoire. Nous avons également indiqué que les design patterns pouvaient nous aider pour maîtriser ces deux caractéristiques.

Dans cette section, nous allons voir comment mesurer l'empreinte mémoire dans les applications réelles. Nous utiliserons en outre un exemple simple afin d'indiquer comment l'usage des design patterns peut aider à comprendre les fluctuations de l'empreinte mémoire que l'on observe à l'exécution.

Mesurer l'empreinte mémoire

Nous avons vu qu'il était possible de mesurer la vitesse d'exécution dans le code JavaScript à l'aide de l'objet Date ou avec un outil externe. Le JavaScript ne propose pas de capacités intégrées permettant de mesurer l'utilisation de la mémoire système. Nous dépendons donc dans ce cas d'outils externes. Il en existe plusieurs.

Il existe de nombreux moyens de voir quelle quantité de mémoire le navigateur consomme durant l'exécution de votre application. Le plus simple consiste à recourir à un utilitaire système approprié à votre système d'exploitation afin d'examiner les processus sous-jacents. Sur les systèmes Windows, on peut se servir du Gestionnaire des tâches, et sur les systèmes UNIX, de la commande de console top. Considérons ces outils tour à tour.

Le Gestionnaire des tâches Windows

Le Gestionnaire des tâches Windows (voir Figure 8.5) est disponible dans de nombreuses versions de Windows (les utilisateurs de Windows 95 et 98 n'ont pas cette chance). Il propose une vue d'ensemble de tous les processus qui s'exécutent dans le système d'exploitation et de leur utilisation des ressources. Il peut en général être lancé depuis le menu qui s'affiche lorsqu'on appuie sur Ctrl+Alt+Suppr. L'interface du Gestionnaire des tâches inclut plusieurs onglets. Celui qui nous intéresse est l'onglet Processus.

La ligne passée en surbrillance indique que Firefox utilise actuellement environ 24 Mo de mémoire sur notre ordinateur. Par défaut, la colonne Util. mémoire fournit des informations sur l'utilisation de la mémoire active par l'application. Dans certaines versions de Windows, l'utilisateur peut aussi ajouter des colonnes supplémentaires à l'aide du menu Affichage > Sélectionner les colonnes (voir Figure 8.6).

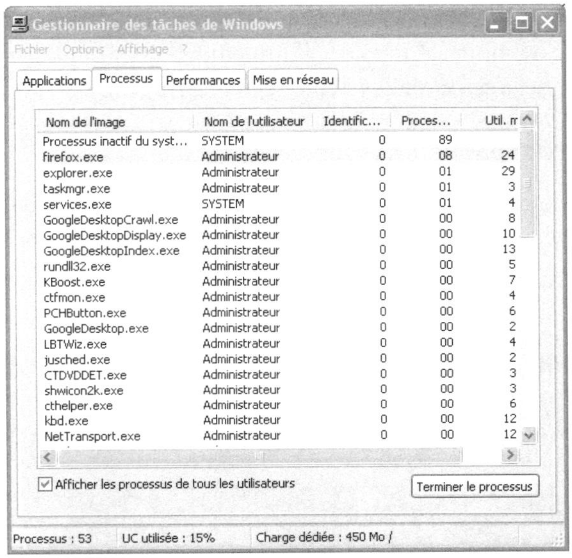

Figure 8.5
Le Gestionnaire des tâches Windows présente les processus actifs et leur utilisation de la mémoire. Les processus sont triés selon la quantité de mémoire exploitée, par ordre décroissant.

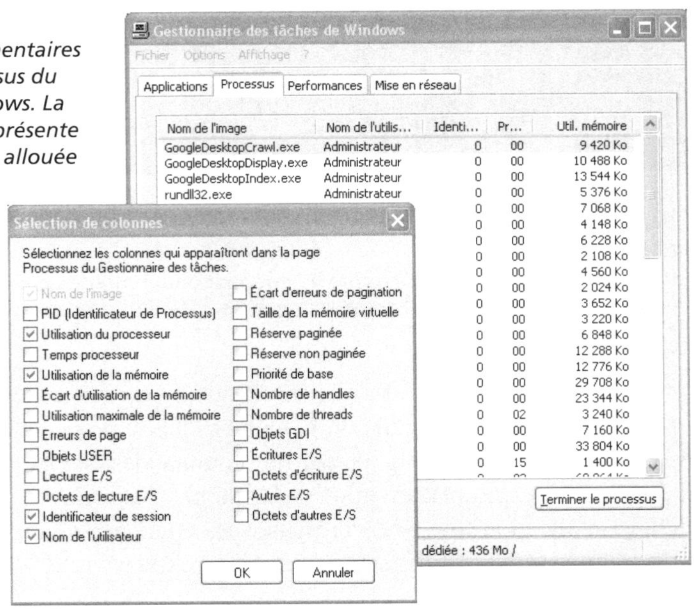

Figure 8.6
Sélection de colonnes supplémentaires à afficher dans l'onglet Processus du Gestionnaire des tâches Windows. La Taille de la mémoire virtuelle présente la quantité totale de mémoire allouée au processus.

Parfois, il peut être utile d'afficher la Taille de la mémoire virtuelle en plus de l'Utilisation de la mémoire. L'Utilisation de la mémoire représente la mémoire active attribuée à une application, alors que la Taille de la mémoire virtuelle représente la mémoire inactive qui a été écrite sur la partition ou le fichier d'échange. En général, lorsqu'une application Windows est minimisée, l'Utilisation de la mémoire chute considérablement, alors que la Taille MV reste plus ou moins la même, ce qui indique que l'application a toujours la possibilité de consommer des ressources système réelles à l'avenir.

La commande *top* sous UNIX

La commande `top`, application de console pour les systèmes UNIX (dont Mac OS X) présente une vue des processus comparable à celle du Gestionnaire des tâches Windows (voir Figure 8.7).

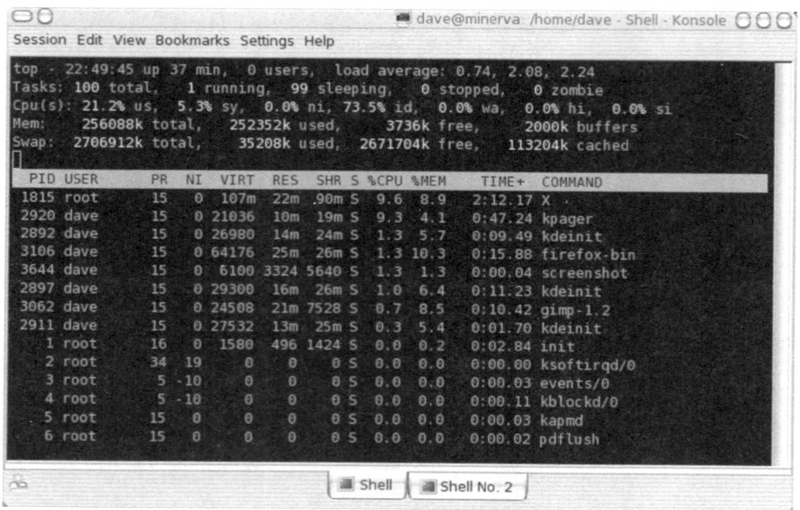

Figure 8.7

La commande top d'UNIX, qui s'exécute à l'intérieur d'une console, présente l'utilisation de la mémoire et du processeur par les différents processus.

Comme avec le Gestionnaire des tâches, chaque ligne représente un processus actif, avec des colonnes concernant l'utilisation de la mémoire et du processeur ainsi que d'autres statistiques. L'application top est pilotée par des commandes clavier. Ces commandes sont documentées dans les pages man ou info et sur Internet. Nous n'avons pas la place ici de présenter en détail l'application top, ni de présenter ses équivalents graphiques, comme le Gestionnaire système de GNOME présent sur certains systèmes UNIX/Linux.

Outils sophistiqués

Outre ces outils de base, différents outils plus sophistiqués sont disponibles pour le suivi de l'utilisation de la mémoire, qui proposent des vues à granularité fine de l'état interne du système d'exploitation. Il n'est pas possible ici de les présenter tous mais voici quelques remarques concernant deux outils gratuits que nous avons trouvés intéressants.

Tout d'abord, l'outil Process Explorer de Sysinternal.com (voir Figure 8.8), qui est une sorte de Gestionnaire des tâches surpuissant. Cet outil remplit le même rôle que le Gestionnaire des tâches, mais propose un suivi très détaillé des empreintes mémoire et de l'utilisation du processeur par les différents processus individuels, en permettant de cibler spécifiquement Internet Explorer ou Firefox.

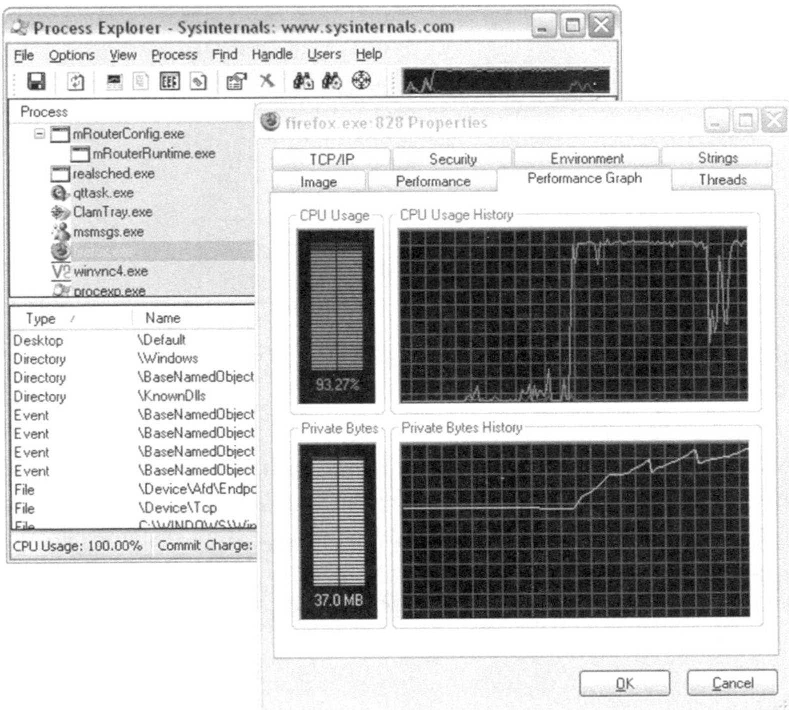

Figure 8.8

Process Explorer fournit un reporting détaillé sur l'utilisation de la mémoire et du processeur pour chaque processus, ce qui permet d'effectuer un suivi plus précis de l'empreinte du navigateur sur un ordinateur Windows. Cette fenêtre présente les mesures relatives à une instance de Firefox qui exécute le test détaillé dans la section suivante.

Ensuite, notez que J. G. Webber a développé Drip (voir la section Ressources), un outil de reporting de gestion de mémoire simple mais puissant pour Internet Explorer, qui interroge directement le navigateur Web au sujet de ses nœuds DOM connus, dont ceux qui ne sont plus attachés à l'arbre du document (voir Figure 8.9).

Les outils de base permettent cependant souvent d'en apprendre bien assez sur l'état d'une application Ajax en cours d'exécution.

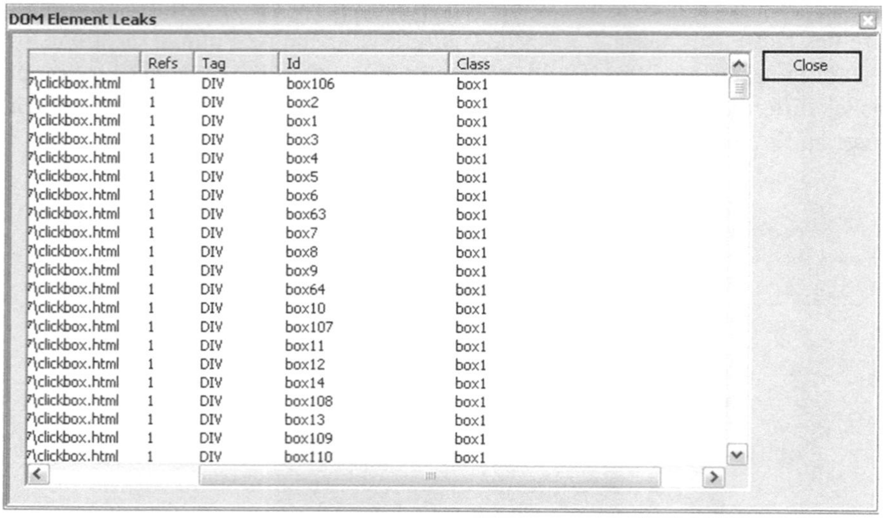

	Refs	Tag	Id	Class
7\clickbox.html	1	DIV	box106	box1
7\clickbox.html	1	DIV	box2	box1
7\clickbox.html	1	DIV	box1	box1
7\clickbox.html	1	DIV	box3	box1
7\clickbox.html	1	DIV	box4	box1
7\clickbox.html	1	DIV	box5	box1
7\clickbox.html	1	DIV	box6	box1
7\clickbox.html	1	DIV	box63	box1
7\clickbox.html	1	DIV	box7	box1
7\clickbox.html	1	DIV	box8	box1
7\clickbox.html	1	DIV	box9	box1
7\clickbox.html	1	DIV	box64	box1
7\clickbox.html	1	DIV	box10	box1
7\clickbox.html	1	DIV	box107	box1
7\clickbox.html	1	DIV	box11	box1
7\clickbox.html	1	DIV	box12	box1
7\clickbox.html	1	DIV	box14	box1
7\clickbox.html	1	DIV	box108	box1
7\clickbox.html	1	DIV	box13	box1
7\clickbox.html	1	DIV	box109	box1
7\clickbox.html	1	DIV	box110	box1

Figure 8.9
L'outil Drip permet de procéder à des requêtes détaillées sur l'état interne de l'arbre DOM d'Internet Explorer.

Jusque-là, nous avons considéré des patterns individuels et nous avons vu comment gérer les problèmes de performances dans de petites sections de code. Avec une application Ajax de taille même modérée, les différents patterns et les idiomes de chaque sous-système peuvent interagir les uns avec les autres de manière surprenante. La section suivante présente une étude de cas dont le but est de montrer combien il est important de comprendre comment les patterns se combinent les uns aux autres.

Un exemple simple

Nous n'avons abordé jusqu'ici que la théorie de la gestion de la mémoire, et avons présenté quelques patterns susceptibles de nous aider lors de la création programmatique d'éléments d'interfaces. Dans une application Ajax réelle, nous emploierons simultanément plusieurs patterns, qui interagiront dès lors les uns avec les autres. Les patterns individuels ont des impacts sur les performances, mais il en va de même concernant leurs interactions. C'est à cet égard qu'il devient précieux de posséder une terminologie commune pour décrire les agissements du code. Pour bien le comprendre, il faut recourir à un exemple. Dans cette section, nous introduirons un exemple simple qui nous servira à déterminer, en termes de performances, l'impact de la variation des combinaisons de patterns.

Dans notre programme de test simple, nous allons créer et détruire de manière répétitive de petits composants ClickBox (de petits cadres sur lesquels l'utilisateur peut cliquer avec la souris).

Les composants ont en eux-mêmes un comportement limité, que décrit le code suivant :

```
function ClickBox(container){

  this.x=5+Math.floor(Math.random()*370);
  this.y=5+Math.floor(Math.random()*370);
  this.id="box"+container.boxes.length;
  this.state=0;
  this.render();
  container.add(this);
}

ClickBox.prototype.render=function(){
  this.body=null;
  if (this.body==null){
    this.body=document.createElement("div");
    this.body.id=this.id;
  }
  this.body.className='box1';
  this.body.style.left=this.x+"px";
  this.body.style.top=this.y+"px";
  this.body.onclick=function(){
    var clickbox=this.backingObj;
    clickbox.incrementState();
  }
}

ClickBox.prototype.incrementState=function(){
  if (this.state==0){
    this.body.className='box2';
  }else if (this.state==1){

    this.hide();
  }
  this.state++;
}

ClickBox.prototype.hide=function(){
  var bod=this.body;
  bod.className='box3';
}
```

La première fois qu'ils sont reproduits, les ClickBox apparaissent en rouge. Lorsque l'utilisateur clique dessus, ils deviennent bleus. Ce comportement est implémenté en créant des références bidirectionnelles entre l'objet de modèle de domaine et l'élément DOM qui le représente à l'écran, comme nous l'avons indiqué précédemment.

Chaque ClickBox est constitué d'un ID unique, d'une position, d'un enregistrement de son état interne (le nombre de fois où l'utilisateur a cliqué dessus) et d'un corps. Le corps est un nœud DOM de type DIV. Le nœud DOM conserve une référence à l'objet d'arrière-plan dans une variable nommée `backingObj`.

Une classe conteneur est également définie, qui héberge des objets ClickBox, conserve un tableau de ces objets et possède un ID unique :

```
function Container(id){
  this.id=id;
  this.body=document.getElementById(id);
  this.boxes=new Array();
}

Container.prototype.add=function(box){
  this.boxes[this.boxes.length]=box;
  this.body.appendChild(box.body);
}

Container.prototype.clear=function(){
  for(var i=0;i<this.boxes.length;i++){
    this.boxes[i].hide();
  }
  this.boxes=new Array();
  report("clear");
  newDOMs=0;
  reusedDOMs=0;
}
```

La Figure 8.10 présente une capture d'écran de l'application.

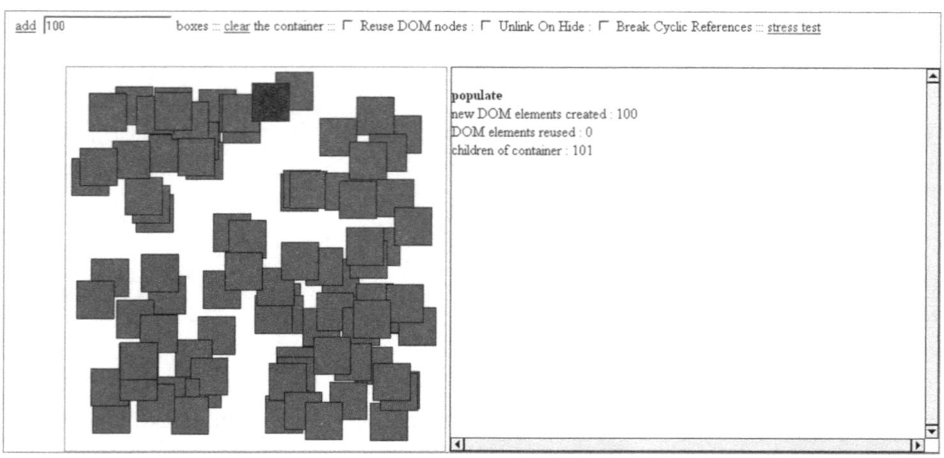

Figure 8.10
Notre application de démonstration pour la gestion de la mémoire, après la création des 100 premiers composants. L'utilisateur n'a cliqué que sur l'un d'entre eux avec la souris.

Le panneau de débogage à droite signale l'état interne du système après différents événements utilisateur, comme l'ajout ou la suppression de composants du conteneur.

Le code a été écrit de manière à pouvoir échanger différents patterns de création et de destruction des éléments DOM et des références circulaires pendant l'exécution de l'application. L'utilisateur peut choisir entre ces patterns, à l'exécution, en cochant et décochant des éléments de formulaires HTML sur la page. Lorsque les liens qui ajoutent ou suppriment des cadres du conteneur sont activés, la combinaison des patterns employés pour implémenter l'interface utilisateur correspond à l'état des cases à cocher. Voyons chacune de ces options et le code correspondant.

Case à cocher Reuse DOM Nodes

Cette option détermine si le composant ClickBox doit commencer par rechercher un nœud DOM existant lorsqu'il se crée lui-même, et ne doit en créer un nouveau qu'en dernier ressort. La case à cocher permet à l'application de basculer entre les patterns Créer systématiquement et Créer en cas d'absence, dont nous avons traité précédemment. Le code de rendu modifié est le suivant :

```
ClickBox.prototype.render=function(){
  this.body=null;
  if (reuseDOM){
    this.body=document.getElementById(this.id);
  }
  if (this.body==null){
    this.body=document.createElement("div");
    this.body.id=this.id;
    newDOMs++;
  }else{
    reusedDOMs++;
  }
  this.body.backingObj=this;
  this.body.className='box1';
  this.body.style.left=this.x+"px";
  this.body.style.top=this.y+"px";
  this.body.onclick=function(){
    var clickbox=this.backingObj;
    clickbox.incrementState();
  }
}
```

Case à cocher Unlink On Hide

Ce commutateur détermine le pattern utilisé lorsqu'un ClickBox est supprimé du conteneur (soit par un second clic, soit en appelant `Container.clear()`) – à savoir le pattern Suppression par masquage ou Suppression par dissociation :

```
ClickBox.prototype.hide=function(){
  var bod=this.body;
  bod.className='box3';
```

```
    if (unlinkOnHide){
      bod.parentNode.removeChild(bod);
    }
    ...
  }
```

Case à cocher Break Cyclic References

Lors de la suppression d'un composant ClickBox, ce commutateur détermine si les références entre l'élément DOM et l'objet d'arrière-plan sont réinitialisées avec la valeur null ou non. Le pattern Rompre les références circulaires est utilisé afin de minimiser la tâche du ramasse-miettes d'Internet Explorer :

```
ClickBox.prototype.hide=function(){
  var bod=this.body;
  bod.className='box3';
  if (unlinkOnHide){
    bod.parentNode.removeChild(bod);
  }
  if (breakCyclics){
    bod.backingObj=null;
    this.body=null;
  }
}
```

Les contrôles de formulaires permettent à l'utilisateur d'ajouter des ClickBox au conteneur et de nettoyer le conteneur. L'application peut être pilotée manuellement, mais pour les besoins de la récupération des résultats, nous avons écrit, ici aussi, une fonction de test de performances qui simule plusieurs actions manuelles. Cette fonction exécute une série automatique d'actions au cours de laquelle la séquence suivante est répétée 240 fois :

1. Ajouter 100 composants au conteneur, en utilisant la fonction `populate()`.
2. Ajouter 100 autres composants.
3. Effacer le conteneur.

Voici le code de la fonction `stressTest` :

```
function stressTest(){
  for (var i=0;i<240;i++){
     populate (100);
     populate(100);
     container.clear();
  }
  alert("done");
}
```

Notez que la fonction testée ici est liée à l'ajout et à la suppression de nœuds de l'élément conteneur, et non au comportement des ClickBox individuels lorsque l'utilisateur clique dessus.

Ce test est délibérément simple. Nous vous invitons à développer des tests de performances similaires pour vos propres applications, ne serait-ce que pour voir si l'utilisation de la mémoire augmente ou diminue lorsque des changements sont opérés. La conception du script de test est un art en soi qui requiert que l'on comprenne les patterns d'utilisation typiques, et si possible plusieurs types de patterns d'utilisation.

L'exécution du test de performances prend plus d'une minute, au cours de laquelle le navigateur ne répond plus aux entrées de l'utilisateur. Si le nombre d'itérations est augmenté, le navigateur peut même planter. Si le nombre d'itérations est trop faible, la différence au niveau de l'empreinte mémoire peut ne pas être remarquable. Le nombre de 240 itérations paraissait convenir à l'ordinateur sur lequel nous avons effectué nos tests ; votre contexte peut être quelque peu différent.

Notre procédé d'enregistrement de la modification de l'empreinte mémoire était assez rudimentaire. Nous avons exécuté les tests sur le système d'exploitation Windows, en conservant le Gestionnaire des tâches ouvert. Nous avons noté la consommation d'iexplore.exe directement après le chargement de la page de test, puis à nouveau après l'apparition de la boîte de dialogue d'alerte qui indique que le test est terminé. Il serait possible de recourir à top ou à un outil de ce genre pour les tests sur UNIX (voir la section précédente). Nous avons complètement refermé le navigateur après chaque exécution, afin de supprimer toutes les fuites mémoire éventuelles et de nous assurer que chaque test s'opère dans les mêmes conditions.

Voilà pour la méthodologie. Dans la section suivante, nous verrons les résultats obtenus en réalisant ces tests.

Résultats : comment diviser l'empreinte mémoire par 150

L'exécution du test de performances que nous venons de décrire avec différentes combinaisons de patterns a produit des valeurs de consommation radicalement différentes, d'après les indications du Gestionnaire des tâches Windows. Ces valeurs sont présentées dans le Tableau 8.4.

Tableau 8.4 : résultats de banc d'essais pour le code d'exemple ClickBox

ID	Réutiliser les nœuds DOM	Rompre les liens lors du masquage	Rompre les références circulaires	Utilisation finale de la mémoire (IE)
A	N	N	N	166 Mo
B	N	N	O	84,5 Mo
C	N	O	N	428 Mo
D	O	N	N	14,9 Mo
E	O	N	O	14,6 Mo
F	O	O	N	574 Mo
G	O	O	O	14,2 Mo

Les résultats du Tableau 8.4 ont été enregistrés pour le test de performances sur une station de travail tout à fait ordinaire (2,8 GHz, 1 Go de RAM), avec Internet Explorer version 6 et le système d'exploitation Windows 2000, pour différentes combinaisons de patterns. L'utilisation de la mémoire initiale a été d'environ 11,5 Mo dans tous les cas. Les valeurs d'utilisation de la mémoire proviennent de la colonne Utilisation de la mémoire, dans l'onglet Processus de l'application Gestionnaire des tâches (voir la précédente section).

Cette fois, nous sommes confrontés à de vrais nombres et la première chose que l'on peut noter, c'est que l'application consomme une quantité certaine de mémoire. Ajax est souvent décrit comme étant une solution de client léger, mais une application Ajax est capable de monopoliser une grande quantité de mémoire si l'on combine comme il faut les erreurs de programmation !

Le deuxième point important concernant ces résultats tient à ce que le choix des design patterns produit un effet radical sur la mémoire. Examinez ces chiffres en détail. Trois de nos combinaisons consomment moins de 15 Mo de RAM après avoir reproduit et supprimé tous les composants ClickBox. Le reste des combinaisons monte jusqu'à 80 Mo, 160 Mo, et même 430 Mo et 580 Mo. Si l'on considère que le navigateur consommait 11,5 Mo de mémoire au départ, on peut en conclure que la taille de mémoire consommée a varié de 3,5 Mo à 570 Mo, soit une multiplication par 150 rien qu'en modifiant la combinaison des design patterns exploités ! Il est même remarquable que le navigateur ait continué de fonctionner avec une pareille fuite mémoire.

Aucun pattern particulier ne saurait être désigné comme coupable. L'interaction entre les design patterns est assez complexe. Si l'on compare les exécutions A, D et F, on voit que le fait d'activer le pattern Réutiliser les nœuds DOM a produit une baisse considérable de l'utilisation de la mémoire (plus de 90 %), mais que le fait d'activer en même temps Rompre les liens lors du masquage triple tout, à l'inverse de la consommation mémoire !

Dans ce cas particulier, la raison est compréhensible. Puisque les liens aux nœuds DOM ont été rompus, ces nœuds ne peuvent être trouvés par un appel à `document.getElementById()` afin d'être réutilisés. De la même manière, le fait d'activer le pattern Rompre les liens lors du masquage augmente en soi l'utilisation de la mémoire par rapport au cas de base (en comparant C à A). Avant de considérer que Rompre les liens lors du masquage monopolise la mémoire, examinez les exécutions E et G : comme vous pouvez le voir, dans le bon contexte, ce pattern a un effet léger, mais positif !

Fait intéressant, il n'existe pas de vainqueur évident, puisque trois combinaisons assez différentes ont toutes l'avantage de ne provoquer qu'une petite augmentation de la mémoire. Ces trois combinaisons réutilisent les nœuds DOM, mais c'est aussi le cas de la combinaison qui produit la plus forte augmentation de la mémoire. Il est difficile de tirer une conclusion tranchée d'après les données de cet exercice, mais on peut identifier des jeux de patterns qui fonctionnent bien ensemble, et d'autres qui se marient mal. Si l'on comprend ces patterns et que l'on possède des noms pour les désigner, il est bien plus simple de les appliquer de manière cohérente dans l'ensemble d'une application et d'obtenir de bonnes performances.

Si nous n'utilisions pas un ensemble précis de patterns mais programmions le cycle de vie DOM de chaque sous-système au coup par coup, chaque nouveau bloc de code serait comme un nouveau pari et risquerait d'introduire une fuite mémoire.

Cet exercice de banc d'essais a proposé une vue d'ensemble concernant les problèmes liés au développement d'un client DHTML riche, capable d'opérer sur votre navigateur Web pendant des périodes étendues. Il identifie les sources d'erreurs possibles, en général et dans certains des patterns traités à d'autres endroits dans ce livre.

Pour ne pas être submergé par les problèmes de mémoire, vous devez leur faire une place au sein de votre méthodologie de développement. Demandez-vous toujours quels effets auront les changements que vous introduisez dans votre code sur l'utilisation de la mémoire, et mesurez-la pendant l'implémentation de vos modifications.

L'adoption d'une approche fondée sur les patterns pour votre base de code peut être utile à cet effet, car bien souvent, les mêmes problèmes de mémoire surgissent avec les mêmes patterns. On sait ainsi que les objets d'arrière-plan créent des références circulaires entre les nœuds DOM et non DOM, ou que le pattern Suppression par dissociation interfère avec le pattern Création en cas d'absence. En employant les patterns de manière homogène dans votre conception, vous aurez moins de risques de rencontrer ce genre de problèmes.

Il peut être utile d'écrire et de conserver des scripts de test automatisés et de soumettre vos modifications à ces bancs d'essais. L'écriture de scripts de tests représente probablement la partie la plus ardue, car elle implique de savoir comment les utilisateurs se servent de votre application. Si votre application est exploitée par divers types d'utilisateurs, il peut être judicieux de développer plusieurs scripts plutôt que n'en utiliser qu'un seul qui ne saura représenter personne. Le principe est le même pour tous les tests : une fois écrits, ils ne sont pas gravés dans la pierre, mais doivent être adaptés à mesure que votre projet évolue.

En résumé

Pour les programmes, les performances tiennent à une combinaison entre la vitesse d'exécution et l'empreinte des ressources. Dans le cas des applications Ajax, nous avons affaire à un environnement hautement managé, bien éloigné du système d'exploitation et de l'équipement sur lequel il tourne, mais il reste parfaitement possible de contrôler largement les performances selon notre manière de programmer.

Nous avons présenté le profilage, avec des bibliothèques JavaScript et des outils de profileurs natifs tels que le débogueur Venkman. Le profilage permet de mieux comprendre où se trouvent les goulots d'étranglement du système et peuvent également fournir un barème pour évaluer l'impact des modifications. En comparant les résultats du profileur avant et après un changement dans le code, on peut déterminer l'impact de cette intervention sur la vitesse d'exécution globale de l'application.

Nous avons également considéré le problème de la gestion de la mémoire et montré comment éviter l'apparition de fuites mémoire dans le code (suite à de mauvaises pratiques ou à cause de problèmes spécifiques au DOM ou à Internet Explorer). Nous avons vu comment mesurer la consommation de la mémoire à l'aide des outils proposés pour les systèmes d'exploitation Windows et UNIX.

Pour finir, notre exemple de banc d'essais a permis de montrer l'impact véritable que cette attention aux détails pouvait avoir sur le code. Le rôle des design patterns est crucial pour identifier la source des divergences d'empreinte mémoire et pour apprendre à les gérer.

Le travail sur les performances est un travail sans fin. Il reste toujours quelque chose à faire pour améliorer encore les performances. Nous avons pour notre part adopté une approche pragmatique, l'idée étant d'atteindre des performances "satisfaisantes" pour nos applications Ajax. Ce chapitre doit vous avoir fourni tous les outils pour cela.

Ressources

Nous avons présenté quelques outils de développement utiles dans ce chapitre.

Drip, le détecteur de fuites d'Internet Explorer, a été créé par Joel Webber. Son blog n'est plus disponible, mais Drip peut actuellement être trouvé à l'adresse suivante : **www.outofhanwell.com/ieleak**.

- Profileur Venkman : **www.svendtofte.com/code/learning_venkman/advanced.php#profiling**.
- Process Explorer : **www.sysinternals.com**.

La ligne officielle concernant les fuites d'Internet Explorer et certaines des solutions de contournement est présentée à la page : **http://msdn.microsoft.com/library/default.asp?url=/library/en-us/IETechCol/dnwebgen/ie_leak_patterns.asp**. La solution suggérée par Richard Cornford peut être trouvée sur Google Groups en tapant "cornford JavaScript fixCircleRefs()" – l'URL complète est trop longue pour être reproduite ici.

IV

Ajax par l'exemple

Les cinq projets Ajax complets de cette section présentent l'intégralité du processus de construction d'éléments interactifs attrayants pour vos applications Web. Dans chaque cas, nous avons développé un exemple simple, étape par étape, afin que vous puissiez en découvrir le fonctionnement. Nous avons ensuite réusiné le code afin que l'exemple puisse être facilement intégré dans vos propres projets. Les exemples couvrent le spectre complet des possibilités d'Ajax, depuis l'amélioration des éléments de formulaires jusqu'au développement des solutions de portail complètes, en communiquant à la fois avec les processus de votre serveur et avec ceux des services Internet standard. Nous avons délibérément choisi une variété de langages de programmation populaires pour l'implémentation du code côté serveur, dont le PHP, Java, VB.NET et C#. Le code téléchargeable qui accompagne ce livre contient plusieurs implémentations de la logique côté serveur pour chaque chapitre. Il ne vous reste plus qu'à vous amuser !

9

Double liste déroulante dynamique

Au sommaire de ce chapitre :

- Le JavaScript côté client
- Le côté serveur en VB.NET
- Format d'échange de données
- Réusinage sous forme de composant réutilisable
- Listes déroulantes dynamiques

S'il vous est arrivé d'acheter un vêtement en ligne, il se peut que vous ayez déjà été confronté au problème suivant. Vous choisissez la taille du vêtement dans une liste déroulante, et dans la suivante, vous choisissez sa couleur. Vous transmettez vos choix en cliquant sur le bouton Envoyer et le message suivant apparaît en grosses lettres rouges : "Désolé, cet article est épuisé." La frustration vous guette… Vous devez cliquer sur le bouton Page précédente et cliquer sur un lien pour choisir une nouvelle couleur.

Avec Ajax, fi de ces agacements ! Les deux listes de sélection peuvent être liées l'une à l'autre : lorsque l'utilisateur choisit l'option de taille dans la première liste, toutes les couleurs disponibles pour le vêtement sont insérées dans la deuxième à partir de la base de données – sans que l'utilisateur ait à réactualiser la page entière. Auparavant, les développeurs liaient les listes de sélection avec des tableaux JavaScript codés en dur ou des postbacks côté serveur. Ajax propose un meilleur moyen.

Script de double liste déroulante

Dans une double liste déroulante liée, le contenu d'une liste dépend de l'option sélectionnée dans l'autre liste. Lorsque l'utilisateur sélectionne une valeur de la première liste, tous les éléments de la seconde se mettent à jour de manière dynamique. On parle dans ce cas de "scripts de listes dépendantes".

Il existe deux solutions traditionnelles pour implémenter le remplissage dynamique de la seconde liste de sélection : l'une est implémentée sur le client et l'autre sur le serveur. Voyons comment ces deux solutions fonctionnent afin d'en déterminer le principe sous-jacent et de mieux comprendre à quelles préoccupations les développeurs se trouvent confrontés.

Limitations de la solution côté client

La première option qui s'offre au développeur consiste à utiliser une solution côté client uniquement. Une méthode JavaScript est employée dans laquelle les valeurs pour les listes de sélection sont codées en dur dans des tableaux JavaScript sur la page Web. Dès que vous sélectionnez une taille de chemise, le script remplit la liste de sélection suivante en récupérant les valeurs dans le tableau. Cette solution est présentée à la Figure 9.1.

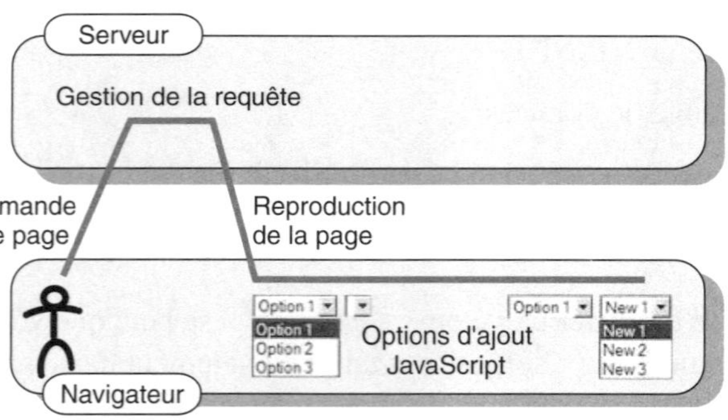

Figure 9.1
La solution côté client.

L'un des problèmes avec cette méthode côté client tient à ce qu'elle ne communique pas avec le serveur et n'est donc pas à même de récupérer des données à jour au moment où la première sélection de l'utilisateur est effectuée. L'autre problème tient au temps de chargement initial de la page, qui s'amplifie à mesure que le nombre des options des deux listes augmente. Imaginez un magasin proposant des milliers d'articles. Les valeurs de chaque article devraient être placées dans un tableau JavaScript. Puisque le code qui sert à représenter ce tableau fait partie du contenu de la page, l'utilisateur risque d'attendre longtemps pour le premier chargement de la page. Il n'existe pas de moyen efficace de transmettre toutes ces informations à l'avance au client. La méthode JavaScript possède pourtant un avantage : une fois passé le chargement initial, elle est rapide. Il n'existe pas de décalage majeur entre la sélection d'une option dans la première liste et le remplissage de la seconde. Cette méthode n'est donc envisageable que si le nombre d'options est limité et ne risque pas d'avoir un effet significatif sur le temps de chargement de la page.

Limitations de la solution côté serveur

L'autre solution traditionnelle consiste à soumettre un formulaire au serveur (*postback de la page*). Avec cette méthode, le gestionnaire d'événements `onchange` dans la première liste de sélection déclenche un postback au serveur *via* la méthode `submit()` de la représentation JavaScript du formulaire. Le formulaire est alors envoyé au serveur en transmettant le choix de l'utilisateur pour le premier élément sélectionné. Le serveur, à son tour, interroge une base de données en fonction de la valeur sélectionnée par l'utilisateur et remplit dynamiquement les nouvelles valeurs pour la seconde liste lorsqu'il reproduit la page. La Figure 9.2 présente le processus de cette méthode côté serveur.

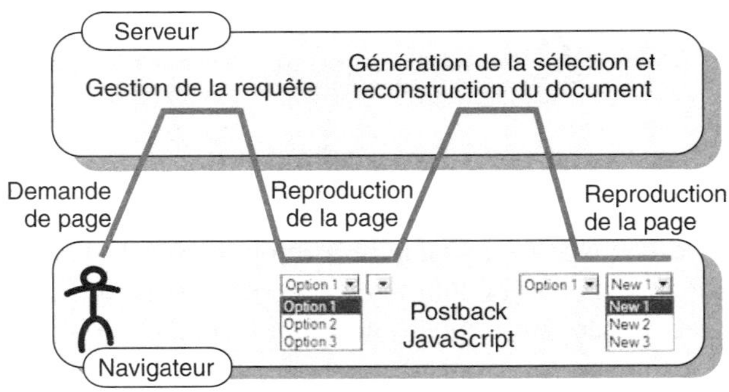

Figure 9.2
La méthode de postback côté serveur.

L'un des inconvénients de la méthode côté serveur tient au nombre d'allers-retours vers le serveur. A chaque fois, la page est rechargée et un délai intervient, la page entière devant être reproduite. La Figure 9.2 présente le traitement supplémentaire requis. Du code supplémentaire est aussi requis côté serveur afin de resélectionner le choix de l'utilisateur pour le premier élément sélectionné de la page reproduite la deuxième fois. En outre, si l'utilisateur a fait défiler la page jusqu'à un point particulier avant de transmettre le formulaire, il devra la refaire défiler après qu'elle s'est rechargée.

Solution Ajax

Il est possible d'éviter les problèmes des solutions JavaScript et côté serveur en utilisant Ajax pour transférer des données au serveur et obtenir les informations désirées pour la seconde liste. Cette solution permet d'interroger la base de données et de remplir l'élément de formulaire de manière dynamique, sans marquer la moindre pause. Par rapport à la méthode JavaScript, on économise le temps de chargement supplémentaire de la page requis pour charger toutes les options disponibles dans les tableaux. Par rapport à la solution de postback côté serveur, nous évitons d'avoir à reposter la page entière au serveur – nous ne passons que les informations nécessaires. La page n'est pas rechargée ; il n'y a donc pas à s'inquiéter du défilement de la page ni de l'option sélectionnée dans la première liste déroulante. Le temps de chargement initial de la page est en outre raccourci puisque les tableaux JavaScript n'ont pas besoin d'être inclus dans la page.

Notre exemple implique deux listes de sélection : la première contient les zones commerciales d'une entreprise, la seconde affiche les secteurs liés pour la zone sélectionnée (voir Figure 9.3).

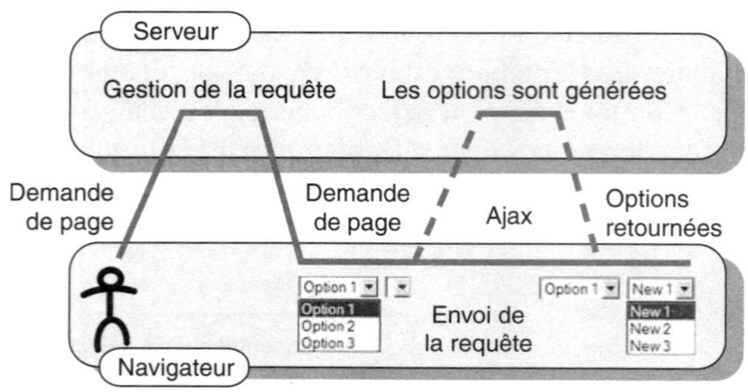

Figure 9.3
La solution Ajax.

Lorsque l'utilisateur sélectionne une zone dans la première liste, le client transmet au serveur une requête qui ne contient que les informations requises pour identifier la zone sélectionnée et le contrôle de formulaire à remplir avec la liste des secteurs. Le serveur interroge la base de données et retourne un document XML qui inclut les noms des secteurs dans la zone sélectionnée, ainsi que les noms du formulaire et du contrôle que le client doit remplir. Voyons comment fonctionne ce système.

La première étape pour la construction de la solution Ajax intervient sur le client.

L'architecture côté client

L'architecture côté client est une terre étrangère pour la plupart des développeurs qui écrivent normalement du code côté serveur. Notre exemple n'a cependant rien d'effrayant puisque nous devons simplement suivre quelques étapes pour inclure les options dans notre seconde liste. Si vous avez implémenté des solutions JavaScript ou côté serveur pour une double liste déroulante, vous serez déjà quelque peu familiarisé avec ce processus.

Comme le montre la Figure 9.4, l'interaction côté client de cette application ne requiert qu'un nombre limité d'étapes. La première consiste à construire le formulaire initial. L'utilisateur sélectionne ensuite un élément dans la première liste. Cette action initie une seconde étape de l'architecture côté client, qui consiste à créer un objet XMLHttpRequest pour interagir avec le serveur. Ce dernier transmet la sélection de l'utilisateur au serveur, avec les noms du formulaire et du contrôle à mettre à jour lorsque la réponse du serveur est reçue. La troisième partie requiert que l'on ajoute le contenu de la réponse XML du serveur à la seconde liste. Les méthodes DOM XML JavaScript sont utilisées pour parser la réponse XML.

Figure 9.4
L'architecture côté client, avec l'interaction Ajax.

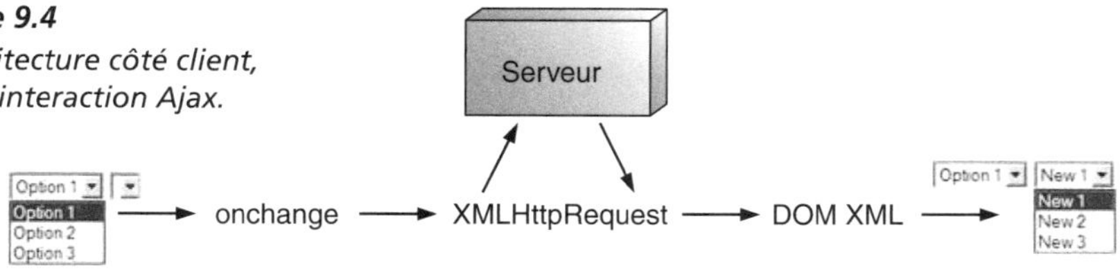

Considérons les deux premières étapes, qui interviennent avant que la requête Ajax ne soit transmise au serveur. Nous expliquerons la troisième étape (l'interaction DOM avec le document de réponse XML) plus en détail par la suite, car nous devons traiter du serveur avant de pouvoir implémenter complètement l'architecture côté client.

Concevoir le formulaire

Le formulaire de cet exemple comprend deux éléments `select`. Le premier contient au départ des valeurs, alors que le second est vide (voir Figure 9.5).

Figure 9.5
Options disponibles dans le premier élément select.

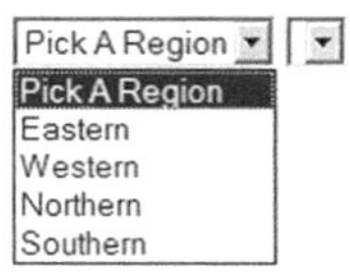

Le premier élément de formulaire peut être rempli initialement de trois manières différentes, comme le montre le Tableau 9.1.

Tableau 9.1 : trois moyens de remplir un élément de formulaire

Méthode	Avantages	Inconvénients
Codage en dur des valeurs dans l'élément `select`.	Aucun traitement côté serveur	Les options ne peuvent pas être dynamiques
Remplissage des valeurs à l'aide d'un script côté serveur.	Les options peuvent être dynamiques et récupérées depuis une base de données	Requiert un traitement supplémentaire sur le serveur
Utilisation d'Ajax pour remplir les valeurs ; cette méthode poste les données au serveur afin de récupérer les valeurs de la seconde liste.	Peut être liée à d'autres valeurs dans la page	Requiert un traitement supplémentaire sur le serveur

La première méthode consiste à coder en dur les valeurs dans l'élément `select`. Cette méthode convient lorsque le nombre d'options est limité et lorsque les options ne changent pas. La seconde méthode consiste à remplir les valeurs à l'aide d'un script côté serveur. Les options sont remplies lorsque la page est reproduite, ce qui permet de les récupérer depuis une base de données ou un fichier XML. La troisième méthode consiste à utiliser Ajax pour remplir les valeurs. Cette méthode poste les données au serveur afin de récupérer les valeurs, mais elle ne reproduit pas à nouveau la page entière.

Dans cet exemple, nous avons codé les valeurs en dur dans la liste de sélection, car il n'y a que quatre options qui ne sont pas dynamiques. La meilleure solution pour le chargement dynamique des valeurs dans la première liste est de recourir à un script côté serveur qui remplit la liste au moment où la page est chargée. Ajax ne doit pas être exploité pour remplir la première liste de sélection, à moins que son contenu ne dépende d'autres valeurs que l'utilisateur sélectionne dans le formulaire.

Un gestionnaire d'événements `onchange` doit être associé à l'élément `select` de la première liste déroulante, comme le montre le Listing 9.1. Ce gestionnaire d'événements appelle la fonction JavaScript `FillTerritory()`, qui initie le processus de remplissage de la seconde liste déroulante en transmettant une requête au serveur.

Listing 9.1 : le formulaire à double liste déroulante

```
<form name="Form1">
  <select name="ddlRegion"
onchange="FillTerritory(this,document.Form1.ddlTerritory)">
    <option value="-1">Pick A Region</option>
    <option value="1">Eastern</option>
    <option value="2">Western</option>
    <option value="3">Northern</option>
    <option value="4">Southern</option>
  </select>
  <select name="ddlTerritory"></select>
</form>
```

Le code du Listing 9.1 crée un formulaire qui initie le processus `FillTerritory()` lorsqu'un élément est choisi dans la première liste de sélection. Nous passons deux références d'objet d'élément à la fonction `FillTerritory()`. La première est l'objet de liste de sélection auquel le gestionnaire d'événements est attaché. La seconde est la liste de sélection à remplir. L'étape suivante consiste pour nous à développer le code côté client pour `FillTerritory()`, qui transmet notre requête au serveur.

Concevoir les interactions client/serveur

Le rôle principal de la fonction `FillTerritory()` est de récupérer les informations requises afin de transmettre une requête au serveur. Parmi ces informations figurent l'option sélectionnée dans la première liste, le nom du formulaire et le nom de la seconde liste déroulante.

Avec ces informations, nous pouvons utiliser les fonctions Ajax dans notre bibliothèque JavaScript pour transmettre une requête au serveur. En premier lieu, nous devons ajouter notre fonction Ajax. Le code requis pour lier le fichier JavaScript externe (net.js), qui définit l'objet ContentLoader, est extrêmement simple. Ajoutez ceci entre les balises `head` de votre document HTML :

```
<script type="text/JavaScript" src="net.js"></script>
```

L'objet ContentLoader se charge de tout le travail qui consiste à déterminer comment transmettre la requête au serveur. Il masque le code spécifique au navigateur dans un objet d'encapsulation simple d'emploi, que nous avons présenté au Chapitre 3. Il nous permet d'envoyer les données au serveur et de les récupérer sans actualiser la page.

Une fois la fonction Ajax ajoutée, nous pouvons construire la fonction `FillTerritory()` (voir Listing 9.2), que nous ajoutons également entre les balises `head` de notre document.

Listing 9.2 : la fonction *FillTerritory()* initialise la requête Ajax

```
<script type="text/JavaScript">
function FillTerritory(oElem,oTarget){
  var strValue = oElem.options[
              oElem.selectedIndex].value;       ❶ Obtenir la valeur de la liste déroulante
  var url = "DoubleComboXML.aspx";              ❷ Définir l'URL cible
  var strParams = "q=" + strValue +
    "&f=" + oTarget.form.name +                 ❸ Construire la chaîne de paramètres
    "&e=" + oTarget.name;

  var loader1 = new
  net.ContentLoader(url,FillDropDown,null,      ❹ Initier le chargeur de contenu
                  "POST",strParams);
}
```

La fonction `FillTerritory()` accepte deux paramètres, passés ici depuis le gestionnaire d'événements `onchange` de la première liste déroulante. Ces paramètres sont des références aux premier et second éléments `select`. ❶ Nous accédons à la valeur que l'utilisateur a sélectionnée dans la première liste. ❷ Nous positionnons l'URL de notre script cible côté serveur. ❸ Nous construisons les paramètres à transmettre au serveur en créant une chaîne dont la syntaxe est comparable à celle des chaînes de requêtes ; nous insérons une esperluette pour séparer chaque paire nom-valeur. Dans cet exemple, nous transmettons la valeur qui représente la zone sélectionnée sous le nom de variable `q`, le nom du formulaire sous le nom de variable `f` et le nom du second élément `select` sous le nom de variable `e`. Le code côté serveur utilise la valeur de la zone sélectionnée pour interroger la base de données et retransmet les noms du formulaire et de l'élément `select` au client dans son document de réponse XML. Le client se sert de ces informations pour déterminer le formulaire et le contrôle à mettre à jour. Une fois que la chaîne de paramètre est construite, il ne reste plus qu'à initier le processus Ajax.

❹ Pour démarrer le processus, nous appelons le constructeur `ContentLoader()` et passons l'URL cible, la fonction à appeler lorsque la réponse du serveur est reçue, la fonction de gestionnaire d'erreurs, la méthode HTTP à employer et les paramètres à transmettre. Dans cet exemple, la fonction `FillDropDown()` est appelée lorsque les données sont retournées du serveur, nous nous appuyons sur la fonction de gestionnaire d'erreurs par défaut du ContentLoader et nous utilisons une requête POST.

A ce point, le ContentLoader attend que le serveur retourne un document XML. Le code côté client se poursuit plus loin, mais tout d'abord, le serveur doit travailler un peu.

Implémenter le serveur : VB .NET

Le code côté serveur doit récupérer dans la base de données les secteurs correspondant à la zone sélectionnée par l'utilisateur, et les retourner au client dans un document XML. Le jeu de résultats de la requête SQL est exploité pour créer un document XML qui est retourné côté client. La Figure 9.6 présente le flux du processus côté serveur.

Figure 9.6
Diagramme de flux du processus côté serveur.

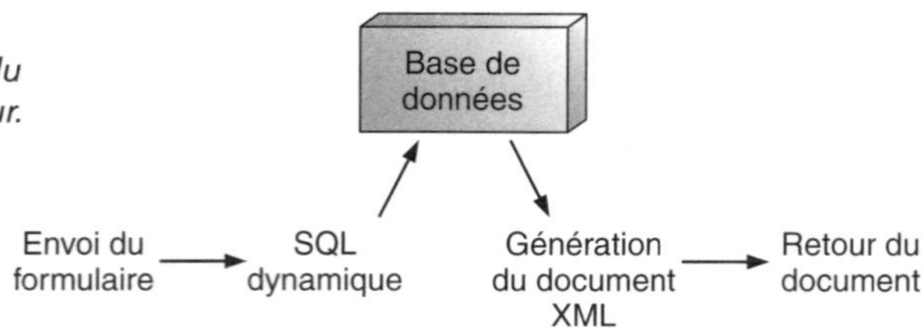

Le code côté serveur est exécuté par la requête transmise depuis l'objet ContentLoader côté client. Le code côté serveur récupère d'abord la valeur du paramètre de requête `q` qui représente la zone sélectionnée. La valeur de `q` est utilisée pour créer une instruction de requête SQL dynamique, qui est transmise à la base de données afin de retrouver les paires texte/valeur pour la deuxième liste déroulante. Les données retournées par la requête de base de données sont ensuite formatées en XML et retournées au client. Avant d'écrire le code qui doit réaliser cela, nous devons encore définir la structure de document XML de base.

Définir le format de réponse XML

Nous devons créer un document XML simple afin de retourner les résultats de notre requête de base de données au client. Ce document contiendra les options qui servent à remplir la seconde liste déroulante. Une paire d'éléments est requise pour représenter chaque option : un élément pour contenir le texte de l'option et l'autre pour contenir sa valeur.

Le document XML dans notre exemple possède un élément racine nommé `selectChoice`, qui contient un unique élément nommé `selectElement`, suivi par un ou plusieurs éléments d'entrée. `selectElement` comprend les noms du formulaire HTML et de la liste déroulante que les résultats rempliront sur le client. Chaque élément d'entrée possède deux éléments enfants, `optionText` et `optionValue`, qui contiennent des valeurs représentant la description et l'ID de chaque secteur. Le Listing 9.3 présente cette structure.

Listing 9.3 : exemple du format de réponse XML

```
<?xml version="1.0" ?>
<selectChoice>
  <selectElement>
    <formName>Form1</formName>
    <formElem>ddlTerritory</formElem>
  </selectElement>
  <entry>
    <optionText>Select A Territory</optionText>
    <optionValue>-1</optionValue>
  </entry>
  <entry>
    <optionText>TerritoryDescription</optionText>
    <optionValue>TerritoryID</optionValue>
  </entry>
</selectChoice>
```

Vous remarquerez, dans le document XML d'exemple du Listing 9.3, qu'il existe une entrée qui inclut le texte d'option "Select A Territory" (choisissez un secteur). Il s'agit de la première option affichée dans la liste déroulante, qui invite l'utilisateur à choisir une valeur. Le code côté serveur inclut cette valeur au début de chaque document de réponse, avant que les options dynamiques ne soient récupérées depuis la base de données.

A présent que notre document de réponse est défini, nous pouvons développer le code qui crée le XML de manière dynamique et le retourne au client.

Ecrire le code côté serveur

Le code VB .NET côté serveur est très simple. Nous transmettons une requête à une base de données qui retourne un jeu de résultats. Nous parcourons ensuite en boucle le jeu de résultats afin de créer notre document XML et renvoyons le XML au client. Si nous ne trouvons aucun enregistrement, nous ne créons aucun élément d'entrée, en omettant aussi l'option "Select A Territory". Comme vous pouvez le voir dans le Listing 9.4, le code côté serveur n'est pas très compliqué. Il contient simplement des instructions qui servent à récupérer les valeurs de formulaire postées au serveur, à définir le type de contenu, à réaliser une recherche et à exporter le document XML.

Cet exemple s'appuie sur la base de données d'exemple Northwind de SQL Server de Microsoft.

Listing 9.4 : doublecomboxml.aspx.vb : création côté serveur de la réponse XML

```
Private Sub Page_Load( _
            ByVal sender As System.Object,
            ByVal e As System.EventArgs) _
            Handles MyBase.Load
```
Implémentation de la méthode Page_Load

```
  Response.ContentType = "text/xml"
```
❶ Définition du type de contenu

```
  Dim strQuery As String
  strQuery = Request.Form("q")
  Dim strForm As String
  strForm = Request.Form("f")
  Dim strElem As String
  strElem = Request.Form("e")
```
❷ Récupération des données postées

```
  Dim strSql As String = "SELECT " & _
              "TerritoryDescription, " & _
              "TerritoryID" & _
              " FROM Territories" & _
              " WHERE regionid = " & _
              strQuery & " ORDER BY " & _
              "TerritoryDescription"
```
❸ Création de l'instruction SQL

```
  Dim dtOptions As DataTable
  dtOptions = FillDataTable(strSql)
```
❹ Exécution de l'instruction SQL

```
  Dim strXML As StringBuilder
  strXML = New StringBuilder("<?xml " & _
                  "version=""1.0"" ?>")
  strXML.Append("<selectChoice>")
  strXML.Append("<selectElement>")
  strXML.Append("<formName>" & _
              strForm & _
              "</formName>")
  strXML.Append("<formElem>" & _
              strElem & _
              "</formElem>")
  strXML.Append("</selectElement>")
```
❺ Début du document XML

```
  If dtOptions.Rows.Count > 0 Then
```
❻ Vérifier qu'il y a des résultats

```
    strXML.Append("<entry>")
    strXML.Append("<optionText>" & _
              "Select A Territory" & _
              "</optionText>")
    strXML.Append("<optionValue>-1" & _
              "</optionValue>")
    strXML.Append("</entry>")
```
❼ Ajout du premier élément de sélection

```
      Dim row As DataRow
      For Each row In dtOptions.Rows
        strXML.Append("<entry>")
        strXML.Append("<optionText>" & _
                  row("TerritoryDescription") & _
                  "</optionText>")
        strXML.Append("<optionValue>" & _
                     row("TerritoryID") & _
                     "</optionValue>")
        strXML.Append("</entry>")
      Next
```

❽ **Parcours en boucle du jeu de résultats et ajout des éléments XML**

```
    End If

    strXML.Append("</selectChoice>")
    Response.Write(strXML.ToString)
```

❾ **On retourne le document XML**

```
  End Sub

  Public Function FillDataTable( _
                 ByVal sqlQuery As String) _
                 As DataTable
    Dim strConn As String = _
          "Initial Catalog = Northwind; " & _
          "Data Source=127.0.0.1; " & _
          "Integrated Security=true;"
    Dim cmd1 As _
    New SqlClient.SqlDataAdapter(sqlQuery, _
                                 strConn)

    Dim dataSet1 As New DataSet
    cmd1.Fill(dataSet1)
    cmd1.Dispose()
    Return dataSet1.Tables(0)
  End Function
```

Le fait de positionner le type de contenu de la page à `text/xml` ❶ garantit que l'objet XMLHttpRequest parsera correctement la réponse du serveur sur le client.

Nous obtenons la valeur de la zone sélectionnée, le nom du formulaire HTML et le nom de l'élément à partir des paramètres de requêtes ❷ reçus depuis le client. Par sécurité, nous pourrions ajouter ici une vérification qui permettrait de nous assurer que ces valeurs ne sont pas nulles. Si la vérification ne trouve pas une valeur pour chaque paramètre, le script pourrait retourner une réponse d'erreur. Nous pourrions également ajouter des vérifications contre les injections SQL avant que l'application ne soit placée en environnement de production. Cette mesure permettrait de garantir que la base de données sera protégée contre les requêtes malveillantes transmises par des attaquants.

Une fois que nous avons obtenu la valeur de la zone sélectionnée, l'étape suivante consiste à générer une chaîne SQL afin de pouvoir récupérer les secteurs correspondants dans la base de données ❸. Les deux colonnes qui nous intéressent sont `TerritoryDescription` et `TerritoryID`, dans la table `Territories`. Nous insérons la valeur de zone dans la clause `WHERE` de l'instruction SQL. Afin de nous assurer que les résultats apparaissent dans l'ordre alphabétique dans notre liste déroulante, nous positionnons aussi la clause SQL `ORDER BY` à `TerritoryDescription`. Ensuite, nous devons exécuter l'instruction SQL ❹. Nous appelons la fonction `FillDataTable()` afin de créer une connexion au serveur de base de données, transmettre la requête et retourner les résultats dans une table.

Maintenant que nous avons obtenu les résultats de la requête SQL, nous devons créer la première partie du document XML ❺, que nous avons présentée au Listing 9.2. Nous commençons le document et ajoutons le `selectElement`, qui contient les valeurs de `formName` et `formElem` obtenues à partir des paramètres de la requête.

Une vérification est requise afin de s'assurer que des résultats ont été retournés par la requête SQL ❻. S'il y a des résultats, nous ajoutons l'option préliminaire "Select A Territory" ❼ au XML.

Ensuite, nous parcourons en boucle les résultats représentés dans la DataTable ❽, en plaçant la valeur de la colonne `TerritoryDescription` dans la balise `optionText`, et la valeur de la colonne `TerritoryID` dans la balise `optionValue`. En imbriquant chaque paire description/ID dans une balise d'entrée, nous fournissons un moyen simple de parcourir en boucle les valeurs sur le client, avec les méthodes DOM XML JavaScript. Une fois que nous avons fini de remplir nos résultats dans le document XML, nous devons fermer l'élément racine selectChoice et écrire la réponse dans la page de sortie ❾. Le document de réponse XML est retourné au client et l'objet ContentLoader est informé que le processus côté serveur est terminé. ContentLoader appelle la fonction `FillDropDown()` sur le client, qui traite le XML que nous venons de créer.

Résumons ce que nous avons fait sur le serveur. Nous avons pris la valeur d'un élément sélectionné dans une liste déroulante et nous avons transmis une requête à une base de données sans reposter la page entière au serveur. Nous avons ensuite généré un document XML et l'avons retourné au client. L'étape suivante du processus nous ramène côté client, où nous devons maintenant convertir les éléments XML en options pour notre deuxième liste déroulante.

Présentation des résultats

Les résultats de notre requête de base de données se trouvent à présent dans un document XML. Nous allons parcourir les éléments de ce document à l'aide de l'API DOM JavaScript. La fonction `getElementsByTagName()` permet de passer directement à un élément particulier dans le document. Elle utilise le nom de l'élément afin de le rechercher dans le DOM, à la manière des onglets alphabétiques d'un classeur à soufflets. Etant donné que plusieurs éléments du document XML peuvent avoir le même nom, `getElementsByTagName()` retourne en fait un tableau d'éléments, dans l'ordre où ils apparaissent dans le document.

Parcourir le document XML

A présent, nous allons finir le script côté client qui doit ajouter les options à la liste déroulante. Les noms du formulaire et de l'élément `select` que nous allons remplir sont spécifiés dans le document XML avec les options pour la liste. Nous devons traverser les éléments du document afin de localiser les options et les insérer dans notre élément `select`.

Une fois que le ContentLoader reçoit le document XML de la part du serveur, il appelle la fonction `FillDropDown()` présentée dans le Listing 9.2. Dans `FillDropDown()`, nous parcourons les éléments `entry` du document XML et nous créons un nouvel objet Option pour chacun d'entre eux. Ces objets Option représentent les paires texte-valeur qui seront ajoutées à la liste déroulante. Le Listing 9.5 présente la fonction `FillDropDown()` dans son intégralité.

Listing 9.5 : mise à jour de la page avec les données de la réponse XML

```
function FillDropDown(){
  var xmlDoc = this.req.responseXML.documentElement;   ❶

  var xSel = xmlDoc.
     getElementsByTagName('selectElement')[0];
  var strFName = xSel.
     childNodes[0].firstChild.nodeValue;
  var strEName = xSel.
     childNodes[1].firstChild.nodeValue;               ❷

  var objDDL = document.forms[strFName].
     elements[strEName];
  objDDL.options.length = 0;                           ❸

  var xRows = xmlDoc.
    getElementsByTagName('entry');
  for(i=0;i<xRows.length;i++){
    var theText = xRows[i].
        childNodes[0].firstChild.nodeValue;
    var theValue = xRows[i].
        childNodes[1].firstChild.nodeValue;
    var option = new Option(theText,
                            theValue);
    try{
      objDDL.add(option,null);
    }catch (e){
      objDDL.add(option,-1);
    }
  }                                                    ❹
}
```

❶ **Obtenir le document de réponse XML**

❷ **Obtenir le nom du formulaire et de l'élément select**

❸ **Obtenir une référence à l'élément select**

❹ **Parcourir en boucle le document XML en ajoutant les options**

La fonction `FillDropDown()` est appelée par le ContentLoader une fois que ce dernier a reçu et parsé la réponse XML du serveur. L'objet ContentLoader est accessible à l'intérieur de la fonction `FillDropDown()` grâce à la référence `this`, dont nous nous servons pour obtenir le document de réponse, `responseXML`. Une fois que nous avons une référence au `documentElement` de réponse ❶, nous pouvons commencer à utiliser les fonctions DOM JavaScript pour parcourir ses nœuds. La première information que nous souhaitons obtenir est la liste déroulante cible dans laquelle nous allons ajouter les nouvelles options. Nous recherchons l'élément nommé `selectElement` grâce à la fonction `getElementsByTagName()`, en prenant le premier élément du tableau qu'elle retourne. Nous pouvons ensuite parcourir ses nœuds enfants ❷. Le premier enfant contient le nom du formulaire et le second le nom de la liste `select`.

Avec des deux valeurs, nous référençons la liste déroulante cible elle-même ❸ et supprimons ses options existantes en positionnant la longueur de son tableau d'options à 0. Maintenant, nous pouvons ajouter les nouvelles options à la liste. Nous devons accéder aux éléments `entry` du document XML. Nous appelons donc `getElementsByTagName()` à nouveau. Cette fois, nous devons parcourir en boucle le tableau des éléments que la fonction retourne et obtenir les différentes paires texte-valeur ❹. Le premier nœud enfant de chaque `entry` correspond au texte de l'option que doit voir l'utilisateur et le second à sa valeur. Une fois que ces deux valeurs sont obtenues, nous créons un nouvel objet Option et passons le texte de l'option puis la valeur de l'option comme premier et deuxième paramètres du constructeur. La nouvelle option est ensuite ajoutée à l'élément `select` cible et le processus est répété jusqu'à ce que toutes les nouvelles options aient été ajoutées. Puisque la signature de la méthode `select.add()` varie selon les navigateurs, nous utilisons une instruction `try`...`catch` afin de trouver la bonne. Voilà qui achève notre travail de programmation pour la double liste déroulante liée. Nous pouvons maintenant charger notre page HTML, sélectionner une zone et voir la seconde liste déroulante se remplir automatiquement avec les données de la base de données.

La Figure 9.7 présente la double liste en cours d'utilisation. Dans cet exemple, la zone Eastern est sélectionnée dans la première liste, puis les secteurs correspondants sont récupérés dans la base de données et affichés dans la seconde liste. La région Southern est ensuite sélectionnée dans la première liste, puis les secteurs correspondants ajoutés dans la seconde liste.

Comme le montre la figure, il nous reste encore une tâche : modifier l'apparence de la liste déroulante afin de la rendre plus attrayante. La taille de la deuxième liste déroulante s'étend à mesure qu'elle se remplit avec des options. Nous pouvons résoudre ce problème de changement de taille en appliquant une règle CSS à l'élément.

Appliquer des CSS

Les CSS permettent d'apporter des modifications aux propriétés visuelles de l'élément `select`. Il est possible de modifier la couleur de la police, le type de police, la largeur de l'élément, etc. A la Figure 9.7, nous avons vu que notre second élément `select` ne fait à l'origine que quelques pixels de largeur puisqu'il ne contient aucune option. Lorsque la zone Eastern est choisie dans la première liste déroulante, notre second élément `select` s'étire. Ce changement de taille est dérangeant et crée une impression bizarre du point de vue de l'utilisateur.

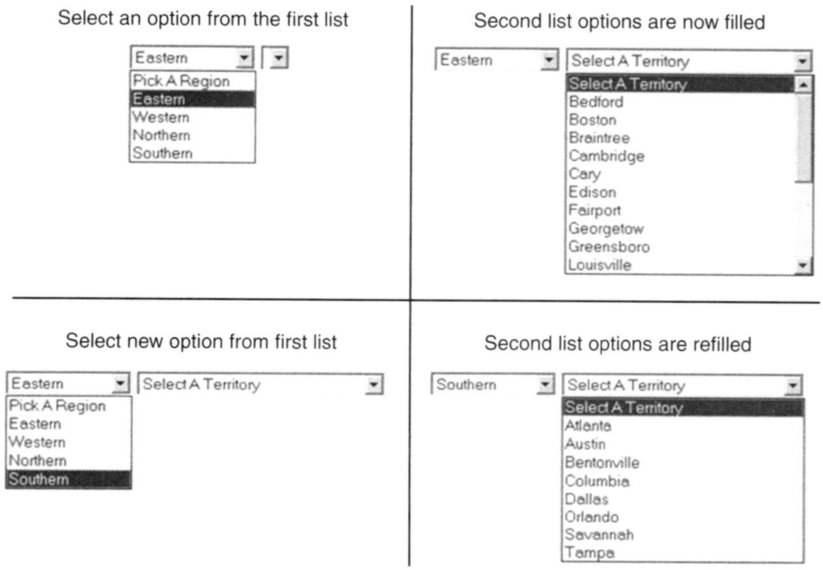

Figure 9.7
La double liste déroulante liée.

La solution consiste dans ce cas à définir une largeur pour la liste déroulante :

```
<select name="ddlTerritory" style="width:200px"></select>
```

Un problème peut cependant se poser si l'une des valeurs affichées est plus longue que la largeur définie. Dans Firefox, lorsque l'élément est actif, les options sous la liste déroulante se déroulent afin de s'afficher en entier, mais dans Internet Explorer, le texte est tronqué et reste partiellement invisible, comme le montre la Figure 9.8.

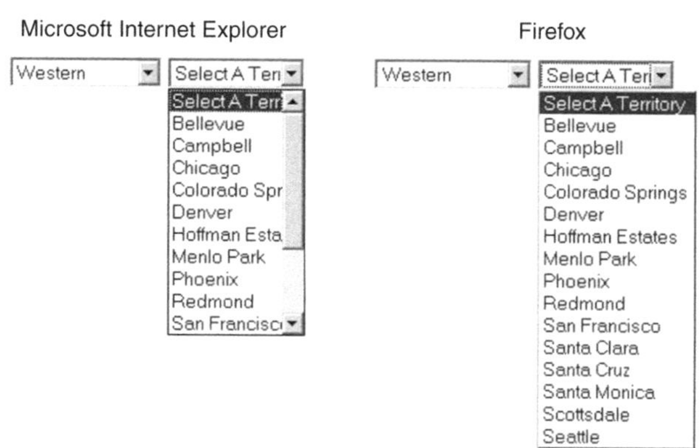

Figure 9.8
Les différents navigateurs ne reproduisent pas l'élément `select` de la même manière.

Pour éviter ce problème avec Internet Explorer, nous devons positionner la largeur de la liste déroulante en la faisant correspondre à la largeur de l'option la plus longue. Le plus souvent, le seul moyen de déterminer le nombre de pixels requis pour afficher le contenu consiste à faire des essais et à vérifier le résultat.

Certains développeurs se servent des hacks spécifiques aux navigateurs dans leurs styles CSS afin de définir une largeur supérieure pour Internet Explorer :

```
style="width:100px;_width:250px"
```

Internet Explorer reconnaît la largeur avec le caractère de soulignement, alors que ce n'est pas le cas des autres navigateurs. Du coup, la liste déroulante mesure 250 pixels de large sous Internet Explorer et seulement 100 dans les autres navigateurs. Il est cependant peu judicieux de s'appuyer ainsi sur des bogues de navigateur qui pourraient être corrigés dans une prochaine version et affecter du coup l'affichage de la page.

Voyons à présent comment ajouter des fonctions plus avancées à notre script de double liste.

Problèmes avancés

Dans ce chapitre, nous avons construit une version simplifiée d'un script de double liste. Nous transmettons un unique paramètre au serveur et nous retournons un ensemble de résultats pour l'unique élément sélectionné. Il vous arrivera peut-être de devoir modifier le fonctionnement de cette application. Vous pourriez par exemple souhaiter ajouter un autre élément au formulaire afin de proposer une triple liste dépendante. Il se peut aussi que vous souhaitiez permettre à l'utilisateur de sélectionner plusieurs éléments dans la première liste. Les sections qui suivent devraient vous fournir toutes les indications nécessaires pour implémenter ce genre de solution.

Automatiser des requêtes à sélections multiples

Le code dont nous avons traité jusque-là correspond à un exemple simple qui permet à l'utilisateur de ne sélectionner qu'une seule option dans chaque liste. Dans certains cas, il peut être nécessaire que l'utilisateur soit à même de choisir plusieurs options dans la première liste. La seconde liste doit alors être remplie avec des valeurs correspondant à chaque option sélectionnée dans la première. Pour y parvenir, quelques changements simples doivent être apportés à notre code côté client et côté serveur.

La première chose à faire est de configurer la liste de sélection de manière à accepter les sélections multiples. Pour cela, nous devons ajouter l'attribut `multiple` à la balise `select`. Pour spécifier le nombre d'options à afficher, nous pouvons aussi inclure l'attribut `size`. Si `size` est plus petit que le nombre d'options, la liste déroulante possédera une barre de défilement permettant de faire apparaître les options masquées.

```
<select name="ddlRegion" multiple size="4"
onchange="FillTerritory(this,document.Form1.ddlTerritory)">
  <option value="1">Eastern</option>
  <option value="2">Western</option>
  <option value="3">Northern</option>
  <option value="4">Southern</option>
</select>
```

L'étape suivante consiste à modifier la fonction `FillTerritory()`. Au lieu de référencer simplement l'index sélectionné de l'élément `select`, nous devons parcourir en boucle toutes les options et retrouver celles qui correspondent à des options sélectionnées. Nous ajoutons la valeur de chaque option sélectionnée à la chaîne des paramètres :

```
function FillTerritory(oElem,oTarget){
  var url = 'DoubleComboMultiple.aspx';
  var strParams = "f=" + oTarget.form.name +
     "&e=" + oTarget.name;
  for(var i=0;i<oElem.options.length;i++){
    if(oElem.options[i].selected){
      strParams += "&q=" + oElem.options[i].value;
    }
  }

  var loader1 = new
net.ContentLoader(url,FillDropDown,null,"POST",strParams);
}
```

En dernier lieu, il faut modifier le code du script côté serveur afin de gérer les valeurs multiples passées dans la requête. En .NET, ces valeurs sont représentées à l'aide d'une unique chaîne séparée par des virgules. Pour récupérer chaque élément individuel, nous devons fractionner la chaîne et répartir ses éléments dans un tableau. Ensuite, notre clause WHERE pour l'instruction SQL peut être construite en parcourant en boucle ce tableau.

```
Dim strQuery As String = Request.Form("q")
Dim strWhere As String = ""
Dim arrayStr() As String = strQuery.Split(",")
Dim i As Integer
For Each i In arrayStr
  If strWhere.Length > 0 Then
    strWhere = strWhere & " OR "
  End If
  strWhere = strWhere & " regionid = " & i
Next

Dim strSql As String = "SELECT " & _
           " TerritoryDescription, " & _
           " TerritoryID" & _
           " FROM Territories" & _
           " WHERE " & strWhere & _
           " ORDER BY TerritoryDescription"
```

Grâce à ces modifications, l'utilisateur peut à présent choisir plusieurs zones dans la première liste déroulante et voir apparaître dans la seconde les secteurs correspondant à toutes les zones sélectionnées.

Passer d'une double liste à une triple liste

Le passage d'une double liste à une triple liste ne requiert que quelques modifications minimes dont la nature dépend de la manière dont nous souhaitons gérer la logique sur le serveur. La première option consiste à déplacer notre logique dans plusieurs pages côté serveur afin de pouvoir exécuter une requête différente dans chaque page. Cette solution requiert qu'un autre paramètre soit ajouté à chaque gestionnaire `onchange` de liste déroulante, afin de représenter l'URL du script côté serveur qui doit être appelé.

L'autre solution consiste à se contenter d'ajouter une instruction `if-else` ou `switch-case` au code côté serveur. La structure `if-else` requiert un moyen de déterminer la requête à exécuter afin de retourner les valeurs appropriées. La vérification la plus simple consiste à choisir la requête SQL en fonction du nom de l'élément `select` à remplir. Avec une triple liste, on peut donc vérifier la valeur de la variable `strElem`. Cette méthode évite toute modification des gestionnaires d'événements `onchange` côté client.

```
Dim strSql As String
If strElem = "ddlTerritory" Then
    strSql = "SELECT TerritoryDescription, " & _
             " TerritoryID" & _
             " FROM Territories" & _
             " WHERE " & strWhere & _
             " ORDER BY TerritoryDescription"
Else
    strSql = "SELECT Column1, Column2" & _
             " FROM TableName" & _
             " WHERE " & strWhere & _
             " ORDER BY Column2"
End If
```

Cette solution, qui requiert que les listes déroulantes possèdent des noms uniques, permet d'inclure plusieurs éléments combinés dans la page sans avoir à séparer la logique dans des pages distinctes côté serveur.

Réusinage

Que manque-t-il donc à ce stade ? Que cette solution soit plus générique, direz-vous. Voilà une technique fort intéressante et très moderne pour implémenter les doubles listes, mais elle requiert encore quelques ajustements pour se transformer en composant généralisé. Nous y venons, ne vous inquiétez pas. Tout d'abord, commençons par régler un problème plus fondamental encore : l'encapsulation de certains mécanismes Ajax eux-mêmes. Le net.ContentLoader, introduit rapidement au Chapitre 3 et plus complètement au Chapitre 5, constitue un bon départ. Poursuivons l'élaboration de cet objet afin de rendre la gestion de notre code Ajax plus harmonieuse encore. Idéalement, cette entité devrait être pour nous l'équivalent d'un objet Ajax "d'assistance" qui réalise tout le travail de fond associé au traitement Ajax.

Notre composant pourra ainsi s'occuper essentiellement des comportements propres à la double liste et nous réduirons la quantité de code requise par le reste des composants également. Notre objet net.ContentLoader amélioré se doit d'encapsuler l'état et le comportement requis pour réaliser les tâches suivantes :

- Créer l'objet XMLHttpRequest d'une manière qui le rende compatible avec les différents navigateurs et en proposant un comportement qui ne dépende pas de la transmission des requêtes. Les appelants pourront ainsi recourir à la méthode de création indépendamment du reste de l'objet. Cette capacité est utile si l'appelant emploie un autre langage, framework ou mécanisme pour les activités de requêtes/réponses.
- Fournir une API plus pratique pour gérer les paramètres de requêtes. Idéalement, l'appelant devrait simplement pouvoir passer l'état de l'application et laisser l'objet d'assistance net.ContentLoader s'occuper de la création des chaînes de requête.
- Réacheminer la réponse à un composant qui sache la gérer et proposer une gestion appropriée des erreurs.

Commençons notre réusinage de net.ContentLoader. Nous nous occuperons ensuite de la réadaptation de notre double liste qui permettra de produire un composant.

net.ContentLoader revu et corrigé

Voyons déjà de quelle manière le constructeur doit être changé. Examinez le constructeur script :

```
net.ContentLoader = function( component, url, method, requestParams ) {
   this.component     = component;
   this.url           = url;
   this.requestParams = requestParams;
   this.method        = method;
}
```

Ce constructeur est appelé avec quatre arguments. Le premier, `component`, désigne l'objet qui utilise les services de cet objet d'assistance. L'objet d'assistance présuppose que `component` possède une méthode `ajaxUpdate()` pour gérer les réponses, et une méthode `handleError()` pour gérer les conditions d'erreurs. Nous y reviendrons sous peu. Ensuite, comme auparavant, `url` désigne l'URL exécutée par cet objet d'assistance afin d'obtenir des données sur le serveur de manière asynchrone. Le paramètre `method` désigne la méthode HTTP. Les valeurs autorisées sont `GET` et `POST`. Pour finir, l'argument `requestParameters` est un tableau de chaînes au format `clé=valeur` qui désigne les paramètres à passer à la requête. L'appelant peut ainsi spécifier un ensemble de paramètres de requêtes qui ne changent pas entre les requêtes. Ces paramètres sont ajoutés aux paramètres de requêtes additionnels passés dans la méthode `sendRequest` (sur laquelle nous reviendrons plus loin).

Notre objet d'assistance peut maintenant être construit par un client de la manière suivante :

```
var str = "Eastern";
var aComp = new SomeCoolComponent(...);
var ajaxHelper = new net.ContentLoader( aComp,
                "getRefreshData.aspx", "POST",
                [ "query=" + str, "ignore_case=true" ] );
```

Considérons maintenant le reste de l'API. Il convient de remarquer ici le style propre à cet exemple de code. Les méthodes de cet objet ont une portée qui se limite à l'objet prototype attaché à la fonction constructeur. Il s'agit d'une technique courante lors de l'écriture de JavaScript orienté objet, les définitions de méthodes étant appliquées à toutes les instances de l'objet. Il existe cependant plusieurs syntaxes possibles pour spécifier cela. L'une des plus intéressantes (un pattern récupéré dans la bibliothèque prototype.js de Ruby On Rails) consiste à créer l'objet prototype de manière littérale, comme ceci :

```
net.ContentLoader.prototype = {

    method1: function(a, b, c) {      |—— Première méthode attachée au prototype
    },

    method2: function() {     <—— Deuxième méthode
    },

    method3: function(a) {
    }

};
```

L'intérêt de cette syntaxe tient à son minimalisme. Elle se lit ainsi : les accolades d'ouverture et de fermeture représentent un littéral objet, tandis que leur contenu est une liste délimitée par des virgules de paires propriété-valeur dans l'objet. Ici, nos propriétés sont des méthodes. Les paires propriété-valeur sont spécifiées en indiquant le nom de la propriété, un signe deux-points, et la valeur de la propriété. Les valeurs (ou définitions, si l'on préfère) sont des littéraux de fonction. Du gâteau, n'est-ce pas ? Rappelez-vous simplement qu'à partir de maintenant, les méthodes présentées sont supposées être contenues dans ce littéral objet prototype, tel qu'il est affiché ici. En outre, notez que la dernière propriété n'a pas besoin d'être suivie par une virgule (et de fait, ne doit pas l'être). A présent, revenons à notre tâche : réusiner l'API.

L'API doit répondre aux besoins que nous avons énumérés précédemment. Examinons-les donc tour à tour. La première chose que nous devons obtenir est un comportement indépendant pour gérer la création de l'objet XMLHttpRequest, sans problème de compatibilité entre les navigateurs. Cette description ressemble fort à celle d'une méthode. De fait, nous l'avons déjà implémentée plusieurs fois. Tout ce que nous avons à faire est de créer cette méthode sous la forme d'une méthode de notre objet d'assistance, comme le montre le Listing 9.6. Dès lors, nous n'aurons plus jamais à la réécrire.

Listing 9.6 : la méthode *getTransport*

```
getTransport: function() {
   var transport;
   if ( window.XMLHttpRequest )                         ├── Objet natif
      transport = new XMLHttpRequest();
   else if ( window.ActiveXObject ) {
      try {
         transport = new ActiveXObject('Msxml2.XMLHTTP');
      }
      catch(err) {
         transport = new ActiveXObject('Microsoft.XMLHTTP');
      }
   }                                                    Objet ActiveX
   return transport;                                    d'Internet Explorer
},
```

Ce code ne requiert que peu d'explications – il doit vous être familier à présent. Cette fois, nous sommes en possession d'une méthode proprement empaquetée qui permet de fournir un objet de transport de données Ajax internavigateur pour la gestion de nos communications asynchrones.

Le second besoin que nous avons évoqué consiste à fournir une API plus pratique pour la gestion des paramètres de requêtes. Pour qu'elle soit exploitée dans une grande variété d'applications, il est presque certain que la requête transmise aura besoin de valeurs d'exécution pour ses paramètres. Nous avons déjà stocké un état initial qui représente les paramètres de requêtes qui ne changent pas d'une requête à l'autre, mais nous aurons aussi besoin de valeurs à l'exécution. Convenons de prendre en charge un usage comme celui du code suivant :

```
var a,b,c;   <── Variables initialisées avec des valeurs d'exécution
var ajaxHelper = new net.ContentLoader(...);
ajaxHelper.sendRequest( "param1=" + a, "param2=" + b,
                        "param3=" + c );
```

Le Listing 9.7 présente la méthode `sendRequest` définie pour cet usage.

Listing 9.7 : la méthode *sendRequest*

```
sendRequest: function() {

   var requestParams = [];                                   Stocker es
   for ( var i = 0 ; i < arguments.length ;  i++ ) {  ├── ❶ arguments
      requestParams.push(arguments[i]);                      dans un
   }                                                         tableau

   var request = this.getTransport();
   request.open( this.method, this.url, true );   ├── ❷ Créer la requêt
   request.setRequestHeader( 'Content-Type',
                            'application/x-www-form-urlencoded');
```

```
        var oThis = this;                                   Spécifier le rappel ❸
        request.onreadystatechange = function() {
                                    oThis.handleAjaxResponse(request) };
        request.send( this.queryString(requestParams) );    ❹ Transmettre
    },                                                          la requête
```

Cette méthode décompose le processus de transmission d'une requête en quatre étapes. Voyons-les chacune en détail.

❶ Cette étape tire parti du fait que le JavaScript crée un pseudo-tableau nommé `arguments` dont la portée se limite à la fonction. Comme son nom le suggère, `arguments` contient les arguments qui ont été passés à la fonction. Ces arguments sont ici censés être des chaînes au format `clé=valeur`. Pour l'instant, nous les copions simplement dans un tableau de première classe. Notez par ailleurs que toutes les variables créées dans cette méthode sont précédées du mot clé `var`. Le JavaScript ne nous empêche pas d'omettre ce mot clé `var`, mais il importe de le laisser. Pourquoi ? Parce que si nous l'omettons, la variable est créée avec une portée globale et devient donc visible à tout le code de votre univers JavaScript ! Cette surexposition pourrait provoquer d'étranges interactions avec d'autres blocs de code (notamment si quelqu'un a donné le même nom à une variable dans un script tier que vous incluez dans votre code). En somme, vous vous préparez une séance de débogage cauchemardesque. Faites-vous une fleur : habituez-vous à cette discipline et utilisez des variables de portée locale dès que cela s'avère possible.

❷ Ici, notre méthode s'appuie sur la méthode `getTransport`, définie dans le Listing 9.6, pour créer une instance d'un objet XMLHttpRequest. Ensuite, la requête est ouverte et son en-tête `Content-Type` est initialisé comme dans les précédents exemples. La référence d'objet est conservée dans une variable locale nommée `request`.

❸ Cette étape se charge de la tâche de gestion des réponses. Vous vous demandez sans doute pourquoi la variable `oThis` a été créée. Vous noterez que la ligne suivante (une fonction anonyme qui répond au `onreadystatechange` de notre objet `request`) fait référence à `oThis`. On appelle ce mécanisme une *fermeture*. Etant donné que la fonction interne référence la variable locale, un contexte d'exécution implicite (ou "portée") est créé pour permettre à la référence d'être maintenue après que la fonction englobante est quittée (pour en apprendre plus sur les fermetures, consultez l'Annexe B). Cela nous permet d'implémenter la gestion de la réponse Ajax en appelant une méthode de première classe sur notre objet `ajaxHelper`.

❹ Pour finir, nous transmettons la requête Ajax. Notez que le tableau que nous avons créé à l'étape 1 est passé à une méthode nommée `queryString` qui le convertit en une unique chaîne. Cette chaîne devient le corps de la requête Ajax. La méthode `queryString` ne fait pas véritablement partie des spécifications que nous avons définies précédemment, mais il s'agit d'une méthode d'assistance qui rend le code plus propre et plus lisible. Examinons-la au Listing 9.8.

Listing 9.8 : la méthode *queryString*

```
queryString: function(args) {

  var requestParams = [];
  for ( var i = 0 ; i < this.requestParams.length ; i++ ) {    Paramètres
    requestParams.push(this.requestParams[i]);                  constants
  }
  for ( var j = 0 ; j < args.length ; j++ ) {        Paramètres
    requestParams.push(args[j]);                     d'exécution
  }

  var queryString = "";
  if ( requestParams && requestParams.length > 0 ) {
    for ( var i = 0 ; i < requestParams.length ; i++ ) {
      queryString += requestParams[i] + '&';
    }
    queryString = queryString.substring(0, queryString.length-1);
  }
  return queryString;
},
```

Cette méthode prend les paramètres de requêtes avec lesquels notre net.ContentLoader a été construit, ainsi que les paramètres d'exécution supplémentaires qui ont été passés à la méthode `sendRequest`, et les place dans un unique tableau. Elle parcourt ensuite le tableau en boucle et le convertit en une chaîne de requête. Voici un exemple des transformations de cette méthode :

```
var helper = new net.ContentLoader( someObj, someUrl,
                                   "POST", ["a=one", "b=two"] );
var str = ajaxHelper.queryString( ["c=three", "d=four"] );

str => "a=one&b=two&c=three&d=four"
```

La dernière chose que nous devons faire pour avoir un objet d'assistance entièrement fonctionnel consiste à collaborer avec un composant pour gérer la réponse revenant d'Ajax. Si vous avez été attentif, vous devez déjà connaître le nom de cette méthode. En effet, notre méthode `sendRequest` spécifiait déjà de quelle manière elle allait gérer les réponses de la propriété `onreadystatechange` de la requête :

```
request.onreadystatechange = function(){
  oThis.handleAjaxResponse(request)
}
```

Eh oui ! Il nous suffit maintenant d'implémenter une méthode nommée `handleAjaxResponse`. Elle est présentée dans le Listing 9.9.

Listing 9.9 : méthodes de gestionnaires de réponses Ajax

```
handleAjaxResponse: function(request) {
   if ( request.readyState == net.READY_STATE_COMPLETE ) {
      if ( this.isSuccess(request) )
         this.component.ajaxUpdate(request); <— Notifier component que la réponse est prête
      else
         this.component.handleError(request); <— Notifier component qu'il y a une erreur
   }
},

isSuccess: function(request){
   return request.status == 0
      || (request.status >= 200 && request.status < 300);
}
```

La méthode se contente de vérifier si le `readyState` est approprié (état terminé) et notifie `this.component` que la réponse est disponible. Nous n'en avons pourtant pas encore fini. Nous souhaitions aussi gérer correctement les erreurs. Que faut-il entendre par "correctement"? Le fait est que nous ne le savons pas. Cette manière de gérer les erreurs doit être déférée à une autre entité. Nous supposerons donc que notre client, `this.component`, possède une méthode `handleError` qui accomplit l'action appropriée lorsque la réponse Ajax retournée est inattendue. Le composant peut à son tour déférer cette décision à une autre entité, mais peu importe – ce qui nous intéresse ici, c'est l'objet d'assistance. Nous avons fourni le mécanisme ; nous allons laisser le soin à une autre entité d'implémenter la sémantique. Comme nous l'indiquions précédemment, nous partons du principe que `this.component` possède une méthode `ajaxUpdate` et une méthode `handleError`. Il s'agit d'une sorte de contrat implicite pour nous, car le JavaScript n'est pas un langage fortement typé capable de faire respecter ce genre de contraintes.

Félicitations ! Vous avez transformé net.ContentLoader en un objet d'assistance qui réalise toutes les tâches Ajax lourdes pour vos composants DHTML compatibles Ajax. Si vous avez un composant DHTML qui n'est pas compatible Ajax, il le deviendra maintenant plus facilement ! D'ailleurs, revenons à nos moutons : nous avons un composant de double liste à écrire.

Créer un composant de double liste

Avec notre net.ContentLoader, nous venons de jeter des fondations qui faciliteront considérablement notre travail ultérieur, aussi mettons-nous dès maintenant à pied d'œuvre. Supposons que notre tâche consiste à créer un script de double liste dépendante pouvant être réutilisé dans de nombreux contextes au sein de notre application et même dans de nombreuses applications. Nous devons considérer plusieurs caractéristiques afin d'atteindre cet objectif :

- Supposons que nous ne puissions pas ou ne souhaitions pas modifier les balises HTML des listes déroulantes. Ce cas de figure peut se présenter si la charge de ce travail ne nous incombe pas. L'élément `select` peut être généré par une JSP ou toute autre balise de langage serveur, à moins qu'un concepteur soit spécifiquement chargé d'écrire le code HTML et que nous souhaitions le conserver parfaitement intact afin d'éviter que de simples retouches de pages ne provoquent incidemment des réadaptations majeures.

- Nous souhaitons créer un script de liste déroulante capable d'exploiter différentes URL et différents paramètres de requêtes pour le retour des données d'options. Nous souhaitons également que le code soit susceptible d'être facilement personnalisé par la suite.
- Nous souhaitons pouvoir appliquer ce comportement de double liste à plusieurs groupes de balises `select` dans la même page, éventuellement en configurant des triples ou quadruples listes, comme indiqué précédemment.

Notre première tâche nous impose de conserver le balisage HTML aussi intact que possible. Le Listing 9.10 présente le code HTML sur lequel nous allons opérer.

Listing 9.10 : listing du code HTML de la double liste

```
<html>
<body>

<form name="Form1">
   <select  id="region" name="region" >
      <options...>
   </select>
   <select id="territory" name="territory" />
</form>

</body>
</html>
```

Il nous faut un composant `DoubleCombo` que nous pourrons attacher à notre document afin de réaliser les tours de passe-passe de notre double liste. Procédons à reculons et voyons à quoi nous souhaiterions que ressemble notre code HTML. Ensuite, nous verrons comment l'implémenter. Nous allons changer notre code HTML afin de le faire ressembler à celui du Listing 9.11.

Listing 9.11 : listing du code HTML modifié de la double liste

```
<html>
<head>
 ...
  <script>
     function injectComponentBehaviors() {
        var doubleComboOptions = {};
        new DoubleCombo( 'region',
                         'territory',
                         'DoubleComboXML.aspx',
                         doubleComboOptions );
     }
  </script>
</head>
```

Composant DoubleCombo

```
<body onload="injectComponentBehaviors()">

<form name="Form1">
   <select  id="region" name="region" >
      <option value="-1">Pick A Region</option>
      <option value="1">Eastern</option>
      <option value="2">Western</option>
      <option value="3">Northern</option>
      <option value="4">Southern</option>
   </select>
   <select id="territory" name="territory" />
</form>

</body>
</html>
```

Le code HTML a été modifié de la manière suivante :

- Une fonction a été créée qui injecte tous les comportements de composant désirés dans notre document.
- Un gestionnaire `onload` a été ajouté à l'élément `body` qui appelle cette fonction.

Notez que rien dans la section `body` de la page n'a été modifié. Comme nous l'indiquions précédemment, c'est préférable. Nous avons déjà satisfait à notre première condition. En revanche, un simple coup d'œil à la fonction `injectComponentBehaviors()` révèle qu'il nous reste du travail à faire. En particulier, nous devons créer un objet JavaScript nommé `DoubleCombo` qui fournira, une fois construit, tous les comportements dont nous avons besoin pour le support de la fonction de double liste dépendante.

Logique du composant *DoubleCombo*

Commençons par examiner plus attentivement la sémantique de notre création de composant. Notre fonction `injectComponentBehaviors()` crée un objet `DoubleCombo` en appelant son constructeur. Le constructeur est défini dans le Listing 9.12.

Listing 9.12 : constructeur *DoubleCombo*

```
function DoubleCombo( masterId, slaveId, url, options ) {
   this.master     = document.getElementById(masterId);    ─ Initialisation
   this.slave      = document.getElementById(slaveId);       de l'état
   this.options    = options;
   this.ajaxHelper = new net.ContentLoader( this, url, "POST",
                           options.requestParameters || [] );

   this.initializeBehavior();      <─── Initialisation du comportement
}
```

Cette structure doit maintenant vous être familière. Notre fonction constructeur initialise l'état de notre DoubleCombo. Le Tableau 9.2 décrit les arguments qui doivent être passés au constructeur.

Tableau 9.2 : description des arguments

Argument	Description
`masterID`	L'ID de l'élément dans le code HTML correspondant à l'élément `select` maître. La sélection opérée dans cet élément détermine les valeurs affichées par un second élément `select`.
`slaveID`	L'ID de l'élément dans le code HTML correspondant à l'élément `select` esclave. Il s'agit de l'élément dont les valeurs seront modifiées lorsque l'utilisateur opère un choix dans l'élément `select` maître.
`options`	Objet générique fournissant d'autres données requises par la double liste.

Examinez l'état que conserve l'objet `DoubleCombo`, et notamment l'URL et les options. Ces deux éléments d'état viennent satisfaire la deuxième caractéristique fonctionnelle que nous mentionnions précédemment : notre composant peut recourir à n'importe quelle URL pour la récupération des données et peut être personnalisé à l'aide du paramètre `options`. Pour l'instant, la seule chose que nous supposerons trouver dans l'objet `options` est une propriété `requestParameters`, mais puisque le paramètre `options` est un objet général, nous pourrions définir n'importe quelle propriété dont nous aurions besoin pour d'autres personnalisations. Nous pourrions par exemple inclure des styles de classes CSS dans ces options. La mise en forme et la fonction de la double liste étant des concepts relativement indépendants, nous laisserons cependant ici au concepteur de page le soin d'appliquer des styles.

Pour bon nombre d'entre vous, il est indubitable que la partie la plus intéressante du constructeur se loge dans les deux dernières lignes. Examinons-les l'une après l'autre.

```
this.ajaxHelper = new net.ContentLoader( this, url, "POST",
                                         options.requestParameters || [] );
```

A l'évidence, notre composant requiert des capacités Ajax. Par chance, et grâce à un minimum de prévoyance, nous sommes déjà munis d'un objet qui pourra réaliser l'essentiel de notre travail lié à Ajax : le net.ContentLoader que nous avons astucieusement réusiné précédemment. Le `DoubleCombo` se passe simplement lui-même (*via* `this`) comme paramètre `component` à l'objet d'assistance ContentLoader. Le paramètre `url` est également passé *via* l'objet d'assistance comme URL cible des requêtes Ajax, et la méthode de requêtage HTTP est spécifiée avec la chaîne "POST". Pour finir, la propriété `requestParameters` de l'objet options (ou un tableau vide si aucune propriété n'a été passée) est passée comme tableau de paramètres "constants" à envoyer avec chaque requête Ajax. Rappelez-vous en outre qu'étant donné que nous avons passé `this` comme argument de composant, l'objet `DoubleCombo` est obligé d'honorer le contrat qu'implique l'objet net.ContentLoader et que nous présentions précédemment : nous devons implémenter une méthode `ajaxUpdate()` et une méthode `handleError()`. Nous y reviendrons sous peu, mais pour l'instant, examinons la dernière ligne de notre constructeur :

```
this.initializeBehavior();
```

Notre constructeur fait enfin quelque chose qui ressemble à un comportement. C'est en effet le moment que nous attendions tous : l'implémentation du comportement ! Tout ce que nous allons faire à partir de maintenant est directement lié à l'apport concret de la fonction de double liste dépendante. Sans plus tarder, examinons donc cette méthode, ainsi que toutes les autres méthodes DoubleCombo requises. Grâce à toute l'infrastructure que nous avons mise en place, notre tâche est maintenant assez facile. Rappelez-vous que toutes les méthodes qui apparaissent dans le reste de l'exemple sont censées être incorporées dans un objet littéral prototype, exactement comme nous l'avons fait pour l'implémentation de net.ContentLoader.

```
DoubleCombo.prototype = {
     // toutes les méthodes…
};
```

Soulevons le capot. Voici pour commencer la méthode `initializeBehavior()` :

```
initializeBehavior: function() {
   var oThis = this;
   this.master.onchange = function() { oThis.masterComboChanged();
};
},
```

C'est clair et c'est concis. Cette méthode place un gestionnaire d'événements `onchange` sur l'élément `select` maître (auparavant, nous le faisions dans le code HTML lui-même). Lorsqu'il est déclenché, le gestionnaire d'événements exécute une autre méthode de notre objet, `masterComboChanged()` :

```
masterComboChanged: function() {
   var query = this.master.options[
               this.master.selectedIndex].value;
   this.ajaxHelper.sendRequest( 'q=' + query );
},
```

Cette fois encore, quelle clarté et quelle concision ! Cette méthode se contente de créer un paramètre de requête et transmet notre requête Ajax. Le travail spécifique à Ajax ayant été déplacé dans un autre objet, tout se résume à une unique ligne de code. Rappelez-vous que `sendRequest()` créera et transmettra un objet XMLHttpRequest, puis réacheminera la réponse à notre méthode `ajaxUpdate()`. Ecrivons cela :

```
ajaxUpdate:  function(request) {
   var slaveOptions =  this.createOptions(
                       request.responseXML.documentElement);
   this.slave.length = 0;     <——— Suppression des options existantes
```

```
      for ( var i = 0 ; i < slaveOptions.length ; i++ )
        try{
          this.slave.add(slaveOptions[i],null);
        }catch (e){
          this.slave.add(slaveOptions[i],-1);
        }
  },
```

Remplissage de la liste avec les nouvelles options

Cette méthode récupère la réponse XML de l'objet de requête et la passe à une méthode nommée `createOptions()`, qui crée les éléments `option` de notre élément `select` esclave. La méthode efface ensuite simplement l'élément `select` esclave et le remplit à nouveau. La méthode `createOptions()` ne fait partie d'aucun contrat public, mais elle agit comme une méthode d'assistance afin de rendre le code plus propre et plus lisible. Le Listing 9.13 présente son implémentation et celle de la méthode d'assistance `getElementContent()`.

Listing 9.13 : méthodes de remplissage de la liste déroulante

```
  createOptions: function(ajaxResponse) {
     var newOptions = [];
     var entries = ajaxResponse.getElementsByTagName('entry');
     for ( var i = 0 ; i < entries.length ; i++ ) {
        var text  = this.getElementContent(entries[i],
                    'optionText');
        var value = this.getElementContent(entries[i],
                    'optionValue');
        newOptions.push( new Option( text, value ) );
     }
     return newOptions;
  },

  getElementContent: function(element,tagName) {
    var childElement = element.getElementsByTagName(tagName)[0];
    return (childElement.text != undefined) ? childElement.text :
                                              childElement.textContent;
  },
```

Ces méthodes réalisent le travail de fond qui consiste à récupérer les valeurs dans le document de réponse XML, et à créer des objets options pour ces valeurs. En guise de rappel, la structure XML de la réponse est la suivante :

```
<?xml version="1.0" ?>
<selectChoice>
  ...
  <entry>
    <optionText>Select A Territory</optionText>
    <optionValue>-1</optionValue>
  </entry>
  <entry>
    <optionText>TerritoryDescription</optionText>
    <optionValue>TerritoryID</optionValue>
  </entry>
</selectChoice>
```

La méthode `createOptions()` parcourt par itération chaque élément `entry` dans le document XML et obtient le texte des éléments `optionText` et `optionValue` grâce à la méthode d'assistance `getElementContent()`. La seule chose qui vaille véritablement la peine d'être notée concernant la méthode `getElementContent()` est qu'elle utilise l'attribut `text` spécifique à Internet Explorer de l'élément XML, lorsqu'il existe. Sans cela, elle se sert de l'attribut `textContent` standard du W3C.

Gestion des erreurs

Nous avons terminé. Ou presque. Nous avons implémenté tous les comportements requis pour rendre ce composant entièrement opérationnel. Mais, flûte, nous avions dit que nous gérerions les conditions d'erreurs également ! Vous vous rappelez sans doute que nous devons implémenter une méthode `handleError()` afin d'interagir correctement avec le net.ContentLoader ? Implémentons-la et nous aurons alors véritablement terminé. Quelle est donc l'action de récupération appropriée lorsqu'une erreur se produit ? A ce stade, il est toujours difficile de le dire. Il reviendra en fin de compte à l'application qui exploite notre composant `DoubleCombo` de le décider. Il semble que tout cela soit l'affaire de notre objet `options` : vous vous souvenez, celui que nous avons passé au constructeur ? Revenons sur ce contrat quelques instants. Que se passerait-il si nous construisions notre composant de double liste avec du code qui ressemble à celui qui suit ?

```
function myApplicationErrorHandler(request) {
   // Fonction d'application sachant gérer
   // une condition d'erreur
}

var comboOptions = { requestParameters: [
                        "param1=one", "param2=two" ],
                        errorHandler: myApplicationErrorHandler };

var doubleCombo = new DoubleCombo( 'region',
                                   'territory',
                                   'DoubleComboXML.aspx',
                                    comboOptions );
```

Dans ce cas, nous laissons à l'application le soin de définir une fonction appelée `myApplicationErrorHandler()`. C'est dans l'implémentation de cette méthode que peut en fin de compte être placée la logique spécifique à l'application qui gère les conditions d'erreurs. Il pourrait s'agir d'une alerte, ou d'un simple message "oops", moins intrusif, à la manière GMail. Ce qu'il faut retenir, c'est que nous avons déféré cette décision à l'application qui utilise notre composant. Cette fois encore, nous avons fourni le mécanisme et laissons à quelqu'un d'autre le soin de fournir la sémantique. Nous devons donc à présent écrire la méthode `handleError()` de l'objet `DoubleCombo` :

```
handleError: function(request) {
   if ( this.options.errorHandler )
      this.options.errorHandler(request);
}
```

Bénédiction des composants

Félicitations, tout est en ordre ! Nous avons enfin terminé. Nous possédons maintenant un composant général qui peut être construit avec les ID de n'importe quelle paire d'éléments `select` et des informations de configuration. En un instant, la capacité de double liste dépendante est fournie.

Juste à ce moment, la porte s'ouvre à grand fracas. C'est votre responsable, cheveux hirsutes ; il est trois heures de l'après-midi : "Arnaud", lance-t-il, "il faut aussi inclure les sous-secteurs ! ... Et tout doit être prêt pour lundi matin !" L'air se glace l'espace d'un instant. "Aïe !", rétorquez-vous sobrement. Vous contenez votre souffle, le relâchez, puis ajoutez : "Je le ferai, monsieur, même si je dois y passer tout le week-end !" Cheveux hérissés vous livre la nouvelle structure de la page, puis bat en retraite :

```
<form>
  <select id="region"       name="region"><select>
  <select id="territory"    name="territory"></select>
  <select id="subTerritory" name="subTerritory"></select>
</form>
```

Vous ouvrez la page HTML dans Emacs (oui, c'est comme ça, vous travaillez ainsi). Vous accédez directement à la section `head`. Le curseur clignote. Vous commencez à taper :

```
<script>
   function injectComponentBehaviors() {
      var opts1 = { requestParameters: "master=region" };
      var opts2 = { requestParameters: "master=territory" };

      new DoubleCombo( 'region',
                       'territory',
                       'DoubleComboXML.aspx', opts1 );
      new DoubleCombo( 'territory',
                       'subTerritory',
                       'DoubleComboXML.aspx', opts2 );
</script>
```

Vous appuyez sur une touche pour exécuter une macro et formater agréablement votre code. Vous enregistrez. Vous sortez de votre bureau. Dans le couloir, en passant devant le bureau de monsieur Brosse, la mine déconfite, vous gémissez dans un soupir de dépit : "Je travaillerai de la maison..."

Chez vous, vous vous laissez tomber sur le canapé, bras levés : "Je suis le roi du mooooonde !" Disons plus modestement que vous venez de gagner deux belles journées de travail !

En résumé

La double liste dépendante est l'une des méthodes intéressantes qui permettent de créer des éléments de formulaires dynamiques. Des gestionnaires d'événements JavaScript peuvent être mis à profit afin de détecter les changements dans un élément `select` et de déclencher un processus de mise à jour des valeurs dans le deuxième élément. Ajax permet d'éviter le long temps d'attente lors du chargement de la page qu'imposent les solutions entièrement JavaScript. Ajax permet d'effectuer une requête de base de données sans reposter la page entière au serveur et sans interrompre l'interaction de l'utilisateur avec le formulaire. Votre application Web peut ainsi agir à la manière d'une véritable application de client.

Ce code devrait vous permettre de développer des formulaires plus sophistiqués en échappant aux problèmes liés au renvoi des pages au serveur. Avec ce script, qui peut être étendu pour agir sur plusieurs combinaisons de listes de sélection, vos utilisateurs pourront parcourir plus finement les multiples niveaux d'options pour atteindre les informations ou les produits qu'ils recherchent.

Pour finir, nous avons procédé au réusinage du code afin de fabriquer un composant complet plus simple à réutiliser et à personnaliser. De notre point de vue, l'avantage est évident, puisque la fonction se trouve encapsulée dans un composant réutilisable que nous n'aurons jamais besoin d'écrire à nouveau. Du point de vue de nos utilisateurs, c'est la fin de cet écran intempestif signalant que le produit n'est pas disponible dans notre magasin en ligne. Tout le monde y trouve son compte !

10

Saisie semi-automatique

Au sommaire de ce chapitre

- Saisie semi-automatique
- Mettre en cache les résultats de recherche sur le client
- Bibliothèque Rico
- Bibliothèque Prototype
- Fonction JavaScript *apply()*
- Paramétrer des composants

La fonction de saisie semi-automatique est l'une des principales applications pratiques des technologies Ajax qui ont contribué à le faire connaître dans l'univers de la programmation grand public. A sa sortie, Google Suggest a fasciné les utilisateurs en leur présentant une liste de suggestions qui se modifient à mesure que l'on tape (l'enthousiasme premier ne s'est d'ailleurs toujours pas émoussé, plusieurs mois après). Ce système donne l'impression qu'un petit assistant se trouve assis à côté de vous et vous renseigne sur ce que vous recherchez. Certains utilisateurs ont d'abord imaginé que Google stockait des valeurs au sein de la page elle-même. D'autres ont pensé qu'un IFrame caché servait à récupérer les données. En réalité, Google utilisait l'objet XMLHttpRequest pour obtenir ces valeurs à chaque fois qu'une touche était enfoncée.

Dans ce chapitre, nous allons apprendre à transmettre des requêtes Ajax pendant que l'utilisateur tape sur son clavier. Nous considérerons les inconvénients des implémentations de saisie semi-automatique existantes et trouverons des moyens d'éviter ces pièges dans notre propre application. Nous adopterons d'abord une approche de bas niveau, afin de bien comprendre le fonctionnement de cet outil. Lorsque notre application fonctionnera, nous la réexaminerons avec plus de recul et nous appuierons sur une approche orientée objet pour en améliorer la flexibilité et l'utilisabilité. Avant de construire l'application, commençons par examiner certaines des fonctions classiques de saisie semi-automatique et voyons comment notre application peut être agrémentée en conservant les meilleures fonctions.

Examen des applications de saisie semi-automatique

Depuis le récent succès d'Ajax, le code d'implémentation de la fonction de saisie semi-automatique est l'un des plus prisés. Un grand nombre de développeurs ont créé différentes versions de cette fonction, qui gèrent l'interaction avec le serveur différemment. Bon nombre des solutions possèdent des défauts, tandis que d'autres en font carrément trop. Nous allons d'abord évaluer certaines des fonctions présentes dans une multitude d'applications de saisie semi-automatique. Ensuite, nous étudierons Google Suggest. Enfin, nous concevrons notre propre application.

Fonctions courantes de saisie semi-automatique

Il existe un grand nombre d'applications de saisie semi-automatique, des plus élémentaires au plus sophistiquées. Chacune d'entre elles réalise la même opération de base ; certaines proposent des interfaces fantaisistes agrémentées d'effets de transitions en fondus.

Si vous effectuez une recherche sur les termes "type-ahead suggest Ajax", vous trouverez de très nombreux exemples. Si vous en observez un certain nombre, vous verrez qu'ils accomplissent tous le même type d'actions :

1. Vous tapez un caractère.
2. Une requête est transmise au serveur.
3. La requête retourne des données au client.
4. Le client récupère les données et affiche les résultats dans le tableau, l'élément DIV, la zone de texte ou tout autre conteneur.

Les scripts ne gèrent cependant pas tout à la perfection. Les développeurs doivent tenir compte de la bande passante, de la capacité du serveur et de la configuration du client. Si vous omettez l'un de ces facteurs, la fonction Ajax peut gêner l'utilisateur au lieu de l'aider.

Le Tableau 10.1 liste une série de problèmes très courants avec les applications Ajax.

Les développeurs ont souvent tendance à oublier la bande passante. Un utilisateur qui ne tape qu'un seul mot peut le poster plusieurs fois ; entre ces étourdis et les Lucky Luke du clavier, il n'est pas rare que l'on atteigne en une seconde un nombre d'accès au serveur qui dépasse celui d'une session utilisateur complète dans les applications non Ajax.

Tableau 10.1 : problèmes avec la fonction de saisie semi-automatique

Problème	Résultat
Envoi à chaque frappe de touche	Consommation excessive de la bande passante. Imaginez la bande passante requise côté serveur pour 1 000 utilisateurs qui tapent des mots de 10 caractères.
Pas de mise en cache des données	Les requêtes sont transmises à la base de données à chaque fois, même lorsqu'elles retournent un sous-ensemble de données déjà récupéré.
Modems 56 Kbit/s	Oui, il existe encore des utilisateurs équipés de ces modems, et ceux-là risquent de constater un décalage dans les temps de réponse.
Trop de résultats sont retournés	Le fait de ne pas limiter les résultats peut amener à transmettre trop de données au client, et donc ralentir le temps de réponse.
Interface trop sophistiquée	Les interfaces sophistiquées peuvent être un défaut lorsqu'elles prennent trop de temps pour être reproduites.
Vitesse de frappe élevée	Certaines personnes peuvent taper rapidement. Certains scripts de saisie semi-automatique ont des problèmes si l'utilisateur ne frappe pas en picorant le clavier à deux doigts.

Il est très important de faire en sorte que l'interface reste réactive. Plus un contrôle prend du temps pour être reproduit, plus l'utilisateur doit attendre avant de le voir, et moins la fonction de saisie semi-automatique est efficace. Des délais peuvent également être engendrés lorsque le nombre d'accès au serveur est trop important. Si les requêtes sont trop fréquentes ou retournent trop de données, la réactivité de l'interface utilisateur peut en pâtir.

La mise en cache des données sur le client peut être une bonne stratégie pour améliorer la réactivité (il est également possible de mettre en cache les données sur le serveur, mais il s'agit là d'un autre problème auquel sont plus habitués les développeurs d'applications Web classiques). Les systèmes de saisie semi-automatique retournent généralement moins de résultats à mesure que des caractères supplémentaires sont tapés, qui sont généralement des sous-ensembles de résultats précédents. Les implémentations simples effacent les requêtes précédentes et récupèrent toutes les données sur le serveur à chaque fois. Les solutions plus intelligentes conservent à l'inverse les résultats de la requête initiale et se débarrassent des entrées non souhaitées à mesure que l'utilisateur effectue sa saisie, en actualisant l'interface utilisateur sans recontacter le serveur à chaque frappe. Cette approche augmente la réactivité et réduit la bande passante. Il suffit alors de parcourir le jeu de résultats déjà présent : les informations sont récupérées plus rapidement et l'on évite les requêtes supplémentaires au serveur.

Mais assez de théorie pour l'instant. Dans la section suivante, nous allons examiner une implémentation de production de la fonction de saisie semi-automatique.

Google Suggest

Certains considèrent que Google Suggest est imbattable en matière d'application de saisie semi-automatique. Google Suggest est rapide, convivial et efficace. La Figure 10.1 présente des suggestions fournies par Google Suggest pour la lettre "e".

Figure 10.1
Google Suggest présente les suggestions disponibles pour la lettre "e".

A la Figure 10.1, le jeu de résultats pour la lettre "e" est limité à 10 résultats. Connaissant la vaste collection de données dont dispose Google, il serait possible de proposer des milliards de résultats. Google utilise un algorithme afin de choisir les données à afficher. Certains développeurs ont décortiqué le code JavaScript de Google Suggest afin de comprendre comment il fonctionnait. Rappelez-vous que le code JavaScript ne peut être complètement masqué, même s'il peut être rendu assez obscur.

L'une des caractéristiques les plus impressionnantes de Google Suggest tient à ce qu'il se prémunit contre la frappe accélérée des utilisateurs rapides en employant des compteurs pour limiter les renvois multiples dans un court laps de temps. Il devait s'agir là de l'un des principaux soucis de Google si l'on considère l'immensité de sa base d'utilisateurs. Si les requêtes s'étaient multipliées excessivement, les serveurs de Google auraient pu rencontrer de sérieux problèmes. En outre, la limitation des renvois permet d'économiser les ressources.

Google nous a inspirés (comme il en a inspiré bien d'autres). Dans la section suivante, nous allons incorporer les meilleures fonctions que nous avons examinées afin de concevoir notre propre application de saisie semi-automatique.

Application de saisie semi-automatique

La fonction de saisie semi-automatique de cette application tentera de limiter autant que possible l'impact sur le serveur. Les sites de petite taille ne peuvent pas gérer un trafic comparable à celui de Google, Amazon et Yahoo! car ils ne sont pas équipés de multiples serveurs à équilibrage de charge pour la gestion des requêtes. Plus il est possible d'économiser de la bande passante, moins la solution sera coûteuse à long terme pour les sites Web modestes.

Notre approche consistera à n'utiliser le serveur que lorsque nous aurons besoin de nouvelles données. Dans cette application, nous nous servirons d'un pattern d'interaction centrée sur les scripts entre le serveur et le client. Le serveur formate les résultats sous forme d'instructions JavaScript pouvant être exécutées sur le client. Les données retournées par le serveur ne contiennent que le texte à afficher et tous les champs d'identification que nous souhaitons associer à ces données. Le champ d'identification peut être comparé à la valeur ou à une balise d'option. La plupart des scripts ne permettent pas de transmettre un ID, contrairement à celui-ci. Ensuite, le navigateur gère les données retournées. Comme ces données arrivent sous forme de variables JavaScript, le DHTML intervient à son tour dans le processus. La Figure 10.2 présente un diagramme de ce processus.

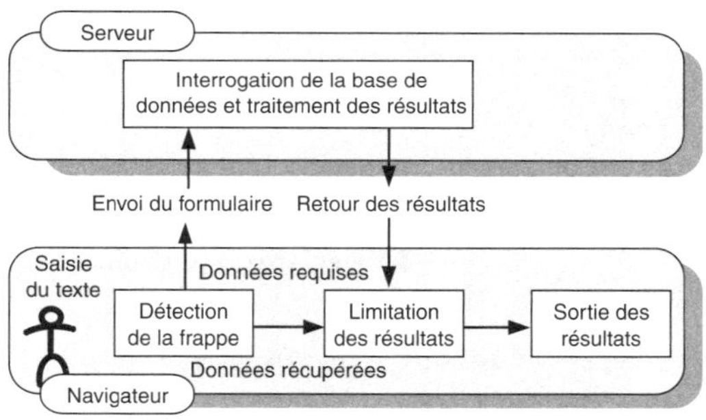

Figure 10.2
L'architecture système de notre fonction de saisie semi-automatique.

La portion Ajax du script (voir Figure 10.2) permet de récupérer les données sur le serveur. Le serveur retourne un document texte contenant une instruction JavaScript au client. Le client traite les données contenues dans l'instruction JavaScript et vérifie s'il y a des résultats. S'il y en a, les options parmi lesquelles l'utilisateur peut choisir sont affichées.

Ce principe de fonctionnement semble simple jusqu'à ce qu'on écrive la quantité de code JavaScript requise. Toutefois, on voit qu'en un nombre d'étapes limité, le processus de création d'un script de saisie semi-automatique qui minimise l'impact sur le serveur est assez simple. La partie la plus simple du projet est le code côté serveur, aussi commençons par là.

Le framework côté serveur : C#

La fonction de saisie semi-automatique que nous sommes sur le point de développer se décompose en trois parties : le serveur, la base de données et le client. La base de données peut en fait être un fichier XML, mais les principes fondamentaux du processus ne changent pas.

Le serveur et la base de données

Le code du serveur et de la base de données peut être géré en même temps puisque nous allons simplement nous connecter à une base de données d'informations. Dans cet exemple, nous utiliserons la base de données Northwind de Microsoft (intitulée Comptoir dans les versions françaises), afin de récupérer des données dans la table Products, mais vous pouvez opérer sur n'importe quelle base de données.

Toute l'idée de l'objet XMLHttpRequest est de pouvoir transmettre une requête du client au serveur et de recevoir en retour une structure de données formatée. Dans le cas présent, nous créons un document texte de manière dynamique, avec les données que nous récupérons à partir d'une requête de base de données. Le document texte contiendra du code JavaScript qui servira à créer un tableau contenant les données. Les étapes de création du tableau JavaScript sont présentées dans le Listing 10.1.

Listing 10.1 : typeAheadData.aspx.cs

```
private void Page_Load(object sender,
System.EventArgs e)
{
    Response.ContentType = "text/html";
    string strQuery =
       Request.Form.Get("q").ToString();
    string strAny  = "";
    if (Request.Form.Get("where").ToLower()
      == "true")
    {
        strAny = "%";
    }
    string strSql = "Select top 15 " +
                "ProductName, " +
                "ProductId FROM Products " +
                "WHERE ProductName like '" +
                strAny + strQuery + "%"
                "' ORDER BY ProductName";
    DataTable dtQuestions  = FillDataTable(
                                strSql);
    System.Text.StringBuilder strJSArr =
       new System.Text.StringBuilder(
       "arrOptions = new Array(");
    int iCount = 0;
    foreach (DataRow row in
       dtQuestions.Rows)
    {
        if (iCount > 0)
        {
            strJSArr.Append(",");
        }
        strJSArr.Append("[");
        strJSArr.Append("\"" +
          row["ProductName"].ToString()
          + "\",");
        strJSArr.Append("\"" +
          row["Productid"].ToString()
          + "\"");
        strJSArr.Append("]");
        iCount++;
    }
```

❶ Initialisation du code au chargement de la page
❷ Définition du type de contenu
❸ Récupérer l'élément du formulaire
❹ Déclarer une chaîne
❺ Construction de l'instruction SQL
❻ Initialisation de la requête de données
❼ Construction du tableau JavaScript
❽ Parcours en boucle des résultats

```
        strJSArr.Append(");");
        Response.Write(strJSArr.ToString());        ❾ Ecrire la chaîne dans la page
    }

    public static DataTable       ❿ Exécuter la requête
        FillDataTable(string sqlQuery)
    {
    string strConn = "Initial Catalog = "+
          "Northwind;Data Source=127.0.0.1; "
          "Integrated Security=true;";
        SqlConnection conn = new
          SqlConnection(strConn);
        SqlDataAdapter cmd1 = new
          SqlDataAdapter();
        cmd1.SelectCommand = new
          SqlCommand(sqlQuery,conn);
        DataSet dataSet1 = new DataSet();
        cmd1.Fill(dataSet1);
        cmd1.Dispose();
        conn.Close();
        return dataSet1.Tables[0];
    }
```

Le code du Listing 10.1 nous permet de récupérer les valeurs sur le serveur et de traiter les données dans une chaîne formant un tableau JavaScript. Ce tableau nouvellement créé est retourné au client où il est traité. Nous devons initialiser cela lors du chargement de page ❶ du document. La première étape lorsque nous retournons la chaîne consiste à s'assurer que le type de contenu de la page est positionné à `text/html` ❷.

Le code côté client poste les valeurs à cette page avec l'objet XMLHttpRequest. Nous devons donc récupérer l'élément de formulaire `q` afin d'obtenir le texte à retrouver ❸. A la différence de la plupart des systèmes de saisie semi-automatique, nous permettons ici aux utilisateurs, s'ils le souhaitent, de retrouver des résultats en ne tapant qu'une portion interne de l'un des mots. Nous déclarons une chaîne ❹ pour inclure cette fonction. Le script client passe une chaîne booléenne dans l'élément de formulaire nommé `where`. Si cette chaîne vaut `true`, nous ajoutons un signe `%` au début de notre terme de recherche afin de faire porter la recherche sur n'importe quelle section des chaînes.

L'instruction SQL qui permet d'obtenir les valeurs de la base de données d'après la saisie de l'utilisateur peut maintenant être construite ❺. Afin de minimiser l'échange des données, nous limitons la recherche en n'acceptant au maximum que 15 enregistrements retournés. Ensuite, nous initialisons ❻ notre procédure afin d'interroger la base de données ❿ et retournons un tableau avec les résultats de la recherche.

Une fois que les résultats ont été retournés par la base de données, nous commençons à construire le tableau JavaScript ❼. Ensuite, nous parcourons en boucle notre jeu d'enregistrements ❽, en construisant le tableau à deux dimensions qui contient le nom du produit et son ID. Lorsque la boucle est terminée, nous écrivons notre chaîne dans la page ❾ afin que notre instruction JavaScript puisse l'exploiter.

Si vous utilisez un langage côté serveur qui associe une page code-behind et une page HTML, vous devez supprimer toutes les balises supplémentaires de la page HTML. Avec notre page C#, la seule balise qui doit se trouver sur la page ASPX est la suivante :

```
<%@ Page Language="c#" AutoEventWireup="false"
Codebehind="TypeAheadXML.aspx.cs" Inherits="Chapter10CS.TypeAheadXML"%>
```

Si nous ne supprimions pas les balises HTML supplémentaires qui se trouvent par défaut sur la page ASPX, nous ne pourrions pas avoir de fichier texte valide (avec du JavaScript). Nos méthodes DOM JavaScript ne pourraient dès lors pas exploiter les données. Afin de s'assurer que les données transférées à notre client sont correctes, nous devons réaliser un test rapide.

Tester le code côté serveur

Il est important de tester le code côté serveur lorsque vous travaillez avec Ajax, car le JavaScript est réputé pour ses problèmes, dont les causes sont souvent difficiles à démêler. Des améliorations ont été apportées à la console JavaScript de Mozilla, mais il est toujours judicieux de s'assurer que le serveur correspondant s'exécute, afin d'éliminer tout risque d'erreur.

Puisque nous allons recourir à la méthode HTTP POST avec notre objet XMLHttpRequest, deux options s'offrent à nous pour le test du code côté serveur : soit nous créons un formulaire simple avec deux zones de texte et soumettons ce formulaire à la page côté serveur, soit nous passons en commentaire les lignes qui vérifient les valeurs soumises par le formulaire et codons ces valeurs en dur à la place. Comme vous pouvez le voir dans le fragment de code du Listing 10.2, les instructions sont passées en commentaires et remplacées par des valeurs codées en dur.

Listing 10.2 : listing partiel pour la solution de mise en commentaires

```
//string strQuery = Request.Form.Get("q").ToString();
string strQuery = "a";

string strAny  = "";
//if (Request.Form.Get("where").ToLower() == "true")
//{
    strAny = "%";
//}
```

Ce code recherche tous les mots qui contiennent la lettre "a". La Figure 10.3 présente la déclaration de tableau JavaScript obtenue après son exécution.

Figure 10.3
Instruction JavaScript de sortie de la page côté serveur lors d'une exécution test.

```
arrOptions = new Array(["Alice Mutton","17"],["Aniseed Syrup","3"],["Boston Crab
Meat","40"],["Camembert Pierrot","60"],["Carnarvon Tigers","18"],["Chai","1"],
["Chang","2"],["Chartreuse verte","39"],["Chef Anton's Cajun Seasoning","4"],["Chef
Anton's Gumbo Mix","5"],["Chocolade","48"],["Côte de Blaye","38"],["Escargots de
Bourgogne","58"],["Gnocchi di nonna Alice","56"],["Gorgonzola Telino","31"]);
```

Comme vous pouvez le voir, la chaîne de la Figure 10.3 est correcte. Nous pouvons donc supprimer les signes de commentaires et les valeurs codées en dur, et poursuivre la construction de notre fonction de saisie semi-automatique.

Vous vous demandez peut-être où s'opère la mise en cache des données retournées par le serveur. Le code côté client gère cela. La seule fois où le serveur est appelé correspond à la toute première frappe de touche, et lorsque le nombre de résultats est supérieur ou égal à 15. Il est inutile d'opérer plusieurs requêtes si nous obtenons à chaque fois un sous-ensemble des résultats précédents. Notre code côté serveur étant terminé, passons au framework côté client.

Le framework côté client

Le framework côté client implique l'objet XMLHttpRequest d'Ajax et une certaine quantité de DHTML. En premier lieu, nous allons construire les zones de texte.

Le code HTML

Le code HTML que nous allons exploiter est très simple, car nous n'avons affaire qu'à trois éléments de formulaires : deux zones de texte et un champ masqué. La première zone de texte est l'élément de formulaire de saisie semi-automatique. Le champ caché accepte la valeur de l'élément sélectionné que l'utilisateur choisit dans notre liste de suggestions. L'autre zone de texte a pour seul rôle d'empêcher que notre formulaire soit posté au serveur lorsque l'utilisateur appuie sur la touche Entrée. L'action par défaut de la touche Entrée dans un formulaire avec un champ texte consiste à soumettre le formulaire. L'ajout d'une autre zone de texte à la page est le moyen le plus simple de bloquer l'action par défaut du formulaire. Si vous ajoutez la fonction de saisie semi-automatique sur une page qui contient plusieurs éléments de formulaires, inutile d'ajouter la zone de texte. Le code de mise en forme HTML élémentaire est présenté au Listing 10.3.

Listing 10.3 : code HTML de mise en forme élémentaire de l'outil de saisie semi-automatique

```
<form name="Form1" AUTOCOMPLETE="off" ID="Form1">
  AutoComplete Text Box: <input type="text" name="txtUserInput" />
  <input type="hidden" name="txtUserValue" ID="hidden1" />
  <input type="text" name="txtIgnore" style="display:none" />
</form>
```

Dans le Listing 10.3, nous avons ajouté un formulaire dont la fonction de saisie semi-automatique est désactivée. Nous devons procéder ainsi afin d'empêcher le navigateur de placer des valeurs dans les champs lorsque la page se charge la première fois. Il s'agit d'une excellente fonction lorsque vous en avez besoin, mais ici, cela vient perturber le fonctionnement de notre outil. Notez qu'il s'agit d'une correction spécifique à Internet Explorer, afin d'empêcher que les listes déroulantes de saisie semi-automatique du navigateur ne viennent interférer avec nos listes déroulantes DHTML. Les autres navigateurs ignorent cet attribut.

Nous avons ajouté une zone de texte nommée `txtUserInput`, un élément caché nommé `txtUserValue` et notre zone de texte passive nommée `txtIgnore`. La zone de texte `txtIgnore`, qui sert à empêcher l'envoi automatique du formulaire, possède également un style CSS qui la rend invisible. Il existe d'autres approches possibles, mais il s'agit là de la solution la plus simple et la plus rapide. A présent que nous avons ajouté nos champs texte au formulaire, commençons à programmer notre code JavaScript.

Le code JavaScript

Le code JavaScript pour la fonction de saisie semi-automatique accomplit trois tâches principales :

- Il surveille les actions au clavier et à la souris de l'utilisateur.
- Il envoie des données au serveur et reçoit des données du serveur.
- Il produit du contenu HTML avec lequel l'utilisateur peut interagir.

Avant de nous lancer dans notre code, il est judicieux de voir exactement ce que nous allons programmer.

Lorsque l'utilisateur tape une lettre, une balise `span` masquée est rendue visible avec les informations liées à la lettre tapée. A la Figure 10.4, la lettre mise en évidence dans chacune des options disponibles est la lettre "a", qui apparaît dans la zone de texte également. La première option de la liste est mise en surbrillance. Cette sélection peut être déplacée en appuyant sur les touches fléchées du haut et du bas. Elle est validée en appuyant sur la touche Entrée. Il est également possible de choisir l'option en cliquant sur l'un des mots de la liste avec la souris.

La complexité de ce script complique assez les explications, car de nombreuses fonctions sont requises pour mettre en œuvre le système de saisie semi-automatique. Une fonction surveille les frappes de touches, une autre charge le texte et le code JavaScript, une troisième construit la liste, une quatrième souligne les lettres tapées, etc. Le code complet de cet exemple peut être téléchargé sur le site Web de Manning. Vous pourrez ainsi suivre ces explications en consultant le code dans votre éditeur de choix.

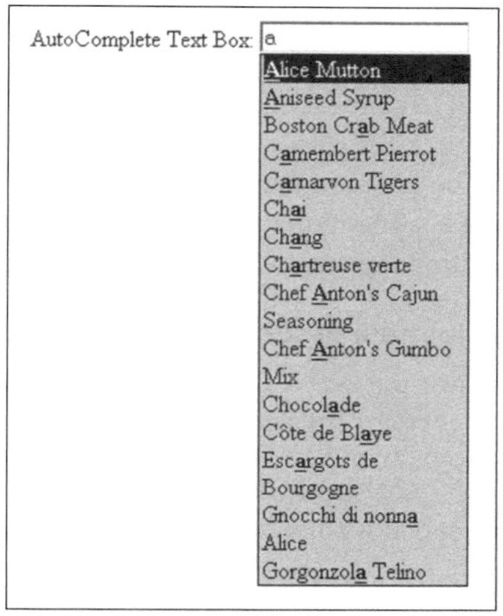

Figure 10.4
La sortie de l'outil de saisie semi-automatique de notre application.

Ajouter le fichier JavaScript Ajax externe

Pour ajouter des fonctions Ajax à cette application, nous devons inclure le fichier JavaScript externe net.js (présenté au Chapitre 3) dans la balise `head`. Ce fichier contient l'objet ContentLoader, qui nous permet d'initier la requête Ajax sans avoir à réaliser toutes les vérifications du type `if-else` :

```
<script type="text/JavaScript" src="net.js"></script>
```

Pour ajouter le fichier externe, nous insérons la balise JavaScript en spécifiant l'attribut `src` afin de désigner le fichier externe. Le fichier est lié comme le serait un fichier d'image ou un fichier CSS. Le fichier JavaScript réalise tout le travail qui sert à déterminer de quelle manière les informations doivent être transmises au serveur, en masquant l'ensemble du code spécifique au navigateur avec un objet simple d'emploi qui l'encapsule complètement. Il est maintenant possible de transmettre et de récupérer des données depuis le serveur sans actualiser la page. Une fois ce fichier attaché à notre projet, nous voilà prêts à développer notre outil de saisie semi-automatique.

L'élément de sortie

La Figure 10.4 présente un cadre gris qui comprend toutes les options disponibles. Ce cadre est un élément HTML `span` positionné de manière dynamique afin de s'aligner directement sous la zone de texte. Au lieu d'ajouter l'élément `span` à la page à chaque fois que nous souhaitons recourir à ce script, nous l'ajoutons à partir du script lui-même.

Dans le Listing 10.4, nous créons un nouvel élément de document span lors de l'événement onload de la page. Nous attribuons à l'élément span l'ID spanOutput et le nom de classe CSS spanTextDropdown. L'élément est ensuite inséré en ajoutant un nouvel élément enfant à l'élément body. La référence de classe CSS que nous avons ajoutée permet d'attribuer dynamiquement des règles de positionnement à l'élément span. Comme ce positionnement doit être effectué de manière dynamique d'après l'emplacement de la zone de texte, nous attribuons au départ un positionnement absolu à la classe CSS.

Listing 10.4 : code JavaScript pour la sortie du span positionné

```
window.onload = function(){
  var elemSpan = document.createElement("span");
  elemSpan.id = "spanOutput";
  elemSpan.className = "spanTextDropdown";
  document.body.appendChild(elemSpan);
}
```

Le gestionnaire d'événements de pages onload nous permet d'ajouter l'élément span à la page de manière dynamique. On évite ainsi d'avoir à l'ajouter manuellement à chaque fois que le script doit être utilisé. La méthode DOM createElement permet de créer l'élément span. Nous attribuons ensuite à notre nouvel élément span un ID et un attribut className. Une fois ces attributs ajoutés, l'élément peut être ajouté à la page. A présent, créons notre classe CSS (voir Listing 10.5) afin de pouvoir positionner dynamiquement l'élément sur la page.

Listing 10.5 : classe CSS pour l'élément *span* de menu déroulant

```
span.spanTextDropdown{ position: absolute;
                       top: 0px;
                       left: 0px;
                       width: 150px;
                       z-index: 101;
                       background-color: #C0C0C0;
                       border: 1px solid #000000;
                       padding-left: 2px;
                       overflow: visible;
                       display: none;
}
```

La position de l'élément span est d'abord définie de manière arbitraire, en ajoutant les paramètres top et left. Nous définissons une largeur par défaut et positionnons l'index-z au calque de niveau supérieur de la page. La règle CSS nous permet également de mettre en forme l'arrière-plan et la bordure de notre élément span, afin de mieux le mettre en évidence. La propriété display est positionnée à none afin que l'élément soit masqué lors du chargement initial de la page. Lorsque l'utilisateur commence à saisir des données dans le champ de saisie semi-automatique, la propriété display est modifiée afin de faire apparaître les résultats.

Attribuer la fonction de saisie semi-automatique à une zone de texte

Comme nous souhaitons nous servir de la fonction de saisie semi-automatique sur plusieurs champs, il convient de faire en sorte que des propriétés distinctes puissent être attribuées aux différents éléments. Ces propriétés permettront d'influer sur la réaction du script. Elles détermineront par exemple si la fonction de recherche doit tenir compte ou non de la casse des caractères, si elle doit s'effectuer en début de mot ou correspondre à n'importe quelle portion de chaîne, si des délais de réponse sont imposés, etc. L'un des moyens de procéder consiste à construire un objet contenant tous les paramètres spécifiques à la zone de texte individuelle. Quand la zone de texte sera active, nous pourrons alors référencer l'objet attaché à l'élément afin de récupérer les réglages appropriés. Le Listing 10.6 crée un nouvel objet qui permet d'organiser la liste des paramètres que nous attribuons à notre zone de texte.

Listing 10.6 : construction d'un objet personnalisé

```
function SetProperties(xElem,xHidden,xserverCode,
  xignoreCase,xmatchAnywhere,xmatchTextBoxWidth,
  xshowNoMatchMessage,xnoMatchingDataMessage,xuseTimeout,
  xtheVisibleTime){
    var props={
      elem: xElem,
      hidden: xHidden,
      serverCode: xserverCode,
      regExFlags: ( (xignoreCase) ? "i" : "" ),
      regExAny: ( (xmatchAnywhere) ? "" : "^" ),
      matchAnywhere: xmatchAnywhere,
      matchTextBoxWidth: xmatchTextBoxWidth,
      theVisibleTime: xtheVisibleTime,
      showNoMatchMessage: xshowNoMatchMessage,
      noMatchingDataMessage: xnoMatchingDataMessage,
      useTimeout: xuseTimeout
    };
    AddHandler(xElem);
    return props;
}
```

La première étape pour la création de nos objets consiste à créer une nouvelle fonction appelée `setProperties()` qui pourra leur attribuer des propriétés. Dans cet exemple, nous allons passer plusieurs paramètres à cette fonction. Parmi la liste des paramètres figure notamment la zone de texte à laquelle la fonction de saisie semi-automatique est attribuée, l'élément caché utilisé pour contenir la valeur, l'URL de la page côté serveur, une valeur booléenne qui indique si la casse des caractères doit être prise en compte, une valeur booléenne qui indique si la recherche doit se limiter ou non au début de mot, une valeur booléenne qui indique si la liste déroulante de réponse doit être de même largeur que la zone de texte, une valeur booléenne qui indique s'il faut afficher un message en l'absence de résultat, le message à afficher le cas échéant, une valeur booléenne qui indique si les options doivent être masquées au bout d'un certain temps et la durée de ce délai le cas échéant.

Cette liste de paramètres est fort longue. Nous devons récupérer ces paramètres et les attribuer à notre objet. Pour cela, nous utilisons la notation JSON (*JavaScript Object Notation*), que nous décrirons plus en détail à l'Annexe B. Le mot clé est défini avant le point-virgule, et la valeur après. Deux de nos paramètres (`ignoreCase` et `matchAnywhere`) bénéficient d'un traitement légèrement plus complexe. Au lieu de stocker la valeur booléenne, nous stockons l'expression régulière équivalente dans la propriété. Ici, nous employons `i` pour ignorer la casse et `^` pour renvoyer au début de chaîne dans les expressions régulières. Il est plus simple de positionner ici ces paramètres d'expression régulière que de recourir à des instructions conditionnelles (`if`) à chaque fois que les fonctions sont appelées.

La dernière étape dans notre fonction consiste à attribuer les gestionnaires d'événements à la zone de texte. Pour cet exemple, nous allons appeler une fonction afin d'ajouter automatiquement les gestionnaires d'événements. Nous développerons le code de cette fonction juste après, mais pour l'instant, appelons `SetProperties()` afin de créer notre objet. Le code du Listing 10.7 est exécuté dans le gestionnaire d'événements de page `onload` afin de positionner les propriétés de la zone de texte.

Listing 10.7 : initialisation du script

```
window.onload = function(){
  var elemSpan = document.createElement("span");
  elemSpan.id = "spanOutput";
  elemSpan.className = "spanTextDropdown";
  document.body.appendChild(elemSpan);
  document.Form1.txtUserInput.obj =
   SetProperties(document.Form1.txtUserInput,
document.Form1.txtUserValue,'typeAheadData.aspx',
true,true,true,true,"No matching Data",false,null);
}
```

Les gestionnaires d'événements doivent être attribués lorsque la page se charge. Nous devons donc les attribuer au gestionnaire d'événements `window.onload` que nous avons créé précédemment pour ajouter le nouvel élément `span`. Dans cet exemple, seule une zone de texte bénéficie de la fonction de saisie semi-automatique. Nous devons référencer l'élément de formulaire auquel nous souhaitons ajouter la fonction et lui associer une nouvelle propriété appelée `obj`. Nous attribuerons notre objet personnalisé à cette propriété afin de pouvoir le référencer dans le script pour récupérer nos valeurs, au lieu d'utiliser des variables globales.

Nous positionnons la référence comme égale à la fonction `SetProperties()`. Ensuite, nous attribuons tous les paramètres que nous avons créés dans le Listing 10.6. Notez que nous référençons les deux éléments de formulaire créés dans le Listing 10.3 et que nous appelons la page côté serveur typeAheadData.aspx présentée au Listing 10.1. A présent que le gestionnaire d'événements initialise le processus, nous pouvons ajouter les gestionnaires d'événements qu'appelle notre fonction `SetProperties()`.

Les gestionnaires d'événements

Afin de pouvoir détecter les actions de l'utilisateur dans la zone de texte à saisie semi-automatique, nous devons ajouter des gestionnaires d'événements au formulaire. Les deux principales tâches consistent ici à surveiller la frappe au clavier de l'utilisateur et à vérifier s'il quitte la zone de texte. Comme le montre le Listing 10.8, nous utilisons des gestionnaires d'événements pour détecter les actions de l'utilisateur.

Listing 10.8 : ajout des gestionnaires d'événements

```
var isOpera=(navigator.userAgent.toLowerCase().indexOf("opera")!= -1);
      function AddHandler(objText){
        objText.onkeyup = GiveOptions;
        objText.onblur = function(){
          if(this.obj.useTimeout)StartTimeout();
        }
        if(isOpera)objText.onkeypress = GiveOptions;
}
```

Le Listing 10.8 commence par une instruction de détection de navigateur. La détection de navigateur sera exploitée à différents endroits dans cet exemple, car le navigateur Opera se comporte différemment pour ce qui concerne la détection d'appuis sur les touches. Il s'agit ici du moyen le plus simple de vérifier si le navigateur est Opera, mais ce n'est pas toujours le moyen le plus fiable, car Opera peut se comporter comme d'autres navigateurs.

Notre fonction `AddHandler()` se voit attribuer une référence à la zone de texte. Cette référence nous permet d'attacher les gestionnaires d'événements `onkeyup` et `onblur` à l'élément. Le gestionnaire d'événements `onkeyup` déclenche une fonction appelée `GiveOptions()` lorsque la touche du clavier est relâchée. Lorsque l'utilisateur tape un mot de cinq lettres, la fonction `GiveOptions` est donc lancée cinq fois au relâchement de chaque touche.

Le gestionnaire d'événements `onblur` que nous attachons à notre zone de texte appelle la fonction `StartTimeout()` lorsque l'utilisateur quitte la zone de texte (lorsque cette dernière n'est plus active). La zone de texte est notamment désactivée (on dit aussi qu'elle "perd le focus") lorsque l'utilisateur clique sur une autre partie de l'écran ou appuie sur la touche Tab. Nous développerons la fonction `StartTimeout()` dans le Listing 10.19.

La détection pour le navigateur Opera est nécessaire parce que ce dernier ne déclenche pas le gestionnaire d'événements `onkeyup` de la même manière que les autres navigateurs. Lorsque `onkeyup` est déclenché, Opera n'affiche pas la valeur dans la zone de texte qui inclut la frappe de touche actuelle. L'ajout du gestionnaire d'événements `onkeypress` à Opera corrige ce problème. Nous vérifions le type du navigateur à l'aide de la variable booléenne `isOpera` et nous attribuons notre gestionnaire d'événements `onkeypress` à notre zone de texte. Avec ce gestionnaire d'événements, Opera se comporte comme les autres navigateurs. Maintenant que la frappe des touches peut être détectée, il est possible de spécifier les actions requises dans la fonction `GiveOptions()`.

Gérer les frappes de touches

La fonction `GiveOptions()` que nous allons créer est appelée lorsque les événements `keypress` sont déclenchés. Cette fonction possède deux tâches principales : déterminer l'action à réaliser en fonction de la touche enfoncée et déterminer s'il faut recourir à Ajax pour récupérer les données depuis le serveur ou utiliser des données déjà en notre possession. La fonction `GiveOptions()` se charge donc du même rôle que la mise en cache des données dont nous avons traité au début de ce chapitre. Grâce à ce code côté client qui gère les frappes de touches supplémentaires, nous diminuons la consommation de la bande passante de notre outil de saisie semi-automatique. Pour implémenter notre cache d'options, positionnons des variables globales sur le client. Le code du Listing 10.9 contient une liste des variables globales avec lesquelles nous devons commencer.

Listing 10.9 : variables globales employées dans le projet

```
var arrOptions = new Array();
var strLastValue = "";
var bMadeRequest;
var theTextBox;
var objLastActive;
var currentValueSelected = -1;
var bNoResults = false;
var isTiming = false;
```

La première variable globale est `arrOptions`. Cette variable référence un tableau qui contient toutes les options disponibles de la requête serveur. La variable suivante est `strLastValue`, qui contient la dernière chaîne qui se trouvait dans la zone de texte. La variable `bMadeRequest` est un drapeau booléen qui nous permet de savoir qu'une requête a déjà été transmise au serveur afin de ne pas envoyer de nouvelle requête inutile. Le drapeau est justement destiné à ceux dont la vitesse de frappe clavier est très élevée. Nous n'avons donc pas à nous occuper de délais comme le fait Google.

La variable `theTextBox` contient une référence à la zone de texte active. `objLastActive` contient la référence à la dernière zone de texte active. Ces deux variables sont utilisées pour déterminer si le jeu de données doit être actualisé lorsque l'utilisateur bascule d'une zone de texte à une autre. Il n'y a certes qu'une seule zone de texte dans notre exemple, mais si cette solution est implémentée dans une fenêtre qui contient de multiples zones de texte, il convient de savoir laquelle est active. La variable suivante, `currentValueSelected`, agit comme le `selectedIndex` d'une liste déroulante. Si la valeur est `–1`, rien n'est sélectionné. La variable globale finale dont nous avons besoin pour l'instant est la variable booléenne `bNoResults`. Elle nous indique s'il n'y a pas de résultat, auquel cas nous pouvons nous passer d'en rechercher. La variable `isTiming` nous permet de déterminer si un minuteur s'exécute sur la page. Le minuteur s'exécute afin de masquer les options après un certain temps d'inactivité.

Si vous ne comprenez pas exactement les rôles de ces variables globales pour le moment, ne vous inquiétez pas : vous les comprendrez bien mieux lorsque vous commencerez à y recourir. Une fois que toutes nos variables globales sont référencées, nous pouvons construire la fonction `GiveOptions()`, qui est déclenchée par les frappes de touches dans la zone de texte. La fonction `GiveOptions()` du Listing 10.10 nous permet de déterminer l'action que l'utilisateur a réalisée dans la zone de texte.

Listing 10.10 : code JavaScript de détection pour la frappe des touches

```
function GiveOptions(e){
  var intKey = -1;
  if(window.event){
    intKey = event.keyCode;
    theTextBox = event.srcElement;
  }
  else{
    intKey = e.which;
    theTextBox = e.target;
  }
  if(theTextBox.obj.useTimeout){
    if(isTiming)EraseTimeout();
    StartTimeout();
  }

  if(theTextBox.value.length == 0
    && !isOpera){
    arrOptions = new Array();
    HideTheBox();
    strLastValue = "";
    return false;
  }

  if(objLastActive == theTextBox){
    if(intKey == 13){
      GrabHighlighted();
      theTextBox.blur();
      return false;
    }
    else if(intKey == 38){
      MoveHighlight(-1);
      return false;
    }
    else if(intKey == 40){
      MoveHighlight(1);
      return false;
    }
  }
```

❶ **Détection de l'appui sur les touches**

❷ **Réinitialisation du minuteur**

❸ **La zone de texte contient-elle quelque chose ?**

❹ **Détection des touches spéciales de fonction**

```
    if(objLastActive != theTextBox ||
      theTextBox.value
      .indexOf(strLastValue) != 0 ||
      ((arrOptions.length==0 ||
      arrOptions.length==15 )
      && !bNoResults) ||
      (theTextBox.value.length
         <= strLastValue.length)){          ❺ Gestion de l'appui
                                               sur les touches
      objLastActive = theTextBox;
      bMadeRequest = true
      TypeAhead(theTextBox.value)
    }
    else if(!bMadeRequest){
      BuildList(theTextBox.value);
    }
    strLastValue = theTextBox.value;        ❻ Enregistrement de la saisie
  }
```

Lorsque l'utilisateur tape un mot, cette fonction lance une nouvelle recherche en interrogeant le serveur pour obtenir les données correspondantes ou opère avec le jeu de résultats mis en cache. S'il n'est pas nécessaire de récupérer de nouvelles données depuis le serveur, nous appelons la fonction `BuildList()` qui limite le jeu de résultats. Nous reviendrons plus en détail sur ce mécanisme dans la section "Construire la liste de résultats", plus loin dans ce chapitre.

La fonction `GiveOptions()` est déclarée avec le paramètre `e`, qui nous permet de détecter la source de l'événement. En premier lieu, nous devons déclarer la variable locale `intKey`. Cette variable contient le code de la touche enfoncée par l'utilisateur ❶. Pour savoir quelle touche a été enfoncée, nous devons savoir quelle méthode le navigateur de l'utilisateur requiert. S'il prend en charge la propriété `window.event`, nous savons que le navigateur est Internet Explorer. Nous utilisons `event.keyCode` pour obtenir le code de la touche, et `event.srcElement` pour obtenir l'objet zone de texte. Pour les autres navigateurs, nous employons `e.which` pour obtenir le code de la touche et `e.target` pour la référence à l'objet de zone de texte.

Nous devons ensuite vérifier si la zone de texte utilise un minuteur pour masquer la liste des suggestions ❷. Pour cela, nous référençons la propriété `obj` (créée précédemment) de la zone de texte et la valeur booléenne `useTimeout`. Si le minuteur s'exécute, nous l'annulons et le redémarrons en appelant les fonctions `EraseTimeout()` et `StartTimeout()`, que nous programmerons dans la section "Utiliser des minuteurs JavaScript".

Ensuite, nous vérifions si la zone de texte contient quelque chose ❸. Si elle est vide, nous appelons la fonction `HideTheBox()` (développée dans la section "Définir la valeur sélectionnée"), attribuons la valeur `null` à `strLastValue` et retournons `false` pour quitter la fonction.

Si la zone de texte contient du texte, nous pouvons poursuivre. Avant de détecter la touche Entrée et les touches fléchées, nous devons vérifier que la zone de texte active correspond bien à la dernière zone qui était active.

La première touche à détecter est la touche Entrée, dont le code est 13 ❹. Cette détection nous permet de récupérer la valeur de l'élément sélectionné dans la liste déroulante et de le placer dans la zone de texte visible. Nous appelons donc la fonction `GrabHighlighted()` (que nous développerons aussi dans la section "Définir la valeur sélectionnée"). Ensuite, nous désactivons la zone de texte et quittons la fonction.

Les deux touches suivantes que nous souhaitons capturer sont les touches fléchées du haut et du bas, dont les valeurs sont respectivement 38 et 40. Ces touches servent à déplacer vers le haut et vers le bas la sélection en surbrillance dans la liste des options. Dans la Figure 10.4, la barre en gris foncé correspond à l'élément sélectionné. La touche fléchée du bas permet de sélectionner l'élément suivant dans la liste. Cette fonction est traitée plus en détail dans la section "Passer les options en surbrillance". L'important à noter ici est que la touche fléchée du bas transmet la valeur `1` à la fonction `MoveHighlight()`, tandis que la touche fléchée du haut transmet la valeur `–1`.

Si aucune touche spéciale n'a été enfoncée, nous vérifions s'il faut contacter le serveur afin d'obtenir des valeurs ou s'il faut employer la liste déjà fournie par le serveur ❺. Ici encore, nous utilisons le mécanisme de mise en cache de ce script pour limiter les renvois au serveur et réduire la charge du serveur. Quelques vérifications peuvent être opérées afin de voir s'il faut obtenir de nouveaux résultats. La première consiste à vérifier si la dernière zone de texte active est la même que celle qui l'est actuellement. La deuxième consiste à s'assurer que le texte tapé par l'utilisateur dans la zone de texte n'est pas le même que le précédent, avec un simple ajout à la fin. S'il n'y a pas de résultat ou si notre jeu de résultats est constitué de 15 éléments ou moins, nous devons interroger le serveur. La dernière vérification consiste à s'assurer que la longueur de la valeur courante est supérieure à l'ancienne. Si toutes ces vérifications sont probantes, nous devons obtenir de nouvelles données auprès du serveur. Nous positionnons `objLastActive` en lui attribuant la valeur de la zone de texte active. Nous positionnons ensuite une valeur booléenne qui indique qu'une requête a été transmise, afin de ne pas transmettre plusieurs fois la même requête, et nous appelons notre fonction `TypeAhead()` pour récupérer les valeurs.

Ensuite, nous positionnons la chaîne courante dans la zone de texte à la dernière chaîne connue ❻. Nous utiliserons cette valeur à nouveau pour vérifier si nous devons interroger le serveur au prochain appui sur une touche. Voilà qui nous ramène à la question de l'accès au serveur.

Accéder au serveur

L'objet XMLHttpRequest permet de transférer le texte de la zone de texte au serveur et de récupérer les résultats en retour. Dans le cas présent, nous postons les données au serveur, car la page côté serveur créée dans le Listing 10.1 référence les éléments transmis dans un formulaire. Nous devons spécifier dans notre ContentLoader l'emplacement de la page sur le serveur, la fonction à appeler une fois l'opération terminée et les paramètres de formulaires à transmettre au formulaire, comme le montre le Listing 10.11.

Listing 10.11 : fonction Ajax pour la retransmission des données au serveur

```
function TypeAhead(xStrText){
  var strParams = "q=" + xStrText +
    "&where=" + theTextBox.obj.matchAnywhere;
  var loader1 = new net.ContentLoader(
    theTextBox.obj.serverCode,
    BuildChoices,null,"POST",strParams);
}
```

En appelant `TypeAhead()` depuis la fonction `GiveOptions()`, nous avons passé la valeur de la chaîne courante de la zone de texte afin de réaliser la recherche. Nous devons construire la chaîne de paramètres `strParams` qui contient la valeur de chaîne de notre zone de texte et la valeur booléenne `matchAnywhere` (ces deux valeurs ont déjà été exploitées au Listing 10.1 pour la génération des résultats). Ensuite, nous démarrons le chargement du document en appelant le ContentLoader. Les deux premiers paramètres dans le ContentLoader nous servent à transmettre l'URL de la page côté serveur et la fonction JavaScript à appeler lorsque les résultats sont retournés. Le troisième paramètre prend la valeur `null`, car nous ne souhaitons pas tenir compte des messages d'erreurs. Le fait d'ignorer les messages d'erreurs permet à la fonction de saisie semi-automatique d'agir comme une zone de texte normale. Les deux dernières propriétés informent le ContentLoader que les données doivent être postées au serveur et que les paramètres de formulaires doivent être transmis par le biais de la chaîne `strParams`.

Lorsque les résultats sont retournés depuis le serveur, la fonction `BuildChoices()` est appelée afin que le traitement des données puisse être terminé sur le client. Lorsque nous avons développé le code côté serveur, nous avons retourné les résultats sous la forme d'un tableau JavaScript à deux dimensions. Ce tableau contenait les paires texte-valeur des options de la liste de suggestions. Dans notre réponse ici, il s'agit cependant simplement d'une chaîne de caractères. Nous devons prendre cette chaîne retournée et la rendre accessible sous forme de tableau JavaScript. Le Listing 10.12 contient la fonction qui exécute les informations retournées par notre ContentLoader à l'aide de la méthode `eval()`.

Listing 10.12 : transformation de la propriété *responseText* en un tableau JavaScript

```
function BuildChoices(){
  var strText = this.req.responseText;
  eval(strText);
  BuildList(strLastValue);
  bMadeRequest = false;
}
```

La propriété `responseText` de l'objet de requête retourné nous permet d'obtenir le texte de la requête Ajax. Pour que cette chaîne retournée puisse être exploitée par notre code JavaScript, nous devons nous servir de la méthode `eval()`. Cette méthode évalue la chaîne contenue dans ses parenthèses. Dans le cas présent, elle reconnaît la chaîne comme étant une déclaration de variable qui vise à créer un nouveau tableau. Elle traite le tableau afin que nous puissions y accéder. Si nous nous contentions d'écrire la chaîne dans la page, nous ne pourrions y accéder par le biais des instructions JavaScript. Les développeurs rechignent à utiliser la méthode `eval()`, réputée lente, mais nous évitons ici d'avoir à parcourir en boucle un document XML sur le client afin de récupérer les valeurs. La fonction `BuildList()` peut maintenant être appelée afin de formater et d'afficher les résultats retournés. Nous souhaitons également positionner notre variable booléenne `bMadeRequest` à `false` afin d'informer le reste du script que la requête auprès du serveur est terminée.

Construire l'élément *span* des résultats

Le recours au JavaScript pour la manipulation du document courant est généralement apparenté à du DHTML. Dans cet exemple, nous prenons un tableau à deux dimensions que nous transformons en lignes de texte à l'écran. A la Figure 10.4, la liste des mots inclut à chaque ligne une portion de texte souligné. Cette portion correspond au texte saisi par l'utilisateur. Nous allons afficher ces mots dans l'élément `span`.

La fonction `BuildList()` présentée dans le Listing 10.13 utilise une série de trois fonctions qui servent à retrouver les mots correspondants, à positionner l'élément `span` et à formater les résultats grâce au soulignement.

Listing 10.13 : formatage des résultats pour l'affichage

```
function BuildList(theText){
  SetElementPosition(theTextBox);     <—— Positionnement de l'élément
  var theMatches = MakeMatches(theText);     <—— Formater les portions
  theMatches = theMatches.join().replace(/\,/gi,"");   correspondantes
  if(theMatches.length > 0){
    document.getElementById("spanOutput")
      .innerHTML = theMatches;
    document.getElementById(
      "OptionsList_0").className =             —— Afficher les résultats
      "spanHighElement";
    currentValueSelected = 0;
    bNoResults = false;
  }
```

```
    else{
      currentValueSelected = -1;
      bNoResults = true;
      if(theTextBox.obj.showNoMatchMessage)
        document.getElementById(
          "spanOutput").innerHTML =
          "<span class='noMatchData'>" +
          theTextBox.obj
          .noMatchingDataMessage +
          "</span>";
      else HideTheBox();
    }
  }
```

Afficher le message d'absence de résultat

La fonction `BuildList()` du Listing 10.13 récupère la chaîne entrée par l'utilisateur et formate les résultats. La première chose à faire est de positionner dynamiquement l'élément `span` sous la zone de texte dont la fonction de saisie semi-automatique est implémentée. Pour cela, nous appelons la fonction `SetElementPosition()` (développée dans la section "Définir la position d'un élément de manière dynamique"). Une fois l'élément `span` positionné, nous pouvons commencer à manipuler le tableau afin de retrouver les chaînes correspondantes avec la fonction `MakeMatches()` (voir la section "Utiliser des expressions régulières"). Cette fonction retourne un tableau qui présente les informations correspondant à la saisie de l'utilisateur. Nous limitons les résultats sur le client, à l'aide du code JavaScript, plutôt que de réaliser ce traitement côté serveur comme le font la plupart des solutions de saisie semi-automatique disponibles sur Internet.

La fonction `MakeMatches()` formate les résultats et les retourne sous forme de tableau. Nous transformons ce tableau en une chaîne grâce à la méthode `join`. Si la longueur de la chaîne est supérieure à 0, nous pouvons afficher les résultats dans un élément `span` en positionnant sa propriété `innerHTML`. Ensuite, nous sélectionnons le premier élément dans la liste et positionnons sa propriété `className` de manière à le mettre en surbrillance.

Si le tableau retourné ne contient pas de données, nous affichons, si la zone de texte l'autorise, notre message signalant qu'il n'y a pas de résultat. Nous nous assurons que `currentSelectedValue` est positionnée à `-1` afin de savoir qu'il n'y a pas de correspondances. Si aucun message ne doit être affiché, nous masquant simplement la boîte.

Nous avons terminé la fonction `BuildList()`. Nous devons donc créer à présent toutes les fonctions qu'elle appelle. Commençons par `SetElementPosition()`.

Définir la position d'un élément de manière dynamique

La zone de texte est positionnée sur la page par le moteur de mise en page du navigateur. Nous souhaitons placer la fonction DHTML de saisie semi-automatique en l'alignant exactement avec la zone de texte. L'une de nos tâches les plus difficiles consiste à retrouver la position d'un élément non positionné (dans le cas présent, la zone de texte) afin de déterminer les coordonnées de la liste déroulante. On appelle élément non positionné un élément que l'on positionne de manière relative sur la page, sans spécifier ses coordonnées gauche et supérieure absolues. Nous avons donc besoin de code JavaScript pour déterminer la position de notre élément afin que notre liste de choix s'aligne directement en dessous. Dans le Listing 10.14, nous positionnons dynamiquement l'élément `span` afin de l'aligner sous la zone de texte.

Listing 10.14 : retrouver la position d'un élément non positionné

```
function SetElementPosition(theTextBoxInt){

  var selectedPosX = 0;
  var selectedPosY = 0;
  var theElement = theTextBoxInt;
  if (!theElement) return;
  var theElemHeight = theElement.offsetHeight;
  var theElemWidth = theElement.offsetWidth;
  while(theElement != null){
    selectedPosX += theElement.offsetLeft;
    selectedPosY += theElement.offsetTop;
    theElement = theElement.offsetParent;
  }
  xPosElement = document.getElementById("spanOutput");
  xPosElement.style.left = selectedPosX;
  if(theTextBoxInt.obj.matchTextBoxWidth)
    xPosElement.style.width = theElemWidth;
  xPosElement.style.top = selectedPosY + theElemHeight
  xPosElement.style.display = "block";
  if(theTextBoxInt.obj.useTimeout){
    xPosElement.onmouseout = StartTimeout;
    xPosElement.onmouseover = EraseTimeout;
  }
  else{
    xPosElement.onmouseout = null;
    xPosElement.onmouseover = null;
  }
}
```

Nous déclarons notre fonction `SetElementPosition()`, qui prend un paramètre : la référence à l'objet zone de texte. Deux variables locales, `selectedPosX` et `selectedPosY`, sont positionnées à 0. Ces deux entiers servent à calculer la position de l'élément. La référence à la zone de texte est définie dans une autre variable locale. La largeur et la hauteur de la zone de texte sont obtenues en référençant les propriétés `offsetHeight` et `offsetWidth`.

Une boucle `while` est utilisée pour parcourir l'arbre du document, afin d'obtenir les positions X et Y de l'élément relatif à son parent. Pour chaque parent positionné, nous pouvons trouver la position exacte de l'élément enfant en ajoutant le décalage défini par les deux variables locales que nous avons créées.

Une fois que nous avons la position de la zone de texte, nous pouvons récupérer la référence à l'objet `span` et l'employer pour définir les positions gauche et supérieure de la liste déroulante de suggestions. Ensuite, nous examinons l'objet `obj` de la zone de texte que nous avons créé afin de voir si sa propriété `width` doit correspondre à la largeur de la zone de texte. Si la valeur booléenne est `true`, nous positionnons la largeur de l'élément `span`. Si la valeur booléenne est `false`, la largeur reste celle spécifiée par la feuille de style. La dernière étape consiste à modifier la visibilité de l'élément `span` afin qu'il ne soit plus masqué. Nous le faisons en positionnant la propriété `display` à `block`.

Maintenant que notre élément `span` est correctement positionné et visible, nous pouvons développer le code qui sert à remplir le contenu des options sélectionnables.

Utiliser des expressions régulières

Lorsqu'il s'agit de rechercher des segments de chaînes, les expressions régulières représentent l'un des moyens les plus efficaces de retrouver des correspondances. En outre, elles offrent une flexibilité accrue. La fonction `MakeMatches()` que nous allons créer à présent permet de retrouver les mots dans la liste d'options qui correspondent au texte saisi par l'utilisateur dans la zone de texte. Nous pouvons ainsi éviter un aller-retour vers le serveur après chaque frappe de touche, car la fonction s'occupe elle-même de réduire nos choix. Le code du Listing 10.15 nous permet d'économiser la bande passante en limitant notre jeu de résultats.

Listing 10.15 : utiliser des expressions régulières pour limiter les résultats

```
var countForId = 0;
function MakeMatches(xCompareStr){

  countForId = 0;
  var matchArray = new Array();
  var regExp = new RegExp(theTextBox.obj.regExAny +
    xCompareStr,theTextBox.obj.regExFlags);
  for(i=0;i<arrOptions.length;i++){
    var theMatch = arrOptions[i][0].match(regExp);
    if(theMatch){
      matchArray[matchArray.length]=
        CreateUnderline(arrOptions[i][0],
                        xCompareStr,i);
    }
  }
  return matchArray;
}
```

Nous créons la fonction `MakeMatches()`, qui prend en paramètre la chaîne entrée par l'utilisateur. Ensuite, nous réinitialisons la variable `countForId` à `0` et créons une variable de tableau locale `matchArray` (notez que `countForId` est une variable globale, ce qui simplifie l'exemple pour l'instant ; nous nous en débarrasserons plus tard, dans la section relative au réusinage !).

Le principe de cette fonction est de créer une expression régulière qui retrouve les options qui correspondent à la saisie de l'utilisateur. Puisque nous avons déjà déterminé les paramètres pour l'expression régulière en créant le code du Listing 10.6, nous devons simplement référencer notre objet de zone de texte. Nous ajoutons la propriété `reqExAny`, qui indique si les correspondances doivent porter sur le début de chaîne ou sur n'importe quelle portion des chaînes. La propriété `regExFlags` indique s'il faut ignorer la casse lors de la recherche des correspondances.

Lorsque l'expression régulière est complète, nous parcourons en boucle le tableau `arrOptions` afin de vérifier que les options du tableau correspondent à notre expression régulière. Si c'est le cas, nous ajoutons le texte à notre tableau `matchArray` après avoir appelé la fonction `CreateUnderline()`. Cette dernière formate le code à afficher.

Une fois que nous avons parcouru en boucle tous les éléments dans notre tableau, nous retournons les options correspondantes à la fonction principale `BuildList()`, qui s'occupent d'afficher les correspondances. `MakeMatches()` fournit le mécanisme de mise en cache que nous avons présenté précédemment. Au lieu de retourner sur le serveur afin de limiter la recherche à chaque frappe de touche, nous utilisons les expressions régulières pour limiter les options offertes à l'utilisateur. La fonction `CreateUnderline()` est la dernière étape du formatage des résultats.

Manipuler des chaînes

La dernière étape requise pour formater les chaînes et permettre à l'utilisateur de les voir et d'interagir avec consiste à les manipuler de manière à ce qu'elles soient englobées dans une balise `span`, soulignées sur la portion de texte correspondante et associées à un gestionnaire d'événements `onclick` qui permet de les sélectionner à la souris. Cette section s'appuie de nouveau sur des expressions régulières pour construire la chaîne formatée, comme le montre le Listing 10.16.

Listing 10.16 : manipulation de chaînes en JavaScript

```
var undeStart = "<span class='spanMatchText'>";
var undeEnd = "</span>";

var selectSpanStart = "<span style='width:100%;display:block;'
  class='spanNormalElement' onmouseover='SetHighColor(this)' ";
var selectSpanEnd ="</span>";

function CreateUnderline(xStr,xTextMatch,xVal){
  selectSpanMid = "onclick='SetText(" + xVal + ")'" +
    "id='OptionsList_" +
    countForId + "' theArrayNumber='"+ xVal +"'>";
  var regExp = new RegExp(theTextBox.obj.regExAny +
    xTextMatch,theTextBox.obj.regExFlags);
  var aStart = xStr.search(regExp);
```

```
    var matchedText = xStr.substring(aStart,
                            aStart + xTextMatch.length);
    countForId++;
    return selectSpanStart + selectSpanMid +
           xStr.replace(regExp,undeStart +
           matchedText + undeEnd) + selectSpanEnd;
}
```

Nous définissons deux variables afin de contenir les chaînes utilisées pour insérer une classe CSS autour de la portion de texte qui correspond à la saisie de l'utilisateur. Nous parvenons ainsi à formater aisément le texte. La première variable, `undeStart`, contient notre balise `span` de départ. La seconde, `undeEnd`, contient la balise `span` de fermeture.

Les deux variables suivantes forment le conteneur pour la chaîne entière. Ce conteneur global permet de spécifier une couleur d'arrière-plan et de vérifier si l'utilisateur clique sur la cellule. Dans la variable `selectSpanStart`, nous avons ajouté un comportement `mouseover` qui passe la cellule en surbrillance. La variable `selectSpanEnd` ferme simplement la balise de l'élément `span`.

Notre fonction `CreateUnderline()` est appelée par la fonction `MakeMatches()` que nous venons de programmer. `MakeMatches()` passe trois paramètres : la chaîne entrée par l'utilisateur, le texte de l'option et la valeur de l'option. Une fois ces données passées, nous pouvons développer le gestionnaire `onclick` et ajouter un ID pour l'élément `span`. Le gestionnaire `onclick` nous permet de sélectionner l'option, et l'ID nous permet de recourir au DOM pour la sélectionner dans la liste.

Nous utilisons encore une expression régulière pour retrouver la portion qui correspond au texte tapé par l'utilisateur, afin de souligner cette portion de la chaîne. La méthode `search` sert à déterminer si le texte correspondant figure dans la chaîne. Une fois trouvé l'emplacement dans la chaîne, nous pouvons obtenir la sous-chaîne afin de conserver le formatage original. Notre compteur `countForId` est incrémenté et nous retournons notre chaîne formatée en joignant ensemble tous les éléments `span` que nous avons créés. Le texte retourné est maintenant formaté, mais nous devons encore terminer les classes CSS que nous avons ajoutées aux éléments `span`.

Nous avons attribué des noms de classes CSS aux éléments `span`. Du coup, il n'y a pas besoin d'accéder manuellement au code JavaScript pour modifier les propriétés du texte. On peut changer la couleur de la zone de texte de saisie semi-automatique et formater cette zone à volonté en modifiant simplement les quelques règles CSS suivantes :

```
span.spanMatchText{ text-decoration: underline;
                    font-weight: bold; }
span.spanNormalElement{ background: #C0C0C0; }
span.spanHighElement{ background: #000040;
                      color: white;
                      cursor: pointer; }
span.noMatchData{ font-weight: bold;
                  color: #0000FF; }
```

A la Figure 10.4, le texte correspondant à la saisie de l'utilisateur était passé en gras et souligné. Ces deux propriétés sont listées ici dans la règle CSS `span.spanMatchText`. Le style par défaut de l'élément `span` est représenté par `span.spanNormalElement`, qui contient une couleur d'arrière-plan gris. L'élément sélectionné se voit appliquer la règle CSS `span.spanHighElement`. Si vous observez la Figure 10.4 de nouveau, vous verrez que l'arrière-plan est gris foncé et que le texte est en blanc. Le curseur est également remplacé par un pointeur, afin que l'utilisateur sache qu'il peut sélectionner les options avec la souris. D'autres propriétés peuvent être ajoutées aux éléments, comme le type de police, la taille de police, les propriétés de bordure, etc. Maintenant que les règles de feuille de style sont établies, nous avons fini de travailler sur la sortie des résultats. Il ne nous reste plus qu'à gérer les touches fléchées et la touche Entrée, puis à créer notre minuteur (qui masque les options au bout d'un certain temps d'inactivité).

Passer les options en surbrillance

Nous avons précédemment capturé les appuis sur les touches fléchées du haut et du bas, afin que l'utilisateur puisse déplacer le `selectedIndex` vers le haut et vers le bas sans se servir de la souris. Les touches fléchées transmettent la valeur `1` (pour descendre d'une option) ou `–1` (pour remonter d'une option). Lorsque nous déplaçons la sélection, nous appliquons les classes CSS aux éléments `span`. Nous modifions en outre la variable globale `currentValueSelected` de manière à ce qu'elle contienne notre index courant. La fonction `MoveHighlight()` du Listing 10.17 propose une interface utilisateur plus riche car elle interagit à la fois avec la souris et avec le clavier.

Listing 10.17 : modification des noms de classes CSS des éléments en JavaScript

```
function MoveHighlight(xDir){
  if(currentValueSelected >= 0){
    newValue = parseInt(currentValueSelected) + parseInt(xDir);
    if(newValue > -1 && newValue < countForId){
      currentValueSelected = newValue;
      SetHighColor (null);
    }
  }
}

function SetHighColor(theTextBox){
  if(theTextBox){
   currentValueSelected =
   theTextBox.id.slice(theTextBox.id.indexOf("_")+1,
   theTextBox.id.length);
  }
  for(i = 0; i < countForId; i++){
    document.getElementById('OptionsList_' + i).className =
     'spanNormalElement';
  }
  document.getElementById('OptionsList_' +
    currentValueSelected).className = 'spanHighElement';
}
```

La fonction `MoveHighlight()` permet à l'utilisateur de se servir des touches fléchées du haut et du bas pour opérer une sélection. La fonction accepte un paramètre, `xDir`, qui symbolise le sens dans lequel la mise en surbrillance doit être déplacée. Une première vérification est effectuée afin de s'assurer que nous avons des options à sélectionner. Si c'est le cas, nous pouvons obtenir la nouvelle valeur. Nous vérifions que cette valeur se trouve dans l'intervalle de la sélection. Le cas échéant, nous positionnons `currentValueSelected` et passons à la fonction suivante, `SetHighColor()`, afin de mettre en surbrillance la nouvelle sélection.

`SetHighColor()` est appelée lors de deux événements différents : l'appui sur les touches fléchées et le gestionnaire d'événements `onmouseover`. Elle supprime la mise en surbrillance de la dernière option sélectionnée et l'ajoute à la nouvelle option choisie. L'événement `onmouseover` du Listing 10.16 passe l'objet `span` ; nous devons donc obtenir le numéro d'index du `span` en récupérant l'ID. Les touches fléchées passent cette valeur : nous n'avons pas besoin de réaliser cette action car la fonction `moveHighlight()` a déjà positionné `currentValueSelected`.

Nous parcourons en boucle toutes les balises `span` et positionnons leur classe CSS à `spanNormalElement`. Leur apparence est ainsi réinitialisée à leur état désélectionné. Une fois la boucle terminée, nous ajoutons la classe CSS à l'option sélectionnée. Grâce aux deux fonctions que nous venons de créer, l'utilisateur peut maintenant choisir une option en se servant aussi bien de la souris que du clavier. Il ne reste plus qu'à récupérer cette valeur sélectionnée et à l'ajouter dans la zone de texte.

Définir la valeur sélectionnée

Le but de la fonction de saisie semi-automatique est de permettre à l'utilisateur de choisir des options afin de minimiser l'effort requis pour remplir un champ de formulaire. Pour cela, nous devons récupérer l'index de l'élément sélectionné et attribuer son texte à la zone de texte, et sa valeur à la zone de texte cachée. Les trois fonctions du Listing 10.18 permettent à notre élément `span` d'agir comme un élément HTML `select`.

Listing 10.18 : gestion des événements de clics et d'appuis sur les touches fléchées

```
function SetText(xVal){
  theTextBox.value = arrOptions[xVal][0];  //set text value
  theTextBox.obj.hidden.value = arrOptions[xVal][1];
  document.getElementById("spanOutput").style.display = "none";
  currentValueSelected = -1;  //remove the selected index
}

function GrabHighlighted(){
  if(currentValueSelected >= 0){
    xVal = document.getElementById("OptionsList_" +
      currentValueSelected).getAttribute("theArrayNumber");
    SetText(xVal);
    HideTheBox();
  }
}
```

```
function HideTheBox(){
  document.getElementById("spanOutput").style.display = "none";
  currentValueSelected = -1;
  EraseTimeout();
}
```

`GrabHighlighted()` permet d'obtenir le texte et la valeur de l'élément sélectionné. Nous devons d'abord voir si l'utilisateur a sélectionné une valeur. Si c'est le cas, nous obtenons le numéro d'index du tableau `arrOptions` dans lequel se trouve le texte. Pour cela, nous récupérons la valeur à partir de l'attribut `theArrayNumber` que nous avons positionné précédemment. Ensuite, nous appelons la fonction `SetText()` pour définir le texte et la valeur de l'option sélectionnée dans leurs éléments de formulaire respectifs.

`SetText()` utilise la valeur d'index passée sous forme de paramètre pour indexer le tableau `arrOptions`. Le texte que l'utilisateur aperçoit est positionné en indexant le premier index du tableau. L'élément de formulaire caché reçoit la deuxième valeur d'index stockée dans le tableau. Après avoir récupéré les valeurs, nous faisons disparaître la liste d'options de l'écran en appelant la fonction `HideTheBox()`.

`HideTheBox()` permet de faire disparaître l'élément `spanOutput`. Pour cela, nous référençons l'élément `span` et positionnons sa propriété `style.display` à `none`. Nous supprimons l'index sélectionné en positionnant la variable `currentValueSelected` à –1. Tous les minuteurs qui ont été définis sont supprimés en appelant `EraseTimeout()`, que nous allons développer à présent.

Utiliser des minuteurs JavaScript

Nous voici parvenus à la dernière section JavaScript pour notre fonction de saisie semi-automatique.

En JavaScript, la méthode `setTimeout()` procède à l'exécution d'une instruction après un délai spécifié. Ce délai est exprimé en millisecondes, comme dans le cas de l'objet créé au Listing 10.6. Nous utilisons ce minuteur pour masquer l'élément `span` des suggestions après un certain délai d'inactivité. Si le paramètre dans notre objet `useTimeout` est positionné à `true`, cette fonction est appelée. Le minuteur du Listing 10.19 ajoute une nouvelle fonction à notre interface utilisateur très développée.

Listing 10.19 : attacher et supprimer des événements de minuteur

```
function EraseTimeout(){
  clearTimeout(isTiming);
  isTiming = false;
}
function StartTimeout(){
  isTiming = setTimeout("HideTheBox()",
              theTextBox.obj.theVisibleTime);
}
```

La fonction `StartTimeout()` positionne le minuteur lorsque la fonction est exécutée. Le minuteur est lancé en attribuant la méthode `setTimeout` à la variable `isTiming`. La méthode `setTimeout` doit appeler la fonction `HideTheBox()` une fois le délai (indiqué par `theVisibleTime`) écoulé.

Il ne nous reste plus qu'à supprimer le délai. Pour l'annuler, nous créons la fonction `EraseTimeout()` qui utilise la fonction JavaScript intégrée `clearTimeout()` pour empêcher que `HideTheBox()` ne soit déclenchée. Pour finir, nous positionnons la variable booléenne `isTiming` à `false`.

Avec cette dernière ligne de code, le projet de fonction de saisie semi-automatique peut être lancé ! Enregistrez-le, ouvrez-le et commencez à taper un mot. La Figure 10.5 présente la fonction en cours d'utilisation. La première lettre, "s", retourne plus de 15 options. La seconde, "h", réduit la liste à cinq options. La troisième, "o", isole une seule option, que nous sélectionnons finalement en appuyant sur Entrée. En ajoutant ce projet à vos formulaires, vous pourrez simplifier la vie de vos utilisateurs en leur évitant de taper des mots entiers.

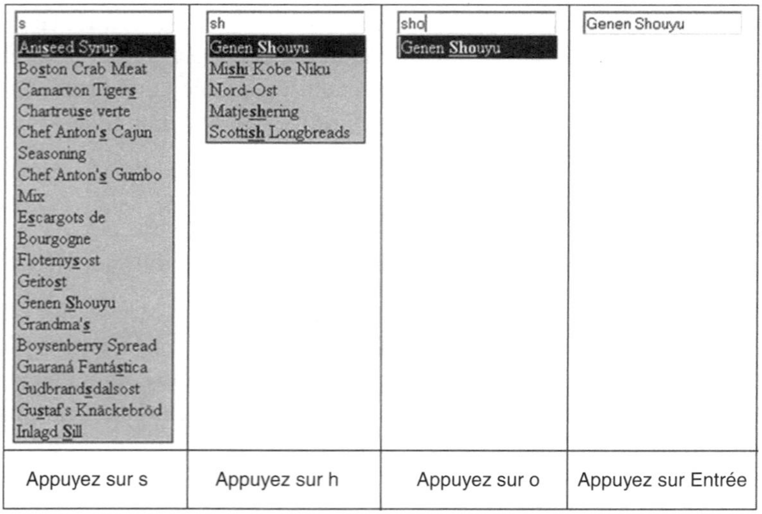

Figure 10.5
Le projet de fonction de saisie semi-automatique.

Ajout de fonctions : plusieurs éléments avec différentes requêtes

Grâce à l'approche que nous avons adoptée pour la conception de ce script, il est possible d'inclure plusieurs listes à saisie semi-automatique dans une même page. Il suffit pour cela d'ajouter des déclarations avec les nouveaux appels à `SetProperties()` pour chaque élément. L'inconvénient de cette méthode tient cependant au fait que nous devons alors référencer plusieurs pages côté serveur. Dans la plupart des cas, cette contrainte ne posera pas de problème, mais il semble possible de l'éviter en n'intervenant principalement que sur l'instruction SQL.

Il est possible de fournir une solution élaborée à ce problème en ajoutant un paramètre supplémentaire à notre objet personnalisé et en le transmettant au serveur. On peut cependant aussi travailler à partir de ce que nous avons élaboré jusque-là en modifiant le moins possible notre code. Dans ce cas, la solution la plus simple consiste à modifier une ligne de notre code et à ajouter une instruction `if` au code côté serveur.

Le but est de pouvoir différencier d'une manière ou d'une autre les éléments sur le serveur, afin de déterminer celui qui est à l'origine de l'envoi. L'une des solutions consiste à se servir du nom de l'élément. Dans notre cas, nous référencerons donc le nom de notre zone de texte. Le Listing 10.20 modifie la chaîne de paramètre afin d'intégrer cette nouvelle fonction :

Listing 10.20 : modification de la fonction *TypeAhead()* pour les requêtes multiples

```
function TypeAhead(xStrText){
  var strParams = "q=" + xStrText + "&where=" +
    theTextBox.obj.matchAnywhere + "&name=" + theTextBox.name;
  var loader1 = new net.ContentLoader(theTextBox.obj.serverCode,
    BuildChoices,null,"POST",strParams);
}
```

Grâce à cette petite modification de la variable `strParams` dans la fonction `TypeAhead()`, nous passons le nom de la zone de texte dans les paramètres de formulaires passés au serveur. Dès lors, il devient possible de référencer cette valeur sur le serveur et d'utiliser une instruction `if-else` ou `case` pour exécuter différentes requêtes selon les cas. Nous n'avons donc plus besoin de recourir à plusieurs pages lorsque nous incluons plusieurs fois la fonction de saisie semi-automatique dans une page.

Réusinage

Maintenant que nous avons développé un ensemble plutôt robuste de fonctions de saisie semi-automatique, il est temps de voir comment enrober cette fonction sous une forme plus affriolante pour le développeur Web qui doit la consommer. A ce stade, nous avons développé la fonction requise pour le comportement recherché, mais on peut repérer plusieurs inconvénients du point de vue du développeur qui devra l'intégrer à ses pages – qui peuvent se compter par dizaines.

Imaginons un instant que nous soyons l'architecte en chef d'un framework Web Ajax et que nous ayons pour tâche d'écrire un composant de saisie semi-automatique que devra utiliser le reste de l'entreprise. Au terme des réunions qui ont conduit à faire le point sur les besoins de chacun, nous nous voyons remettre une feuille consignant l'ensemble des contraintes auxquelles doit répondre notre composant. Sans vraiment savoir dans quoi nous nous embarquons, nous jetons un coup d'œil à la liste (voir Tableau 10.2).

Tableau 10.2 : contraintes fonctionnelles

Numéro	Description de la contrainte	Priorité
1	Le composant doit opérer sur un balisage HTML existant auquel il ne doit imposer aucun changement. Les seules modifications acceptées concernent la section head, afin d'intégrer le composant.	1
2	Le composant doit pouvoir être instancié plusieurs fois dans la même page, sans effort supplémentaire.	1
3	Chaque instance du composant doit être configurable indépendamment des autres, à la fois en ce qui concerne le comportement (prise en compte de la casse des caractères, recherche sur le début ou le milieu de mot, etc.) et la mise en forme CSS.	1
4	Le composant ne doit introduire aucune variable globale. L'entreprise utilise des bibliothèques JavaScript tierces et l'espace de noms global est déjà saturé. Tous les noms globaux, à l'exception de celui du composant lui-même, sont strictement interdits.	1
5	Le composant doit proposer des réglages par défaut cohérents pour toutes les options de configuration.	1
6	Le composant doit pouvoir fonctionner dans Internet Explorer et Firefox.	1
7	Le composant doit s'appuyer sur un framework open source pour réduire la quantité de programmation requise et améliorer la qualité et la robustesse de la solution.	1
8	Ah, oui, et si possible, il faudrait que tout soit terminé d'ici la fin de la semaine…	1

A la lecture de cette liste, plusieurs réflexions nous viennent à l'esprit. D'abord, il faut bien le dire, les dirigeants de cette entreprise n'ont pas l'air de bien comprendre ce que signifie le mot "priorité". Enfin, nous sommes déjà bien habitués à ce problème, aussi passons à l'essentiel : les contraintes. En dépit de tous nos efforts, plus de la moitié restent encore à satisfaire. Notre script est déjà fait : voilà qui répond à la contrainte numéro 7. La contrainte numéro 8 est satisfaite pour la même raison. Notre script est compatible avec les deux navigateurs mentionnés : la contrainte 6 est donc elle aussi réglée. Pour les autres, il nous reste encore à travailler. Nous n'avons qu'une semaine, inutile de lambiner.

Premier jour : développement du plan d'action pour le composant TextSuggest

En premier lieu, il s'agit de savoir comment accélérer notre productivité afin de pouvoir respecter le planning serré qui nous est imparti. Le meilleur moyen de nous y prendre est de nous appuyer sur le travail des autres. Si quelqu'un d'autre peut se charger d'une partie de notre travail, ce sera déjà ça de gagné pour nous. Pour ce composant, nous nous appuierons sur Rico (**http://openrico.org**), et par extension sur Prototype.js (**http://prototype.conio.net**).

Rico propose une infrastructure Ajax, des effets et des méthodes utilitaires qui accéléreront notre développement. Prototype fournit une infrastructure syntaxique agréable qui rendra notre code plus clair et plus rapide à développer. Voyons ce que peuvent nous apporter Prototype et Rico.

Prototype

Prototype offre aux développeurs plusieurs extensions de l'objet JavaScript central et quelques fonctions qui agrémentent le style de la programmation. Dans cet exemple, nous utiliserons les fonctions et les objets suivants :

L'objet Class

L'objet Class introduit dans la bibliothèque Prototype possède une unique méthode `create()` chargée de créer des instances qui peuvent avoir un nombre quelconque de méthodes. La méthode `create()` retourne une fonction qui appelle une autre méthode dans le même objet nommé `initialize()`. Vu de l'intérieur, tout cela paraît compliqué, mais en pratique, tout est très simple. On obtient ainsi un moyen syntaxique de spécifier des types en JavaScript. La syntaxe est la suivante :

```
var TextSuggest = Class.create();

TextSuggest.prototype = {

   initialize: function( p1, p2, p3 ) { <— Appelée durant la construction
   },
   ...
};
```

Ce segment de code crée ce que l'on peut considérer comme une "classe" (bien que le langage lui-même n'offre pas de support pour ce mécanisme) et définit une fonction constructeur nommée `initialize()`. Le client du composant peut créer une instance à l'aide de cette ligne de code :

```
var textSuggest = new TextSuggest(p1, p2, p3);
```

La méthode extend()

La bibliothèque Prototype étend l'objet de base JavaScript en lui ajoutant une méthode nommée `extend()`, qui devient donc disponible pour tous les objets. La méthode `extend()` prend deux objets comme paramètres : l'objet de base et celui qu'il étend. Les propriétés du deuxième objet sont parcourues en boucle et placées dans l'objet de base. Cet ajout fournit un mécanisme d'extension d'objet opérant sur des instances individuelles. Nous l'utiliserons lorsque nous implémenterons les valeurs par défaut des paramètres de configuration du composant TextSuggest.

La méthode bind/bindAsEventListener()

La bibliothèque Prototype ajoute également à l'objet `Function` deux méthodes appelées `bind()` et `bindAsEventListener()`. Ces méthodes fournissent une syntaxe élégante pour créer des fermetures de fonctions. Rappelez-vous que nous avons créé des fermetures dans d'autres exemples, comme :

```
oThis = this;
this.onclick = function() { oThis.appelerUneMéthode() };
```

Avec la méthode `bind()` de Prototype, nous pouvons adopter la syntaxe simplifiée :

```
this.onclick = this.appelerUneMéthode.bind(this);
```

L'API `bindAsEventHandler()` passe l'objet `Event` à la méthode et normalise en passant les différences entre Internet Explorer et le modèle événementiel standard du W3C !

La méthode $ – bonus syntaxique

Peu de gens le savent, mais il est possible en JavaScript de nommer des méthodes en incluant des caractères spéciaux comme le signe dollar (`$`). La bibliothèque Prototype l'a fait pour encapsuler la plupart des tâches courantes en programmation DHTML, comme la récupération d'un élément du document en fonction de son ID. Dans notre code, nous pourrons dès lors employer une syntaxe de ce genre :

```
$('textField').value = aNewValue;
```

au lieu de la suivante :

```
var textField = document.getElementById('textField')
textField.value = aNewValue;
```

Rico

Ce prototype nous est offert gratuitement parce que nous utilisons Rico. Voyons maintenant ce que nous allons exploiter dans Rico. Il s'agit d'un ensemble riche de comportements, de fonctions de glisser-déposer et d'effets cinématiques. Comme nous ne faisons ici qu'écrire un composant qui s'appuie sur une zone de texte, nous n'aurons évidemment pas besoin de tout cela, mais nous pourrons recourir à un intéressant gestionnaire Ajax et à plusieurs méthodes utilitaires proposés par Rico. Nous traiterons des méthodes utilitaires à mesure que l'exemple avancera, mais commençons d'abord par présenter l'infrastructure Ajax de Rico.

Les fonctions Ajax de Rico sont publiées *via* un objet singleton disponible pour le document sous le nom de `ajaxEngine`. L'API `ajaxEngine` offre un support pour l'enregistrement de noms logiques pour les requêtes, ainsi que pour l'enregistrement d'objets sachant traiter des réponses Ajax. Par exemple, considérez le fragment de code suivant :

```
ajaxEngine.registerRequest( 'getInvoiceData',
                            'uneUrlLongueEtAlambiquee.do' );
ajaxEngine.registerAjaxObject( 'xyz', unObjet );
```

La première ligne enregistre un nom logique pour une URL Ajax qui peut être particulièrement alambiquée. Ce nom logique peut ensuite servir lors de l'envoi de requêtes pour éviter d'utiliser les URL à rallonge. Voici un exemple :

```
ajaxEngine.sendRequest('getInvoiceData', paramètres de requête ... );
```

La méthode `registerRequest()` isole les URL dans un unique emplacement, généralement dans la section `onload` de l'élément `body`. Si l'URL doit être modifiée, elle peut l'être à cet endroit, sans que cela affecte le reste du code.

Ensuite, `registerAjaxObject()` illustre l'enregistrement d'un objet de gestion Ajax. Cet exemple implique que la référence d'objet *`unObjet`* doit être référencée dans les réponses à l'aide du nom logique `xyz` et positionnée pour gérer les réponses Ajax *via* une méthode `ajaxUpdate()`.

Si nous nous servons de ces fonctions de l'objet `ajaxEngine`, il ne reste plus qu'à considérer la réponse XML attendue par le moteur Ajax. Cette réponse diffère assez du JavaScript généré dynamiquement par la précédente version de cet exemple, seulement Rico requiert du XML. La réponse doit être englobée dans un élément de niveau supérieur nommé `<ajax-response>` au sein duquel se placent tous les éléments `<response>`. Le serveur peut retourner autant d'éléments `<response>` que le requiert l'application. Il s'agit d'une fonction intéressante, car le serveur peut ainsi retourner des réponses fournies par différents objets qui mettent à jour des portions d'une page Web qui n'ont pas forcément de rapport direct – par exemple afin de mettre à jour une zone d'état, une zone de données et une zone de résumé. Voici la réponse XML du précédent exemple :

```
<ajax-response>

   <response type="object" id="xyz">
      ... reste de la réponse XML, comme avant ...
   </response>

   <response...> autres éléments réponse si besoin est ...
   </response>

</ajax-response>
```

Ce code XML indique au `ajaxEngine` qu'un objet enregistré sous l'identifiant `xyz` doit gérer cette réponse. Le moteur trouve l'objet enregistré sous le nom `xyz` et passe le contenu de l'élément `<response>` approprié à sa méthode `ajaxUpdate()`.

La journée n'a pas été bien longue ! Nous avons passé un peu de temps à rechercher des frameworks open source pour accélérer notre productivité et nous avons établi un plan d'action pour les incorporer dans notre composant. Nous n'avons pas encore écrit de code, mais nous savons par où commencer et nous nous sommes familiarisés avec une plate-forme qui décuplera nos performances et nous permettra de satisfaire la contrainte numéro 7 de notre liste. Demain, nous programmerons !

Deuxième jour : création de TextSuggest

A présent, nous avons une bonne plate-forme technologique sur laquelle nous appuyer, aussi commençons à écrire le composant. Bien souvent, il s'avère intéressant de procéder en avançant à reculons, à partir du résultat désiré. Récapitulons donc notre première contrainte :

Contrainte 1 : le composant doit opérer sur un balisage HTML existant auquel il ne doit imposer aucun changement. Les seules modifications acceptées concernent la section `head`, afin d'intégrer le composant.

Cette contrainte nous oblige à laisser presque tout intact dans la balise `<body>`. Supposons donc que nous injections notre script dans le HTML grâce à du code semblable à celui du Listing 10.21.

Listing 10.21 : balisage HTML de TextSuggest

```
<html>
<head>
   <script>
      var suggestOptions = { /*détails à venir*/ };
      function injectSuggestBehavior() {        <-- Création du composant
         suggest = new TextSuggest( 'field1',       dans la section <head>
                                    'typeAheadData.aspx',
                                    suggestOptions );

         } );
   </script>
</head>
<body onload="injectSuggestBehavior()">
   <form name="Form1">
      AutoComplete Text Box:
      <input type="text" id="field1" name="txtUserInput">
   </form>
</body>

</html>
```

Nous allons construire notre objet avec l'ID de la zone de texte à laquelle nous allons l'attacher, l'URL de la source de données Ajax et un ensemble d'objets de configuration qui doivent encore être spécifiés (notez que la zone de texte requiert un attribut ID pour que ce mécanisme fonctionne correctement). L'intérieur de l'élément `<body>` est conservé intact.

Ces précisions faites, jetons un coup d'œil au constructeur. Nous allons insérer un nom pour notre composant TextSuggest dans l'espace de noms global, *via* la fonction constructeur qui est générée par la méthode `Class.create()` de la bibliothèque Prototype, comme le montre le Listing 10.22.

Listing 10.22 : constructeur de TextSuggest

```
TextSuggest = Class.create();

TextSuggest.prototype = {

  initialize: function(anId, url, options) {
     this.id          = anId;                 ❶ Référencement de l'élément
     this.textInput   = $(this.id);             qui sert à opérer la saisie

     var browser  = navigator.userAgent.toLowerCase();
     this.isIE    =
       browser.indexOf("msie") != -1;
     this.isOpera =                           ❷ Détection du type de navigateur
       browser.indexOf("opera")!= -1;

     this.suggestions = [];
     this.setOptions(options);              ❸ Définition des réglages par défaut
     this.initAjax(url);
     this.injectSuggestBehavior();
  },
  ...
};
```

Détaillons maintenant ce constructeur. Comme nous l'avons déjà indiqué, nous passons au constructeur l'ID de la zone de texte à laquelle nous attachons la fonction de saisie semi-automatique. Nous conservons une référence à l'ID et une référence à l'élément DOM de la zone de texte ❶. Ensuite, nous opérons une vérification rapide du type de navigateur et stockons l'état pour les parties du composant qui doivent être renseignées sur l'environnement d'exécution du navigateur ❷. Dans le cas présent, seuls Internet Explorer et Opera requièrent un traitement particulier : nous ne cherchons donc à détecter que ces deux navigateurs.

Nous traiterons plus tard de la partie complexe de la configuration Ajax et de l'injection du comportement ❸. Pour le moment (autrement dit, pour aujourd'hui), concentrons-nous sur les options de configuration du composant. Nous avons créé précédemment une fonction `SetProperties()` qui contient toutes les propriétés configurables de notre script de saisie semi-automatique :

```
function SetProperties
            (xElem, xHidden, xserverCode,
             xignoreCase, xmatchAnywhere,
             xmatchTextBoxWidth, xshowNoMatchMessage,
             xnoMatchingDataMessage, xuseTimeout,
             xtheVisibleTime){
  ...
}
```

Notre contrainte concernant la capacité de configuration est ainsi satisfaite, mais pas celle qui requiert une API pratique ou des réglages appropriés par défaut. Pour cela, nous devons introduire un objet `options` que nous passerons au constructeur. L'objet `options` possède une propriété pour chaque paramètre configurable du composant de saisie semi-automatique. A présent, remplissons les options avec des paramètres de configuration :

```
var suggestOptions = {
   matchAnywhere  : true,
   ignoreCase     : true
};

function injectSuggestBehavior() {
   suggest = new TextSuggest( 'field1',
                              'typeAheadXML.aspx',
                              suggestOptions );
   } );
```

Ce petit ajout possède un avantage de taille :

- Il simplifie la signature du constructeur. Les pages client qui utilisent notre composant peuvent construire leur objet avec seulement trois paramètres.
- Des paramètres de configuration peuvent être ajoutés au fil du temps sans modifier le contrat du constructeur.
- Nous pouvons écrire une fonction `setOptions()` intelligente qui fournira des valeurs par défaut appropriées pour toutes les propriétés qui ne sont pas spécifiées, et permettra ainsi à l'appelant de ne spécifier que les propriétés qui doivent être redéfinies.

Ce dernier point correspond exactement au rôle de la méthode `setOptions()` présentée précédemment dans le constructeur ❸. Voyons comment elle fonctionne :

```
setOptions: function(options) {
   this.options = {
      suggestDivClassName: 'suggestDiv',
      suggestionClassName: 'suggestion',
      matchClassName     : 'match',
      matchTextWidth     : true,
      selectionColor     : '#b1c09c',
      matchAnywhere      : false,
      ignoreCase         : false,
      count              : 10
   }.extend(options || {});
},
```

Chacune des propriétés dans l'objet `options` qui possède une valeur par défaut est spécifiée ici. Ensuite, la méthode `extend()` de la bibliothèque Prototype est appelée afin de redéfinir toutes les propriétés spécifiées dans l'objet `options` passé au moment de la construction. Le résultat produit un objet `options` fusionné regroupant les valeurs par défaut et les valeurs redéfinies dans un unique objet ! Dans l'exemple que nous avons utilisé ici, les propriétés booléennes `matchAnywhere` et `ignoreCase` ont toutes deux été redéfinies avec la valeur `true`. Le Tableau 10.3 présente les différentes valeurs des propriétés de configuration.

Tableau 10.3 : valeurs des propriétés de configuration

Valeur	Description
`suggestDivClassName`	Spécifie le nom de classe CSS de l'élément `DIV` généré pour contenir la liste de suggestions.
`suggestionClassName`	Spécifie le nom de classe CSS de l'élément span généré pour chaque suggestion.
`matchClassName`	Spécifie le nom de classe CSS du formatage span qui contient la portion de la suggestion correspondant à la saisie de l'utilisateur.
`matchTextWidth`	Valeur booléenne qui indique si l'élément `DIV` généré pour les suggestions doit ou non se redimensionner lui-même afin de faire correspondre sa largeur à celle de la zone de texte à laquelle il est attaché.
`selectionColor`	Spécifie une valeur hexadécimale (ou toute valeur valide de couleur CSS) pour la couleur d'arrière-plan de la suggestion sélectionnée.
`matchAnywhere`	Valeur booléenne qui spécifie si la correspondance doit ou non être recherchée uniquement en début de chaîne.
`ignoreCase`	Valeur booléenne qui indique si la correspondance doit être sensible à la casse ou non.
`count`	Nombre maximal de suggestions à reproduire.

Notez que plusieurs options spécifient les noms de classes CSS qui doivent être générés lors de la construction de la structure HTML de la liste déroulante de suggestions. Rappelons les contraintes de configurabilité qui ont été indiquées dans le Tableau 10.2 :

> Contrainte 3 : chaque instance du composant doit être configurable indépendamment des autres, à la fois en ce qui concerne le comportement (prise en compte de la casse des caractères, recherche sur le début ou le milieu de mot, etc.) et la mise en forme CSS.
>
> Contrainte 5 : le composant doit proposer des réglages par défaut cohérents pour toutes les options de configuration.

Notre code utilisera ce mécanisme pour la configuration des instances individuelles, à la fois en termes de comportement (par exemple en spécifiant si la casse des caractères doit être respectée) et en termes de mise en forme (par exemple en fournissant des noms de classes CSS).

Au terme de cette deuxième journée, notre composant est déjà bien avancé. Notre constructeur est complet et nous disposons d'un mécanisme efficace pour la configuration du composant. Il est temps d'activer les fonctions Ajax.

Troisième jour : activation des fonctions Ajax

Vous avez déjà eu un aperçu de la configuration Ajax lorsque nous avons examiné le constructeur. Vous vous rappelez peut-être que nous avons placé dans le constructeur un appel à la méthode `initAjax()`. Cette méthode opère la configuration requise pour le support Ajax de Rico dont nous avons traité précédemment. Voici l'implémentation :

```
initAjax: function(url) {
   ajaxEngine.registerRequest( this.id + '_request', url );
   ajaxEngine.registerAjaxObject( this.id + '_updater', this );
},
```

Rappelez-vous que la méthode `registerRequest()` fournit au moteur Ajax de Rico un nom logique pour les URL à exécuter pour chaque requête *via* la méthode `sendRequest()`. L'une de nos contraintes stipule que nous devons pouvoir inclure plusieurs composants de saisie semi-automatique (mais le même singleton `ajaxEngine`) dans la même page à l'aide des différentes URL. Nous devons donc générer un nom logique unique pour chacun des composants. Nous générons ce nom pour les requêtes en utilisant l'ID du composant, que nous supposons être unique. Il en va de même pour l'enregistrement du gestionnaire. Nous enregistrons l'objet qui gérera les réponses routées vers l'ID concerné.

Prenons un exemple pour mieux illustrer ce fonctionnement. Supposons que nous attachions le comportement de saisie semi-automatique à un champ possédant l'attribut `id='field1'` et que nous enregistrions nous-mêmes sous l'ID `'field1_updater'`. Le bloc XML que l'on s'attend à voir revenir pour ce composant doit inclure un élément `response` comparable au suivant :

```
<ajax-response>
   <response type='object' id='field1_updater'>.
      ...le même contenu xml qu'auparavant.
   </response>
</ajax-response>
```

De manière interne, nous transmettrons les requêtes à l'aide de l'instruction suivante :

```
ajaxEngine.sendRequest( 'field1_request',
                        'param1=val1', 'param2=val2', ... );
```

Considérant cela, deux choses doivent être faites depuis le client pour activer les fonctions Ajax de notre composant : nous devons transmettre la requête et gérer la réponse. Examinons ces deux tâches tour à tour.

TextSuggest – transmettre la requête Ajax

Il faut évidemment un peu de travail pour parvenir au point où nous pourrons transmettre une requête. La zone de texte devra générer un événement `onchange` que nous écouterons et dont nous tiendrons compte pour voir s'il faut transmettre une requête pour obtenir des suggestions. Nous n'avons encore rien préparé pour ce code, mais inutile de nous affoler. Il est encore temps de considérer les choses en termes de responsabilité des méthodes et de contrats à faire appliquer, indépendamment de cette implémentation. Supposons donc qu'un morceau de code (que nous devons encore programmer) décidera quand une requête doit être transmise afin d'obtenir une liste de suggestions. Nous transmettrons notre requête avec une méthode nommée `sendRequestForSuggestions()` que nous implémentons de la manière suivante :

```
sendRequestForSuggestions: function() {

  if ( this.handlingRequest ) {
     this.pendingRequest = true;
     return;
  }

  this.handlingRequest = true;
  this.callRicoAjaxEngine();
},
```

Ce code se contente d'appeler `this.callRicoAjaxEngine()` si une requête n'est pas en cours de traitement. Ce mécanisme simple attribue la valeur `true` à une propriété booléenne interne nommée `this.handlingRequest` dès qu'une requête Ajax est lancée. Il la ramène à `false` (comme nous le verrons plus loin) dès que la requête a été gérée. Il s'agit là d'une méthode très simple pour réguler l'envoi des événements en fonction de la vitesse du serveur. La propriété booléenne `this.pendingRequest` prend la valeur `true` si la méthode est appelée pendant qu'une requête est en cours de traitement. Cet état fait savoir au gestionnaire qu'il peut avoir à transmettre une nouvelle requête lorsque la requête actuelle sera terminée. Observons maintenant ce qui se passe sous le capot et examinons la méthode `callRicoAjaxEngine()` présentée au Listing 10.23.

Listing 10.23 : utiliser l'*ajaxEngine* de Rico

```
callRicoAjaxEngine: function() {
  var callParms = [];
  callParms.push( this.id + '_request');
  callParms.push( 'id='             + this.id);
  callParms.push( 'count='          + this.options.count);
  callParms.push( 'query='          + this.lastRequestString);
  callParms.push( 'match_anywhere=' + this.options.matchAnywhere);
  callParms.push( 'ignore_case='    + this.options.ignoreCase);

  var additionalParms = this.options.requestParameters || [];
  for( var i=0 ; i < additionalParms.length ; i++ )
     callParms.push(additionalParms[i]);

  ajaxEngine.sendRequest.apply( ajaxEngine,
                                callParms );
},
```

Pour comprendre ce que fait cette méthode, nous devons d'abord traiter d'un mécanisme JavaScript utilisé dans la dernière ligne de la méthode :

```
ajaxEngine.sendRequest.apply( ajaxEngine, callParms );
```

Cette ligne s'appuie sur une méthode appelée `apply()` dont disposent tous les objets de fonction (pour plus de détails à ce sujet, consultez l'Annexe B). Illustrons son fonctionnement à l'aide d'un exemple simplifié :

```
Greeter.prototype.greetPeople = function(str1, str2) {
   alert('hello ' + str1 + 'and ' + str2)
};
```

Supposons que nous ayons une instance de `Greeter` appelée `friendlyPerson` et que nous souhaitions appeler la méthode `greetPeople()` sur cet objet. Nos paramètres ne se trouvent pas dans un formulaire simple à passer. Nous avons en fait un tableau de `people`. Voilà où la méthode `apply` devient utile. Le code peut être écrit de la manière suivante :

```
var people = [ "Joe", "Sally" ];
friendlyPerson.greetPeople.apply( friendlyPerson, people );
```

La méthode `apply()` convertit le tableau passé en second argument en paramètres de méthode de première classe et exécute la méthode sur l'objet passé comme premier paramètre. Le code précédent équivaut ainsi à celui-ci :

```
friendlyPerson.greetPeople( people[0], people[1] );
```

Revenons maintenant à notre tâche. Nous devons appeler la méthode `sendRequest()` de l'`ajaxEngine`, qui prend pour premier paramètre le nom logique de la requête puis un nombre variable de paramètres chaîne au format `clé=valeur` représentant les paramètres de requête. Voilà le fond du problème. Nous avons des paramètres de requête provenant de différentes sources et nous n'en connaissons pas le nombre. Examinons le code à nouveau :

```
var callParms = [];                                                  ┐
callParms.push( this.id + '_request');                               │
...                                                                  ├─❶
callParms.push( 'ignore_case='    + this.options.ignoreCase);        ┘

var additionalParms =
   this.options.requestParameters || [];                   ┐
for( var i=0 ; i < additionalParms.length ; i++ )          ├─❷
   callParms.push(additionalParms[i]);                     ┘
```

Le tableau de paramètres à transmettre à la méthode `sendRequest()` *via* `apply` est rempli avec diverses données regroupant l'état interne de l'objet et d'autres informations comme l'ID et la dernière chaîne de requête (`lastRequestString`), mais aussi des propriétés spécifiques à l'objet `options` (par exemple `count`, `matchAnywhere`, `ignoreCase`) ❶.

Nous devons pourtant fournir aussi un mécanisme à l'utilisateur de notre composant qui lui permette de passer des paramètres de requête externes ❷. Pour cela, nous vérifions s'il existe une propriété `requestParameters` dans l'objet `options`. Si cette propriété est non nulle, elle est supposée être un tableau de chaînes au format `clé=valeur`. Le tableau est parcouru en boucle et ajouté aux `callParms` déjà remplis avec les paramètres spécifiques au composant. Pour finir, la requête est transmise de la manière suivante :

```
ajaxEngine.sendRequest.apply( ajaxEngine, callParms );
```

Ouf ! La transmission de la requête est terminée ! Espérons maintenant que le serveur est opérationnel et que nous obtiendrons une réponse. Voyons comment gérer cette réponse lorsqu'elle nous parvient.

TextSuggest – gestion de la réponse Ajax

Nous nous sommes bien mis en peine pour fournir une fonction robuste de transmission des requêtes, aussi assurons-nous de gérer correctement les réponses, sans quoi tout notre travail n'aurait servi à rien. Rappelez-vous que l'`ajaxEngine` de Rico réachemine les requêtes vers la méthode `ajaxUpdate()` de l'objet de gestionnaire, en passant le contenu de l'élément `<response>`. Nous devons donc écrire une méthode `ajaxUpdate()`. Cette méthode sera le point d'entrée pour notre gestion des réponses. Le Listing 10.24 présente la méthode `ajaxUpdate()` et ses méthodes d'assistance pour le parsing appelées `createSuggestions()` et `getElementContent()`.

Listing 10.24 : gestion des réponses Ajax

```
ajaxUpdate: function( ajaxResponse ) {

   this.createSuggestions( ajaxResponse ); <— Création des suggestions

   if ( this.suggestions.length == 0 ) {
      this.hideSuggestions();
      $( this.id + "_hidden").value = "";
   }
   else {
      this.updateSuggestionsDiv();      Création et affichage
      this.showSuggestions();           de l'interface utilisateur
      this.updateSelection(0);
   }

   this.handlingRequest = false; <— Fin de la gestion de la réponse

   if ( this.pendingRequest ) {
      this.pendingRequest    = false;
      this.lastRequestString = this.textInput.value;
      this.sendRequestForSuggestions(); <— Transmission d'une autre requête
   }
},
createSuggestions: function(ajaxResponse) {
   this.suggestions = [];
   var entries = ajaxResponse.getElementsByTagName('entry');
   for ( var i = 0 ; i < entries.length ; i++ ) {
      var strText  = this.getElementContent(
                      entries[i].getElementsByTagName('text')[0]);
      var strValue = this.getElementContent(
                     entries[i].getElementsByTagName('value')[0]);
      this.suggestions.push({ text: strText, value: strValue });
   }
},
getElementContent: function(element) {
   return element.firstChild.data;
}
```

Le but étant avant tout de se concentrer sur les mécanismes Ajax mis en place, nous n'aborderons ici que les principes généraux d'une partie du contenu et présenterons notre gestion des réponses en termes d'algorithmes. La première chose à faire ici consiste à parser la réponse avec la méthode `createSuggestions()` afin d'obtenir une représentation en mémoire des suggestions que stocke la propriété `suggestions`. La propriété `suggestions` est un tableau d'objets qui possèdent chacun une propriété `text` et une propriété `value` correspondant aux éléments `<text>` et `<value>` de chaque élément `<entry>` de la réponse XML.

Le reste de l'algorithme de la méthode `ajaxUpdate()` est assez simple à comprendre. Si aucune suggestion n'est trouvée, la liste déroulante est masquée et la valeur interne que conserve le composant dans un champ caché est supprimée. Si des suggestions sont trouvées, la liste déroulante est créée, remplie avec les suggestions et affichée. La sélection est alors mise à jour de manière à sélectionner la première suggestion de la liste. A ce stade, on considère que la réponse est gérée : la propriété `this.handlingRequest` traitée précédemment est dès lors ramenée à `false`. Pour finir, la méthode `ajaxUpdate()` vérifie s'il existe des requêtes en attente. Si c'est le cas, elle affecte de nouveau la valeur `false` au drapeau `pendingRequest`, récupère la valeur actuelle dans la zone de texte afin de l'attribuer à `lastRequestString` et initie un autre cycle de requête avec `sendRequestForSuggestions()`.

Notre cycle requête/réponse pour le support d'Ajax est complet, ce qui clôt notre troisième journée. Nous avons bien travaillé aujourd'hui : nous avons intégré un framework open source qui active les fonctions Ajax de notre composant (contrainte numéro 7) et nous nous sommes assurés que nos instances sont configurables et peuvent figurer à plusieurs sur une même page (contraintes 2 et 3). Nous verrons au cours de la cinquième journée comment créer, positionner, afficher et masquer l'interface utilisateur de la liste déroulante. En attendant, nous allons connecter les événements de composants et nous occuper de la gestion du clavier et de la souris.

Quatrième jour : gestion des événements

Maintenant que les fonctions Ajax de notre composant sont entièrement activées, il est temps de connecter ce composant aux événements produits par les réponses au clavier de la zone de texte. Les lecteurs attentifs auront remarqué que le code qui initie ce processus se trouvait dans le constructeur, caché dans un appel à la méthode `injectSuggestBehavior()`. Il s'agit du code qui initie toutes les modifications du DOM du code existant, dont la gestion des événements, les entrées supplémentaires et le conteneur des suggestions. Tout est opéré de manière programmatique, ce qui signifie que nous n'avons pas à toucher le moindre code HTML de la page, conformément à notre contrainte numéro 1. L'injection du comportement est présentée au Listing 10.25.

Listing 10.25 : injection du comportement

```
injectSuggestBehavior: function() {

   if ( this.isIE ) {
     this.textInput.autocomplete = "off";       <—— Suppression des interférences d'Internet Explorer
   }
   var keyEventHandler =
      new TextSuggestKeyHandler(this);    <—— Création du contrôleur
   new Insertion.After( this.textInput,
                        '<input type="text" id="' +  this.id +
                        '_preventtsubmit'+
                        '" style="display:none"/>' );
   new Insertion.After( this.textInput,
                        '<input type="hidden" name="'+
                         this.id+'_hidden'+
                         '" id="'+this.id+'_hidden'+'"/>' );

   this.createSuggestionsDiv();   <—— Création de l'interface utilisateur
},
```

Cette méthode vérifie d'abord si le navigateur est Internet Explorer. Si c'est le cas, elle désactive la fonction native de saisie semi-automatique. Cette précaution évite les interférences de la liste déroulante de saisie semi-automatique d'Internet Explorer avec notre propre liste déroulante. Ensuite, un objet appelé `TextSuggestKeyHandler` est créé en guise de contrôleur, afin d'associer les événements aux méthodes appropriées. Les mécanismes événementiels sont en effet suffisamment fastidieux pour que nous isolions ce comportement dans un objet séparé, dont nous traiterons sous peu. La méthode suivante insère deux éléments `input` dans le code HTML. Rappelez-vous que lors de notre précédent passage dans le code de notre script, nous avons ajouté un champ `input` masqué pour stocker la valeur du composant, et une zone de texte invisible pour empêcher que la touche Entrée ne provoque l'envoi du formulaire. Puisque notre contrainte numéro 1 nous interdit de tripatouiller le code HTML, nous réalisons ces opérations de manière programmatique avec les deux appels à `Insertion.After()`. `Insertion.After()` est héritée de la bibliothèque Prototype. Pour finir, nous appelons `createSuggestionsDiv()` afin de créer l'élément `DIV` conteneur, qui contient la liste déroulante des suggestions.

Le gestionnaire TextSuggestKeyHandler

Nous avons décidé de placer le médiateur des événements dans une classe de contrôleur dédiée. Il n'y a là rien de révolutionnaire, mais il s'agit d'un moyen réellement utile de séparer les responsabilités de classes. En fait, nous pourrions poursuivre cette séparation en créant des classes pour les rôles de modèles et de vues, afin d'implémenter un véritable pattern MVC. Le lecteur pourra s'y essayer à titre d'exercice. Nous proposerons nous-mêmes au Chapitre 13 un exemple de ce type, en décomposant l'architecture d'un lecteur RSS avec un ensemble de classes conformes au pattern MVC traditionnel.

Le contrôleur est construit de la même manière que notre classe principale – à l'aide de `Class.create()` et d'une méthode `initialize()`. Le constructeur est présenté au Listing 10.26.

Listing 10.26 : constructeur de TextSuggestKeyHandler

```
TextSuggestKeyHandler = Class.create();

TextSuggestKeyHandler.prototype = {

   initialize: function( textSuggest ) {
      this.textSuggest = textSuggest;     <——— Référence à textSuggest
      this.input       = this.textSuggest.textInput;
      this.addKeyHandling();
   },
   // reste de l'API
},
```

A la construction, le contrôleur conserve une référence au composant de saisie semi-automatique et à la zone de texte native du formulaire HTML. Il ajoute ensuite les gestionnaires à la zone de texte à l'aide de `this.addKeyHandling()`. La méthode `addKeyHandling()` est présentée dans le Listing 10.27.

Listing 10.27 : le gestionnaire du clavier

```
addKeyHandling: function() {
   this.input.onkeyup =
      this.keyupHandler.bindAsEventListener(this);
   this.input.onkeydown =
      this.keydownHandler.bindAsEventListener(this);
   this.input.onblur =
      this.onblurHandler.bindAsEventListener(this);
   if ( this.isOpera )
      this.input.onkeypress =
         this.keyupHandler.bindAsEventListener(this);
},
```

Tous les événements que nous avons besoin d'écouter sont configurés dans cette méthode (ainsi que l'ajustement requis pour le navigateur Opera, que nous avons mentionné au début de ce chapitre). Rappelez-vous que la méthode `bindAsEventListener()` est un mécanisme de fermeture fourni par la bibliothèque Prototype. Ce mécanisme permet à nos gestionnaires d'appeler des méthodes de première classe sur le contrôleur et de normaliser les modèles événementiels d'Internet Explorer et du W3C – fort appréciable. `keyupHandler()`, `keydownHandler()`, `onblurHandler()` et leurs méthodes d'assistance correspondent essentiellement à une réadaptation de ce dont nous avons déjà traité, à quelques modifications près. Nous allons maintenant présenter l'ensemble des méthodes et signaler à cette occasion les différences par rapport au script d'origine. Commençons par la méthode `keydownHandler()`, qui manipule la sélection (voir Listing 10.28).

Listing 10.28 : méthode *keydownHandler()*

```
keydownHandler: function(e) {
   var upArrow   = 38;
   var downArrow = 40;

   if ( e.keyCode == upArrow ) {
      this.textSuggest.moveSelectionUp();
      setTimeout( this.moveCaretToEnd.bind(this), 1 );
   }
   else if ( e.keyCode == downArrow ) {
      this.textSuggest.moveSelectionDown();
   }
},
```

La principale différence fonctionnelle par rapport au script d'origine concerne la gestion des touches fléchées. Dans notre composant TextSuggest, le mouvement de la sélection est géré en fonction de l'événement `onkeydown` et non en fonction de l'événement `onkeyup`. Cette nouvelle approche a pour seul but d'améliorer l'utilisabilité. Il était assez déconcertant en effet de voir la sélection rester immobile lorsqu'on enfonçait les touches fléchées et de ne la voir se déplacer qu'au moment du relâchement. `keydownHandler()` gère donc le mouvement de la sélection. Notez que les méthodes de manipulation de la sélection sont des méthodes du composant TextSuggest. Le contrôle, parce qu'il a enregistré une référence au composant au moment de la construction, peut appeler ces méthodes par le biais de la référence d'objet enregistrée `this.textSuggest`. A titre indicatif, les méthodes de manipulation de la sélection de TextSuggest sont présentées au Listing 10.29.

Listing 10.29 : méthodes de manipulation de la sélection de TextSuggest

```
moveSelectionUp: function() {
   if ( this.selectedIndex > 0 ) {
      this.updateSelection(this.selectedIndex - 1);
   }
},
moveSelectionDown: function() {
   if ( this.selectedIndex < (this.suggestions.length - 1)  ) {
      this.updateSelection(this.selectedIndex + 1);
   }
},
updateSelection: function(n) {
   var span = $(this.id +"_"+this.selectedIndex);
   if (span){
     span.style.backgroundColor = ""; <—— Effacer la sélection précédente
   }
   this.selectedIndex = n;
   var span = $(this.id+"_"+this.selectedIndex);
   if (span){
     span.style.backgroundColor =
       this.options.selectionColor;
   }
},
```

La méthode `updateSelection()` réalise tout le travail qui sert à modifier l'état visuel de la sélection. Elle met à jour l'élément `span` créé dans la liste de sélection (nous écrirons ce code au cours de notre cinquième journée) et affecte à sa propriété `style.backgroundColor` la valeur spécifiée par `options.selectionColor` de l'objet Configuration de notre composant.

Avant d'en finir avec la gestion de l'enfoncement des touches, il convient de s'occuper d'un dernier détail. Puisque nous gérons les touches fléchées au moment où elles sont enfoncées et non lorsqu'elles sont relâchées, il importe de modifier le comportement par défaut de la touche fléchée du haut, qui déplace le signe d'insertion en arrière dans la zone de texte. Nous le faisons avec la méthode `moveCaretToEnd()`, que nous appelons avec un délai d'une milliseconde grâce à `setTimeout`. L'implémentation de la méthode `moveCaretToEnd()` est présentée au Listing 10.30.

Listing 10.30 : la méthode *moveCaretToEnd()* de TextSuggest

```
moveCaretToEnd: function() {
   var pos = this.input.value.length;
   if (this.input.setSelectionRange) {
      this.input.setSelectionRange(pos,pos);
   }
   else if(this.input.createTextRange){
      var m = this.input.createTextRange();
      m.moveStart('character',pos);
      m.collapse();
      m.select();
   }
},
```

Passons maintenant à la gestion du relâchement des touches. L'implémentation est cette fois un peu plus simple. Tout ce que le gestionnaire doit faire est de relier l'événement à un emplacement en fonction de la valeur dans la zone de texte et de la touche qui a été enfoncée. Le Listing 10.31 présente le gestionnaire de relâchement des touches.

Listing 10.31 : gestionnaire de relâchement des touches de TextSuggest

```
keyupHandler: function(e) {
   if ( this.input.length == 0 && !this.isOpera )
      this.textSuggest.hideSuggestions();

  if ( !this.handledSpecialKeys(e) )
     this.textSuggest.handleTextInput();
},
handledSpecialKeys: function(e) {
   var enterKey  = 13;
   var upArrow   = 38;
   var downArrow = 40;

   if ( e.keyCode == upArrow || e.keyCode == downArrow ) {
      return true;
   }
```

```
        else if ( e.keyCode == enterKey ) {
           this.textSuggest.setInputFromSelection();
           return true;
        }

        return false;
     },
```

Le gestionnaire de relâchement des touches vérifie que la zone de texte contient du texte. Si elle est vide, il demande au composant TextSuggest de masquer sa liste déroulante de suggestions. Ensuite, il vérifie si la touche enfoncée correspondait à l'une des touches spéciales (touche fléchée du haut, touche fléchée du bas ou touche Entrée). Si l'une des touches fléchées du haut ou du bas a été enfoncée, la méthode retourne le contrôle sans rien faire d'autre, car ces touches sont déjà gérées au moment du relâchement. Si c'est la touche Entrée qui a été enfoncée, la méthode demande au composant TextSuggest d'attribuer à la zone de texte la valeur qui correspond à l'élément actuellement sélectionné dans la liste des suggestions. Enfin, si la zone de texte possède une valeur et si la touche qui a été enfoncée ne correspond pas à l'une des touches spéciales, le gestionnaire de relâchement des touches demande au composant TextSuggest de considérer qu'une saisie doit être traitée *via* la méthode `textSuggest.handleTextInput()`. Il s'agit de la méthode du composant TextSuggest qui appelle en fin de compte l'infrastructure Ajax que nous avons si prestement mise en place hier. Le Listing 10.32 présente l'implémentation de la méthode `handleTextInput()`.

Listing 10.32 : gestionnaire de saisie de texte

```
     handleTextInput: function() {
       var previousRequest =
          this.lastRequestString;  <——  Valeur de la précédente requête
       this.lastRequestString =
          this.textInput.value;  <——  Valeur de la requête actuelle
       if ( this.lastRequestString == "" )
          this.hideSuggestions();
       else if ( this.lastRequestString != previousRequest ) {

  this.sendRequestForSuggestions();  <——  Requête Ajax pour l'obtention
       }                                  des suggestions
     },
```

La méthode `handleTextInput()` commence par affecter à la variable locale `previousRequest` l'ancienne valeur de `this.lastRequestString`. Ensuite, elle attribue à la propriété `lastRequestString` la valeur actuelle de la zone de texte, afin de pouvoir comparer ces deux valeurs et s'assurer ainsi qu'elle ne transmet pas la même requête à deux reprises. Si la requête est une chaîne vide, la liste déroulante est masquée. Si la requête est valide, `handleTextInput()` appelle la méthode `sendRequestForSuggestions()` que nous avons écrite hier afin d'appeler la source de données Ajax et d'obtenir des suggestions de la part du serveur. Si la requête est identique à la précédente, elle est ignorée et aucune action n'est effectuée.

Tout commence à prendre forme. La construction, la configuration, la gestion des fonctions Ajax, la gestion des événements – on jurerait presque que nous savons ce que nous faisons !

Il nous reste une méthode de notre contrôleur à aborder : le gestionnaire `onblur`. Il s'agit d'une méthode très simple qui positionne la valeur de la sélection courante et masque les suggestions. Elle est implémentée de la manière suivante :

```
onblurHandler: function(e) {
   if ( this.textSuggest.suggestionsDiv.style.display == '' )
      this.textSuggest.setInputFromSelection();
   this.textSuggest.hideSuggestions();
}
```

`onblurHandler` et `handledSpecialKeys` référencent tous deux une méthode du composant TextSuggest que nous n'avons pas encore vue : `setInputFromSelection()`. Cette méthode accomplit pratiquement la même tâche que notre précédente fonction `SetText()` : elle récupère la suggestion sélectionnée, positionne respectivement la zone de texte de saisie et la zone de texte cachée avec le texte et la valeur de la sélection, puis masque la liste de suggestions. Voici son implémentation :

```
setInputFromSelection: function() {
  var hiddenInput = $( this.id + "_hidden" );
  var suggestion  = this.suggestions[ this.selectedIndex ];

  this.textInput.value = suggestion.text; <— Mise à jour de la valeur visible
  hiddenInput.value    = suggestion.value; <— Mise à jour de la valeur cachée
  this.hideSuggestions();
}
```

Pour réaliser tout ce que nous avons fait aujourd'hui, il n'est pas impossible qu'il ait fallu déborder un peu sur nos horaires habituels. Nous avons créé une classe de contrôleur afin d'assurer l'ensemble de la gestion de nos événements. Nous avons utilisé la méthode `bindAsEventListener()` de la bibliothèque Prototype pour créer automatiquement des fermetures et normaliser les modèles événementiels d'Internet Explorer et du W3C. Nous avons implémenté nos gestionnaires d'appui et de relâchement des touches afin d'encapsuler le mécanisme complexe requis pour traiter la sélection et la saisie du texte. Nous avons veillé à ne transmettre que des requêtes portant sur de nouvelles informations. Nous avons géré l'affichage et le masquage de la liste déroulante des suggestions. Nous avons mis à jour le DOM de manière programmatique afin de gérer la valeur de la zone de texte et du champ caché qui bloque l'envoi du formulaire en cas d'appui sur la touche Entrée. Nous avons aussi géré la mise à jour des valeurs masquée et visible du composant TextSuggest.

Lors de notre cinquième journée, nous placerons un joli nœud autour de notre beau composant réusiné, en implémentant toutes les méthodes requises pour créer la liste déroulante, la positionner, l'afficher, la masquer et gérer ses événements de souris. Déjà, la petite lumière au bout du tunnel commence à pointer…

Cinquième jour : la liste déroulante des suggestions

Maintenant que la maison est sur pied et que tous les branchements sont faits, il est temps de s'occuper d'enjoliver les murs. Nous avons créé une infrastructure pour la configuration et les paramètres par défaut, la gestion des requêtes et des réponses Ajax, ainsi que les événements qui relient le tout. Il ne reste plus qu'à s'attaquer à la partie graphique – autrement dit, à la liste déroulante des suggestions et à tout ce qui s'y rattache. Les tâches qui nous restent pour l'interface utilisateur sont les suivantes :

- Créer l'interface utilisateur de la liste déroulante des suggestions (cela implique de créer l'élément `DIV` pour l'ensemble des suggestions ainsi que les éléments `span` pour chaque suggestion).
- Positionner la liste déroulante.
- Remplir la liste déroulante avec des suggestions.
- Afficher ou masquer les suggestions.

Créer la liste déroulante des suggestions

Revenons quelque peu en arrière et examinons l'implémentation de la méthode `injectSuggestBehavior()`. Rappelez-vous que le code suivant constituait le point d'entrée de la totalité des manipulations DOM réalisées par le composant TextSuggest :

```
injectSuggestBehavior: function() {
   // Injection du comportement dans le DOM HTML ...
   this.createSuggestionsDiv();
},
```

La dernière ligne de la méthode `injectSuggestBehavior()` appelle la méthode `createSuggestionsDiv()`, qui crée l'élément `DIV` conteneur de niveau supérieur pour la liste déroulante des suggestions. Puisqu'il s'agit du conteneur de tous nos éléments d'interface graphique, c'est l'endroit tout choisi pour commencer à examiner le code de l'interface utilisateur. Les détails de l'implémentation sont présentés au Listing 10.33.

Listing 10.33 : création de la liste déroulante des suggestions

```
createSuggestionsDiv: function() {
   this.suggestionsDiv =
      document.createElement("div");          ❶ Création de l'élément DIV
   this.suggestionsDiv.className =
      this.options.suggestDivClassName;       ❷ Mise en forme de l'élément DIV

   var divStyle =
      this.suggestionsDiv.style;
   divStyle.position = 'absolute';            ❸ Ajout des propriétés
   divStyle.zIndex   = 101;                      comportementales
   divStyle.display  = "none";
```

```
        this.textInput.parentNode.appendChild
                        (this.suggestionsDiv);     ❹ Insertion dans le document
    },
```

La méthode de création du conteneur a quatre tâches principales. Tout d'abord, elle doit créer l'élément `DIV` à l'aide de l'API `createElement()` du document ❶.

Ensuite, elle doit mettre en forme l'élément `DIV` d'après la configuration du client ❷. Rappelez-vous que l'une de nos contraintes stipulait qu'en ce qui concernait la mise en forme CSS, chaque instance du composant devait pouvoir être configurée individuellement. Pour y parvenir, nous positionnons l'attribut `className` de l'élément `DIV` en lui attribuant la valeur de la propriété `suggestDivClassName` de l'objet `options`. Souvenez-vous que nous avons positionné la valeur par défaut de cette propriété à `suggestDiv` dans la méthode `setOptions`. Si l'utilisateur ne spécifie pas explicitement de valeur pour une propriété, il obtient donc ces valeurs. Il s'agit là d'une fonction pratique, car elle permet au client de notre composant de s'appuyer sur une feuille de style reprenant les noms des classes par défaut pour mettre en forme toutes les instances du composant TextSuggest utilisées dans l'application. D'autres feuilles de style peuvent aussi être fournies (par exemple des feuilles de style spécifiques à un produit ou à un client particulier), afin de redéfinir ces noms de style standard. Enfin, une page individuelle peut redéfinir la valeur du paramètre `suggestDivClassName` afin de proposer une mise en forme spécifique à une page ou à une instance du composant. On ne saurait être plus flexible.

Certains aspects du style de la liste déroulante ne peuvent pas être configurés librement – le commentaire du code les désigne comme étant des propriétés "comportementales". Nous les mettons explicitement en forme *via* l'attribut `style` de l'élément ❸. Notez que toutes les propriétés qui sont mises en forme de manière programmatique avec l'attribut `style` redéfinissent les propriétés spécifiées avec `className`. Ces propriétés qui ne peuvent être configurées librement sont : 1) `position='absolute'`, car le composant doit gérer le positionnement de l'élément `DIV` de manière interne ; 2) `zIndex=101`, que nous utilisons pour nous assurer que la liste déroulante se trouve au-dessus de tous les autres éléments dans la page ; et 3) `display="none"`, car la liste déroulante doit être masquée jusqu'à ce que la saisie de l'utilisateur la déclenche. Notez que la valeur 101 pour `zIndex` est arbitraire.

Pour finir, la méthode insère l'élément `DIV` dans le document, comme élément de même niveau que la zone de texte ❹. Le parent n'importe pas, car l'élément `DIV` est positionné de manière absolue.

Positionner la liste déroulante

Maintenant que notre liste déroulante est créée, il va falloir l'afficher. Avant qu'elle puisse l'être, il faut cependant qu'elle soit positionnée. Nous souhaitons faire apparaître la liste déroulante juste en dessous de la zone de texte, en l'alignant sur son bord gauche. La Listing 10.34 présente la méthode `positionSuggestionsDiv`.

Listing 10.34 : positionnement de la liste déroulante

```
positionSuggestionsDiv: function() {
   var textPos = RicoUtil.toDocumentPosition(this.textInput);
   var divStyle = this.suggestionsDiv.style;
   divStyle.top  = (textPos.y + this.textInput.offsetHeight)
                   + "px";
   divStyle.left = textPos.x + "px";

   if ( this.options.matchTextWidth )
      divStyle.width = (this.textInput.offsetWidth -
                        this.padding()) + "px";
},
```

Dans la précédente version de ce script, nous avons écrit une méthode pour calculer la position absolue de la zone de texte. Dans cette version réusinée, nous nous servons d'une méthode utilitaire de Rico nommée `toDocumentPosition()`. Cette méthode nous permet d'obtenir notre point de référence et de réaliser les calculs appropriés pour positionner notre liste déroulante sous la zone de texte et pour l'aligner le long de son bord gauche. Ensuite, nous vérifions si l'option de configuration `matchTextWidth` a été spécifiée, et si sa valeur est `true`, nous attribuons à l'élément `DIV` la même largeur que la zone de texte. Notez que nous ajustons cette largeur afin de tenir compte des valeurs de retrait (`padding`). En effet, puisque nous avons autorisé la mise en forme de l'élément `DIV` à l'aide d'une classe CSS externe, nous ne savons pas si l'utilisateur aura utilisé des marges et des bordures sur le composant, qui fausseraient l'alignement visuel par rapport à la zone de texte. Le Listing 10.35 présente la méthode `padding()` employée pour calculer les valeurs de retrait et de marge de gauche et de droite qui seront soustraites à la largeur globale.

Listing 10.35 : calcul des retraits gauche et droit

```
padding: function() {
  try{
   var styleFunc = RicoUtil.getElementsComputedStyle;
   var lPad    = styleFunc( this.suggestionsDiv,
                            "paddingLeft",
                            "padding-left" );
   var rPad    = styleFunc( this.suggestionsDiv,
                            "paddingRight",
                            "padding-right" );
   var lBorder = styleFunc( this.suggestionsDiv,
                            "borderLeftWidth",
                            "border-left-width" );
   var rBorder = styleFunc( this.suggestionsDiv,
                            "borderRightWidth",
                            "border-right-width" );
   lPad    = isNaN(lPad)    ? 0 : lPad;
   rPad    = isNaN(rPad)    ? 0 : rPad;
   lBorder = isNaN(lBorder) ? 0 : lBorder;
   rBorder = isNaN(rBorder) ? 0 : rBorder;
```

```
            return parseInt(lPad) + parseInt(rPad) +
                   parseInt(lBorder) + parseInt(rBorder);
          }catch (e){ return 0; }
        },
```

Retrouver le style d'un élément (autrement dit, la valeur effective d'un attribut, quelle que soit la manière dont il a été défini) n'est pas une mince affaire. Pour y parvenir, Internet Explorer propose pour chaque élément un attribut propriétaire nommé `currentStyle`. Les navigateurs Mozilla s'appuient sur la méthode `getComputedStyle()` de la propriété `defaultView` du document. Chacun de ces mécanismes requiert en outre que l'attribut recherché soit spécifié selon des règles différentes. L'attribut `currentStyle` d'Internet Explorer nécessite que les attributs de style soient spécifiés en opérant la liaison de type JavaScript (par exemple `borderRightWidth`), alors que sous Mozilla, `getComputedStyle()` requiert que les attributs soient spécifiés avec la syntaxe propre aux feuilles de style (par exemple `border-right-width`). Rico propose par chance une méthode qui harmonise ces différences : `RicoUtil.getElementsComputedStyle()`. Nous lui passons l'élément, le nom Internet Explorer et le nom Mozilla de l'attribut, et elle retourne une valeur. Notre méthode récupère ici les valeurs des bordures et marges de gauche et de droite, les additionne et retourne le résultat.

Des problèmes ayant été signalés avec Safari pour la méthode `Rico.getElementsComputedStyle()`, nous fournissons une valeur de retour par défaut dans un bloc `try...catch`.

Créer le contenu de la liste déroulante

A présent, nous avons le code pour créer et positionner la liste déroulante, mais pour que celle-ci soit utile, nous devons encore écrire une méthode qui la remplisse avec des suggestions. Rappelez-vous que notre méthode `ajaxUpdate()` parse le XML de la réponse dans un tableau d'objets de suggestion. S'il existe au moins une suggestion, elle appelle une méthode nommée `this.updateSugggestionsDiv()`. C'est cette méthode qui transforme la collection de suggestions en mémoire en une série d'éléments `span` à l'intérieur de l'élément `DIV` de la liste déroulante. Voyons comment procède cette fonction :

```
updateSuggestionsDiv: function() {
  this.suggestionsDiv.innerHTML = ""; <— Suppression du contenu précédent
  var suggestLines = this.createSuggestionSpans();
  for (var i = 0; i < suggestLines.length; i++)          Création du
  this.suggestionsDiv.appendChild(suggestLines[i]);      nouveau contenu
},
```

Cette méthode positionne simplement la valeur de la propriété `innerHTML` de la `suggestionsDiv` créée précédemment, en lui attribuant une chaîne vide afin de supprimer le contenu précédent. Ensuite, elle appelle `createSuggestionSpans()` pour créer un élément `span` pour chaque suggestion dans le tableau des suggestions. Enfin, elle parcourt en boucle les éléments `span` créés et les ajoute à l'élément `DIV`. C'est là que commence le véritable travail. Le Listing 10.36 présente `createSuggestionSpans()`.

Listing 10.36 : création des éléments de la liste de suggestions

```
createSuggestionSpans: function() {
   var regExpFlags = "";
   if ( this.options.ignoreCase )
      regExpFlags = 'i';
   var startRegExp = "^";
   if ( this.options.matchAnywhere )
      startRegExp = '';

   var regExp  = new RegExp( startRegExp +
                               this.lastRequestString,
                            regExpFlags );

   var suggestionSpans = [];
   for ( var i = 0 ; i < this.suggestions.length ; i++ )
      suggestionSpans.push(
          this.createSuggestionSpan( i, regExp ) );

   return suggestionSpans;
},
```

Cette méthode examine d'abord notre objet `options` afin de retrouver la valeur des propriétés `ignoreCase` et `matchAnywhere`. Ces valeurs permettent de créer une expression régulière qui servira à récupérer la portion de chaîne dans la réponse qui correspond à la saisie de l'utilisateur. La méthode parcourt ensuite en boucle la propriété `suggestions`. Rappelez-vous que cette propriété est un tableau d'objets possédant une propriété `.text` et une propriété `.value`. La méthode `createSuggestionSpan()` est appelée pour chaque suggestion dans le tableau, avec l'index de la suggestion et l'expression régulière créée précédemment. Tout le véritable travail est opéré dans `createSuggestionSpan()`, que présente le Listing 10.37.

Listing 10.37 : création d'un élément *span* de liste

```
createSuggestionSpan: function( n, regExp ) {
   var suggestion = this.suggestions[n];

   var suggestionSpan = document.createElement("span");
   suggestionSpan.className = this.options.suggestionClassName;
   suggestionSpan.style.width   = '100%';
   suggestionSpan.style.display = 'block';
   suggestionSpan.id            = this.id + "_" + n;
   suggestionSpan.onmouseover   =
             this.mouseoverHandler.bindAsEventListener(this);
   suggestionSpan.onclick       =
             this.itemClickHandler.bindAsEventListener(this);

   var textValues = this.splitTextValues( suggestion.text,
                                 this.lastRequestString.length,
                                 regExp );

   var textMatchSpan = document.createElement("span");
   textMatchSpan.id            = this.id + "_match_" + n;
   textMatchSpan.className     = this.options.matchClassName;
```

```
        textMatchSpan.onmouseover    =
                  this.mouseoverHandler.bindAsEventListener(this);
        textMatchSpan.onclick        =
                  this.itemClickHandler.bindAsEventListener(this);

        textMatchSpan.appendChild(
           document.createTextNode(textValues.mid) );

        suggestionSpan.appendChild(
           document.createTextNode(textValues.start) );
        suggestionSpan.appendChild(textMatchSpan);
        suggestionSpan.appendChild(
           document.createTextNode(textValues.end) );

        return suggestionSpan;
     },
```

Cette tâche commence à sembler décourageante, mais tenez bon ! Cette méthode est plus simple qu'il y paraît, et elle réalise pas mal de choses. Il serait sans doute plus approprié à ce stade de prendre un peu de recul et de l'observer en considérant ce que l'on essaie de produire, à savoir le code HTML pour une suggestion. Imaginons que le code HTML d'une suggestion ressemble à ceci :

```
<span>avant <span>texte correspondant</span> et après</span>
```

Il s'agit là d'une simplification grossière du code véritablement généré, mais qui en illustre bien la structure. Supposons que l'utilisateur ait tapé "texte correspondant" et que l'une des valeurs dans la base de données soit "avant texte correspondant et après". Le code généré pour cette suggestion sera à peu près équivalent à celui présenté ici, avec quelques attributs supplémentaires pour les éléments span qui servent à l'identification, à la mise en forme et à la gestion des événements. Tout le travail complexe de découpage des portions qui précèdent et suivent le texte est opéré par la ligne de code suivante :

```
var textValues = this.splitTextValues( suggestion.text,
                                       this.lastRequestString.length,
                                       regExp );
```

La valeur `textValues` retournée est un objet qui possède trois propriétés : `.start`, `.mid` et `.end`. Pour l'exemple que nous venons de montrer, l'objet `textValues` est donc le suivant :

```
textValues = { start: 'avant ',
               mid:   'texte correspondant',
               end:   ' et après'    };
```

Pour finir, voici l'implémentation de la méthode `splitTextValues()` :

```
splitTextValues: function( text, len, regExp ) {
   var startPos  = text.search(regExp);
   var matchText = text.substring( startPos, startPos + len );
   var startText = startPos == 0 ?
                    "" : text.substring(0, startPos);
   var endText   = text.substring( startPos + len );
   return { start: startText, mid: matchText, end: endText };
},
```

Maintenant que nous avons présenté la structure de base d'un élément `span` de suggestion, étudions les attributs générés pour les éléments `span` individuels. L'élément `span` externe et l'élément `span` interne sont tous deux créés avec des noms de classes CSS fondés sur la valeur des propriétés `suggestionClassName` et `matchClassName` de l'objet `options`. La structure HTML interne de chaque suggestion peut ainsi être personnalisée à l'aide de classes CSS, comme pouvait l'être l'apparence de `suggestionsDiv`.

Les autres attributs générés avec les éléments `span` qui valent la peine d'être mentionnés sont les attributs ID qui permettent aux gestionnaires d'événements de les retrouver. Un gestionnaire d'événements `onmouseover` doit être placé sur les éléments `span` afin que le composant puisse mettre à jour la sélection en la faisant correspondre à la suggestion actuellement survolée par le curseur de la souris. En outre, un gestionnaire d'événements `onclick` doit être placé sur chaque suggestion afin que sa valeur puisse être insérée dans la zone de texte lorsque l'utilisateur clique dessus. Le Listing 10.38 présente l'implémentation des deux gestionnaires d'événements.

Listing 10.38 : gestionnaires d'événements de souris des éléments de listes

```
    mouseoverHandler: function(e) {
       var src = e.srcElement ? e.srcElement : e.target;
       var index =
parseInt(src.id.substring(src.id.lastIndexOf('_')+1));
       this.updateSelection(index);
    },

    itemClickHandler: function(e) {
       this.mouseoverHandler(e);
       this.hideSuggestions();
       this.textInput.focus();
    },
```

`mouseoverHandler()` retrouve simplement la cible de l'événement et parse l'ID que nous avons généré dessus afin d'obtenir un index qui représente la suggestion correspondante. Il peut ensuite recourir à la méthode `updateSelection()` que nous avons écrite le quatrième jour pour mettre à jour la sélection en la faisant correspondre à la suggestion que survole actuellement la souris.

De la même manière, `itemClickHandler()` doit mettre à jour la sélection et appelle donc simplement `mouseoverHandler()` pour réaliser ce travail. Elle doit ensuite masquer la liste déroulante des suggestions. Pour cela, elle appelle la méthode `hideSuggestions()`, puis réactive la zone de texte afin que l'utilisateur puisse poursuivre sa saisie.

Notre tâche de création de la liste déroulante est enfin terminée. Nous pouvons à présent nous concentrer sur la tâche infiniment plus simple qui consiste à afficher et masquer la liste déroulante.

Afficher et masquer la liste déroulante

Maintenant que nous avons développé le code qui sert à gérer tous les détails complexes de la création d'une liste déroulante de suggestions, nous devons écrire le code qui l'affiche et la masque. Par chance, ce travail est plutôt simple, comme le savent bien les développeurs DHTML aguerris dans votre genre. L'affichage et le masquage d'un élément s'opèrent généralement en manipulant la propriété `display` du style de l'élément. Il en ira de même pour ce composant. Le Listing 10.39 présente le code qui affiche la liste déroulante et le code qui la fait disparaître.

Listing 10.39 : affichage et masquage de la liste déroulante

```
showSuggestions: function() {
   var divStyle = this.suggestionsDiv.style;
   if ( divStyle.display == '' )
      return;
   this.positionSuggestionsDiv(); <— Positionnement de la liste déroulante
   divStyle.display = ''; <—— Affichage de la liste déroulante
},

hideSuggestions: function() {
   this.suggestionsDiv.style.display =
        'none'; <—— Masquage de la liste déroulante
},
```

L'affichage et le masquage s'opèrent ici en manipulant la propriété `style.display` de `suggestionsDiv`. Pour l'affichage, une valeur de chaîne vide est attribuée à la propriété. Pour le masquage, il s'agit de la valeur `none`. La méthode `showSuggestions()` s'occupe de positionner la liste déroulante avant de l'afficher. C'est tout ! Vous avez bien lu : notre composant est terminé. Prenons quelques instants à présent pour un rapide débriefing.

Débriefing pour le réusinage

Ce composant était assez complexe et composé de nombreuses portions délicates. Au bout du compte, nous nous retrouvons en possession d'un composant réutilisable dont nous pouvons être fiers. Il gère un grand nombre de paramètres de configuration, il est extensible, ne dépend pas des caractéristiques du serveur, fonctionne avec tous les navigateurs et présente une API simple pour sa création. Toutes les contraintes spécifiées au Tableau 10.2 sont maintenant satisfaites. Le code source complet du composant est disponible à l'adresse **http://www.manning.com/crane**. Le framework Rico peut être trouvé à l'adresse **http://openrico.org** et la bibliothèque Prototype à l'adresse **http://prototype.conio.net**.

En résumé

La fonction de saisie semi-automatique permet à vos utilisateurs de gagner du temps car elle leur propose des suggestions utiles en cours de frappe. Après avoir appuyé sur quelques touches, ils voient apparaître une liste d'options qu'ils peuvent sélectionner.

Dans ce chapitre, nous avons passé en revue les inconvénients des implémentations courantes de cette fonction et avons développé une application personnelle qui nous a permis d'éliminer tous les renvois inutiles au serveur en réalisant l'essentiel du traitement côté client. Nous avons concocté une interface utilisateur dynamique en DHTML, qui permet à l'utilisateur d'interagir à l'aide du clavier ou de la souris. Cet exemple montre comment Ajax peut être utilisé efficacement pour interagir avec le serveur sans interrompre les opérations de l'utilisateur au sein de la page Web. En outre, ce script s'accommode bien avec les navigateurs qui ne supportent pas Ajax, car la zone de texte à saisie semi-automatique devient alors une simple zone de texte standard dans laquelle les données peuvent être saisies au clavier. Pour finir, nous avons procédé au développement d'un composant JavaScript orienté objet en réusinant notre script sous la forme d'un composant TextSuggest facile à créer, à configurer et à utiliser.

11

Portail Web Ajax amélioré

Au sommaire de ce chapitre

- ✓ Construire un portail Ajax
- ✓ Implémenter un framework d'ouverture de session
- ✓ Créer des fenêtres dynamiques
- ✓ Mémoriser l'état des fenêtres
- ✓ Adapter le code de la bibliothèque

De plus en plus d'entreprises se servent aujourd'hui d'un système de portail pour leurs intranets. Pour les utilisateurs, le portail représente une passerelle utile qui permet d'accéder à de nombreuses informations depuis une même page. Ce point d'accès central évite d'avoir à parcourir plusieurs étapes avant d'obtenir les informations nécessaires. Les portails en ligne comme celui de Yahoo! permettent d'accéder à des actualités, à des informations météorologiques, à des résultats sportifs, à des messages électroniques ou à des jeux à partir d'une même page Web. Le portail de recherche A9.com d'Amazon est un autre exemple du genre, qui permet de réaliser des recherches dans plusieurs domaines sans passer par des pages séparées. L'utilisateur peut rechercher des pages Web, des livres, des images et d'autres sources d'informations depuis le même emplacement. A9.com utilise Ajax pour l'affichage des informations. Pour l'utilisateur, le résultat est incomparable, car il n'est plus nécessaire d'attendre que la page entière se recharge lorsque de nouveaux résultats de recherche s'affichent.

Dans ce chapitre, nous allons incorporer Ajax dans un portail afin d'améliorer l'expérience de l'utilisateur lorsqu'il se connecte au système et lorsque le système mémorise ses informations personnelles. L'utilisateur pourra personnaliser la disposition des éléments du portail avec un minimum d'efforts. Il ne réalisera même pas que ses actions retransmettent des informations au serveur afin de mémoriser l'emplacement exact des objets sur la page.

Ses réglages personnels seront conservés à chaque fois qu'il se reconnectera au système. Nous commencerons par une approche de bas niveau en implémentant un framework de portail élémentaire, de manière assez libre, afin de bien comprendre les principes fondamentaux de la construction du portail. Ensuite, nous passerons à un niveau plus avancé, avec une approche orientée objet. Avant d'implémenter notre portail, commençons par examiner certains des portails existants et voyons comment l'intégration d'Ajax peut contribuer à améliorer l'expérience de l'utilisateur.

Le portail en évolution

Les portails Internet ont bien évolué : des simples sites qui permettaient de vérifier sa messagerie et d'effectuer une recherche, nous sommes aujourd'hui passés à de véritables plates-formes élaborées qui permettent d'accéder à de grandes quantités d'informations en un minimum de temps et moyennant un minimum d'efforts. Auparavant, il fallait consulter un site pour les actualités, un autre pour la météo, un autre pour effectuer ses recherches, etc. Il fallait alors conserver d'innombrables favoris pour les sites que nous consultions chaque jour ou mémoriser les adresses à taper dans le navigateur.

Le portail classique

Nous avons tous l'habitude des portails classiques dont nous nous servons depuis des années. Un grand nombre d'entreprises les ont d'ailleurs adoptés pour leurs intranets, afin d'améliorer les performances en regroupant les informations dans un unique emplacement. Les portails classiques permettent aux utilisateurs de se connecter au système et de personnaliser leur contenu à leur goût. Par exemple, le portail d'une entreprise peut proposer une configuration particulière pour les commerciaux et une autre pour les ingénieurs informatiques. Ces deux types d'employés peuvent avoir besoin d'une fenêtre qui présente le calendrier de l'entreprise, alors que seul l'un deux aura besoin de visualiser les chiffres des ventes ou les rapports de bogues des applications. En limitant les informations qui leur sont accessibles, l'entreprise renforce sa sécurité et améliore les performances des employés, qui n'ont pas besoin de rechercher des informations dans l'immense nébuleuse de l'intranet.

Le portail classique Yahoo! est un autre exemple intéressant. Une fois que l'utilisateur s'y connecte, il peut vérifier ses mails, modifier les paramètres d'affichage du bulletin météo afin de cibler son emplacement actuel, modifier l'apparence de la page, etc. La Figure 11.1 présente le portail Yahoo! personnalisé selon les besoins de l'utilisateur.

Yahoo! réalise cela en nous renvoyant à des écrans de configuration qui permettent de modifier ces informations. L'une des pages de configuration permet ainsi de sélectionner sa ville de résidence afin d'ajuster les informations météorologiques. A la Figure 11.1, les informations météorologiques ont été personnalisées afin de cibler la région de Laurel, dans le Maryland. Cette possibilité de personnaliser les informations est très intéressante, mais on peut encore améliorer ce système en incorporant Ajax au portail, comme Amazon l'a fait avec A9.com.

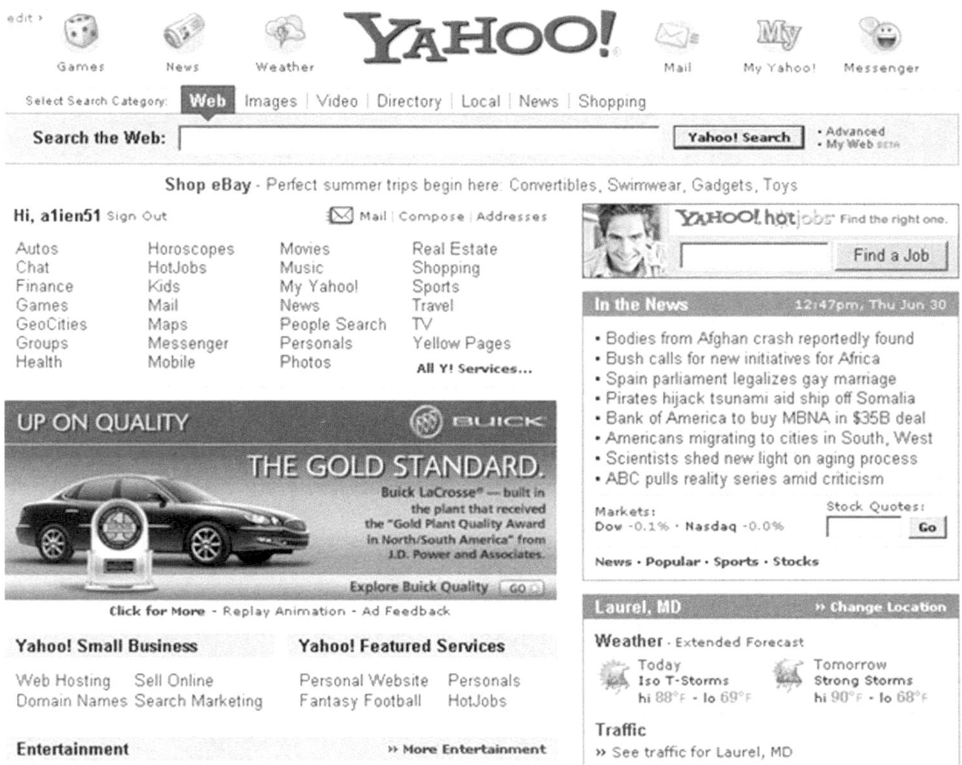

Figure 11.1

Le portail de Yahoo! présente des informations personnalisées.

Le portail Ajax

Avec un portail Ajax, l'interface utilisateur est plus dynamique que celle d'un portail classique et offre à l'utilisateur un environnement plus maniable. Il est plus facile d'ajouter de nouveaux éléments et de modifier l'affichage du contenu. Le portail de recherche A9.com d'Amazon offre un bon exemple de ce type d'interaction amélioré. Observons son fonctionnement. A la Figure 11.2, une recherche a été réalisée sur les termes "Eric Pascarello", en ne cochant que la case Web.

Tâchons maintenant de réduire les résultats de la recherche. Nous savons que nous recherchons un livre écrit par Eric Pascarello : nous cliquons donc sur la case à cocher Books. Le panneau Book Results est inséré sur le côté droit de la page. Les résultats de la recherche pour les livres d'Eric Pascarello sont affichés sans poster la page entière au serveur afin de les obtenir, comme le montre la Figure 11.3.

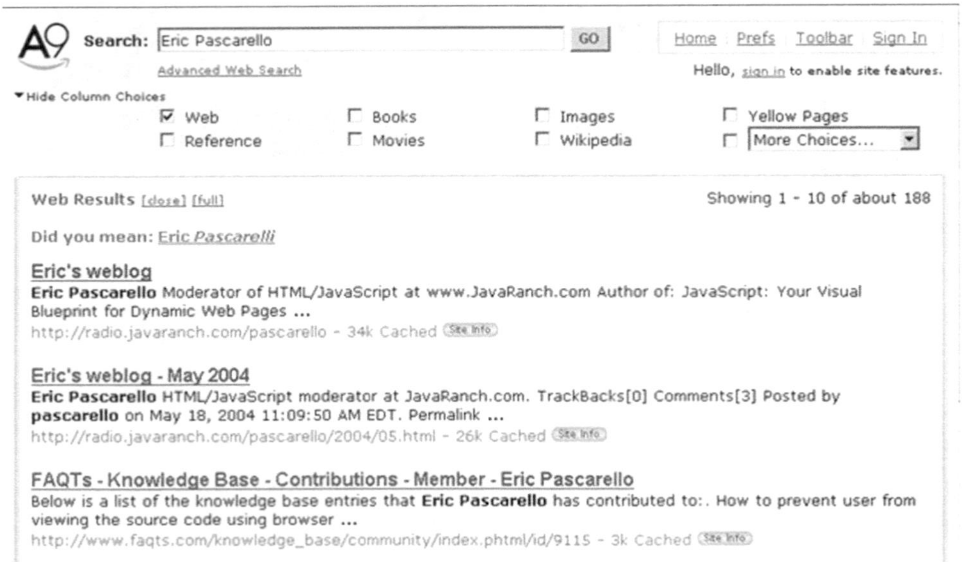

Figure 11.2
Le portail A9.com présentant les résultats pour le Web d'une recherche sur les termes "Eric Pascarello".

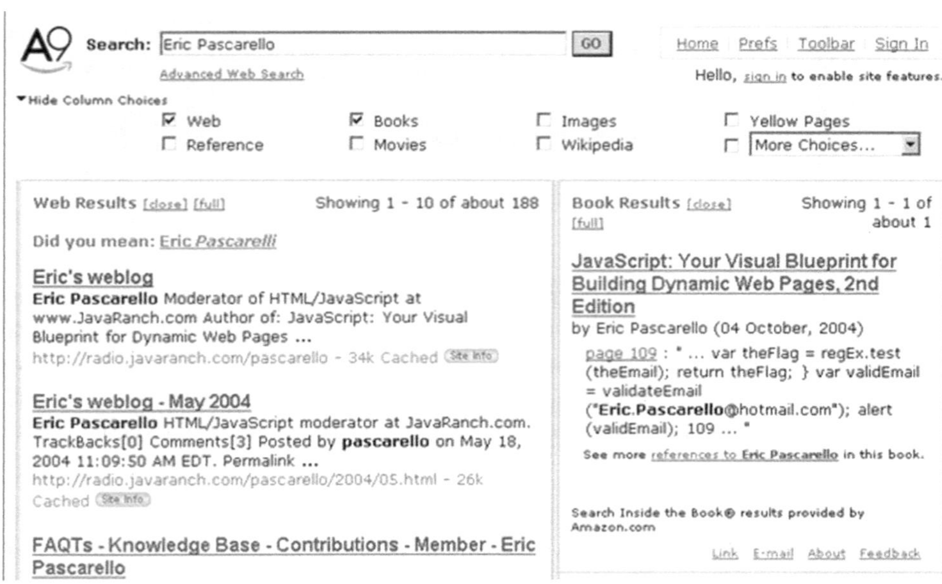

Figure 11.3
Le portail A9.com présentant les résultats de la recherche avec la colonne Book Results.

Ajax peut aussi contribuer à améliorer le mécanisme de configuration du portail. L'interface utilisateur peut automatiquement intégrer ses outils de gestion de la configuration en permettant à l'utilisateur de cliquer directement sur des objets dans la fenêtre, sans avoir à passer par une page distincte pour réaliser les opérations de configuration. L'utilisateur peut redimensionner et positionner dynamiquement les éléments à l'écran, afin de personnaliser le portail à sa guise.

Maintenant que nous avons examiné les avantages que pouvait apporter le portail Ajax, voyons l'architecture du portail que nous allons construire.

L'architecture du portail Ajax utilisant Java

Afin de proposer un portail Ajax personnalisable pour plusieurs utilisateurs, nous avons besoin de code côté client, de code côté serveur et d'une base de données. Le côté client gère les interactions de l'utilisateur avec les fenêtres, comme les opérations de glisser-déposer, ainsi que la retransmission des données au serveur *via* Ajax. Le serveur gère pour sa part les sessions des utilisateurs, le retour des données au client et les interactions avec la base de données. La base de données contient dans une table les logins et les mots de passe des utilisateurs, et dans une autre des métadonnées concernant les fenêtres de portail, comme la position, la taille et le contenu.

Ce projet inclut de nombreuses étapes car il contient des résultats dynamiques. Pour commencer, examinons son flux d'informations (voir Figure 11.4).

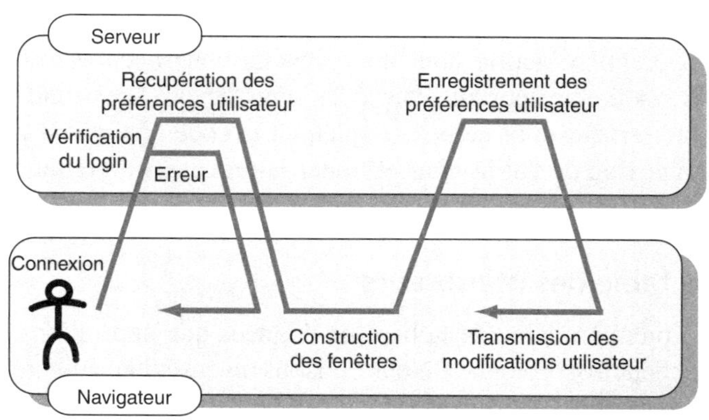

Figure 11.4
Flux du portail Ajax. Les utilisateurs se connectent au portail et gèrent leurs fenêtres. Les modifications sont automatiquement enregistrées à l'arrière-plan pendant qu'ils travaillent.

Le principe de base du portail Ajax n'est pas simple à assimiler, mais vous serez étonné de voir avec quelle facilité ce projet peut être implémenté. L'architecture du portail illustrée à la Figure 11.4 inclut deux portions principales : la connexion initiale et l'interaction dynamique avec les fenêtres. Nos processus peuvent donc se décomposer en deux parties et les fonctions Ajax peuvent être adaptées pour répondre à ces besoins. La première opération valide les informations d'authentification de l'utilisateur en les comparant aux valeurs stockées dans une base de données. La seconde opération interagit avec les éléments DHTML et retourne des valeurs à notre client.

Dans ce chapitre, nous utiliserons une bibliothèque DHTML pour gérer une grande partie du code côté client. Cette bibliothèque nous permettra de développer des fenêtres personnalisables qui s'appuient sur des IFrames pour afficher du contenu. Les fenêtres DHTML créées par cette bibliothèque peuvent être positionnées à n'importe quel endroit de la page car la bibliothèque supporte la fonction de glisser-déposer.

La bibliothèque prend également en charge le redimensionnement des fenêtres. En recourant à cette bibliothèque DHTML, nous évitons de perdre du temps à gérer les problèmes de compatibilité entre les navigateurs que pourraient poser ces différentes actions. Nous pourrons ainsi nous concentrer sur l'ajout de la technologie Ajax, qui rendra ce script dynamique encore plus puissant en l'intégrant avec le serveur.

L'implémentation que nous allons présenter ici utilise le language Java côté serveur, histoire de changer des deux précédents chapitres qui exploitaient des langages .NET. Nous nous sommes efforcés de proposer une implémentation relativement simple. Comme Ajax peut fonctionner aussi efficacement avec n'importe quelle technologie côté serveur, nous ne nous concentrerons pas sur les détails de l'implémentation côté serveur. Le code source complet pour le tier serveur est proposé dans les téléchargements pour ce livre. Commençons par introduire l'interface de connexion Ajax.

L'interface de connexion Ajax

La première action dont nous devons nous occuper est la procédure de connexion pour l'accès à notre portail. Pour cela, nous devons créer une table de base de données, le code côté serveur pour gérer la requête et le code côté client pour récupérer les informations de connexion de l'utilisateur et traiter la requête. La première étape consiste à concevoir notre table d'utilisateurs dans la base de données.

La table des utilisateurs

La première table de la base de données que nous allons examiner est la table `users`. Elle contient trois colonnes. Nous utilisons un ensemble aussi restreint que possible d'informations pour ce projet, mais il est évidemment possible d'ajouter d'autres données selon vos besoins. Les trois colonnes de la table `users` sont `id`, `username` et `password`. Elles sont créées avec l'instruction SQL présentée au Listing 11.1. La Figure 11.5 présente la table en mode Design dans le programme client de base de données SQL Squirrel (**http://squirrel-sql.sourceforge.net**).

Listing 11.1 : le schéma de la table *users*

```
create table users(
  id int primary key unique not null,
  username varchar(50) not null,
  password varchar(50) not null
);
```

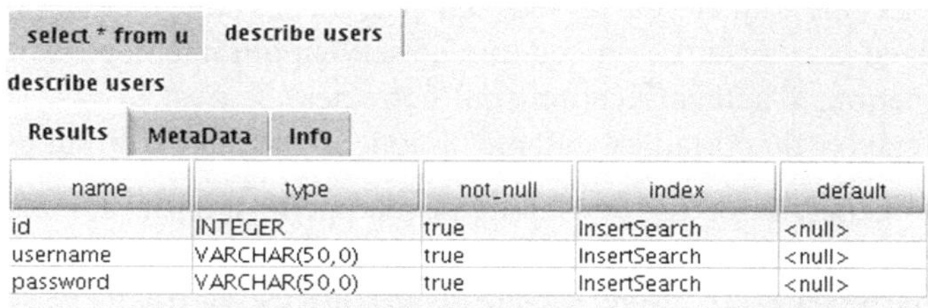

Figure 11.5
Les propriétés de la table users dans SQL Squirrel, l'explorateur de bases de données graphique.

Maintenant que nous avons créé la table, nous devons ajouter des utilisateurs. Dans le cas présent, nous allons coder en dur les noms d'utilisateurs et les mots de passe. Comme le montre la Figure 11.6, deux utilisateurs ont été ajoutés à la table, dont les ID sont respectivement 1 et 2. Ces numéros d'ID s'avéreront particulièrement importants dans la suite de ce chapitre.

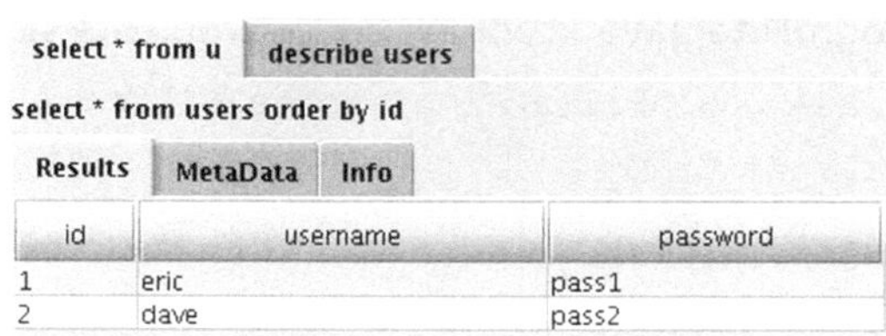

Figure 11.6
Contenu de la table users.

Ensuite, nous devons configurer les comptes d'utilisateurs pour les utilisateurs qui figurent dans la table. En l'état, le portail ne propose pas d'interface administrative pour l'ajout de nouveaux utilisateurs. Il convient donc d'opérer manuellement en employant l'outil de base de données de votre choix. Il serait possible de développer une interface frontale Ajax d'administration des utilisateurs, mais cela dépasse le cadre de ce livre.

La dernière étape consiste à s'assurer que nous attribuons les autorisations à la table. Les comptes d'utilisateurs qui accèdent à la table doivent posséder les autorisations de lecture et d'écriture. Sans cela, notre requête SQL générerait une erreur.

Maintenant que nous avons notre table `users`, écrivons le code pour le processus de connexion, en commençant par le serveur.

Code de connexion côté serveur : Java

Le code côté serveur pour le portail Ajax est simple en soi, mais il nous faudra plusieurs étapes avant de finir, en raison des multiples fonctions que propose le portail. Pour l'instant, nous allons nous occuper de programmer le système de connexion du portail Ajax.

Résumons le processus. Lorsque l'utilisateur se connecte au portail, le code côté client transmet une requête au serveur, en passant les informations d'authentification de l'utilisateur avec la requête. Le processus côté serveur qui intercepte cette requête détermine si les informations d'authentification sont correctes. Si c'est le cas, le processus de construction des fenêtres du portail est entamé. Sinon, un message d'erreur est retransmis à la page client.

Puisque nous effectuons notre développement en Java, nous allons nous servir d'un filtre de servlet pour sécuriser toutes nos interactions avec le serveur. Pour ceux qui ne sont pas familiarisés avec ce terme, sachez qu'un filtre est un fragment de logique qui peut être attribué à une ou plusieurs ressources qui se voient ainsi donner l'opportunité de modifier une requête avant qu'elle n'atteigne le servlet de destination. Nous avons traité du recours aux filtres pour la sécurité au Chapitre 7. Si vous utilisez un système qui ne supporte pas les filtres, créez tout simplement un objet ou une fonction d'assistance qui vérifie si l'utilisateur est connecté, et lancez-le manuellement en haut de chaque page que vous souhaitez protéger. Le Listing 11.2 présente notre filtre de connexion.

Listing 11.2 : LoginFilter.java : code de connexion côté serveur

```
public class LoginFilter implements Filter {

  public void init(FilterConfig config)
  throws ServletException { }

  public void doFilter(
    ServletRequest request,
    ServletResponse response,
    FilterChain filterChain)
  throws IOException, ServletException {
    boolean accept=false;
      HttpSession session=(
      (HttpServletRequest)request).getSession();
      User user=(User)
        (session.getAttribute("user"));          ❶ Vérifier si l'objet User
      if (user==null){                              se trouve dans la session
      accept=login(request);             ❷ Authentifier la requête
      }else{
      accept=true;                ❸ Accepter
      }
        if (accept){
          filterChain.doFilter
            (request,response);           ❹ Traitement
```

```
        }else{
          Writer writer=response.getWriter();
          writer.write
            (JSUtil.getLoginError());       ❺ Retourner le code d'erreur
          writer.flush();
          writer.close();
        }
  }

  private boolean login(ServletRequest request){
        String user=request
          .getParameter("username");       ┐ Obtenir les informations
        String password=request            ├❻ d'authentification à partir
          .getParameter("password");       ┘ de la requête
    User userObj=findUser(user,password);
    if (userObj!=null){
          HttpSession session=
            ((HttpServletRequest)request).getSession(true);
      session.setAttribute("user",userObj); ❼ Stocker l'objet User dans la
    }                                          session pour un prochain
    return (userObj!=null);                    passage dans le filtre
  }

  private User findUser(String user, String password) {
    User userObj=null;
        Connection conn=DBUtil.getConnection();
        try{
          String sql="SELECT id FROM users WHERE username='"
               +user+"' AND password='"+password+"'";   ❽ Construire
          Statement stmt=conn.createStatement();          l'instruction SQL
          ResultSet rs=stmt.executeQuery(sql);
          if (rs.next()){
                int id=rs.getInt("id");
                userObj=new User(id,user);      ❾ Créer l'objet User
          }
        }catch (SQLException sqlex){

        }
        return userObj;
  }

  public void destroy() { }


}
```

Dans cet exemple, nous appliquons un filtre qui vérifie si un objet User se trouve déjà dans la session ❶. Si c'est le cas, nous l'acceptons ❸. Sinon, nous réalisons l'authentification avec le nom d'utilisateur et le mot de passe fournis dans la requête ❷. Si la requête est acceptée, elle est passée au servlet ❹. Sinon, elle retourne une instruction pour l'affichage d'un message d'erreur ❺. Nous avons encapsulé tout le code JavaScript généré dans un objet appelé JSUtil. Voici la méthode qui génère le message d'erreur :

```
public static String getLoginError() {
   StringBuffer jsBuf=new StringBuffer()
     .append("document.getElementById('spanProcessing')\n")
     .append("  .innerHTML = ")
     .append("'The Username and Password are invalid';\n");
  return jsBuf.toString();
}
```

La méthode `login()` du Listing 11.2 fournit les informations d'authentification. Nous extrayons le nom d'utilisateur et le mot de passe de la requête ❻ puis nous exécutons `findUser()`, qui contacte la base de données afin de retrouver une ligne correspondante ❽ (les détails de la base de données sont ici masqués par un objet DBUtil). Si une ligne correspondant à l'utilisateur est trouvée, la fonction retourne un objet User ❾, qui est ensuite stocké dans la session ❼ pour le prochain passage dans ce filtre. Lors des passages subséquents dans le filtre, il n'est plus nécessaire de fournir le nom d'utilisateur et le mot de passe dans la chaîne de requête, car l'objet User se trouve déjà dans la session. L'un des autres avantages de cette approche tient à la facilité avec laquelle l'utilisateur peut être déconnecté : il suffit de supprimer l'objet User de la session.

L'objet User lui-même est une simple représentation de la structure de la base de données, comme le montre le Listing 11.3.

Listing 11.3 : User.java

```
public class User {
  private int id=-1;
  private String userName=null;

  public User(int id, String userName) {
    super();
    this.id = id;
    this.userName = userName;
  }
  public int getId() { return id;}
  public String getUserName() { return userName;}
}
```

Nous ne stockons pas le champ de mot de passe dans cet objet. Nous n'aurons pas besoin de le référencer à nouveau durant le cycle de vie de notre portail et il serait risqué de le conserver dans la session. Voilà donc notre framework de connexion côté serveur. Rien de très inhabituel ici. Voyons à présent comment notre code côté client doit interagir avec.

Le framework de connexion côté client

Le framework de connexion côté client se décompose en deux parties. La première est la partie visuelle, que l'utilisateur peut voir et avec laquelle il peut interagir. Nous allons la créer de manière dynamique avec du code HTML. Vous verrez à quel point il est aisé de créer une mise en forme avec des éléments `DIV`, des éléments `span` et des styles CSS.

La seconde partie correspond à notre code Ajax ou JavaScript, qui transmet la requête au serveur et traite les données. Dans cet exemple, nous allons introduire la méthode JavaScript `eval()`. Cette méthode évalue la chaîne qui lui est passée comme du code JavaScript. Si la chaîne contient un nom de variable, elle crée la variable. Si l'entrée de la méthode `eval()` contient un appel de fonction, elle exécute cette fonction. La méthode `eval()` est très puissante, mais elle peut être lente selon la complexité de l'opération.

La mise en page HTML

Comme dans les précédents chapitres, nous n'utiliserons pas de table pour réaliser notre mise en page. Les tables augmentent le temps de rendu de la page, et puisque nous nous servons d'Ajax, nous souhaitons que notre interface soit rapide et réactive. Nous devons placer une zone de texte, un champ de mot de passe et un bouton d'envoi sur un formulaire que nous pourrons transmettre au serveur. Nous aurons également besoin d'un élément `span`, qui nous permettra d'afficher le message d'erreur du serveur si le nom de l'utilisateur ou son mot de passe sont incorrects. En plaçant l'ensemble du formulaire dans des éléments `DIV` et `span`, nous formatons le HTML afin de produire l'en-tête du portail. Le Listing 11.4 présente la structure HTML de base de notre en-tête de connexion.

Listing 11.4 : mise en page HTML du formulaire de connexion

```
<form name="Form1">                          ❶ Définition du formulaire
  <div id="header">                          ❷ Ajout de l'en-tête
    <span id="login">                        ❸ Insertion de la balise span de connexion
      Name:
      <input type="text" name="username">    ❹ Ajout de la zone de texte
                                               pour le nom d'utilisateur
      <br>Password:
      <input type="password" name="password">  ❺ Ajout de la zone de texte
                                                 du mot de passe
      <br/>
      <span id="spanProcessing"></span>        ❻ Insertion de la balise
                                                 span de traitement
      <input type="button" name="btnSub" value="login"
      onclick="LoginRequest()">              ❼ Ajout du bouton d'envoi
    </span>
    <span id="sloganText">Ajax Portal</span>   ❽ Ajout du slogan
  </div>
  <div id="defaultContent">
    <p>Du texte à placer ici!</p>            ❾ Ajout du contenu
  </div>                                       par défaut
  <div id="divSettings" class="hidden"></div>
</form>
```

Tout d'abord, nous ajoutons notre formulaire ❶ à notre document HTML. Le formulaire fournit un conteneur sémantique logique pour les zones de texte. Il offre en outre un mécanisme simplifié pour l'authentification non Ajax, avec la soumission de formulaires standard. Nous créons un élément `DIV` d'en-tête ❷, qui entoure tout notre contenu. Une balise `span` ❸ est ensuite ajoutée pour abriter notre zone de texte de nom d'utilisateur ❹, notre champ de mot de passe ❺, notre balise `span` de traitement ❻ et notre bouton d'envoi ❼.

Le bouton que nous utilisons pour retransmettre les données au serveur requiert un gestionnaire d'événements `onclick`. Le gestionnaire d'événements `onclick` initialise la procédure Ajax en appelant la fonction JavaScript `LoginRequest()`. Cette fonction est présentée plus loin dans la section "Le code de connexion JavaScript".

Il ne reste plus pour l'en-tête qu'à ajouter le slogan ❽ pour le portail, et un emplacement pour le contenu par défaut ❾ qui doit s'afficher lorsque la page est chargée. Tous les messages peuvent être affichés à l'intérieur de la balise `DIV defaultContent`. Dans cet exemple, nous n'avons placé qu'une chaîne de texte, mais il est évidemment possible d'ajouter des liens, des images ou n'importe quel autre contenu approprié. Ensuite, nous enregistrons le HTML. La Figure 11.7 présente l'austère apparence de notre interface lorsqu'aucun style CSS n'est encore appliqué aux éléments.

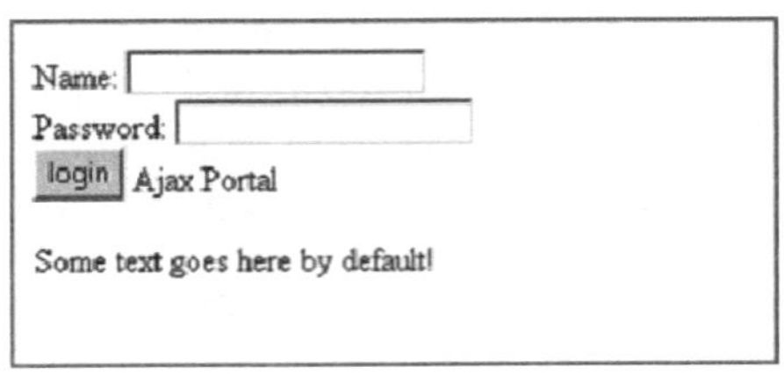

Figure 11.7
Le formulaire HTML de connexion en l'absence de style CSS.

Pour éviter cet aspect terne, nous devons appliquer des styles CSS à nos éléments. Comme ces derniers possèdent leurs propres ID, le processus est en fait assez simple : il nous suffit de référencer l'ID des éléments en le faisant précéder d'un signe dièse (#). La feuille de style peut être ajoutée sous forme de fichier externe ou insérée dans le document avec la balise `<style>`. Ici, nous utilisons une balise `<style>` que nous ajoutons à la balise `head` du document. Les règles CSS sont ajoutées afin de modifier les couleurs, les polices, les tailles de police, la position des éléments, leurs marges, etc., comme le montre le Listing 11.5.

Listing 11.5 : règles CSS du formulaire de connexion

```
<style type="text/css">
  html, body{ margin: 0px; padding:0px;
              height:100%; }
  #header{ background-color: #C0C0C0;
           height: 100px;
           border-bottom: 1px solid black;
           font-weight: bold; }
```

❶ **Eléments HTML et body**

❷ **Mise en forme de l'élément header**

```
    #login{ text-align: right; float: right;
            margin-top:15px;
            margin-right:15px; }             ❸ Positionnement de la balise span login
    #sloganText{ font-size: 25px;
                 margin-left: 15px;          ❹ Formatage du texte de slogan
                 line-height: 100px; }
</style>
```

Nous commençons par supprimer toutes les marges et tous les retraits du corps (`body`) du document ❶. Nous spécifions une hauteur de `100%` afin qu'il soit aisé de définir des hauteurs de document en pourcentages si nous devons le faire par la suite. Il est important de noter que nous devons spécifier ces propriétés à la fois pour les balises `HTML` et `body`, car les différents navigateurs recherchent ces informations dans l'une ou l'autre de ces balises.

Nous appliquons une couleur d'arrière-plan à l'élément `DIV` d'en-tête (`header`) ❷. Nous positionnons en outre la hauteur et ajoutons une bordure inférieure afin de séparer plus nettement l'en-tête du contenu. Nous pouvons aussi ajouter les propriétés de polices à notre guise.

Nous récupérons les informations de connexions ❸ et les plaçons du côté droit de l'écran, en attribuant à la propriété `float` la valeur `right`. Pour uniformiser les zones de texte, nous utilisons la propriété `text-align` afin que le contenu dans la balise `span` soit également aligné sur la marge de droite. Nos zones de texte prennent ainsi un aspect plus homogène. Sans cela, elles ne s'aligneraient pas correctement car la chaîne `Name` est plus courte que la chaîne `Password`. Nous ajoutons encore des marges, qui ajustent la position des informations de connexions afin que leur bord droit ne se cale pas directement sur la bordure de l'élément `DIV` d'en-tête.

La dernière chose à mettre en forme dans notre en-tête est le slogan ❹. Nous le centrons dans l'en-tête, en positionnant la propriété `line-height` à la hauteur de l'élément `DIV`. Nous ajustons par ailleurs les propriétés de polices de manière à ce que le texte soit bien lisible. Comme nous l'avons fait pour la balise `span login`, nous ajoutons une marge afin que le A d'Ajax ne vienne pas toucher le bord de l'en-tête. Une fois la feuille de style appliquée à notre en-tête, nous enregistrons le document et observons sa nouvelle apparence (voir Figure 11.8).

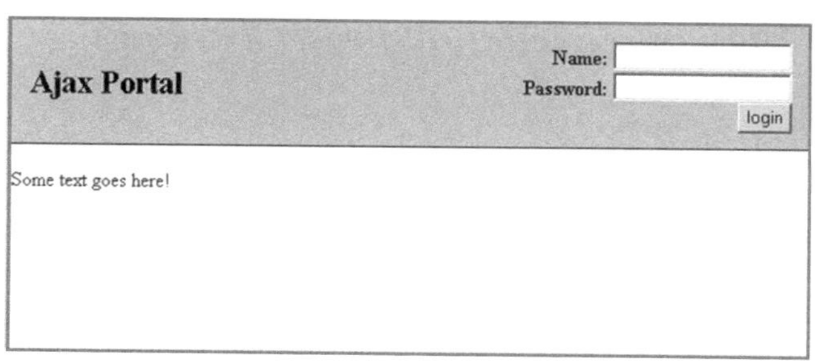

Figure 11.8
La page de connexion du portail Ajax une fois la feuille de style attachée.

Vous voyez ici que nos zones de texte sont alignées à droite et que notre slogan se trouve à gauche. Nous avons récupéré la structure HTML de base et créé un en-tête de connexion attrayant sans nous servir du moindre tableau HTML. Maintenant que l'en-tête est mis en forme, nous allons pouvoir ajouter des fonctions à notre formulaire. Nous devons intégrer la fonction JavaScript qui nous permettra de transmettre une requête au serveur sans renvoyer la page entière.

Le code de connexion JavaScript

Le code de connexion JavaScript utilisera Ajax afin que nous puissions transmettre uniquement le nom d'utilisateur et le mot de passe au serveur, sans avoir à retransmettre la page entière. Pour cela, nous devons référencer notre fichier JavaScript externe net.js qui contient l'objet ContentLoader, afin de pouvoir recourir à Ajax pour transmettre et recevoir la requête :

```
<script type="text/JavaScript" src="net.js"></script>
```

Le fichier ContentLoader réalise tout le travail requis pour déterminer de quelle manière les informations doivent être transmises au serveur, en masquant le code spécifique aux différents navigateurs derrière un objet d'encapsulation simple d'emploi, que nous avons présenté au Chapitre 3. Maintenant que le fichier net.js est référencé, nous pouvons opérer la requête. Celle-ci est initiée en cliquant sur le bouton de notre formulaire de connexion. Trois actions doivent être accomplies : la première consiste à informer l'utilisateur que cette requête est traitée ; la deuxième consiste à récupérer les informations ; enfin, la troisième consiste à transmettre la requête au serveur (voir Listing 11.6).

Listing 11.6 : la requête de connexion XMLHttpRequest

```
function LoginRequest(){
  document.getElementById("spanProcessing").innerHTML =
    " Verifying Credentials";
  var url = 'portalLogin.servlet';
  var strName = document.Form1.username.value;
  var strPass = document.Form1.password.value;
  var strParams = "user="+strName
    + "&pass=" + strPass
  var loader1 = new net.ContentLoader(
    url,CreateScript,null,"POST",strParams
  );
}
```

Avant de transmettre les informations au serveur, nous affichons un message qui indique que le clic sur le bouton déclenche la connexion au système. Cette indication évite que l'utilisateur ne clique de façon répétée sur le bouton en pensant que rien ne se produit.

Nous récupérons les valeurs de nom d'utilisateur et de mot de passe et les plaçons dans une chaîne que nous allons transmettre au serveur. La transmission des valeurs au serveur s'opère avec l'objet ContentLoader, qui accepte comme paramètres l'URL, la fonction à appeler en cas de réussite, la fonction à appeler en cas d'erreur, l'action de formulaire POST et la chaîne contenant les paramètres à poster. Examinons la fonction que nous appelons en cas de succès : `CreateScript()`. Cette fonction traite les données retournées par la page côté serveur :

```
function CreateScript(){
   strText = this.req.responseText;
   eval(strText);
}
```

Lorsque nous avons écrit le code côté serveur, nous avons retourné des chaînes qui contiennent des instructions JavaScript dans la propriété `responseText` de notre objet retourné. Pour que ces instructions JavaScript soient correctement utilisées, nous devons les traiter avec la méthode `eval()`, qui détermine le contenu de la chaîne et l'exécute. Dans cet exemple, la chaîne peut contenir deux choses : le message d'erreur généré suite à l'échec de `LoginFilter` ou le code qui sert à générer les fenêtres, si le filtre nous autorise à accéder au `SelectServlet` (voir Listing 11.8).

De quoi est constituée cette chaîne ? Dans cette application, nous ne retransmettrons pas un document XML comme nous l'avons fait dans bon nombre des précédents exemples. Au lieu de cela, nous transmettrons des instructions JavaScript structurées avec lesquelles nous pourrons recourir à la méthode `eval()`. Pour reprendre la terminologie que nous avons développée au Chapitre 5, notre solution est ici centrée sur les scripts plutôt que sur les données. Nous avons opté pour cette approche dans le simple but de proposer de nouvelles variantes. Notre solution de portail pourrait tout aussi bien s'appuyer sur du XML ou du code JSON comme médium de communication.

Nous pouvons maintenant enregistrer le portail et l'exécuter afin de voir si notre procédure de connexion fonctionne correctement. Dans l'exemple de la Figure 11.9, le nom d'utilisateur et le mot de passe entrés dans les champs étaient incorrects.

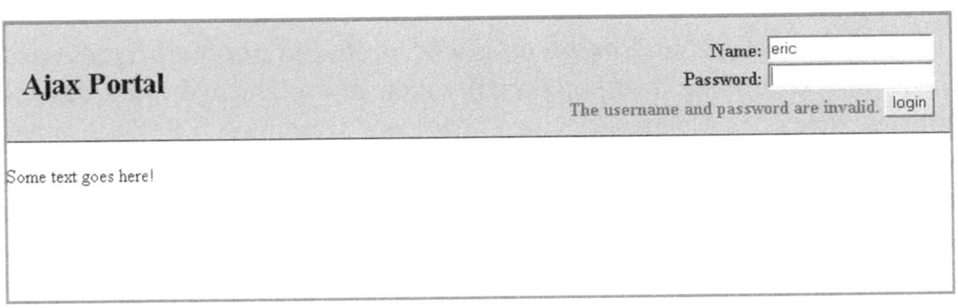

Figure 11.9
Un message d'erreur est affiché lorsque les informations d'authentification ne sont pas valides.

Le texte à côté du bouton de connexion dans la Figure 11.9 présente un message d'erreur à l'utilisateur afin de l'informer que les informations d'authentification sont incorrectes.

Si la connexion réussit, la requête est transmise à la page principale du portail. Dans ce cas, l'étape suivante consiste à construire nos fenêtres. Cette procédure requiert une grande quantité de DHTML pour le développement de notre interface utilisateur, mais le plus dur est déjà fait pour nous, car nous allons utiliser une bibliothèque DHTML JavaScript existante.

Implémenter les fenêtres DHTML

Notre portail Ajax possède une interface utilisateur riche qui permet à l'utilisateur de positionner et de redimensionner dynamiquement les fenêtres. Lorsque l'utilisateur modifie ces paramètres, nous utilisons Ajax pour interagir avec le serveur et stocker ces informations dans notre base de données sans que l'utilisateur ne se rende compte de rien.

Pour parvenir à cela, nous devons créer une table de base de données dans laquelle les propriétés de fenêtres telles que la hauteur, la largeur et la position seront stockées. Le code côté serveur doit récupérer ces nouvelles propriétés de fenêtres et mettre à jour les valeurs dans la base de données.

Il peut être particulièrement difficile d'écrire du code DHTML compatible avec les différents navigateurs. Nous nous simplifierons donc la tâche en recourant à un script de bibliothèque DHTML existant pour implémenter les fonctions qui permettent à l'utilisateur de faire glisser les fenêtres et de les redimensionner. Qu'est-ce qu'une bibliothèque ? En général, il ne s'agit de rien de plus que d'un fichier JavaScript externe qui contient tout le code d'une fonction donnée. La bibliothèque JavaScript JSWindow.js utilisée dans ce projet est incluse dans les téléchargements de ce livre. Nous devrons apporter quelques modifications à la bibliothèque pour activer les fonctions Ajax.

La base de données des fenêtres du portail

Nous avons besoin d'une table de base de données pour stocker les propriétés de plusieurs fenêtres DHTML pour chaque utilisateur. Chaque utilisateur peut avoir plusieurs lignes dans cette table, pour chaque fenêtre utilisée dans son portail. La table sert à récupérer les dernières positions et tailles connues des fenêtres lorsque l'utilisateur se connecte. Si l'utilisateur opère des modifications, les valeurs sont mises à jour afin qu'elles puissent être retrouvées à la prochaine connexion et que l'utilisateur retrouve la même disposition de fenêtres. Le code SQL suivant sert à créer la table `portal_windows` :

```
create table portal_windows(
  id int primary key not null,
  user_id int not null,
  xPos int not null,
  yPos int not null,
  width int not null,
  height int not null,
  url varchar(255) not null,
  title varchar(255) not null
);
```

Chaque utilisateur peut avoir plusieurs fenêtres configurées différemment. La colonne `user_id` établit une relation avec notre table `users`. Chacune des fenêtres doit posséder un `id` de clé primaire, que nous pourrons exploiter pour enregistrer et mettre à jour les propriétés. Assurez-vous que la numérotation automatique est activée pour la colonne `id` des fenêtres. Cette colonne sert au code Ajax et à la bibliothèque de fenêtres DHTML pour récupérer et mettre à jour les propriétés des fenêtres.

Nous avons besoin de deux colonnes pour contenir les coordonnées x et y de nos fenêtres DHTML. Ces valeurs définissent l'emplacement des fenêtres à l'écran par rapport au coin supérieur gauche du navigateur. Les noms des colonnes de coordonnées sont `xPos` et `yPos`. Nous devons en outre capturer les propriétés `width` et `height` des fenêtres DHTML. Ces valeurs seront toutes stockées sous forme d'entiers dans la table.

Les deux dernières colonnes dans notre base de données stockent l'URL du contenu de la fenêtre et le titre personnalisé que l'utilisateur lui aura attribué. Toutes les propriétés de base de données de `portal_windows` sont présentées à la Figure 11.10.

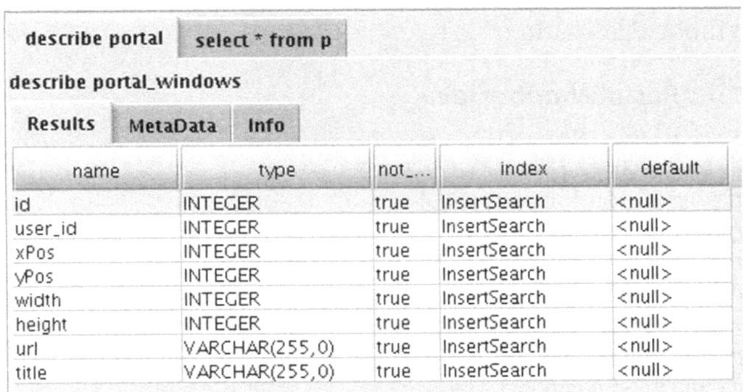

describe portal | select * from p

describe portal_windows

Results | MetaData | Info

name	type	not_...	index	default
id	INTEGER	true	InsertSearch	<null>
user_id	INTEGER	true	InsertSearch	<null>
xPos	INTEGER	true	InsertSearch	<null>
yPos	INTEGER	true	InsertSearch	<null>
width	INTEGER	true	InsertSearch	<null>
height	INTEGER	true	InsertSearch	<null>
url	VARCHAR(255,0)	true	InsertSearch	<null>
title	VARCHAR(255,0)	true	InsertSearch	<null>

Figure 11.10
Structure de la table de base de données `portal_windows`.

A présent, nous devons entrer des valeurs par défaut afin de pouvoir effectuer quelques tests. Nous pouvons ajouter autant de fenêtres que nous le souhaitons pour tous les utilisateurs dans la table `users`. A la Figure 11.10, vous pouvez remarquer que nous avons ajouté trois fenêtres DHTML pour l'utilisateur `1`.

A la Figure 11.11, les trois paramètres de fenêtres DHTML fournissent les informations requises pour créer à l'écran trois fenêtres de dimensions et de positions différentes. Les trois fenêtres dans cette table servent à afficher le contenu de trois sites Web distincts : JavaRanch, Google et le blog Ajax d'Eric Pascarello. Maintenant que la table de base de données a été construite, nous devons récupérer ces informations lorsque l'utilisateur se connecte au portail. Comme vous le verrez dans la prochaine section, cette procédure est très simple.

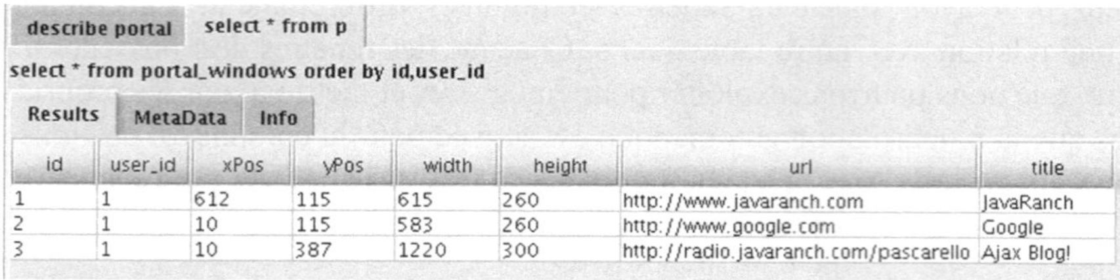

id	user_id	xPos	yPos	width	height	url	title
1	1	612	115	615	260	http://www.javaranch.com	JavaRanch
2	1	10	115	583	260	http://www.google.com	Google
3	1	10	387	1220	300	http://radio.javaranch.com/pascarello	Ajax Blog!

Figure 11.11
Données entrées pour l'utilisateur possédant l'ID 1.

Le code côté serveur des fenêtres du portail

Supposons que notre requête de connexion ait passé le filtre de sécurité. L'étape suivante consiste à récupérer la liste des fenêtres de portail pour notre utilisateur authentifié, et à retransmettre le code JavaScript qui indique au navigateur ce qu'il doit afficher. Nous définissons un objet PortalWindow qui représente une ligne de données dans la base de données, comme le montre le Listing 11.7.

Listing 11.7 : PortalWindow.java

```
public class PortalWindow {
  private int id=-1;
  private User user=null;
  private int xPos=0;
  private int yPos=0;
  private int width=0;
  private int height=0;
  private String url=null;
  private String title=null;

  public PortalWindow(
      int id, User user, int xPos, int yPos,
      int width,int height,
      String url, String title
  ) {
      this.id = id;
      this.user = user;
      this.xPos = xPos;
      this.yPos = yPos;
      this.width = width;
      this.height = height;
      this.url = url;
      this.title = title;
  }
  public int getHeight() {return height;}
  public void setHeight(int height) {this.height = height;}
  public int getId() {return id;}
  public void setId(int id) {this.id = id;}
  public String getTitle() {return title;}
```

```
    public void setTitle(String title) {this.title = title;}
    public String getUrl() {return url;}
    public void setUrl(String url) {this.url = url;}
    public User getUser() {return user;}
    public void setUser(User user) {this.user = user;}
    public int getWidth() {return width;}
    public void setWidth(int width) {this.width = width;}
    public int getXPos() {return xPos;}
    public void setXPos(int pos) {xPos = pos;}
    public int getYPos() {return yPos;}
    public void setYPos(int pos) {yPos = pos;}
  }
```

Cet objet est un mapping plutôt rudimentaire de la structure de la base de données. En production, nous nous appuierions probablement sur un système d'ORM tel qu'Hibernate ou iBATIS, mais pour l'instant, le but est de rester simple et indépendant de toute plate-forme. Notez que nous fournissons des méthodes setter et getter pour cet objet, car nous devons pouvoir mettre à jour ces objets de manière dynamique en réponse aux événements de l'utilisateur.

L'URL que nous avons requise à la connexion (portalLogin.servlet) est mappée sur un servlet qui récupère toutes les fenêtres de portail pour l'utilisateur et retransmet les instructions JavaScript. Le Listing 11.8 présente le servlet principal.

Listing 11.8 : SelectServlet.java (mappé sur "portalLogin.servlet")

```
public class SelectServlet extends HttpServlet {
  protected void doPost(
    HttpServletRequest request,
        HttpServletResponse response
  ) throws ServletException, IOException {
    HttpSession session=request.getSession();
    User user=(User)
     (session.getAttribute("user"));            ❶ Vérification de la session
    StringBuffer jsBuf=new StringBuffer();
        if (user==null){
          jsBuf.append(JSUtil.logout());
        }else{
          List windows=DBUtil
            .getPortalWindows(user);          ❷ Définition de l'objet
          jsBuf.append(JSUtil.initUI());             ❸ Utilisation de l'objet JSUtil
          for (Iterator iter=windows.iterator();iter.hasNext();){
            PortalWindow window=(PortalWindow)(iter.next());
            session.setAttribute("window_"+window.getId(),window);
            jsBuf.append
              (JSUtil.initWindow(window));         ❹ Déclaration de la
                                                      fenêtre de portail
          }
        }
    Writer writer=response.getWriter();
    writer.write(jsBuf.toString());           ❺ Ecriture dans le flux de sortie
    writer.flush();
  }
}
```

L'objet DBUtil permet ici d'abstraire les interactions avec la base de données. L'objet JSUtil sert pour sa part à générer le code JavaScript. DBUtil fournit une méthode `getPortalWindows()` ❷ qui prend un objet User comme argument. Nous récupérons l'objet User dans la session ❶. Le code JavaScript lui-même est écrit par l'objet JSUtil et fournit du code d'initialisation d'interface utilisateur ❸ en déclarant chacune des fenêtres de portail extraites de la base de données ❹ et en les écrivant directement dans le flux de sortie du servlet ❺.

Passons rapidement en revue les objets d'assistance que nous avons utilisés en passant, soit DBUtil et JSUtil. Nous avons employé DBUtil pour obtenir une liste des fenêtres du portail. Comme nous l'indiquions précédemment, nous aurions probablement automatisé ce processus en production à l'aide d'Hibernate ou d'un produit de ce type, mais pour ce simple exercice, le Listing 11.9 fournit une méthode de DBUtil qui correspond à une implémentation "maison" pour l'accès à la table `portal_windows` de la base de données. Nous utilisons directement du SQL, aussi cette solution devrait-elle être simple à adapter au langage serveur de votre choix.

Listing 11.9 : la méthode *getPortalWindows()*

```
public static List getPortalWindows(User user){
  List list=new ArrayList();
  Connection conn=getConnection();
  try{
    String sql="SELECT * FROM portal_windows "
      +"WHERE user_id="+user.getId();       ❶ Construction de l'instruction SQL
      Statement stmt=conn.createStatement();
      ResultSet rs=stmt.executeQuery(sql);
      PortalWindow win=null;
      while (rs.next()){       ❷ Parcours en boucle des résultats
      int id=rs.getInt("id");
        int x=rs.getInt("xPos");
        int y=rs.getInt("yPos");
        int w=rs.getInt("width");
        int h=rs.getInt("height");
        String url=rs.getString("url");
        String title=rs.getString("title");

        win=new PortalWindow(       ❸ Ajout de l'objet

          id,user,x,y,w,h,url,title
        );
        list.add(win);
      }
    rs.close();
    stmt.close();
  }catch (SQLException sqlex){
  }
  return list;
}
```

Nous construisons simplement l'instruction SQL ❶, parcourons en boucle le jeu de résultats qu'elle génère ❷ et ajoutons un objet PortalWindow à notre liste dans chaque cas ❸.

Ensuite, nous utilisons l'objet d'assistance JSUtil helper pour générer du code d'initialisation et déclarer nos objets fenêtre en JavaScript. Les méthodes se contentent principalement de réaliser des concaténations de chaîne. Nous ne présenterons pas la classe complète ici. Le code suivant en offre un aperçu :

```
public static String initWindow(PortalWindow window) {
  StringBuffer jsBuf=new StringBuffer()
   .append("CreateWindow(new NewWin('")
   .append(window.getId())
   .append("',")
   .append(window.getXPos())
   .append(",")
   .append(window.getYPos())
   .append(",")
   .append(window.getWidth())
   .append(",")
   .append(window.getHeight())
   .append(",'")
   .append(window.getUrl())
   .append("','")
   .append(window.getTitle())
   .append("'));\n");
  return jsBuf.toString();
}
```

La méthode `initWindow()` génère le code JavaScript qui sert à l'initialisation d'une unique fenêtre de portail. Le code JavaScript d'une requête réussie pourrait ressembler à ceci, la méthode `initWindow()` étant appelée tour à tour pour chaque fenêtre (le code a été formaté ici afin d'en améliorer la lisibilité) :

```
document.getElementById('login')
  .innerHTML='Welcome back!'
document.getElementById('defaultContent')
  .style.display='none';

CreateWindow(
  new NewWin(
    '1',612,115,615,260,
    'http://www.javaranch.com','JavaRanch'
  )
);
CreateWindow(
  new NewWin(
    '2',10,115,583,260,
    'http://www.google.com','Google'
  )
);
```

```
CreateWindow(
  new NewWin(
    '3',10,387,1220,300,
    'http://radio.javaranch.com/pascarello','Ajax Blog!'
  )
);
```

Maintenant que nous sommes connectés, nous pouvons supprimer les zones de texte de connexion et le bouton d'envoi du formulaire en plaçant un message de bienvenue à la place. Une fois le message inséré, nous devons masquer le contenu qui est affiché à l'écran par défaut. Pour cela, nous attribuons la valeur `none` à la propriété `display` de l'élément DOM `defaultContent`.

L'instruction JavaScript qui instancie la fenêtre se décompose en deux parties pour chaque fenêtre. La première partie est un appel de fonction à `CreateWindow()` de la bibliothèque JavaScript que nous avons ajoutée. Dans l'appel de fonction, nous appelons un nouveau constructeur d'objet. Celui-ci crée une classe `window`, afin de faciliter le référencement des propriétés de fenêtres. La fonction JavaScript qui produit la classe `window` doit recevoir les propriétés `id`, `width`, `height`, `xPos`, `yPos`, `url` et `title` de la fenêtre. Lorsque le servlet retourne cette chaîne au client, notre méthode JavaScript `eval()` l'exécute.

Pour l'essentiel, nous avons respecté de bonnes conventions de génération de code en produisant un code simple et répétitif qui appelle nos fonctions de bibliothèque JavaScript. Notre code d'initialisation pourrait être encapsulé dans un unique appel de tier client, mais nous laisserons au lecteur le soin de réaliser cet exercice.

La bibliothèque JavaScript que nous utilisons crée des fenêtres JavaScript flottantes. Voyons maintenant comment rendre ces fonctions de génération de fenêtre disponibles sur le tier client.

Ajout de la bibliothèque JS externe

Comme nous l'avons indiqué précédemment, nous nous appuyons sur d'une bibliothèque DHTML que vous pouvez télécharger sur le site Web de Manning. Le fichier JSWindow.js contient toutes les méthodes DOM JavaScript qui servent à produire les fenêtres. La bibliothèque applique également des gestionnaires d'événements aux objets de fenêtres afin de pouvoir recourir à la fonction de glisser-déposer. Il est souvent utile de se servir de bibliothèques de code : le temps de développement est ainsi raccourci, et l'on s'épargne les efforts requis pour en assurer la compatibilité avec les différents navigateurs.

La première chose à faire est de renommer le fichier afin de pouvoir lui apporter des modifications. Appelez le fichier AjaxWindow.js et enregistrez-le dans votre dossier de travail.

Pour exploiter les fonctions contenues dans AjaxWindow.js, nous devons référencer le fichier JavaScript externe avec une balise `script`. Nous utilisons l'attribut `src` de la balise JavaScript `element`.

L'élément `script` qui réalise la liaison à notre fichier .js doit être inclus dans les balises `head` de notre page HTML :

```
<script type="text/JavaScript" src="AjaxWindow.js"></script>
```

Nous avons aussi besoin de récupérer la feuille de style des fenêtres DHTML, afin de pouvoir mettre en forme la fenêtre. Pour cela, téléchargez le fichier AjaxWindow.css sur le site Web de Manning et incluez-le à l'aide de la balise `link` et de l'attribut `href` :

```
<link rel="stylesheet" type="text/css"
  href="AjaxWindows.css"></link>
```

Maintenant que les fichiers JavaScript et CSS sont attachés à la page HTML, nous pouvons nous assurer qu'ils sont correctement liés. Nous vérifions en outre que notre code côté serveur appelle correctement notre bibliothèque JavaScript. Si le code est correctement lié et que nous récupérions bien les données depuis le serveur, trois fenêtres doivent être créées à partir des informations contenues dans la base de données (voir Figure 11.12), une fois que nous sommes connectés avec un nom d'utilisateur et un mot de passe de notre base de données. Souvenez-vous que la fonction de bibliothèque que nous avons créée construit les fenêtres et leur ajoute toutes les fonctions. Un simple appel permet de réaliser toutes ces étapes à la fois.

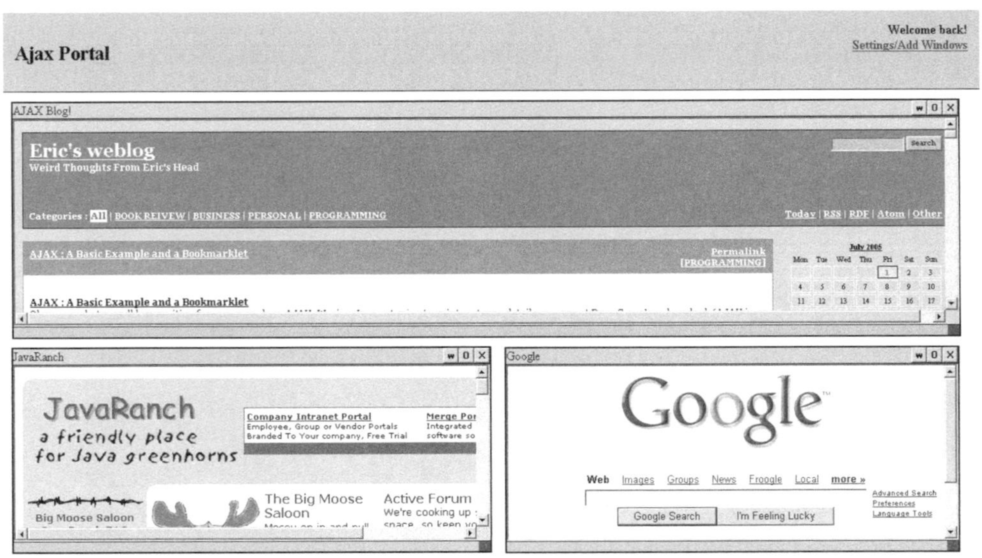

Figure 11.12
Le portail Ajax avec trois fenêtres à l'écran.

Lorsque les fenêtres du portail sont ouvertes, nous pouvons tester les fonctions intégrées de la bibliothèque DHTML indépendamment de la fonction Ajax que nous allons ajouter ensuite.

Actuellement, il est possible de :

- Maximiser et minimiser les fenêtres en cliquant sur le bouton O.
- Masquer les fenêtres en cliquant sur le bouton X.
- Ouvrir les fenêtres DHTML dans leur propre fenêtre flottante en cliquant sur W.
- Faire glisser les fenêtres en cliquant sur leur barre de titre, en maintenant le bouton de la souris enfoncé et en les déplaçant. Lorsque le bouton est relâché, l'opération est interrompue.
- Redimensionner les fenêtres en cliquant sur leur coin inférieur droit et en le faisant glisser dans l'écran.

A la Figure 11.13, les fenêtres ont été déplacées par rapport à la Figure 11.12.

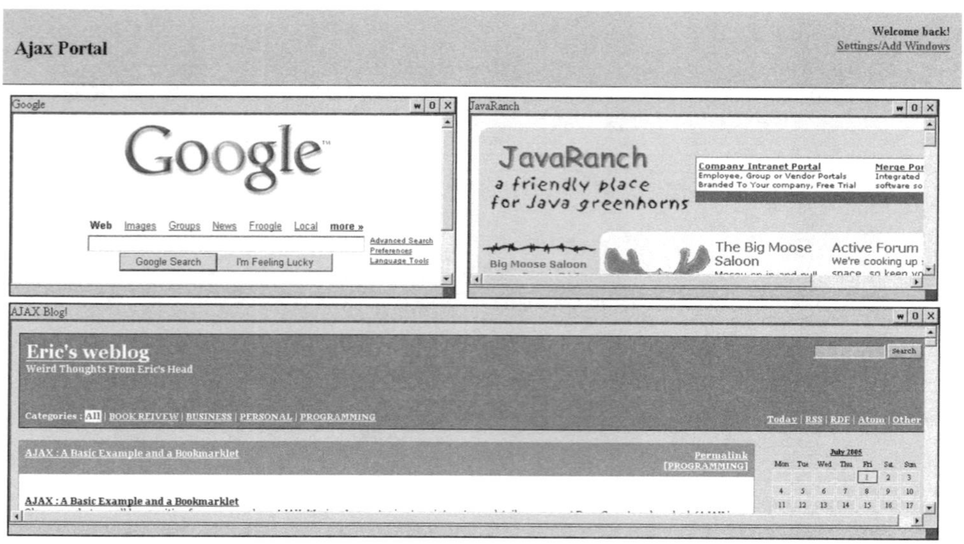

Figure 11.13

Les fenêtres du portail Ajax ont été déplacées.

A présent que les fenêtres peuvent être positionnées et redimensionnées grâce à la bibliothèque, nous devons apporter nos modifications au fichier .js externe. Ces modifications permettront d'appeler une fonction qui s'appuie sur Ajax pour transmettre les nouvelles valeurs de propriété à notre base de données.

Ajouter la fonction Ajax d'enregistrement automatique

Ajax va nous permettre d'implémenter une fonction d'enregistrement automatique qui peut être déclenchée par n'importe quel événement, sans que l'utilisateur se rende compte de ce qui se passe. Normalement, l'utilisateur devrait cliquer sur un bouton afin de déclencher un renvoi vers le serveur. Dans notre exemple, nous allons déclencher l'enregistrement automatique avec l'événement `onmouseup` qui achève le processus de glisser-déposer et de redimensionnement des fenêtres. Si nous déclenchions un envoi de formulaire normal avec l'événement `onmouseup`, l'utilisateur perdrait toute la fonction de la page et serait donc interrompu dans son travail. Avec Ajax, aucune interruption n'a lieu.

Adapter la bibliothèque

Comme nous l'avons indiqué précédemment, le code des bibliothèques JavaScript DHTML est normalement compatible avec les différents navigateurs, ce qui nous épargne beaucoup d'efforts. Si vous examinez le code du fichier JavaScript externe AjaxWindow.js, vous y découvrirez un grand nombre de fonctions. Plusieurs fonctions surveillent les événements de souris et une fonction construit les fenêtres. Certaines fonctions définissent la position des fenêtres. Une autre en définit la taille. Seule une de ces fonctions doit être adaptée pour activer l'enregistrement automatiquement dans notre base de données avec Ajax.

Adapter la bibliothèque DHTML pour Ajax

Les fonctions de la bibliothèque DHTML qui servent aux fonctions de glisser-déposer et de redimensionnement des fenêtres utilisent de nombreux gestionnaires d'événements et méthodes DOM pour résoudre les problèmes de compatibilité entre navigateurs. Le déplacement et le redimensionnement des fenêtres sont achevés lorsque le bouton de la souris est relâché. Nous devons donc rechercher une fonction qui est appelée avec le gestionnaire d'événements `onmouseup` dans le fichier AjaxWindow.js. Cette fonction contient le code suivant, qui est exécuté lorsque le bouton de la souris est relâché :

```
document.onmouseup = function(){
  bDrag = false;
  bResize = false;
  intLastX = -1;
  document.body.style.cursor = "default";
  elemWin="";
  bHasMoved = false;
}
```

Dans ce code, plusieurs valeurs booléennes sont positionnées à `false` afin d'indiquer l'annulation des actions correspondantes. Le curseur est ramené à son état par défaut. La ligne que nous devons modifier est celle où la référence `elemWin` est annulée. Nous souhaitons récupérer la référence et la passer à une autre fonction afin d'initialiser notre objet XMLHttpRequest qui transférera les informations vers le serveur. Bien souvent, il est nécessaire d'effectuer un certain nombre d'essais pour adapter les bibliothèques, mais la fonction est plutôt simple cette fois.

Ajoutez simplement la ligne suivante (affichée en gras) au gestionnaire d'événements `onmouseup` de votre document :

```
document.onmouseup = function(){
  bDrag = false;
  bResize = false;
  intLastX = -1;
  document.body.style.cursor = "default";
  if(elemWin && bHasMoved)SaveWindowProperties(elemWin);
  bHasMoved = false;
}
```

La ligne en gras vérifie que l'objet a été déplacé ou redimensionné et qu'il existe toujours. Si l'utilisateur n'a réalisé aucune de ces actions, il n'y a aucune raison de transmettre la requête au serveur. Si l'une de ces actions a été accomplie, nous passons la référence de l'élément à la fonction `SaveWindowProperties()`, qui initie la requête au serveur.

Obtenir les propriétés de l'élément actif

Après que l'utilisateur a déplacé ou redimensionné un élément, nous devons employer les nouveaux paramètres pour effectuer la mise à jour sur le serveur. La bibliothèque de fenêtres DHTML utilise des styles CSS pour positionner les éléments et définir leur largeur et leur hauteur. Il nous suffit donc d'obtenir l'ID de base de données, les coordonnées et la taille de la fenêtre. Les coordonnées et la taille peuvent être obtenues en examinant les paramètres CSS attribués à la fenêtre précédemment active. Nous pouvons ensuite prendre ces nouveaux paramètres et les transmettre avec Ajax au serveur pour les enregistrer dans la base de données (Listing 11.10).

Listing 11.10 : la fonction *SaveWindowProperties()*

```
function SaveWindowProperties(){
  winProps = "ref=" +
    elemWin.id;            ❶ Récupérer l'ID de la fenêtre
  winProps += "&x=" +
    parseInt(elemWin.style.left);      ─❷ Trouver la position de la fenêtre
  winProps += "&y=" +
    parseInt(elemWin.style.top);
  winProps += "&w=" +
    parseInt(elemWin.style.width);     ─❸ Récupérer la taille de la fenêtre
  winProps += "&h=" +
    parseInt(elemWin.style.height);
  Settings("saveSettings",winProps);     ❹ Appeler la fonction Settings
  elemWin = "";            ❺ Supprimer la référence de l'élément
}
```

Comme le montre le Listing 11.11, nous obtenons l'ID de la fenêtre ❶ en référençant l'objet fenêtre. L'ID que nous obtenons a été attribué à la fenêtre lorsque la bibliothèque l'a construite. Pour construire cet ID, la bibliothèque ajoute `win` au numéro de la colonne `id` de la base de données ; c'est ce qui apparaît lorsqu'on examine le code JavaScript qui sert à construire les fenêtres.

Les positions `x` et `y` de la fenêtre sont obtenues ❷ en pointant les propriétés `left` et `top` dans la feuille de style. Nous utilisons les propriétés de feuille de style pour obtenir la taille de la fenêtre ❸ en pointant ses propriétés `width` et `height`.

Une fois ces informations récupérées, nous pouvons appeler la fonction `Settings()` ❹ que nous créerons sous peu pour transmettre notre requête au serveur. Une fois la fonction appelée, nous devons supprimer l'objet de l'élément de notre variable globale `elemWin` ❺. Pour cela, nous attribuons une chaîne vide à la variable `elemWin`. Maintenant que notre fonction `SaveWindowProperties()` est terminée, nous pouvons initier notre requête Ajax silencieuse au serveur avec la fonction JavaScript `Settings()`.

Enregistrement automatique des informations dans la base de données

Ajax permet d'envoyer des informations au serveur sans que l'utilisateur se rende compte de rien. Deux projets de ce livre l'ont déjà illustré. Au Chapitre 10, notre fonction de saisie semi-automatique opérait en transmettant des requêtes au serveur lorsque l'utilisateur appuyait sur des touches. Dans ce chapitre, nous surveillons les mouvements de la souris. Cet envoi silencieux est très intéressant pour le développeur, car il permet de mettre à jour les paramètres de l'utilisateur sans que ce dernier ait même à lever le doigt. Du point de vue de l'utilisateur, cette réduction du nombre d'étapes est généralement un vrai motif de satisfaction. Pour l'application de ce chapitre, il suffit que l'utilisateur relâche le bouton de la souris pour initier l'objet XMLHttpRequest. Il est temps maintenant d'initier le processus de transmission de la requête au serveur.

Le client : transmettre la requête silencieuse

Le processus XMLHttpRequest ne requiert rien de bien compliqué. L'interaction de l'utilisateur avec le formulaire a pour effet de transmettre toutes les propriétés du formulaire à notre fonction. Nous initialisons d'abord l'objet XMLHttpRequest :

```
function Settings(xAction,xParams){
  var url = xAction + ".servlet";
  var strParams = xParams;
  var loader1 = new net.ContentLoader(url,
              BuildSettings,
              ErrorBuildSettings,
              "POST",
              strParams);
}
```

Pour la fonction `Settings()`, nous passons la chaîne d'action qui contient toutes les propriétés de notre fenêtre. Nous attachons les paramètres que nous allons poster au serveur. Si l'aller-retour vers le serveur réussit, le chargeur appelle la fonction `BuildSettings()`. En cas d'erreur, nous appelons la fonction `ErrorBuildSettings()` :

```
function BuildSettings(){
  strText = this.req.responseText;
  document.getElementById("divSettings").innerHTML = strText;
}
function ErrorBuildSettings(){
  alert('There was an error trying to connect to the server.');
  document.getElementById("divSettings").style.display = "none";
}
```

La fonction `BuildSettings()` est assez rudimentaire. Nous nous contentons de terminer notre requête XMLHttpRequest reçue depuis le serveur. Nous pouvons positionner un message sur la barre d'état du portail afin d'indiquer que nous avons mis à jour les informations sur le serveur. Nous pouvons ajouter un message d'erreur à la barre d'état si nous rencontrons un problème pour la mise à jour des informations sur le serveur. Nous générons également une alerte, qui indique l'erreur à l'utilisateur, mais qui interrompra aussi son flux de travail. Nous avons présenté des mécanismes de notification complets au Chapitre 6. Nous laisserons au lecteur le soin de les intégrer dans le portail. Voyons à présent ce qui se passe sur le serveur.

Le serveur : récupérer les informations depuis le client

Il ne nous reste plus qu'à extraire les valeurs de notre envoi de formulaire. Ces valeurs sont transmises par notre objet XMLHttpRequest, lui-même déclenché par le gestionnaire d'événements `onmouseup`. Nous devons créer notre requête SQL avec ces informations et mettre à jour l'enregistrement dans la base de données. Le Listing 11.11 présente le servlet de mise à jour (UpdateServlet) défini à cet effet.

Listing 11.11 : UpdateServlet.java (mappé sur SaveSettings.servlet)

```
public class UpdateServlet extends HttpServlet {
  protected void doPost(
    HttpServletRequest request,
    HttpServletResponse response
  )throws ServletException, IOException{
    String windowId=
      request.getParameter("ref");  ❶ Récupérer l'ID unique à partir de la requête
    HttpSession session=request.getSession();
    PortalWindow window=(PortalWindow)
     (session.getAttribute
      ("window_"+windowId));        ❷ Obtenir l'objet de fenêtre depuis la session
    window.setXPos(getIntParam(request,"x"));
    window.setYPos(getIntParam(request,"y"));
    window.setWidth(getIntParam(request,"w"));
    window.setHeight(getIntParam(request,"h"));
```

```
      DBUtil.savePortalWindow(window);      ❸ Enregistrer les modifications
      Writer writer=response.getWriter();
      writer.write("Save Complete"); <—— Retourner une réponse en texte simple
      writer.flush();
    }
    private int getIntParam(HttpServletRequest request, String param) {
      String str=request.getParameter(param);
      int result=Integer.parseInt(str);
      return result;
    }
  }
```

Avec l'ID comme paramètre de requête ❶, nous pouvons extraire la fenêtre (`PortalWindow`) de l'objet `session` ❷ et mettre à jour ses différentes propriétés en fonction des autres paramètres. Nous appelons ensuite une autre méthode de notre objet DBUtil afin d'enregistrer les paramètres de fenêtres dans la base de données ❸. L'implémentation proposée au Listing 11.12 a été spécialement conçue pour être simple et facile à traduire dans d'autres langages.

Listing 11.12 : la méthode *savePortalWindow()*

```
public static void savePortalWindow(PortalWindow window){
  Connection conn=getConnection();
  int x=window.getXPos();
  int y=window.getYPos();
  int w=window.getWidth();
  int h=window.getHeight();
  int id=window.getId();
  String sql="UPDATE portal_windows SET xPos="+x
    +",yPos="+y
    +",width="+w
    +",height="+h
    +" WHERE id="+id;
  try{
    Statement stmt=conn.createStatement();
    stmt.execute(sql);
    stmt.close();
  }catch (SQLException sqlex){
  }
}
```

Le code du Listing 11.12 est très simple. Nous récupérons les informations requises dans l'objet PortalWindow et construisons une instruction SQL `UPDATE` appropriée. Au lieu de retourner du code JavaScript, nous émettons cette fois un accusé de réception en texte simple.

Pour tester les nouvelles fonctions, connectez-vous au portail sous l'identité de l'utilisateur test. Faites glisser les fenêtres à l'écran et redimensionnez-les. Fermez le navigateur afin de terminer la session de force. Lorsque vous rouvrez le navigateur et vous reconnectez au portail sous la même identité, les fenêtres retrouvent leur dernière position. Déplacez-les vers un nouvel emplacement et examinez la table de base de données. Nous enregistrons automatiquement les préférences de l'utilisateur sans qu'il s'en rende compte.

Nous avons maintenant développé toutes les fonctions de base de notre portail, en intégrant notamment quelques améliorations que ne proposent pas les applications Web classiques. Plusieurs autres fonctions seraient intéressantes à ajouter, par exemple afin de permettre à l'utilisateur d'ajouter, de supprimer et de renommer des fenêtres. Nous ne traiterons pas du développement de ces fonctions ici, par manque de place. Le code complet de l'application de portail est inclus dans les fichiers à télécharger de ce livre. Dans cette version terminée, il permet d'ajouter, de supprimer, de renommer et d'ajuster les propriétés des fenêtres sans quitter la page du portail.

Jusqu'à présent, notre code était assez rudimentaire, le but étant avant tout de montrer comment les différents composants fonctionnaient. Transmettons maintenant notre travail à l'équipe de réusinage, afin de voir comment rendre le système plus simple à utiliser.

Réusinage

Le principe du client de portail Ajax qui interagit avec un "gestionnaire" de portail côté serveur est très intéressant. Pour le réusinage du code client de ce chapitre, nous considérerons que notre composant est une entité qui sert d'intermédiaire pour les commandes du portail transmises au gestionnaire côté serveur. Au cours de cette session de réusinage, nous aurons pour objectif d'isoler les blocs de code susceptibles de changer au fil du temps, et de faire en sorte que ces modifications soient rendues aussi aisées que possible. Le portail étant un composant d'assez haut niveau qui occupe la page entière, nous ne nous donnerons pas comme règle de ne pas interférer avec le code HTML, comme nous l'avons fait dans les deux précédents exemples de réusinage.

Avant de traiter de la sémantique côté client, commençons par examiner le contrat avec le serveur. Notre précédente implémentation côté serveur était écrite en Java. Un filtre de servlets se chargeait de la fonction d'authentification : un servlet qui sert à retourner les configurations de fenêtres et un autre à les enregistrer. Pour l'ajout de nouvelles fenêtres et la suppression des anciennes, nous pourrions fournir d'autres servlets autonomes. Dans une application Web Java, les servlets peuvent être mappés sur des URL de manière très flexible, en les définissant dans le fichier Web.xml du fichier d'archive Web (.war). Par exemple, notre SelectServlet, qui retournait le script qui définissait les fenêtres initiales, était mappé sur l'URL portalLogin.servlet.

L'un des points forts d'Ajax réside dans le couplage lâche qui est instauré entre le client et le serveur. Notre exemple de portail se sert du Java pour l'architecture dorsale, mais nous ne souhaitons pas le lier irrémédiablement à des fonctions spécifiquement Java, comme les filtres de servlets et la réécriture flexible des URL. Une autre architecture dorsale pourrait s'appuyer sur un pattern de dispatching des requêtes, avec un servlet, une page PHP ou une ressource ASP.NET qui récupérerait toutes les requêtes entrantes et consulterait le paramètre GET ou POST spécifiant le type d'action à réaliser. Par exemple, l'URL pour la connexion au portail pourrait être **portal?action=login&userid=user&password=password** (ou, plus vraisemblablement, son équivalent POST). En Java, nous pourrions implémenter un répartiteur de requêtes en attribuant un préfixe d'URL spécifique, comme .portal, au servlet de répartition, afin de pouvoir écrire des URL comme login.portal.

Dans notre composant réusiné, nous allons généraliser nos présuppositions concernant l'architecture dorsale afin qu'il soit possible de mettre en place un dispatcheur de requêtes ou un système à adresses multiples, comme nous l'avons fait pour notre implémentation Java. Nous n'avons cependant pas besoin d'une flexibilité absolue ; nous prédéfinirons donc un certain nombre de commandes que le côté dorsal du portail sera censé comprendre, notamment pour la connexion, l'affichage des fenêtres, ainsi que l'ajout et la suppression des fenêtres. En gardant à l'esprit ces changements du serveur, revenons à l'implémentation côté client.

Nous allons commencer par redéfinir le contrat d'usage en ce qui concerne le code HTML de la page. Nous en viendrons ensuite à l'implémentation. Rappelez-vous que la liaison entre notre page HTML et le script du portail s'effectuait par le biais de la connexion et plus particulièrement grâce au bouton de connexion :

```
<input type="button" name="btnSub" value="login"
      onclick="LoginRequest('login')">
```

Nous allons modifier le gestionnaire `onclick` afin d'appeler une fonction qui utilisera notre composant de portail. Le composant de portail sera instancié *via* un script qui s'exécute une fois que la page se charge. Le Listing 11.13 en offre un exemple représentatif.

Listing 11.13 : création du portail et connexion

```
function createPortal() {
  myPortal = new Portal(
    'portalManager',                       ❶ URL de base pour le portail
    {
      messageSpanId: 'spanProcessing',  ┐
      urlSuffix: '.portal'              ┘── ❷ Paramètres facultatifs
    }
  );

  myPortal.loadPage(Portal.LOAD_SETTINGS_ACTION);  ❸ Appel pour le chargement des fenêtres
  document.getElementById('username').focus();
}
function login() {
myPortal.login( document.getElementById('username').value,
                document.getElementById('password').value );
}
```

Selon cette sémantique d'usage, `createPortal()`, qui doit être appelée une fois que la page se charge, crée une instance du composant de portail. Le premier argument est l'URL de base pour l'application côté serveur du portail ❶. Le second argument fournit des paramètres facultatifs qui servent à personnaliser le portail pour un contexte particulier ❷. Dans le cas présent, nous indiquons l'ID de l'élément DOM dans lequel les messages d'état doivent être écrits, et le nom du paramètre de requête qui indique l'action à exécuter.

Ensuite, l'API `loadPage` est appelée. Elle charge les fenêtres de portail de la page si un login d'utilisateur est déjà présent dans la session serveur ❸. Si personne n'est connecté, le serveur retourne un script vide qui ne conserve que le formulaire de connexion à l'écran.

La fonction `login()` est une simple fonction utilitaire dans la page qui appelle la méthode `login()` de nsotre composant de portail, en passant les valeurs de noms d'utilisateur et de mots de passe sous forme d'arguments. Conformément à ce contrat, le gestionnaire `onclick` du bouton de connexion appelle maintenant la méthode `login()` de la page, comme indiqué ici :

```
<input type="button" name="btnSub" value="login" onclick="login()">
```

Définir le constructeur

Maintenant que vous comprenez sommairement l'utilisation du composant du point de vue de la page, implémentons sa logique, en commençant par le constructeur :

```
function Portal( baseUrl, options ) {
   this.baseUrl    = baseUrl;
   this.options    = options;
   this.initDocumentMouseHandler();
```

Le constructeur prend comme premier argument l'URL du gestionnaire de portail Ajax sur le serveur, et comme second argument, un objet `options` pour la configuration. Lors de notre premier développement du script, nous avons employé un filtre de servlets et deux servlets qui réalisaient le traitement côté serveur. Dans le reste de ce nouvel exemple, nous présupposerons qu'un seul servlet ou une seule ressource (`portalManager`) sont utilisés, qui interceptent toutes les requêtes destinées au côté serveur du portail, comme le montre le Listing 11.13. Si nous souhaitions configurer le portail sans recourir à un répartiteur de requêtes unique côté serveur, nous pourrions passer différents arguments au constructeur, comme ceci :

```
myPortal = new Portal(
   'data',
  { messageSpanId: 'spanProcessing', urlSuffix: '.php' }
);
```

Ce code passe une URL de base (`data`). Puisqu'aucun `actionParam` n'est défini dans le tableau d'options, la commande est ajoutée au chemin de l'URL, avec le suffixe .php, ce qui donne data/login.php. Nous nous sommes offert ici toute la flexibilité requise. Nous verrons comment les options sont transformées en URL dans la section "Spécifier les commandes du portail". Pour l'instant, passons à la tâche suivante. La dernière ligne du constructeur nous amène au problème de l'adaptation de la bibliothèque AjaxWindows.js.

Adapter la bibliothèque AjaxWindows.js

Rappelez-vous que l'implémentation de ce portail utilise une bibliothèque externe appelée AjaxWindows.js pour la création des fenêtres individuelles du portail et la gestion de leur taille et de leur position à l'écran. Au cours de notre travail, nous avons dû l'adapter afin de transmettre des requêtes Ajax au gestionnaire pour l'enregistrement des paramètres suite à l'événement mouseup. Il s'agissait là du point de liaison requis, car toutes les opérations de déplacement et de redimensionnement se terminent en théorie par un événement mouseup. Lors de notre première implémentation, nous avons réalisé cette adaptation en créant une copie du code de la bibliothèque AjaxWindows.js et en modifiant la partie du code qui place un gestionnaire mouseup sur le document. La bibliothèque AjaxWindow.js étant une bibliothèque tierce, on voit que cette approche possède un inconvénient majeur. Nous avons ainsi placé un branchement dans une base de code de bibliothèque tierce, autrement dit modifié le code source et le comportement de la bibliothèque de telle manière qu'elle n'est plus compatible avec la version gérée par son auteur d'origine. Si cette bibliothèque devait changer, nous serions obligés de fusionner nos modifications avec chaque nouvelle version vers laquelle nous souhaiterions opérer une mise à niveau. Nous n'avons pas procédé à une isolation correcte qui pourrait faciliter notre travail à l'avenir. Etudions à présent une approche moins radicale d'adaptation qui pourrait permettre de rectifier la situation. Rappelez-vous la dernière ligne de notre constructeur :

```
this.initDocumentMouseHandler();
```

Notre méthode initDocumentMouseHandler() est une adaptation sur le vif de la bibliothèque AjaxWindows.js. Elle se contente de redéfinir l'événement document.onmouseup comme auparavant, mais à l'intérieur de notre propre base de code.

Avec notre nouvelle approche, c'est notre propre méthode qui réalisera la logique requise pour l'adaptation dans la méthode handleMouseUp() du portail, comme le montre le Listing 11.14.

Listing 11.14 : adaptation du gestionnaire de souris d'AjaxWindows.js

```
initDocumentMouseHandler: function() {
   var oThis = this;
   document.onmouseup = function() { oThis.handleMouseUp(); };
},

handleMouseUp: function() {
   bDrag    = false;
   bResize  = false;
   intLastX = -1;
   document.body.style.cursor = "default";

   if ( elemWin && bHasMoved )
      this.saveWindowProperties(elemWin.id);

   bHasMoved = false;
},
```

Cette solution est bien préférable, mais on peut faire un pas de plus. Si la bibliothèque AjaxWindows.js définissait le gestionnaire mouseup dans une fonction nommée au lieu de le faire dans une fonction anonyme, nous pourrions enregistrer le gestionnaire sous un autre nom et l'exécuter depuis notre propre gestionnaire. Cette approche aurait l'avantage de ne pas dupliquer la logique déjà définie dans la bibliothèque AjaxWindows.js. Elle est illustrée par le code suivant :

```
function ajaxWindowsMouseUpHandler() {
   // la logique vient ici...
}
document.onmouseup = ajaxWindowsMouseUpHandler;
```

`ajaxWindowsMouseUpHandler()` est un rappel défini par la bibliothèque externe AjaxWindows.js. En l'utilisant, nous nous offrons la possibilité d'enregistrer la définition de la méthode et d'y recourir par la suite, comme ceci :

```
initDocumentMouseHandler: function() {
   this.ajaxWindowsMouseUpHandler =
      ajaxWindowsMouseUpHandler;       ❶ Stockage de notre propre référence
   var oThis = this;
   document.onmouseup = function() { oThis.handleMouseUp(); };
},

handleMouseUp: function() {
   this.ajaxWindowsMouseUpHandler(); ❷ Appel de la fonction de la bibliothèque
   if ( elemWin && bHasMoved )
      this.saveWindowProperties(elemWin.id);      ❸ Ajout de notre fonction
},
```

A présent, notre méthode `handleMouseUp()` n'a pas besoin de dupliquer la fonction de la bibliothèque AjaxWindows.js. Nous exécutons simplement la fonction ❷ *via* notre référence enregistrée ❶ et ajoutons notre propre fonction ❸. Si le gestionnaire `mouseup` d'AjaxWindows devait changer à l'avenir, nous récupérerions les modifications sans devoir toucher au code. La gestion des modifications se trouve ainsi considérablement améliorée. Bien évidemment, ce système présuppose que le contrat avec la bibliothèque (portant sur les deux variables globales `elemWin` et `bHasMoved`) ne change pas. Puisque la bibliothèque définit actuellement le gestionnaire `mouseup` comme une fonction anonyme, nous pourrions toujours avoir une référence à la fonction `mouseup` existante avec une ligne de code de ce type :

```
this.ajaxWindowsMouseUpHandler = this.document.onmouseup;
```

Nous parviendrions aux mêmes fins, mais cette solution serait un peu plus fragile, le contrat étant alors beaucoup plus lâche. Cette méthode présuppose en effet que nous avons inclus nos bibliothèques de scripts dans l'ordre approprié et que la bibliothèque AjaxWindows.js a déjà exécuté le code qui a placé le gestionnaire `mouseup` sur le document. Elle présuppose en outre qu'aucune autre bibliothèque n'a placé de gestionnaire `mouseup` sur le document ou n'a réalisé d'autre technique d'encapsulation du même genre.

Voilà à peu près tout ce que nous pouvons espérer accomplir en ce qui concerne l'adaptation de la bibliothèque. Passons à l'API du portail. La méthode `handleMouseUp()` présente l'une des trois commandes de portail que le composant doit gérer. Lorsque le bouton de la souris est relâché, la méthode `saveWindowProperties()` est appelée afin d'enregistrer la taille et la position de la fenêtre active. La section suivante présente ce système en détail, ainsi que les autres API de commandes du portail.

Spécifier les commandes du portail

Comme nous l'avons déjà indiqué, notre composant de portail est avant tout un transmetteur de commandes. Les commandes sont des requêtes Ajax envoyées à un système de gestion de portail côté serveur. Nous avons déjà traité du principe des commandes et du pattern formel Commande pour Ajax aux Chapitres 3 et 5. Voici une autre occasion de mettre ces connaissances en pratique.

Les commandes que nous avons prises en charge jusque-là dans notre portail sont la connexion, le chargement des paramètres et l'enregistrement des paramètres. Nous allons aussi donner la possibilité d'ajouter et de supprimer des fenêtres. Chacune de ces commandes peut être considérée comme une méthode de notre portail. Avant d'examiner le code, commençons cependant par un petit travail préparatoire qui nous aidera à isoler les points de modification. Ce sont les noms des commandes que nous référençons. Définissons donc des symboles pour chaque nom de commande afin que le reste de nos composants puissent les utiliser. Considérez l'ensemble suivant de symboles :

```
Portal.LOGIN_ACTION          = "login";
Portal.LOAD_SETTINGS_ACTION  = "PageLoad";
Portal.SAVE_SETTINGS_ACTION  = "UpdateDragWindow";
Portal.ADD_WINDOW_ACTION     = "AddWindow";
Portal.DELETE_WINDOW_ACTION  = "DeleteWindow";
```

Bien que le langage ne supporte pas réellement les constantes, nous supposerons qu'en vertu de la convention de dénomination en majuscules, ces valeurs sont destinées à être des valeurs constantes. Nous pourrions disséminer paresseusement ces littéraux chaîne dans notre code, mais cette méthode manquerait sensiblement de rigueur. Cet emploi des constantes conserve nos chaînes "magiques" dans un unique emplacement. Si le contrat du serveur évolue, nous pouvons nous adapter. A titre d'exemple, le Tableau 11.1 montre comment le contrat du serveur pourrait changer.

Tableau 11.1 : changements du contrat public

Changement du contrat du serveur	Action requise
Une commande est renommée (exemple : `PageLoad` se fait appeler `LoadPage`).	Modifier la partie droite de l'attribution de la constante `LOAD_SETTINGS_ACTION` en la faisant correspondre à la nouvelle valeur. Le reste du code est inchangé
Le serveur ne supporte plus une commande	Supprimer la constante et réaliser une recherche globale de toutes ses références. Réaliser l'action appropriée à chaque point de référence.
Le serveur supporte une nouvelle commande	Ajouter une constante pour la commande et utiliser son nom dans le code.

Maintenant que nous pouvons référencer des commandes à l'aide de ces symboles, considérons un mécanisme générique pour l'envoi des commandes au serveur de gestion du portail. Nous avons besoin d'une méthode utilitaire qui transmette les commandes de portail Ajax de manière générique au serveur. Examinons le contrat d'usage suivant :

```
myPortal.issuePortalCommand( Portal.SAVE_SETTINGS_ACTION,
                             "setting1=" + setting1Value,
                             "setting2=" + setting2Value, ... );
```

La méthode `issuePortalCommand()` prend le nom d'une commande comme premier argument (par exemple l'une de nos constantes) et un nombre variable d'arguments qui correspondent aux paramètres que la commande requiert. Les paramètres sont volontairement de la même forme que ceux requis par la méthode `net.ContentLoader's sendRequest()`. La méthode `issuePortalCommand()` que nous avons définie pourrait être implémentée de la manière suivante :

```
issuePortalCommand: function( commandName ) {
  var actionParam = this.options['actionParam'];      ❶ Récupération du
                                                         paramètre d'action
  var urlSuffix = this.options['urlSuffix']; ❷ Récupération du suffixe de l'URL

  if (!urlSuffix) urlSuffix="";
  var url = this.baseUrl;
  var callParms = [];
  if (actionParam){
    callParms.push(
      actionParam + "=" + commandName         ❸ Ajout du paramètre d'action
    );
  }else{
    url += "/" + commandName
      + urlSuffix;                            ❹ Ajout du suffixe d'URL
  }
  for ( var i = 1 ; i < arguments.length ; i++ )
     callParms.push( arguments[i] );
  var ajaxHelper = new
   net.ContentLoader( this, url, "POST", [] ); ❺ Création du ContentLoader
  ajaxHelper.sendRequest
    .apply( ajaxHelper, callParms );          ❻ Envoi de la requête
},
```

Cette méthode construit une URL à partir des options de configuration traitées dans la section "Définir le constructeur". Si nous avons fourni une valeur pour `actionParam` ❶, elle est ajoutée aux paramètres postés (POST) au serveur ❸. Sinon, nous ajoutons la commande au chemin de l'URL ❹, en incluant le suffixe si nous en avons fourni un dans nos options ❷. Le premier argument de la fonction est le nom de la commande. Tous les arguments restants sont traités comme des paramètres de requêtes. L'URL que nous avons construite est ensuite passée au ContentLoader ❺ et la requête est transmise avec les paramètres de requêtes à sa suite ❻, comme le montrait le précédent exemple d'usage.

Une fois cette méthode en place, chacune de nos API de commandes de portail présente une implémentation minimale. L'un des autres intérêts de cette méthode générique tient à ce que nous pouvons maintenant prendre en charge de nouvelles commandes sur le serveur sans rien changer côté client. Pour l'instant, commençons par examiner les commandes que nous connaissons.

Connexion

Rappelez-vous que le gestionnaire `onclick` de notre bouton de connexion initie un appel à la méthode `login()` de notre page, qui appelle à son tour cette méthode. Du point de vue du serveur, la commande `login` doit être gérée en vérifiant les informations d'authentification, et en cas de validité, en répondant avec la même réponse que celle que notre commande `load-page` produirait. Observez l'implémentation présentée au Listing 11.15.

Listing 11.15 : la méthode de connexion du portail

```
login: function(userName, password) {

  this.userName = userName;
  this.password = password;

  if ( this.options.messageSpanId )
     document.getElementById(
       this.options.messageSpanId).innerHTML =
       "Verifying Credentials";
  this.issuePortalCommand( Portal.LOGIN_ACTION,
                           "user=" + this.userName,
                           "pass=" + this.password );
},
```

La méthode place un message "Verifying Credentials" dans l'élément `span` désigné par notre option configurable `this.options.messageSpanId`. Elle envoie ensuite une commande `login` à l'interface dorsale du portail, en passant les informations d'authentification qui ont été transmises dans la méthode comme paramètres de requêtes. La méthode `issuePortalCommand()` que nous venons de mettre en place réalise tout le travail.

Charger les réglages

Rappelez-vous que la fonction `createPortal()` de notre page appelle cette méthode pour charger la configuration initiale de nos fenêtres de portail. La méthode qui sert à charger les réglages pour la page est même plus simple que la méthode de connexion dont nous venons de traiter. Il s'agit d'un simple wrapper autour de notre méthode `issuePortalCommand()`. Elle passe l'utilisateur comme unique paramètre que le serveur utilise pour charger les réglages de fenêtres appropriés :

```
loadPage: function(action) {
  this.issuePortalCommand( Portal.LOAD_SETTINGS_ACTION,
                           "user=" + this.userName,
                           "pass=" + this.password );
},
```

Enregistrer les réglages

La méthode d'enregistrement des réglages est aussi très simple. Rappelez-vous que cette méthode est appelée par notre adaptation de la bibliothèque AjaxWindows.js sur l'événement `mouseup`, afin de stocker toutes les opérations de déplacement et de redimensionnement :

```
saveWindowProperties: function(id) {
   this.issuePortalCommand( Portal.SAVE_SETTINGS_ACTION,
                     "ref=" + id,
                     "x="   + parseInt(elemWin.style.left),
                     "y="   + parseInt(elemWin.style.top),
                     "w="   + parseInt(elemWin.style.width),
                     "h="   + parseInt(elemWin.style.height) );
   elemWin = null;
},
```

Ajouter/supprimer des fenêtres

Nous n'avons pas présenté complètement le développement de l'implémentation d'ajout et de suppression des fenêtres, mais il est possible de définir des méthodes d'API qui supporteraient ces opérations, comme ceci :

```
addWindow: function(title, url, x, y, w, h) {
   this.issuePortalCommand( Portal.ADD_WINDOW_ACTION,
                            "title=" + title,
                            "url="   + url,
                            "x="     + x,
                            "y="     + y,
                            "w="     + w,
                            "h="     + h );

},

deleteWindow: function(id) {
   var doDelete =
      confirm("Are you sure you want to delete this window?");
   if(doDelete)
      this.issuePortalCommand( Portal.DELETE_WINDOW_ACTION,
                               "ref=" + id );
},
```

Nous en avons fini avec les API requises pour la prise en charge des commandes du portail. Voyons maintenant la gestion Ajax du portail.

Réaliser le traitement Ajax

Comme nous l'avons déjà indiqué, nous nous servons dans cet exemple d'une technique Ajax qui gère les réponses selon un pattern d'interaction centré sur les scripts. La technique part du principe que la réponse attendue correspond à du code JavaScript valide. L'intérêt de cette approche tient à ce que le client n'a pas à ordonnancer ou à parser les données pour comprendre la réponse. Celle-ci est simplement évaluée avec la méthode JavaScript `eval()`, le client se voyant libéré de toute responsabilité ultérieure. L'inconvénient de cette approche tient cependant à ce que le serveur a à charge de comprendre le modèle objet côté client et de générer une réponse spécifique au langage (JavaScript) dont la syntaxe soit correcte. Ce deuxième inconvénient est partiellement résolu grâce à la variante de cette technique, qui s'appuie sur la notation JSON pour la définition des réponses. Il existe des bibliothèques côté serveur qui aident à générer des réponses JSON (voir le Chapitre 3), bien qu'elles aient tendance à s'approcher de ce que nous avions qualifié au Chapitre 5 comme étant une approche centrée sur les données.

Pour l'instant, nous allons nous en tenir à notre système centré sur les scripts. Considérons donc notre implémentation et voyons ce que nous pouvons faire. Commençons par notre fonction `ajaxUpdate()` et sa méthode d'assistance `runScript()` :

```
ajaxUpdate: function(request) {
   this.runScript(request.responseText);
},

runScript: function(scriptText) {
   eval(scriptText);
},
```

Comme nous l'avons déjà indiqué, la gestion des réponses est très simple. Nous nous contentons d'appeler la méthode `runScript()` avec le `responseText`. `runScript()` évalue (`eval()`) le texte de la réponse. Pourquoi dès lors ne pas se débarrasser carrément de la méthode `runScript()` et appeler simplement `eval()` depuis la méthode `ajaxUpdate()` ? Cette approche serait valide et utile. Toutefois, il peut être intéressant de disposer d'une méthode qui encapsule le mécanisme d'exécution des scripts. Par exemple, pourquoi n'ajouterions-nous pas une étape de prétraitement ou de post-traitement à notre implémentation `runScript()` ? Cette fois encore, nous avons isolé un point de modification. Notre méthode `ajaxUpdate()` n'a pas à se soucier des modifications opérées à cet endroit et nous pouvons facilement adapter ce comportement. L'une des applications pratiques intéressantes de cette technique peut être de se servir d'un préprocesseur pour effectuer avant l'exécution un remplacement de jetons de valeurs qui se trouvent sur le client.

Pour finir sur le sujet de la gestion des erreurs, examinons notre méthode `handleError()`. Vous vous rappelez que la méthode `ajaxUpdate()` doit respecter un contrat pour la collaboration avec le net.ContentLoader. Il en va de même de la méthode `handleError()` que voici :

```
handleError: function(request) {
  if ( this.options.messageSpanId )
     document.getElementById
        (this.options.messageSpanId).innerHTML =
        "Oops! Server error.  Please try again later.";
},
```

Cette méthode vérifie si la propriété de configuration `messageSpanId` existe et, le cas échéant, l'utilise comme élément pour placer le message "Oops!" dans l'interface utilisateur. Le texte présenté pourrait être paramétré avec l'objet `options`. Nous laissons au lecteur le soin de réaliser cet exercice.

Notre session de réusinage du composant de portail touche à sa fin. Nous avons créé un mécanisme simple pour la gestion du portail Ajax. Prenons maintenant quelques instants pour passer en revue ce que nous avons accompli.

Débriefing pour le réusinage

Deux caractéristiques rendent le développement de ce composant assez différent de celui des autres exemples de ce livre. Tout d'abord, le composant de portail est un composant de plus haut niveau qui implémente une solution complète. Il est peu probable qu'un développeur tier veuille intégrer ce système dans le coin de l'une de ses pages ! Ensuite, ce composant utilise une technique de gestion des réponses Ajax sous forme de code JavaScript. Notre réusinage du composant a servi à isoler ces points de modification. Nous avons notamment :

- fourni un moyen efficace et viable d'adapter la bibliothèque AjaxWindows.js ;
- isolé les littéraux chaîne sous forme de pseudo-constantes ;
- écrit une méthode générique pour l'émission des commandes ;
- isolé dans une méthode le mécanisme d'exécution des scripts de réponses Ajax.

En résumé

Le portail peut être l'un des outils les plus puissants d'une entreprise. Une logique métier peut être mise en place afin de permettre aux utilisateurs de ne voir que les informations qui les concernent. Les portails offrent aussi aux utilisateurs la possibilité de personnaliser l'apparence des fenêtres afin de les adapter à leurs besoins et d'améliorer leurs performances, la page étant disposée exactement comme ils le souhaitent.

En utilisant Ajax dans notre solution de portail, nous avons pu conserver toutes les fonctions en un unique emplacement, sans avoir à renvoyer le serveur vers différentes pages. Il n'y a plus à se soucier du bouton Page précédente lorsque l'utilisateur se déconnecte. Aucun historique de page ne risque de semer la pagaille, puisque nous n'avons jamais quitté la page. Nous avons vu quels inconvénients pouvaient exister lorsque l'utilisateur quitte la page, mais nous avons su résoudre ce problème en recourant à Ajax pour transmettre une requête au serveur.

Ajax nous a en outre permis de retransmettre des requêtes au serveur sans que l'utilisateur se rende compte que des données étaient transmises. Grâce à des gestionnaires d'événements, nous avons pu enregistrer rapidement des données sans interrompre le travail de l'utilisateur. Ajax apporte au portail un niveau accru de performances dans une interface utilisateur riche.

Dans la dernière section de ce chapitre, nous avons procédé au réusinage du code du portail. Pour les précédents exemples, nous nous étions occupés de créer un composant réutilisable qui pouvait être placé dans une page existante. Dans le cas du portail, le but n'était pas le même : le portail était lui-même le conteneur au sein duquel les autres composants devaient résider. Nous nous sommes donc efforcés de simplifier la maintenance du code en isolant les constantes chaîne, en créant des méthodes plus génériques et en séparant la bibliothèque tierce du code de notre projet.

Dans ce chapitre, nous avons généré des réponses XML simples depuis le serveur et nous les avons décodées manuellement à l'aide de JavaScript. Au chapitre suivant, nous examinerons une autre approche, en utilisant des feuilles de style XSLT sur le client pour transformer directement du XML abstrait en code HTML.

12

Recherche dynamique XSLT

Au sommaire de ce chapitre

- Techniques de recherche dynamique
- Utiliser les XSLT pour convertir du XML en HTML
- Enregistrer les pages de recherche dans les favoris
- Construire un composant de recherche dynamique

Ajax permet de réaliser des actions côté serveur tout en contrôlant ce qui se passe sur le client. Si un processus prend un certain temps, il est possible d'afficher des GIF animées qui présentent des messages et font savoir à l'utilisateur ce qui se passe. Ce dernier peut effectuer d'autres actions pendant que le processus côté serveur intervient, et il ne risque pas de penser que le navigateur s'est gelé.

Dans ce chapitre, nous emploierons cette technique Ajax pour créer un composant de recherche dynamique. Ce composant s'appuie sur des XSLT (*eXtensible Stylesheet Language Transformations*) pour transformer des documents XML en mises en page HTML. La maintenance des traductions XSLT est plus simple que celle du code utilisé pour générer manuellement le XML et produire du HTML avec des instructions JavaScript. Une transformation arborescente est opérée sur un document XML généré dynamiquement, qui remplace le code côté serveur et le JavaScript sur lesquels les projets précédents s'appuyaient. Nous évitons ainsi les complications liées au fait de s'assurer que tous les éléments HTML sont correctement formés.

Comme avec les précédents exemples, nous commencerons par développer le code sous une forme simple, avant de le réusiner sous forme de composant réutilisable. D'ici la fin de ce chapitre, vous aurez compris les principes de l'utilisation des XSLT avec Ajax et serez en possession d'un composant de recherche prêt à l'emploi que vous pourrez intégrer dans vos propres projets.

Comprendre les techniques de recherche

Lorsque nous réalisons des recherches, nous avons l'habitude de voir la page se geler pendant que le traitement est en cours sur le serveur (à tout le moins, c'est le cas sur les sites Web qui ne bénéficient pas du travail combiné d'un millier de serveurs en grappe réalisant une recherche sur 8 milliards de pages en moins d'une seconde ; les contraintes budgétaires des projets de chacun peuvent en effet être variables…). Pour éviter ce temps de pause, certains développeurs implémentent des fenêtres pop-up et des cadres. La fenêtre supplémentaire est alors employée pour réaliser le traitement sans perturber l'utilisateur, mais ces approches présentent aussi leurs inconvénients. Avec Ajax, on peut éliminer les délais courants liés aux envois de formulaires et aux cadres classiques.

La recherche classique

Dans le cas d'un processus de recherche classique avec un formulaire sur un site Web, un ou plusieurs éléments de formulaire sont postés au serveur. La page de recherche principale de Google (**www.google.com**) est un exemple de ce genre. Elle contient une unique zone de texte et deux boutons de recherche. Selon l'action de recherche sélectionnée, le formulaire renvoie vers une liste d'enregistrements que l'on peut parcourir ou conduit à un unique résultat dans cette liste. Cette approche convient bien à une page qui n'inclut pas d'autre fonction, mais dans le cadre d'un projet de plus grande envergure, elle peut poser des problèmes, notamment en raison de la perte de l'état de la page, de la réinitialisation des champs du formulaire, etc. La Figure 12.1 présente un diagramme du modèle de recherche classique, où la page entière est renvoyée au serveur afin d'y être traitée, et où une page de résultats complète est retournée.

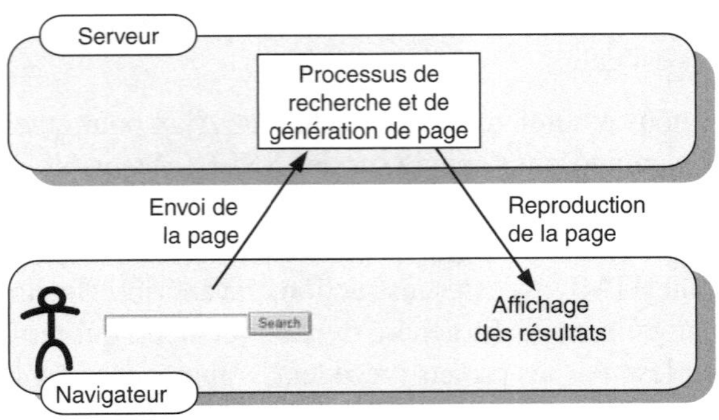

Figure 12.1
Processus du modèle de recherche classique.

L'une des causes du délai tient à ce que les requêtes de base de données peuvent prendre un certain temps de traitement. Le navigateur reste alors inaccessible à l'utilisateur jusqu'à ce que les résultats soient affichés, ce qui donne l'impression que la page est gelée ou introuvable.

Les développeurs tentent de minimiser ce temps d'inaccessibilité en ajoutant à la page des fonctions qui signalent à l'utilisateur qu'un traitement est en cours. Il est important de noter que ce problème d'inaccessibilité ne se limite pas aux opérations de recherche. Il peut apparaître lors de la mise à jour ou de la suppression d'enregistrements dans une base de données, lors de l'exécution d'une transaction complexe côté serveur, etc.

L'une des solutions adoptées par les développeurs consiste à afficher une image GIF animée pendant que le serveur traite la soumission. Les utilisateurs demandent souvent comment réaliser cet affichage sur les forums tels que JavaRanch (**www.JavaRanch.com**). Le problème avec les GIF animées est qu'elles ne s'exécutent pas toujours. Sous Internet Explorer, elles ont tendance à rester bloquées sur la première image, et en général, leur cycle d'animation ne se répète pas. Des développeurs ont fait remarquer que certains utilisateurs pensent que leur navigateur se gèle quand ils ne voient pas l'animation : ils cliquent alors sur le bouton Actualiser ou ferment leur navigateur.

Le formulaire de recherche classique souffre des mêmes problèmes que certains des exemples précédents dans lesquels la page doit être entièrement reproduite. La position de défilement de la page peut être perdue parce que la nouvelle page est chargée en haut de la page au lieu de revenir à l'emplacement où l'action est intervenue. Les champs de formulaires peuvent se vider, l'utilisateur devant alors entrer les données à nouveau. Les développeurs tentent de résoudre ces problèmes en recourant à des cadres et des fenêtres pop-up, mais ces solutions créent souvent plus de problèmes qu'elles n'en résolvent. Tentons d'en comprendre les raisons.

Les inconvénients des méthodes des cadres et des fenêtres pop-up

Les développeurs ont souvent eu recours aux cadres, aux IFrames et aux fenêtres pop-up pour éviter les problèmes avec les pages qui paraissent se geler, qui perdent leur position de défilement, etc. Les cadres et les fenêtres pop-up permettent au traitement de se poursuivre dans une autre partie de la page Web, l'utilisateur pouvant alors continuer de manipuler la partie du formulaire où l'action s'est produite, tandis que d'autres fonctions JavaScript peuvent être exécutées.

Les cadres et les fenêtres pop-up possèdent d'autres avantages. La solution des cadres permet de faire défiler le jeu d'enregistrements retourné pendant que les éléments du formulaire de recherche restent visibles. Les fenêtres pop-up permettent d'afficher le résultat dans une fenêtre séparée, ce qui isole le traitement de la fenêtre principale. Avec une communication de fenêtre parent/enfant, il est possible de faire repasser les données de la fenêtre enfant à la fenêtre parent afin de retourner les résultats. La fenêtre pop-up est idéale pour ajouter des recherches dans des formulaires de grande taille, lorsque l'utilisateur a besoin d'informations spécifiques qui peuvent être dures à mémoriser. La fenêtre peut également être fermée une fois le traitement terminé. Cette solution est utile lorsqu'on souhaite réaliser des mises à jour sans retourner de données.

La Figure 12.2 montre comment s'implémente la recherche dans un cadre. Le cadre du bas a à charge de soumettre la requête de recherche au serveur, afin que les résultats soient traités. Une fois que le cadre du bas initie la recherche, celui du haut reste accessible à l'utilisateur, à la différence du modèle de recherche classique de la Figure 12.1.

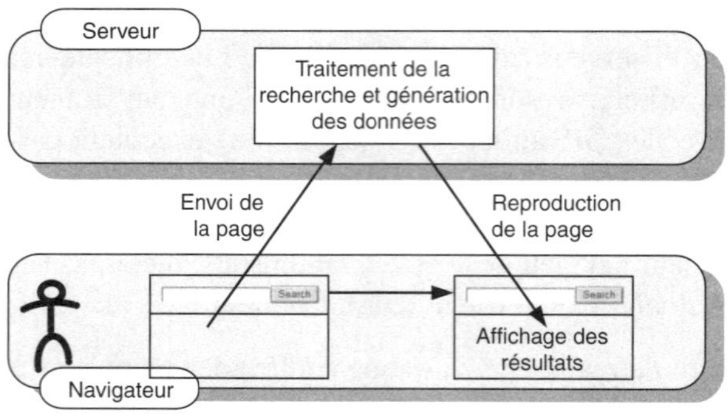

Figure 12.2
Processus d'une recherche exécutée avec le modèle des cadres.

Bien que ces solutions résolvent les problèmes mentionnés précédemment, elles en introduisent aussi de nouveaux. Les cadres ont été (et restent encore) l'un des pires cauchemars des développeurs. Le problème principal concerne la navigation, car il est difficile de savoir comment le cadre va réagir avec le navigateur. La question est de savoir comment le bouton Page précédente va affecter le cadre. L'utilisateur sera-t-il conduit vers la page de droite, le frameset sera-t-il détruit ou semblera-t-il ne pas fonctionner ? Voilà les questions typiques qui surgissent en phase de test. Et que se passe-t-il si les pages sont ouvertes dans un navigateur qui ne supporte pas les framesets ? Pour éviter ce dernier problème, il faut inclure des scripts de détection de navigateur sur la page, ce qui alourdit l'application et augmente la quantité de code à gérer. La base de code devient alors plus complexe.

Les fenêtres pop-up, pour leur part, sont sujettes aux mécanismes de blocage que peuvent activer certains utilisateurs. Elles ne posent pas de problème lorsqu'elles sont explicitement initiées par un clic de l'utilisateur, mais elles peuvent en poser quand elles sont engendrées automatiquement par le navigateur, par exemple avec un événement `onlaod` ou `onunload`. Ces fenêtres pop-up sont souvent bloquées par des plug-ins de navigateurs, car elles ont été trop exploitées à des fins publicitaires. Certains utilisateurs bloquent toutes les fenêtres pop-up et ne peuvent donc jamais obtenir leurs résultats.

Les fenêtres pop-up posent d'autres problèmes encore, par exemple lorsque la fenêtre enfant apparaît en dessous de son parent ; la fenêtre pop-up ne peut être vue parce qu'elle est couverte par la fenêtre parent. On parle alors de "pop-under" (littéralement, qui "surgit en dessous"). Un autre problème peut survenir lorsqu'une action a lieu dans la fenêtre parente.

Si l'utilisateur clique sur un lien ou actualise la page, l'action peut rompre la relation enfant-parent et faire perdre la communication entre les fenêtres. Lorsque la page s'actualise, l'objet de fenêtre pop-up est détruit ; il n'existe aucun moyen de transporter l'objet d'une page à l'autre de manière simple.

Comme vous pouvez le voir, bien que les méthodes des cadres et des fenêtres pop-up résolvent les problèmes de transmission des formulaires classiques, leurs solutions peuvent générer d'autres problèmes. L'une des solutions consiste alors à se servir d'Ajax. Ajax gère la communication serveur indépendamment de la page du navigateur, ce qui permet aux animations d'être lues et de conserver l'état de la page ; il n'y a plus à s'inquiéter de facteurs externes comme les mécanismes de blocage, ou de l'utilisateur qui ferme sa fenêtre en pensant qu'elle est gelée.

Examiner un système de recherche dynamique avec Ajax et les XSLT

Certaines fonctions de recherche sur les sites Web peuvent être améliorées à l'aide d'une recherche dynamique, selon l'expression adoptée par certains développeurs pour désigner la fonction des recherches Ajax. Cette recherche est réalisée sans poster la page entière au serveur (comme avec la recherche traditionnelle), ce qui signifie que l'état courant de la page peut être conservé. En outre, il est possible d'exécuter du JavaScript et des animations GIF sans problème majeur, car les résultats sont affichés dans le navigateur avec la propriété `innerHTML` ou d'autres méthodes DOM.

Supposons que nous ayons développé un composant de recherche qui déclenche de longues transactions de base de données qui semblent verrouiller la page. Avec Ajax, l'animation peut démarrer dès le début de la transaction de base de données. Une fois que nous commençons à sortir les résultats, nous positionnons à `none` la propriété CSS `display` de l'image animée, ce qui fait disparaître l'animation. L'une des variantes consiste à insérer l'image d'animation dans l'emplacement de sortie où les résultats doivent être affichés. Une fois la transaction terminée, nous remplaçons l'image GIF par les résultats. Grâce à ce système, l'utilisateur peut continuer à se servir du formulaire pendant que l'objet XMLHttpRequest traite les données du serveur.

Google Local est un bon exemple d'application Ajax qui permet à l'utilisateur de travailler pendant qu'un traitement est opéré sur le serveur. Si l'utilisateur transmet une requête au serveur, par exemple afin de localiser des restaurants sur Main Street, il garde la possibilité de manipuler la carte pendant que le serveur traite sa requête. Il n'a pas à attendre comme il le devrait avec un formulaire classique. Le processus côté serveur retourne ensuite les résultats à la page, où ils sont affichés. De la même manière, le système de recherche dynamique que nous développerons dans ce chapitre permettra à l'utilisateur d'interagir avec la page pendant que le serveur traite les données. La Figure 12.3 présente le processus Ajax.

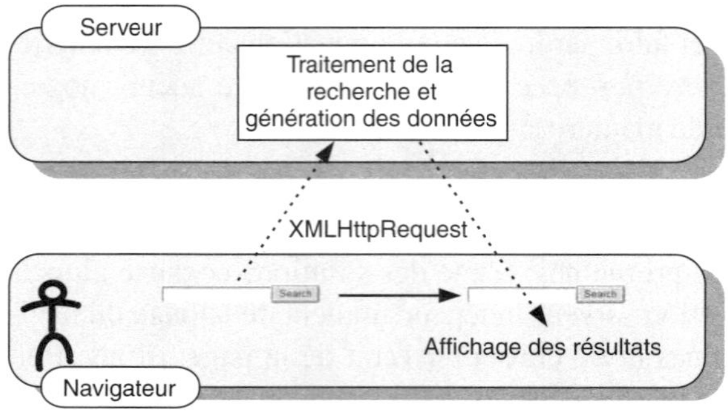

Figure 12.3
Processus du modèle Ajax. Le processus côté serveur génère des données, que le code côté client insère directement dans la page. On économise ainsi la bande passante, tandis que l'utilisateur n'est pas interrompu.

L'approche Ajax de gestion des recherches et des longues transitions permet d'éliminer les problèmes rencontrés avec les anciennes solutions. Cette fonction de recherche dynamique est utile non seulement avec des moteurs de recherche comme Google et Yahoo!, mais également pour des recherches plus simples. Par exemple, on peut utiliser une recherche dynamique pour récupérer certains champs (comme une adresse) dans une table de base de données, en fonction de ce que l'utilisateur a entré jusque-là – et ce alors que l'utilisateur continue à remplir d'autres champs. Toute transaction longue avec le serveur peut être transformée en un processus dynamique, le serveur fournissant des mises à jour incrémentielles au client, qui sont affichées mais ne viennent pas l'interrompre (voir le Chapitre 6). Avec Ajax, il est possible d'améliorer le transfert des données et d'amener les résultats sur le client dans un environnement plus riche.

Retransmettre les résultats au client

Lorsque le serveur retourne le résultat d'une recherche dynamique, les informations peuvent être retransmises au client de plusieurs manières. Les résultats peuvent être formatés en XML, en texte brut ou sous forme de balises HTML. Dans les précédents exemples, nous avons créé un document XML sur le serveur. Le code JavaScript côté client appelait ensuite des méthodes DOM XML pour construire la table de résultats sur le client en parcourant en boucle les nœuds XML. Ce processus employait deux boucles. La première se trouvait sur le serveur, lorsque nous construisions le document XML. La seconde servait à construire le tableau HTML sur le client.

La boucle du DOM XML côté client peut être évitée en construisant le tableau HTML sur le serveur avant de le retransmettre, au lieu de construire le fichier XML. Avec cette technique, des balises HTML sont concaténées dans une grande chaîne, un peu comme nous l'avons fait pour créer le document XML. Au lieu de le construire avec des balises XML, nous utilisons cependant des éléments de tableaux. La chaîne HTML retournée au client peut être appliquée directement à la propriété `innerHTML` d'un élément. Dans ce cas, nous aurions recours à la propriété `responseText` de l'objet XMLHttpRequest car nous n'aurions pas besoin de parcourir les nœuds.

Le problème avec ces techniques tient à ce qu'il est nécessaire de parcourir en boucle les données (que ce soit sur le serveur ou sur le client) et de construire le tableau dynamiquement. Si nous devions modifier le format du tableau à l'avenir, la tâche pourrait être fastidieuse avec les tableaux complexes. L'ajout ou la suppression d'une colonne peut poser des problèmes, en obligeant à modifier le code à l'intérieur de la boucle. En outre, il faut tenir compte des guillemets supplémentaires contenus dans la chaîne, en s'assurant qu'ils sont bien échappés lorsque la chaîne est construite. Si nous incorporons du JavaScript dans cette balise HTML, il faut encore surveiller d'autres guillemets et d'autres apostrophes – en vérifiant que toutes les balises sont fermées et correctement formatées. Le seul moyen de réaliser cela de manière efficace consiste à examiner le texte une fois la chaîne construite.

L'une des solutions pour éviter ces problèmes consiste à se servir des XSLT. Ajax permet par exemple de combiner un fichier XSLT avec un document XML et d'afficher les résultats, en évitant ainsi les méthodes DOM. Pour les développeurs qui connaissent le langage XSL et n'excellent pas en JavaScript, il peut s'agir d'une excellente solution.

L'une des choses à noter concernant le système de recherche Ajax est qu'elle ne requiert aucun renvoi au serveur et que l'URL de la page ne change pas pour s'adapter aux résultats de la recherche. On n'obtient donc pas l'effet désiré en ajoutant l'URL dans les favoris. Avec un système de recherche classique comme celui de Google, on peut aisément copier l'URL d'une page de résultats et la coller dans un e-mail. Lorsque le destinataire clique sur le lien, il retrouve les résultats de la recherche. Dans le cas d'une recherche Ajax, il est nécessaire d'ajouter un petit peu de code pour que ce système fonctionne. Nous examinerons une solution à ce problème plus loin dans ce chapitre.

Le code côté client

Le formatage des données XML avec des XSLT est une technique très en vogue car le XML fournit une structure facile à manipuler. Dans les précédents projets, comme celui de la fonction de saisie semi-automatique du Chapitre 10, nous avons utilisé du JavaScript et du XML et nous avons manipulé le DOM pour créer le code HTML à afficher. Dans l'exemple de ce chapitre, nous emploierons des XSLT pour parvenir au même résultat.

Les XSLT permettent de formater des données en construisant la mise en forme HTML dans un fichier distinct et en la combinant avec le document XML. Le fichier XSLT permet d'isoler dans un document séparé toutes les opérations de calculs conditionnels effectuées en parcourant les nœuds XML et en construisant les tables, les menus et la mise en page HTML. Ajax permet de récupérer un fichier XML statique ou dynamique et un fichier XSLT statique ou dynamique sur le serveur, puis de les combiner côté client pour construire un document HTML. Les transformations XSL peuvent aussi être réalisées côté serveur, mais nous ne considérerons ici que des transformations côté client.

Configurer le client

Pour ce projet, nous allons construire un système de recherche dans un carnet d'adresses qui permet de réaliser des recherches sur un nom d'utilisateur. Notre formulaire contiendra une zone de texte et un bouton d'envoi. Ce formulaire de recherche simple est présenté au Listing 12.1.

Listing 12.1 : le formulaire côté client

```
<form name="Form1"  ID="Form1"
  onsubmit="GrabNumber();return false;">        ❶ Ajout du gestionnaire onsubmit

  Name: <input name="user" type="text"/>        ❷ Insertion de la zone de texte
  <input type="submit" name="btnSearch"
    value="Search" />     ❸ Ajout du bouton d'envoi
  <br/><br/>
  <div id="results"></div>      ❹ Ajout de la div des résultats
</form>
```

Pour initialiser la recherche dynamique, nous devons ajouter un gestionnaire d'événements à la balise `form`. Le gestionnaire d'événements `onsubmit` ❶ intercepte l'appui sur la touche Entrée dans la zone de texte et le clic sur le bouton d'envoi. Il appelle la fonction `GrabNumber()`, qui initie la requête XMLHttpRequest sans retransmettre le formulaire à la page. Dans un environnement de production, nous prendrions la peine de vérifier si l'utilisateur a désactivé les fonctions JavaScript du navigateur. Si tel était le cas, il faudrait alors retransmettre le formulaire au serveur – nous reviendrions ainsi à un formulaire de recherche classique. Par souci de concision, nous n'ajouterons cependant pas cette fonction à notre projet d'exemple.

Le formulaire que nous avons créé est rudimentaire puisqu'il ne contient qu'un seul gestionnaire d'événements servant à initialiser la requête XMLHttpRequest. La zone de texte ❷ et le bouton d'envoi ❸ sont ajoutés au formulaire pour récupérer les critères de recherche de l'utilisateur. Si nous souhaitions agrémenter un peu ce système, nous pourrions également ajouter un gestionnaire `onblur` à la zone de texte, qui appellerait la fonction `GrabNumber()` et réaliserait la recherche lorsque l'utilisateur quitte la zone de texte (active un autre élément de la page). Dans cet exemple, nous nous en tiendrons au gestionnaire `onsubmit`.

Nous ajoutons ensuite notre élément `DIV` ❹ au document. Il s'agit de l'emplacement de sortie pour les résultats de la recherche. Cet élément `DIV` peut être positionné à l'endroit de la page où nous souhaitons faire apparaître les résultats. Un ID lui est ajouté afin que l'on puisse le référencer pour lui ajouter les résultats et l'image GIF animée. Il n'est pas obligatoire de recourir à un élément `DIV` pour la sortie des résultats. Ces résultats pourraient aisément être sortis dans une cellule de tableau ou un élément `span` ; en fait, il est possible d'utiliser n'importe quel élément HTML dont la propriété `innerHTML` peut être manipulée. Nous employons ici un élément `DIV` parce qu'il s'agit d'un élément de bloc, précédé et suivi par un saut de ligne. L'élément `DIV` prend en outre 100 % de la largeur disponible du navigateur, ce qui facilite l'affichage des grands tableaux de résultats.

Il est important de noter que le gestionnaire `onsubmit` doit retourner `false` lorsque le gestionnaire d'événements s'exécute. Cette valeur indique au navigateur que le formulaire ne doit pas être retransmis au serveur, ce qui déclencherait une actualisation complète de la page et interromprait notre programmation JavaScript du formulaire. Nous verrons la valeur de retour dans le Listing 12.2 de la prochaine section.

Initier le processus

Dans cet exemple, nous utilisons deux fichiers sur le serveur : un document XML et un document XSL. Le document XML est créé de manière dynamique en PHP lorsque le client le requiert. Le code PHP récupère la saisie de l'utilisateur postée depuis la page, transmet une requête à la base de données puis formate les résultats dans un document XML. Le document statique XSL transforme notre fichier XML dynamique en un document HTML. Puisqu'il est statique, il n'a pas besoin d'être créé par le serveur au moment de la requête du client mais peut être configuré à l'avance.

Comme avec les autres projets de ce livre, nous nous appuyons sur une fonction pour initialiser notre objet XMLHttpRequest. Nous récupérons ces informations et appelons la fonction du Listing 12.2.

Listing 12.2 : fonction d'initialisation

```
function GrabNumber(){    <—— Création de la fonction
  var urlXML='PhoneXML.php?q='
    + document.Form1.user.value;        ❶ Construction de l'URL du document XML

  var urlXSL='Phone.xsl';        ❷ Construction de l'URL du document XSL

  var newImg=document.createElement('img');      ❸ Création de l'élément image

  newImg.setAttribute('src',
   'images/loading.gif');        ❹ Définition de la source

  document.getElementById("results")
.appendChild(newImg);        ❺ Ajout de l'image à la page

  LoadXMLXSLTDoc(urlXML,urlXSL,"results");      ❻ Lancement du chargement
}
```

Cette fonction assemble les informations requises pour l'appel au serveur, configure l'image que nous afficherons pour indiquer que l'opération est en cours et appelle le serveur, qui construit la réponse de manière dynamique en fonction de la valeur de chaîne de la requête transmise. Le premier paramètre de la fonction `LoadXMLXSLTDoc()` est l'URL de la page PHP qui génère le document XML, combinée à la chaîne de requête, qui est construite avec la valeur du champ du formulaire HTML ❶. Le second paramètre est le nom du fichier XSLT ❷ utilisé dans la transformation des données XML. Le troisième paramètre requis pour la fonction `LoadXMLXSLTDoc()` est l'ID de l'élément `DIV` où les résultats de la recherche doivent apparaître. L'ID correspond simplement au nom de chaîne de l'élément de sortie. Il ne s'agit pas de la référence de l'objet. Dans le cas présent, la chaîne est "results".

L'étape suivante consiste à ajouter l'image de chargement à la page Web, à l'aide des méthodes DOM. L'élément image est créé ❸ et l'attribut `src` est positionné ❹. Nous ajoutons l'élément nouvellement créé ❺ à la `div` des résultats. Le fichier d'image est ainsi placé sur la page lorsque notre fonction est appelée depuis le gestionnaire `onsubmit` du formulaire. Il est important de donner à l'utilisateur un retour visuel tel qu'un message ou une image afin d'indiquer que la requête est en cours de traitement. On évite ainsi que l'utilisateur clique de façon répétée sur le bouton d'envoi en pensant que rien ne se produit, car Ajax initie un processus "silencieux".

La dernière étape consiste à appeler la fonction `LoadXMLXSLTDoc()` ❻, qui initie le processus d'envoi des informations au serveur. La fonction `LoadXMLXSLTDoc()` que nous allons construire à la section "Combiner les documents XSL et XML" gérera l'appel à notre `ContentLoader()`, qui demande les documents au serveur. En spécifiant l'emplacement de sortie comme paramètre au lieu de coder en dur la valeur dans notre fonction `LoadXMLXSLTDoc()`, nous nous donnons la possibilité de réutiliser cette fonction plusieurs fois dans la même page, sans avoir à ajouter plusieurs fonctions ou instructions `if` pour séparer cette fonction. Nous redirigeons donc la sortie des différentes recherches vers différentes parties de la page. Avant cela, commençons cependant par voir comment construire les documents XML et XSLT sur le serveur.

Le code côté serveur : PHP

Dans cette section, nous allons créer le document XML dynamique pour ce projet en employant le langage open source PHP, qui est répandu (rappelez-vous qu'Ajax peut fonctionner avec n'importe quels langages ou plates-formes côté serveur). Le document XML est généré de manière dynamique à partir du jeu de résultats d'une requête de base de données au moment de la requête du client. Nous montrerons également comment créer le document XSLT statique, qui réside sur le serveur et est récupéré à chaque fois que le fichier dynamique est requis. Ces deux documents sont renvoyés au client séparément lorsque le ContentLoader les requiert dans deux requêtes séparées, comme le montre le Listing 12.7. Les XSLT transforment notre document XML dynamique sur le client et créent un tableau HTML à afficher.

Construire le document XML

Puisque nous utilisons des XSLT, nous avons besoin d'un document XML structuré qui représente un simple listing d'informations, afin que le fichier XSL puisse réaliser une transformation élémentaire. Pour ce projet, nous allons développer un fichier XML dynamique lorsque le fichier PHP est demandé depuis le client.

Concevoir la structure XML

Avant de pouvoir commencer à construire le fichier XML, nous devons créer un modèle pour ce fichier. Le modèle doit refléter la structure des données retournées par la recherche. Pour notre exemple de carnet d'adresses, nous retournerons le nom de l'entreprise, le nom du contact, le pays et un numéro de téléphone. Le Listing 12.3 présente notre modèle XML de base qui comprend les quatre champs.

Listing 12.3 : fichier XML de base

```
<?xml version="1.0" ?>
  <phonebook>
    <entry>
      <company>Company Name</company>
      <contact>Contact Name</contact>
      <country>Country Name</country>
      <phone>Phone Number</phone>
    </entry>
  </phonebook>
```

Le premier élément est `phonebook`. Le suivant est l'élément `entry`, qui contient les sous-éléments comprenant tous les détails liés à chaque contact trouvé dans la requête. Si nous avons cinq résultats, notre document XML contient cinq éléments `entry`. Le nom de l'entreprise est affiché dans l'élément `company`. Nous ajoutons également le nom du contact, le nom du pays et le numéro de téléphone. Nous ne sommes pas limités à ces champs ; d'autres peuvent être ajoutés ou supprimés selon les informations que nous souhaitons afficher.

Au lieu d'afficher un message d'alerte si aucun résultat n'est trouvé, il est possible de créer une entrée qui signale cette information à l'utilisateur. Il est ainsi plus simple de reproduire le résultat, car on évite d'avoir à ajouter du code supplémentaire côté client. Le code du Listing 12.4 est presque le même que celui du Listing 12.3, mais cette fois, nous insérons du texte dans les éléments XML que nous souhaitons afficher afin d'indiquer qu'aucun résultat n'a été retourné.

Listing 12.4 : fichier XML sans résultat

```
<?xml version="1.0" ?>
  <phonebook>
    <entry>
      <company>No Results</company>   ❶
      <contact>N/A</contact>          ┐
      <country>N/A</country>          ├─❷
      <phone>N/A</phone>              ┘
    </entry>
  </phonebook>
```

❶ **Afficher "No Results" pour le nom de l'entreprise**

❷ **Afficher "N/A" pour les autres champs**

Ce code permet d'afficher une ligne qui indique qu'il n'y a pas de résultat. Dans la balise `company` ❶, nous affichons un message informant l'utilisateur qu'aucun résultat n'a été retrouvé. Dans les autres balises ❷, nous indiquons qu'aucune information n'est disponible. Si nous ne souhaitons pas afficher "N/A", il est possible d'insérer un espace insécable (` `) à la place, grâce auquel les cellules du tableau peuvent apparaître. Si nous n'ajoutions aucune information, les cellules ne s'afficheraient pas dans le tableau.

Comme vous pouvez le voir, le format XML possède une structure très simple. Si ce fichier XML était statique, il serait assez simple pour n'importe quel utilisateur d'ajouter un nouveau contact dans le fichier. Puisque nous le créons de manière dynamique, nous devons programmer une boucle qui construise notre document XML à partir de notre jeu de résultats.

Construire le document XML dynamique

Comme toujours, nous construisons notre document XML sur le serveur. Conformément à notre souci de diversité concernant les langages serveur utilisés pour nos illustrations, nous avons implémenté le code serveur de ce chapitre en PHP. Ajax peut opérer avec n'importe quel langage côté serveur et les détails précis du code serveur n'importent pas véritablement pour notre propos. Le Listing 12.5 présente le code côté serveur du composant de recherche dynamique. Ce code obtient le paramètre de chaîne de requête et génère un jeu de résultats à partir d'une requête de base de données. Ensuite, nous parcourons en boucle le jeu de résultats et créons une entrée dans le fichier XML pour chaque entrée de téléphone retournée par la requête, suivant notre modèle de base (Listing 12.4).

Listing 12.5 : phoneXML.php : génération du XML côté serveur

```
<?php
header("Content-type: text/xml");          ❶ Déclaration du type MIME
echo("<?xml version='1.0' ?>\n");

$db = mysql_connect("localhost","ajax","action");  ❷ Connexion à la
mysql_select_db("ajax",$db);                          base de données
$result = mysql_query("SELECT * FROM Contacts WHERE ContactName like
'%".
$_GET['q']."%'",$db);          ❸ Remplissage de la requête
?>
<phonebook>
<?
if ($myrow = mysql_fetch_array($result)) {      ❹ Test des résultats
  do {      ❺ Parcours en boucle des résultats
?>
<entry id='<?=$myrow['id']?>001'>
  <company><?=$myrow['companyName']?></company>
  <contact><?=$myrow['contactName']?></contact>
  <country><?=$myrow['country']?></country>
  <phone><?=$myrow['phone']?></phone>
</entry>
```

```
<?
  }while ($myrow = mysql_fetch_array($result));
}else{
?>
<entry id='001'>        ❻ Affichage du jeu de résultats vide
  <company>No Results</company>
  <contact>N/A</contact>
  <country>N/A</country>
  <phone>N/A</phone>
</entry>
<?
}
?>
</phonebook>
```

Pour que cette génération dynamique du document XML fonctionne, nous devons positionner le type du document à `text/xml` ❶ ; sans cela, la transformation XSLT pourrait ne pas fonctionner, notamment avec Mozilla et Firefox.

Les données que nous recherchons sont stockées dans une table de base de données. Nous devons sélectionner les entrées appropriées. Dans le cas présent, nous utilisons des fonctions MySQL intégrées du PHP pour communiquer directement avec la base de données, afin de simplifier ce processus. Nous nous connectons à la base de données Ajax qui s'exécute sur le serveur de bases de données local sous l'identité de l'utilisateur `ajax` et avec le mot de passe `action` ❷. Nous construisons ensuite notre chaîne de requête SQL à l'aide du paramètre de requête passé depuis le code client pour remplir la clause `WHERE` ❸.

Pour une implémentation côté serveur plus robuste, nous recommandons un système de mapping objet/relationnel comme Pear DB_DataObject (voir Chapitre 3), plutôt qu'une communication directe avec la base de données comme nous le faisons ici. L'implémentation courante a cependant l'avantage d'être simple et peut aisément être configurée par les lecteurs qui souhaitent tester les exemples par eux-mêmes. Une fois que le jeu de résultats est retourné, nous vérifions s'il est vide ❹ puis nous le parcourons en boucle ❺ pour créer les entrées téléphoniques, ou imprimons le message "No Results" ❻.

Construire le document XSL

Des XSLT peuvent être utilisées pour transformer notre fichier XML en un beau tableau HTML à l'aide de quelques lignes de code. Le document XSL permet de réaliser des correspondances de motifs afin d'afficher les données au format de notre choix. Cette mise en correspondance s'appuie sur un modèle pour afficher les données. Nous parcourons en boucle l'arbre source des nœuds grâce au XSL afin d'afficher les données. Le XSL prend le fichier XML structuré et le convertit en un format visible facile à mettre à jour et à modifier. Notre document XSL sera défini de manière statique.

Explication de la structure des XSLT

Une transformation XSLT contient des règles qui servent à transformer un arbre source en un arbre résultat. Le processus XSLT complet consiste à réaliser des mises en correspondance de motifs. Lorsqu'un motif est mis en correspondance avec des éléments de l'arbre source, le modèle crée l'arbre résultat.

La structure de l'arbre résultat n'a pas besoin d'être liée à celle de l'arbre source. Ces deux structures étant autonomes, il est possible de prendre notre fichier XML et de le convertir au format de notre choix. Nous ne sommes pas restreints au format du jeu de résultats tabulaire.

Cette transformation XSLT est appelée *feuille de style* car elle met en forme l'arbre résultat. La feuille de style contient des règles de modèle, qui se décomposent en deux parties. La première partie est le motif, qui est mis en correspondance avec les nœuds de l'arbre source. Lorsqu'une correspondance est trouvée, le processeur XSLT utilise la seconde partie, soit le modèle proprement dit, qui contient les balises qui servent à construire l'arbre résultat.

Construire le document XSL

La construction de la transformation XSLT de ce projet est assez simple. Puisque nous développons un tableau, nous n'avons pas besoin de correspondance de motifs très particulière ; au lieu de cela, nous parcourrons en boucle les nœuds des éléments de l'arbre source. Le modèle que nous allons développer sort un tableau HTML à quatre colonnes. Le Listing 12.6 présente le fichier XSL de ce projet.

Listing 12.6 : fichier XSL

```
<?xml version="1.0" encoding="ISO-8859-1"?>  ❶ Définition de la version
                                                XML et de l'encodage
<xsl:stylesheet version="1.0"
xmlns:xsl=
  "http://www.w3.org/1999/XSL/Transform">  ❷ Spécification de l'espace
                                              de noms XSLT

<xsl:template match="/">      ❸ Définition de la règle de modèle

    <table id="table1">      ❹ Ajout de l'élément table
      <tr>
        <th align="left">Company</th>
        <th align="left">Contact</th>     ❺ Création de la
        <th align="left">Country</th>        ligne d'intitulé
        <th align="left">Phone</th>
      </tr>
      <xsl:for-each
        select="phonebook/entry">  ❻ Parcours en boucle des entrées
                                      du carnet d'adresses
```

```
        <tr>
          <td><xsl:value-of
           select="company"/></td>
          <td><xsl:value-of
           select="contact"/></td>
          <td><xsl:value-of
           select="country"/></td>
          <td><xsl:value-of
           select="phone"/></td>
        </tr>
        </xsl:for-each>
      </table>
  </xsl:template>
  </xsl:stylesheet>
```

❼ **Sortie des données**

Lorsque nous créons une transformation XSLT, nous devons déclarer la version et l'encodage du XML ❶. L'espace de noms XSLT ❷ doit être spécifié. Il fournit au document les règles et spécifications qu'il est censé suivre. Les éléments de l'espace de noms XML sont reconnus dans le document source et non dans le document résultat. Le préfixe xsl sert à définir tous nos éléments dans l'espace de noms XSLT. Nous pouvons positionner la règle de modèle avec le motif de correspondance `/` ❸, qui référence le document entier.

Nous pouvons commencer à construire le modèle du tableau qui affiche nos résultats. Nous ajoutons la balise `table` ❹, en donnant à la table un ID. La ligne d'intitulé du tableau ❺ est ensuite insérée, qui contient les noms de colonnes à afficher afin que l'utilisateur comprenne les informations contenues dans le tableau.

En parcourant en boucle l'arbre source des nœuds, nous obtenons les lignes suivantes du tableau. Pour cela, nous utilisons la boucle `for-each` ❻ afin de parcourir en boucle les enregistrements pour obtenir les nœuds situés dans `phonebook/entry`.

Les valeurs de colonnes doivent être sélectionnées lorsque nous parcourons en boucle l'arborescence du document. Pour sélectionner les valeurs des nœuds, nous employons `value-of` ❼, qui extrait la valeur d'un élément XML et l'ajoute au flux de sortie de la transformation. Pour spécifier l'élément XML dont nous souhaitons récupérer le texte, nous utilisons l'attribut `select` avec le nom de l'élément. Maintenant que nous avons construit le fichier XSLT et créé le code qui sert à générer le document XML de manière dynamique, nous pouvons finir de construire le code JavaScript afin de voir comment la transformation XSLT structure notre fichier XML en un tableau lorsque nous les combinons.

L'étape suivante nous ramène au client, qui récupère les fichiers que nous venons de créer avec la réponse HTTP.

Combiner les documents XSL et XML

De retour sur le client, nous devons combiner les documents XSL et XML du serveur. Lors de l'utilisation d'une transformation XSLT, les navigateurs diffèrent quant à leur manière de combiner les deux documents. Nous vérifions d'abord la méthode prise en charge par le navigateur afin de charger et de combiner nos deux documents.

A nouveau, nous recourons à l'objet ContentLoader présenté au Chapitre 3. Il est contenu dans le fichier JavaScript externe net.js. Ce fichier s'occupe de déterminer de quelle manière les informations doivent être transmises au serveur, en masquant les implémentations spécifiques aux différents navigateurs sous un objet d'encapsulation simple d'emploi.

```
<script type="text/JavaScript" src="net.js"></script>
```

A présent, nous pouvons entamer le processus d'obtention des fichiers côté serveur et combiner ces fichiers sur le client. Dans le Listing 12.7, la fonction `LoadXMLXSLTDoc()` est appelée depuis la fonction `GrabNumber()` du Listing 12.2. `GrabNumber()` passe les valeurs pour l'URL qui génère les données XML, le fichier XSL et l'ID de référence de la sortie. Avec ces trois valeurs, nous pouvons charger les deux documents et les combiner lorsqu'ils sont tous les deux entièrement chargés. Une fois qu'ils ont été chargés, nous devons écrire du code internavigateur afin de combiner les fichiers XML et XSL. Le Listing 12.7 présente l'ensemble de ce traitement.

Listing 12.7 : LoadXMLXSLTDoc

```
var xmlDoc;                                   ❶ Déclaration des variables globales
var xslDoc;
var objOutput;
function LoadXMLXSLTDoc(urlXML,urlXSL,elementID){
  xmlDoc=null;                                ❷ Positionnement des variables à null
  xslDoc=null;
  objOutput = document.getElementById(
                                elementId);   ❸ Référence de l'élément de sortie
  new net.ContentLoader(urlXML,onXMLLoad);    ❹ Chargement des fichiers XML et XSL
  new net.ContentLoader(urlXSL,onXSLLoad);
}

function onXMLLoad(){
  xmlDoc=this.req.responseXML;                ❺ Gestion du document XML
  doXSLT();
}

function onXSLLoad(){
  xslDoc=this.req.responseXML;                ❻ Gestion du document XSL
  doXSLT();
}
function doXSLT(){
  if (xmlDoc==null || xslDoc==null){ return; }   ❼ Test pour vérifier si les documents sont chargés
```

```
    if (window.ActiveXObject){
      objOutput.innerHTML=xmlDoc.transformNode(xslDoc);
    }
    else{
      var xsltProcessor = new XSLTProcessor();
      xsltProcessor.importStylesheet(xslDoc);
      var fragment  =xsltProcessor.
                    transformToFragment(
                            xmlDoc,document);
      objOutput.innerHTML = "";
      objOutput.appendChild(fragment);
    }

  }
```

❽ Transformation du document XML

Pour simplifier le script côté client, nous devons déclarer trois variables globales ❶ afin de contenir trois objets différents. Les deux premières variables, `xmlDoc` et `xslDoc`, vont contenir les fichiers XML et XSL retournés par le serveur. La troisième variable, `objOutput`, comprend la référence d'objet de notre élément DOM dans lequel les résultats doivent être insérés. Une fois ces variables définies, nous pouvons construire la fonction `LoadXMLXSLTDoc()` que nous avons exécutée depuis la fonction `GrabNumber()`.

Puisque nous chargeons deux documents, il nous faut un moyen de savoir à quel moment les deux sont chargés. Pour cela, nous vérifions si les variables `xmlDoc` et `xslDoc` contiennent chacune leur document respectif. Avant de commencer, nous devons positionner les variables à `null` ❷. Cette opération supprime toutes les données qui pourraient se trouver dans les variables si cette fonction est exécutée plusieurs fois sur la page. L'emplacement de sortie pour les résultats est défini ❸ à l'aide de l'ID d'élément passé depuis l'appel de la fonction. A présent, nous appelons le ContentLoader ❹ deux fois : une fois pour le document XML et une fois pour le document XSL. A chaque appel, le ContentLoader obtient l'URL et appelle une autre fonction pour charger les documents. `onXMLLoad()` ❺ charge les résultats XML retournés dans notre variable globale `xmlDoc` et appelle la fonction `doXSLT()` pour le traitement ultérieur. `onXSLLoad()` ❻ charge le document XSL dans la variable globale `xslDoc` et appelle également la fonction `doXSLT()`.

Le traitement ne peut pas se poursuivre tant que les deux documents n'ont pas été chargés. Puisqu'il n'est pas possible de savoir lequel est chargé en premier, la fonction `doXSLT()` commence par effectuer cette vérification globale. Elle est appelée deux fois : une fois après que le document XML est chargé et une fois après que le document XSL est chargé. Lors du premier appel, l'une des variables globales a encore la valeur `null` et nous quittons la fonction ❼. La fois suivante, la fonction ne quitte pas puisqu'aucune des variables n'a la valeur `null`. Les documents étant chargés, nous pouvons réaliser la transformation XSLT ❽.

Une fois que les deux documents sont chargés, nous devons transformer le document XML avec les XSLT. Comme vous pouvez le voir en examinant le code du listing, il existe deux moyens d'y parvenir, selon le navigateur. Internet Explorer utilise `transformNode()`, alors que Mozilla s'appuie sur l'objet XSLTProcessor. Etudions plus précisément ces deux implémentations.

Travailler avec Internet Explorer

Internet Explorer permet aisément de transformer le document XML avec les XSLT en quelques lignes de code. Nous utilisons la méthode `transformNode()`, qui prend les documents XML et XSL et les combine en une étape :

```
if (window.ActiveXObject){
  objOutput.innerHTML=xmlDoc.transformNode(xslDoc);
}
```

Nous vérifions d'abord si le navigateur supporte la méthode `transformNode()`. Pour cela, nous vérifions ici si l'objet ActiveX est pris en charge. Si c'est le cas, nous appelons la méthode `transformNode()` de la variable globale qui contient nos données XML, en passant la variable globale qui comprend nos données XSLT. Le résultat de cette transformation est ajouté à la propriété `innerHTML` de notre élément `result`, qui contient dès lors les résultats de recherche nouvellement formatés.

Maintenant que nous pouvons formater les résultats pour Internet Explorer, occupons-nous des navigateurs Mozilla.

Travailler avec Mozilla

Avec Mozilla, nous devons nous servir de l'objet XSLTProcessor, qui permet de combiner les documents XML et XSL. Notez qu'Opera et Safari prennent tous deux en charge l'objet XMLHttpRequest, mais qu'ils ne supportent toujours pas l'objet XSLTProcessor et ne peuvent pas exécuter ce projet sans l'aide du serveur (nous résoudrons en effet ce problème plus loin dans ce chapitre). Dans le Listing 12.8, nous transformons le document XML en employant les XSLT et affichons le jeu de résultats formaté.

Listing 12.8 : exécution des XSLT pour Mozilla

```
else{
    var xsltProcessor = new XSLTProcessor();
    xsltProcessor.importStylesheet(xslDoc);
    var fragment=xsltProcessor.transformToFragment(xmlDoc,document);
    objOutput.innerHTML = "";
    objOutput.appendChild(fragment);
  }
```

La première étape consiste à initialiser l'objet XSLTProcessor, qui permet de combiner les fichiers XML et XSL. La méthode `importStylesheet` de l'objet XSLTProcessor permet d'importer le fichier XSL afin de le combiner au fichier XML dans les étapes ultérieures. Lorsque le fichier XSL est chargé dans le processeur, il ne reste plus qu'à transformer le document XML. L'objet XSLTProcessor est utilisé à nouveau avec une nouvelle méthode appelée `transformToFragment()`. La méthode `transformToFragment()` prend le fichier XML et le combine au document XSL, puis retourne l'arbre de résultats formaté.

Nous remplaçons le contenu de notre élément `result` en attribuant une chaîne vide à la propriété `innerHTML`. Notre animation de chargement est ainsi supprimée de la page. Pour finir, nous récupérons le résultat de la méthode `transformToFragment()` et l'ajoutons à l'élément. Les résultats de recherche nouvellement formatés sont maintenant affichés.

Ce code introduit de nouveaux concepts, dont l'objet XSLTProcessor, qui permet de combiner des fichiers XML et XSLT quelconques. Les navigateurs Mozilla et Firefox requièrent que nous utilisions plus de méthodes DOM pour combiner les deux documents. Sous Internet Explorer, seule une ligne de code est requise pour transformer le document XML. Le résultat final est exactement le même : nous affichons ainsi nos résultats en les formatant d'après les règles du fichier XSL.

Maintenant que le code côté client est terminé, nous pouvons enregistrer nos documents et exécuter un test de notre recherche dynamique. Entrez du texte dans la zone de texte et cliquez sur le bouton de recherche. Les résultats doivent apparaître dans le format de tableau présenté à la Figure 12.4.

Figure 12.4
Affichage des résultats de la recherche dynamique Ajax.

Comme vous pouvez le voir, nous avons fini de construire notre document XSLT et nous avons pu exécuter une recherche avec succès. Le tableau affiché à la Figure 12.4 est plutôt terne d'apparence puisqu'il n'est pas formaté. La seule chose qui nous reste à faire est d'appliquer des styles à notre tableau des résultats afin de le rendre plus attrayant. Pour cela, nous devons nous appuyer sur des feuilles de style CSS.

Finaliser le composant de recherche

Maintenant que nous avons combiné nos documents XML et XSLT pour obtenir nos résultats, nous devons améliorer le style des résultats de recherche en appliquant des CSS à nos éléments. La mise en forme des éléments facilitera la lecture des résultats. La première étape pour améliorer l'expérience de l'utilisateur consiste à appliquer nos règles CSS aux éléments HTML.

Appliquer une feuille de style CSS

Nous avons présenté les feuilles de style CSS au Chapitre 2. Ces feuilles de style permettent de donner une apparence professionnelle aux résultats avec un minimum d'efforts, en séparant la présentation des résultats de la structure du document et de la logique de transformation. Si le responsable ou le client de votre projet n'aime pas vos couleurs, vous pouvez ainsi les modifier rapidement et sans difficultés. Sur les projets de plus grande envergure où différentes équipes s'occupent de l'apparence graphique et de la programmation du code, les CSS permettent à chaque équipe d'éviter de marcher sur les plates-bandes de l'autre. La feuille de style peut être incluse sous forme de fichier externe ou incorporée dans le code. Il est généralement préférable d'exploiter un fichier externe, car celui-ci est mis en cache par le navigateur qui accélère le temps de chargement des pages à l'avenir. Les règles de notre feuille de style sont présentées au Listing 12.9.

Listing 12.9 : feuille de style CSS

```
table{
  border: 1px solid black;
  border-collapse: collapse;      ❶ Mise en forme du tableau
  width: 50%;
}
th, td{
 border: 1px solid black;
 padding: 3px;                    ❷ Mise en forme des cellules de tableau
 width: 25%;
}
th{
  background-color: #A0A0A0;      ❸ Mise en forme des cellules d'intitulé
}
```

La première règle CSS que nous appliquons concerne la balise `table` ❶. Nous souhaitons afficher une ligne de bordure continue noire d'un pixel de large. Nous attribuons à la propriété `border-collapse` du tableau la valeur `collapse`. Le modèle CSS `collapse` permet aux propriétés du tableau d'être uniformes. Les bordures prennent ainsi la même épaisseur, car les cellules adjacentes partagent leurs bordures au lieu de les accumuler sous forme de doubles ou de triples épaisseurs. La dernière étape pour le tableau consiste à positionner la propriété `width` du tableau. Ici, nous choisissons une largeur de tableau correspondant à 50 % de l'élément `DIV` qui le contient car nous ne retournons pas un grand nombre de colonnes.

Chacune de nos colonnes n'inclut qu'une petite quantité de données. Le tableau ne requiert donc pas beaucoup d'espace.

Après avoir mis en forme l'élément `table`, nous formatons les cellules de corps et d'intitulé du tableau ❷. Comme nous l'avons fait pour le tableau, nous définissons une bordure d'une ligne continue noire. Nous insérons un retrait dans les cellules afin que le texte ne touche pas directement les bordures. Nous positionnons également la propriété `width` des cellules à 25 % de la largeur du tableau afin que nos quatre colonnes possèdent des tailles identiques.

La dernière étape consiste à modifier les propriétés des cellules d'intitulé afin qu'elles ressortent par rapport aux cellules du corps du tableau. Nous référençons la cellule d'intitulé ❸ et modifions la couleur d'arrière-plan (`background-color`) en définissant une teinte de gris. Nous modifions d'autres propriétés également (`font-weight`, `color`, etc.) Une fois que nous avons fini d'appliquer les propriétés de feuille de style, nous enregistrons notre document et exécutons la même recherche à nouveau. Notre nouveau tableau formaté est présenté à la Figure 12.5.

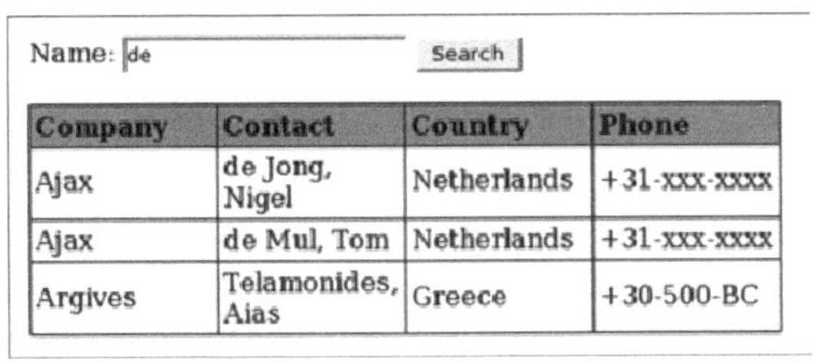

Figure 12.5
Les résultats de la recherche dynamique Ajax sont mis en forme avec des feuilles de style CSS.

Comme vous pouvez le voir, le tableau possède un format structuré qui a facilement été mis en forme en appliquant des propriétés CSS à nos éléments de tableau. Si nous souhaitions ajouter d'autres fonctions à notre feuille de style, nous pourrions inclure des références de classes dans le fichier XSL pour le rendre encore plus flexible. Les CSS permettent de personnaliser le tableau à notre guise, mais on peut améliorer d'autres aspects de la recherche également.

Améliorer la recherche

L'un des avantages d'Ajax tient à ce qu'il permet de passer facilement des informations au serveur. Ce projet se présente comme un exercice simple de création d'un composant de recherche, qui utilise Ajax et des XSLT pour afficher un tableau de résultats formatés avec un minimum d'efforts. Nous pouvons cependant rendre notre système de recherche dynamique aussi sophistiqué que nous le souhaitons. Considérons quelques moyens de l'améliorer.

Inclure de nouvelles fonctions

Le formulaire de recherche que nous avons créé utilise une unique zone de texte et un unique bouton d'envoi pour la recherche. Notre système pourrait toutefois être rapidement adapté de manière à exploiter plusieurs paramètres, comme des critères de recherche supplémentaires avec le nom du contact et le pays. Il nous suffit de transmettre les paramètres supplémentaires au serveur et d'amener le code côté serveur à les vérifier. Les utilisateurs auront ainsi d'autres moyens de rechercher des informations.

Nous pourrions ajouter d'autres fonctions Ajax à ce script, comme une fonction de double liste déroulante (voir le Chapitre 9), afin de réduire les possibilités parmi lesquelles l'utilisateur aurait à choisir. Les techniques de saisie semi-automatique du Chapitre 10 peuvent être implémentées également.

Prise en charge d'Opera et Safari

Lors du développement de cet outil, nous avons rencontré un problème avec les navigateurs Opera et Safari, qui ne supportent ni la méthode `transformNode()` ni l'objet XSLTProcessor. Deux options nous sont offertes pour prendre en charge ces navigateurs. La première consiste à se servir d'Ajax pour transmettre les fichiers à une page côté serveur afin qu'ils soient traités à cet endroit. Le code côté serveur peut combiner les documents XML et XSL. Nous extrairons alors le résultat de la transformation à l'aide d'un unique objet ContentLoader, au lieu de récupérer les données XML et la feuille de style XSL de manière indépendante. Cette solution n'est cependant pas la meilleure, car nous devons effectuer deux allers-retours pour réaliser la transformation.

Notre seconde option consiste à transmettre la page entière au serveur sans recourir à Ajax. Le serveur gère dès lors l'envoi et combine les documents XML et XSL, comme nous le ferions normalement. Cette approche est préférable parce qu'elle permet à tous les utilisateurs de se servir de la fonction de recherche. Si une personne équipée d'un ancien navigateur qui ne supporte pas l'objet XMLHttpRequest arrive sur notre page, elle peut exploiter le formulaire. Si nous n'utilisions que la technique Ajax, les utilisateurs dont les navigateurs ne sont pas compatibles ne pourraient récupérer les deux fichiers pour le traitement. Notre seconde approche offre la possibilité de recourir au formulaire puisqu'Ajax n'est pas requis. Pour cela, nous devons apporter deux modifications à notre fonction `LoadXMLXSLTDoc()`, comme le montre le Listing 12.10. Nous devons modifier la première instruction `if` afin d'inclure une vérification relative au processeur XSLT. Ensuite, nous devons ajouter une instruction `else` pour forcer l'envoi au serveur.

Listing 12.10 : modification de *LoadXMLXSLTDoc* pour la prise en charge d'Opera et Safari

```
function LoadXMLXSLTDoc(urlXML,urlXSL,elementID){
  var reqXML;
  var reqXSL;
if (window.XMLHttpRequest && window.XSLTProcessor){
```

```
    //...do Mozilla client XSLT
  }else if (window.ActiveXObject){
    //...do Internet Explorer client XSLT
  }else{
      document.Form1.onsubmit = function(){return true;}
      document.Form1.submit();
    }
  }
```

Dans le Listing 12.10, nous supprimons le gestionnaire d'événements `onsubmit` dans la branche `else` de la vérification conditionnelle, afin de transmettre le formulaire au serveur. Si nous ne supprimions pas le gestionnaire `onsubmit`, le formulaire ne serait pas renvoyé au serveur.

La page côté serveur doit dès lors réaliser tout le traitement et placer l'élément dans le formulaire. En retour, nous obtenons une réponse rapide pour les utilisateurs qui peuvent combiner de la XSLT avec du JavaScript, et nous ne privons pas les utilisateurs qui ne prennent pas en charge Ajax ou l'objet XSLTProcessor de l'utilisation de notre système. Rappelez-vous qu'Ajax offre l'avantage de ne pas avoir à reproduire la page entière, ce qui peut faire perdre l'état courant de la page. Nous n'avons pas à nous soucier de la position du défilement, des valeurs dans le formulaire, etc. Puisque nous avons pu résoudre ce problème avec Opera et Safari, nous nous sommes débarrassés d'une objection concernant l'intérêt du recours aux transformations XSLT.

Choisir d'utiliser des XSLT

L'un des motifs de discussion que l'on pourrait avoir avec notre équipe de développement ou notre responsable consiste à savoir pourquoi nous utilisons des XSLT. L'argument pourrait être le suivant : "Vous devez générer dynamiquement le fichier XML sur le serveur : pourquoi donc ne pas générer directement le tableau des résultats ?"

L'idée qu'essaient de faire passer nos collègues est que nous utilisons davantage de traitement pour afficher les résultats dans le navigateur. C'est vrai, dans la mesure où la page Web doit réaliser un travail supplémentaire lorsque le navigateur reproduit le tableau des résultats. Au lieu de charger un fichier, le code Ajax doit en charger deux, qui doivent ensuite être combinés.

Le tableau pourrait être généré de manière dynamique sur le serveur sans problème majeur. Il serait alors affiché à l'aide de la propriété `responseText` de l'objet XMLHttpRequest, et en appliquant la valeur retournée à l'élément HTML. Il n'y aurait rien de mal à cette approche, puisqu'elle éviterait une étape de traitement.

Le seul problème auquel nous nous trouvons confrontés lors de la construction du tableau HTML avec le code côté serveur tient à l'effort requis pour mettre à jour le tableau si des changements doivent être opérés. Comme nous l'avons indiqué précédemment dans ce chapitre, en tant que développeurs, nous avons affaire à de nombreux problèmes lors de la construction du tableau. Nous devons nous occuper des guillemets, de la syntaxe des balises, des attributs, des gestionnaires d'événements, etc. Si les utilisateurs souhaitent changer l'ordre des colonnes du tableau de résultats, nous sommes obligés de modifier un tas de code pour y parvenir.

Grâce aux XSLT, nous séparons la construction du tableau de notre code côté serveur. Le serveur peut construire une version simplifiée du tableau de résultats au format XML. Ce format est très simple à lire et permet aisément de retrouver les erreurs. En outre, les XSLT ressemblent à une page HTML. Il n'est pas nécessaire de compter les guillemets ou de rechercher dans les chaînes si une balise s'est insérée au milieu. On examine un fichier XSL comme on examine une page HTML.

Il est également intéressant de pouvoir aisément récupérer une mise en forme de tableau conçue par un designer Web et de la placer dans un fichier XSL. Si nous devons opérer une modification, par exemple en intervertissant des colonnes, il suffit de copier-coller les données. Inutile de se gratter la tête en se demandant si les balises seront toujours correctes après avoir été collées. Grâce aux XSLT, nous séparons le traitement du HTML de notre code dynamique, ce qui nous permet de modifier le tableau des résultats sans problème majeur.

Pour finir, l'utilisation du JavaScript offre des possibilités intéressantes dont nous ne pourrions profiter en réalisant la transformation sur le serveur. Nous pouvons notamment :

- récupérer différents documents XSL en fonction d'un thème, des dimensions de l'écran, du langage utilisé, etc. ;
- récupérer un document XML et un document XSL sans l'aide du serveur ;
- examiner un fichier de journal XML sur notre ordinateur local sans contrôler la structure du document XML.

Pour nos tâches quotidiennes, Ajax offre des possibilités infinies.

Reste un dernier problème à résoudre pour notre recherche dynamique : nous devons à présent permettre à l'utilisateur de placer la page de résultats dans ses favoris.

Résoudre le problème des favoris

Ajax possède un défaut pour les recherches : il n'est pas possible de placer la page dans les favoris comme on le fait habituellement (on notera cependant que le même problème se pose avec les cadres et les fenêtres pop-up). Les favoris permettent normalement de revenir sur une page de résultats de recherche à l'avenir, sans avoir à retaper les informations de recherche et en pouvant transmettre ces résultats à des amis ou des collègues, par e-mail ou par messagerie instantanée. Comme la recherche Ajax ne requiert pas de postback au serveur, nous ne modifions par l'URL de la page durant la recherche. Du coup, la mise en favori de l'URL ne consigne que le point de départ de l'application et non les résultats que nous souhaitons préserver.

Il existe une solution simple à ce problème, qui consiste à ajouter un comportement qui permet de mémoriser la recherche. Nous pouvons construire une chaîne dynamique qui sera utilisée pour un système dynamique de favoris. Cette chaîne dynamique contiendra un lien direct vers la page sur laquelle elle se trouve et inclura un paramètre de chaîne de requête avec la valeur de la recherche. Lorsque nous écrivons cette chaîne dans la page pour former le lien, l'utilisateur peut la placer dans ses favoris (en cliquant du bouton droit sur le lien) ou copier le lien : sa page sera automatiquement enregistrée. Après avoir construit le lien, nous ajouterons cette fonction de lecture de la chaîne de requête lorsque la page est chargée.

Le lien peut être construit lorsque notre fonction `GrabNumber()` est exécutée. Nous ajoutons une autre balise `span` à notre document afin d'avoir un emplacement où placer ce lien dans la page. Dans le cas présent, l'ID de l'élément `span` est `spanSave`, comme le montre le Listing 12.11, là où `getElementById` est exécutée. Nous pouvons positionner l'élément `span` où nous le souhaitons dans la page, selon les besoins de l'utilisateur.

Listing 12.11 : modification de la fonction *GrabNumber()* pour intégrer le lien de favori

```
function GrabNumber(){
  var strLink = "<a href='" +
          location.href.split("?")[0] + "?q=" +
          document.Form1.user.value + "'>Save Search</a>";
  document.getElementById("spanSave").innerHTML = strLink;
```

Le code du Listing 12.11 génère un lien dynamique vers notre page de recherche actuelle et ajoute le paramètre de chaîne de requête `q` avec la valeur de la zone de texte. C'est ce paramètre de chaîne de requête qui nous permet de mémoriser la recherche. Ce nouveau lien est ensuite ajouté à l'élément `span` de la page afin que l'utilisateur puisse sélectionner le lien et l'envoyer à d'autres ou le placer dans ses favoris. Dans le Listing 12.12, nous obtenons la valeur de la chaîne de requête à partir de l'URL lorsque la page se charge, puis nous réalisons la recherche automatiquement afin d'afficher les résultats.

Listing 12.12 : récupération de la chaîne de requête et exécution de la recherche

```
window.onload = function(){
  var strQS = window.location.search;
  var intQS = strQS.indexOf("q=");
  if(intQS != -1){
    document.Form1.user.value = strQS.substring(intQS+2);
    GrabNumber();
  }
}
```

Nous ajoutons un gestionnaire pour l'événement `onload` à notre objet fenêtre qui exécutera une fonction lorsque la page sera chargée. Nous vérifions également si notre valeur de chaîne de requête se trouve dans l'URL : si c'est le cas, nous la récupérons. La valeur de chaîne de requête est placée dans la zone de texte. Ensuite, la fonction `GrabNumber()` est automatiquement exécutée afin de construire le tableau des résultats. L'ajout de ce code permet de placer les pages de recherche dans les favoris et de faire apparaître les résultats de la recherche lorsque nous accédons à la page, sans avoir à taper la valeur à chaque fois. Notre projet Ajax est ainsi plus convivial encore.

Réusinage

Il est temps de passer au niveau supérieur pour notre outil de recherche dynamique XSLT ! Nous devons réusiner ce script afin d'obtenir un composant orienté objet réutilisable. Commençons par le traitement XSLT côté client. Cet exemple est différent des précédents parce qu'il gère tous les aspects de la manipulation du DOM pour la gestion de la réponse avec des XSLT. Commençons donc par là. Nous devrions pouvoir réusiner notre traitement XSLT de manière à ce que ce composant puisse être utilisé avec d'autres composants et non seulement avec un outil de recherche dynamique. Cela fait, nous nous occuperons de réusiner le composant de recherche dynamique de manière à ce qu'il puisse être rapidement ajouté à n'importe quelle page sous la forme d'un composant enfichable simple d'emploi.

XSLTHelper

Nous nous sommes mis en peine de comprendre le mécanisme de traitement XSLT côté client. Par exemple, nous avons remarqué qu'il existe des API complètement différentes pour le traitement XSLT côté client, selon que l'utilisateur se sert d'un navigateur Internet Explorer ou Mozilla. Et chaque API possède elle-même son lot d'excentricités et de particularités. Il serait donc bienvenu d'encapsuler ces connaissances si chèrement acquises et de dispenser nos collègues de ces efforts en leur permettant de réaliser des transformations XSLT en toute simplicité. Commençons donc par créer un objet XSLTHelper pour encapsuler notre mécanisme XSLT.

Tout traitement XSLT requiert généralement deux sources d'informations : le document XML à transformer et le document XSL qui fournit les règles de transformation. Considérant cela, écrivons un constructeur pour notre objet d'assistance qui nous offrira un moyen de stocker cet état :

```
function XSLTHelper( xmlURL, xslURL  ) {
   this.xmlURL = xmlURL;
   this.xslURL = xslURL;
}
```

Le constructeur est sans doute l'un des plus simples que vous ayez aperçus dans ce livre. Il stocke les URL des documents que nous venons d'évoquer : le document des données XML et le document de transformation XSLT. Avant de jubiler de cette simplicité enfantine, nous devons cependant penser à une API qui permettrait de proposer une dégradation élégante des fonctions. En effet, notre script ne réalise le traitement XSLT que si le navigateur de l'utilisateur le prend en charge. Si nous écrivons un objet d'assistance, il faut que celui-ci puisse fournir une API qui indique au client s'il peut ou non réaliser les opérations XSLT. Toutefois, le fait d'instancier un objet portant la mention XSLT dans son nom dans le simple but de déterminer si les XSLT sont supportées ne paraît pas très judicieux.

La solution est une fonction d'API dont la portée n'atteint pas l'objet prototype lui-même, mais se restreint à la fonction constructeur elle-même. Cette fonction peut être considérée comme une méthode statique dans l'univers Java. Le but est qu'un client puisse écrire du code comparable au suivant :

```
XSLTHelper.isXSLTSupported();
```

au lieu d'avoir à instancier un objet comme ceci :

```
var helper = new XSLTHelper( 'phoneBook.xml',
                             'transformation.xsl' );
var canDoThis = helper.isXSLTSupported();
```

Tâchons donc de fournir à nos utilisateurs curieux une méthode pseudo-statique de la forme suivante :

```
XSLTHelper.isXSLTSupported = function() {
   return (window.XMLHttpRequest && window.XSLTProcessor ) ||
          XSLTHelper.isIEXmlSupported();
}

XSLTHelper.isIEXmlSupported = function() {
   if ( ! window.ActiveXObject )
      return false;
   try { new ActiveXObject("Microsoft.XMLDOM");
         return true; }
   catch(err) { return false; }
}
```

Il n'y a rien de nouveau ici. La logique est identique à celle définie précédemment. Nous n'avons fait qu'encapsuler cette connaissance concernant la détection du support XSLT. Les développeurs qui viendront après nous en sauront gré. Nous pouvons maintenant nous occuper du reste de l'API de XSLTHelper.

Tâchons de rester simple. Pourquoi ne pas avoir une unique méthode que les clients de notre classe pourraient appeler pour réaliser le traitement XSLT ? Notre objet d'assistance possédera des méthodes ancillaires pour séparer les responsabilités de toute la logique interne, mais nous fournirons une unique API pour nos clients. La sémantique sera la suivante :

```
var helper = new XSLTHelper ( 'phoneBook.xml',
                              'transformation.xsl' );
helper.loadView( 'someContainerId' );
```

Dans cet exemple, le document phoneBook.xml doit être transformé en HTML par le dossier ctransformation.xsl, et le code HTML résultant doit être placé dans l'élément dont l'ID est `someContainerId`. Spécifions en outre que le paramètre de `loadView()` peut être une chaîne qui représente l'ID d'un élément ou l'élément lui-même. Nous déterminerons dans notre code à quoi nous avons affaire et réagirons en fonction. D'ailleurs, en passant, si le client souhaite réutiliser l'instance de l'objet d'assistance, nous pouvons exprimer tout cela avec une unique ligne de code :

```
new XSLTHelper('phoneBook.xml',
               'transformation.xsl').loadView('someContainerId');
```

Maintenant que nous avons défini notre API et sa sémantique, implémentons-la. Le Listing 12.13 présente la méthode `loadView`.

Listing 12.13 : la méthode *loadView*

```
loadView: function ( container ) {

   if ( ! XSLTHelper.isXSLTSupported() )        ❶ Vérification de la
      return;                                      prise en charge XSLT

   this.xmlDocument   = null;
   this.xslStyleSheet = null;                  ❷ Réinitialisation de l'état
   this.container     = $(container);

   new Ajax.Request( this.xmlURL,           ❸ Récupération des documents
                     {onComplete: this.setXMLDocument.bind(this)} );
   new Ajax.Request( this.xslURL,
                    {method:"GET",
                     onComplete:
   this.setXSLDocument.bind(this)} );

},
```

La première chose que fait la méthode `loadView()` est de s'assurer qu'elle opère dans un environnement d'exécution de navigateur qui prend en charge les XSLT ❶. Le client doit déjà avoir fait cette vérification, comme dans notre précédent exemple, mais dans l'hypothèse où l'utilisateur de notre code serait peu soigneux, nous optons pour la prudence et effectuons ce test à nouveau. Ensuite, la méthode affecte la valeur `null` aux variables d'état qui contiennent les documents XML et XSL, et positionne la variable de référence au conteneur en lui attribuant la référence du conteneur à mettre à jour ❷. Pour finir, nous envoyons les requêtes Ajax pour récupérer les documents XML et XSL ❸. Lorsque le serveur répond à la requête qui demande le document XML, la méthode `setXMLDocument()` est appelée. De la même manière, lorsque le serveur répond à la requête demandant le document XSL, la méthode `setXSLDocument()` est appelée. Ces fonctions sont présentées au Listing 12.14.

Listing 12.14 : configuration des documents XML et XSL

```
setXMLDocument: function(request) {
   this.xmlDocument = request.responseXML;
   this.updateViewIfDocumentsLoaded();
},
setXSLDocument: function(request) {
   this.xslStyleSheet = request.responseXML;
   this.updateViewIfDocumentsLoaded();
},
```

Ces méthodes positionnent les variables d'état de l'objet XSLTHelper correspondant respectivement au document XML et au document XSL. Elles appellent ensuite la méthode `updateViewIfDocumentsLoaded()`, qui vérifie si les deux documents ont été initialisés et qui, le cas échéant, met à jour la vue. La méthode `updateViewIfDocumentsLoaded()` est implémentée de la manière suivante :

```
updateViewIfDocumentsLoaded: function() {
   if ( this.xmlDocument == null ¦¦ this.xslStyleSheet == null )
      return;
   this.updateView();
},
```

Une fois que les deux réponses sont revenues du serveur, nous sommes prêts à mettre à jour l'interface utilisateur. Lorsque les variables d'état `this.xmlDocument` et `this.xslStyleSheet` sont toutes deux non `null`, nous avons la preuve que les deux réponses ont été retournées. Le Listing 12.15 présente la méthode `updateView()`.

Listing 12.15 : mise à jour de la vue

```
updateView: function () {
   if ( ! XSLTHelper.isXSLTSupported() )
      return;

  if ( window.XMLHttpRequest && window.XSLTProcessor )
      this.updateViewMozilla();
   else if ( window.ActiveXObject )
      this.updateViewIE();
},
```

Comme nous l'avons indiqué précédemment, nous avons besoin d'implémentations différentes pour chaque type de navigateur supporté. Etudions chaque implémentation, en commençant par celle de Mozilla, que présente le Listing 12.16.

Listing 12.16 : mise à jour de la vue dans Mozilla

```
updateViewMozilla: function() {

   var xsltProcessor = new XSLTProcessor(); <— Initialisation du processeur
   xsltProcessor.importStylesheet(this.xslStyleSheet);
   var fragment = xsltProcessor.
     TransformToFragment(
       this.xmlDocument,          —❶ Trasnformation XSLT
       document);

   this.container.innerHTML = "";               —❷ Mise à jour de l'interface
   this.container.appendChild(fragment);           utilisateur
},
```

Les implémentations spécifiques de la mise à jour, qu'il s'agisse de celles d'Internet Explorer ou de Mozilla, suivent deux étapes de base : ❶ elles réalisent la transformation XSLT et ❷ elles mettent à jour l'interface utilisateur avec le résultat. Rappelez-vous que le résultat du processus de transformation Mozilla est un fragment de document qui est ajouté à un élément avec `appendChild()`, alors que la transformation d'Internet Explorer produit une chaîne que l'on ajoute avec la propriété `innerHTML`. L'implémentation `updateViewIE()` est la suivante :

```
updateViewIE: function() {
   this.container.innerHTML =
      this.xmlDocument.transformNode(this.xslStyleSheet);
},
```

Les deux mêmes étapes sont réalisées dans l'implémentation Internet Explorer, qui est bien plus compacte parce que les étapes d'application de la transformation et de mise à jour de l'interface utilisateur sont réalisées dans une même ligne de code. Quant à savoir laquelle est la plus efficace, nous vous en laisserons juge.

Notre objet XSLTHelper est maintenant terminé et nous avons une API simple et soignée pour réaliser des transformations XSLT. Notre objet d'assistance a toutes les chances de s'avérer utile et de valoir la peine que nous lui avons consacrée. Portons maintenant nos efforts sur le composant de recherche dynamique global.

Le composant de recherche dynamique

Avec notre mignon petit assistant XSLT en poche, nous pouvons implémenter notre script de recherche dynamique sous la forme d'un composant qui utilise cet objet. Le composant doit satisfaire aux conditions que nous avons présentées en détail dans nos autres exemples de réusinage. Il doit proposer une API claire, être configurable et fournir des valeurs par défaut appropriées, ne pas perturber le HTML environnant et pouvoir être instancié plusieurs fois dans la page. Développons donc une solution soignée orientée objet, avec pour principe directeur que chaque responsabilité doit être encapsulée dans une méthode dédiée. A chaque responsabilité sa méthode. Commençons par l'endroit habituel : la construction.

Du point de vue de l'état du composant, le composant de recherche dynamique doit tenir le registre d'un nombre de choses plus important que les autres composants que nous avons écrits jusque-là. Il doit connaître le document XML source, le document XSL source, un champ qui initie la recherche et l'URL de la page qu'il doit exploiter pour la prise en charge des favoris. Notre constructeur risque donc d'être un peu plus lourd dans cet exemple. Il devrait cependant rester gérable. Attaquons-nous dès maintenant au constructeur du composant de recherche dynamique :

```
function LiveSearch( pageURL, lookupField, xmlURL,
xsltURL, options ) {
   this.pageURL      = pageURL;
```

```
        this.lookupField  = lookupField;
        this.xmlURL       = xmlURL;
        this.xsltURL      = xsltURL;
        this.setOptions(options);      ❶ Configuration du composant

        var oThis = this;
        lookupField.form.onsubmit = function(){
          oThis.doSearch(); return false; };
        this.initialize();    <——— Retour à la précédente recherche
    }
```

Les quatre premiers arguments de notre constructeur sont ceux pour lesquels nous indiquions qu'il fallait les mémoriser : l'URL de la page, le champ de recherche et les URL des deux documents. Le dernier paramètre correspond à notre cher paramètre `options` qui permet de configurer le composant. L'argument `options` est passé à la méthode `setOptions()`, qui fournit des valeurs par défaut pour toutes les données configurables ❶. Examinons rapidement les valeurs par défaut avant de continuer :

```
    setOptions: function(options) {
        this.options = options;
        if ( !this.options.loadingImage )
           this.options.loadingImage = 'images/loading.gif';
        if ( !this.options.bookmarkContainerId )
           this.options.bookmarkContainerId = 'bookmark';
        if ( !this.options.resultsContainerId )
           this.options.resultsContainerId  = 'results';
        if ( !this.options.bookmarkText )
           this.options.bookmarkText = 'Bookmark Search';
    },
```

La méthode `setOptions()` n'est pas aussi succincte que son équivalent dans le composant TextSuggest (voir le Chapitre 10), qui s'appuyait sur la méthode `extend()` de la bibliothèque Prototype pour rendre cette expression plus concise. Cette méthode réalise cependant les mêmes tâches et fournit des valeurs par défaut pour l'image de chargement, l'ID de l'élément qui contient le favori, l'ID de l'élément qui comprend les données de résultat et pour finir, le texte du favori généré. Grâce à ce mécanisme, toutes les valeurs de ces propriétés qui résident dans l'objet `options` passé par l'utilisateur redéfinissent les valeurs par défaut spécifiées ici. L'objet `options` résultant est un ensemble fusionné des paramètres par défaut et des valeurs redéfinies dans un unique objet. Ces options sont ensuite utilisées aux emplacements appropriés dans le reste de l'exemple pour configurer le composant.

La question de la configurabilité et des valeurs par défaut étant réglée, revenons au constructeur un instant et examinons ces deux lignes de code :

```
        var oThis = this;
        lookupField.form.onsubmit = function(){
          oThis.doSearch(); return false; };
```

Rappelez-vous que notre script sous sa forme d'origine modifiait le code HTML en plaçant un gestionnaire `onsubmit` dans le formulaire de recherche :

```
<form name="Form1" onsubmit="GrabNumber();return false;">
```

Puisque nous nous efforçons de rendre nos composants le moins intrusifs possible, à tout le moins en ce qui concerne la quantité de code HTML à modifier pour les utiliser, la même fonction a été fournie par les deux lignes précédentes de notre constructeur. La différence est que nous avons renommé `GrabNumber()` en employant un nom plus générique, `doSearch()`, et que `doSearch()` est une méthode de notre composant au lieu d'être une fonction globale. A ce propos, voyons maintenant l'implémentation de la méthode `doSearch()` :

```
doSearch: function() {
   if ( XSLTHelper.isXSLTSupported() )
      this.doAjaxSearch();
   else
      this.submitTheForm();
},
```

Notre composant futé sait qu'il doit vérifier si les XSLT sont prises en charge avant d'essayer de réaliser le traitement XSL, aussi la méthode de recherche utilise-t-elle l'API XSLTHelper que nous avons écrite précédemment pour déterminer s'il faut recourir au traitement XSLT ou simplement réaliser une soumission de formulaire standard. Astucieux ! Notre client peut se contenter d'appeler la méthode `doSearch()` sans se soucier de savoir si le traitement XSLT sera utilisé ou non. Nous nous occupons de tout. Considérons les deux formes de recherche tour à tour et examinons-les plus en détail. Le système de soumission du formulaire étant le plus simple, voyons-le en premier :

```
submitTheForm: function() {
   var searchForm = this.lookupField.form;
   searchForm.onsubmit = function() { return true; };
   searchForm.submit();
},
```

Cette méthode trouve simplement la référence au formulaire approprié *via* le champ de recherche et change `onsubmit` en une fonction qui retourne `true`. La requête de recherche peut ainsi être retransmise au serveur de manière explicite. Ensuite, la méthode appelle simplement la méthode `submit()` du formulaire HTML natif, ce qui provoque un envoi de formulaire classique. Dans ce cas de figure, le composant part du principe qu'il existe un attribut `action` approprié sur le formulaire et que le résultat de l'action retourne une page appropriée avec des résultats de recherche.

A présent, considérons l'implémentation Ajax :

```
doAjaxSearch: function() {

   this.showLoadingImage();          ❶ Affichage de l'image de chargement

   var searchUrl = this.appendToUrl( this.xmlURL,
                   'q',
                   this.lookupField.value);      ❷ Formulation de l'URL
```

```
     new XSLTHelper(searchUrl,      ❸ Traitement XSLT

                  this.xsltURL).loadView(
                  this.options.resultsContainerId);
      this.updateBookmark ();       ❹ Mise à jour du favori
   },
```

La méthode `doAjaxSearch()` réalise les mêmes étapes que la première version de notre script, mais en plaçant chaque étape dans une méthode afin de bien dissocier les responsabilités. On pourrait objecter ici que cette méthode possède quatre responsabilités. En réalité, elle n'en a qu'une : la recherche. La recherche elle-même inclut quatre parties, qui correspondent à quatre sous-responsabilités distinctes. Examinons-les tour à tour :

❶ **Affichage de l'image de chargement.** La recherche est démarrée en appelant la méthode qui sert à afficher l'image "Loading". L'image utilisée est déterminée par l'objet `options` :

```
showLoadingImage: function() {
   var newImg = document.createElement('img');
   newImg.setAttribute('src', this.options.loadingImage );
   document.getElementById(
   this.options.resultsContainerId).appendChild(newImg);
},
```

❷ **Formulation de l'URL de recherche.** L'URL de recherche est construite avec l'attribut xmlURL, qui a été passé en phase de construction avec un paramètre `q=` ajouté avec la valeur actuellement contenue dans le champ de recherche. L'ajout est réalisé par une méthode qui vérifie l'URL afin de voir si elle contient une chaîne de requête antérieure pour s'assurer que les bons séparateurs de paramètres sont utilisés :

```
appendToUrl: function(url, name, value) {

   var separator = '?';
   if (url.indexOf(separator) > 0; )
      separator = '&';

   return url + separator + name + '=' + value;
},
```

❸ **Traitement XSLT et mise à jour de l'interface utilisateur.** Parce que nous avons eu la présence d'esprit d'externaliser la tâche de traitement XSLT côté client, cette responsabilité apparemment lourde est assumée par une simple ligne de code :

```
new XSLTHelper(searchUrl,
  this.xsltURL).loadView(this.options.resultsContainerId);
```

❹ **Mise à jour du favori.** Une fois que l'utilisateur a initié une recherche, le favori doit être mis à jour également. Cette responsabilité est assumée à l'aide de la méthode `updateBookmark()` :

```
updateBookmark: function() {
  var container = document.getElementById(
    this.options.bookmarkContainerId);
```

```
    var bookmarkURL = this.appendToUrl(
      this.pageURL, 'q', this.lookupField.value );
    if ( container )
      container.innerHTML = '<a href="' +
        bookmarkURL + '" >' +
        this.options.bookmarkText + '</a>';
}
```

Cette méthode récupère l'élément conteneur et le texte du favori dans l'objet `options`. L'URL du favori généré est la valeur passée au constructeur comme argument `pageURL`. Le paramètre `q=` et la valeur de la recherche actuelle sont ajoutés à cette URL. La propriété `innerHTML` du conteneur est mise à jour avec toutes ces valeurs afin de produire l'URL appropriée.

Si un favori est stocké et utilisé pour accéder à notre page, l'utilisateur est renvoyé à notre page avec un paramètre `q=`*`uneValeur`*. Qu'est-ce qui initie dès lors la recherche pour produire le résultat ? Rappelez-vous que la dernière ligne du constructeur appelait `this.initialize();`. Nous n'avons pas encore vu ce que cela produisait, aussi passons-y maintenant. Comme vous l'aurez probablement deviné, la méthode `initialize()` sert à supporter notre fonction de mise en favori. En voici l'implémentation :

```
initialize: function() {
   var currentQuery  = document.location.search;
   var qIndex = currentQuery.indexOf('q=');
   if ( qIndex != -1 ) {
     this.lookupField.value =
       currentQuery.substring( qIndex + 2 );
     this.doSearch();
   }
},
```

La méthode `initialize()` prend l'emplacement courant du document et recherche un paramètre nommé `q` dans la chaîne de requête. S'il en existe un, elle parse la valeur du paramètre et le place dans le champ de recherche. Ensuite, elle initie simplement une recherche avec la méthode `doSearch()`. Notre mystère est résolu.

Débriefing pour le réusinage

Prenons quelques instants pour considérer ce que nous avons accompli. Nous avons écrit une classe utilitaire appelée XSLTHelper, qui encapsule nos connaissances durement acquises concernant le support des XSLT par le navigateur. Nous avons tiré parti de cet objet d'assistance dans notre composant de recherche dynamique. Nous avons écrit un composant simple mais générique et configurable, capable de récupérer des informations et de transformer la page Web de l'utilisateur en un moteur de recherche réactif. Nous avons écrit notre composant avec un style orienté objet soigné, remarquable par la simplicité de la conception et la séparation des responsabilités. Pas mal, pour une simple journée de travail !

En résumé

Dans ce chapitre, nous avons récupéré une page de recherche basique et lui avons ajouté une fonction Ajax. La recherche s'enclenche selon un processus qui permet de contrôler la fenêtre pendant que le traitement côté serveur a lieu. Nous pouvons ainsi placer une animation dans le navigateur. Ce contrôle sur le navigateur permet de réaliser d'autres opérations : il vaut donc mieux s'assurer que les utilisateurs de l'application savent que leur recherche est en cours.

Nous avons ensuite implémenté un traitement XSLT afin de transformer notre document XML en code HTML formaté que nous avons appliqué à la propriété `innerHTML` de notre élément `DIV`. Nous avons ainsi pu éviter d'utiliser du JavaScript pour parcourir en boucle les nœuds XML et construire une longue chaîne à appliquer au document. Nous nous sommes appuyés sur des XSLT pour produire le document à partir du XML.

Nous avons utilisé notre animation et les XSLT pour un composant de recherche dynamique, mais rien n'empêche de les exploiter dans d'autres projets. Ces fonctions peuvent aisément être ajoutées à une transaction normale avec le serveur. Il arrive souvent qu'un processus prenne plusieurs minutes pour s'accomplir. Existe-t-il alors un moyen d'afficher un message ? La propriété `innerHTML` peut facilement être employée pour ajouter une image ou un message qui indique à l'utilisateur que le traitement de la recherche est en cours. Avec presque toutes les applications Ajax, il convient d'indiquer qu'une action a lieu afin que l'utilisateur ne clique pas de façon répétée sur les boutons d'envoi ou d'actualisation.

Les XSLT peuvent servir à mettre en forme des flux RSS ou à modifier tout autre projet avec un fichier XSL au lieu de parcourir en boucle le DOM XML sur le client.

Dans les quatre exemples que nous avons développés jusque-là, nous avons implémenté nos propres processus côté serveur afin de servir spécifiquement nos clients Ajax. Dans le dernier chapitre, nous considérerons un client Ajax qui communique directement avec un service Web standard sur Internet : un flux de syndication d'actualités RSS.

13

Construire des applications autonomes avec Ajax

Au sommaire de ce chapitre

- √ Gestion des flux RSS
- √ Utilisation d'Ajax pour l'accès direct aux sites Web
- √ Ajax sans serveur
- √ Fondu d'entrée, fondu de sortie

Dans les quatre derniers chapitres, nous avons développé un ensemble d'applications Ajax intéressantes et présenté chaque fois le code côté client et le code côté serveur. Dans ce chapitre, nous n'aurons pas besoin de présenter le code côté serveur, puisque nous n'en concevrons aucun. Cela peut surprendre, mais il est en fait possible d'exécuter des applications Ajax directement sur un flux de données de serveur Web, et notamment sur ceux générés par des applications tierces. Il est ainsi possible de développer une interface utilisateur riche pour une page Web qui agit comme une application cliente.

Bon nombre de sites Web proposent des flux XML aux formats RSS (*Really Simple Syndication*), RDF (*Resource Descriptor Framework*) ou Atom, soit les trois flux de syndication les plus courants. Les informations contenues dans ces flux de syndication peuvent être des articles d'actualité, des nouvelles, des blogs, des informations météorologiques, etc. Ajax permet de récupérer les informations de syndication sans nécessité de visiter ces sites Web ni d'acheter une application cliente qui lise les flux de syndication XML.

Dans ce chapitre, nous allons développer notre propre application cliente, un lecteur XML qui récupère des flux de différents sites Web. Elle peut être exécutée dans le navigateur de n'importe quel ordinateur équipé d'une connexion Internet.

Lire des informations du monde extérieur

Les flux de syndication XML sont constitués d'articles mis à la disposition du public afin d'être lus et affichés sur d'autres sites Web. Le blog est un bon exemple de flux XML syndiqué. Ces flux XML diffèrent des anciens articles classiques sur les sites Web parce qu'ils peuvent être partagés et affichés dans plusieurs formats. Les flux syndiqués peuvent être formatés dans n'importe quel style, afin d'obtenir exactement les informations désirées.

Le contenu d'un flux de syndication XML peut être visualisé de plusieurs manières. Par exemple, pour un blog, il est possible d'accéder au site Web sur lequel le flux XML se trouve. Pour visualiser simultanément plusieurs flux, il est possible d'accéder à des sites comme JavaCrawl.com, qui offre la possibilité de visualiser plusieurs flux XML sans accéder à des sites différents. Il est aussi possible de visualiser le flux RSS sous sa forme brute et non éditée, en ouvrant directement le chemin du fichier XML dans son navigateur Web ou à l'aide d'un logiciel téléchargeable qui permet d'organiser et de formater les flux visualisés.

L'autre option consiste à se servir d'Ajax. Sans Ajax, il est nécessaire de télécharger une application cliente ou de visiter un site Web pour récupérer ces informations. Avec Ajax, il n'y a pas de logiciel à télécharger, ni de site Web à visiter. Dans ce chapitre, nous développerons un lecteur RSS JavaScript qui peut être exécuté directement sur votre bureau avec un simple navigateur. Cette application récupérera plusieurs flux RSS de plusieurs sources et permettra de les visualiser dans l'ordre. Nous intégrerons aussi des effets de transition afin d'égayer notre interface utilisateur. Mais avant de développer cette application avec Ajax, nous devons comprendre le format d'un flux XML et savoir où trouver des flux XML.

Découvrir des flux XML

L'un des points d'accès les plus populaires aux flux XML est le blog. Beaucoup de personnes publient aujourd'hui des blogs, pour toutes sortes de raisons. Ces blogs peuvent contenir toutes sortes d'informations, comme un calendrier personnel, des séries de blagues ou des discussions techniques. Etudions à titre d'exemple le blog d'Eric Pascarello (voir Figure 13.1).

Le blog d'Eric est accessible, ce qui signifie que n'importe quel utilisateur peut s'y connecter. Un grand nombre de personnes le lisent simplement à partir du site JavaRanch, mais il peut aussi être consulté sous la forme d'un flux de syndication. Ce flux peut être lu en accédant directement à sa forme native XML ou *via* d'autres sites Web (comme JavaLobby) qui le récupèrent et l'affichent dans leur propre format.

Comme vous le voyez en haut à droite de l'écran à la Figure 13.1, le site signale des liens vers des flux RSS, RDF et Atom.

Chacun des flux de syndication possède une spécification XML différente. Si nous examinions ces différents fichiers XML, nous observerions donc des conventions de dénomination différentes pour les éléments. Chaque flux possède une spécification qui indique les informations définies dans le flux. Puisque nous avons affaire à différents formats, la solution la plus simple est de choisir un unique format et de concevoir notre lecteur pour ce format spécifique.

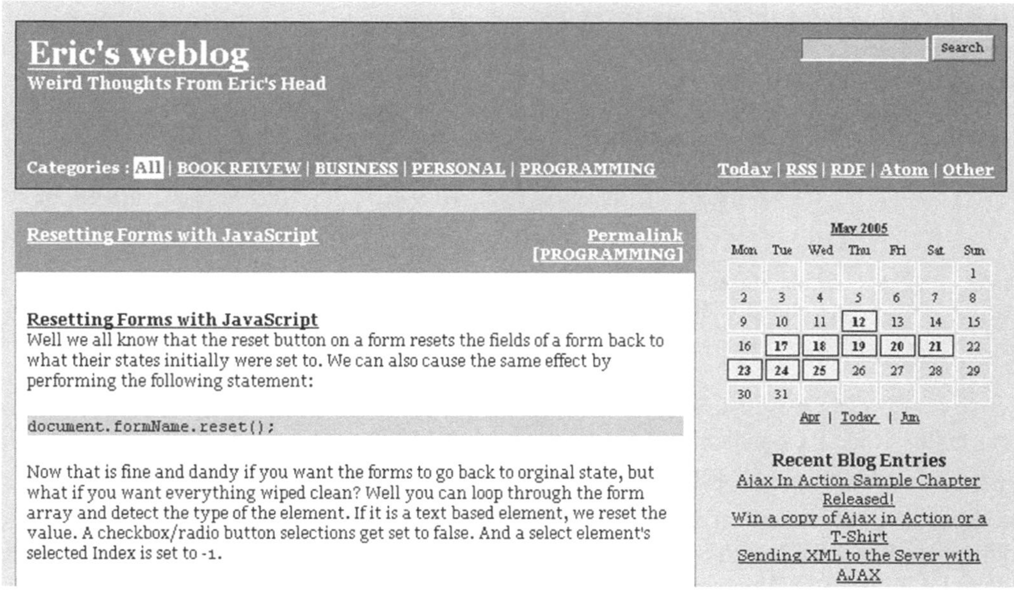

Figure 13.1
Le blog d'Eric Pascarello, qui propose un flux RSS accessible.

Nous choisirons pour cela l'un des flux de syndication les plus populaires : le RSS (*Really Simple Syndication*).

Examen de la structure RSS

Avant de créer notre lecteur XML Ajax, commençons par examiner la structure du fichier RSS. Le fait de connaître cette structure permet de parcourir le DOM XML plus efficacement afin d'obtenir les informations que nous souhaitons afficher. Le document RSS est constitué de deux parties : le canal (*channel*) et les éléments (*items*), également appelés articles. Le canal fournit des informations concernant la provenance du flux, et les éléments correspondent aux articles que l'on peut lire.

Les éléments de canaux

Le canal peut être considéré comme l'information d'en-tête du flux RSS. Les éléments de canaux indiquent à l'utilisateur la provenance du flux RSS, le titre du document, sa dernière mise à jour, etc. Seuls quelques éléments sont requis par la spécification RSS, comme le montre le Tableau 13.1.

Tableau 13.1 : éléments de canaux requis

Elément	Description	Exemple
`description`	Phrase décrivant le canal.	Les divagations libres d'Eric
`link`	L'URL du site Web HTML qui se réfère au canal.	http://radio.javaranch.com/pascarello
`title`	Le nom du canal, utilisé pour se référer au service. Le nom doit être lié à celui du site Web.	Le blog d'Eric sur JavaRanch.com

Les trois éléments requis dans le Tableau 13.1 fournissent les informations de base concernant le flux RSS. Ils signalent la provenance du canal, son titre et son contenu. Pour obtenir d'autres informations concernant le flux RSS, il faut vérifier les éléments facultatifs.

Le flux RSS peut contenir n'importe quel nombre d'éléments de canaux facultatifs. Le développeur du flux RSS peut n'en choisir aucun, en utiliser un seul ou les exploiter tous (16 au total). Le Tableau 13.2 présente les éléments facultatifs qui fournissent d'autres renseignements sur le flux.

Tableau 13.2 : éléments de canaux facultatifs

Elément	Description	Exemple
`category`	Spécifie les catégories auxquelles le canal appartient.	Programmation
`cloud`	Permet à des processus de s'inscrire avec un `cloud`, afin de pouvoir être notifiés des mises à jour du canal, en implémentant un protocole léger de publication/souscription.	
`copyright`	Notice de copyright pour le contenu dans le canal.	Eric Pascarello
`docs`	URL qui pointe vers la documentation concernant les flux RSS.	http://backend.userland.com/rss
`generator`	Chaîne qui indique le programme utilisé pour générer le protocole.	Pebble
`image`	Spécifie une image qui peut être affichée avec le flux.	http://pebble.soundforge.netcommon/images/powered-by-pebble.gif

Tableau 13.2 : éléments de canaux facultatifs *(suite)*

Elément	Description	Exemple
`language`	Langue dans laquelle le contenu du canal est rédigé.	Fr
`lastBuildDate`	Dernière date à laquelle le contenu a été modifié.	
`managing editor`	Adresse e-mail de la personne responsable du contenu éditorial.	pascarello@javaranch.com
`pubDate`	Date de publication du contenu.	
`rating`	La cote PICS pour le canal. Voir http://www.w3.org/PICS.	
`skipDays`	Informe les aggrégateurs sur les jours où il est inutile de rechercher des mises à jour.	
`skipHours`	Informe les aggrégateurs sur les heures où il est inutile de rechercher des mises à jour.	
`textInput`	Spécifie une zone de texte qui peut être affichée.	

Ces options permettent notamment de fournir des adresses e-mail en cas de problème concernant le contenu ou la mise en forme du flux. D'autres options signalent à quels moments le flux est mis à jour.

Les éléments de canaux requis et facultatifs décrivent le contenu du flux RSS afin de pouvoir déterminer ses caractéristiques. Comme le canal, les articles incluent des éléments facultatifs.

Les éléments d'articles

Le flux RSS peut contenir plusieurs articles, un peu à la manière d'un journal. Chaque élément d'article (item) doit inclure au moins l'un des deux éléments suivants : le titre ou la description. Seul un élément est requis par la spécification RSS, mais les deux sont autorisés.

Il existe huit autres éléments facultatifs qui peuvent être ajoutés à l'article. Pour revenir à l'exemple du journal, on remarquera qu'à un article sont normalement associés une histoire, un auteur, une source et un titre. De la même manière, chaque article dans un flux RSS peut avoir des titres, des auteurs et des sources distinctes. Le Tableau 13.3 présente tous les éléments disponibles pour l'élément article.

Tableau 13.3 : éléments d'articles

Elément	Description	Exemple
`author`	Adresse e-mail de l'auteur de l'article.	pascarello@javaranch.com.
`category`	Inclut l'article dans une ou plusieurs catégories.	Programmation.
`comments`	URL de la page qui inclut des commentaires de cet article.	http://radio.javaranch.com/pascarello/2005/05/25/1117043999998.html# comments.
`description`	Résumé de l'article.	Ajax permet aux développeurs d'améliorer l'interface utilisateur en amenant l'application Web à se comporter comme une application cliente.
`enclosure`	Décrit l'objet média attaché à l'article	<enclosure url=http://radio.javaranch.com/pascarello/media/TheAjaxInActionSong.mp3" length="5908124" type="audio/mpeg"/>.
`title`	Titre de l'article.	Ajax améliore le développement des interfaces utilisateur.

Le titre et la description du flux RSS sont les plus importants. Le titre offre un bref aperçu du contenu de l'article, alors que l'élément `description` peut proposer une synthèse de l'article ou l'article entier lui-même. Il n'existe pas de convention définie concernant la manière d'exploiter l'élément `description`. Pour voir comment le gérer, nous devons examiner les flux individuels avant de commencer à écrire le lecteur de flux RSS. S'il s'agit d'un résumé, nous pouvons le comparer à un texte de présentation en début de magazine, qui se termine par quelque comme "suite page 10". C'est là qu'intervient l'élément `link`. Le lien est l'URL de l'article entier sur le site de l'auteur.

La plupart des flux RSS tentent d'utiliser autant d'éléments facultatifs que possible afin de fournir aux développeurs les outils qui permettent de rendre leur lecteur RSS le plus robuste possible. Si nous avons de meilleures données à disposition, nous serons mieux à même d'afficher le contenu du flux RSS. Pour plus d'informations sur la spécification RSS, rendez-vous à l'adresse suivante : **http://backend.userland.com/rss**.

A présent que nous comprenons les éléments de base du document RSS, nous pouvons créer notre lecteur RSS Ajax.

Créer une interface utilisateur riche

Dans ce chapitre, nous allons créer un visualiseur de flux RSS qui récupère les flux XML depuis des sites Web sans utiliser de langage côté serveur ou d'application cliente de lecteur RSS. Ajax permet de visualiser les informations avec une page Web stockée sur le bureau. Cet exemple montre qu'Ajax n'a pas besoin de tourner avec un serveur Web doté d'un langage côté serveur comme .NET ou JSP. Pour autant que vous possédiez une connexion Internet active, vous pouvez accéder à des flux RSS de n'importe quel site (si vous exécutez Mozilla, consultez la section "Résoudre les restrictions de sécurité de Mozilla", plus loin dans ce chapitre ; vous devez en effet tenir compte des paramètres de sécurité de Mozilla, dont nous avons traité au Chapitre, 7 avant d'essayer d'exécuter le code dans ce projet).

Le processus

Si vous balayez chaque jour plusieurs sites Web à la recherche de contenu, notre lecteur vous sera utile. Il permettra d'afficher plusieurs flux sur une même page.

La seule caractéristique majeure de cette application tient à ce que nous n'utilisons aucun code côté serveur ; nous obtenons simplement des documents XML RSS créés par d'autres sites Web. L'application complète se trouve sur une page Web enregistrée sur le bureau ou livrée comme partie d'un site Web.

La première chose à faire consiste à comprendre les étapes du projet que nous allons développer. Nous allons construire un lecteur RSS affichant un diaporama sur deux calques. Chaque calque contiendra un flux, qui sera affiché pendant une période de temps donnée, après quoi le flux suivant fera un fondu d'entrée. La Figure 13.2 présente le flux de contrôle de l'application.

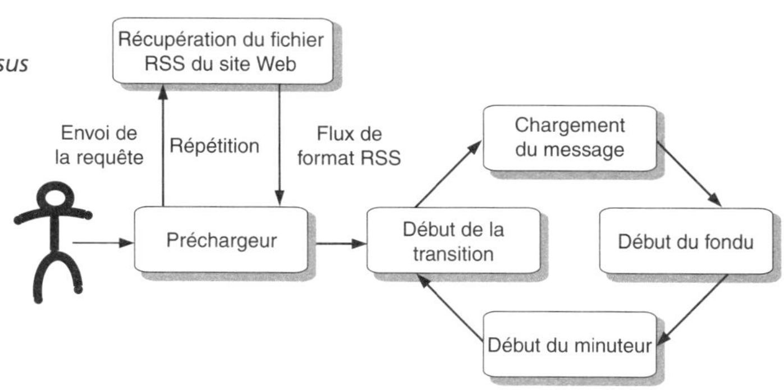

Figure 13.2
Diagramme de flux du processus du projet de lecteur RSS.

Le processus inclut de nombreuses étapes. La première étape consiste à charger nos multiples flux. Nous allons nous servir d'un tableau maître pour contenir les informations requises pour chaque source de flux. Nous n'aurons pas besoin de tous les éléments d'articles facultatifs listés dans le Tableau 13.2.

Après avoir chargé tous les fichiers, nous devons créer notre effet de transition de fondu d'entrée et de sortie. Nous emploierons des classes CSS à cet effet. Un minuteur nous permettra de basculer entre les messages et de les parcourir en boucle.

Nous souhaitons également incorporer dans cette application des boutons Précédent, Suivant et Pause. Nous permettrons aussi à l'utilisateur d'ajouter des flux supplémentaires à partir d'une liste de sélection. La première étape consiste à créer notre formulaire et nos calques côté client.

Le framework HTML sans tableau

La partie la plus importante de ce projet est la présentation. Nous allons utiliser une série d'éléments `DIV` et d'éléments `span` pour créer une disposition de type tabulaire qui contient un en-tête, un corps et un pied de page. La Figure 13.3 donne un aperçu de cette disposition.

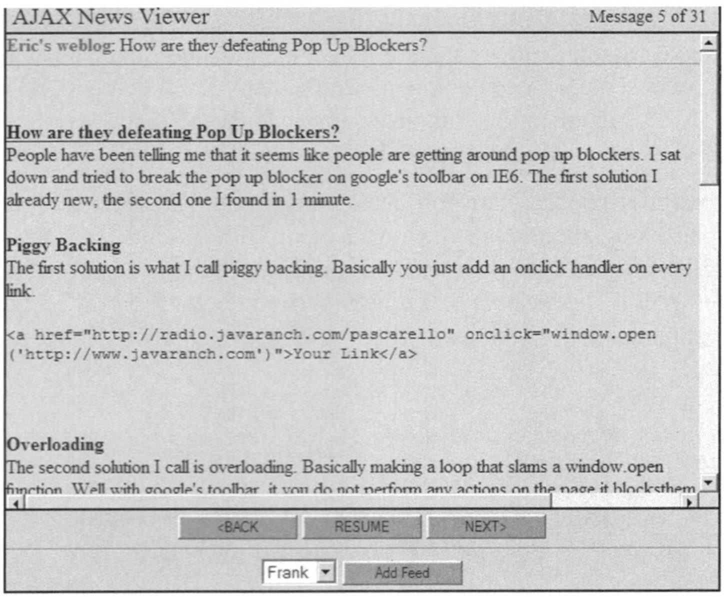

Figure 13.3
Le lecteur de syndication RSS développé dans ce projet.

Nous aurions pu recourir à des tableaux pour créer la mise en forme, mais le tableau est un outil de mise en page pré-CSS (voir le Chapitre 2 pour une introduction aux CSS). Aujourd'hui, les tableaux ne doivent pas être utilisés pour la mise en page, car il faut plus de temps pour les reproduire, et ils ne sont pas aussi simples à modifier que les CSS. Le Listing 13.1 présente le balisage sur lequel s'appuie la disposition de notre visualiseur XML.

Listing 13.1 : HTML de base pour le lecteur RSS

```
<form name="Form1">
  <div id="divNewsHolder">          ❶ DIV conteneur

    <div id="divNewsTitle">          ❷ DIV d'en-tête

      <span id="spanCount">Loading</span>      ❸ Conteneur pour le
                                                 compteur de flux
       Ajax News Viewer       ❹ Titre
    </div>
    <div id="divAd">         ❺ Conteneur de flux d'actualités
      <div id="divNews1">
        Loading Content...     ❻ Calques du premier
      </div>                       flux d'actualités
      <div id="divNews2">
        Loading Content...     ❼ Pied de page
      </div>
    </div>
    <div id="divControls">    ❽
      <input type="button" name="btnPrev"
        id="btnPrev" value="<BACK" />
      <input type="button" name="btnPause"
        id="btnPause" value="PAUSE" />       ❾ Boutons d'action
      <input type="button" name="btnNext"
        id="btnNext" value="NEXT>" />
      <hr/>
      <select name="ddlRSS">
      </select>                               ❿ Elément de flux
      <input type="button" name="btnAdd"        supplémentaire
        value="Add Feed" />
    </div>
  </div>
</form>
```

Le premier élément `DIV` que nous ajoutons est `divNewsHolder` ❶, notre conteneur, que nous utilisons pour définir la taille globale de notre fenêtre d'affichage. L'élément `DIV` suivant est `divNewsTitle` ❷, l'en-tête dans notre mise en page. Dans cette `DIV`, nous ajoutons un élément `span` ❸ incluant un conteneur pour notre compte des flux. L'autre ligne de texte ❹ est le titre de notre visualiseur de flux. Nous pouvons lui attribuer le texte de notre choix.

L'élément `DIV divAd` ❺ est défini à la ligne suivante. Il s'agit d'un conteneur pour les informations de flux RSS que nous allons récupérer plus tard. Nous insérons deux autres éléments `DIV` supplémentaires à l'intérieur de l'élément `DIV divAd`. Les deux nouveaux éléments `DIV`, `divNews1` ❻ et `divNews2` ❼, servent à contenir les informations de flux RSS. Les propriétés CSS de ces éléments seront modifiées avec le code JavaScript afin de créer une transition de fondu.

La ligne de pied de page est constituée d'une `DIV divControls` ❽. Elle contient nos fonctions de navigation et de gestion des flux. Les boutons Suivant, Retour et Pause ❾ sont ajoutés à la `DIV`. L'élément de formulaire `select` et un bouton ❿ sont ajoutés afin de permettre à l'utilisateur de sélectionner des flux XML supplémentaires. Le framework de base pour le visualiseur est ainsi terminé (voir Figure 13.4).

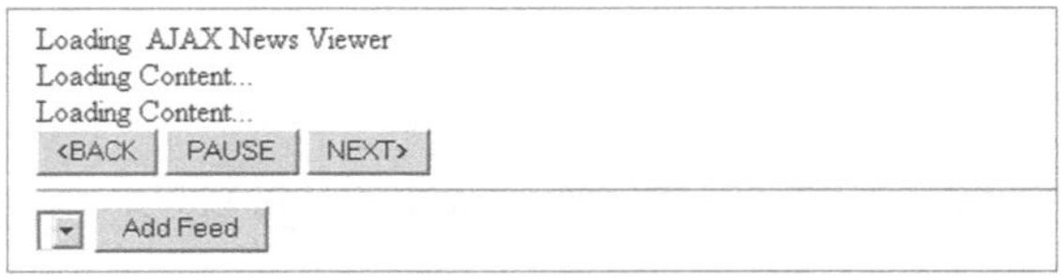

Figure 13.4
Les éléments HTML, sans mise en forme CSS.

La Figure 13.4 n'est pas très attrayante car nous n'avons pas formaté nos éléments HTML. Le visualiseur manque de structure, mais nous allons changer cela en appliquant des règles CSS aux éléments. La Figure 13.3 montre que nos deux éléments `DIV divNews1` et `divNews2` doivent se trouver l'un sur l'autre pour que notre effet de fondu fonctionne correctement.

Formatage CSS compatible

Sans les CSS, nos pages Web ressembleraient toutes à celle de la Figure 13.4 : elles seraient ternes et ennuyeuses. Nous allons appliquer des styles CSS pour rendre cet exemple plus attrayant. Les CSS permettent de modifier aisément les propriétés de mise en forme à l'avenir, sans avoir à modifier le code HTML. Les premiers éléments auxquels nous pouvons appliquer un style sont notre `DIV` conteneur et notre ligne d'en-tête.

Appliquer un style aux DIV de conteneurs et d'en-têtes

L'élément `divNewsHolder` mentionné précédemment peut être considéré comme le conteneur de notre visualiseur. Il permet de positionner le lecteur sur la page et de définir sa largeur. Nous allons utiliser des éléments `DIV` pour nos autres lignes, qui prendront donc jusqu'à 100 % de la largeur qu'elles ont à disposition. En positionnant la largeur du conteneur, nous pouvons ainsi imposer une largeur donnée aux autres éléments, ce qui facilite les mises à jour ultérieures. Le Listing 13.2 montre comment nous y parvenons avec des styles CSS.

Listing 13.2 : CSS pour les DIV de conteneurs et d'en-têtes

```
#divNewsHolder{      ❶ DIV conteneur
  width: 600px;
  border: 2px solid black;
  padding: 0px;
}
#divNewsTitle{      ❷ DIV de titre
  font-size: 20px;
  height: 26px;
  background-color: #BACCD9;
  line-height: 26px;      ❸ Hauteur de ligne
}
```

```
#spanCount{          ❹ L'élément spanCount
  float: right;        ❺ Disposition flottante
  font-size: 15px;
  padding-right: 10px;
}
```

Nous appliquons le style à nos éléments de formulaires en référençant leur ID avec le signe dièse (#) ❶. Cette notation spécifie que le style doit être appliqué uniquement à la `DIV` dont l'`ID` vaut `divNewsHolder`. Pour notre `divNewsHolder`, nous pouvons lui attribuer des règles de largeur et de bordure et positionner le retrait à 0.

A présent que nous avons défini notre `DIV` conteneur, nous pouvons mettre en forme notre première ligne. Nous souhaitons positionner la hauteur, la couleur d'arrière-plan et la taille de police de la `DIV` `divNewsTitle` ❷. La propriété `line-height` ❸ est ajustée à la hauteur de la `DIV`. Ce paramétrage garantit que notre unique ligne de texte de 20 pixels de haut sera centrée verticalement dans la `DIV`. Sans cette hauteur de ligne, le texte viendrait se caler le long de la bordure supérieure de la `DIV`.

La dernière étape pour le formatage de notre ligne d'en-tête consiste à déplacer le `spanCount` ❹ vers la droite de l'en-tête et non devant notre titre. Pour cela, nous utilisons la propriété `float` ❺ à laquelle nous attribuons la valeur `right`. Notre texte s'aligne ainsi à droite, quelle que soit la largeur de l'élément conteneur, et n'affecte pas notre titre. La taille de la police peut être réduite afin d'être rendue plus discrète que le titre. La propriété `padding-right` décale le texte par rapport au bord droit afin qu'il ne le colle pas. Nous en avons maintenant terminé avec notre conteneur et avec notre ligne d'en-tête (voir Figure 13.5).

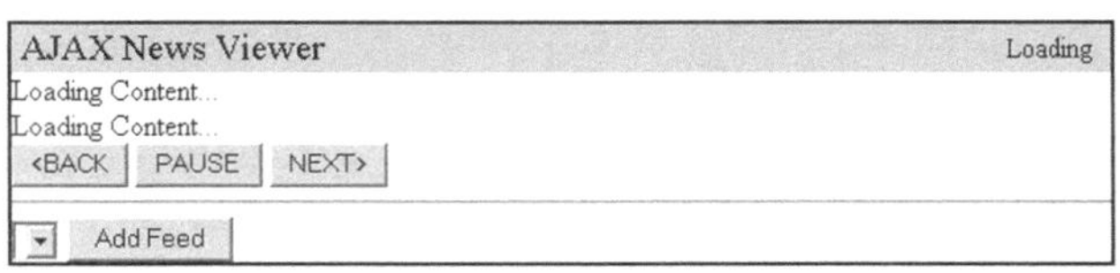

Figure 13.5
Les CSS sont appliquées aux DIV de conteneurs et d'en-têtes.

A la Figure 13.5, on voit que la ligne d'en-tête est très différente par rapport aux autres lignes qui n'ont pas encore été mises en forme. Le mot *Loading* apparaît du côté droit de la `DIV` et notre texte est centré dans la `DIV`. La bordure de la `DIV` conteneur entoure le reste des éléments ; à présent, nous devons travailler sur les éléments `DIV` de contenu.

Mettre en forme des DIV de contenus

L'étape suivante consiste à mettre en forme la section du milieu ou le corps de notre lecteur RSS (voir Listing 13.3). La section de corps contiendra nos informations de flux RSS formatés. Nous positionnons les `DIV` `divNews1` et `divNews2` l'une au-dessus de l'autre, afin que notre effet de transition fonctionne. L'effet de transition consiste à modifier l'opacité du calque supérieur afin que le calque inférieur transparaisse. En augmentant le niveau d'opacité du calque, nous pouvons créer un effet de fondu.

Listing 13.3 : CSS pour les DIV de contenu

```
#divAd{          ❶ Formattage de divAd
  width: 100%;          ❷ Définition de la largeur
  height: 400px;          ❸ Définition de la hauteur
  overflow: hidden;          ❹ Masquage des barres de défilement
  border-top: 2px solid black;     ┐
  border-bottom: 2px solid black;  ┘─❺ Formatage des bordures
}
#divNews1, #divNews2{          ❻ Mise en forme des deux DIV
  width: 100%;       ┐
  height: 400px;     ┘─❼ Définition de la largeur et de la hauteur
  background: #D9CCBA;
  position: relative;          ❽ Utiliser le positionnement relatif
  overflow: auto;          ❾ Afficher les barres de défilement si nécessaire
  left: 0px;          ❿ Déplacer les DIV sur la bordure
}
#divNews1{top: 0px;}          ⓫ Positionnement de la première DIV
#divNews2{top: -400px;}          ⓬ Positionnement de la seconde DIV
```

La première étape consiste à mettre en forme notre `DIV` `divAd` ❶, qui est le conteneur pour nos éléments `span` de flux. La largeur ❷ est positionnée à 100 % et la hauteur ❸ à `400px`. Nous ne souhaitons pas que des barres de défilement apparaissent pour la ligne. La valeur `hidden` est donc attribuée à la propriété `overflow` ❹. Si un contenu mesure plus de 400 pixels, il sera donc en partie masqué. Les autres `DIV` à l'intérieur de ce conteneur autorisent le défilement : nous ne perdrons donc pas de contenu. Nous positionnons ensuite nos styles de bordures supérieure et inférieure ❺ en choisissant une ligne noire continue de 2 pixels. Aucune bordure latérale n'est requise puisque notre `DIV` de conteneur en contient déjà. Si nous appliquions des bordures tout autour de notre ligne, la bordure atteindrait 4 pixels de large au lieu de 2 sur les côtés, pour seulement 2 pixels de hauteur en haut et en bas de la ligne, ce qui créerait une apparence bizarre.

Nous devons formater nos deux `DIV` de contenu, `divNews1` et `divNews2` ❻. Leurs propriétés identiques peuvent être mises en forme simultanément en séparant leurs ID par une virgule. Les valeurs de largeur et de hauteur ❼ sont définies de manière à occuper tout l'espace de la `DIV` conteneur. En choisissant l'option `relative` pour la position de nos `DIV` ❽, nous positionnons les `DIV` par rapport à la `DIV` parente `divAd`. Avec `absolute`, le positionnement se serait effectué par rapport au coin supérieur gauche de la fenêtre du navigateur. La propriété `overflow` des `DIV` ❾ prend la valeur `auto`, afin que des barres de défilement puissent apparaître si nécessaire. La dernière étape consiste à réduire la position gauche ❿ des `DIV` à 0 pixel, afin de les aligner et d'éviter tout interstice au niveau des bords.

Les deux DIV de contenu doivent se trouver exactement l'une sur l'autre. Comme nous utilisons une disposition relative, nos deux `DIV` de flux doivent se voir appliquer des propriétés de position distinctes. La position verticale de la `DIV` `divNews1` ⓫ est fixée à 0 pixel.

Elle est ainsi contrainte de s'aligner sur le bord supérieur de la `DIV` parente. La position de la `divNews2` ⓬ est fixée à –`400px`. Nous utilisons un nombre négatif parce que la seconde DIV se situe plus bas dans la page que la première `DIV`, comme le montrent les Figures 13.4 et 13.5. Puisque nous positionnons la hauteur de la DIV conteneur à 400 pixels, nous devons déplacer `divNews2` de 400 pixels afin qu'elle se cale en haut de la `DIV` parente, comme `divNews1`. La Figure 13.6 montre comment nos deux `DIV` se retrouvent à présent l'une sur l'autre, à la différence de la Figure 13.5.

Figure 13.6
Les styles CSS appliqués aux DIV de contenu.

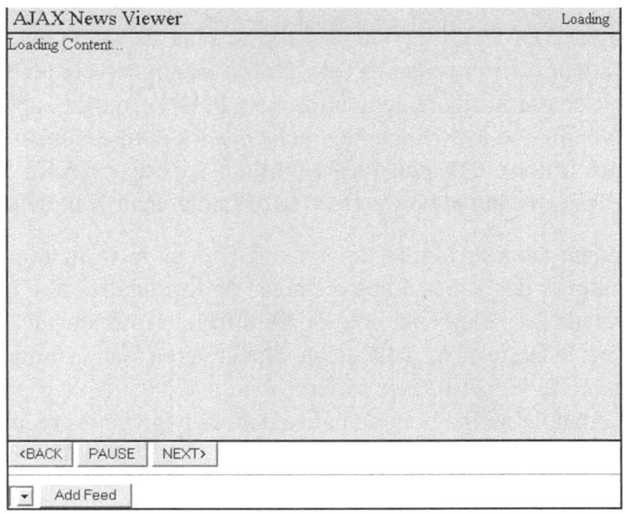

Puisque les deux `DIV` se trouvent l'une sur l'autre, nous ne pouvons vraiment voir le contenu de l'une des deux. Le niveau d'opacité est positionné à 100 %, ce qui rend le contenu sous-jacent invisible. Le niveau de 100 % sera la dernière étape de notre transition de fondu, mais avant d'y venir, nous devons achever la mise en forme de notre lecteur.

Configurer le pied de page

La dernière étape consiste à ajouter des styles CSS à notre pied de page. Dans cette section, nous devons positionner la couleur d'arrière-plan et standardiser les éléments de formulaires afin que la section soit mieux structurée. Pour cela, nous devons définir les couleurs, les tailles de polices et la taille des boutons (Listing 13.4).

Listing 13.4 : CSS pour la DIV de pied de page

```
#divControls{         ❶ Mise en forme de la DIV de pied de page
  background-color: #BACCD9;      ❷ Définition de la couleur d'arrière-plan
  text-align: center;     ❸ Centrage du texte
  padding-top: 4px;      |
  padding-bottom: 4px;   |—❹ Ajout du retrait
```

```
}
#divControls input{      ❺ Mise en forme des éléments de formulaires
  width: 100px;                |
  background-color: #8C8C8C;   |—❻ Définition de la taille et des couleurs
  color: #000000;              |
  font-size: 10px;             |
}
```

Nous appliquons les CSS à notre `DIV` de pied de page `divControls` ❶ afin qu'elle s'harmonise avec la ligne d'en-tête. La couleur d'arrière-plan ❷ est ajoutée à la `DIV` afin de correspondre à la couleur d'arrière-plan de l'en-tête. Nous alignons le texte ❸ de manière à ce que le contenu soit centré horizontalement dans la `DIV`. Le retrait supérieur et inférieur ❹ est ajouté à la `DIV`, afin que le contenu ne touche pas les bords. Nous n'avons pas besoin d'ajouter une bordure à notre `DIV` puisque la bordure supérieure de la ligne du milieu est déjà définie et que les trois autres bordures de la `DIV` conteneur sont définies.

La dernière étape dans la feuille de style CSS pour le formatage de notre pied de page consiste à appliquer des styles à nos éléments de formulaires afin qu'ils s'harmonisent avec le style du lecteur. Les éléments bouton ❺ situés à l'intérieur de la `DIV` `divControl` sont référencés avec le nom de la `DIV` et un espace suivi par le nom de la balise. Seuls les éléments dans cette balise `DIV` se voient donc attribuer ces propriétés. Aucun des autres éléments possédant le même nom de balise dans la page ne les récupère.

Puisque le texte dans chacun de nos boutons est de longueur différente, nous appliquons la propriété `width` ❻ aux boutons afin qu'ils possèdent tous la même largeur et prennent un aspect uniforme. Nous modifions la couleur d'arrière-plan afin qu'elle ne corresponde pas à la couleur par défaut du système d'exploitation de l'utilisateur. La couleur du texte et la taille de la police pour le texte de l'élément peuvent aussi être attribuées. La Figure 13.7 montre comment notre pied de page est à présent mis en forme afin de s'harmoniser avec les autres éléments du lecteur RSS.

La Figure 13.7 présente toutes les propriétés que nous avons appliquées aux `DIV`. Nous avons défini des largeurs, des couleurs, des tailles de polices, des bordures, des retraits, etc. Les propriétés CSS de ces éléments peuvent être personnalisées de manière à correspondre aux besoins et aux styles de n'importe quel thème de site Web ou à n'importe quel goût personnel. La prochaine étape consiste maintenant à amener du contenu dans notre lecteur RSS !

Charger les flux RSS

Dans cet exemple, nous allons charger des fichiers de plusieurs flux. Nous emploierons notre objet ContentLoader pour cela, comme nous l'avons fait tout au long de ce livre. Dans la première version, nous utiliserons une série de variables globales afin de développer rapidement un visualiseur de flux RSS.

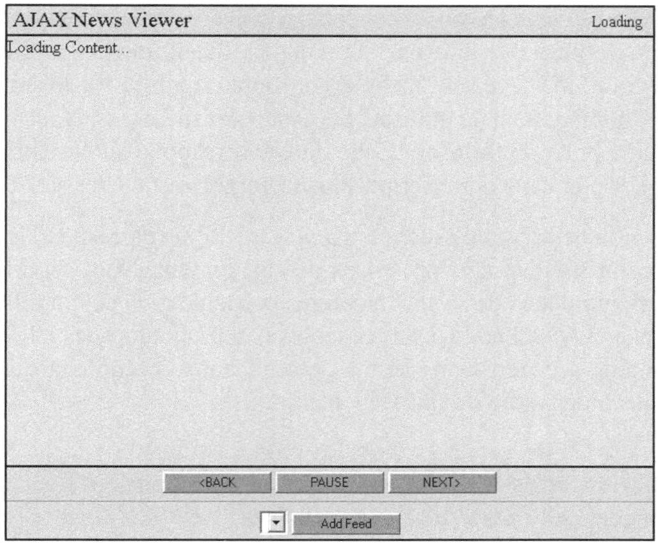

Figure 13.7
Les styles CSS ont été appliqués au pied de page.

La portée globale

Les variables globales permettent d'opérer des ajustements faciles sur notre script, sans avoir à modifier la fonction à l'intérieur des boucles `for` et des minuteurs. Nous pourrons ajuster le contenu des variables globales afin d'opérer des changements dans le script, et les communiquer entre les différentes fonctions. Dans ce script, nous exploiterons des variables globales au lieu de variables locales afin qu'elles puissent être partagées et que nous n'ayons pas à les passer de fonction en fonction. Lors du réusinage du script, nous adopterons une solution qui se passe de variable globale, mais pour l'instant, le but est de faire simple.

L'un des inconvénients du JavaScript tient à ce qu'il n'existe pas de type de variable pour les constantes. Nous simulons donc ce type avec des variables globales. Les variables globales peuvent cependant être redéfinies, aussi convient-il d'être prudent en les utilisant. Les variables du Listing 13.5 ne seront redéfinies à aucun moment durant l'application.

Listing 13.5 : variables de constantes globales

```
var flipLength = 5000;
var timeColor = 100;
var strErrors = "<hr/>Error List: <br/>"
var arrayRSSFeeds = new Array(
  "http://radio.javaranch.com/news/rss.xml",
  "http://radio.javaranch.com/pascarello/rss.xml",
  "http://radio.javaranch.com/bear/rss.xml",
  "http://radio.javaranch.com/lasse/rss.xml");
```

Le Listing 13.5 présente les variables globales qui affectent le fonctionnement de notre visualiseur. La première variable globale, `flipLength`, détermine le nombre de millisecondes pendant lesquelles le message est affiché avant d'être remplacé par le suivant. Ici, la valeur 5000 représente le nombre total de millisecondes entre les messages. Nous utilisons une autre variable minuteur appelée `timeColor`. Cette durée correspond au nombre de millisecondes entre les étapes de fondu dans notre script. Plus le nombre est élevé, plus la transition est lente.

La variable globale suivante est `strErrors`. Cette ligne correspond à l'en-tête pour toutes les erreurs rencontrées durant le processus de chargement. Nous modifions le message ou lui ajoutons des paramètres de style. La dernière variable globale qui affecte le résultat du script est le tableau `arrayRSSFeeds`. Dans ce tableau, nous ajoutons les URL des flux RSS auxquels nous souhaitons accéder. Dans le cas présent, nous accédons à quatre flux RSS distincts provenant des blogs radio de JavaRanch.com.

L'ensemble suivant de variables globales (voir Listing 13.6) sert à la communication entre nos fonctions séparées. Ces variables globales contiennent l'état du lecteur RSS. Leurs valeurs changent en fonction de l'action réalisée.

Listing 13.6 : variables globales conservant l'état

```
var currentMessage = 0;
var layerFront = 2;
var timerSwitch;
var bPaused = false;
var arrayMessage = new Array();
var intLoadFile = 0;
var bLoadedOnce = false;
```

La première variable globale instanciée dans le Listing 13.6 est `currentMessage`. Elle tient registre du message visualisé. Elle s'apparente à un compteur qui serait réinitialisé en atteignant le nombre maximum d'enregistrements. La variable globale suivante est `layerFront`, qui contient l'état de nos calques. Lorsque nous avons conçu notre mise en forme du lecteur RSS, deux calques ont été disposés l'un sur l'autre. Cette variable tient registre de l'état de ces calques.

La variable `timerSwitch` contient l'objet minuteur qui détermine à quel moment le cadre suivant doit être chargé. Si l'utilisateur met en pause le lecteur, le minuteur est annulé et l'état de la variable suivante `bPaused` est modifié. La valeur booléenne contenue par `bPaused` permet de déterminer l'état du minuteur : `true` lorsqu'il est sur pause et `false` s'il est en cours d'exécution.

La variable globale `arrayMessage` comprend les messages formatés que nous avons récupérés à partir des articles RSS. Le tableau est multidimensionnel et regroupe toutes les informations que nous souhaitons afficher. Comme indiqué précédemment, les éléments d'articles dans le flux RSS contiennent plus d'informations que ce dont nous avons besoin. Nous récupérons donc les quelques articles qui nous intéressent et les stockons dans `arrayMessage`.

La dernière variable, `intLoadFile`, nous conduit à notre prochaine section de code. Elle correspond à un compteur qui mémorise le numéro du fichier courant chargé depuis notre tableau `arrayRSSFeeds` durant le processus de préchargement.

A présent que toutes les variables globales ont été déclarées, il devient plus facile d'obtenir une vision claire de la ligne d'orientation du projet. Nous préchargeons les flux RSS à partir d'un tableau d'URL. Nous utilisons un compteur pour tenir registre de l'état du processus de préchargement. Durant le préchargement, nous ne sélectionnons que les informations souhaitées de chaque fichier XML. Une fois le préchargement terminé, les messages sont affichés avec un effet de transition qui crée un diaporama, que nous pouvons mettre sur pause et manipuler. Grâce aux variables globales que nous avons déclarées, il est possible de contrôler la fonction de ce script. Voilà qui nous conduit au point de départ de notre fonction de préchargeur RSS.

La fonction de préchargement Ajax

L'un des problèmes auxquels les développeurs se trouvent confrontés avec Ajax concerne la manière de précharger plusieurs fichiers sans transmettre de trop nombreuses requêtes aux sites Web externes, et de les amener à se télescoper les unes avec les autres. L'une des solutions consiste à recourir à un système de file d'attente, comme le fait notre objet ContentLoader.

Créer des requêtes répétées

Le ContentLoader permet à un mécanisme de file d'attente de déclarer les requêtes dans un ordre contrôlé. Dans le Listing 13.7, nous prenons notre tableau (rempli lorsque la page s'est chargée dans le Listing 13.5) qui contient les URL de nos flux, et nous les préparons pour notre ContentLoader.

Listing 13.7 : fonction JavaScript de préchargement

```
window.onload = function(){
  var loader= new Array()
  for(i=0;i<arrayRSSFeeds.length;i++){
    loader[loader.length] = new
      net.ContentLoader(arrayRSSFeeds[i],
        BuildXMLResults,BuildError);
  }
}
```

Le code du Listing 13.7 est déclenché avec le gestionnaire d'événements `onload`. Lorsque la page est chargée, nous préparons une variable tableau, `loader`, afin de contenir toutes les requêtes transmises au serveur. Nous parcourons en boucle notre tableau `arrayRSSFeeds` afin de récupérer toutes les URL à partir desquelles nous souhaitons obtenir des informations. A chaque itération, nous incrémentons notre tableau `loader` pour contenir la nouvelle requête ContentLoader. Nous passons l'URL du flux, la fonction `BuildXMLResults()` qui formate le contenu et la fonction `BuildError()` qui sera appelée en cas d'erreur pour l'obtention du flux. Maintenant que nous avons commencé le processus de chargement, nous devons formater les flux XML retournés.

Adapter la fonction

Lorsque la requête est opérée, elle appelle `BuildXMLResults()` (en cas de succès) ou `BuildError()` (en cas de problème). `BuildXMLResults()` prend le flux XML et le convertit dans un format utilisable. `BuildError()` journalise l'erreur dans la liste des erreurs. Les deux fonctions mettent à jour l'état afin que l'utilisateur puisse être informé de l'état d'avancement du chargement. Le Listing 13.8 présente l'implémentation de cette logique.

Listing 13.8 : formatage des résultats XML dans un tableau JavaScript

```
function BuildXMLResults(){
  var xmlDoc = this.req.responseXML.documentElement;
  var RSSTitle =
xmlDoc.getElementsByTagName('title')[0].firstChild.nodeValue;
  var xRows = xmlDoc.getElementsByTagName('item');
  for(iC=0;iC<xRows.length;iC++){
    intMessage = arrayMessage.length;
    arrayMessage[intMessage] = new Array(
    RSSTitle,
    xRows[iC].getElementsByTagName('title')[0]
.firstChild.nodeValue,
    xRows[iC].getElementsByTagName('link')[0]
.firstChild.nodeValue,
    xRows[iC].getElementsByTagName('description')[0]
.firstChild.nodeValue);
  }
  UpdateStatus();
}
```

La fonction `BuildXMLResults()` du Listing 13.8 récupère le document XML en référençant la propriété `responseXML` de notre objet de requête. Avec le document XML stocké dans notre variable locale `xmlDoc`, nous pouvons obtenir les informations de titres RSS pour le flux. Pour cela, nous référençons la balise de l'élément de titre et référençons la valeur du premier nœud enfant.

Nous obtenons les éléments d'articles et nous préparons à parcourir en boucle le tableau résultant stocké dans `xRows`. Lors de cette boucle, nous créons un tableau multidimensionnel que nous stockons dans la position suivante de notre tableau global `arrayMessage`. Le tableau global contient le titre du flux RSS ainsi que le titre, le lien et la description de l'article. Nous construisons ce tableau multidimensionnel pour chaque article stocké dans `xRows`. Une fois que nous avons fini de traverser le document, nous appelons la fonction `UpdateStatus()` (voir Listing 13.9) afin d'afficher l'état courant du processus.

Listing 13.9 : fonction information de l'utilisateur sur le préchargement

```
function UpdateStatus(){
  intLoadFile++;
  if(intLoadFile < arrayRSSFeeds.length){
  document.getElementById("divNews2").innerHTML =
    "Loaded File " + intLoadFile + " of "
    + arrayRSSFeeds.length + strErrors;
  }else if(intLoadFile >= arrayRSSFeeds.length && !bLoadedOnce){
    document.getElementById("divNews2").innerHTML =
      "Loading Completed" + strErrors;
    if(arrayMessage.length == 0){
      alert("No RSS information was collected.");
      return false;
    }
    bLoadedOnce = true;
    var timerX = setTimeout("ChangeView()",1500);
  }
}
```

Comme le montre le Listing 13.9, la fonction `UpdateStatus()` réalise deux services. Le premier affiche l'état du préchargeur. Le second détermine si le diaporama doit démarrer. Nous incrémentons d'abord notre variable globale `intLoadFile` afin de mettre à jour le compte des fichiers. Si `intLoadFile` est inférieure au nombre total des fichiers à charger, nous affichons notre état de chargement en positionnant la propriété `innerHTML` du calque supérieur `divNews2` avec la chaîne de sortie.

Si le compte de fichiers est supérieur ou égal au nombre de fichiers dans notre tableau (et si, par ailleurs, le diaporama n'a pas démarré), nous pouvons démarrer les transitions. Avant de démarrer le diaporama, nous devons vérifier que nous avons effectivement des données à afficher. Pour cela, nous vérifions la longueur de notre tableau de messages formatés, `arrayMessage`. S'il n'y a pas de message, nous en informons l'utilisateur et quittons la fonction en retournant `false`.

S'il y a des données à afficher, nous positionnons `bLoadedOnce` à `true` et appelons la fonction `ChangeView()` après une légère pause. Cette légère pause permet à l'utilisateur de lire les éventuels messages d'erreurs qui auraient pu survenir. Comme indiqué précédemment, si le chargeur a rencontré un problème au cours du chargement du document XML, il appelle notre fonction `BuildError()` (voir Listing 13.10).

Listing 13.10 : fonction de gestion des erreurs générées depuis XMLHttpRequest

```
function BuildError(){
  strErrors += "Error:" + "" + "<br/>";
  UpdateStatus();
}
```

`BuildError()` permet d'afficher une erreur. Elle indique à l'utilisateur que tous les fichiers n'ont pas été chargés. Nous ajoutons simplement l'erreur à notre variable globale `strErrors` et appelons la fonction `UpdateStatus()` que nous venons de développer, afin de renseigner l'utilisateur sur l'état de chargement actuel de l'application. A présent, nous pouvons vérifier que notre préchargeur fonctionne en enregistrant le document et en exécutant la page Web dans notre navigateur (voir Figure 13.8).

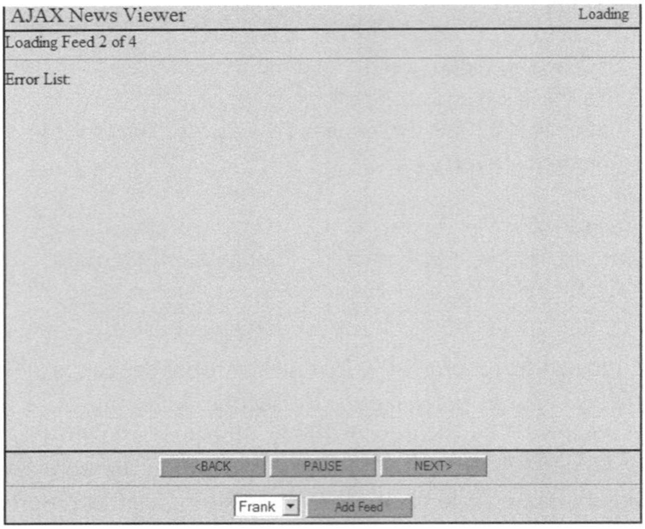

Figure 13.8
Le préchargeur charge le fichier 2 sur 4, comme l'indique le message d'état, sans erreur.

Lors du test du visualiseur, la mise à jour de l'état doit apparaître à l'écran. Dans l'exemple de la Figure 13.8, le préchargeur charge le fichier 2 sur 4, et aucun message d'erreur n'a été produit. Lorsque tous les fichiers ont été chargés, l'utilisateur est censé voir à l'écran que les fichiers ont été chargés avec succès et qu'il ne figure aucune erreur dans la liste. A ce stade, une erreur JavaScript apparaît cependant dans notre barre d'état, car nous n'avons toujours pas créé notre fonction `ChangeView()`. Nous le ferons dans la prochaine section, mais pour l'instant, nous allons créer l'effet de transition par fondu en le rendant compatible avec les différents navigateurs.

Ajouter un effet de transition sophistiqué

Le code que nous avons écrit jusque-là a chargé les fichiers dans un tableau. Nous devons maintenant récupérer les données stockées et construire le diaporama. Celui-ci est produit avec du DHTML. En modifiant le contenu dans les `DIV` grâce à la propriété `innerHTML`, nous affichons les différents articles que notre préchargeur a chargés. Nos effets de transitions en fondu sont créés en modifiant les classes CSS des éléments et l'index z des calques. Ces différentes étapes combinées permettront de créer un diaporama de fondu dynamique.

Règles d'opacité internavigateurs

Pour créer l'effet de fondu, nous devons modifier l'opacité du calque supérieur. La modification de l'opacité du calque permet au contenu sous-jacent de transparaître. Avec un niveau d'opacité de 0 %, nous permettons à tout le contenu d'apparaître. Un niveau d'opacité de 100 % empêche tout ce qui se trouve sur le calque du dessous d'apparaître.

Comme toujours, des problèmes se posent cependant avec les navigateurs Internet Explorer et Mozilla. Tous deux gèrent différemment l'opacité. Dans nos règles de feuille de style, nous devons donc tenir compte de ces différences. Mozilla utilise l'opacité, alors qu'Internet Explorer s'appuie sur un filtre spécifiant l'opacité alpha, comme le montre le Listing 13.11.

Listing 13.11 : classes de filtres d'opacité CSS

```
.opac0{opacity: .0;filter: alpha(opacity=0);}
.opac1{opacity: .2;filter: alpha(opacity=20);}
.opac2{opacity: .4;filter: alpha(opacity=40);}
.opac3{opacity: .6;filter: alpha(opacity=60);}
.opac4{opacity: .8;filter: alpha(opacity=80);}
```

Le Listing 13.11 présente une série de règles de style avec différents niveaux d'opacité. Le fait d'employer des règles CSS au lieu du JavaScript pour manipuler les valeurs est une affaire de goût. En appliquant des règles CSS, nous nous donnons la possibilité de modifier d'autres propriétés. Nous pourrions ainsi souhaiter que les couleurs se modifient en même temps que le fondu intervient, à moins que nous ne souhaitions augmenter la taille de la police. Les classes CSS permettent de le faire sans ajouter de code JavaScript supplémentaire. En outre, elles encapsulent les différences entre navigateurs dans un unique emplacement.

A présent que nous avons créé nos classes, nous pouvons lancer le processus de chargement des informations de flux RSS dans nos `DIV`.

Implémenter la transition de fondu

A la section "Fonction de préchargement Ajax", nous avons reçu un message d'erreur en testant notre code, car nous n'avions pas encore créé la fonction `ChangeView()`. `ChangeView()` initie le processus de fondu avec les `DIV` de contenu. Pour que ce système fonctionne, nous devons modifier les classes CSS et positionner les `DIV` sur différents niveaux d'index z. Le Listing 13.12 présente l'implémentation de ce mécanisme.

Listing 13.12 : fonction *ChangeView()*

```
function ChangeView(){
  strDisplay = "<span class='RSSFeed'>" +
    arrayMessage[currentMessage][0] + "</span>: "
  strDisplay += "<span class='itemTitle'>" +
    arrayMessage[currentMessage][1] + "</span><hr>";
  strDisplay += arrayMessage[currentMessage][3]
   + "<hr>";
```

- ❶ **Déclaration de ChangeView()**
- ❷ **Affichage du titre du canal RSS**
- ❸ **Affichage du titre de l'article**
- ❹ **Insertion de la description de l'article**

```
  strDisplay += "<a href='" +
    arrayMessage[currentMessage][2] +          ❺ URL de sortie du flu›
    "' title='View Page'>View Page</a>";
  document.getElementById("spanCount").innerHTML =
    "Message " + (currentMessage+1) +           ❻ Modification de
    " of " + arrayMessage.length;                  l'état du flux
  var objDiv1 = document.getElementById("divNews1");
var objDiv2 = document.getElementById("divNews2");
if(layerFront == 1){
    objDiv2.className = "opac0";
    objDiv1.style.zIndex = 1;
    objDiv2.style.zIndex = 2;
    objDiv2.innerHTML = strDisplay;
    layerFront = 2;
  }                                              ❼ Préparation
  else{                                            de la transition
    objDiv1.className = "opac0";
    objDiv2.style.zIndex = 1;
    objDiv1.style.zIndex = 2;
    objDiv1.innerHTML = strDisplay;
    layerFront = 1;
  }
  SetClass(0);        ❽ Début de la transition
}
```

La fonction `ChangeView()` ❶ possède deux rôles principaux. Le premier consiste à créer le code HTML qui sert à afficher nos données obtenues à partir des flux RSS. Le second consiste à préparer nos `DIV` pour l'effet de fondu. La construction du code HTML est simple car nous utilisons une mise en forme élémentaire. La partie la plus ardue consiste à s'assurer que nous tenons registre des guillemets et des apostrophes afin de ne rencontrer aucune erreur.

La première ligne de texte que nous souhaitons afficher est le titre du canal RSS ❷, que nous avons stocké dans le premier index du tableau `arrayMessage`. Nous devons entourer le titre avec une balise `span` et lui attribuer le nom de classe CSS `RSSFeed`. L'étape suivante consiste à afficher le titre de l'article ❸ en référençant le deuxième index du tableau. En entourant ce titre avec une balise `span` et en attribuant la classe `itemTitle` à cette balise, nous pouvons appliquer un style distinct à nos titres. Afin de bien séparer le titre et le corps du message, nous insérons un trait horizontal.

La description de l'article ❹ était stockée dans le quatrième index du tableau `arrayMessage`. Nous séparons cette description de la section suivante, qui contient le dernier élément d'article que nous avons collecté, autrement dit, le lien ❺. Nous attribuons la valeur de l'élément d'URL à l'attribut `HREF` du lien. Le texte qui s'affiche est "View Page", sur lequel l'utilisateur peut cliquer. Le lien conduit l'utilisateur vers le site Web du flux RSS.

Nous souhaitons mettre à jour le compteur d'affichage du message courant que nous avons construit dans notre en-tête RSS. Pour cela, nous modifions la propriété `innerHTML` ❻ de notre balise `spanCount` en employant la longueur de `arrayMessage` et notre compteur de message courant. Nous devons préparer les `DIV` ❼ pour l'effet de transition. Nous initialisons la `DIV` en positionnant l'index z de manière à ce qu'elle se trouve au-dessus de la `DIV` actuelle et attribuons la classe correspondant à la première de nos règles CSS d'opacité.

Après avoir chargé le message courant dans notre `DIV`, nous lançons le processus de fondu d'entrée de la `DIV`. Pour cela, nous devons créer une fonction qui charge les classes CSS dans l'ordre ; nous appelons donc la fonction `SetClass()` ❽.

Intégrer des minuteurs JavaScript

Le processus de chargement de notre `DIV` crée un effet de transition progressif entre les messages au lieu d'un changement brutal. L'effet est opéré en modifiant le niveau d'opacité du calque avec les règles CSS créées précédemment. Le niveau d'opacité permet au calque sous-jacent à la `DIV` de transparaître, comme si nous l'observions au travers d'une vitre teintée. Nous augmentons le niveau d'opacité afin de bloquer tout le contenu qui se trouve sous la `DIV`.

Comme nous l'indiquions dans la section sur les règles d'opacité, nous utilisons cinq classes CSS pour gérer les fondus d'entrée et de sortie. Nous nous servons de classes parce qu'à l'avenir, nous pourrons ainsi ajouter des couleurs au fondu ou tout autre effet de style dans l'effet de transition. Dans le cas présent, nous parcourons en boucle les classes. Ce mécanisme est illustré au Listing 13.13.

Listing 13.13 : la fonction JavaScript sélectionnant les classes CSS pour l'effet de transition

```
function SetClass(xClass){        ❶ Déclaration de SetClass()
  if(xClass<5){       ❷ Vérification de l'étape de la transition
    document.getElementById("divNews" +        ❸ Définition du
layerFront).className = "opac" + xClass;          ClassName suivant
    timerAmt = setTimeout("SetClass(" +         ❹ Initialisation du
    (xClass+1) + ")",timeColor);                   minuteur de fondu
  }
  else{
    document.getElementById("divNews"
    + layerFront).className = "";           ❺ Suppression de la classe CSS
    currentMessage++;       ❻ Incrémentation du compteur
    if(currentMessage>=arrayMessage.length)       ❼ Vérification du
      currentMessage = 0;                            message suivant
    if(!bPaused)
      timerSwitch = setTimeout(             ❽ Démarrage du minuteur
        "ChangeView()",flipLength);            du visualiseur
  }
}
```

Le Listing 13.13 présente la fonction `SetClass()` ❶ auquel est passé un paramètre nommé `xClass`. Ce paramètre permet de tenir registre de l'état courant de notre effet de transition sans utiliser une autre variable globale. Nous appelons cette fonction à chaque étape de notre transition afin de mettre à jour l'état jusqu'à ce que la transition soit terminée.

Puisque nous avons affaire à cinq classes CSS, nous devons vérifier que l'étape actuelle de notre transition ❷ est représentée par une valeur inférieure à cinq. Si c'est le cas, nous savons que d'autres classes CSS doivent encore être appliquées pour achever notre transition. Nous appliquons dès lors la classe CSS suivante à l'élément *via* l'attribut `className` ❸.

Après avoir défini la nouvelle classe, nous devons créer un minuteur pour déclencher l'étape suivante. La méthode `setTimeout` ❹ possède deux paramètres. Le premier est la fonction ou l'instruction JavaScript à exécuter, et le second la durée en millisecondes du délai avant exécution. Ici, nous allons appeler notre fonction `SetClass()` avec l'état incrémenté correspondant à la nouvelle classe. Le délai est fixé par la valeur de notre variable globale `flipLength`, que nous avons déclarée dans la section "Portée globale".

La portion `else` de notre script gère le cas où nous avons parcouru en boucle les cinq classes CSS et les avons appliquées tour à tour à la `DIV`. Tout d'abord, nous supprimons la classe CSS ❺ de notre `DIV`. L'opacité par défaut est de 100 % et permet ainsi à la `DIV` de couvrir l'autre `DIV` complètement, sans rien laisser transparaître du calque sous-jacent.

Nous incrémentons la variable `currentMessage` ❻, afin que le message suivant soit chargé. Nous vérifions si le nombre de messages ❼ est supérieur au nombre des messages contenus dans notre tableau `arrayMessage`. S'il est plus grand, nous revenons au premier message. Le minuteur est redémarré afin de charger le message suivant ❽ après le délai défini. La méthode `setTimeout` appelle notre fonction `ChangeView()`, et notre variable globale `flipLength` détermine la durée. Pour cela, nous nous assurons que la valeur de notre variable globale `bPaused` n'est pas `true`. Nous allons programmer la fonction de pause de ce script un peu plus loin dans ce chapitre.

L'effet de transition du diaporama est maintenant terminé. Nous pouvons tester ce que nous avons créé jusque-là et voir si tout fonctionne. Si tout fonctionne correctement, vous devriez voir le compteur de chargement de page qui augmente progressivement à mesure que les fichiers sont chargés dans le script, et le premier message doit commencer à opérer son fondu d'entrée.

La Figure 13.9 révèle que deux messages différents se trouvent dans le visualiseur puisque l'un d'entre eux est légèrement transparent. Le message courant (6) est affiché dans l'en-tête et l'on peut voir que 31 messages ont été chargés au total. Il ne nous reste plus à présent qu'à ajouter la pause, les boutons Précédent et Suivant et la fonction d'ajout des messages.

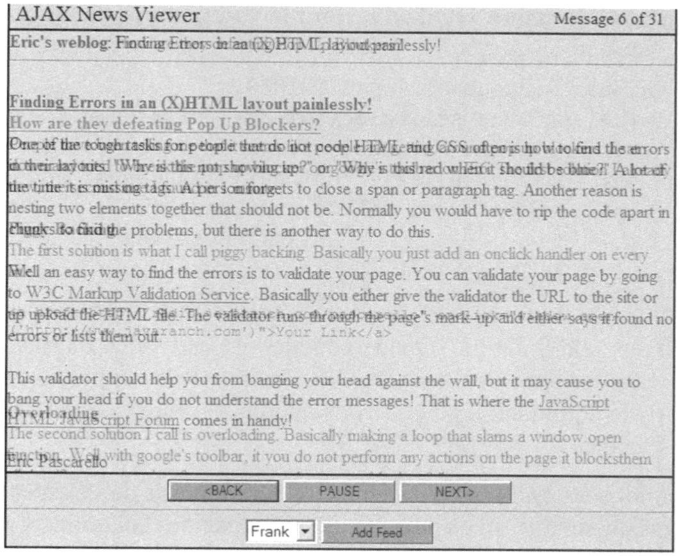

Figure 13.9
La transition de fondu intervient ici entre les messages 5 et 6.

Fonctions supplémentaires

Le code que nous avons développé peut déjà être utilisé de manière autonome, sans les autres fonctions, mais ces dernières rendront le script plus flexible pour les utilisateurs et pour nous-mêmes. La première fonction que nous souhaitons ajouter doit nous aider à importer d'autres flux RSS qui ne sont pas inclus dans la fonction de préchargement. Nous pourrions par exemple vérifier un site de temps à autre afin de voir s'il propose de nouveaux articles ou de récupérer un flux RSS de bulletins météorologiques. Cette fonction nous permet d'obtenir le flux de syndication lorsque nous en avons besoin. Les autres fonctions que nous inclurons nous permettront de passer d'un message à l'autre et de mettre le lecteur sur pause lorsque nous souhaitons plus de temps pour lire nos messages.

Ajouter des flux supplémentaires

L'ajout de messages supplémentaires à notre flux est plus simple qu'on ne l'imaginerait. Examinez la Figure 13.9 à nouveau. La liste déroulante contient les noms et les URL des flux supplémentaires que nous souhaitons vérifier à l'occasion ; il nous suffit de sélectionner un nom et de cliquer sur le bouton Add Feed. Nous avons déjà construit l'essentiel de cette fonction dans la section "Charger les flux RSS" ; il ne nous reste plus qu'à exécuter notre ContentLoader (voir Listing 13.14), qui ajoutera le flux sélectionné dans la liste déroulante.

Listing 13.14 : fonction JavaScript pour le chargement des flux RSS supplémentaires

```
function LoadNews(){
  var sel = document.Form1.ddlRSS;
  if(sel.options[sel.selectedIndex].className!="added"){
    var url = sel.options[sel.selectedIndex].value;
    sel.options[sel.selectedIndex].className="added";
    var loader1 = new net.ContentLoader(url,
                                  BuildXMLResults);
  }
}
```

Nous créons une fonction appelée `LoadNews()` que nous initions à partir de notre bouton `btnAdd`. Puisque nous obtenons les URL des flux RSS supplémentaires à partir d'un élément `select` (liste déroulante), nous devons référencer notre élément `select` (`ddlRSS`) pour accéder à ses valeurs.

Lorsque nous souhaitons ajouter un flux RSS à partir de l'élément `select`, il nous faut un moyen de savoir si le flux a déjà été ajouté. L'une des solutions consiste à ajouter une classe CSS à l'élément d'option. Nous n'avons plus alors qu'à effectuer une vérification simple pour voir si le flux RSS a déjà été ajouté. Si le flux est nouveau, nous récupérons la valeur de l'option sélectionnée et modifions la propriété `className` en lui attribuant la valeur `added`.

Le ContentLoader est exécuté avec l'URL du flux et la fonction `BuildXMLResults()`. Le message d'erreur par défaut du ContentLoader peut être utilisé en cas d'erreur. A présent que nous avons la possibilité de charger un document à partir de la liste déroulante, nous devons ajouter des flux RSS à la liste de sélection et ajouter le gestionnaire d'événements au bouton (voir Listing 13.15).

Listing 13.15 : liste déroulante HTML

```
<select name="ddlRSS">
  <option
    value="http://radio.javaranch.com/frank/rss.xml">
    Frank</option>
  <option
    value="http://radio.javaranch.com/gthought/rss.xml">
    Gregg</option>
</select>
<input type="button" name="btnAdd"
  value="Add Feed" onclick="LoadNews()" />
```

Dans la liste déroulante, nous ajoutons des URL aux flux RSS qui ne sont pas contenus dans notre tableau de préchargement. Dans le cas présent, deux flux de syndication RSS supplémentaires ont été ajoutés à partir du blog radio de JavaRanch. Nous ajoutons le gestionnaire d'événements `onclick` à notre bouton `btnAdd` afin que la fonction `LoadNews()` puisse être exécutée.

La dernière étape pour le chargement des flux individuels consiste à créer une classe CSS à ajouter à notre feuille de style. Cette classe permettra en outre aux utilisateurs de repérer rapidement les flux qui ont été chargés.

```
.added{background-color: silver;}
```

Dans la classe CSS, il est possible d'ajouter n'importe quelle règle permettant de distinguer les flux ajoutés de ceux qui ne l'ont pas été. Ici, nous avons modifié la couleur d'arrière-plan de l'option en choisissant le gris `silver` afin que l'option se remarque dans la liste. Une fois la classe ajoutée, nous pouvons tester notre application.

Comme le montre la Figure 13.10, nous avons ajouté le flux RSS de Frank, puisqu'il apparaît maintenant sur fond gris. Le flux Gregg n'est pas ajouté puisque sa couleur d'arrière-plan est encore blanche, comme elle l'est par défaut. Le nombre de messages dans notre lecteur RSS a également augmenté, passant de 31 à 54 après l'ajout du flux. Il nous reste encore à ajouter les boutons Précédent, Suivant et Pause.

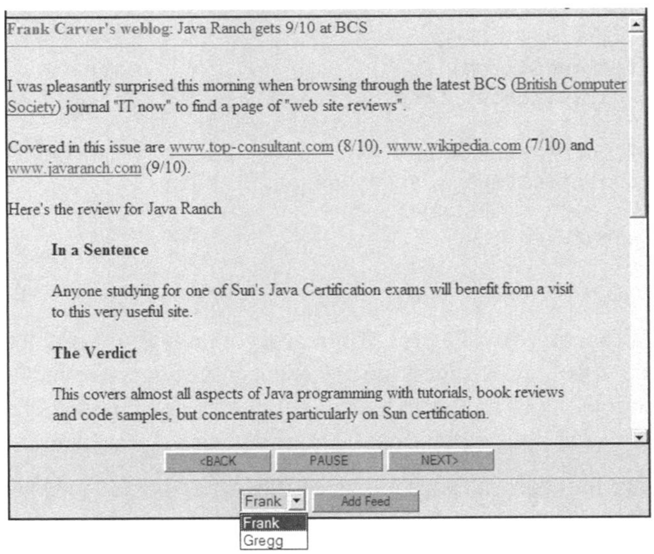

Figure 13.10
Le flux Frank a été ajouté au lecteur Ajax.

Intégrer les fonctions de pause et de navigation

L'une des fonctions les plus utiles que nous puissions ajouter est de permettre à l'utilisateur de passer d'un message à un autre. Si un message ne nous intéresse pas, l'utilisateur peut ainsi cliquer sur un bouton pour afficher le suivant sans attendre la fin du délai d'affichage. La fonction de pause permet à l'inverse de prendre plus de temps pour lire les messages intéressants ou longs. Puisque nous avons utilisé des variables globales pour nos minuteurs, la pause et le compteur `currentMessage`, il est très facile d'affecter l'état courant du lecteur RSS. Le Listing 13.16 présente le code qui permet à l'utilisateur de faire défiler les éléments de flux.

Listing 13.16 : fonction JavaScript pour la pause et la navigation dans les flux du lecteur RSS

```
function MoveFeed (xOption){        ❶ Création de la fonction MoveFeed()
  if(xOption == 0){       ❷ Vérification de l'action pause/reprise
    if(!bPaused){
      bPaused = true;
      if(timerSwitch)
        clearTimeout(timerSwitch);                     ❸ Pause du lecteur
      document.getElementById("btnPause").value =
        "RESUME";
    }
    else{
      bPaused = false;
      setTimeout("ChangeView()",300);
      document.getElementById("btnPause").value =      ❹ Reprise de la lecture
        "PAUSE";
    }
  }
  else{
  if(timerSwitch)
    clearTimeout(timerSwitch);
  if(xOption == -1)currentMessage += -2;
  if(currentMessage < 0)                    ❺ Modification du
  currentMessage = arrayMessage.length        message courant
    + currentMessage;
  ChangeView();
  }
}
```

Grâce à la fonction `MoveFeed()` ❶ qui accepte un unique paramètre, nous pouvons gérer les trois cas de figure : pause, message précédent et message suivant. Un entier permet de différencier les actions. Pour mettre le lecteur sur pause, nous passons la valeur `0`. Pour avancer au message suivant, nous définissons `1`. Pour revenir au précédent, nous utilisons la valeur `–1`.

La première fonction que nous allons vérifier est la pause. Nous vérifions ❷ que le paramètre passé est `0`. Le bouton pause a deux comportements : le premier sert à passer en mode Pause, ce qui arrête l'exécution des transitions ; le second permet au diaporama de redémarrer les transitions.

Si le flux n'est pas sur pause ❸, nous devons attribuer la valeur `true` à notre variable `bPaused` et vérifier que notre minuteur `timerSwitch` s'exécute. Si le minuteur s'exécute, nous devons l'annuler avec la méthode `clearTimeout`. Nous modifions le texte du bouton afin d'afficher la chaîne "RESUME" (reprendre). Si l'utilisateur clique sur le bouton de reprise, nous faisons l'inverse ❹ : nous attribuons la valeur `false` à la variable `bPaused`, nous appelons notre fonction `ChangeView()` après une légère pause et nous modifions le texte du bouton afin d'afficher à nouveau "PAUSE".

La fonction de pause est maintenant terminée.

Nous devons à présent créer notre fonction de navigation ❺. Puisque nous modifions les messages, nous devons supprimer le minuteur afin d'éviter les problèmes lorsque l'utilisateur passe plusieurs messages. Une fois le minuteur annulé, nous devons voir si la valeur d'action est `-1`. S'il s'agit d'un retour vers le message précédent, nous devons retirer 2 de la variable `currentMessage`. La variable `currentMessage` contient en effet actuellement la valeur du message suivant, car elle a déjà été incrémentée. Si nous ne soustrayions qu'une unité à la variable, nous resterions sur le même message. Puisque nous avons déjà stocké la variable du message suivant dans `currentMessage`, nous n'avons rien à faire pour le bouton Suivant.

Nous devons nous assurer que notre numéro n'est pas inférieur à 0. Si c'est le cas, nous devons positionner notre variable au dernier message dans notre tableau. Après avoir modifié la variable `currentMessage`, nous pouvons appeler notre fonction `ChangeView()` pour charger notre message. Il suffit d'ajouter les gestionnaires d'événements aux boutons (voir Listing 13.17) pour exécuter la fonction `MoveFeed()`.

Listing 13.17 : gestionnaires d'événements *onclick* pour les boutons d'action

```
value=" <BACK " onclick="MoveFeed(-1)">
value=" PAUSE " onclick="MoveFeed(0)">
value="NEXT>" onclick="MoveFeed(1)">
```

Pour initialiser la fonction, nous ajoutons des gestionnaires `onclick` à nos boutons. Ces gestionnaires appellent notre fonction `MoveFeed()`, qui passe les entiers `-1` pour revenir au message précédent, `0` pour mettre le lecteur sur pause, et `1` pour passer au message suivant. A présent, enregistrons le document et ouvrons notre navigateur avec cette page, afin de tester cette dernière fonction.

Maintenant que nous pouvons sauter des messages, il est possible d'avancer vers les messages au milieu de la liste de flux RSS. La Figure 13.11 montre que le lecteur est sur pause car le texte du bouton `btnAdd` indique RESUME. Avec les fonctions supplémentaires que nous avons créées, le visualiseur RSS permet de lire les flux depuis notre environnement de bureau sans avoir à visiter les sites Web individuels qui hébergent les flux.

Eviter les restrictions du projet

Avec le lecteur de flux de syndication RSS Ajax que nous avons développé, il est possible de visualiser des flux RSS à partir d'un fichier HTML stocké sur le bureau, sans le moindre code côté serveur. Cette application peut être utilisée pour récupérer des flux RSS sans accéder aux sites Web. Elle pourrait être proposée au téléchargement pour les utilisateurs de nos sites Web. Nous pourrions en outre la configurer de manière à lire les flux RSS de notre site. Puisque nous exécutons ce script sur notre site Web également, nous pourrions encore l'employer à d'autres fins. Nous pourrions en faire un outil d'affichage de bannières, un panneau de présentation des actualités de l'entreprise ou toute autre fonction intéressante. Ce script est cependant limité quant à ses possibilités et pourrait provoquer des problèmes si l'application était exécutée avec Mozilla.

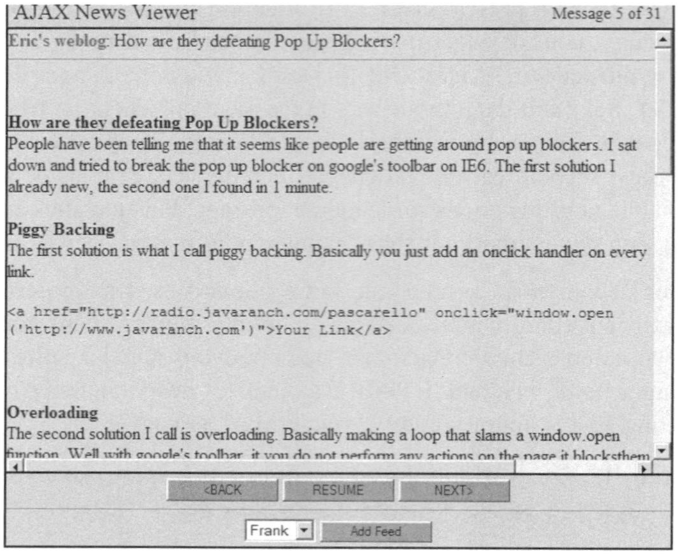

Figure 13.11
Le lecteur RSS est sur pause : le bouton du milieu porte maintenant la mention RESUME.

Résoudre les restrictions de sécurité de Mozilla

A la différence d'Internet Explorer, Firefox et Mozilla ne peuvent exécuter l'application en raison de restrictions sécuritaires. Ces restrictions empêchent Ajax de communiquer depuis le bureau avec d'autres sites Web, et ont pour but de nous protéger contre la possibilité que le code transmette des informations sans notre consentement.

Pour vérifier qu'il s'agit bien du problème que pose notre script Ajax, nous devons retrouver un message d'erreur. Dans Mozilla, ouvrez la Console JavaScript. Cette console est située sous Outils > Développement Web > Console JavaScript (voir Figure 13.12).

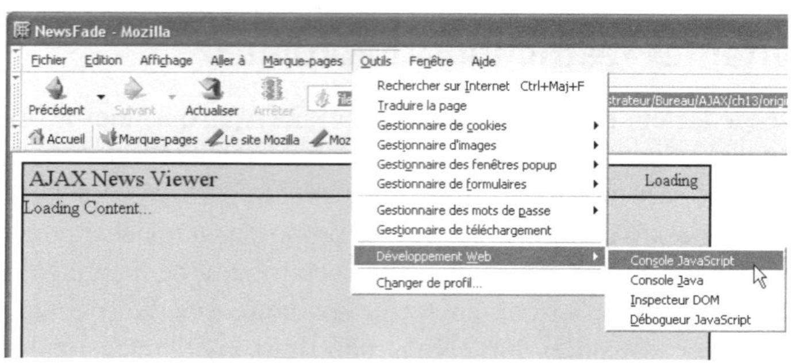

Figure 13.12
Dans Mozilla, choisissez Outils > Développement Web > Console JavaScript.

Lorsque vous cliquez sur l'option de menu Console JavaScript, une autre fenêtre apparaît (voir Figure 13.13).

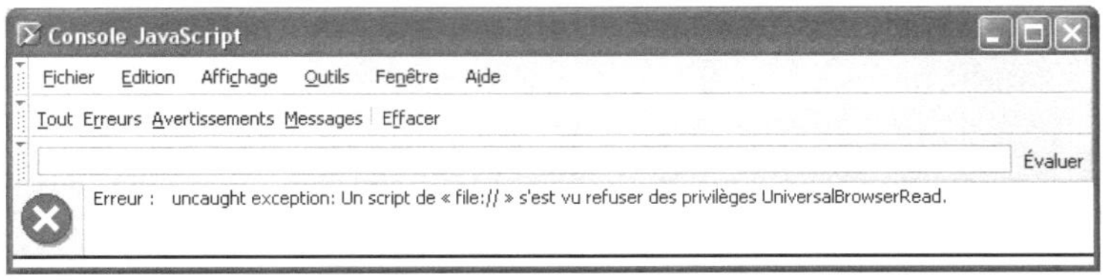

Figure 13.13
Le message d'erreur de refus d'autorisation provoqué par l'objet XMLHttpRequest.

La Figure 13.13 présente une erreur d'autorisation refusée provoquée par l'objet XMLHttp-Request. Il y a deux moyens de corriger ce problème. Le premier consiste à accéder au fichier de configuration de Mozilla et à positionner l'autorisation de manière à permettre à l'objet XMLHttpRequest de réaliser la tâche désirée. Pour cela, il suffit de taper *about:config* dans la barre d'adresses du navigateur et d'ajuster le réglage. Cette procédure est cependant déconseillée, parce qu'elle n'est pas sûre. En effet, nous l'activons ainsi pour tout ce qui s'exécute sur notre ordinateur. Autrement dit, n'importe quel script qui souhaite communiquer avec le monde extérieur pourra dès lors le faire.

Comment éviter cela et n'autoriser que notre application Ajax à communiquer avec l'extérieur ? La solution consiste à paramétrer la sécurité *via* le code JavaScript. Nous avons montré comment le faire au Chapitre 7, pour autant que le navigateur soit configuré pour écouter les requêtes programmatiques au Gestionnaire de privilèges, mais réexpliquons cela rapidement. Le Listing 13.18 présente le code générique utilisé pour activer les privilèges supplémentaires requis pour lire des ressources externes.

Listing 13.18 : code de sécurité du Gestionnaire de privilèges

```
if(window.netscape &&
  window.netscape.security.PrivilegeManager.enablePrivilege)
  netscape.security.PrivilegeManager.enablePrivilege(
    'UniversalBrowserRead');
```

Dans le Listing 13.18, nous vérifions si nous pouvons accéder au Gestionnaire de privilèges. Si nous le pouvons, nous activons le privilège `UniversalBrowserRead`. Nous devons ajouter ce code à deux endroits dans notre objet ContentLoader qui gère la fonction Ajax.

Le premier endroit se trouve juste après la déclaration `loadXMLDoc`, comme le montre le Listing 13.19.

Listing 13.19 : placement du code pour *loadXMLDoc*

```
net.ContentLoader.prototype.loadXMLDoc = function(
url,method,params,contentType){
  if(window.netscape &&
window.netscape.security.PrivilegeManager.enablePrivilege)
  netscape.security.PrivilegeManager.enablePrivilege(
    'UniversalBrowserRead');
```

Nous devons également l'ajouter à notre fonction `onReadyState` (voir Listing 13.20).

Listing 13.20 : placement du code pour *onReadyState*

```
net.ContentLoader.onReadyState=function(){
  if(window.netscape &&
    window.netscape.security
    .PrivilegeManager.enablePrivilege)
  netscape.security.PrivilegeManager
    .enablePrivilege('
UniversalBrowserRead');
```

Ces deux fonctions interagissent avec les données du monde extérieur et requièrent donc toutes deux cet ajout. Lorsque le script est exécuté, une invite s'affiche afin de signaler que les paramètres de sécurité doivent être modifiés (voir Figure 13.14).

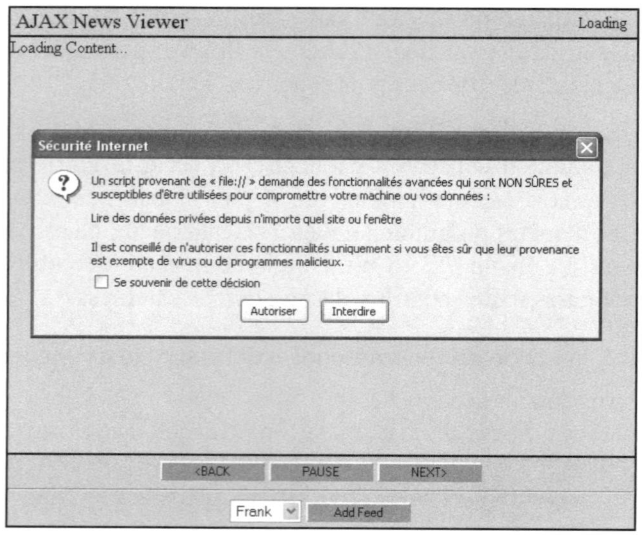

Figure 13.14
L'invite de sécurité notifie l'utilisateur au sujet des droits d'accès.

Si nous cliquons simplement sur le bouton Allow, l'invite de sécurité s'ouvre toujours à chaque accès à la fonction. Pour éviter cela, cliquez sur la case à cocher "Se souvenir de cette décision". Ainsi, le navigateur prend note de votre décision et autorise l'objet XMLHttpRequest à s'exécuter à chaque accès, sans afficher d'invite.

Lorsque les paramètres de sécurité ont changé, nous pouvons faire fonctionner cette application depuis le bureau avec Mozilla, Firefox et Netscape. Nous pouvons accéder aux flux XML de n'importe quel site sans avoir à ouvrir plusieurs onglets ou fenêtres à l'aide du lecteur. Nous pouvons aussi modifier cette application afin d'obtenir d'autres informations depuis le Web, comme des renseignements météorologiques ou des articles de blog.

Modifier la portée de l'application

Cette application ne se limite pas au seul rôle de lecteur de flux de syndication XML. Elle peut aisément être adaptée sous la forme d'un système de rotation de bannières, d'un système d'affichage d'actualités d'entreprise et même d'un calendrier d'événements.

Par exemple, nous pourrions stocker nos bannières publicitaires dans un document XML. Le fichier XML pourrait être mis à jour avec de nouvelles publicités sans que les fichiers HTML ni le code côté serveur aient besoin d'être modifiés. Nous pourrions précharger les bannières publicitaires et les afficher dans le lecteur. Au lieu de n'avoir qu'une annonce à l'écran, nous pourrions les enchaîner en boucle pendant que l'utilisateur consulte le site.

Le document XML peut être configuré de manière à contenir les actualités de l'entreprise, afin de pouvoir afficher nos articles courants pour les employés ou les clients. Nous devons simplement remplir les articles de base du flux XML. Nous pouvons également l'amener à afficher les mises à jour du site ou toutes autres sortes d'informations. Comme vous pouvez le voir, nous ne sommes pas limités aux seuls flux XML.

Réusinage

Maintenant que nous avons un script entièrement développé qui permet de lire les flux RSS, prenons à nouveau le temps de lui apporter quelques améliorations. Comme nous l'avons indiqué précédemment, il existe de nombreuses possibilités pour étendre notre script afin de pouvoir consulter d'autres types de contenus. Dans cette section, nous allons nous occuper de le réorganiser afin de le rendre conforme au pattern Modèle-Vue-Contrôleur (MVC). Comme nous l'avons expliqué aux Chapitres 3 et 4, le pattern MVC est un design pattern très employé pour séparer les responsabilités au sein des logiciels. Nous commencerons par définir les types du Modèle. Ensuite, nous créerons une Vue pour le Modèle. Nous nous occuperons en dernier lieu du Contrôleur, qui assurera la liaison de ces éléments.

Le Modèle du lecteur RSS

Le lecteur RSS que nous avons développé dans cet exemple aura tout avantage à disposer de types Modèle de première classe. Il sera plus clair, plus lisible et sa maintenance sera facilitée. Les applications Ajax s'appuient plus fortement sur le DHTML client que ne le font les applications Web traditionnelles, aussi est-il particulièrement important d'écrire un code soigné dont la maintenance soit aisée. Les classes du Modèle que nous allons développer doivent aussi être généralement adaptables à d'autres applications qui ont affaire à des flux RSS. En guise de simplification syntaxique, nous exploiterons la bibliothèque Prototype pour définir les types comme nous l'avons fait au Chapitre 10.

Commençons par définir une classe de Modèle pour un flux RSS. Pour notre application, un flux RSS est un document XML qui respecte une structure prédéfinie et possède une URL qui indique comment y accéder. Les principaux attributs de la structure sont le titre (`title`), le lien (`link`) et la description (`description`), avec bien d'autres attributs facultatifs, comme indiqué précédemment. Le flux inclut également plusieurs éléments, qui peuvent être considérés comme les articles de son contenu. Commençons par capturer les informations que nous connaissons (voir Listing 13.21).

Listing 13.21 : la classe de Modèle *RSSFeed*

```
RSSFeed = Class.create();
RSSFeed.prototype = {

   initialize: function( title, link, description ) {
      this.title       = title;
      this.link        = link;
      this.description = description;
      this.items       = [];
   },

   addItem: function(anItem) {
      this.items.push(anItem);
   }
};
```

Ce code définit le type `RSSFeed` à l'aide de la méthode `Class.create()` de la bibliothèque Prototype. Rappelez-vous qu'en utilisant cet idiome, la méthode `initialize` est exécutée par le constructeur généré. Avec cette définition de notre classe de Modèle de flux RSS, un flux pourrait donc être construit à l'aide de la ligne de code suivante :

```
var rssFeed = new RSSFeed( 'JavaRanch News',
                           'http://radio.javaranch.com/news/',
                           'Stories from around the ranch' );
```

Voilà à peu près tout ce qui est requis pour la définition d'un objet de Modèle `RSSFeed`. Notez que le `RSSFeed` possède une API `addItem` qui permet d'ajouter des articles (items) au tableau interne des articles. Chaque article doit être un objet Modèle également, qui encapsule les attributs de chaque article dans le flux. Ces considérations faites, définissons notre classe de Modèle d'article (voir Listing 13.22).

Listing 13.22 : la classe de Modèle *RSSItem*

```
RSSItem = Class.create();
RSSItem.prototype = {
   initialize: function( rssFeed, title, link, description ) {
      this.rssFeed     = rssFeed;
      this.title       = title;
      this.link        = link;
      this.description = description;
   }
};
```

Rien de bien passionnant ici. Le `RSSItem` encapsule les attributs `title`, `link` et `description` mais contient également une référence à l'objet `RSSFeed` auquel il appartient.

Avec ces deux classes de Modèle, un flux et l'un de ses articles peuvent être construits de la manière suivante :

```
var rssFeed = new RSSFeed( 'JavaRanch News',

  'http://radio.javaranch.com/news/',
  'Stories from around the ranch' );
var feed1 = new RSSItem( rssFeed,
  'Win a copy of JBoss',
  'http://radio.javaranch.com/news/05/07/20/9.html',
  'Text of Article' );
rssFeed.addItem(feed1);
```

Jusque-là, tout va bien. Le modèle est une encapsulation très simple des attributs d'un flux RSS et de ses articles. Les deux classes de Modèle qui encapsulent ces deux concepts sont respectivement `RSSFeed` et `RSSItem`. A présent, considérons le constructeur du Modèle lui-même. Nous savons que ces objets seront instanciés lorsque les données XML seront chargées dans le client par une requête Ajax. Définissons donc une API que notre gestionnaire Ajax pourra appeler pour convertir la réponse XML en une instance de notre classe de Modèle `RSSFeed`. Commençons par définir le contrat de notre créateur de Modèle de la manière suivante :

```
var rssFeed = RSSFeed.parseXML( rssXML );
```

Ce contrat implique que nous passerons la réponse XML retournée par notre gestionnaire Ajax à la méthode de parsing de notre type `RSSFeed`, et qu'elle nous retournera une instance d'un `RSSFeed`. Maintenant, implémentons la méthode `parseXML()` (voir Listing 13.23).

Listing 13.23 : le parsing XML RSS

```
RSSFeed.parseXML = function(xmlDoc) {

    var rssFeed = new RSSFeed(
      RSSFeed.getFirstValue(xmlDoc, 'title'),
      RSSFeed.getFirstValue(xmlDoc, 'link' ),
      RSSFeed.getFirstValue(xmlDoc, 'description'));

    var feedItems = xmlDoc.getElementsByTagName('item');
    for ( var i = 0 ; i < feedItems.length ; i++ ) {
       rssFeed.addItem(new RSSItem(rssFeed,
         RSSFeed.getFirstValue(feedItems[i], 'title'),
         RSSFeed.getFirstValue(feedItems[i], 'link' ),
         RSSFeed.getFirstValue(feedItems[i], 'description'))
    }
    return rssFeed;
}
```

Cette méthode réalise le parsing XML de la réponse. Elle prend les valeurs des éléments `title`, `link` et `description` et les utilise pour créer le `RSSFeed`. Ensuite, elle parcourt en boucle les éléments `item` et réalise la même chose, en créant une instance `RSSItem` pour chacun d'entre eux. A chaque itération, la méthode `addItem()` sert à ajouter l'élément `item` à son flux RSS parent.

Notez qu'une méthode d'assistance est utilisée ici pour obtenir la valeur du nœud du premier enfant d'un élément avec un nom de balise donné. La méthode d'assistance, nommée `getFirstValue`, est présentée dans le Listing 13.24.

Listing 13.24 : la méthode d'assistance pour le parsing

```
RSSFeed.getFirstValue = function(element, tagName) {
   var children = element.getElementsByTagName(tagName);
   if ( children == null || children.length == 0 )
      return "";
   if ( children[0].firstChild &&
        children[0].firstChild.nodeValue )
      return children[0].firstChild.nodeValue;
    return "";
}
```

Voilà tout ce dont nous avons besoin du point de vue du Modèle. Bien évidemment, nous pourrions ajouter des attributs facultatifs pour toutes les parties d'un flux RSS et les remplir si elles sont présentes dans le flux. Nous ne l'avons pas fait ici parce que le lecteur RSS n'utilise ni ne requiert aucun des attributs facultatifs. Il s'agit cependant d'une bonne manière de fournir des métadonnées supplémentaires pour les fonctions futures. Nous pourrions aussi définir des méthodes accesseur pour les attributs afin de fournir un contrat plus formel pour y accéder. Par exemple, nous pourrions écrire une paire de méthodes `getTitle()/setTitle()` pour accéder à l'attribut `title`. Puisque le JavaScript ne supporte pas la sémantique de visibilité proposée par les autres langages orientés objet (par exemple les mots clés `private/protected` en Java), nous n'avons pas pris cette peine. Jetons maintenant un coup d'œil à la Vue.

La Vue du lecteur RSS

Une fois nos classes de Modèle en place, il est possible de s'occuper d'une classe de Vue. Nous pourrions développer une classe de Vue pour le `RSSFeed` et une autre pour le `RSSItem`, mais étant donné que notre `RSSReader` ne visualise pas réellement un flux indépendamment d'un article (item), nous définirons une unique classe de Vue appelée `RSSItemView`, qui encapsule la vue pour un `RSSItem` dans le contexte de son `RSSFeed` parent. Puisque la Vue correspond ici évidemment à du HTML, notre classe de Vue est à vrai dire chargée de la génération du code HTML. Commençons par examiner le constructeur dans le Listing 13.25.

Listing 13.25 : la classe de Vue *RSSItemView*

```
RSSItemView = Class.create();

RSSItemView.prototype = {

   initialize: function(rssItem, feedIndex, itemIndex, numFeeds) {
      this.rssItem = rssItem;
      this.feedIndex = feedIndex + 1;
      this.itemIndex = itemIndex + 1;
      this.numFeeds  = numFeeds;
   },
}
```

Prenons un instant pour considérer les paramètres. Le premier paramètre est une instance d'un `RSSItem`. Il indique à la Vue pour quelle instance du Modèle il propose une vue. Notez qu'en général, les classes de Modèle ne doivent rien savoir de la Vue, mais que la Vue doit nécessairement avoir une connaissance intime du Modèle. Les autres paramètres fournissent un contexte complémentaire pour la Vue. Le `feedIndex` indique à la Vue le numéro de flux dans lequel elle se trouve. Le `numFeeds` indique à la Vue le nombre de flux. Tous ces paramètres fondés sur des index servent en quelque sorte à situer la Vue dans le monde. Nous pourrions par exemple vouloir afficher une zone de contexte pour la Vue, qui indique un message du genre "Flux 1 sur 7 et article 3 sur 5". Ces attributs pourraient être incorporés dans le Modèle, mais il ne s'agit pas véritablement d'attributs dont le Modèle doit généralement se soucier, aussi ce contexte que requiert la Vue est-il passé dans le constructeur de la Vue par le client.

Comme indiqué précédemment, la Vue a à charge de générer le code HTML. Notre classe de Vue aura donc besoin d'une unique méthode qui s'en charge. Elle est présentée au Listing 13.26.

Listing 13.26 : la méthode de génération du HTML

```
toHTML: function() {
   var out = ""
   out += '<span class="rssFeedTitlePrompt">RSS Feed '
   out += '(' + this.feedIndex + ' of ' + this.numFeeds + ') : ';
   out += '</span>';
   out += '<span class="rssFeedTitle">';
   out += '<a href="' + this.rssItem.rssFeed.link + '">' +
                    this.rssItem.rssFeed.title + '</a>';
   out += '</span>';
   out += '<br/>';
   out += '<span class="rssFeedItemTitlePrompt">Article ';
   out += '(' + this.itemIndex + ' of ' +
                    this.rssItem.rssFeed.items.length + ') : ';
   out += '</span>';
   out += '<span class="rssFeedItemTitle">';
   out += '<a href="' + this.rssItem.link + '">' +
                   this.rssItem.title  + '</a>';
   out += '</span>';

   out += '<div class="rssItemContent">';
   out += this.rssItem.description;
   out += '</div>';

   return out;
},
```

La méthode `toHTML` produit les éléments contextuels de l'affichage suivis par le texte de l'article. La première portion du code affiche `RSS Feed (`*`x`*` of `*`y`*`) : RSS `*`TitreduFlux`*. Les attributs `link` et `title` du `RSSFeed` parent sont respectivement utilisés pour générer l'attribut `HREF` et le texte de l'ancre. Un nom de classe CSS est généré pour chaque balise `span`, l'un pour l'invite et l'autre pour l'ancre, ce qui permet de les mettre en forme indépendamment (voir Figure 13.15).

RSS Feed (2 sur 4) :
Eric's weblog

```
var out = ""
out += '<span class="rssFeedTitlePrompt">Rss Feed '
out += '(' + this.feedIndex + ' of ' + this.nubFeeds + ') : ';
out += '</span>';
out += '<span class="rssFeedTitle">';
out += '<a href="' + this.rssItem.rssFeed.link + '">'
                   + this.rssItem.rssFeed.title + '</a>';
out += '</span>';
out += '<br/>';
```

Figure 13.15
RSS Feed (x of y) : RSS TitreduFlux.

La portion de code suivante génère le titre `Article (x of y) : RSS TitreItem`. Les attributs `link` et `title` du `RSSItem` servent à générer respectivement l'attribut `HREF` et le texte de l'ancre. Ce code fournit également des noms de classes CSS pour l'invite et le titre (voir Figure 13.16).

Article (1 sur 3) :
Sending XML to the Server

```
out += '<span class="rssFeedItemTitlePrompt">Article ';
out += '(' + this.itemIndex + ' of '
       + this.rssItem.rssFeed.items.length + ') : ';
out += '</span>';
out += '<span class="rssFeedItemTitle">';
                   + this.rssItem.title + '</a>';
out += '</span>';
```

Figure 13.16
Article (x of y) : RSS TitreItem.

Les dernières lignes de la méthode `toHTML` génèrent un élément `DIV` afin de contenir le contenu de l'article RSSItem (l'attribut `description`). Le code est le suivant :

```
out += '<div class="rssItemContent">';
out += this.rssItem.description;
out += '</div>';
```

Le nom de classe CSS `rssItemContent` est généré pour le contenu de l'article. L'article doit avoir une marge et un retrait afin que le contenu ne vienne pas toucher les bordures. Il doit aussi avoir une hauteur fixe et sa propriété `overflow` doit être positionnée à `auto` afin que le contenu défile en cas de besoin – indépendamment des informations contextuelles présentées précédemment. Voici une définition CSS représentative pour cette classe :

```
.rssItemContent {
   border-top : 1px solid black;
   width      : 590px;
   height     : 350px;
   overflow   : auto;
   padding    : 5px;
   margin-top : 2px;
}
```

La zone de contenu produite avec ces styles est présentée à la Figure 13.17.

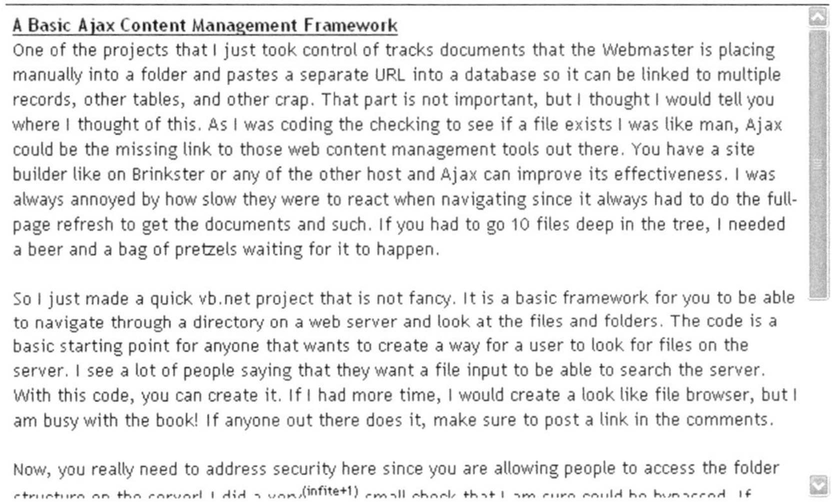

Figure 13.17
La zone de contenu mise en forme.

En rassemblant le tout, la Vue générée par notre classe `RSSItemView` est présentée à la Figure 13.18.

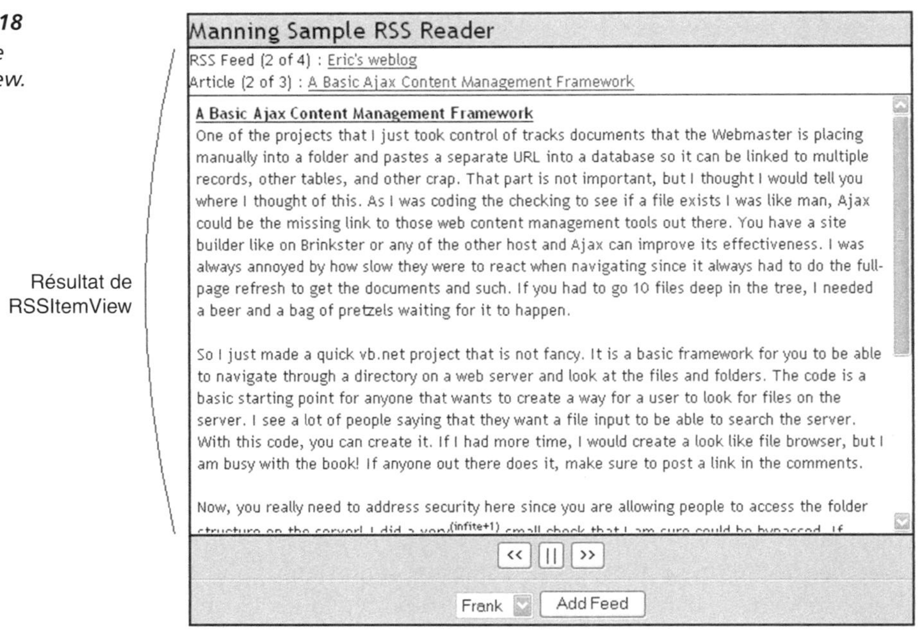

Figure 13.18
Résultat de RSSItemView.

Avant de passer au Contrôleur, ajoutons encore une petite méthode à la Vue afin de rendre son usage plus pratique :

```
toString: function() {
   return this.toHTML();
}
```

Nous donnons à la Vue une méthode `toString` afin de pouvoir exploiter l'instance de la Vue et la chaîne HTML qu'elle génère de manière interchangeable. Par exemple, nous pouvons attribuer la Vue à l'attribut `innerHTML` d'un élément : la représentation sous forme de chaîne (le HTML généré) sera alors utilisée. Par exemple, le code suivant attribue le HTML généré d'une Vue à la propriété `innerHTML` de l'élément `DIV` dont l'ID vaut `contentDiv` :

```
var rssItemView = new RSSItemView( anRSSFeed, 0, 0, 5 );
$('contentDiv'). innerHTML = rssItemView;
```

Rappelez-vous que `$()` est une fonction de la bibliothèque Prototype qui permet de récupérer les éléments DOM par leur ID. Maintenant que nous avons un bon ensemble d'abstractions pour nos classes de Modèle et notre Vue, passons au Contrôleur du lecteur RSS, qui relie ces pièces les unes aux autres.

Le Contrôleur du lecteur RSS

La classe `RSSReader` réalisera les fonctions liées à la manipulation des classes du Modèle et de la Vue afin de coordonner toutes les activités associées au lecteur. Rappelez-vous que le lecteur RSS fournit une interface de type diaporama pour les flux, où chaque article est présenté pendant une durée déterminée avant de laisser la place à l'article suivant au gré d'un effet de transition. Des boutons sont proposés pour revenir à l'article précédent ou passer au suivant, mais également pour mettre sur pause ou redémarrer le diaporama. Pour finir, une liste déroulante et un bouton Add Feed permettent d'ajouter des flux supplémentaires à l'ensemble des flux RSS dans la liste. Le lecteur RSS doit entreprendre cinq types d'action pour implémenter ces fonctions. Il doit notamment :

- construire des objets et réaliser la configuration initiale ;
- créer la fonction de diaporama ;
- créer les effets de transition ;
- charger les flux RSS avec Ajax ;
- mettre à jour l'interface utilisateur.

Pour réduire la complexité et la quantité de code requise pour cela, nous allons utiliser la bibliothèque Prototype par souci de concision syntaxique, la bibliothèque Rico afin de fournir les fonctions pour nos effets de transition, et le net.ContentLoader pour la prise en charge d'Ajax. Revenons d'abord à notre construction initiale et à la configuration.

Construction et configuration

Le point de départ *de facto* pour notre développement des composants a été les constructeurs. Tenons-nous en à cette approche ici et commençons par définir notre constructeur. Celui-ci correspond à une simple méthode qui sert à positionner les valeurs par défaut initiales pour certains des états du composant et, comme dans d'autres exemples, à positionner nos options de configuration et à réaliser l'initialisation du comportement. Le Listing 13.27 présente notre constructeur RSSReader.

Listing 13.27 : le constructeur RSSReader

```
RSSReader = Class.create();
RSSReader.prototype = {

   initialize: function( readerId, options ) {
      this.id                = readerId;
      this.transitionTimer = null;       ─┐
      this.paused            = false;      ├─❶ Positionnement des valeurs par défaut
      this.visibleLayer      = 0;         ─┘
      this.setOptions(options);    ❷ Définition des options de configuration

      this.start();      ❸ Initialisation du comportement

   },
   ...
};
```

Le constructeur prend deux arguments : un ID et un objet `options`. L'ID est utilisé comme identifiant unique pour le lecteur, et comme préfixe pour les ID des boutons qu'il devra identifier dans le DOM. Nous montrerons cela sous peu dans la méthode `applyButtonBehaviors`. La première chose que fait le constructeur ❶ consiste à positionner les valeurs par défaut pour son état. Ensuite, l'objet `options`, comme avec la plupart des composants que nous avons écrits jusque-là, est utilisé ❷ pour spécifier les options de configuration du composant. Cette opération est réalisée par la méthode `setOptions`. Pour finir, tout ce qui doit se produire pour que le composant prenne vie intervient dans la méthode `start` ❸. Etudions d'abord la configuration. Nous passerons ensuite au comportement.

La méthode `setOptions` (voir Listing 13.28) fournit la configuration. Définissons maintenant l'implémentation de `setOptions` et examinons nos options de configuration.

Listing 13.28 : la méthode *setOptions*

```
setOptions: function(options) {
   this.options = {
       slideTransitionDelay: 7000,
       fadeDuration         : 300,
       errorHTML            : '<hr/>Error retrieving content.<br/>'
   }.extend(options);
},
```

Les propriétés que nous avons décidé de rendre configurables dans notre lecteur RSS sont indiquées dans la méthode `setOptions` présentée ici. La propriété `slideTransitionDelay` spécifie le nombre de millisecondes pendant lesquelles une "diapositive" d'article est visible avant de passer à la suivante. La propriété `fadeDuration` spécifie la durée en millisecondes de l'effet de fondu. Pour finir, si une erreur survient pendant le chargement d'un flux RSS, la propriété `errorHTML` spécifie le code HTML à afficher en guise de message d'erreur. Les valeurs par défaut pour ces valeurs, si elles ne sont pas explicitement redéfinies par l'utilisateur, sont affichées dans ce code. Notez que le composant s'attend à ce qu'une propriété `rssFeeds` de l'objet `options` soit passée pour définir le jeu de flux initial à parcourir. Puisqu'il n'est pas possible de définir une valeur par défaut cohérente pour cette valeur, elle n'est pas définie par défaut dans la méthode `setOptions`. L'idée est qu'un lecteur sera créé avec un objet `options` semblable au suivant :

```
var options = {
  rssFeeds: [ "http://radio.javaranch.com/news/rss.xml",
              "http://radio.javaranch.com/pascarello/rss.xml",
              "http://radio.javaranch.com/bear/rss.xml",
              "http://radio.javaranch.com/lasse/rss.xml" ] };

var rssReader = new RSSReader('rssReader', options );
```

Après la création et la configuration, il est temps de jeter un œil derrière le rideau afin de découvrir cette méthode `start` magique qui déclenche tout. Le Listing 13.29 en présente l'implémentation.

Listing 13.29 : la méthode *start*

```
start: function() {
   this.applyButtonBehaviors();
   new Effect.FadeTo( this.getLayer(1), 0.0, 1, 1, {} );
   this.loadRSSFeed(0,true);
   this.startSlideShow(false);
},
```

La méthode `applyButtonBehaviors` configure les gestionnaires `onclick` pour les boutons Previous, Pause, Next et Add Feed. Il s'agit de la méthode suivante dont nous allons traiter. L'effet de fondu sur la seconde ligne opère un fondu de sortie de l'élément `DIV` visible afin que la première diapositive puisse apparaître avec un fondu d'entrée une fois chargée. Notez que dans cette implémentation, nous utilisons un effet Rico au lieu d'écrire le nôtre, ce qui réduit la quantité de code à écrire, à déboguer et à gérer à l'avenir. La méthode `loadRSSFeed` initie la requête Ajax qui sert à charger le premier flux, et la méthode `startSlideShow` démarre un minuteur avec la valeur de `slideTransitionDelay` pour initier le diaporama. La méthode `loadRSSFeed` sera explorée plus en détail à la section "Charger des flux RSS avec Ajax" et la méthode `startSlideShow` sera disséquée à la section "Fonction de diaporama". Comme promis, nous terminerons notre présentation de la construction et de la configuration en examinant la méthode `applyButtonBehaviors` au Listing 13.29.

Comme indiqué précédemment, la méthode applyButtonBehaviors connecte les boutons aux méthodes qui implémentent leurs comportements. Le Listing 13.30 présente son implémentation.

Listing 13.30 : la méthode *applyButtonBehaviors*

```
applyButtonBehaviors: function() {
   $(this.id + '_prevBtn').onclick  = this.previous.bind(this);
   $(this.id + '_nextBtn').onclick  = this.next.bind(this);
   $(this.id + '_pauseBtn').onclick = this.pause.bind(this);
   $(this.id + '_addBtn').onclick   = this.addFeed.bind(this);
},
```

Commençons par quelques notes de rappel concernant la syntaxe et les idiomes employés ici. Nous utilisons deux éléments syntaxiques de la bibliothèque Prototype. Tout d'abord, rappelez-vous que la méthode $ peut être considérée comme un appel à document.getElementById. Ensuite, la méthode de liaison crée implicitement une fermeture pour nous afin que le gestionnaire onclick pour chaque bouton puisse appeler des méthodes de première classe de notre composant. Maintenant, venons-en aux détails de l'implémentation.

L'implémentation révèle un contrat implicite entre le composant et le balisage HTML pour le lecteur. Le composant est construit avec un ID qu'il stocke dans son attribut this.id. L'ID est ensuite exploité comme préfixe pour retrouver les différents éléments dans le balisage. Dans cet exemple, les ID des boutons correspondent à ceux passés dans le constructeur et suivis par _prevBtn, _nextBtn, _pauseBtn et addBtn. Ainsi, dans la construction d'exemple que nous venons de mentionner qui utilise le rssReader pour l'ID, le composant s'attend à ce que les boutons soient spécifiés de la manière suivante :

```
<input type="button" id="rssReader_prevBtn"  value=" << "  />
<input type="button" id="rssReader_pauseBtn" value=" ¦ ¦ " />
<input type="button" id="rssReader_nextBtn"  value=" >> "  />
<input type="button" id="rssReader_addBtn"   value="Add Feed" />
```

A présent que notre Contrôleur RSSReader commence à prendre forme, voyons les détails de l'implémentation du comportement de diaporama.

Fonction de diaporama

Le moment est probablement bien choisi pour traiter d'un changement de sémantique par rapport à notre précédente version du script. Avec l'ancienne version du lecteur RSS, nous chargions tous les flux RSS en mémoire au démarrage puis effectuions une transition entre nos représentations en mémoire. Ce système avait l'avantage d'être simple, mais l'inconvénient patent de ne pas être évolutif. Si nous lisons régulièrement des douzaines ou des centaines de flux RSS, qui incluent chacun des douzaines d'articles, le fait de les précharger tous mettrait notre navigateur sur les genoux.

Ainsi, dans ce réusinage, nous saisirons la possibilité qui nous est offerte d'améliorer l'évolutivité et les performances de notre lecteur RSS en modifiant notre sémantique pour ne charger qu'un seul flux RSS en mémoire à la fois. Tous les `RSSItem` d'un unique flux seront en mémoire, mais seul un `RSSFeed` à la fois se trouvera en mémoire. Trois attributs du Contrôleur tiennent registre de l'endroit où le diaporama se trouve dans sa liste de contenu affichable. Ces attributs sont présentés dans le Tableau 13.4.

Tableau 13.4 : attributs du Contrôleur

Attribut	Fonction
`this.currentFeed`	L'instance `RSSFeed` actuellement chargée en mémoire.
`this.feedIndex`	L'index du flux actuellement visible. Il s'agit d'un index dans le tableau `this.options.rssFeeds`.
`this.itemIndex`	L'index d'Internet actuellement visible. Il s'agit d'un index dans le tableau des items interne de l'objet `RSSFeed` actuellement visible.

En conservant cette modification de la sémantique à l'esprit, étudions la navigation. Il existe un certain nombre de méthodes que nous devons examiner afin de parcourir chacun des articles (éléments item) de chacun des flux RSS. Considérons les paires de méthodes previous/next. Le mécanisme pour avancer et reculer est requis non seulement pour fournir l'implémentation pour les événements de bouton explicites, mais également pour le parcours passif à l'aide du diaporama automatisé.

Commençons par examiner la paire de méthodes booléennes qui indique au lecteur s'il peut avancer ou reculer. Ces deux méthodes, `hasPrevious` et `hasNext`, sont présentées au Listing 13.31.

Listing 13.31 : la paire de méthodes *hasPrevious/hasNext*

```
hasPrevious: function() {
   return !(this.feedIndex == 0 && this.itemIndex == 0);
},

hasNext: function() {
   return !(this.feedIndex == this.options.rssFeeds.length - 1 &&
            this.itemIndex == this.currentFeed.items.length - 1);
},
```

Ces méthodes seront utilisées dans le traitement des reculs et avancées afin de déterminer si une diapositive précédente ou suivante est disponible. Selon notre implémentation, une diapositive précédente est disponible à moins que nous ne nous trouvions au niveau du premier item du premier flux. De la même manière, une diapositive suivante est disponible à moins que nous ne nous trouvions au niveau du dernier article du dernier flux.

Examinons maintenant ce qu'implique le fait de reculer et d'avancer. Commençons par la méthode `previous()` que présente le Listing 13.32.

Listing 13.32 : la méthode *previous()*

```
previous: function() {
   if ( !this.hasPrevious() ) return;

   var requiresLoad = this.itemIndex == 0;
   this.fadeOut( this.visibleLayer, Prototype.emptyFunction );
   this.visibleLayer = (this.visibleLayer + 1 ) % 2;
   if ( requiresLoad )
      this.loadRSSFeed( this.feedIndex - 1, false );
   else
      setTimeout( this.previousPartTwo.bind(this),
                  parseInt(this.options.fadeDuration/4) );
},

previousPartTwo: function() {
   this.itemIndex--; this.updateView();
},
```

La méthode `previous()` commence par une condition. S'il n'existe pas d'article de contenu précédent, `previous()` retourne l'exécution sans réaliser d'action. Si la valeur de `requiresLoad` est `true`, le contenu RSS de l'item vers lequel la navigation s'effectue n'est pas encore chargé. Lors du déplacement vers l'arrière qui est actuellement effectué, un chargement est requis si nous nous trouvons au niveau du premier article d'un flux. Le flux RSS précédent devra donc être chargé afin de pouvoir être affiché. La méthode de fondu de sortie (que nous examinerons à la section "Effets de transition") opère un fondu de sortie avec le calque visible. L'action suivante de la méthode dépend du fait qu'elle doive ou non charger du contenu avant de pouvoir l'afficher. S'il faut charger du contenu, nous initions le chargement avec la méthode `loadRSSFeed()`. Le premier paramètre est l'index du flux à charger. Le second est une valeur booléenne qui indique si le sens est vers l'avant (`false` dans le cas présent). Si le contenu est déjà chargé, nous appelons `previousPartTwo()` après un délai d'un quart de la durée complète `fadeDuration`. La deuxième partie de la méthode met simplement à jour la propriété `itemIndex` puis appelle `updateView()`, qui opère un fondu d'entrée avec la diapositive appropriée.

Faisons le point. Que se passe-t-il ici ? Si le contenu qui doit être affiché n'est pas chargé, le chargement est immédiatement initié, ce qui provoque une mise à jour de l'interface utilisateur dès que la réponse revient. Le temps requis pour le retour de la réponse fournit un délai naturel pour le fondu d'entrée ! Si le contenu est déjà chargé (autrement dit, si nous examinons un article différent dans le même flux RSS chargé), nous opérons volontairement un délai d'un quart de la durée du fondu avant de lancer le fondu d'entrée de la diapositive suivante. Astucieux, non ?

La méthode `next()` (voir Listing 13.33) est un algorithme inverse de celui décrit précédemment.

Listing 13.33 : la méthode *next()*

```
next: function() {
   if ( !this.hasNext() ) return;
   var requiresLoad =
      this.itemIndex == (this.currentFeed.items.length - 1);
   this.fadeOut( this.visibleLayer, Prototype.emptyFunction );
   this.visibleLayer = (this.visibleLayer + 1 ) % 2;
   if ( requiresLoad )
      this.loadRSSFeed( this.feedIndex + 1, true );
   else
      setTimeout( this.nextPartTwo.bind(this),
                  parseInt(this.options.fadeDuration/4) );
},
nextPartTwo: function() {
   this.itemIndex++; this.updateView();
},
```

Ce code vous dit quelque chose ? La méthode `next()` inverse simplement la logique en termes d'indexation, mais reste identique à l'algorithme précédent. Notez que la paire `previous()/next()` opère le basculement du calque visible à chaque transition de diapositive grâce à l'expression suivante :

```
this.visibleLayer = (this.visibleLayer + 1) % 2;
```

Cette expression indique, au code qui met à jour l'interface utilisateur suite au chargement de contenu ou à l'appel explicite à `updateView()`, dans quel calque placer le résultat. Rappelez-vous que la zone de contenu du lecteur possède un balisage HTML qui ressemble au suivant :

```
<!-- Content area -->
<div class="content" id="rssReader_content">
   <div class="layer1">Layer 0</div>
   <div class="layer2">Layer 1</div>
</div>
```

`visibleLayer` est une propriété d'entier qui tient registre de l'élément `DIV` dans lequel le contenu doit être placé. L'index 0 indique que le contenu doit être placé dans le calque Layer 0. La valeur 1 spécifie que le contenu doit être placé dans le calque Layer 1.

Nos méthodes pour la fonction d'avance et de retour étant en place, nous pouvons les employer pour créer nos méthodes de diaporama. La méthode `startSlideShow` exécutée depuis notre méthode `start()` et sa compagne `nextSlide()` sont présentées au Listing 13.34.

Listing 13.34 : les méthodes de navigation du diaporama

```
startSlideShow: function(resume) {
   var delay = resume ? 1 : this.options.slideTransitionDelay;
   this.transitionTimer = setTimeout(
                            this.nextSlide.bind(this),
                           delay );
},

nextSlide: function() {
   if ( this.hasNext() )
      this.next();
   else
      this.loadRSSFeed(0, true);

   this.transitionTimer = setTimeout(
                            this.nextSlide.bind(this),
                            this.options.slideTransitionDelay );
},
```

Notre méthode `startSlideShow` appelle simplement `nextSlide` au bout d'un certain délai. Le délai est soit le `slideTransitionDelay`, soit une simple milliseconde (effet immédiat), selon que nous reprenons ou non le diaporama après l'avoir mis sur pause. La méthode `nextSlide` est tout aussi simple. Elle appelle notre méthode `next()` s'il y a une autre diapositive disponible. Si nous nous trouvons à la dernière diapositive, `loadRSSFeed(0,true)` est appelée pour boucler sur le début. Elle positionne ensuite un minuteur afin de répéter le processus. Du gâteau !

Nous avons mentionné que nous pouvions mettre sur pause le diaporama à l'aide du bouton Pause, mais nous n'avons pas encore implémenté cette méthode. Elle est présentée au Listing 13.35.

Listing 13.35 : la méthode *pause*

```
pause: function() {
   if ( this.paused )
      this.startSlideShow(true);
   else
      clearTimeout( this.transitionTimer );
   this.paused = !this.paused;
},
```

La méthode `pause` bascule l'état de pause du diaporama. Cet état est enregistré par l'attribut booléen `this.paused`. Si le diaporama est déjà sur pause, la méthode `pause` appelle `startSlideShow`, en passant `true` pour la propriété `resume` ; sinon, elle efface l'attribut `transitionTimer`, qui suspend toutes les transitions de diapositives jusqu'à ce que l'utilisateur clique sur le bouton de nouveau.

Le dernier dispositif lié à notre fonction de diaporama doit permettre à l'utilisateur d'alimenter le diaporama avec des flux RSS supplémentaires grâce à une liste déroulante et un bouton d'ajout. Nous avons vu dans la fonction `applyButtonBehaviors()` que le bouton d'ajout appelle la méthode `addFeed`. Implémentons-la afin de terminer notre fonction de diaporama (voir Listing 13.36).

Listing 13.36 : la méthode *addFeed*

```
addFeed: function() {
   var selectBox = $(this.id + '_newFeeds');
   var feedToAdd = selectBox.options[
                     selectBox.selectedIndex ].value;
   this.options.rssFeeds.push(feedToAdd);
},
```

Cette méthode s'appuie aussi sur un contrat implicite avec le balisage HTML quant au nom de la liste déroulante des flux RSS supplémentaires. L'ID de la liste déroulante doit être celui du lecteur auquel s'ajoute le suffixe `_newsFeeds`. La méthode prend simplement le flux RSS sélectionné dans la liste déroulante et l'ajoute à la fin du tableau `this.options.rssFeeds`. C'est tout ! N'est-ce pas appréciable d'ajouter une fonction en quelques lignes de code ?

Cette intervention est la dernière liée à nos méthodes de diaporama. A présent, voyons rapidement les méthodes des effets de transitions.

Effets de transitions

Nous avons déjà référencé quelques méthodes qui servent à nos transitions de fondu entre les diapositives. Tout d'abord, nous avons défini une paire de méthodes `fadeIn()` et `fadeOut()`, comme le montre le Listing 13.37.

Listing 13.37 : la paire de méthodes *fadeIn()/fadeOut()*

```
fadeIn: function( layer, onComplete )  {
   this.fadeTo( 0.9999, layer, onComplete );
},

fadeOut: function( layer, onComplete ) {
   this.fadeTo( 0.0001, layer, onComplete );
},
```

Ces deux méthodes délèguent l'exécution à la méthode `fadeTo()` (présentée plus loin). Elles lui passent une valeur d'opacité comprise entre 0 et 1 (0 indique que le calque est invisible et 1 qu'il est complètement visible). Les valeurs mathématiquement très proches de 1 mais non égales à 1 semblaient provoquer des clignotements dans certains navigateurs : nous avons donc utilisé la valeur 0,9999 au lieu de 1. Le numéro du calque (0 ou 1) est passé afin d'indiquer à quel calque appliquer l'effet de fondu, et pour finir, une fonction est passée qui fournit un connecteur de rappel une fois que le fondu est terminé. Le Listing 13.38 présente l'implémentation de la méthode `fadeTo()`.

Listing 13.38 : la méthode *fadeTo()*

```
fadeTo: function( n, layer, onComplete ) {
    new Effect.FadeTo( this.getLayer(layer),
                       n,
                       this.options.fadeDuration,
                       12,
                       {complete: onComplete} );
},
```

Par paresse ou suite à une stratégie bien pensée, nous avons décidé de ne pas réinventer d'effet de fondu. Au lieu de cela, nous utilisons l'effet `Effect.FadeTo` de la bibliothèque Rico. Les paramètres de `Effect.FadeTo` sont présentés au Tableau 13.5.

Tableau 13.5 : les paramètres de *Effect.FadeTo*

Paramètre	Description
`this.getLayer(layer)`	L'élément DOM auquel doit s'appliquer le fondu.
`n`	Une valeur d'opacité entre 0 et 1.
`this.options.fadeDuration`	Durée du fondu.
`12`	Nombre d'étapes du fondu.
`(complete: onComplete)`	Le rappel à lancer une fois l'effet terminé.

Nous avons utilisé la méthode d'assistance `getLayer()` pour obtenir l'élément `DIV` correspondant au calque de contenu auquel le fondu doit s'appliquer. Le Listing 13.9 présente la méthode `getLayer()`.

Listing 13.39 : la méthode *getLayer()*

```
getLayer: function(n) {
   var contentArea = $(this.id+'_content');
   var children = contentArea.childNodes;
   var j = 0;
   for ( var i = 0 ; i < children.length ; i++ ) {
      if ( children[i].tagName &&
           children[i].tagName.toLowerCase() == 'div' ) {
         if ( j == n ) return children[i];
         j++;
      }
   }
   return null;
},
```

Cette méthode retrouve simplement la zone de contenu, en partant du principe que l'ID est celui du lecteur auquel s'ajoute le suffixe `_content`. Une fois qu'elle trouve l'élément de contenu, elle parcourt ses enfants, trouve le nième élément `DIV` enfant et le retourne.

Nous en avons fini avec les transitions. Venons-en au sujet du chargement de nos flux RSS avec Ajax.

Charger des flux RSS avec Ajax

Nous avons consacré beaucoup d'attention à la création du composant, à la mise en place du diaporama et aux techniques DHTML pour les transitions entre les diapositives. Sans Ajax, toute cette fanfare ne mènerait pourtant à rien. Occupons-nous de cela à présent, en commençant par la méthode du Listing 13.40 qui charge un flux RSS en mémoire.

Listing 13.40 : la méthode *loadRSSFeed*

```
loadRSSFeed: function(feedIndex, forward) {
   this.feedIndex = feedIndex;
   this.itemIndex = forward ? 0 : "last";
   new net.ContentLoader(this,
                         this.options.rssFeeds[feedIndex],
                         "GET", [] ).sendRequest();
},
```

Cette méthode utilise notre objet net.ContentLoader pour créer une requête Ajax, en passant l'URL d'un flux RSS du tableau `this.options.rssFeeds`. Le paramètre `forward` est une valeur booléenne qui indique si un nouveau contenu est chargé suite au passage à l'article suivant. La propriété `itemIndex` est mise à jour en fonction de cette valeur. Notez que la propriété `itemIndex` se voit attribuer la valeur `last` au lieu d'un entier si nous revenons en arrière. En effet, nous souhaitons qu'`itemIndex` spécifie l'index du dernier élément dans le flux RSS précédent. Le seul problème est que nous ne connaissons pas le nombre d'articles dans le flux, parce que ce dernier n'est pas encore chargé.

Rappelez-vous que les méthodes `ajaxUpdate` et `handleError` sont requises en vertu du contrat implicite établi avec net.ContentLoader. Nous allons examiner la méthode `ajaxUpdate` dans le Listing 13.41, afin de voir comment son implémentation résout notre dilemme d'indexation.

Listing 13.41 : la méthode *ajaxUpdate*

```
ajaxUpdate: function(request) {

if ( window.netscape &&
  window.netscape.security.PrivilegeManager.enablePrivilege)
    netscape.security.PrivilegeManager.enablePrivilege(
      'UniversalBrowserRead');

   this.currentFeed =
     RSSFeed.parseXML(request.responseXML.documentElement);
   if ( this.itemIndex == "last" )
     this.itemIndex = this.currentFeed.items.length - 1;
   this.updateView();
},
```

La méthode `ajaxUpdate` commence par une vérification qui sert à déterminer si elle s'exécute dans un environnement fournissant un `PrivilegeManager`. Si c'est le cas, elle requiert le privilège `UniversalBrowserRead`. Comme nous l'avons indiqué précédemment, cette mesure est requise pour que notre lecteur puisse s'exécuter localement dans un navigateur Mozilla.

`this.currentFeed` est une instance de notre objet Modèle `RSSFeed` que nous avons défini précédemment. Il correspond au `RSSFeed` chargé en mémoire et rempli à partir de la réponse Ajax. Si `this.itemIndex` possède la valeur `last` (définie par la méthode `loadRSSFeed` lors du retour en arrière), la propriété `itemIndex` est mise à jour afin de contenir le nombre actuel d'articles dans le `RSSFeed` nouvellement chargé. Pour finir, l'interface utilisateur est mise à jour en appelant `updateView()`.

N'oublions pas de définir aussi une méthode `handleError` pour satisfaire notre contrat avec le net.ContentLoader, et parce qu'il est toujours judicieux de proposer une solution de gestion des erreurs. Si un flux RSS ne parvient pas à se charger, nous fournissons simplement un message d'erreur élémentaire, comme le montre notre implémentation de `handleError`. Des implémentations plus sophistiquées sont certainement possibles (et souhaitables).

```
handleError: function(request) {
   this.getLayer(this.visibleLayer).innerHTML =
     this.options.errorHTML;
},
```

Maintenant que notre lecteur RSS est doté des fonctions Ajax, la seule pièce manquante au puzzle consiste à écrire deux méthodes gérant la mise à jour de l'interface utilisateur.

Manipulation de l'interface utilisateur

Rappelez-vous que nous avons pris le temps de créer auparavant des classes Modèle et Vue dans le cadre de nos efforts de réusinage. A présent que nous avons atteint la partie du Contrôleur ayant à charge de mettre à jour l'interface utilisateur, on peut s'attendre à ce que le travail soit presque fini. C'est bien le cas. Pour le montrer, nous présentons au Listing 13.42 notre méthode `updateView()`, qui a été référencée plusieurs fois au cours de notre session de réusinage.

Listing 13.42 : la méthode *updateView()*

```
updateView: function() {

  var rssItemView = new RSSItemView(
     this.currentFeed.items[this.itemIndex],
     this.feedIndex,
     this.itemIndex,
     this.options.rssFeeds.length );

  this.getLayer(this.visibleLayer).innerHTML = rssItemView;
  this.fadeIn( this.visibleLayer,
    this.bringVisibleLayerToTop.bind(this) );
},
```

Comme vous pouvez le voir, la méthode `updateView()` délègue l'essentiel du travail à notre classe de Vue en instanciant l'une de ses instances, en l'attribuant à la propriété `innerHTML` du calque visible et, pour finir, en opérant le fondu d'entrée du calque afin de le rendre visible. Trois lignes de code. Belle sobriété ! Notez qu'une fois le calque visible après le fondu, nous appelons un rappel d'achèvement nommé `bringVisibleLayerToTop`. Il met à jour la propriété de style `zIndex` du calque afin de s'assurer qu'il se trouve au-dessus du calque qui a été rendu invisible par un fondu de sortie. La fonction `bringVisibleLayerToTop()` est implémentée de la manière suivante :

```
bringVisibleLayerToTop: function() {
   this.getLayer(this.visibleLayer).style.zIndex = 10;
   this.getLayer((this.visibleLayer+1)%2).style.zIndex = 5;
}
```

Voilà tout ce que nous avions à faire du point de vue de la manipulation de l'interface utilisateur. La séparation des champs de compréhension dans nos classes de Modèle, de Vue et de Contrôleur a permis de mettre en place une architecture soignée dont la maintenance sera simple.

Débriefing pour le réusinage

Notre session de réusinage a principalement consisté à réorganiser notre script afin de conformer l'implémentation de notre lecteur RSS au design pattern MVC. Nous avons créé une classe de Modèle `RSSFeed` pour encapsuler le concept de flux RSS, ainsi qu'une classe `RSSItem`. Nous avons créé une classe de Vue pour encapsuler le concept de Vue pour un `RSSItem` dans le contexte de son `RSSFeed` parent, la `RSSItemView`. Pour finir, nous avons lié les classes de Modèle et de Vue avec une classe de Contrôleur `RSSReader` qui a fourni toutes les liaisons de gestion des événements et l'interaction sophistiquée d'un diaporama avec ses effets de transition.

En résumé

Dans ce chapitre, Ajax nous a permis d'obtenir des informations directement depuis notre bureau, sans requérir une application cliente commerciale et en nous permettant de personnaliser la solution pour l'adapter à nos besoins. Nous avons pu charger plusieurs fichiers XML et n'obtenir que les informations dont nous avions besoin. Nous avons développé un framework HTML et appliqué des CSS afin de personnaliser aisément le lecteur. Grâce au DHTML, nous avons pu développer une interface utilisateur riche qui permet aux utilisateurs de passer d'un message à un autre, de mettre le diaporama sur pause et d'ajouter de nouveaux flux selon les besoins. Tout cela a été possible grâce aux fonctions Ajax qui permettent de récupérer des flux de syndication depuis des sites Web. En modifiant quelques instructions, il est possible de réadapter ce lecteur afin de lire n'importe quel flux XML. Il serait même possible de développer nos propres formats XML afin d'afficher des nouvelles, des annonces publicitaires ou tout autre contenu dont nous pourrions avoir besoin pour nos sites Web. Pour finir, nous avons réusiné notre script selon l'architecture Modèle-Vue-Contrôleur afin de rendre notre code plus lisible et d'en faciliter la maintenance.

Annexe A

Le kit d'outils de l'artisan Ajax

Ajax est une technologie avec laquelle il est très facile de travailler. Le jeu d'outils requis est minimal et il est possible de développer des applications Ajax complexes sans rien utiliser d'autre qu'un navigateur Web, un éditeur de texte et une connexion à un serveur Web, que ce soit sur votre ordinateur de développement ou par le biais d'un prestataire de services. Les outils restent cependant importants pour les programmeurs et les jeux d'outils ne cessent de se sophistiquer.

A l'heure actuelle, il n'existe aucun EDI Ajax dédié, bien que l'on puisse s'attendre à ce qu'un tel outil voie le jour. Plusieurs outils de développement proposent cependant un support pour certaines parties du processus de développement Ajax. Dans cette annexe, nous présenterons une vue d'ensemble des types d'outils disponibles et de la manière dont ils peuvent accélérer votre travail et le rendre plus astucieux.

Mieux travailler avec le bon ensemble d'outils

Les bons outils de développement peuvent être précieux pour accélérer les tâches difficiles ou répétitives et peuvent avoir un impact considérable sur la productivité du développeur. A l'inverse, les mauvais outils peuvent être distrayants, fantaisistes et contraignant, et forcer le projet à suivre un cheminement particulier qui ne convient pas véritablement. Chaque personne a ses outils de prédilection, qui peuvent convenir plus ou moins bien selon les projets. On peut considérer qu'une partie du travail du développeur consiste à consacrer du temps et des efforts à dénicher les bons outils. Abraham Lincoln l'a dit en son temps, à sa manière : "*Si vous me donnez six heures pour abattre un arbre, je passerai les quatre premières à affûter ma hache.*"

Si l'on accorde suffisamment d'attention à cette tâche, le gain en retour peut être considérable. Il est aussi important de trouver le bon équilibre entre le perfectionnement de ses outils et leur usage, notamment dans la nébuleuse un peu complexe des offres Ajax, comme nous le verrons à la prochaine section.

Acquérir des outils adaptés

Un grand nombre d'outils peuvent être facilement acquis, sous forme de téléchargements gratuits, de projets open source ou de produits commerciaux. Il n'existe pas encore d'outils matures dédiés à Ajax, mais un certain nombre d'outils sont conçus pour le développement d'applications Web qui supportent le JavaScript, le HTML et les CSS.

Ajax utilise les mêmes technologies que les applications Web mais de manière assez différente, comme nous l'avons indiqué au Chapitre 1. Au lieu de construire un grand nombre de petites pages présentées en séquence, l'application Ajax tend à utiliser moins de pages (parfois même une seule) qui réalisent diverses transitions programmatiques pendant que l'utilisateur travaille, et communiquent avec le serveur de manière asynchrone à l'arrière-plan. Etant donné la quantité de JavaScript générée, le programmeur Ajax a plus de chances de développer des frameworks JavaScript (voir l'Annexe C pour un tour d'horizon des frameworks et le Chapitre 3 pour une présentation des plus répandus d'entre eux).

Ces différences soulèvent deux problèmes. Tout d'abord, l'outil peut être conçu dans l'optique d'un flux de travail orienté sur les pages qui entre en conflit avec l'approche spécifique à Ajax. Ensuite, le support du JavaScript peut concerner l'usage d'ensembles de fonctions ou de pratiques de programmation particulières qui ne se coordonnent pas bien avec les frameworks tiers dont l'utilisateur se sert.

Les différences portent ainsi principalement sur la structure de haut niveau de l'application plutôt que sur les détails. Les problèmes décrits ici s'appliquent donc plutôt aux outils complexes tels que les EDI, qu'aux outils simples comme les éditeurs de texte dotés de fonctions JavaScript.

Il est important de garder ces points à l'esprit lors de l'évaluation des outils pour un projet Ajax. Nous reviendrons dessus à nouveau lorsque nous étudierons les différentes classes d'outils sur le marché.

Pour finir, il vaut la peine de noter que bon nombre d'outils proposent aujourd'hui des ensembles de fonctions étendus sous forme de plug-ins. Les outils complexes comme les EDI et les navigateurs Web sont exploités par différents types d'utilisateurs et dans différentes optiques. Les plug-ins permettent aux utilisateurs de personnaliser l'application de base avec des fonctions spécifiques en évitant de surcharger l'ensemble d'origine des fonctions, et en leur permettant d'étendre les applications selon des moyens que n'aurait pas forcément anticipés l'équipe de développement d'origine. On peut citer deux cas notables d'applications fondées sur les plug-ins : l'EDI Eclipse, qui reste avant tout un outil de développement Java mais supporte une vaste gamme de fonctions Ajax grâce à divers plug-ins ; et le navigateur Web Firefox, qui possède une communauté très active pour les plug-ins (appelés extensions) et dont plusieurs extensions utiles sont spécifiquement destinées aux développeurs Web.

Eclipse et Firefox ont des communautés très actives et il y a de bonnes chances qu'il existe déjà un plug-in qui réalise ce que vous cherchez. En informatique et dans le développement Web en particulier, la tradition veut aussi souvent que les développeurs construisent leurs propres outils, ce qui convient bien à la philosophie des plug-ins.

Construire ses propres outils

Au lieu d'acheter ou de télécharger un outil prêt à l'emploi, vous avez aussi la possibilité d'écrire votre propre outil. La tâche paraîtra irréaliste si l'on pense à un EDI ou à des outils à grande échelle – nous ne suggérons évidemment pas que vous entamiez votre projet Ajax par le développement d'un EDI !

La culture UNIX a promu la conception personnalisée de petits outils ciblés pour réaliser des tâches uniques. Ces petits utilitaires peuvent facilement être développés en peu de temps et sont suffisamment simples à faire évoluer. Les classes de chronomètres que nous avons développées pour le profilage du code JavaScript au Chapitre 7 en sont un parfait exemple, de même que la console de sortie que nous présenterons plus loin dans cette annexe.

Les outils conçus en JavaScript et les autres technologies Ajax ont l'avantage d'être portables entre les navigateurs. Toutefois, les capacités disponibles dans le navigateur sont fortement limitées en raison du modèle de sécurité JavaScript que nous avons présenté au Chapitre 6. Quelquefois, il est préférable d'écrire un outil sous la forme d'un programme autonome, que ce soit en .NET, en Java ou dans tout autre langage de programmation. Les débogueurs HTTP que nous décrirons dans cette annexe sont de cette catégorie.

Le développement d'un plug-in se situe à mi-chemin entre l'écriture des outils dans le navigateur et l'écriture des outils autonomes. Bon nombre des outils de développement Web importants supportent les plug-ins aujourd'hui, et certains en ont considérablement facilité le développement. Le navigateur Web Firefox et l'EDI Eclipse en sont deux exemples notables. Eclipse propose même un jeu de plug-ins livré avec le téléchargement principal qui facilite la conception des plug-ins. Le développement de plug-ins reste cependant un sujet plus avancé que le développement des outils de navigateurs, et ne se justifie *a priori* que pour les projets de grande envergure.

Un grand nombre d'outils peuvent être utiles pour le développement Ajax. Mais ils sont assez dispersés à l'heure actuelle et leur maintenance active reste une tâche fastidieuse. Attardons-nous quelques instants sur ce sujet avant de considérer des outils plus spécifiques.

Maintenance de votre kit d'outils

Comme nous l'avons indiqué, les outils Ajax sont à l'heure actuelle assez hétéroclites et dispersés, à la différence de ce que l'on connaît pour le Java ou .NET, avec des outils comme Eclipse, NetBeans ou Visual Studio.

Les développeurs doivent compter sur eux-mêmes pour maintenir leur kit d'outils à jour. Sans la centralisation d'un EDI standard, cette tâche peut être assez problématique et s'appuie sur des procédés aussi imprécis que le bouche à oreille, les listes de diffusion, les blogs et les autres médias de communication distribués d'Internet.

L'outil le plus fondamental pour tout développeur est l'éditeur dans lequel le code est saisi. C'est cette catégorie d'outils que nous allons étudier en premier.

Editeurs et EDI

Les outils d'édition de code varient considérablement en termes de complexité puisqu'ils vont du simple bloc-notes aux EDI complexes qui modélisent des objets de code de différentes manières au cours de la frappe. Le JavaScript, le HTML et les CSS ne sont pas aussi bien pris en charge que les langages d'entreprise comme le C#, Visual Basic et le Java, mais il existe une vaste gamme de fonctions parmi lesquelles choisir. Considérons les différents types de fonctions que nous pourrions rechercher avant d'examiner les produits proposés aujourd'hui.

Ce qu'il faut chercher dans un éditeur de code

Les éditeurs de code peuvent accomplir beaucoup de tâches, et même parfois trop. Bien souvent, il s'agit d'une affaire de goût. Certains développeurs préfèrent un outil simple qui traite le texte. D'autres apprécient les aides visuelles et les suggestions proposées par de véritables EDI.

En ce qui concerne le support Ajax pour le HTML, les CSS et le JavaScript, les éditeurs peuvent être utiles de plusieurs manières. Certains d'entre eux pourront paraître excessivement sophistiqués pour de simples applications Web classiques, mais la base de code des applications Ajax est généralement bien plus volumineuse et plus structurée, et peut requérir ce type d'outil. Voici un rapide tour d'horizon des fonctions utiles à rechercher.

Prise en charge des fichiers multiples

Une fonction nécessaire mais très simple vaut la peine d'être mentionnée. Les projets Ajax exigent généralement un grand nombre de fichiers. Un éditeur incapable de gérer plusieurs fichiers ou tampons (comme le Bloc-notes de Windows) devient ainsi rapidement agaçant. Presque tous les éditeurs de code supportent les fichiers multiples grâce à des panneaux à onglets ou d'autres types de sélecteurs.

Mise en forme de la syntaxe

Cette fonction est aujourd'hui assez courante et fait partie de celles que les éditeurs de la plupart des programmeurs supportent. La mise en forme de la syntaxe surligne, met en italique ou met en valeur de quelque manière que ce soit les mots clés du langage, les symboles, les chaînes entre guillemets et les commentaires de code afin de faciliter la lisibilité du code.

La plupart des éditeurs proposent une mise en forme du code pour une variété de langages, souvent avec des fichiers de définition de syntaxe enfichables. Le problème essentiel pour la programmation Ajax est qu'une variété de langages sont généralement impliqués. Côté client, on trouvera le HTML, les CSS, le XML et le JavaScript, qui peuvent tous profiter d'une mise en forme de la syntaxe. Côté serveur, on trouvera pour tout ou en partie du Java, du C# et du VB ou encore des ASP, du PHP et des JSP dans lesquels des blocs de HTML et de code s'entremêlent les uns aux autres. Tous les éditeurs proposant une mise en forme de la syntaxe ne supportent pas nécessairement l'ensemble des langages employés dans un projet Ajax.

Support du code à haut niveau

La mise en forme du code fournit des indications visuelles utiles, mais certains éditeurs vont au-delà de ce formatage et proposent une modélisation du code à haut niveau pour les fonctions, les méthodes et les déclarations d'objets. Cette compréhension de haut niveau de la base de code donne lieu à une gamme plus vaste d'outils tels que les synthèses des contenus de fichiers, les aides de navigation comme les cartes de hiérarchies d'objets, et les outils de recherche qui permettent de retrouver les emplois d'une propriété spécifique ou les appels d'une méthode ou d'une fonction. Les outils de ce type deviennent extrêmement précieux lorsque la base de code prend de l'envergure.

Outils de support de niveau projet

Certains EDI, poussant plus loin encore le niveau de modélisation des définitions d'objets individuels, gèrent aussi la base de code sous forme de projet intégré, en reconnaissant les liaisons entre les différents composants et les différentes ressources qui conduisent au produit déployé. Dans le cas de l'EDI pour un langage compilé, l'un des principaux avantages tient à la capacité de construire le projet entier sous sa forme exécutable, mais ce problème ne se pose pas avec Ajax, puisque toutes les ressources côté client sont déployées sous leur forme non compilée. Néanmoins, cette capacité peut être utilisée en travaillant avec du code côté serveur.

Le support de niveau projet peut permettre de déployer un projet sur un serveur Web, même pour gérer le serveur lui-même, soit en contrôlant un serveur externe à l'aide d'appels de procédure distante, soit en incorporant un serveur simple dans l'EDI. Les outils qui supportent la base de code au niveau projet peuvent épargner au développeur les efforts liés à la maintenance d'un système de type génération-déploiement.

Intégration du contrôle de version

Le contrôle de version est incontournable pour les projets d'envergure et relève du bon usage pour les projets de toutes tailles. Les systèmes de contrôle de version opèrent généralement sur des fichiers texte et des fichiers binaires sans comprendre la sémantique de haut niveau, aussi n'y a-t-il pas grand-chose à dire à leur sujet concernant Ajax, mais il peut être très utile d'intégrer le contrôle de version dans votre kit d'outils.

Développement de langages combinés : intégration du client et du serveur

Comme nous l'avons noté précédemment, bon nombre de projets Ajax requièrent un composant côté serveur en plus des nouvelles technologies de navigateur Web employées. Le JavaScript peut être employé côté serveur mais il ne l'est que très rarement ; le développeur Ajax emploie normalement des langages différents côté serveur et côté client.

Il est possible de recourir à des outils complètement différents pour la programmation du serveur et du client, mais certaines tâches requièrent que l'on bascule rapidement entre les tiers ; dans ce contexte, les éditeurs qui supportent l'ensemble des langages concernés peuvent être de sérieux atouts.

Voilà nos principaux critères pour le choix d'un éditeur de code, qu'il s'agisse d'un éditeur de texte brut ou d'un EDI. Dans la section suivante, nous allons considérer certains des outils disponibles à l'heure où nous rédigeons ces lignes.

Concepteurs à double affichage

Bon nombre des outils de conception Web proposent des interfaces WYSIWYG pour les pages Web. Ces interfaces peuvent être utiles pour l'élaboration de prototypes, bien qu'elles soient souvent mal adaptées à l'approche dynamique d'Ajax qui consiste à manipuler le DOM. La plupart des éditeurs visuels permettent également au programmeur de passer à une vue texte du code HTML. Lorsque vous utilisez ce type d'outil avec Ajax, il est important que l'éditeur visuel préserve les éléments qu'il ne comprend pas, comme les commentaires et les types de balises et attributs personnalisés, notamment parce que ces derniers peuvent être exploités par le code JavaScript qui réorganise l'arborescence du DOM.

Offres actuelles

Une variété d'éditeurs de texte et d'EDI propose une prise en charge des technologies Ajax. Commençons par examiner les éditeurs, avant de passer aux EDI plus complexes.

Editeurs de texte

Selon votre système d'exploitation, une vaste gamme d'éditeurs de texte open source, freeware et shareware sont disponibles aujourd'hui, comme les outils shareware TextPad, Notepad2, EditPlus, les vétérans UNIX Vim et Emacs et l'éditeur extensible interplates-formes jEdit, dont le système de plug-in permet de proposer des fonctions de type EDI. La Figure A.1 présente quelques éditeurs de texte courants en mode JavaScript.

TextPad fournit une base incroyablement diverse de fichiers de définition de syntaxe sous forme de contribution d'utilisateurs, dont plusieurs pour les CSS, le JavaScript, le XML et le HTML ainsi que pour la plupart des langages populaires côté serveur. Un support minimal est proposé pour l'exécution de commandes définies par l'utilisateur, comme des compilateurs sur le fichier courant. TextPad ne tourne que sous Windows. NotePad2 et EditPlus s'inscrivent dans des niches similaires.

jEdit est un outil Java qui peut être exécuté sur n'importe quelle plate-forme prenant en charge Java. Il supporte la mise en forme de la syntaxe pour plus de 100 langages, dont les principaux langages Ajax. Plusieurs fonctions plus avancées sont disponibles par le biais d'un système de plug-in bien intégré. Les plug-ins peuvent être automatiquement parcourus, téléchargés et installés depuis jEdit lui-même. Parmi les plug-ins utiles figurent des vérificateurs de syntaxe, des débogueurs, des compilateurs et des interfaces de contrôles de versions, ainsi que des outils pour les CSS et les XSLT.

Vim et Emacs sont des éditeurs de texte extensible puissants bien implantés dans la tradition des systèmes d'exploitation UNIX, bien qu'ils aient tous deux été portés sur Windows également. Ils possèdent chacun des modes bien développés pour la programmation JavaScript.

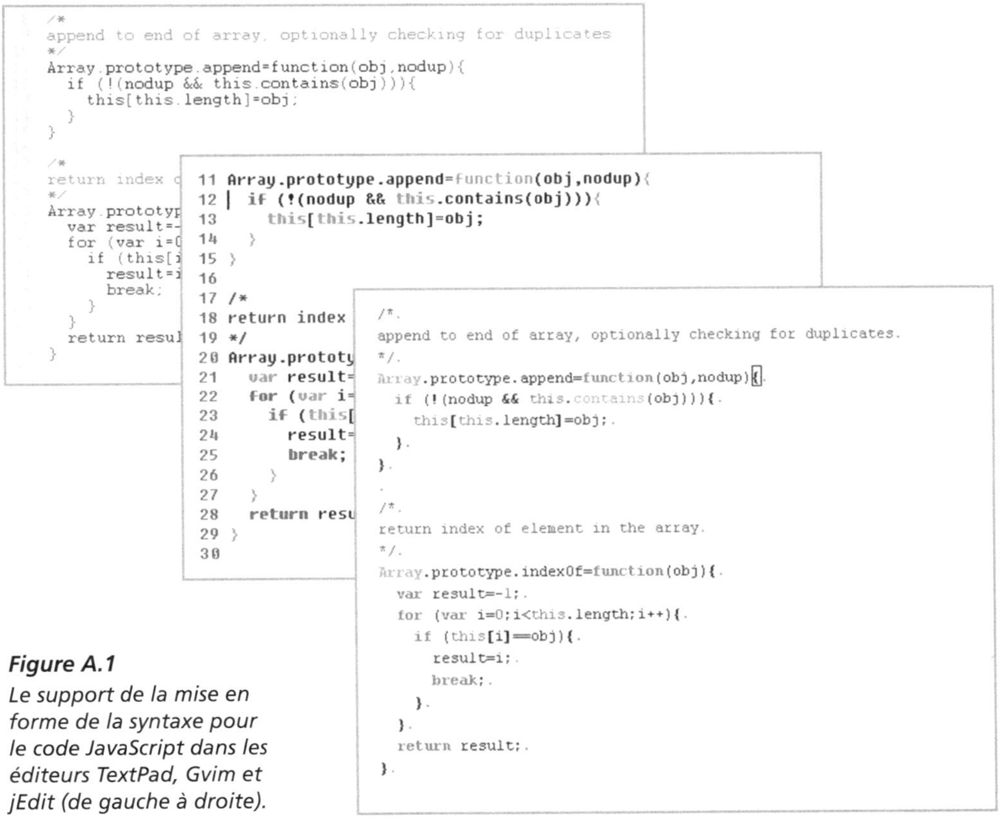

Figure A.1

Le support de la mise en forme de la syntaxe pour le code JavaScript dans les éditeurs TextPad, Gvim et jEdit (de gauche à droite).

Environnements de développement intégrés

Les langages de programmation d'entreprise comme .NET et Java sont depuis longtemps associés à des EDI (environnements de développement intégrés). Ce marché est mature, et depuis quelques années, un certain nombre d'EDI open source et freeware riches en fonctions sont apparus. Les EDI conçus pour les langages de programmation côté serveur sont souvent suffisamment extensibles pour pouvoir être exploités pour du développement côté serveur avec Ajax.

Les technologies Microsoft sont toujours dominées par le produit Microsoft Visual Studio. Visual Studio inclut un support pour le développement Web avec le composant Visual InterDev qui supporte le JavaScript et les CSS. Des versions gratuites allégées ont récemment été rendues disponibles sous le nom de famille Visual Studio Express, dont une ciblant spécifiquement les développeurs Web.

L'EDI Java le plus important à l'heure actuelle est Eclipse d'IBM. Eclipse est pour l'essentiel un outil de développement Java livré avec une gamme complexe de plug-ins spécifiquement conçus pour les développeurs Java. Une communauté très active s'affaire autour des plug-ins et offre notamment certains plug-ins JavaScript relativement simples qui proposent une mise en forme de la syntaxe et des vues de représentation des méthodes et des classes (voir la Figure A.2).

Figure A.2
Le plug-in d'éditeur JavaScript d'Eclipse propose un support élémentaire de représentation des objets JavaScript mais ne gère pas la syntaxe complète fondée sur les objets.

Dans la version 3.1 d'Eclipse, une gamme plus étendue de plug-ins de développement Web est proposée par le projet Web Tools Platform qui, en plus de prendre en charge des technologies J2EE côté serveur, propose des éditeurs JavaScript, XML, HTML et CSS. Eclipse fournit également des fonctions de gestion de la base de code au niveau projet et une intégration complète avec le contrôle de version CVS. L'intégration avec Subversion, Visual SourceSafe et d'autres systèmes de contrôles de versions est également disponible.

Certains outils de développement Java d'entreprise, comme le Java Studio Creator de Sun et SAP NetWeaver, offrent des mécanismes de conception de haut niveau pour les applications Web. D'expérience, ceux-ci s'appuient massivement sur l'architecture classique des applications Web, l'application étant modélisée sous la forme d'une série de pages discrètes, et sont mal adaptés à l'approche Ajax. Studio Creator utilise cependant des JSF (*Java ServerFaces*) à l'arrière-plan. Nous avons traité des JSF et d'Ajax au Chapitre 5, et bien que les deux technologies aient quelques défis à surmonter avant d'être entièrement interopérables, il est possible que certains outils JSF prennent mieux en charge Ajax sous peu.

En plus d'avoir un pied dans l'univers du développement d'entreprise, Ajax a ses racines bien ancrées dans la communauté de la conception Web, pour laquelle un ensemble d'outils complètement différent a été développé. Dreamweaver de Macromedia et FrontPage de Microsoft sont deux outils remarquables qui proposent un support des technologies de base utilisées par Ajax côté client. Dreamweaver offre un bon support pour l'édition JavaScript et

CSS de base (voir Figure A.3), ainsi qu'un éditeur HTML avec un mode texte et un mode graphique, mais pour l'orchestration WYSIWYG d'interfaces utilisateur JavaScript complexes, il ne supporte que sa propre bibliothèque de code. L'intégration de bibliothèques tierces comme x, Prototype et Rico dans un projet Dreamweaver ou FrontPage requerrait de longues réadaptations des scripts, en employant la fonction d'éditeur de texte des outils et peu d'autres fonctions.

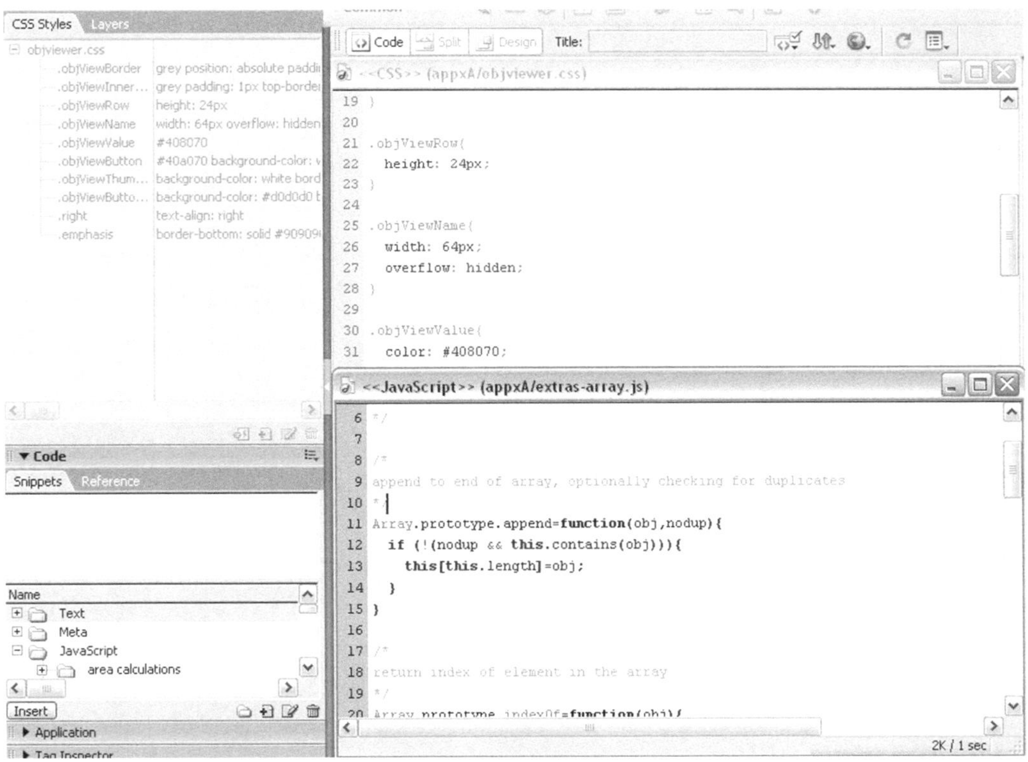

Figure A.3

L'éditeur de Dreamweaver prend en charge le JavaScript et les CSS. Le fichier CSS édité dans le panneau supérieur droit est également présenté sous forme synthétique dans le panneau supérieur gauche.

Le dernier outil qu'il convient de mentionner est Komodo d'ActiveState, un EDI de programmation interlangage, qui supporte le Perl, Python, le PHP, Tcl, le JavaScript et les XSLT. Komodo propose un très bon support de la navigation dans les bases de code JavaScript et un synthétiseur sophistiqué qui reconnaît les classes JavaScript, ainsi que les fonctions et les méthodes (voir Figure A.4). En tant qu'EDI de programmation générique, il n'interfère avec le JavaScript qu'en qualité de langage générique et non avec les implémentations navigateur.

Il est donc avant tout utile pour le développement de modèles de domaines pour Ajax. Komodo est un outil commercial qui peut être testé en version d'évaluation gratuite. Fait intéressant, l'interface utilisateur de Komodo est construite à l'aide du kit d'outil XML XUL, utilisé pour créer le navigateur Web Firefox.

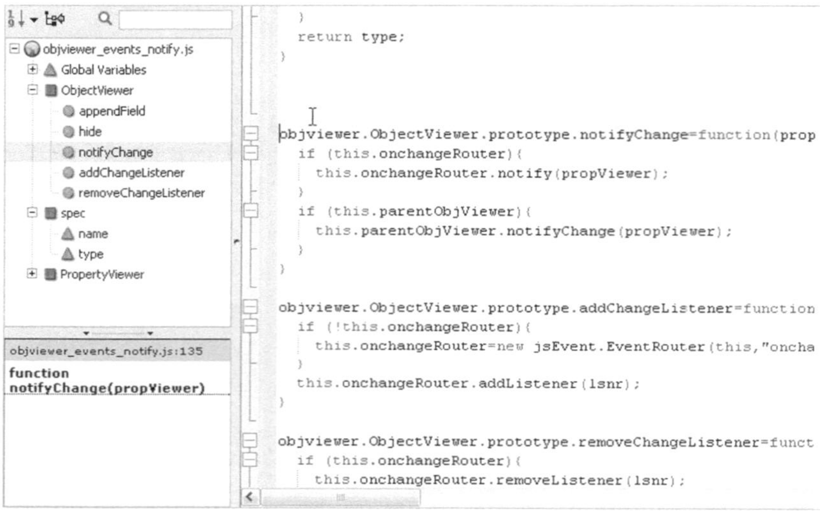

Figure A.4

L'EDI Komodo fournit des fonctionnalités de mise en forme du code de haute qualité pour les objets JavaScript et peut comprendre plusieurs langages de programmation. Ici, Komodo a reconnu que plusieurs fonctions appartiennent au prototype ObjectViewer.

Dans la section suivante, nous aborderons un autre outil clé dans l'arsenal du développeur : le débogueur de code source.

Débogueurs

Le comportement des programmes informatiques simples peut souvent être déterminé en examinant le code, mais les programmes plus complexes sont généralement trop étendus pour être mémorisés d'un bloc. Les outils de débogage offrent un moyen de contrôler le flux d'exécution d'un bloc de code, en permettant de l'arrêter et de le démarrer manuellement et d'inspecter l'état du programme en cours de route.

Pourquoi utiliser un débogueur

Les débogueurs fournissent un moyen très pratique de déterminer ce que fait un programme. Pour tous les projets de développement, le débogueur peut être utile pour vérifier que l'on comprend bien un bloc de code. Avec Ajax, cette possibilité est particulièrement appréciable.

Lorsque le terme de débogueur est employé, la plupart des développeurs ont tendance à penser aux débogueurs de code source. Les débogueurs côté serveur et JavaScript sont certes pratiques lorsqu'on écrit du code Ajax. Il est cependant aussi utile de pouvoir déboguer du trafic réseau, car le HTTP peut être étonnamment compliqué lui aussi. Dans les sections qui suivent, nous allons considérer les outils de débogage de code source et HTTP. Commençons par les débogueurs JavaScript.

Débogueurs JavaScript

Le fait de pouvoir déboguer du code JavaScript est particulièrement utile en raison de la fluidité du langage. Le programmeur C# ou Java sait généralement quelles propriétés et méthodes sont disponibles pour un objet donné quand il examine sa définition de classe, et il connaît les types et le nombre des arguments d'une méthode d'après sa signature déclarée. A l'inverse, il n'est pas toujours possible en JavaScript de déterminer, d'après le code, le nombre d'arguments avec lesquels une fonction sera exécutée, ou la valeur de résolution d'une variable à l'intérieur d'une fonction. Ce dernier problème est particulièrement épineux pour les gestionnaires de rappels pour lesquels l'appel de la fonction peut être opéré par un objet inconnu ou par le navigateur lui-même.

Sous sa forme la plus simple, le débogueur de code source permet à l'utilisateur de définir des points d'arrêts qui interrompent l'exécution du programme et la retournent à l'utilisateur lorsque la ligne de code concernée est exécutée. L'utilisateur peut ensuite parcourir le code ligne par ligne en inspectant les valeurs des variables dans la portée, ou reprendre l'exécution normale jusqu'au point d'arrêt suivant. En JavaScript, les points d'arrêts peuvent être définis par l'outil débogueur lui-même ou par le programmeur, en ajoutant une instruction `debugger` au code. Par exemple, lorsque le navigateur exécute le code suivant :

```
var x=3;
var y=x*7;
debugger;
var z=x+y;
```

le contrôle est retourné au débogueur enregistré auprès du navigateur après la troisième ligne de code (voir Figure A.5). Les valeurs des variables `x` et `y` peuvent alors être inspectées. `z` n'a pas encore été déclarée et ne peut être inspectée qu'après que l'utilisateur a fait avancer le débogueur jusqu'à la quatrième ligne.

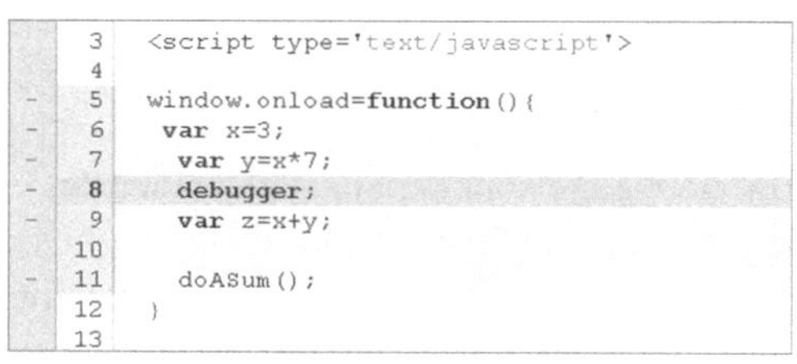

Figure A.5
L'utilisation de l'instruction JavaScript debugger déclenche un point d'arrêt de manière programmatique.

Voilà pour les fonctions de base d'un outil de débogage du code source. Les débogueurs sophistiqués peuvent aussi proposer d'autres fonctions, comme nous allons le voir à présent.

Naviguer dans la pile d'appels

Lorsqu'une fonction est exécutée en JavaScript, un nouveau contexte d'exécution est créé, avec son propre jeu de variables locales. Lorsqu'un débogueur s'arrête dans une fonction, il peut voir les variables locales dans cette fonction mais pas dans la fonction qui l'a appelée. Considérez l'exemple suivant :

```
function doASum(){
  var a=3;
  var b=4;
  var c=multiply(a-2,b+6);
  return (a+b)/c;
}

function multiply(var1,var2){
  var n1=parseFloat(var1);
  var n2=parseFloat(var2);
  debugger;
  return n1*n2;
}
```

Au moment où le débogueur est lancé, il est possible de voir les variables `n1`, `n2`, `var1` et `var2`. Toutefois, en recherchant la trace d'un problème dans notre programme, nous pourrions être amenés à conclure que le problème réside dans les arguments passés à notre fonction. Nous aurions alors besoin de savoir quelles valeurs `a` et `b` contenaient dans la méthode englobante `doASum()`. Il serait possible de définir un point d'arrêt supplémentaire dans `doASum()` et d'exécuter le programme à nouveau, mais dans le cas d'un programme complexe, il pourrait falloir un certain temps avant d'atteindre cet état. Si le débogueur supporte la navigation dans la pile d'appels, il est possible plus simplement de remonter la pile d'appels afin de revenir à la fonction `doASum()` et d'inspecter son état, comme si nous avions placé un point d'arrêt à la troisième ligne, lorsque la fonction `multiply()` est exécutée (voir Figure A.6). Dans un programme complexe, la pile d'appels peut être très profonde et le débogueur est capable de parcourir tous les niveaux.

Surveiller des expressions

Certains outils de débogage sont capables d'évaluer des expressions à la volée et permettent à l'utilisateur de prédéfinir des expressions de code qui seront évaluées lorsque le débogueur tombera dessus. Ces expressions peuvent employer n'importe quelle variable actuellement à portée, afin que le développeur puisse interagir avec le programme pendant qu'il s'exécute.

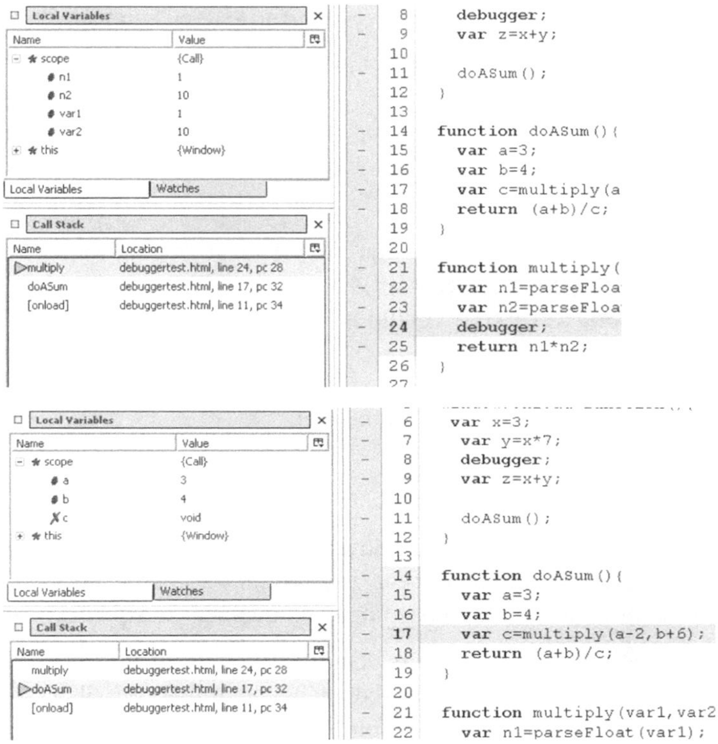

Figure A.6
Le débogueur Venkman de Mozilla permet d'inspecter les variables locales dans les fonctions qui se trouvent plus haut dans la pile d'appels que le point courant d'exécution.

Points d'arrêts conditionnels

La définition d'un point d'arrêt à un endroit particulier du code peut offrir au développeur un contrôle à granularité fine sur le au moment de l'exécution du débogueur, mais dans certains cas, ce contrôle ne suffit pas. Ainsi, lors de l'exécution d'une boucle, tout point d'arrêt à l'intérieur du corps de la boucle interrompt le code à chaque fois que la boucle est exécutée. Considérons l'exemple suivant :

```
for (var i=0;i<100;i++){
  var divisor=i-57;
  var val=42/divisor;
  plotOnGraph(i,val);
}
```

L'exécution de ce code provoque la levée d'une exception en plein milieu de la boucle. Une rapide inspection du code nous révèle que cela se produit lorsque i vaut 57 et que nous tentons alors d'effectuer une division par zéro. Supposons pour les besoins de la démonstration que cela n'apparaisse pas de manière évidente et que nous devions chercher la cause de l'erreur dans le code. Nous pensons que le problème vient du fait que le diviseur vaut zéro, mais nous ne savons pas quand cette condition se produit.

Nous pourrions alors définir un point d'arrêt dans la boucle :

```
for (var i=0;i<100;i++){
  var divisor=i-57;
  debugger;
  var val=42/divisor;
  plotOnGraph(i,val);
}
```

Pourtant, il faudrait dans ce cas cliquer sur le bouton Reprise de notre débogueur de nombreuses fois pour avancer dans la boucle jusqu'à la condition de l'erreur. La solution consiste bien plutôt à tester cette condition d'erreur dans le code :

```
for (var i=0;i<100;i++){
  var divisor=i-57;
  if (divisor==0){ debugger; }
  var val=42/divisor;
  plotOnGraph(i,val);
}
```

Cette instruction nous amène directement à la cinquante-septième itération de la boucle, soit celle où la condition d'erreur se produit. On parle alors de point d'arrêt conditionnel : l'exécution du code est interrompue uniquement lorsqu'une condition définie est remplie.

Les conditions ne peuvent être définies de cette manière qu'en modifiant le code, mais pour les points d'arrêts définis *via* l'EDI du débogueur, il est possible de spécifier une condition indépendamment du code actuel (voir Figure A.7). Certains débogueurs proposent cette fonction, en laissant l'utilisateur associer des expressions aux points d'arrêts afin de n'interrompre le flux d'exécution que lorsque l'expression est évaluée comme étant vraie.

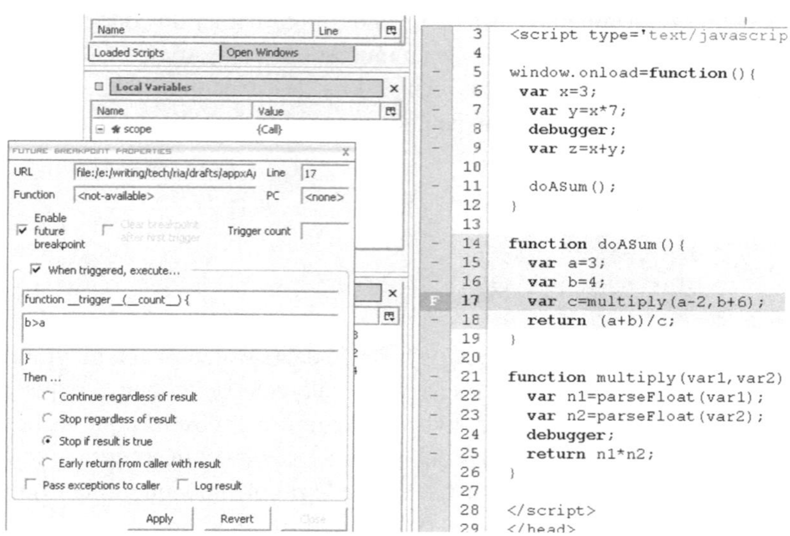

Figure A.7
Définition d'un point d'arrêt conditionnel dans le débogueur Venkman de Mozilla.

Modifier les valeurs des variables

Si notre rencontrons une condition d'erreur, l'exécution de notre programme s'interrompt. Lors d'une session de débogage, il peut arriver que l'on découvre ce qu'est la solution mais que l'on souhaite amener le programme à poursuivre malgré tout, afin de tester une portion de code ultérieure avec l'ensemble des conditions actuelles.

Certains débogueurs permettent de le faire en proposant un accès en lecture et écriture aux variables locales (voir Figure A.8). Avec notre exemple de boucle précédent, si nous savons qu'une valeur de diviseur nulle posera problème mais souhaitons examiner une portion de code qui suit la boucle, nous pouvons temporairement attribuer la valeur 1 au diviseur afin de laisser le flux d'exécution se poursuivre.

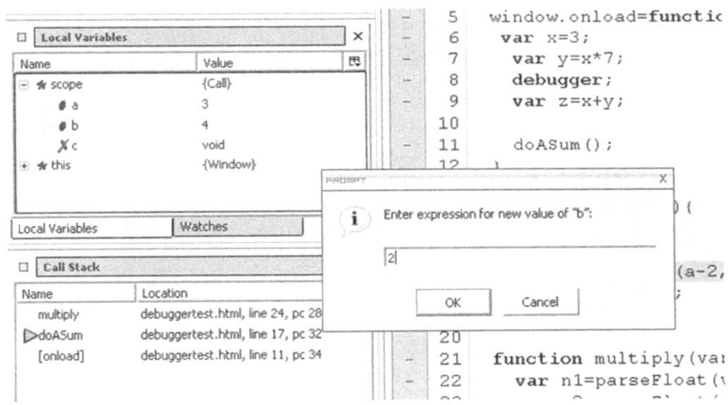

Figure A.8
Modification de la valeur d'une variable dans un programme en cours d'exécution avec le débogueur Venkman de Mozilla.

Il existe un certain nombre de débogueurs JavaScript. Parmi les outils de débogage gratuits, on peut citer le plug-in Venkman pour Mozilla Firefox et le Débogueur de scripts de Microsoft (voir la section Ressources à la fin de cette annexe) pour Internet Explorer. Venkman supporte toutes les fonctions avancées précédemment décrites, et propose en outre un outil de profilage intégré dont nous avons déjà traité au Chapitre 7. Le Débogueur de scripts de Microsoft supporte la navigation dans la pile d'appels et une "Fenêtre d'exécution" pour exécuter le code JavaScript à la volée, notamment pour le requêtage et la modification en direct des valeurs des variables locales.

Les EDI Visual Studio et Komodo supportent également des débogueurs JavaScript avec un jeu de fonctions avancées.

Déboguer côté serveur

En plus de pouvoir déboguer du JavaScript sur le client, il est souvent utile de déboguer le code côté serveur. Les EDI Java et .NET incluent généralement des débogueurs de haute qualité. Les outils Java d'Eclipse et Visual Studio offrent tous deux un débogueur intégré, comme la plupart des autres EDI. Pour le débogage des applications Web Java, le serveur d'application JBoss et les plug-ins d'Eclipse proposent un système simple pour le déploiement et le débogage des applications Web. Les versions de développement Web de Visual Studio incluent un serveur Web ASP.NET intégré pour les besoins de développement. A ma connaissance, Visual Studio est le seul environnement de développement à prendre en charge le débogage côté client et côté serveur dans la même interface utilisateur.

Il peut aussi être très utile de déboguer le trafic réseau. Là aussi, une vaste gamme d'outils gratuits et commerciaux sont proposés. Voyons-les à présent.

Débogueurs HTTP

Entre le client Ajax et le serveur Web, toute la communication s'effectue sur HTTP. Ce simple fait peut en soi être une difficulté et une source d'erreurs. Quelquefois, il peut être rassurant de pouvoir inspecter le trafic HTTP, d'examiner les en-têtes, les chaînes de requêtes, le contenu de la requête et de la réponse, ainsi que la séquence des échanges.

LiveHTTPHeaders

Firefox supporte une extension appelée LiveHTTPHeaders, qui permet de journaliser le trafic HTTP depuis le navigateur (voir Figure A.9). Les en-têtes de requêtes et de réponses sont enregistrés et affichés, et peuvent être exportés dans des fichiers texte afin de conserver un enregistrement permanent d'une session Ajax. Les chaînes de requêtes des méthodes GET et POST sont également enregistrées, mais le contenu de la réponse ne l'est pas.

Figure A.9
L'extension LiveHTTPHeaders de Mozilla peut journaliser le trafic HTTP et présenter les détails des en-têtes de requêtes et de réponses.

LiveHTTPHeaders ne permet de lire que les en-têtes. D'autres extensions Firefox sont disponibles pour modifier les en-têtes en transit, comme l'extension Modify Headers.

Fiddler

Microsoft Research a récemment sorti une application .NET appelée Fiddler, qui remplit un rôle comparable à celui de LiveHTTPHeaders tout en permettant de réécrire les en-têtes à la volée en JavaScript. Ce mécanisme fournit une fonction comparable à celle qui permet de modifier les valeurs des variables dans certains débogueurs durant une session, et il peut être utilisé pour repérer rapidement des bogues dans une application pendant qu'elle s'exécute.

A la différence de l'extension LiveHTTPHeaders qui est intégrée au navigateur, Fiddler est un processus indépendant qui agit comme proxy entre le client et le serveur. Fiddler peut donc être exploité avec n'importe quelle combinaison de navigateurs et serveurs Web.

Charles

Charles est un outil shareware écrit en Java. Comme Fiddler, il agit en tant que proxy entre le navigateur et le serveur. Il peut journaliser des données de requêtes et de réponses, notamment le contenu, et exporte les sessions sous forme de fichiers de feuilles de calcul. Il fournit également un outil de profilage configurable qui permet aisément de simuler les connexions lentes sur les LAN rapides ou lorsque le client et le serveur sont déployés sur le même ordinateur.

Il existe un certain nombre d'autres outils intéressants dans cette catégorie, mais nous ne pouvons les présenter tous. Si Charles et Fiddler ne vous conviennent pas, recherchez des informations sur "Ethereal" ou "Apache TCPMon".

Voilà pour les outils de débogage prêts à l'emploi. En combinant un débogueur de code côté serveur, un débogueur JavaScript sur le client et un débogueur HTTP entre les deux, il est possible d'intercepter votre application à tous les stades de son cycle de vie et de voir ce qui se passe réellement à l'arrière-plan.

Les débogueurs sont par nature intrusifs. S'ils sont très puissants et peuvent rendre de grands services, on peut cependant leur préférer parfois un système de journalisation. Il existe une quantité de frameworks matures de journalisation côté serveur, comme Apache log4j pour Java, mais cette fois encore, la boîte à outils JavaScript est à la traîne. Dans la dernière partie de cette section, nous étudierons un outil de journalisation simple écrit en JavaScript et que vous pouvez intégrer dans votre code de navigateur afin de posséder un enregistrement des activités d'arrière-plan.

Construire votre propre console de sortie internavigateur

Le débogueur offre au développeur une vue très détaillée du code qui s'exécute, mais il interrompt le flux des événements. Lors du suivi des interactions de l'utilisateur – qui sert à tester l'utilisabilité – ou de la surveillance de l'exécution du code dans une boucle serrée, il peut être plus utile de journaliser les activités sans interrompre le flux.

Le JavaScript de navigateur Web ne fournit pas de fonction de journalisation intégrée (la console JavaScript de Mozilla peut sembler s'y apparenter au premier regard, mais seul le navigateur et les extensions peuvent écrire dedans). Dans cette section, nous allons développer notre propre système de journalisation simplifié et montrer comment l'exploiter dans l'une de nos applications d'exemple. Commençons par définir ce que nous souhaitons obtenir. Nous ne pouvons pas écrire dans un fichier local en raison du modèle de sécurité JavaScript, aussi opterons-nous pour une console à l'écran. Nous souhaitons pouvoir ajouter des messages à notre console. Idéalement, nous aimerions pouvoir exploiter un balisage HTML dans notre journalisation, en plus du texte brut. Nous aimerions par ailleurs pouvoir effacer les anciens messages de la console.

Pour faire simple, nous passerons un élément DOM comme argument du constructeur de l'objet. Le placement de la console peut ensuite être déterminé page par page. Le constructeur configure simplement une référence à deux sens entre l'élément DOM et l'objet console lui-même :

```
Console=function(el){
  this.el=document.getElementById(el);
  this.el.className='console';
  this.el.consoleModel=this;
  this.clear();
}
```

Pour ajouter du texte à la console, nous passons simplement un argument, qui peut être une chaîne de texte ou un élément DOM. Un nom de classe CSS peut aussi être passé facultativement :

```
Console.prototype.append=function(obj,style){
  var domEl=styling.toDOMElement(obj);
  if (style) {
    domEl.className=style;
  }
  this.el.appendChild(domEl);
}
```

La méthode `toDOMElement()` appelle une fonction de mise en forme générique qui garantit que le message est encapsulé dans un élément DOM. Si l'argument est déjà un élément DOM, il est retourné tel quel. S'il s'agit d'une chaîne, il est encapsulé dans un élément `DIV` :

```
styling.toDOMElement=function(obj){
  var result=null;
  if (obj instanceof Element){
    result=obj;
  }else{
    var txtNode=document.createTextNode(String(obj));
      var wrapper=document.createElement('div');
      wrapper.appendChild(txtNode);
      result=wrapper;
  }
  return result;
}
```

Pour effacer la console, nous en supprimons simplement tous les éléments enfants, un par un :

```
Console.prototype.clear=function(){
  while(this.el.firstChild){
    this.el.removeChild(this.el.firstChild);
  }
}
```

Il s'agit là d'une implémentation simple de console de navigation dans le navigateur. Voyons maintenant comment l'utiliser. Nous nous servirons pour cela de l'exemple `ObjectViewer` des Chapitres 4 et 5.

Tout d'abord, nous définissons un élément DOM dans notre page qui contiendra la console de journalisation :

```
<div id='console'></div>
```

Nous définissons en outre une classe CSS qui positionne la console à l'écran :

```
div.console {
  position:absolute;
  top:32px;
  left:600px;
  width:300px;
  height:500px;
  overflow:auto;
  border: 1px solid black;
  background-color: #eef0ff;
}
```

Nous nous servons ici d'un positionnement absolu, mais il est possible d'adopter n'importe quelle technique d'interface utilisateur Ajax pour cela. Ensuite, nous devons créer l'objet de journalisation. Dans cet exemple, nous ferons simple et le définirons sous la forme d'une variable globale :

```
var logger=null;
window.onload=function(){
  logger=new Console("console");
  logger.append("starting planets app");
  ...
}
```

Nous initialisons le `logger` au cours de l'événement `window.onload`, afin d'être sûr que l'élément DOM qu'il requiert est déjà créé. A présent, supposons que nous souhaitions journaliser un message à chaque fois qu'un objet planète est créé dans notre modèle de domaine. Nous devons alors simplement exécuter la méthode `logger.append()` :

```
planets.Planet=function
  (id,system,name,distance,diameter,image){
  this.id=id;
  ...
  logger.append("created planet object '"+this.name+"'");
}
```

De la même manière, il est possible d'ajouter des instructions de journalisation au code `ObjectViewer` lorsque nous modifions des valeurs et déclenchons des fenêtres pop up, d'ajouter des instructions à l'objet ContentLoader lorsque nous chargeons des ressources réseau etc., afin de tenir registre du comportement de notre base de code pendant qu'elle s'exécute. Les messages importants peuvent être mis en forme, comme ici, pour les défaillances réseau :

```
net.ContentLoader.prototype.defaultError=function(){
  logger.append("network error! "+this.url, "urgent");
}
```

La Figure A.10 présente la console de journalisation de notre application de visualiseur de planètes modifiée.

Cet exemple montre combien il est simple d'ajouter des capacités de journalisation à une application Ajax. Ce système est considérablement plus simple que les frameworks de journalisation côté serveur comme log4j d'Apache. Nous laisserons au lecteur le soin d'ajouter diverses catégories de journalisation pouvant être activées ou désactivées indépendamment les unes des autres.

A présent, passons au type d'outil suivant : l'inspecteur DOM.

Figure A.10

La console de journalisation surveille ici la création des objets, l'activité du réseau, les modifications utilisateur, etc. Nous avons ajouté une deuxième requête réseau portant sur une ressource de serveur non existante (moons.xml) afin de faire apparaître le message de journalisation mis en forme.

Inspecteurs DOM

Dans une application Ajax, il est courant de modifier l'interface utilisateur en intervenant de manière programmatique sur le DOM. A l'aide d'un débogueur JavaScript, il est possible de parcourir le code de manipulation du DOM étape par étape et de s'assurer qu'il accomplit les tâches souhaitées.

Le DOM est cependant un niveau en retrait par rapport à la vue présentée à l'utilisateur. On peut ainsi estimer que le code modifie le DOM comme il le faut, sans pour autant obtenir le résultat attendu au niveau de l'interface utilisateur. L'inspecteur DOM est un outil qui permet au développeur d'inspecter les relations entre l'arbre DOM avec lequel le code opère et l'interface visible que l'utilisateur aperçoit.

Les inspecteurs DOM doivent être étroitement intégrés avec le navigateur. Ils ne supportent donc toujours qu'une seule marque de navigateur. L'inspecteur DOM le plus populaire est celui livré avec Mozilla Firefox. Commençons donc par l'examiner, avant d'en venir aux autres solutions proposées pour Internet Explorer.

Utiliser l'inspecteur DOM de Mozilla

L'inspecteur DOM est livré avec Firefox mais doit être sélectionné parmi les options personnalisées durant l'installation. S'il est installé, il apparaît dans le navigateur sous le menu Outils. A l'ouverture, l'inspecteur DOM est constitué de deux panneaux côte à côte (voir Figure A.11). Celui de gauche présente une vue arborescente qui ne fait apparaître au départ qu'un simple nœud HTML. Les nœuds peuvent être ouverts afin d'afficher les sections head et body du document, puis dans la section body, un ensemble de nœuds représentant le balisage HTML de la page, ainsi que tous les éléments qui ont été construits de manière programmatique. Les attributs d'ID ou de classes CSS des nœuds sont affichés dans des colonnes supplémentaires du panneau.

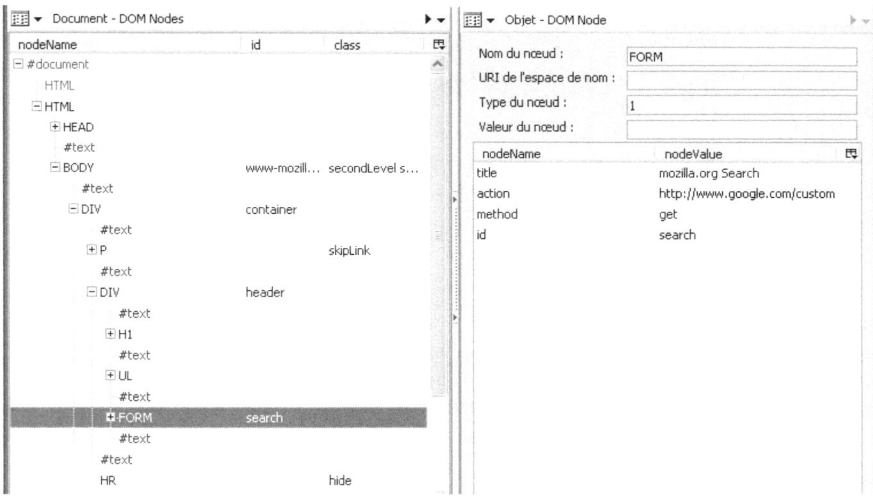

Figure A.11

L'inspecteur DOM de Mozilla présente une vue structurée du DOM de la page Web, en incluant les nœuds du code HTML et les nœuds générés de manière programmatique.

Cette vue arborescente est synchronisée avec la page affichée dans la fenêtre principale du navigateur. Lorsqu'un nœud est sélectionné dans l'arborescence, une bordure rouge clignotante l'entoure temporairement dans la page. La relation est à deux sens. Si vous choisissez Rechercher > Sélectionner l'élément par un clic dans l'inspecteur DOM, vous pouvez cliquer dans la fenêtre du navigateur Web afin de sélectionner l'élément correspondant dans l'arborescence (un bouton de barre d'outils est également proposé pour cette fonction).

Le panneau de droite liste les informations concernant le nœud courant dans l'un des différents formats possibles : nœud DOM, règles de styles CSS et objet JavaScript (voir Figure A.12). Dans le cas des objets JavaScript, l'objet peut être affecté de manière programmatique en cliquant du bouton droit sur le panneau de droite et en choisissant Evaluer du JavaScript.

L'élément DOM actuellement sélectionné peut être référencé par le mot clé `target`. L'instruction suivante entoure ainsi l'élément d'une bordure bleue continue :

```
target.style.border='4px solid blue'
```

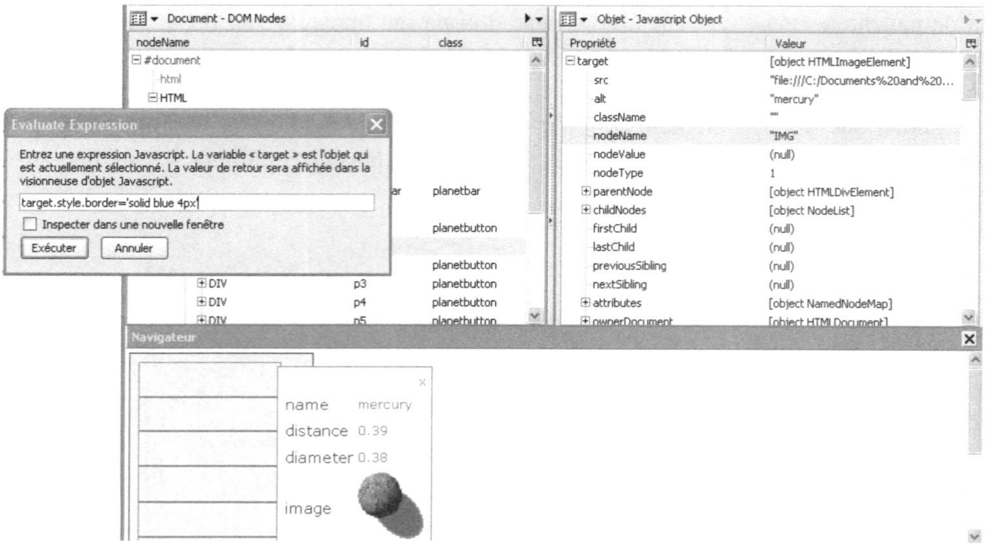

Figure A.12

L'Inspecteur DOM de Mozilla permet un accès programmatique direct aux éléments du DOM. Le nom de variable target fait référence au nœud DOM actuellement sélectionné, soit ici l'image de la planète, dont la bordure vient d'être modifiée.

L'inspecteur DOM possède également un troisième panneau situé sous les deux autres et dans lequel le contenu visible d'un document peut être reproduit (voir Figure A.12). Si l'utilisateur tape une adresse de page dans la barre d'adresse et clique sur le bouton Examiner, ce panneau apparaît et permet au DOM et au document visible d'être examinés côte à côte.

Inspecteurs DOM pour Internet Explorer

Comme avec tous les kits d'outils Mozilla, l'un des principaux inconvénients est que les inspecteurs ne peuvent être employés pour examiner les problèmes qui ne surviennent que dans Internet Explorer. Plusieurs inspecteurs DOM dotés de fonctions similaires sont cependant disponibles pour Internet Explorer. Bon nombre sont commerciaux ou shareware, mais il en existe des versions gratuites opérationnelles, comme l'utilitaire IEDocMon (voir la section Ressources pour les URL).

Comme l'Inspecteur DOM de Mozilla, IEDocMon fournit une vue simple à deux panneaux du DOM avec une arborescence à gauche et des informations détaillées sur la droite (voir Figure A.13).

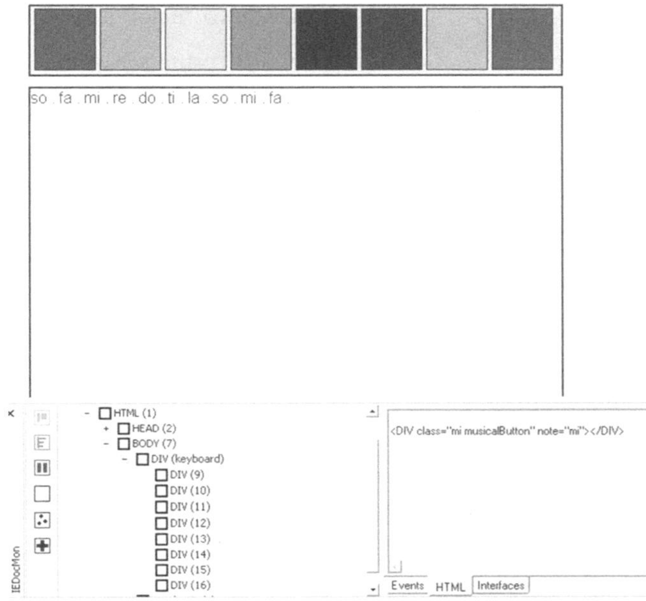

Figure A.13
La barre d'outils d'IEDocMon pour Internet Explorer propose des fonctions comparables à celles de l'inspecteur DOM de Firefox et permet de résoudre rapidement les problèmes de rendu des interfaces utilisateur générées de manière programmatique.

Nous en avons fini avec les types d'outils de développement. La communauté qui s'agite autour des extensions du navigateur Firefox est l'une des sources les plus actives pour les outils Ajax.

L'inspecteur DOM Safari pour Mac OS X

Le navigateur Mac OS X Safari possède également un inspecteur DOM intégré, accessible depuis le menu de débogage. Ce menu n'est pas activé par défaut. Pour l'activer, ouvrez l'application Terminal et tapez l'instruction suivante :

```
defaults write com.apple.Safari IncludeDebugMenu 1
```

Selon vos privilèges, il se peut que vous deviez employer `sudo` pour autoriser cette commande. Une fois qu'elle s'est exécutée, redémarrez Safari : le menu de débogage doit être accessible.

Ressources

- Textpad : **www.textpad.com**
- jEdit : **www.jedit.org**
- Eclipse : **www.eclipse.org**
- Plug-in JavaScript Eclipse : **http://jseditor.sourceforge.net**
- Visual Studio Express : **http://lab.msdn.microsoft.com/express**

- Dreamweaver : **www.macromedia.com/software/dreamweaver**
- Komodo : **www.activestate.com/Products/Komodo**
- Débogueur Venkman : **www.mozilla.org/projects/venkman**
- Débogueur de scripts Microsoft : **www.microsoft.com/downloads/details.aspx? FamilyID =2f465be0-94fd-4569-b3c4-dffdf19ccd99&displaylang=en**
- Charles : **www.xk72.com/charles**
- Fiddler : **www.fiddlertool.com**
- LiveHttpHeaders : **http://livehttpheaders.mozdev.org**
- Extension Modify Headers : **https://addons.mozilla.org/extensions/moreinfo.php?id=967&vid=4243**
- Inspecteur DOM IEDocMon pour Internet Explorer : **www.cheztabor.com/IEDocMon/index.htm**

Annexe B

JavaScript pour les programmeurs orientés objet

Nombreuses sont les voies qui mènent aux fonctions de programmeur JavaScript, que l'on soit au départ graphiste ou programmeur d'entreprise.

Cette annexe n'a pas pour but d'enseigner la programmation JavaScript. Il existe déjà de nombreux livres et articles de qualité sur le sujet. L'idée est de mieux faire comprendre quelques concepts clés qui permettront aux programmeurs Java et C# de passer à la programmation JavaScript sans trop de difficulté. Il en va de même, mais dans une moindre mesure, pour les programmeurs C++. Le C++ hérite de nombreuses flexibilités du C, aussi le JavaScript représente-t-il pour ses adeptes un moindre choc. Si vous êtes un programmeur d'entreprise chevronné, versé dans la programmation orientée objet, votre première approche du JavaScript risque d'être fortement influencée par votre expérience de langages tels que le Java et le C#, et il se peut que vous luttiez péniblement avec ce nouveau langage que vous essayez de maîtriser. Ce fut mon cas.

Le JavaScript permet de réaliser bon nombre de tâches astucieuses dont le Java et le C# sont incapables. Mais si certaines conduisent à écrire un code de meilleure qualité, d'autres vous poussent à vous tirer dans le pied ! Il vaut la peine de connaître ces deux aspects, que ce soit pour recourir à ces techniques ou pour éviter leurs pièges. Si vous venez à Ajax après avoir baigné dans l'univers des langages orientés objet structurés comme le Java ou le C++, j'espère que cette annexe vous aidera autant que j'aurais aimé qu'elle le fasse pour moi il y a quelques années !

Le JavaScript n'est pas du Java

Un nom, c'est quoi ? Dans le cas du Java et du JavaScript, beaucoup de marketing et pas grand-chose en substance. Le JavaScript est le nom de dernière minute qui a été donné à un langage d'abord baptisé "livescript" par le département de marketing de Netscape. Le nom JavaScript est resté. Contrairement à la croyance populaire, le JavaScript n'est pas un descendant de la famille des langages C. Il doit bien plus aux langages fonctionnels tels que Scheme ou Self, et s'apparente par bien des aspects à Python également. Malheureusement, son nom l'associe à Java et son style syntaxique le fait ressembler à du Java. Sur quelques aspects, il se comporte comme le Java, mais pour l'essentiel, il s'en distingue.

Le Tableau B.1 résume les différences clés entre les deux langages.

Tableau B.1 : fonctions clés du JavaScript

Fonction	Implications
Les variables ont un typage lâche.	Les variables sont simplement déclarées comme des variables et non comme des entiers, des chaînes ou des objets d'une classe spécifique. En JavaScript, il est parfaitement acceptable d'attribuer des valeurs de types différents à la même variable.
Le code est interprété dynamiquement.	A l'exécution, le code est stocké sous forme de texte et interprété sous forme d'instructions machine au cours de l'exécution du programme, à la différence des langages précompilés comme le Java, le C ou le C#. Les utilisateurs de votre site Web peuvent généralement voir le code source de votre application Ajax. En outre, du code peut être généré de manière dynamique par une autre portion de code, sans qu'il faille faire appel à des générateurs spéciaux de bytecode.
Les fonctions JavaScript sont des objets de première classe.	Les méthodes d'un objet Java sont liées à l'objet qui les possède et ne peuvent être exécutées que *via* cet objet. Les fonctions JavaScript peuvent être attachées à des objets afin de se comporter comme des méthodes, mais elles peuvent également être exécutées dans d'autres contextes et/ou réattachées à d'autres objets à l'exécution.
Les objets JavaScript sont fondés sur des prototypes.	Un objet Java, C++ ou C# possède un type défini, avec des superclasses et des superclasses virtuelles ou des interfaces. Sa fonction est ainsi strictement définie. *A contrario*, les objets JavaScript sont de simples objets, soit une sorte de tableau associatif déguisé. Des prototypes peuvent servir à émuler les types de style Java en JavaScript, mais cette similarité n'est que de surface.

Ces particularités permettent au langage d'être utilisé de différentes manières et autorisent notamment un certain nombre d'astuces bizarroïdes dignes d'un programmeur Lisp aguerri. Si vous êtes un programmeur très astucieux et discipliné, vous pouvez tirer parti de ces astuces pour réaliser des choses incroyables et même poursuivre ces prouesses sur plusieurs centaines de lignes de code ! A l'inverse, si vous vous imaginez à tort être astucieux et discipliné, vous pouvez rapidement vous casser la figure…

Je m'y suis essayé quelquefois et j'en suis venu à la conclusion que le mieux était en général de faire simple. Si vous travaillez en équipe, les normes ou directives de programmation doivent régler ces problèmes lorsque le responsable technique le juge utile.

Une autre raison fait qu'il est important de connaître ces différences et ces astuces : le navigateur en utilisera certaines de manière interne. Le fait de les comprendre peut vous faire gagner du temps et vous épargner des efforts pour le débogage des applications défaillantes. En particulier, j'ai trouvé qu'il était utile de savoir quels aspects du code diffèrent du comportement des objets Java, car une grande partie des ressemblances entre les deux langages ne valent qu'en apparence.

Poursuivez donc votre lecture et voyez à quoi ressemblent véritablement les objets JavaScript, comment ils sont composés de champs et de fonctions membres, et ce qu'une fonction JavaScript est réellement capable de faire.

Les objets en JavaScript

Le JavaScript ne requiert pas que l'on utilise des objets ou même des fonctions. Bien souvent, il est possible d'écrire un programme JavaScript sous la forme d'un simple flux de texte exécuté directement à sa lecture par l'interpréteur. A mesure qu'un programme prend de l'ampleur, les fonctions et les objets deviennent cependant de plus en plus utiles pour l'organisation du code, et nous en recommandons l'usage.

Le moyen le plus simple de créer un nouvel objet JavaScript consiste à exécuter le constructeur prédéfini de la classe `Object` :

```
var myObject=new Object();
```

Nous considérerons d'autres approches et verrons la fonction du mot clé `new` plus loin dans cette annexe. Notre objet `myObject` est initialement "vide", ce qui signifie qu'il n'a ni propriété ni méthode. Voyons comment les ajouter.

Construire des objets improvisés

Comme nous l'avons indiqué précédemment, l'objet JavaScript n'est au fond rien de plus qu'un tableau associatif, avec des champs et des méthodes reliés par leur nom. Une syntaxe de type C est flanquée par-dessus afin de rendre le langage plus familier aux programmeurs C, mais l'implémentation sous-jacente peut être exploitée d'autres manières également. Il est possible de construire des objets complexes ligne par ligne, en ajoutant de nouvelles variables et fonctions à mesure que l'on y pense.

Il existe deux moyens de créer des objets de cette manière improvisée. Le premier consiste à se servir du JavaScript pour créer l'objet. Le second consiste à employer une notation spéciale connue sous le nom de JSON. Commençons par la technique JavaScript standard.

Utiliser des instructions JavaScript

Au milieu d'un bloc de code compliqué, il peut être souhaitable d'attribuer une valeur à la propriété d'un objet. Les propriétés d'objets JavaScript sont en lecture/écriture et peuvent se voir attribuer des valeurs à l'aide de l'opérateur =. Ajoutons une propriété à notre objet simple :

```
myObject.shoeSize="12";
```

Dans un langage de programmation orientée objet structuré, nous serions contraints de définir une classe déclarant une propriété `shoeSize`, sans quoi le compilateur générerait une erreur. Rien de tel en JavaScript. En fait, nous pouvons même référencer des propriétés à l'aide d'une syntaxe de tableau :

```
myObject['shoeSize']="12";
```

Cette notation est assez maladroite pour un usage ordinaire mais l'avantage est que l'index de tableau est une expression JavaScript qui offre une sorte de réflexion à l'exécution (nous reviendrons sur ce sujet sous peu).

Nous pouvons également ajouter une nouvelle fonction à notre objet de manière dynamique :

```
myObject.speakYourShoeSize=function(){
  alert("shoe size : "+this.shoeSize);
}
```

ou emprunter une fonction prédéfinie :

```
function sayHello(){
  alert('hello, my shoeSize is  '+this.shoeSize);
}
...
myObject.sayHello=sayHello;
```

Notez que lors de l'attribution de la fonction prédéfinie, nous omettons les parenthèses. Si nous écrivions :

```
myObject.sayHello=sayHello();
```

nous exécuterions la fonction `sayHello` et attribuerions la valeur de retour (soit `null` dans ce cas) à la propriété `sayHello` de `myObject`.

Des objets peuvent être attachés à d'autres objets de manière à construire des modèles de données complexes :

```
var myLibrary=new Object();
myLibrary.books=new Array();
myLibrary.books[0]=new Object();
myLibrary.books[0].title="Turnip Cultivation through the Ages";
myLibrary.books[0].authors=new Array();
var jim=new Object();
jim.name="Jim Brown";
jim.age=9;
myLibrary.books[0].authors[0]=jim;
```

Cette syntaxe peut rapidement devenir fastidieuse et le JavaScript propose une notation compacte qui sert à assembler plus rapidement les graphes d'objets, connue sous le nom de JSON. Etudions-la à présent.

Utiliser JSON

La notation JSON (*JavaScript Object Notation*) est une fonction essentielle du langage. Elle fournit un mécanisme concis pour la création de tableaux et de graphes d'objets. Pour comprendre JSON, vous devez connaître le fonctionnement des tableaux JavaScript. Commençons donc par là.

Le JavaScript possède une classe prédéfinie `Array` qui peut être instanciée à l'aide du mot clé `new` :

```
myLibrary.books=new Array();
```

Les tableaux peuvent se voir attribuer des valeurs avec un index numérique, comme un tableau C ou Java classique :

```
myLibrary.books[4]=somePredefinedBook;
```

Ils peuvent aussi être associés à une valeur de clé, comme un tableau associatif Java, un dictionnaire Python ou, de fait, n'importe quel objet JavaScript :

```
myLibrary.books["BestSeller"]=somePredefinedBook;
```

Cette syntaxe est intéressante pour les ajustements précis, mais la construction d'un tableau ou d'un objet de grande taille peut être fastidieuse. Le raccourci pour la création des tableaux indexés numériquement consiste à employer des crochets, les entrées étant écrites sous la forme d'une liste de valeurs séparées par des virgules, comme ceci :

```
myLibrary.books=[predefinedBook1,predefinedBook2,predefinedBook3];
```

Pour construire un objet JavaScript, on utilise des accolades, chaque valeur étant écrite sous la forme d'une paire `clé:valeur` :

```
myLibrary.books={
  bestSeller  : predefinedBook1,
  cookbook    : predefinedBook2,
  spaceFiller : predefinedBook3
};
```

Dans les deux notations, les espaces blancs supplémentaires sont ignorés, ce qui permet de formater le code afin de le rendre plus lisible. Les clés peuvent également inclure des espaces et être mises entre guillemets dans la notation JSON, comme ceci :

```
  "Best Seller" : predefinedBook1,
```

Les notations JSON peuvent être imbriquées afin de créer des définitions sur une (longue) ligne de hiérarchies d'objets complexes :

```
var myLibrary={
  location : "my house",
  keywords : [ "root vegetables", "turnip", "tedium" ],
```

```
  books: [
    {
      title : "Turnip Cultivation through the Ages",
      authors : [
        { name: "Jim Brown", age: 9 },
        { name: "Dick Turnip", age: 312 }
      ],
      publicationDate : "long ago"
    },
    {
      title : "Turnip Cultivation through the Ages, vol. 2",
      authors : [
        { name: "Jim Brown", age: 35 }
      ],
      publicationDate : new Date(1605,11,05)
    }
  ]
};
```

Ici, trois propriétés ont été attribuées à l'objet `myLibrary` : `location` est une simple chaîne, `keywords` une liste numérique de chaînes et `books` une liste à index numérique d'objets, chacun avec un titre (chaîne), une date de publication (objet `Date` JavaScript dans un cas et chaîne dans l'autre) et une liste d'auteurs (tableau). Chaque auteur est représenté par un nom (`name`) et un paramètre `age`. JSON offre un mécanisme concis pour créer ces informations en un seul passage, alors qu'il aurait fallu sans cela de nombreuses lignes de code (et une plus grande bande passante).

Les lecteurs attentifs auront noté que nous avons rempli la date de publication du second livre à l'aide d'un objet `Date` JavaScript. Pour attribuer la valeur, nous pouvons en fait utiliser n'importe quel code JavaScript, même une fonction que nous définissons nous-mêmes :

```
function gunpowderPlot(){
  return  new Date(1605,11,05);
}

var volNum=2;

var turnipVol2={
  title : "Turnip Cultivation through the Ages, vol. "
    +volNum,
  authors : [
    { name: "Jim Brown", age: 35 }
      ],
      publicationDate : gunpowderPlot()
    }
  ]
};
```

Ici, le titre du livre est déterminé de manière dynamique par une expression à l'intérieur de la ligne, et la `publicationDate` est positionnée à la valeur de retour d'une fonction prédéfinie.

Dans l'exemple précédent, nous avons défini une fonction `gunpowderPlot()` qui était évaluée au moment où l'objet était créé. Il est également possible de définir, pour nos objets JSON, des fonctions membres qui peuvent être exécutées par la suite par l'objet :

```
var turnipVol2={
  title : "Turnip Cultivation through the Ages, vol. "+volNum,
  authors : [
    { name: "Jim Brown", age: 35 }
      ],
      publicationDate : gunpowderPlot()
    }
  ],
  summarize:function(len){
    if (!len){ len=7; }
    var summary=this.title+" by "
      +this.authors[0].name
      +" and his cronies is very boring. Z";
    for (var i=0;i<len;i++){
      summary+="z";
    }
    alert(summary);
  }
};

...

turnipVol2.summarize(6);
```

La fonction `summarize()` possède toutes les caractéristiques d'une fonction JavaScript standard, comme des paramètres et un objet de contexte identité par le mot clé `this`. En effet, une fois l'objet créé, il s'agit d'un objet JavaScript comme un autre, et l'on peut combiner le code JavaScript et les notations JSON à notre guise. Du code JavaScript peut être utilisé pour ajuster un objet déclaré en JSON :

```
var numbers={ one:1, two:2, three:3 };
numbers.five=5;
```

Nous définissons initialement un objet à l'aide de la syntaxe JSON puis l'ajoutons en utilisant du code JavaScript normal. De la même manière, nous pouvons étendre nos objets créés en JavaScript en nous appuyant sur la notation JSON :

```
var cookbook=new Object();
cookbook.pageCount=321;
cookbook.author={
  firstName: "Harry",
  secondName: "Christmas",
  birthdate: new Date(1900,2,29),
  interests: ["cheese","whistling",
    "history of lighthouse keeping"]
};
```

Avec les classes JavaScript prédéfinies `Object` et `Array`, ainsi que la notation JSON, il est possible de construire des hiérarchies d'objets aussi compliquées qu'on le souhaite, et l'on peut s'en tirer entièrement de cette manière. Le JavaScript offre cependant un moyen de créer des objets qui présente une ressemblance rassurante avec les définitions de classes des programmeurs orientés objet. Voyons maintenant ce que cette méthode peut nous offrir.

Fonctions constructeur, classes et prototypes

En programmation orientée objet, on crée généralement des objets en déclarant la classe à partir de laquelle on souhaite que ces objets soient instanciés. Le Java et le JavaScript supportent tous deux le mot clé `new`, qui permet de créer des instances d'un objet de type prédéfini. La similitude entre les deux mécanismes s'arrête à peu près là.

En Java, tout (excepté quelques primitives) est un objet, qui descend en dernier lieu de la classe `java.lang.Object`. La machine virtuelle Java possède une compréhension intégrée de ces classes, de ces champs et de ces méthodes. Lorsque nous déclarons en Java :

```
MyObject myObj=new MyObject(arg1,arg2);
```

nous déclarons d'abord le type de la variable puis nous l'instancions à l'aide du constructeur approprié. Il faut pour que l'opération fonctionne que la classe `MyObject` ait été déclarée et propose un constructeur convenable.

Le JavaScript propose aussi des objets et des classes, mais ne fournit aucun mécanisme d'héritage. Chaque objet JavaScript est en réalité une instance de la même classe de base, une classe capable de lier des champs et des fonctions membres à l'exécution. Il est donc possible d'attribuer à la volée n'importe quelle propriété à un objet :

```
MyJavaScriptObject.completelyNewProperty="something";
```

Cette liberté à tout va peut être réorganisée en un contexte plus familier au pauvre développeur orienté objet, à l'aide d'un prototype qui définit des propriétés et des fonctions qui seront automatiquement liées à un objet lorsqu'il est construit en employant une fonction particulière. Il est possible d'écrire du JavaScript orienté objet sans utiliser de prototypes, mais ces derniers offrent un niveau de régularité et de familiarité pour les développeurs orientés objet qui s'avère très appréciable pour la programmation des applications complexes de clients riches.

En JavaScript, il est ainsi possible d'écrire quelque chose qui s'apparente à la déclaration Java :

```
var myObj=new MyObject();
```

Nous ne définissons pas une classe `MyObject`, mais plutôt une fonction du même nom. Voici un constructeur simple :

```
function MyObject(name,size){
  this.name=name;
  this.size=size;
}
```

Par la suite, il peut être lancé de la manière suivante :

```
var myObj=new MyObject("tiddles","7.5 meters");
alert("size of "+myObj.name+" is "+myObj.size);
```

Tout ce qui est défini comme une propriété de `this` dans le constructeur est ensuite disponible comme membre de l'objet. On pourrait souhaiter internaliser l'appel à `alert()` également, afin que `tiddles` puisse se charger lui-même de nous signaler sa taille. L'un des idiomes courants consiste à déclarer la fonction à l'intérieur du constructeur :

```
function MyObject(name,size){
  this.name=name;
  this.size=size;
  this.tellSize=function(){
    alert("size of "+this.name+" is "+this.size);
  }
}

var myObj=new Object("tiddles","7.5 meters");
myObj.tellSize();
```

Cette approche fonctionne, mais elle est loin d'être idéale et notamment pour deux raisons. Tout d'abord, pour chaque instance de `MyObject` que nous créons, nous créons une nouvelle fonction. Pour les programmeurs Ajax responsables qui se préoccupent des fuites mémoire (voir Chapitre 7) et qui prévoient de créer un grand nombre de ces objets, c'est un idiome à éviter. Ensuite, nous avons accidentellement créé une fermeture ici. Elle est plutôt inoffensive dans le cas présent, mais si des nœuds DOM sont impliqués dans le constructeur, le problème peut devenir plus sérieux. Nous examinerons les fermetures plus en détail dans la suite de cette annexe. Pour l'instant, étudions l'autre solution, plus sûre, qui est celle du prototype.

Le prototype est une propriété des objets JavaScript dont il n'existe pas d'équivalent dans les langages orientés objet. Des fonctions et des propriétés peuvent être associées au prototype d'un constructeur. Le prototype et le mot clé `new` fonctionnent alors ensemble, et lorsqu'une fonction est exécutée avec le mot clé `new`, toutes les propriétés et méthodes du prototype pour la fonction sont attachées à l'objet résultant. Le principe peut sembler étrange, mais il est assez simple en pratique :

```
function MyObject(name,size){
  this.name=name;
  this.size=size;
}

MyObject.prototype.tellSize=function(){
  alert("size of "+this.name+" is "+this.size);
}

var myObj=new MyObject("tiddles","7.5 meters");
myObj.tellSize();
```

Tout d'abord, nous déclarons le constructeur comme auparavant, puis nous ajoutons des fonctions au prototype. Lorsque nous créons une instance de l'objet, la fonction est attachée. A l'exécution, le mot clé `this` fait référence à l'instance de l'objet et tout se passe pour le mieux.

Remarquez l'ordre des événements. Nous ne pouvons nous référer au prototype qu'après que la fonction constructeur est déclarée, et les objets n'héritent du prototype que ce qui a déjà été ajouté avant que le constructeur ne soit lancé. Le prototype peut être modifié entre les exécutions du constructeur et l'on peut y attacher autre chose que des fonctions :

```
MyObject.prototype.color="red";
var obj1=new MyObject();

MyObject.prototype.color="blue";
MyObject.prototype.soundEffect="boOOOoing!!";
var obj2=new MyObject();
```

`obj1` sera rouge (red), sans effet sonore, et `obj2` sera bleu (blue), avec un effet de son irritant à souhait ! Il n'y a généralement que peu d'intérêt à modifier des prototypes à la volée de cette manière. Il est utile de savoir que c'est possible, mais le moyen le plus sûr de s'y prendre est d'utiliser le prototype pour définir un comportement de type classe pour les objets JavaScript.

Fait intéressant, le prototype de certaines des classes prédéfinies (autrement dit, des classes implémentées par le navigateur et exposées par le biais du JavaScript, que l'on appelle aussi les objets hôtes) peut être étendu également. Voyons maintenant comment ce mécanisme fonctionne.

Etendre des classes prédéfinies

Le JavaScript est conçu pour être incorporé dans des programmes qui peuvent exposer à l'environnement de script leurs propres objets natifs, généralement écrits en C++ ou en Java. Ces objets sont le plus souvent décrits comme étant des objets prédéfinis ou des objets hôtes. Ils diffèrent à certains égards des objets définis par l'utilisateur dont nous avons traité jusqu'à présent, mais le mécanisme de prototype peut néanmoins fonctionner avec les classes prédéfinies également. Au sein du navigateur Web, les nœuds DOM ne peuvent pas être étendus dans Internet Explorer, mais d'autres classes centrales fonctionnent dans les principaux navigateurs. Considérons la classe `Array` à titre d'exemple et définissons quelques fonctions d'assistance utiles :

```
Array.prototype.indexOf=function(obj){
  var result=-1;
  for (var i=0;i<this.length;i++){
    if (this[i]==obj){
      result=i;
      break;
    }
  }
  return result;
}
```

Ce code fournit une fonction supplémentaire à l'objet `Array` qui retourne l'index numérique d'un objet dans un tableau donné, ou `-1` si le tableau ne contient pas l'objet. Il est possible de poursuivre sur cette base, en écrivant une méthode d'appoint qui vérifie si un tableau contient un objet :

```
Array.prototype.contains=function(obj){
  return (this.indexOf(obj)>=0);
}
```

Ensuite, nous pouvons ajouter une autre fonction qui sert à ajouter de nouveaux membres après avoir vérifié s'il existait des doublons :

```
Array.prototype.append=function(obj,nodup){
  if (!(nodup && this.contains(obj))){
    this[this.length]=obj;
  }
}
```

Tous les objets `Array` créés après la déclaration de ces fonctions, qu'ils l'aient été par l'opérateur `new` ou dans le cadre d'une expression JSON, pourront recourir à ces fonctions :

```
var numbers=[1,2,3,4,5];
var got8=numbers.contains(8);
numbers.append("cheese",true);
```

Comme avec les prototypes des objets définis par l'utilisateur, ces fonctions peuvent être manipulées pendant la création d'objet, mais je recommande généralement de ne modifier le prototype qu'une seule fois au début du programme, afin d'éviter toute confusion inutile, notamment si vous travaillez avec une équipe de programmeurs.

Les prototypes peuvent apporter beaucoup lors du développement de modèles objet côté client pour des applications Ajax. Un modélisateur objet méticuleux habitué au C++, au Java ou au C# pourra non seulement souhaiter définir différents types d'objets, mais également implémenter l'héritage entre les types. Le JavaScript ne propose pas cela directement, mais en offre un succédané grâce au prototype. Voyons comment.

Héritage des prototypes

L'orientation objet propose non seulement un support pour les classes d'objets distinctes mais également une hiérarchie structurée de l'héritage entre ces classes. L'exemple classique est celui de l'objet Forme, qui définit des méthodes pour calculer le périmètre et la surface, sur lequel peuvent être bâtis les implémentations concrètes des rectangles, des carrés, des triangles et des cercles.

A l'héritage s'associe le concept de portée. La portée des méthodes ou propriétés d'un objet indique qui peut les utiliser – les méthodes et propriétés pouvant être publiques, privées ou protégées.

La portée et l'héritage peuvent être des fonctions utiles pour la définition d'un modèle de domaine. Malheureusement, le JavaScript ne les supporte pas de manière native. Cela n'a pas empêché certains d'essayer, et des solutions plutôt élégantes ont été développées.

Doug Crockford (voir la section Ressources à la fin de cette annexe) a développé des solutions de contournement ingénieuses qui permettent d'activer l'héritage et la portée dans les objets JavaScript. Ce qu'il a accompli est très impressionnant, mais malheureusement trop complexe pour être présenté en détail ici. La syntaxe que cette technique requiert peut être assez impénétrable pour le lecteur occasionnel ; dans un projet d'équipe, l'adoption de telles techniques doit s'apparenter à l'adoption d'un framework de la taille et de la complexité de Struts ou de Tapestry. Autrement dit, soit tout le monde l'utilise, soit personne n'y touche. Je convie tous ceux qui s'intéressent à ce sujet à lire les essais présentés sur le site Web de Crockford.

Dans le monde de la programmation orientée objet, on a observé une tendance progressive à s'écarter de l'usage complexe de l'héritage au bénéfice de la composition. Avec la composition, les fonctions courantes sont extraites dans une classe d'assistance qui peut être attachée comme membre à n'importe quelle classe qui le requiert. Dans de nombreux cas, la composition peut fournir des avantages semblables à ceux de l'héritage, et le JavaScript supporte la composition de manière parfaitement adéquate.

A présent, examinons le sujet de la réflexion.

Réflexion sur les objets JavaScript

Pendant la programmation, le programmeur possède normalement une compréhension claire de la composition des objets auxquels il a affaire : il connaît leurs propriétés et sait ce que font leurs méthodes. Dans certains cas, il peut arriver cependant que l'on doive s'occuper d'objets complètement inconnus et qu'il faille découvrir la nature de leurs propriétés et de leurs méthodes avant d'interagir avec. Par exemple, si nous écrivons un système de journalisation ou de débogage, il peut être nécessaire de gérer des objets divers qui nous sont légués depuis le monde extérieur. Ce processus de découverte est appelé réflexion et doit être familier à la plupart des programmeurs Java et .NET.

Si nous souhaitons savoir si un objet JavaScript supporte une propriété ou une méthode données, il est possible de le tester :

```
if (MyObject.someProperty){
  ...
}
```

Ce système échoue cependant si `MyObject.someProperty` s'est vu attribuer la valeur booléenne `false`, la valeur numérique `0` ou la valeur spéciale `null`. Plus rigoureusement, nous écririons :

```
if (typeof(MyObject.someProperty) != "undefined"){
```

Si le type de la propriété ne nous importe pas, il est possible d'employer l'opérateur `instanceof`. Ce test reconnaît des types prédéfinis :

```
if (myObj instanceof Array){
  ...
}else if (myObj instanceof Object){
  ...
}
```

et toutes les définitions de classes que nous avons définies nous-mêmes à l'aide de constructeurs :

```
if (myObj instanceof MyObject){
  ...
}
```

Si vous aimez exploiter `instanceof` pour tester des classes personnalisées, notez cependant qu'il existe quelques pièges. Tout d'abord, JSON ne supporte pas cet opérateur (tout ce qui est créé avec JSON est un `Object` ou un `Array` JavaScript). Ensuite, les objets prédéfinis supportent l'héritage entre eux. `Function` et `Array`, par exemple, héritent tous deux de `Object`, aussi l'ordre du test importe-t-il. Si nous écrivons :

```
function testType(myObj){
  if (myObj instanceof Array){
    alert("it's an array");
  }else if (myObj instanceof Object){
    alert("it's an object");
  }
}
testType([1,2,3,4]);
```

et que nous passions un `Array` dans le code, nous serons informés qu'il s'agit d'un `Array` (ce qui est exact). A l'inverse, si nous écrivons le code suivant :

```
function testType(myObj){
  if (myObj instanceof Object){
    alert("it's an object");
  }else if (myObj instanceof Array){
    alert("it's an array");
  }
}
testType([1,2,3,4]);
```

le résultat nous indique que nous avons un `Object`, ce qui est techniquement exact également, mais ne correspond pas au résultat que nous souhaiterions.

Pour finir, il peut arriver que l'on souhaite découvrir de manière exhaustive toutes les propriétés et fonctions d'un objet. Cela peut être fait à l'aide de la boucle `for` :

```
function MyObject(){
  this.color='red';
  this.flavor='strawberry';
  this.azimuth='45 degrees';
  this.favoriteDog='collie';
}
```

```
var myObj=new MyObject();
var debug="discovering...\n";
for (var i in myObj){
  debug+=i+" -> "+myObj[i]+"\n";
}
alert(debug);
```

Cette boucle s'exécute quatre fois, en retournant toutes les valeurs définies dans le constructeur. La syntaxe de la boucle `for` fonctionne sur les objets prédéfinis également. Une version plus développée de cette technique est utilisée dans les exemples des Chapitres 5 et 6 pour développer l'interface utilisateur récursive de notre ObjectViewer.

Il reste une fonction des langages orientés objet conventionnels à étudier : la classe virtuelle, ou interface. Voyons cette question à présent.

Interfaces et *duck typing*

Il arrive bien souvent, lors du développement de logiciels, que l'on souhaite spécifier un comportement sans en fournir d'implémentation concrète. Par exemple, dans le cas de notre objet Forme associé aux sous-classes de carrés, cercles, etc., nous savons que nous ne tiendrons jamais une forme dans nos mains qui ne soit pas d'un type spécifique. Le concept de base de l'objet Forme est une abstraction pratique de propriétés communes, sans équivalent concret dans le monde réel.

Les classes virtuelles C++ et les interfaces Java fournissent le mécanisme nécessaire pour définir ces concepts dans le code. On dit souvent que l'interface définit un contrat entre les différents composants du logiciel. Avec ce contrat, l'auteur d'une bibliothèque de traitement de Forme n'a pas besoin de considérer les implémentations spécifiques, et l'auteur d'une nouvelle implémentation de Forme n'a pas besoin de considérer les détails internes du code de bibliothèque ou d'une autre implémentation existante de l'interface.

Les interfaces assurent une bonne séparation des champs de préoccupation et sont à la base de nombreux design patterns. Si l'on veut s'appuyer sur des design patterns avec Ajax, il faut utiliser des interfaces. Le JavaScript ne possède aucun concept d'interface, alors comment nous y prendre ?

L'approche la plus simple consiste à définir le contrat de manière informelle et à s'appuyer sur les développeurs de chaque côté de l'interface qui doivent savoir ce qu'ils font. Dave Thomas a baptisé cette approche du doux nom de "*duck typing*" (littéralement, "typage du canard"), avec le mot d'ordre suivant : "s'il marche comme un canard et cancane comme un canard, c'est un canard". Avec notre interface Forme, nous traduirions ce principe de la manière suivante : "si ça peut calculer une surface et un périmètre, alors c'est une forme."

Supposons que nous souhaitions additionner la surface de deux formes (Shape). En Java, nous écririons le code suivant :

```
public double addAreas(Shape s1, Shape s2){
  return s1.getArea()+s2.getArea();
}
```

La signature de la méthode nous interdit spécifiquement de passer autre chose qu'une forme. A l'intérieur du corps de la méthode, nous avons donc la certitude que nous respectons le contrat. En JavaScript, nos arguments de méthodes ne sont pas typés, aussi ne bénéficions-nous d'aucune garantie de ce genre :

```
function addAreas(s1,s2){
  return s1.getArea()+s2.getArea();
}
```

Si l'un des objets n'a pas de fonction `getArea()`, nous obtiendrons une erreur JavaScript. La présence de cette fonction peut cependant être vérifiée avant que la fonction ne soit appelée :

```
function hasArea(obj){
  return obj && obj.getArea && obj.getArea instanceof Function;
}
```

Notre fonction peut alors être modifiée afin d'inclure cette vérification :

```
function addAreas(s1,s2){
  var total=null;
  if (hasArea(s1) && hasArea(s2)){
    total=s1.getArea()+s2.getArea();
  }
  return total;
}
```

Grâce à la réflexion JavaScript, il est en fait possible d'écrire une fonction générique qui permet de vérifier qu'un objet possède une fonction d'un nom spécifique :

```
function implements(obj,funcName){
  return obj && obj[funcName] && obj[funcName] instanceof Function;
}
```

Nous pouvons aussi l'attacher au prototype de la classe `Object` :

```
Object.prototype.implements=function(funcName){
  return this && this[funcName] && this[funcName] instanceof Function;
}
```

Cette opération nous permet de vérifier l'existence de fonctions spécifiques d'après leur nom :

```
function hasArea(obj){
  return obj.implements("getArea");
}
```

Ou même de vérifier la compatibilité avec une interface entière :

```
function isShape(obj){
  return obj.implements("getArea") && obj.implements("getPerimeter");
}
```

On bénéficie ainsi d'un certain niveau de sécurité, quoiqu'inférieur à celui que propose Java. Un objet défectueux pourrait ainsi implémenter `getArea()` en retournant une chaîne au lieu d'une valeur numérique.Il est toutefois très simple d'écrire des fonctions de tests pour vérifier les types de retour.

Par exemple :

```
function isNum(arg){
  return parseFloat(arg)!=NaN;
}
```

`NaN` est l'acronyme de "*Not a number*" (littéralement, "pas un nombre"). Il s'agit d'une variable JavaScript spéciale qui sert à gérer les erreurs de format numérique. Cette fonction retourne en fait `true` pour les chaînes qui commencent par une portion numérique. `parseFloat()` et sa cousine `parseInt()` se plient en quatre pour reconnaître des nombres lorsqu'elles le peuvent. Ainsi, `parseFloat("64 hectares")` est évalué à `64`, et non à `NaN`.

Notre fonction `addAreas()` pourrait être rendue un peu plus stricte :

```
function addAreas(s1,s2){
  var total=null;
  if (hasArea(s1) && hasArea(s2)){
    var a1=s1.getArea();
    var a2=s2.getArea();
    if (isNum(a1) && isNum(a2)){
      total=parseFloat(a1)+parseFloat(a2);
    }
  }
  return total;
}
```

Nous appelons `parseFloat()` sur les deux arguments afin de bien gérer les chaînes qui passent les mailles du filet. Si `s1` retourne la valeur `32` et `s2` la valeur `64 hectares`, `addAreas()` retourne ainsi `96`. Si nous n'avions pas utilisé `parseFloat`, nous aurions récupéré la valeur `3264 hectares` !

En somme, le typage "*duck typing*" simplifie les choses mais requiert que vous fassiez entièrement confiance à votre équipe de développement, qui doit tenir registre de tous les détails. Le *duck typing* est populaire dans la communauté Ruby, qui s'y connaît généralement assez bien. Lorsqu'on passe d'un projet à un auteur ou avec une équipe réduite à des projets plus vastes impliquant plusieurs sous-groupes séparés, ce niveau de confiance doit immanquablement s'affaiblir. Si vous souhaitez ajouter quelques vérifications à votre code en plus du *duck typing*, vous aurez pu découvrir quelques pistes de départ dans cette section.

Nous avons examiné le langage du point de vue des objets. A présent, étudions les fonctions.

Méthodes et fonctions

Nous avons défini et appelé des fonctions dans la précédente section et tout au long de ce livre. Un programmeur Java ou C# aura pu supposer qu'elles s'apparentaient à des méthodes, seule la syntaxe présentant une apparence un peu pittoresque. Dans cette section, nous allons disséquer les fonctions et voir ce que l'on peut vraiment faire avec.

Les fonctions comme citoyennes de première classe

Les fonctions s'apparentent aux méthodes Java en cela qu'elles possèdent des arguments et retournent des valeurs lorsqu'elles sont exécutées, mais il existe une différence fondamentale. Les méthodes Java sont par nature liées à la classe qui les définit et ne peuvent exister indépendamment de cette classe. Les fonctions JavaScript sont à l'inverse des entités flottantes, c'est-à-dire des objets de première classe à part entière (les méthodes statiques Java se situent à l'entre-deux : elles ne sont liées à aucune instance d'un objet mais restent attachées à une définition de classe).

Les programmeurs qui ont travaillé avec les langages de la famille C se diront peut-être : "Ah, je vois, c'est un peu comme un pointeur en C++." C'est bien cela, mais ce n'est pas tout.

En JavaScript, `Function` est un type d'objet prédéfini. Il contient du code exécutable et peut être exécuté, mais il est aussi un descendant d'`Object` et peut réaliser tout qu'un objet JavaScript peut faire, par exemple en stockant des propriétés par leur nom. Il est parfaitement possible (et même assez courant) qu'à un objet `Function` soient attachés d'autres objets `Function` comme méthodes.

Nous avons déjà vu comment obtenir une référence à un objet `Function`. Plus souvent, nous souhaiterons référencer une fonction et l'exécuter sur la même ligne, comme ceci :

```
var result=MyObject.doSomething(x,y,z)
```

Toutefois, la `Function` est un objet de première classe, qui peut également être exécuté *via* la méthode `call()` (et sa proche cousine `apply()`) :

```
var result=MyObject.doSomething.call(MyOtherObject,x,y,z)
```

ou même :

```
var result=MyObject['doSomething'].call(MyOtherObject,x,y,z)
```

Le premier argument de `Function.call()` est l'objet qui doit servir de contexte de fonction durant l'exécution, et les arguments subséquents sont traités comme des arguments de l'appel de fonction. `apply()` fonctionne un peu différemment, car le second argument est un tableau d'arguments à passer à l'appel de fonction, ce qui offre une plus grande flexibilité pour l'appel programmatique des fonctions dont la longueur de la liste d'arguments n'est pas déterminée.

Il vaut la peine de noter que la liste d'arguments d'une fonction JavaScript n'est pas de longueur fixe. Si l'on appelle une méthode Java ou C# avec plus ou moins d'arguments que n'en contient la déclaration, on obtient une erreur de compilation. Le JavaScript ignore les arguments supplémentaires et attribue des arguments non définis pour les valeurs manquantes. Une fonction particulièrement intelligente peut ainsi demander sa propre liste d'arguments à l'aide de la propriété `arguments` et attribuer des valeurs par défaut cohérentes pour les valeurs manquantes, lever une exception ou effectuer n'importe quelle action appropriée.

Ce mécanisme peut être exploité afin de combiner une méthode getter et une méthode setter dans une unique fonction, comme ceci :

```
function area(value){
  if (value){
    this.area=value;
  }
  return this.area;
}
```

Si nous appelons simplement `area()`, `value` est indéfinie et aucune attribution n'a lieu. Dans ce cas, notre fonction agit comme une méthode getter. Si une valeur est passée, notre fonction agit à l'inverse comme une méthode setter. Cette technique est fréquemment utilisée par la bibliothèque x de Mike Foster (voir la section Ressources à la fin de cette annexe, ainsi que le Chapitre 3).

Les fonctions ne deviennent cependant vraiment intéressantes que lorsqu'on tire parti de leur indépendance en qualité d'objets de première classe.

Attacher des fonctions à des objets

En tant que langage fonctionnel, le JavaScript nous permet de définir des fonctions en l'absence de tout objet. Par exemple :

```
function doSomething(x,y,z){ ... }
```

Les fonctions peuvent également être définies directement dans la ligne de code :

```
var doSomething=function(x,y,z){ ... }
```

Concession faite à l'orientation objet, les fonctions peuvent être attachées aux objets et s'apparentent ainsi à un semblant de méthode Java ou C#. Il y a plusieurs moyens de s'y prendre.

On peut attacher une fonction prédéfinie à un objet prédéfini (auquel cas seul cet objet peut appeler la fonction – aucun autre objet, même dérivé du même prototype, ne le peut) :

```
myObj.doSomethingNew=doSomething;
myObj.doSomethingNew(x,y,z);
```

On peut aussi attacher des fonctions de telle sorte que chaque instance d'une classe puisse y accéder, en ajoutant la fonction (prédéfinie ou déclarée directement dans le code) au nouvel objet dans le constructeur, comme nous l'avons vu précédemment, ou en l'attachant au prototype.

Cela fait, la fonction n'est pas très solidement attachée, comme nous allons le voir.

Emprunter des fonctions à d'autres objets

Le fait de donner aux fonctions l'état d'objets de première classe modifie sensiblement les capacités du langage. En outre, il est important de bien comprendre ces modifications lors de la programmation de la gestion des événements d'interfaces utilisateur – ce qui concerne au premier chef les programmeurs Ajax.

Quelles sont ces nouvelles capacités ? Tout d'abord, un objet peut emprunter la fonction d'un autre et l'appeler sur lui-même. Définissons une classe pour représenter les espèces d'arbres dans un système taxinomique :

```
function Tree(name, leaf, bark){
  this.name=name;
  this.leaf=leaf;
  this.bark=bark;
}
```

Ensuite, nous allons lui ajouter une fonction fournissant une description rapide de l'arbre :

```
Tree.prototype.describe=function(){
  return this.name+": leaf="+this.leaf+", bark="+this.bark;
}
```

Si nous instancions maintenant un objet `Tree` et lui demandons de se décrire, nous obtenons une réponse assez prévisible :

```
var Beech=new Tree("green, serrated edge","smooth");
alert(Beech.describe());
```

La boîte de dialogue affiche le texte `Beech: leaf=green, serrated edge, bark=smooth`. Jusque-là, tout va bien. A présent, définissons une classe qui représente un chien :

```
function Dog(name,bark){
  this.name=name;
  this.bark=bark;
}
```

Et créons une instance de notre classe `Dog` :

```
var Snowy=new Dog("snowy","wau! wau!");
```

Snowy souhaite nous faire connaître son aboiement, mais bien que nous l'ayons défini pour lui, il ne possède pas de fonction qui lui permette de l'exprimer. Il peut cependant détourner la fonction de la classe `Tree` :

```
var tmpFunc=Beech.describe;
tmpFunc.call(Snowy);
```

Rappelez-vous que le premier argument de `function.call()` est l'objet de contexte, autrement dit, l'objet auquel fera référence la variable spéciale `this`. Le code précédent génère une boîte de dialogue affichant le texte `Snowy: leaf=undefined, bark=wau! wau!`. Bon, c'est mieux que rien pour notre pauvre chien…

Que se passe-t-il ici ? Comment un chien peut-il appeler une fonction qui appartient en fait à un arbre ? La réponse est que la fonction n'appartient pas à l'arbre. En fait, l'attribution de la fonction au prototype `Tree` ne la lie que dans la mesure où nous pouvons ainsi recourir à la notation `MyTree.describe()`. De manière interne, la fonction reste stockée comme un bloc de texte qui est évalué à chaque fois qu'il est appelé et qui permet à la signification de `this` de changer d'une exécution à l'autre.

L'emprunt de fonctions est une astuce intéressante dont nous pouvons tirer parti dans notre code, mais pour du code de production, il est préférable que quelqu'un implémente une méthode `bark()` pour Snowy. L'intérêt de ces explications est que lorsque vous écrivez du code de gestion des événements, le navigateur Web s'appuie sur ces mécanismes à l'arrière-plan.

Gestion des événements Ajax et contextes de fonctions

Les gestionnaires d'événements Ajax sont à peu près les mêmes que ceux de la plupart des langages d'interfaces utilisateur, avec des catégories spécialisées pour les événements de souris et de clavier, comme nous l'avons vu au Chapitre 4. Notre exemple utilisait le gestionnaire `onclick`, déclenché lorsque l'utilisateur clique sur un élément visible. Le sujet de la gestion des événements DHTML dépasse la portée de ce livre, mais prenons quelques instants ici pour signaler un problème particulier souvent susceptible de piéger ceux qui n'y prennent pas gare.

Les gestionnaires d'événements peuvent être déclarés dans le balisage HTML, comme ceci :

```
<div id='myDiv' onclick='alert:alert(this.id)'></div>
```

Ils peuvent aussi l'être de manière programmatique, comme ceci :

```
function clickHandler(){ alert(this.id); }
myDiv.onclick=clickHandler;
```

Notez que dans le cas de la définition programmatique, nous passons une référence à l'objet `Function` (il n'y a pas de `()` après `clickHandler`). Lors de la déclaration de la fonction dans le code HTML, nous déclarons en fait une fonction anonyme directement dans le code, qui équivaut à :

```
myDiv.onclick=function(){ alert(this.id); }
```

Notez que dans les deux cas, la fonction ne se voit attribuer aucun argument. De fait, il ne nous est pas possible de passer des arguments avec le clic de souris. Toutefois, lorsque nous cliquons sur l'élément DOM, la fonction est appelée avec un objet Event comme argument et l'élément lui-même comme objet de contexte. Ces détails sont bons à connaître, notamment lorsque vous écrivez du code orienté objet. La source de confusion tient à ce que le nœud DOM est toujours passé comme contexte, même si la fonction est attachée au prototype d'un autre objet.

Dans l'exemple suivant, nous définissons un objet simple avec un gestionnaire d'événements pour un élément d'interface utilisateur qu'il connaît. L'objet peut être considéré comme le Modèle d'après le pattern MVC, le gestionnaire d'événements prenant le rôle de Contrôleur et l'élément DOM celui de Vue.

```
function myObj(id,div){
  this.id=id;
  this.div=div;

  this.div.onclick=this.clickHandler;
}
```

Le constructeur prend un ID interne et un élément DOM, auquel il attribue un gestionnaire `onclick`. Nous définissons le gestionnaire d'événements de la manière suivante :

```
myObj.prototype.clickHandler=function(event){
  alert(this.id);
}
```

Lorsque nous cliquons sur l'élément d'interface utilisateur, sommes-nous donc alertés au sujet de l'ID de cet objet ? En réalité, non, car la fonction `myObj.clickHandler` est empruntée par le navigateur (exactement comme notre chien incontrôlable est allé emprunter une méthode de l'objet `Tree` dans la précédente section) et exécutée dans le contexte de l'élément, et non dans celui de l'objet Modèle. Comme l'élément possède une propriété `id` prédéfinie, il fait apparaître une valeur, et selon vos conventions de noms, il peut même s'agir du même ID que celui de l'objet Modèle, ce qui sème la confusion la plus absolue.

Si nous souhaitons que le gestionnaire d'événements se réfère à l'objet Modèle auquel nous l'avons attaché, nous devons utiliser un autre moyen de passer la référence à cet objet. Il existe deux idiomes pour cela. L'un est à mon sens bien supérieur à l'autre, mais j'ai programmé pendant des années en recourant à l'autre, qui fonctionne de fait. L'un des objectifs de ce livre est de donner des noms aux patterns (et anti-patterns) que nous avons adoptés par habitude. Je présenterai donc les deux idiomes ici.

Référencer le Modèle par son nom

Dans le cas de cette solution, nous attribuons un ID globalement unique à chaque instance de notre objet Modèle et conservons un tableau global de ces objets référencés par l'ID. Avec une référence à un élément DOM, nous pouvons référencer l'objet Modèle correspondant, à l'aide d'une partie de l'ID comme clé pour le tableau de recherche. La Figure B.1 présente cette stratégie.

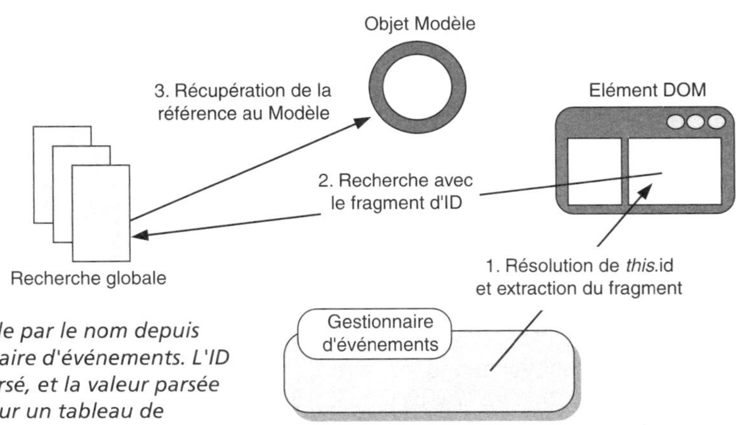

Figure B.1
Référencement du Modèle par le nom depuis une fonction de gestionnaire d'événements. L'ID de l'élément DOM est parsé, et la valeur parsée est utilisée comme clé pour un tableau de recherche global.

Avec cette approche, la génération d'un ID unique pour chaque élément représente une surcharge, mais elle peut être réalisée assez automatiquement. On peut par exemple utiliser la longueur du tableau comme partie de la clé, ou une clé de base de données si nous générons le code sur le serveur Web.

En guise d'exemple simple, nous créons un objet de type `myObj`, qui possède une barre de titre sur laquelle l'utilisateur peut cliquer et qui lance une fonction `myObj.foo()`.

Voici le tableau global :

```
var MyObjects=new Array();
```

Voici la fonction constructeur, qui enregistre l'objet Modèle dans ce tableau :

```
function myObj(id){
  this.uid=id;
  MyObjects[this.uid]=this;
  ...
  this.render();
}
```

Voici une méthode de l'objet `myObj`, qui réalise quelque chose de passionnant. Nous souhaitons l'exécuter lorsque l'utilisateur clique sur la barre de titre :

```
myObj.prototype.foo=function(){
  alert('foooo!!! '+this.uid);
}
```

Voici la méthode `render()` de l'objet, qui crée les différents nœuds DOM :

```
myObj.prototype.render=function(){
  ...
  this.body=document.createElement("div");
  this.body.id=this.uid+"_body";
  ...
  this.titleBar=document.createElement("div");
  this.titleBar.id=this.uid+"_titleBar";
  this.titleBar.onclick=fooEventHandler;
  ...
}
```

Lorsque nous construisons des nœuds DOM dans la vue pour cet objet Modèle, nous leur attribuons une valeur d'ID qui contient l'ID de l'objet Modèle.

Notez que nous nous référons à une fonction `fooEventHandler()` et que nous la définissons comme la propriété `onclick` de notre élément DOM de barre de titre :

```
function fooEventHandler(event){
  var modelObj=getMyObj(this.id);
    if (modelObj){ modelObj.foo(); }
  }
}
```

La fonction de gestionnaire d'événements devra trouver l'instance de `myObj` afin d'exécuter sa méthode `foo()`. Nous fournissons une méthode de recherche :

```
function getMyObj(id){
  var key=id.split("_")[0];
  return  MyObjects[key];
}
```

Cette méthode possède une référence au nœud DOM et peut employer sa propriété `id` pour extraire une clé avec laquelle l'objet Modèle peut être récupéré dans le tableau global.

Voilà tout. La méthode de référencement du Modèle par son nom m'a bien servi pendant quelques années, mais il existe un moyen plus simple et plus soigné qui ne parsème pas l'arbre DOM d'ID à rallonge (à vrai dire, je n'ai jamais pu tirer de conclusion quant au fait que ce soit bon ou mauvais ; il s'agissait, cela va sans dire, d'un gaspillage de mémoire, mais cela facilitait aussi considérablement le débogage dans l'Inspecteur DOM de Mozilla).

Attacher le Modèle au nœud DOM

Dans cette seconde approche de gestion des événements du DOM, tout est opéré avec des références d'objets et non des chaînes. Aucun tableau de recherche global n'est donc requis. C'est l'approche qui a été adoptée tout au long de ce livre (voir Figure B.2).

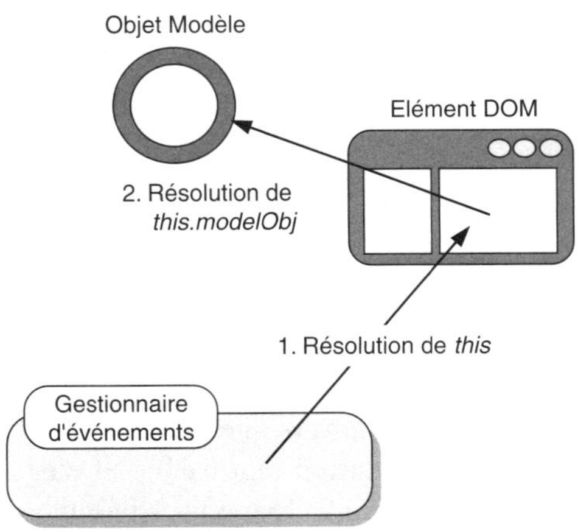

Figure B.2
Le fait d'attacher directement au nœud DOM une référence au Modèle permet à la fonction de gestionnaire d'événements de retrouver plus facilement le Modèle à l'exécution.

Cette approche simplifie considérablement le travail du gestionnaire d'événements. La fonction constructeur pour l'objet Modèle n'a besoin d'aucune manipulation d'ID spécialisée, et la méthode `foo()` est définie comme auparavant. Lorsque nous construisons les nœuds DOM, nous exploitons la capacité dynamique du JavaScript à attacher des attributs arbitraires à n'importe quel objet, et nous attachons l'objet Modèle directement sur le nœud DOM qui reçoit l'événement :

```
myObj.prototype.createView=function(){
  ...
  this.body=document.createElement("div");
  this.body.modelObj=this;
  ...
  this.titleBar=document.createElement("div");
  this.titleBar.modelObj=this;
  this.titleBar.onclick=fooEventHandler;
  ...
}
```

Lorsque nous écrivons le gestionnaire d'événements, nous pouvons obtenir une référence directe au Modèle :

```
function fooEventHandler(event){
  var modelObj=this.modelObj;
    if (modelObj){ modelObj.foo(); }
  }
}
```

Pas de méthode `finder`, pas de recherche globale : on ne peut faire plus simple.

Un mot d'avertissement toutefois. Nous appuyant sur ce pattern, nous créons une référence cyclique entre une variable DOM et une variable non DOM ; or il s'avère que ce n'est pas bon pour le nettoyage mémoire avec certains navigateurs actuels parmi les plus répandus. Lorsque ce pattern est bien utilisé, les surcharges mémoire peuvent être évitées, mais je vous recommande de bien étudier le Chapitre 7 avant d'implémenter le pattern Attacher le Modèle au nœud DOM.

Le fait de comprendre comment une fonction JavaScript définissait son contexte nous a aidés à développer une solution réutilisable et élégante pour le modèle événementiel des navigateurs. La capacité d'une fonction à basculer entre les contextes peut d'abord être déroutante, mais on peut aussi tirer parti de cette architecture.

La dernière chose à comprendre concernant les fonctions JavaScript concerne la capacité du langage à créer des fermetures. A nouveau, le Java et le C# ne connaissent pas les fermetures. Cela dit, certains langages de script Java et .NET, comme Groovy et Boo, les supportent, et le C# 2.0 les supportera également. Voyons ce que sont les fermetures et comment travailler avec.

Les fermetures en JavaScript

Isolément, un objet `Function` est incomplet. Pour l'exécuter, nous devons passer un objet de contexte et un ensemble d'arguments (éventuellement un jeu vide). Sous sa forme la plus simple, la fermeture peut être considérée comme un objet `Function` livré avec toutes les ressources requises pour s'exécuter.

Les fermetures sont créées de manière implicite en JavaScript. Il n'existe aucune fonction de constructeur `new Closure()` et aucun moyen d'obtenir un handle sur un objet fermeture. Pour créer une fermeture, il suffit de déclarer une fonction dans un bloc de code (comme une autre fonction) et de rendre cette fonction disponible en dehors du bloc.

Ce concept peut lui aussi paraître étrange, mais il est très simple si l'on considère un exemple. Définissons un objet simple qui représente un robot, et enregistrons l'heure de l'horloge système à laquelle chaque robot est créé. Nous pouvons créer un constructeur comme le suivant :

```
function Robot(){
  var createTime=new Date();
  this.getAge=function(){
    var now=new Date();
    var age=now-createTime;
    return age;
  }
}
```

Tous les robots étant identiques, nous ne nous sommes pas mis en peine de leur attribuer des noms ou quoi que ce soit d'autre dans les arguments du constructeur. Normalement, nous enregistrerions `createTime` comme propriété membre, en écrivant :

```
this.createTime=new Date();
```

Pourtant, nous avons délibérément créé une variable locale, dont la portée se limite au bloc dans lequel elle est appelée, autrement dit au constructeur. A la deuxième ligne du constructeur, nous avons défini une fonction `getAge()`. Notez ici que nous définissons une fonction à l'intérieur d'une autre fonction et que la fonction intérieure utilise la variable locale `createTime`, qui appartient à la portée de la fonction extérieure. Avec ces simples définitions, nous avons en fait créé une fermeture. Si nous définissons un robot et lui demandons son âge une fois que la page s'est chargée :

```
var robbie=new Robot();

window.onload=function(){
  alert(robbie.getAge());
}
```

le code fonctionne et nous donne une valeur de 10 à 50 millisecondes environ, soit la différence entre le moment où le script s'exécute et celui où la page se charge. Bien que nous ayons déclaré `createTime` comme une variable locale à la portée de la fonction constructeur, elle ne peut pas être nettoyée par le ramasse-miettes tant que le robot Robbie est encore référencé, car elle a été liée dans une fermeture.

La fermeture ne fonctionne que si la fonction interne est créée à l'intérieur de la fonction externe. Si nous réusinons notre code afin de prédéfinir la fonction `getAge` et de la partager entre toutes les instances de robots, comme ceci :

```
function Robot(){
  var createTime=new Date();
  this.getAge=roboAge;
}

function roboAge(){
  var now=new Date();
  var age=now-createTime;
  return age;
};
```

la fermeture n'est pas créée et nous obtenons un message d'erreur qui indique que `createTime` n'est pas définie.

Les fermetures sont très faciles à créer et bien trop simples à créer accidentellement, car elles lient des variables qui sans cela resteraient locales et empêcheraient le ramasse-miettes de les nettoyer. Par exemple, si des nœuds DOM sont captés de cette manière, les fermetures créées par inadvertance peuvent provoquer des fuites mémoire considérables au bout d'un moment.

La situation la plus courante dans laquelle les fermetures peuvent être créées concerne la liaison d'une fonction de rappel de gestionnaire d'événements à la source de l'événement. Comme indiqué précédemment, le rappel est exécuté avec un contexte et un ensemble d'arguments qui n'est pas toujours aussi utile qu'il y paraît. Nous avons présenté un pattern pour attacher des références supplémentaires (l'objet Modèle) à l'élément DOM qui génère l'événement, afin de pouvoir récupérer le Modèle *via* l'élément DOM. Les fournitures offrent un autre moyen d'y parvenir, comme le montre ce code :

```
myObj.prototype.createView=function(){
  ...
  this.titleBar=document.createElement("div");
  var modelObj=this;
  this.titleBar.onclick=function(){
    fooEventHandler.call(modelObj);
  }
}
```

La fonction de gestionnaire anonyme `onclick` que nous définissons fait référence à la variable `modelObj` déclarée localement. Une fermeture est créée autour, qui permet à `modelObj` d'être résolue lorsque la fonction est exécutée. Notez que les fermetures ne résolvent que les variables locales et non celles référencées avec `this`.

Nous avons adopté cette approche dans l'objet ContentLoader présenté au Chapitre 2, car le rappel `onreadystatechange` fourni dans Internet Explorer retourne l'objet `window` comme contexte de fonction. Puisque `window` est défini globalement, nous n'avons aucun moyen de savoir quel `readyState` de ContentLoader a changé, à moins de passer une référence à l'objet `loader` approprié *via* une fermeture.

Je recommande aux programmeurs Ajax intermédiaires d'éviter les fermetures lorsqu'il existe d'autres solutions. Si vous utilisez le prototype pour attribuer des fonctions à vos types d'objets personnalisés, vous ne dupliquez pas les fonctions et ne créez pas de fermeture. Réécrivons notre classe `Robot` afin de suivre ce conseil :

```
function Robot(){
  this.createTime=new Date();
}

Robot.prototype.getAge=function(){
  var now=new Date();
  var age=now-this.createTime;
  return age;
};
```

La fonction `getAge()` n'est définie qu'une seule fois et, parce qu'elle est attachée au prototype, elle est accessible à chaque Robot que nous créons.

Les fermetures ont leur intérêt, mais elles doivent se ranger dans la catégorie des sujets avancés. Si vous souhaitez en apprendre davantage sur elles, consultez l'article de Jim Ley mentionné dans la section Ressources.

Conclusions

Dans cette annexe, nous vous avons fait découvrir les fonctions étranges et intéressantes du langage JavaScript, avec deux objectifs à l'esprit. Le premier était d'illustrer la puissance expressive du langage. Le second était de signaler les pièges à éviter, qui guettent les programmeurs orientés objet et peuvent les conduire à écrire du code mal optimisé ou dangereux.

Nous avons examiné le support JavaScript des objets et les similarités entre les classes `Object` et `Array`. Nous avons considéré plusieurs moyens d'instancier des objets JavaScript en utilisant JSON, des fonctions constructeur et des prototypes. En passant, nous avons vu comment aborder des notions orientées objet telles que l'héritage et les interfaces en JavaScript, dans un souci de pragmatisme.

En explorant les objets JavaScript `Function`, nous avons vu que les fonctions pouvaient exister indépendamment de tout objet auquel elles sont attribuées, et comment elles pouvaient même être empruntées ou échangées entre objets. Nous nous sommes appuyés sur ces connaissances pour mieux comprendre le modèle événementiel JavaScript. Pour finir, nous avons considéré les fermetures et vu comment certains idiomes de programmation courants peuvent créer accidentellement des fermetures et provoquer d'éventuelles fuites mémoire.

Par rapport au Java ou au C#, le JavaScript offre une grande flexibilité et permet de déployer des styles et des approches personnalisés du langage. Cette souplesse peut être libératrice pour le programmeur individuel, pourvu qu'il sache ce qu'il fait. Elle peut cependant aussi poser des problèmes pour le travail en équipe, mais il est possible d'y parer grâce à des conventions de programmation ou des directives partagées.

Le JavaScript peut être un langage très attrayant une fois qu'on en comprend bien le mécanisme. Si vous découvrez Ajax après une expérience en programmation orientée objet structurée, nous espérons que cette annexe vous aura permis d'adoucir le choc !

Ressources

Il existe peu de livres sur le langage JavaScript, à la différence de la programmation des navigateurs Web en général. L'ouvrage de David Flanagan, *JavaScript : The Definitive Guide* (O'Reilly, 2001) est incontournable. Il est un peu ancien, mais une version est en préparation. Un livre plus récent, de Nicholas Zakas, intitulé *Professional JavaScript for Web Developers* (Wrox, 2004) propose un bon aperçu du langage également et traite de certains des développements plus récents.

Sur le Web, Doug Crockford traite des approches orientées objet du JavaScript, comme la création de membres privés pour les classes et l'héritage (**www.crockford.com/JavaScript/private.html**). Le site Quirksmode de Peter-Paul Koch (**http://quirksmode.org**) traite également de nombreux points précis du langage. L'article de Jim Ley sur les fermetures en JavaScript peut être consulté à l'adresse suivante : **http://jibbering.com/faq/faq_notes/closures.html**.

La bibliothèque x de Mike Foster peut être téléchargée à l'adresse **www.cross-browser.com**.

Annexe C

Frameworks et bibliothèques Ajax

L'année 2005 a connu une prolifération rapide de frameworks Ajax et JavaScript, des petits utilitaires d'encapsulation internavigateurs aux solutions client et serveur complètes. Dans cette annexe, nous tenterons d'offrir un aperçu de la gamme des offres actuelles, en nous excusant par avance des oublis éventuels.

Nous n'avons pas utilisé tous ces frameworks et kits d'outils dans un environnement de production, et dans de nombreux cas, nous avons fondé nos commentaires sur les propres dires de l'auteur ou du vendeur du kit d'outils. Si vous lisez cette annexe un an après sa publication, il est possible que bon nombre des descriptions soient devenues insuffisantes ou obsolètes, et que plusieurs frameworks aient été abandonnés ou absorbés dans d'autres projets. L'état actuel du marché est instable et nous nous attendons à ce que certains frameworks populaires prédominent au cours des douze prochains mois.

Voici donc notre tour d'horizon des frameworks Ajax. Nous n'avons pas tenté de les catégoriser et nous sommes contentés de les lister dans leur ordre alphabétique. Bonne programmation !

Accesskey Underlining Library

Open source

www.gerv.net/software/aul

Ajoute un soulignement des touches d'accès aux pages sans requérir de balise `<u>` dans le code source. Les balises avec l'attribut `accesskey` et du code JavaScript créent les balises de soulignement appropriées dans le DOM.

ActiveWidgets

Commercial, avec téléchargement gratuit

www.activewidgets.com

Composants JavaScript de clients riches. Le produit phare actuel est un composant de grilles riches.

Ajax JavaServer Faces Framework

Open source (Apache)

http://smirnov.org.ru/en/ajax-jsf.html

Le framework Ajax-JSF est conçu pour permettre une conversion simple de toute application JavaServer Faces en fonction Ajax. La plupart des composants existants peuvent être exploités tels quels ou convertis simplement pour supporter Ajax. Proposition pour le projet MyFaces. Différences minimales avec les spécifications JSF.

Ajax JSP Tag Library

Open source

http://ajaxtags.sourceforge.net

La bibliothèque de balises JSP Ajax est un ensemble de balises JSP qui simplifie l'utilisation de la technologie d'Ajax dans les JSP. Cette bibliothèque de balises facilite le développement en évitant aux développeurs J2EE d'écrire le JavaScript qui sert à implémenter des formulaires Web dotés de capacités Ajax.

`Autocomplete` récupère une liste de valeurs correspondant à la chaîne entrée dans un champ de formulaire à mesure que l'utilisateur appuie sur les touches de son clavier. `Callout` affiche une bulle pop-up ancrée sur un élément HTML avec un événement `onclick`. `Select` remplit un second champ `select` en fonction d'une sélection dans une première liste déroulante. `Toggle` fait basculer un champ de formulaire caché entre les valeurs `true` et `false` tout en basculant entre deux images. `Updates Field` met à jour une ou plusieurs valeurs de champs de formulaire en fonction du texte entré dans un autre champ.

Ajax.NET

Michael Schwarz (2005)

Non spécifié, libre d'usage

http://weblogs.asp.net/mschwarz

Ajax.NET est une bibliothèque qui autorise différents types d'accès depuis le code JavaScript au code .NET côté serveur. Elle permet de passer des appels du JavaScript à des méthodes .NET et de revenir à des rappels JavaScript. Elle permet d'accéder à des données de sessions depuis du JavaScript. Elle met en cache les résultats. Aucun changement du code source n'est requis côté serveur. Elle marque les méthodes à exposer avec un attribut et fournit un support complet pour les valeurs de retour dans le code JavaScript côté client, dont les DataTable, les DataSet, les DataView, les Arrays et les Collections.

AjaxAC

Open source (Apache 2.0)

http://ajax.zervaas.com.au

AjaxAC encapsule l'application entière dans une unique classe PHP. Tout le code d'application tient dans une unique classe (ainsi que toutes les bibliothèques JavaScript supplémentaires). Le fichier PHP/page HTML appelant est très soigné. Vous créez simplement la classe d'application, référencez le JavaScript de l'application et attachez tous les éléments HTML requis à l'application. Aucun code JavaScript désordonné ne vient polluer le code HTML appelant. Tous les événements sont attachés de manière dynamique. AjaxAC est facile à intégrer avec un moteur de modèles et à relier à des classes PHP existantes ou une base de données MySQL pour retourner des données de sous-requêtes. La structure de composant extensible vous permet de créer aisément d'autres objets JavaScript (cela requiert cependant un peu de travail, de l'aveu de l'auteur).

AjaxAspects

Libre d'usage avec le code source

http://www.ajaxaspects.blogspot.com

AjaxAspects est un moteur qui utilise des proxys JavaScript pour appeler des méthodes de services Web côté serveur. SOAP et WSDL sont réutilisés pour la communication entre le client et le serveur. Les types et objets XML simples sont supportés comme paramètres et valeurs de retour. Support pour la mise en cache et les files d'attente d'actions.

AjaxCaller

Michael Mahemoff (2005)

Open source

http://ajaxify.com/run/testAjaxCaller

AjaxCaller est un wrapper thread-safe élémentaire de XMLHttpRequest pour les débutants Ajax. Toujours en version alpha brute et en cours de développement. Uniquement proposé avec la démo AjaxPatterns live search pour l'instant. Conforme aux normes REST.

AjaxFaces

Open source (ASF)

http://myfaces.apache.org

Implémentation JavaServer Faces d'Apache ; expérimente actuellement le support Ajax.

BackBase

Commercial avec édition Communauté

http://www.backbase.com

BackBase est un framework complet côté navigateur offrant une prise en charge des fonctions de navigateurs riches ainsi qu'une intégration de .NET et Java. BackBase fournit des logiciels RIA (*Rich Internet Application*) qui améliorent radicalement l'utilisabilité et l'efficacité des applications en ligne et accroît la productivité du développeur. BackBase permet de créer des applications Web avec une interface utilisateur plus riche et plus réactive. BackBase fournit une séparation de la présentation et de la logique à l'aide d'un espace de noms XHTML personnalisé.

Behaviour

Ben Nolan (2005)

Open source

http://bennolan.com/behaviour

Behaviour opère en s'appuyant sur des sélecteurs CSS pour ajouter du code JavaScript aux éléments DOM. Vous créez un mélange de sélecteurs CSS et de fonctions qui prennent un élément, et ajoutez des gestionnaires d'événements JavaScript de type `onclick`. Ensuite, vous enregistrez ces règles pour une page et les comparez avec leurs éléments DOM correspondants, et le code JavaScript est ajouté. Le code est conçu de manière à pouvoir traiter ces fichiers de règles comme de simples feuilles de style afin que toute la page qui les utilise soit un fichier include. Le but de Behaviour est d'éviter l'usage intempestif d'attributs `onclick` et de nœuds de scripts dans les pages afin de ne pas embrouiller le contenu. Cet outil fonctionne bien ; il peut vous aider à rendre votre code JavaScript plus réutilisable en le centralisant mieux.

Bindows

Commercial

www.bindows.net

Bindows est un kit de développement logiciel (SDK) qui génère des applications Internet hautement interactives et dont la richesse rivalise avec celles des applications de bureau moderne, car elles combinent du DHTML, du JavaScript, des CSS et du XML. Les applications Bindows ne requièrent aucun téléchargement et aucune installation côté client ; seul un navigateur est requis (aucun composant Java, Flash ou ActiveX n'est utilisé). Bindows fournit une gamme de composants et propose un support natif XML, SOAP et XML-RPC.

BlueShoes

Commercial avec version gratuite

www.blueshoes.org

Suite de composants riches, incluant un éditeur texte WYSIWYG et un composant tableur.

CakePHP

Open source

http://cakephp.org

Portage complet de Ruby on Rails sur PHP, incluant un excellent support d'Ajax.

CL-Ajax

Richard Newman (2005)

Open source

http://cliki.net/cl-ajax

CL-Ajax dirige les appels JavaScript directement dans des fonctions Lisp côté serveur. Il génère un stub JavaScript avec des arguments et peut rappeler des fonctions JavaScript ou des objets DOM. Il peut être intégré dans SAJAX.

ComfortASP.NET

Pré-version commerciale avec téléchargement gratuit

www.daniel-zeiss.de/ComfortASP

ComfortASP.NET est une approche qui permet aux développeurs de s'appuyer sur une programmation ASP.NET pure tout en offrant des fonctions de type Ajax. ComfortASP.NET utilise Ajax (DHTML, JavaScript, XMLHTTP) pour implémenter ces fonctions, mais le développeur Web n'implémente pour sa part que du ASP.NET pur côté serveur.

CPAINT

(Kit d'outils d'interfaces asynchrones inter-plateformes)

Open source (GPL et LGPL)

http://cpaint.sourceforge.net

CPAINT est une véritable implémentation Ajax et JSRS (*JavaScript Remote Scripting*) qui supporte PHP et ASP/VBScript. CPAINT fournit le code requis pour implémenter Ajax et JSRS côté dorsal, alors que les données sont manipulées, formatées et affichées côté frontal en JavaScript. Avec ce système, il est possible de construire des applications Web qui permettent de fournir un retour d'informations en temps réel (ou presque) à l'utilisateur.

Dojo

Alex Russell (2004)

Open source

http://dojotoolkit.org

Dojo fournit plusieurs bibliothèques Ajax, dont des composants, un modèle événementiel et un système de messagerie utilisant XMLHttpRequest et d'autres techniques. Ce kit d'outils s'efforce d'assurer le support du JavaScript dans différents contextes (SVG, moteur Java Rhino de Netscape et, bien sûr, dans le navigateur Web).

DWR (*Direct Web Remoting*)

Open source (Apache)

www.getahead.ltd.uk/dwr

Direct Web Remoting est un framework qui permet d'appeler directement des méthodes Java depuis le code JavaScript. Comme SAJAX, il peut passer des appels depuis le code JavaScript dans des méthodes Java et revenir vers des rappels JavaScript. Il peut être exploité avec n'importe quel framework Web (comme Struts ou Tapestry), en respectant des philosophies telles que Spring KISS/POJO/orthogonalité. Direct Web Remoting doit être incorporé dans la prochaine version du framework WebWorks d'OpenSymphony.

Echo 2

Open source (MPL or GPL)

www.nextapp.com/products/echo2

Echo 2 permet de programmer des applications Ajax en Java pur. Il génère automatiquement le HTML et le JavaScript et coordonne les messages entre le navigateur et le serveur. Propose une messagerie XML. Le développeur peut écrire des composants JavaScript personnalisés s'il le souhaite.

f(m)

Open source

http://fm.dept-z.com

Le projet f(m) est une bibliothèque de classes de base ECMAScript fondée sur le framework .NET qui a été écrite pour servir de fondation à une nouvelle génération d'applications Web de navigateurs.

FCKEditor

Open source

www.fckeditor.net

Composant d'éditeur WYSIWYG riche. Peut être employé pour remplacer une zone de texte HTML par une ligne de code JavaScript, pour faciliter les intégrations avec des applications Web existantes, des systèmes de gestion de contenu, des wikis, etc. Fonction très semblable à TinyMCE.

Flash JavaScript Integration Kit

Open source

www.osflash.org/doku.php?id=flashjs

Le Flash JavaScript Integration Kit permet d'intégrer du JavaScript et du contenu Flash. Il permet au code JavaScript d'exécuter des fonctions ActionScript et *vice versa*. Tous les types de données majeurs peuvent être passés entre les deux environnements.

Google AjaxSLT

Licence open source (BSD)

http://goog-ajaxslt.sourceforge.net

AjaxSLT est proposé par cette entreprise de solutions de recherche innovante qu'est Google. Google AjaxSLT est un framework JavaScript qui permet de réaliser des transformations XSLT ainsi que des requêtes XPath. Il est bâti sur le travail de Google Local.

Guise

Commercial avec téléchargements gratuits

www.javaguise.com

Modèle de composant Java côté serveur (comparable à JSF, mais plus simple). Intègre actuellement des fonctions Ajax pour une meilleure réactivité.

HTMLHttpRequest

Angus Turnbull (2005)

Open source (LGPL)

www.twinhelix.com/JavaScript/htmlhttprequest

Wrapper simple pour le chargement d'objets distants. S'appuie sur XMLHttpRequest et des IFrames pour une meilleure compatibilité.

Interactive Website Framework

Open source

http://sourceforge.net/projects/iwf

Interactive Website Framework est un projet qui vise à prendre en charge les différents aspects de l'infrastructure Ajax dans le navigateur. Il se décrit comme un framework servant à créer des sites Web hautement interactifs avec du JavaScript, des CSS, du XML et du HTML. Il inclut un parseur XML personnalisé afin de proposer du code JavaScript hautement lisible. Il contient toute la mécanique requise pour créer des sites Web Ajax ainsi que d'autres scripts courants, et fournit une implémentation XMLHttpRequest thread-safe ainsi qu'une encapsulation du DOM qui facilite la lecture du code.

Jackbe

Commercial

www.jackbe.com/solutions/development.html

Suite de composants de clients riches Ajax ; peut être enfichée dans n'importe quelle technologie middleware comme ASP, Java, .NET ou PHP.

JavaScript Templates

Open source

http://trimpath.com/project/wiki/JavaScriptTemplates

Moteur de modèles JavaScript qui permet de combiner données et présentation dans le navigateur.

JPSpan

Open source (PHP)

http://jpspan.sourceforge.net/wiki/doku.php

JPSpan passe des appels JavaScript directement à des fonctions PHP.

jsolait

Open source (LGPL)

http://jsolait.net

Ensemble de bibliothèques JavaScript open source, incluant des modules de cryptographie, sérialisation et désérialisation, XML-RPC et JSON-RPC.

JSON

Open source ; la plupart des implémentations sont sous licence LGPL

www.json-rpc.org

JSON est une solution de remplacement légère du XML, et JSON-RPC un protocole de procédure distante semblable à XML-RPC, avec un bon support pour les clients JavaScript. Il existe des implémentations pour plusieurs langages et plates-formes côté serveur dont Java, Python, Ruby et Perl.

JSRS (*JavaScript Remote Scripting*)

Brent Ashley (2000)

Open source

www.ashleyit.com/rs/jsrs/test.htm

JSRS achemine les appels directement depuis le code JavaScript dans votre langage côté serveur et les réachemine en sens inverse. Navigateurs : IE 4+, Netscape 4.x, Netscape 6.x, Mozilla, Opera 7 et Galeon. Support côté serveur : ASP, ColdFusion, PerlCGI, PHP, Python et JSP (servlet).

LibXMLHttpRequest

Stephen W. Coate (2003)

Code source disponible, protégé par copyright

www.whitefrost.com/servlet/connector?file=reference/2003/06/17/libXmlRequest.html

LibXMLHttpRequest est un wrapper léger pour XMLHttpRequest.

Mochikit

Open source (MIT)

www.mochikit.com

Mochikit est un ensemble de bibliothèques proposant notamment des modules de journalisation, d'effets visuels, de gestion des tâches asynchrones, de formatage de chaînes et de dates ainsi qu'une API de manipulation simplifiée du DOM qui exploite largement les objets JavaScript prédéfinis `Array` et la notation de type JSON pour représenter le DOM.

netWindows

Open source

Environnement de bureau DHTML complet à l'intérieur du navigateur. Le code est entièrement conforme aux standards, sans hack de navigateur. Contient une implémentation de messagerie modélisée d'après les composants Qt de Trolltech et le langage Smalltalk ; disponible également sous forme de bibliothèque autonome.

Oddpost

Commercial

www.oddpost.com

Suite de composants JavaScript ; inclut un client de messagerie électronique riche entièrement fonctionnel. Appartient maintenant à Yahoo!.

OpenRico

Bill Scott, Darren James (2005)

Open source

http://openrico.org

Framework multi-usage offrant une prise en charge d'Ajax. Gère les problèmes liés aux interfaces utilisateur tels que les animations, la séparation du contenu et de la logique grâce aux comportements, la fonction de glisser-déposer et certains composants prédéfinis, dont les grilles de données. Sponsorisé par Sabre Airline Solutions ; utilisé sur des projets en production. Bâti sur Prototype.

Pragmatic Objects

Open source

http://pragmaticobjects.com/products.html

Les WebControls de Pragmatic Objects constituent un ensemble de bibliothèques de balises JSP conçues sous forme de contrôles ou de composants réutilisables pouvant enrichir des applications Web Java. Par opposition aux applications Web riches mais lourdes, l'application Web cliente légère est ici constituée uniquement d'une série de pages HTML contenant du code JavaScript et des CSS reproduits par le navigateur. Les WebControls proposent actuellement des modules de "barre Outlook", de vue arborescente et de panneau de configuration de vues arborescentes et de panneaux de configuration.

Prototype

Sam Stephenson (2004)

Open source

http://prototype.conio.net

Prototype est un framework JavaScript conçu pour le développement RIA. Il inclut une bibliothèque Ajax robuste et un kit d'outils qui en simplifie l'usage. Prototype est le moteur JavaScript employé par Ruby on Rails, Rico et Scriptaculous, pour ne citer que ceux-là. Le code JavaScript de Prototype est généré depuis Ruby, mais le JavaScript généré peut être déployé dans les environnements non Ruby.

Qooxdoo

Open source (LGPL)

http://qooxdoo.sourceforge.net

Bibliothèque d'interface utilisateur Ajax bien conçue, qui inclut une vaste gamme de composants prédéfinis, dont des composants d'interfaces, des gestionnaires d'affichage et une transparence PNG portable. Qooxdoo fournit également des aides au développement, comme des minuteurs pour le profilage et le débogage.

RSLite

Brent Ashley (avant 2000)

www.ashleyit.com/rs/main.htm

Composant simple proposé dans le cadre du travail plus complet sur le Remote Scripting de Brent Ashley (voir l'entrée JSRS ci-dessus dans cette annexe).

Ruby on Rails

David Heinemeier Hansson (2004)

Open source (MIT)

www.rubyonrails.org

Ruby on Rails est un framework Web général qui offre un excellent support d'Ajax. Rails en était encore à ses premiers jours lorsque Ajax s'est popularisé, aussi se peut-il qu'Ajax devienne de plus en plus central dans ce framework. Ruby on Rails génère la grande majorité du JavaScript pour les composants, et l'animation dans le navigateur propose une prise en charge des appels du côté serveur, ainsi qu'un support pour la planification. Actuel enfant chéri de la communauté du développement Web, Ruby on Rails a préféré, à une solution ultra-complexe et exhaustive, une approche plus simple et pragmatique à l'aide d'une grande quantité de génération de code. Ce framework a déjà été plébiscité par de nombreux développeurs Java pour cette raison. Notre intérêt pour Ruby on Rails dans le cadre de ce livre tient principalement à son excellent support d'Ajax. Prototype, et plus récemment Scriptaculous, ont été intégrées dans Rails.

Sack

Open source (MIT/X11 modifié)

http://twilightuniverse.com/2005/05/sack-of-ajax

Sack est un wrapper léger pour XMLHttpRequest. L'appelant peut spécifier une fonction de rappel ou un objet DOM de rappel. Avec un DOM de rappel, le texte de la réponse est directement inséré dans le DOM.

SAJAX

Open source

www.modernmethod.com/sajax

SAJAX achemine les appels directement depuis le code JavaScript dans votre langage côté serveur et les réachemine en sens inverse. Par exemple, le fait d'appeler une méthode JavaScript `x_calculateBudget()` conduira au serveur et appellera une méthode Java `calculateBudget()`, puis retournera la valeur en JavaScript dans `x_calculateBudget_cb()`. SAJAX facilite le mapping depuis une fonction stub JavaScript vers une opération dorsale. SAJAX permet de reconduire les appels vers de nombreuses plates-formes côté serveur : ASP, ColdFusion, Io, Lua, Perl, PHP, Python et Ruby.

Sarissa

Open source (GPL et LGPL)

http://sarissa.sf.net

Sarissa est une API JavaScript qui encapsule la fonction XML dans des appels indépendants du navigateur. Elle supporte une variété de technologies XML, dont les requêtes XPath, les XSLT et la sérialisation d'objets JavaScript en XML, en toute transparence pour ce qui concerne la compatibilité avec les navigateurs.

Scriptaculous

Thomas Fuchs (2004)

Open source

http://script.aculo.us

Scriptaculous est une bibliothèque bien documentée d'effets visuels bâtie en JavaScript par-dessus Prototype. Elle inclut des démos, des applications d'exemples et une bibliothèque de fonctions de glisser-déposer.

SWATO...

Open source (ASF)

http://swato.dev.java.net

SWATO (*Shift Web Application TO…*) est un ensemble de bibliothèques Java/JavaScript réutilisables et bien intégrées qui offrent un moyen simple d'implémenter les interactions de vos applications Web selon l'approche Ajax. La bibliothèque Java côté serveur peut être aisément déployée dans tous les conteneurs compatibles Servlet 2.3+. La bibliothèque JavaScript côté client peut fonctionner dans de nombreux navigateurs, pour autant que XMLHttpRequest soit pris en charge. SWATO utilise JSON pour ordonnancer les données de vos POJO côté serveur, afin de pouvoir accéder facilement aux données distantes dans n'importe quel environnement JavaScript (HTML, XUL, SVG), soit en codant les données en dur, soit en opérant une intégration avec des bibliothèques JavaScript matures. SWATO est livré avec plusieurs composants réutilisables (Auto-complete Textbox, Live Form, Live List, etc.) qui facilitent le développement rapide des applications Web.

The DHTML Calendar

Open source avec support commercial

www.dynarch.com/projects/calendar

Composant de calendrier JavaScript configurable ; peut être relié à des champs de formulaires sous forme de calendrier déroulant ou pop-up et mis en forme avec des CSS.

Tibet

Commercial

www.technicalpursuit.com

L'objectif de Tibet est de fournir une API JavaScript hautement portable et complète afin qu'il soit possible d'avoir une grande quantité de code côté client. Ses auteurs emploient le qualificatif de "Ajax de niveau entreprise" à son sujet. L'API supporte les standards des services Web comme SOAP et XML-RPC, avec un support prédéfini pour certains services Web populaires comme Google, Amazon et la messagerie instantanée Jabber. Inclut un EDI écrit en JavaScript *via* le kit d'outils Tibet.

TinyMCE

Open source, avec un support commercial et des plug-ins propriétaires

http://tinymce.moxiecode.com

Composant d'éditeur WYSIWYG riche. Peut être utilisé pour remplacer une zone de texte HTML par une ligne de code JavaScript, pour faciliter les intégrations avec des applications Web existantes, des systèmes de gestion de contenu, des wikis, etc. Fonction très semblable à FCKEditor.

Bibliothèques DHTML de Walter Zorn

Open source

www.walterzorn.com/index.htm

Bibliothèques DHTML pour le support des fonctions de glisser-déposer et le dessin vectoriel de lignes et de courbes utilisant des éléments `DIV` comme pixels.

WebORB pour .NET

Commercial avec édition gratuite

www.themidnightcoders.com/weborb/aboutWeborb.htm

WebORB pour .NET est une plate-forme pour le développement d'applications de clients riches Ajax/Flash et leur connexion aux objets .NET et aux services Web XML.

WebORB pour Java

Commercial avec édition gratuite/communautaire

www.themidnightcoders.com/weborb/aboutWeborb.htm

WebORB pour Java est une plate-forme pour le développement d'applications de clients riches Ajax/Flash et leur connexion aux objets Java et aux services Web XML. Elle inclut une bibliothèque côté client appelée Rich Client System (**www.themidnightcoders.com/rcs/index.htm**). Le Rich Client System fournit une API simple à une ligne destinée à lier et exécuter n'importe quelle méthode sur n'importe quel objet Java, service Web XML ou JavaBean d'entreprise. Fournit une API spéciale pour la gestion des résultats de requêtes de base de données ; le code serveur peut retourner des DataSets ou des DataTables, et le client les présente sous la forme d'un objet JavaScript spécial RecordSets. L'objet fournit un moyen de récupérer des noms de colonnes en plus de données de lignes.

x

Mike Foster (2005)

Open source

www.cross-browser.com

Bibliothèque DHTML bien implantée fournissant un support internavigateur pour l'animation, la mise en forme, les événements et diverses autres fonctions courantes.

XAJAX

J. Max Wilson (2005)

Open source

http://xajax.sf.net

XAJAX passe des appels JavaScript directement aux fonctions PHP. Utilise un stub JavaScript pour appeler un script PHP.

x-Desktop

Open source (GPL)

www.x-desktop.org

Ce projet comprend une bibliothèque pour développer des applications de clients légers à l'aide d'un navigateur. Il permet aux développeurs de créer des interfaces utilisateur graphiques pour les applications Internet, intranet et extranet. Aucun plug-in n'est requis pour les fonctions de x-Desktop. Tous les systèmes d'exploitation qui fournissent un navigateur DOM 2/JavaScript sont supportés. x-Desktop propose une interface objet bien documentée et simple, ainsi qu'un bureau personnalisable et des thèmes de fenêtres.

XHConn

Brad Fults (2005)

http://xkr.us/code/JavaScript/XHConn/

XHConn est un wrapper léger pour XMLHttpRequest.

Index

D

louisjean
IMPRIMEUR

59, Av. Émile Didier
05003 Gap Cedex
Tél. 04 92 53 17 00
Dépôt légal : 551
Septembre 2006
Imprimé en France